Die Store Brand

D1721150

Jörn Redler

Die Store Brand

Einkaufsstätten als Marken verstehen,
aufbauen und steuern

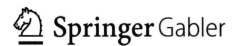

Jörn Redler
Mosbach, Deutschland

ISBN 978-3-658-09708-0   ISBN 978-3-658-09709-7   (eBook)
https://doi.org/10.1007/978-3-658-09709-7

Die Deutsche Nationalbibliothek verzeichnet diese Publikation in der Deutschen Nationalbibliografie; detaillierte bibliografische Daten sind im Internet über http://dnb.d-nb.de abrufbar.

Springer Gabler
© Springer Fachmedien Wiesbaden GmbH 2018

Gedruckt auf säurefreiem und chlorfrei gebleichtem Papier

Springer Gabler ist Teil von Springer Nature
Die eingetragene Gesellschaft ist Springer Fachmedien Wiesbaden GmbH
Die Anschrift der Gesellschaft ist: Abraham-Lincoln-Str. 46, 65189 Wiesbaden, Germany

Vorwort

Vertriebslinien mit den zugehörigen Verkaufsstätten als Brands aufzufassen und entsprechend zu führen, wird für Handelsunternehmen zunehmend zum Imperativ. Händler kommen immer weniger umhin, die Kontaktstellen, an denen Kunden einkaufen, zu starken Store Brands zu entwickeln. Das Konzept der Store Brand ist dabei anders gelagert als das der Corporate Brand, es unterscheidet sich aber auch von dem der Product Brands. Es ist ein eigenständiger Ansatz, der längst zu einem der Leitkonzepte im modernen Handelsmarketing avanciert ist.

Allerdings existieren in Buchform kaum geschlossene Abhandlungen zu diesem wichtigen und vielschichtigen Thema. Vielmehr ist das Gebiet entweder als spezieller Teil, als Sonderfall, in grundlegenden Brand Management-Büchern umrissen. Dies jedoch wird den besonderen Bedingungen, den strategischen wie instrumentellen Konstellationen und der notwendiger Tiefe nicht gerecht. Oder das Gebiet wird als ein Teil von Darstellungen zum Handelsmarketing behandelt. Dabei wird das Store Brand Management jedoch oft nicht als führendes Prinzip angelegt, weshalb es in eine instrumentelle Ebene rutscht.

Mit der „Store Brand" wird eine Darstellung vorgelegt, die in die Prinzipien und Grundtheorien des Brand Management für Vertriebslinien des Handels einführt, eine konsequent handelsbezogene Perspektive verfolgt und eine geschlossene Betrachtung aller wesentlichen Handlungsfelder anbietet. Das Buch versteht sich dabei nicht als eine Deklination bekannter Brand Management-Erkenntnisse anhand des Handels. Vielmehr ist es durch einen eigenständigen Rahmen gekennzeichnet und besitzt einige Besonderheiten:

- Im Buch wird eine Reihe von Systematisierungen und Modellierungen dargelegt, die die komplexen Zusammenhänge erfassen helfen. Diese erlauben die Ausbildung spezifischer Denkrahmen, die dem Studierenden den Zugang zur Materie erleichtern, die weitere Forschung anregen und auch für die praktische Arbeit im Handelsunternehmen Orientierung bieten.
- Durch eine Neufassung des Point-of-Purchase-Begriffs sowie die klare Fokussierung auf wesentliche Zielfelder der Point-of-Purchase-Kommunikation werden für das Handelsmanagement neue Perspektiven angeboten. Die Point-of-Purchase-Kommunikation

wird insgesamt umfänglich behandelt, ohne auf einen Gesamtüberblick zu den vornehmlichen Feldern des Store Brand Management zu verzichten.

- Im Buch wird auf ein verhaltenswissenschaftliches Theoriefundament zurückgegriffen, aber auch andere Perspektiven werden explizit angesprochen. Durchgängig findet dabei ein Bezug zu bestehenden konzeptuellen und empirischen Forschungsbefunden statt.
- Durch seine Konzeption integriert das Buch Aspekte von stationärem und virtuellem Handel einerseits sowie Aspekte des B2C- und des B2B-Handels andererseits in einen konsistenten Rahmen.

Das Buch gliedert sich in sieben Kapitel. Nachdem im ersten Kapitel Gestaltungsräume, Dynamik und Herausforderungen des Store Brand Management problematisiert werden, führt Kap. 2 systematisch in die Begrifflichkeiten und das verhaltenswissenschaftliche Markenverständnis ein. Die wesentlichen Grundbausteine werden hier aus der Handelsperspektive dargelegt. In Kap. 3 wird sodann das Management von Store Brands aus prozessualer Sicht beleuchtet. Alle wesentlichen Managementschritte werden dabei betrachtet. Schließlich widmet sich das Kap. 4 dem Store Branding mit den Kernelementen Markennamen und Markenlogo.

Das Kap. 5 ist das umfangreichste des Buchs. In ihm wird das zentrale Ausdruckssystem des Händlers (von dem signifikante Effekte auf die Markenbildung ausgehen) inhaltlich geschlossen behandelt: Die Kommunikation am Point-of-Purchase. Dazu wird ein Zugang zum Point-of-Purchase vorgestellt, der die Unterscheidung verschiedener Arten zulässt. Daneben werden wesentliche Zielfelder für die Gestaltung der Kommunikation abgeleitet. Mittels dieser Zielfelder wird die Kommunikationsgestaltung an den wichtigsten Arten des Point-of-Purchase untersucht. Kap. 6 des Buchs greift Fragen des internen Brand Management auf. Schließlich richtet Kap. 7 den Blick auf die Erreichung von Konsistenz beim Store Brand Management.

Für Forscher und Studierende bietet das Buch einen wertvollen Überblick zu wissenschaftlichen und praktischen Erkenntnissen im Feld des Store Brand Management als Kerngebiet des modernen Handelsmarketing. Managementvertreter erhalten mit diesem Buch einen strukturierten, anwendungsbezogenen und aktuellen Zugang zu relevanten Fragen des Store Brand Management.

Noch einige Worte zur gewählten Begrifflichkeit der Store Brand. Ich habe mich entschieden, hinsichtlich der hier behandelten Markenbildungsphänomene auf der Ebene von Einkaufsstätten von „Store Brands" zu sprechen. Dies kann durchaus als problematisch erachtet werden. Drei Abwägungen haben mich dennoch zu diesem Entschluss geleitet: Erstens: Für das Markenbildungsphänomen bei Einkaufsstätten ist in der internationalen Literatur oftmals der Begriff „retail brand" zu finden. Allerdings beinhaltet „retail" die Einschränkung auf den Einzelhandel. Dies ist nicht vereinbar mit der im Buch vertretenen Konzeption, die Betrachtung über verschiedene Betriebsformen des Handels, auf virtuelle Stores und auf B2B-Situationen zu erstrecken. Insofern erschien die Übernahme des Begriffs „retail brand" ungeeignet. Zweitens: Bisher vorliegende deutschsprachige

Begriffe wie bspw. „Händlermarke", „Einkaufsstättenmarke" oder „Betriebstypenmarke"
zum Themenfeld erschienen mir für mein Unterfangen entweder nicht auf den Punkt oder
aber als zu sperrig in der Anwendung. Daher habe ich davon abgesehen, diese weiterzuführen. Einen zum Ansatz passenden und geschmeidig anwendbaren deutschsprachi-
ger Begriff konnte ich nicht auftun. Drittens: Der Begriff „store brands" scheint in der
internationalen Literatur für das Phänomen Handelsmarke belegt zu sein. Daneben ist
für Handelsmarken allerdings auch der Begriff „private label" üblich. Da ich letzteren
für die Behandlung von Handelsmarken als treffender empfinde, habe ich diesen eben
dafür übernommen. „Store" hingegen scheint mir am besten zu erfassen, was allgemein
die „Verkaufsstätte" bzw. die „Einkaufsstätte" meint. Die Bildung einer „Brand" in Bezug
zum „Store" scheint mir daher am besten durch „Store Brand" zum Ausdruck zu kommen, besonders vor dem Hintergrund des breiten Ansatzes der mit dem Buch vorgelegten
Konzeption. „Store Brand" ist m. E. ein mit der Differenzierung verschiedener Arten des
Point-of-Purchase kompatibles Dach, auf den B2B-Kontext übertragbar und mit Prinzipien der Point-of-Purchase-Kommunikation vereinbar. Mit meiner Entscheidung zugunsten des Begriffs „Store Brand" für die Markenbildung bei Einkaufsstätten beiße ich in den
sauren Apfel, eine gewisse begriffliche Verwirrung hinzunehmen.

Aus Gründen der besseren Lesbarkeit wird im gesamten Buch zudem nur die maskuline Sprachform verwendet, was im Sinne der sprachlichen Vereinfachung selbstverständlich jedoch neutral zu verstehen ist.

Das Buch speist sich zum einen aus den sich entwickelnden Forschungserkenntnissen
zum Themengebiet. Zum anderen basiert es auf mehrjähriger Erfahrung mit Vorlesungen
und Übungen sowie ungezählten anregenden Diskussionen mit Praktikern aus Handelsunternehmen.

Danken möchte ich an dieser Stelle Frau Barbara Roscher und Frau Jutta Hinrichsen
von Springer Gabler, die das Buchprojekt professionell und mit langem Atem unterstützt
haben. Mein ganz besonderer Dank gilt zudem

Herrn Thorsten Kohlbrei (geometry),

Frau Daniela Kratzenberger und Frau Lisa Kroth (engelbert strauss),

Herrn Tobias Hoser (Wanzl Shop Solutions),

Frau Christina Endreß (BTI Befestigungstechnik) sowie

Frau Nanna Beyer und Frau Patrycja Kaczmarek (kiezkaufhaus.de)

für ihre Abhandlungen zu Standpunkten und Anwendungssituationen in der Praxis.
Diese helfen, die Blickwinkel zu weiten und die theoretisch erläuterten Aspekte zu illus-
trieren. Vielen Dank!

Das vorliegende Buch ist ein Ausgangspunkt. Für inhaltliche Anregungen und Hinweise auf Fehler bin ich sehr dankbar. Sie erreichen mich am besten unter joern.redler@
dhbw.mosbach.de oder mail@joernredler.de

Ich wünsche allen Lesern eine interessante und anregende Lektüre!

Offenbach am Main   Prof. Dr. Jörn Redler
Juli 2017

Inhaltsverzeichnis

1   Store Brand: Hinführung 1
   1.1   Relevanz des Store Brand Management 1
   1.2   Herausforderungen des Store Brand Management 3
   1.3   Standpunkt: Proud to Sell 12
   Literatur 20

2   Store Brand und Store Brand Management 23
   2.1   Brand und Store Brand 23
   2.2   Store Brand Management 40
   2.3   Vielfalt der Blickwinkel im Brand Management 42
   2.4   Grundbausteine zum Aufbau einer Store Brand 50
   2.5   Bedeutung und Aufbau von Store Brand Awareness 52
   2.6   Bedeutung und Prägung eines Store Images 54
   2.7   K-V-A-Rahmenmodell zu Entstehung und Festigung der Store Brand 64
   2.8   Entwicklungsphasen der Store Brand 66
   Literatur 74

3   Store Brand Management: Strategische Kernaufgaben 79
   3.1   Situations- und Marktanalyse 79
   3.2   Aufbau und Bewertung von Zukunftsszenarien 89
   3.3   Segmentierung und Targeting 99
   3.4   Planung der Markenkonfiguration 109
   3.5   Beachtung der vertikalen Einbindung 114
   3.6   Festlegung der Store Brand-Positionierung 120
   3.7   Klärung von Kompetenzen und Verantwortungen 132
   3.8   Definition der Store Brand-Steuergrößen und Installation eines Store
         Brand Monitorings 138
   Literatur 148

4   Store Branding 155
   4.1   Idee des Store Branding. 155
   4.2   Gütekriterien und Elemente eines Store Branding. 156
   4.3   Kernelement Name 162
   4.4   Kernelement Logo 170
   4.5   Das Zusammenspiel mit weiteren Branding-Elementen bei Stores. 177
   4.6   Ausmaß der Positionierungsvermittlung 185
   Literatur. 192

5   Store Brand Management: Gestaltung des Ausdruckssystems 195
   5.1   Aktionsfelder im Überblick 195
   5.2   Point-of-Purchase und Point-of-Purchase-Kommunikation 197
      5.2.1   Grundbegriffe. 197
      5.2.2   Ansätze der Umweltpsychologie als theoretische Basis 200
      5.2.3   Zielfelder einer Point-of-Purchase-Kommunikation 207
      5.2.4   Store Brand und POP-Kommunikation 222
   5.3   POP-Kommunikation I: Physischer Store 223
      5.3.1   Einordnung. 223
      5.3.2   Umsetzung durch Visual Merchandising 224
      5.3.3   Store Architecture 267
      5.3.4   Physischer Point-of-Purchase als Theater 273
      5.3.5   Real Life: Retail Design als Erfolgsfaktor. 277
   5.4   POP-Kommunikation II: Onlineshop und Mobile-Shop 282
      5.4.1   Onlineshop als Erweiterung des klassischen Stores 282
      5.4.2   Umsetzung durch Online Visual Merchandising (OVM). 286
   5.5   POP-Kommunikation III: Persönlicher Verkauf 334
      5.5.1   Persönlicher Verkauf und die Rolle des Mitarbeiters. 334
      5.5.2   Interaktions- und Kommunikationsansätze als ergänzender
            theoretischer Zugang für den Verkauf 338
      5.5.3   Umsetzung im persönlichen Verkauf. 341
      5.5.4   Service und Beschwerdemanagement 355
      5.5.5   Real Life: Persönlicher Verkauf durch Außendienst bei BTI. 366
   5.6   POP-Kommunikation IV: Katalog und Mailing 368
      5.6.1   Katalog und Mailing 368
      5.6.2   Umsetzung durch Printkommunikation. 370
   5.7   Werbliche Kommunikation und Gestaltung der öffentlichen
      Beziehungen. 387
      5.7.1   Werbung. 387
      5.7.2   Public Relations 396

5.8 Sortiment, Preisstrategie und Promotions 402
5.8.1 Leistungsprogramm, Betriebstyp und Store Brand Image 402
5.8.2 Handelsmarken 406
5.8.3 Preispolitik und Promotions 421
Literatur 428

6 Store Brand Management: Brand Citizenship 451
6.1 Internes Marketing und Internal Branding 451
6.2 Brand Citizenship Behavior als Ziel 455
Literatur 461

7 Store Brand Management: Konsistenz 465
7.1 Konsistenz und ihre Sphären 465
7.2 Sicherung der Konsistenz 467
7.3 Real Life: Konsistenz über unterschiedliche Points-of-Purchase und
spezifische Erlebnisse bei kiezkaufhaus.de 474
Literatur 476

Websites 477

Stichwortverzeichnis 479

Store Brand: Hinführung

1

1.1 Relevanz des Store Brand Management

Fragt man Personen auf der Straße danach, ob sie OBI, IKEA oder Amazon kennen, werden diese mit hoher Wahrscheinlichkeit antworten: „ja". Fragt man diese Personen dann, welche Vorstellungen sie zu OBI, IKEA oder Amazon haben, sind sie in der Lage, je typische Eigenschaften, Erlebnisse, Produkte, Eindrücke, erlebte Gefühle, Bildassoziationen etc. zu nennen. Ebenso sind sie in der Lage zu erläutern, was OBI von Bauhaus, IKEA von POCO und Amazon von ebay unterscheidet. Wendet man dieses Szenario auf den lokalen Handwerker an, der zu den B2B-Händlern Würth oder Berner befragt wird, kommt man zu analogen Resultaten.

Anders ausgedrückt: Die Personen erinnern sich an Markennamen ihrer Einkaufsstätten und besitzen spezifische Assoziationen zu diesen Markennamen. Was damit beschrieben ist, ist das Phänomen der Store Brand. Die *Einkaufsstätten ist zur Marke geworden*. Sie besitzt Bekanntheit und ist mit einem klaren Image verbunden.

Die Ausbildung von Store Brands geschieht jedoch in den seltensten Fällen von alleine oder als Folge glücklicher Umstände. Die Regel ist, dass sich Händler ihre Store Brand hart und systematisch erarbeiten. Damit befasst sich das Store Brand Management: mit dem Aufbau, der Stärkung und Weiterentwicklung von Store Brands. Es ist ein herausforderndes, hochaktuelles Thema für die gesamte Handelslandschaft.

Enge Märkte zwingen zur Profilierung
Dass sich Handelsunternehmen oder Vertriebslinien großer Handelskonzerne als eine Marke begreifen, vor allem auch begreifen müssen, ist heute keineswegs als Einzelphänomen zu sehen. Vielmehr erscheint es als wichtiger Erfolgsfaktor. Dies ist ein Grund, warum der HandelsMonitor dem Thema 2016 erneut einen eigenen Band gewidmet hat.

© Springer Fachmedien Wiesbaden GmbH 2018
J. Redler, *Die Store Brand*,
https://doi.org/10.1007/978-3-658-09709-7_1

Händler stehen großen Herausforderungen gegenüber (dazu auch unten): Anspruchs-vollere, digital sozialisierte Kundengruppen, harter Wettbewerb durch inländische wie internationale Wettbewerber, Vertikalisierung und veränderte Wertschöpfungsketten im Zeitalter der Digitalisierung (als einige wichtige Faktoren) verlangen vom Händler, Wege zu finden, sich von anderen Händlern weiterhin wahrnehmbar zu differenzieren (dazu auch Terblanche 2009, S. 5 f.). *Der Weg dazu führt über starke Store Brands.*

Berg (2014) wie auch schon Grewal und Levy (2009) zeigen auf, dass – obgleich der hohen Bedeutung des Themenkomplexes für das Handelsmanagement – Konzepte der Markenführung bei Einkaufsstätten von Theorieseite vergleichsweise wenig untersucht sind. Einzig der Aspekt Store Image erfreut sich bei Forschern großer Beliebtheit (als einer der ersten z. B. Martineau 1958).

Die starke Store Brand als Bollwerk für mittelständische Händler

„Warum haben Modehäuser wie H&M oder Peek & Cloppenburg in Mannheim, Baumarktbetreiber wie OBI oder Bauhaus im Raum Köln/Bonn oder Warenhäuser wie Kaufhof und Karstadt in der Region Saarlouis nicht den gewohnten Erfolg? Die Antwort ist relativ einfach. In all diesen Regionen existieren mittelständische Einzelhändler, die sich mit ihrem Geschäftskonzept in dieser Region einen Namen gemacht haben, durch ein besonderes Konzept, das so nirgends sonst zu finden ist.

Ob dies das Unternehmen Engelhorn mit seinen Erlebniswelten in Mannheim, das Unternehmen Knauber mit der besonderen Service- und Kundenorientierung im Raum Köln/Bonn oder das Unternehmen Pieper in Saarlouis mit einem ganz spezifischen Einkaufsambiente und Flair ist – all diese Unternehmen sind … zur Marke geworden …" (Swoboda et al. 2016, S. 39).

Store Brand als Beeinflussung- und Bindungsmethode

Store Brands sind für Handelsunternehmen als Instrument zur Attraktivitätsschaffung bei potenziellen Kunden und zur Bindung bestehender Kunden wertvoll. Denn starke Store Brands machen nicht nur unterscheidbar, sie üben vor allem enorme *Beeinflussungsef-fekte* auf die Zielgruppen des Händlers aus. Sie steuern bspw. die Einkaufsstättenwahl prägen die Wahrnehmung der angebotenen Produkte, erlauben es, höhere Preise durch-zusetzen und sind mit einem *Vertrauensvorschuss* verbunden. Diese Effekte sind dabei nicht auf den Konsumgüterhandel beschränkt. Sie sind ebenso im Großhandel und ande-ren *B2B-Handelsformen* vorhanden.

Vor dem Hintergrund der Beeinflussungs- und Bindungseffekte ist es nachvollziehbar, wenn Keller und Lehmann (2006) eine Store Brand als *das wichtigste intangible Asset* im Handel ansehen.

Die in Europa monetär wertvollsten Brands im Sektor Handel sind: 1) H&M, 2) IKEA, 3) Zara, 4) Carrefour, 5) Tesco, 6) Marks & Spencers, 7) Auchan, 8) Boots, 9) Aldi, 10) Sephora (Interbrand 2014). Bei den Best Global Brands 2016 von Interbrand liegt Amazon auf Platz 8, Ikea auf Platz 26 und ebay auf Platz 32 (Interbrand 2016).

Einige Implikationen

Angesichts ihrer Bedeutung sollten Store Brands in Handelsunternehmen höchste Auf-merksamkeit erhalten. Dies kann sich darin äußern, dass ein *professionelles Store Brand Management* installiert wird.

Voraussetzung jeglicher Store Brand Management-Bemühungen ist aber zunächst eine gründliche Durchdringung des Markenphänomens. Dafür hilft es, sich auf die kognitions-, emotions- und sozialpsychologischen Hintergründe einzulassen. Um sich einem so komplexen Konstrukt wie der Store Brand anzunähern, ist es außerdem förderlich, sich der Vielfalt der weiteren Perspektiven nicht zu verschließen.

Über das Markenverständnis hinaus ist weiterhin ein Blueprint für das *Management der Store Brand* zu erarbeiten. Die Handlungsfelder, Rahmenbedingungen und ihre Zusammenhänge müssen dazu strukturiert werden. Dabei ist es selbstverständlich erforderlich, Besonderheiten des Handels, insb. der Kommunikationspolitik im Handel, zu beachten. Speziell der *Point-of-Purchase* als dominantes Instrument ist in seiner Bedeutung zu berücksichtigen. Neben den Aktionsfeldern der Realisationsebene sind zudem wesentliche *strategische* Fragestellungen des Store Brand Management zu bedenken. Dazu zählen u. a. die Positionierung, die Markenstrukturen, die Kontrolle und das Branding.

Monetärer Markenwert im globalen Einzelhandel stark konzentriert
„Vor vier Jahren stieß Amazon den Platzhirsch Walmart vom Thron der wertvollsten Einzelhandelsmarken. Die damalige Ablösung des Supermarkt-Giganten manifestierte den grundlegenden Wandel der Einzelhandelsbranche und führte zu einer noch stärkeren Digitalisierung der Geschäftsprozesse. Gleichzeitig haben sich Amazon, Alibaba und eBay – die alleine 40 % des Gesamtwertes der 25 wertvollsten Einzelhandelsmarken ausmachen – zu Aushängeschildern der gesamten Branche entwickelt. Heute ist Amazon mit einem Markenwert von knapp 100 Mrd. US$ (USD) die wertvollste Einzelhandelsmarke der Welt. Das ist ein zentrales Ergebnis des Markenwert-Rankings von Kantar Millward Brown für die Retail-Branche" (o. V. 2017a, S. 18 f.).

1.2 Herausforderungen des Store Brand Management

Händler sind unter dem konstanten Druck, *sich ständig änderndem Rahmenbedingungen anpassen* zu müssen: Differenziertere Kundengruppen und anspruchsvollere Kunden, harter Wettbewerb auf internationalem Parkett und rasante technische Umbrüche – als einige wichtige Aspekte – erfordern innovative Möglichkeiten, um auch künftig im Wettbewerb zu bestehen (Terblanche 2009, S. 6). Versuche, sich zu differenzieren, haben dabei immer wieder neue Formen gefunden. Sie reichten über Unterschiede in Sortimenten, Abgrenzungen nach bestimmten Servicelevels, extremer Kundennähe oder exzellenter Lieferung (Shaw und Ivens 2002) bis zu Konzepten der Erlebnisschaffung (u. a. Calhoun 2001; Berry et al. 2002). Doch was zum einen Zeitpunkt für die Differenzierung ausreicht, wird schnell zum Standard und von Kunden erwartet (Terblanche 2009, S. 6). Händler und Store Brand Manager müssen sich daher den Unsicherheiten und Ambiguitäten stellen, sie müssen Veränderungen schnell identifizieren und für sich bewerten. Dabei geht es nicht um blinde Aktionitis. Vielmehr sollten solide Diagnosen eines sich vielfältig wandelnden Umfelds als Ansatzpunkte dienen, um den Store erfolgreich in die Zukunft zu führen, die Store Brand weiter zu stärken.

Die Store Brand bringt Tante Emma zurück

Als Händler eine Marke zu sein, ist im Grunde nicht neu. Meyer (2000, S. 13) sieht im „Tante Emma"-Laden die erste Store Brand. „'Tante Emma' führte als eine Persönlichkeit das lokale Geschäft und war mit ihren Kunden vertraut. Ihr Geschäft war eine Institution im Viertel. Durch Aussehen und Persönlichkeit der Inhaberin hatte das Geschäft ein unverwechselbares Gesicht. Hier einzukaufen hieß, eine persönliche Interaktion mit der Inhaberin zu erleben. Somit: 'Tante Emma' war einmalig, unverwechselbar, bot einen Dialog an und unterschied sich grundlegend von anderen Geschäften" (Meyer 2000, S. 13). Die Store Brand kann als die Rückbesinnung auf die Prinzipien von Tante Emma verstanden werden (Meyer 2000, S. 15).

Einige Herausforderungen der aktuellen Situation sollen anhand der Felder Marktveränderungen, Kundenveränderungen, Unternehmensbedingungen und Digitalisierung thematisiert werden.

A. Markt
Hoher Wettbewerbsdruck

In den überwiegenden Handelsmärkten ist eine hohe Wettbewerbsintensität gegeben. Dies trifft besonders auf den Lebensmitteleinzelhandel (LEH) zu. Hier entwickeln sich zudem die Ausgabenanteile für Nahrungs- und Genussmittel am privaten Verbrauch nicht immer in förderlicher Weise (u. a. Kliger 1999). In diesem Segment macht sich zudem auch Substitution bemerkbar, denn Anteile am Außer-Haus-Verzehr an den Ausgaben für Nahrung sind kontinuierlich angestiegen (u. a. Hupp 2000). Andere Segmente übernehmen damit ehemals sichere Marktanteile des LEH-Segments.

Sättigung, zunehmende Handelskonzentration und starker Preiswettbewerb sind charakteristisch für die Situation auf den Absatzmärkten des Händlers (Swoboda et al. 2016, S. 23).

Globalisierung

Nationales Marktgeschehen wird in weiten Teil zugleich durch internationale Wettbewerber beeinflusst. Wettbewerbsbeziehungen sind heute global. Viele Handelsunternehmen agieren grenzüberschreitend. Internationale Big Player werden mit ihren Store Brands lokal relevant. Der alteingesessene Herrenausstatter konkurriert dann plötzlich mit Zara. Nationale und lokale Händler sind herausgefordert, auf die enorme Kraft internationaler Marken mit geeigneten Konzepten zu reagieren. Gleichzeitig verschwimmen auch kulturelle Grenzen, als Ergebnis oder Voraussetzung einer voranschreitenden internationalen Standardisierung von Handelskonzepten und Store Brands.

Die Kundenkenntnis zu Unternehmen, Marken und Produkten macht heute nicht mehr an Ländergrenzen halt, die Transparenz ist hoch. Kostendruck und Marktreife führt dabei zu weiter ansteigenden Betriebsgrößen.

Homogenität

Viele angebotene Marktleistungen sind im Grundnutzen kaum unterschiedlich. Differenzierungen erfolgen über Zusatznutzenbereiche, wobei auch noch viele Potenziale ungenutzt erscheinen. Im Handel sind Sortimente zwischen Konkurrenten oftmals in weiten Teilen identisch und den zugehörigen Einkaufsstätten fehlt es an Differenzierungskraft.

Vertikalisierung

Unternehmen wie H&M oder Zara kontrollieren die gesamte Wertschöpfungskette von der Produktion bis zum Verkauf. Vertikale Unternehmen übernehmen damit Handelsfunktionen. Da sie sich sehr profitabel darstellen und sortimentsseitig sehr kundenorientiert und schnell agieren, sind sie für den traditionellen Handel bedrohliche Wettbewerber.

▶ „Der Einzelhandel ist heute groß, konzentriert, zentralisiert und komplex" (Jary et al. 1999, S. 25).

Mono-Stores von Herstellern

Nicht nur Vertikale setzen den Handel unter Druck. Auch traditionelle Hersteller stoßen in Domänen vor, die vor einiger Zeit der Handel exklusiv erfüllte. Unternehmen wie Puma, Adidas oder Samsung unterhalten eigene Stores (oft als Flagship-Stores) und übernehmen damit Teile ihres Vertriebs nun direkt. Viele Hersteller betreiben eigene Onlineshops.

Multichanneling

Multichannel-Systeme sind für den Handel zwar in weiten Teilen Realität. Für viele Händler bleiben sie aber eine Herausforderung, da kontinuierliche Weiterentwicklungen gefordert sind und die Sicherung eines integrativen Auftritts und einer integrativen Steuerung hohe Anforderungen stellen (dazu Abb. 1.1). Kaufland bietet nun als neuen Kanal Abholstationen für bestellte Ware an. Rewe und Edeka betreiben neuerdings Home-Delivery. Zalando betreibt aufwendig gestaltete stationäre Outlets.

B. Kunde
Veränderte Muster im Kaufverhalten

Heutige Konsumenten zeigen vielfältige Verhaltensweisen beim Einkauf, die sich immer schlechter durch traditionelle, eindimensional-planbare Muster erfassen lassen. So spricht man bspw. schon länger vom multioptionalen Käufer, der sich situativ unterschiedlich verhält („Aldi trifft Gucci", Werle 2005) und stets auch mehrere Rollen wahrnimmt. Das Verhalten ist also mehrdimensional in einer Person, über die Zeit nicht stabil und unterscheidet sich auch zwischen Konsumenten (Schüppenhauer 1998). Zu fast einem Drittel sind in der deutschen Konsumbevölkerung sogenannte Smart Shopper vertreten (Grey Strategic Planning 1996). Das Phänomen des Smart Shopping wird erfasst über die Parole „Geld sparen ist clever" – es kommt diesen Käufern also in hohem Maße auf das gute Preis-Leistungsverhältnis an, wobei erhöhte Preise für lediglich einen etablierten Markennamen kritisch gesehen werden. Store Brands sollten dem Handel helfen, mehrdimensional zu überzeugen und sich von der eindimensionalen Profilierung wegzuentwickeln.

Abb. 1.1 Automat als Vertriebskanal – Sonderform des Point-of-Purchase

Suche nach Sinn und Nachhaltigkeit
Ethisch vertretbarer Konsum und Bio sind wichtige Trends, ebenso wie die Sinnsuche
(z. B. Ullrich und Wenger 2008; Opaschowski 2013; Aburdene 2008). Das Store Brand
Management sollte diese für die Markenführung rezipieren. Beispiel Nachhaltigkeit: Die
zunehmenden Kundenerwartungen in Richtung Nachhaltigkeit führen dazu, dass Handelsunternehmen sich der Anforderung stellen müssen, nicht nur ökonomisch nachhaltig
zu wirtschaften, sondern auch die Beweisführung hinsichtlich ökologischen und sozial
nachhaltigen Verhaltens zu erbringen. Insofern gewinnt Nachhaltigkeit als Differenzie-
rungsmerkmal an Bedeutung und dringt folglich auch immer stärker als Faktor bei der
Gestaltung der gesamten Supply Chain ins Bewusstsein. Sie wird zudem zunehmend fester Faktor einer Außendarstellung (z. B. Sieweke 2015).

Flüchtiges Infoverhalten und Forderung nach Erlebnis

(Potenzielle) Kunden sind in vielen Situationen wenig involviert und wenden sich dar-
gebotenen Informationen daher nur sehr, sehr ausgewählt zu. Dem steht die schier
unbegrenzte Informationsfülle gegenüber. Einfache, bildliche und leicht verdauliche Botschaften haben daher Vorteile. Gleichzeitig steigt die Anforderung für Sender von Botschaften, aufmerksamkeitsstark zu sein, um überhaupt mit angestrebten Adressaten in
Kontakt zu kommen.

Einhergehend damit zeigt sich bei vielen Zielgruppen eine zunehmende Erlebnisorientierung, die u. a. von veränderten gesellschaftlichen Werteschwerpunkten getragen ist,
zu denen insb. zählen (u. a. Opaschowski 2013; Naisbitt und Aburdene 1990; Ullrich und
Wenger 2008; Schulze 2005):

- Internationalität und Multikulturalität,
- Hedonismus,
- Individualismus,
- Freizeitbetonung.

Plakative Kommunikation, Erlebnisbotschaften und die Vermittlung von Erlebnissen
als Teil der Marktleistung sind daher in weiten Teilen eine Kernanforderung für den
Markterfolg.

Innovative Stationärkonzepte

Viel wird geklagt in der Handelslandschaft. Insbesondere traditionelle stationäre Händler fürchten
gerade durch einen stetig wachsenden Online-Anteil am Handel, Internationalisierung und Konzentration um ihre Existenz. Weniger scheint allerdings das Stationärkonzept an sich in der Krise
als vielmehr die Besinnung auf dessen Stärken, die Investition in die Kraft starker Store Brands
und der stets notwendige Wettbewerb um innovative Ideen. Wie sich innovative Konzepte erfolgreich einen Platz erobern, zeigen folgende Beispiele (nach Bergman 2013):

- Der Hamburger Herrenausstatter Policke verzichtet auf einen Top-Standort und moderne
  Ladenausstattung, findet sich in einem eher schäbigen Viertel. Dafür hat er überproportio-
  nal viele Anzüge in allen Größen und Sondergrößen vorrätig: 8000 Anzüge in 80 Größen. Die
  Preise sind nicht überdurchschnittlich, eher moderat. Mit 40 gut geschulten, fachkundigen Ver-
  käufern, die übertariflich bezahlt werden und auch Prämien erhalten, wird der Kunde unprä-
  tentiös umsorgt. Perfekt für jene männlichen Kunden, die den Kleidungskauf eher als einen
  Problemlöseprozess denn ein Shoppingerlebnis betrachten. So gut wie jeder Besucher, der den
  Laden betritt, wird zum Kunden. Der Store hat seine Seele entwickelt und lebt diese.
- Der Store 2nd Home liegt im Frankfurter Nordend. Ein Laden, der wie eine private geschmack-
  volle Wohnung gemacht ist. Gemacht für Kunden, denen die Vorstellungskraft fehlt, wie etwas
  aussehen kann. Im Angebot sind Künstler-Leuchten, Textilien, Kosmetik, Möbel, Accessoires.
  Alles was in dieser einzigartigen Konstellation gezeigt wird, kann auch erworben werden.
  Besonders gut verkaufen sich Wandfarben.
- Das Kochhaus Schöneberg ist in eben jenem Stadtteil Berlins gelegen und stellt ein begeh-
  bares Rezeptbuch dar. Auf diversen Verkaufstischen werden genau portionierte Zutaten für regelmäßig wechselnde Gerichte angeboten. Dazu gibt es die genauen Anleitungen, Zutatenlisten,

Kosten, Zeit und Weinempfehlungen. Alle Rezepte sind aus wenigen Zutaten von Köchen komponiert und an „Laien" erprobt. Menschen, die nach Feierabend schnell etwas Kulinarisches zubereiten möchten, ohne im Supermarkt herumzuirren, lieben diesen Laden. Das Konzept rechnet sich, denn das Sortiment ist überschaubar und die Klientel zahlungsbereit. Das Kochhaus hat Ableger in Frankfurt und Hamburg.

Konfusion

(Potenzielle) Kunden sind in vielen Situationen durch die Vielzahl von Optionen, Marken, Informationen, Angeboten überlastet, desorientiert und verwirrt. Dies führt zum Empfinden von Stress und der Ausbildung negativer Emotionen, was wiederum dazu führt, dass sie sich tendenziell abwenden. Dieses Phänomen wird unter dem Begriff „Customer Confusion" diskutiert (z. B. Schweizer et al. 2006). Vereinfachungsansätze (mental convenience) und psychische Entlastung sind folglich wichtige Themen für den Handel und das Store Brand Management.

Kommunikation und Distribution

Zielgruppen sind an eine Kanalvielfalt bei der Kommunikation gewöhnt. Kommunikation findet zudem zunehmend mittels digitaler Medien statt. Dabei wechselt das Paradigma vom Push zum Pull: (Potenzielle) Kunden entscheiden, welche Botschaften sie zulassen. Zudem agieren sie untereinander vernetzt. Für den Handel besteht die Herausforderung, adäquate Lösungen für die Kommunikation mit Zielgruppen zu finden.

Zielgruppen erwarten außerdem oft die Zugänglichkeit zum Store über mehrere Kanäle. Selbstverständlich wird bspw. davon ausgegangen, dass ein Händler wie Media Markt neben den Filialen auch einen Onlineshop hat. Aus Sicht des Store Brand Management geht es darum, solche Erwartungen zu kennen und diesen Erwartungen gerecht zu werden.

▶   Mit dem Aufkommen des digitalen Zeitalters ergeben sich massive Veränderungen in der Art und Weise wie Menschen untereinander als auch mit Unternehmen on- und offline interagieren – das bedeutet: Die Prinzipien, wie Brands gemanaged werden, müssen überdacht werden (Hatch und Schultz 2010).

C. Unternehmen
Mangelnde Investitionsbereitschaft

Der Aufbau von starken Store Brands erfordert langfristige Investitionen. Langfristigkeit und Höhe der damit verbundenen Auszahlungen werden aus Handelsperspektive aber oft sehr kritisch beäugt, denn strenges Kostenmanagement und sehr geringe Umsatzrenditen prägen den Alltag des Handels (Jary et al. 1999, S. 33).

Fehlende Differenzierung und Wahrnehmbarkeit

Viele Händler sind noch keine Store Brands, und viele Store Brands sind noch zu schwach. Dies äußert sich darin, dass potenzielle (Kunden) innerhalb einer Betriebsform immer weniger Unterschiede zwischen den Anbietern sehen – offenbar haben es Händler nicht in hinreichendem Maße geschafft, über die Kundenkontakte eine eigene Brand in der Psyche des Verbrauchers zu verankern (so auch Meyer 2000, S. 17). Oft werden auch Chancen, sich als perfekt inszenierte Erlebniswelt darzustellen, nicht einmal ansatzweise aufgegriffen.

Sinkende Kommunikationseffizienz

Die Zahl von werberelevanten Medien ist in den letzten Jahren weiter drastisch angestiegen. Dies lässt sich an der Anzahl von TV-Sendern, Internet-Formaten, Zeitschriften, Anzeigenblättern etc. erkennen (dazu Esch 2012, S. 27 f.). Ganz neue Kommunikationsinstrumente (z. B. In-Game-Placement, Social Media-Kanäle) stoßen hinzu. Gleichzeitig vervielfacht sich die Zahl der Werbebotschaften innerhalb eines Mediums. Beispielsweise wurden schon 2012 in Deutschland allein rund 3,5 Mio. Werbespots ausgestrahlt (ZAW 2013, S. 333). Daneben wirkt der Effekt des „Second Screen": Zunehmend wird parallel zu einem Medium ein zweiter „Screen", also das Tablet oder das Smartphone genutzt. Für das Store Brand Management wird es insofern immer schwieriger, Lösungen zu finden, mit dem notwendigen kommunikativen Druck zu Zielgruppen vorzudringen. Auch die integrierte Kommunikationsplanung wird nicht einfacher. Die Multiplikation der Medien und Botschaften führt dazu, dass die Kommunikationseffizienz meist sinkt.

Problematische organisatorische Rahmenbedingungen

Verantwortungen für das Brand Management sind oft unzureichend an der obersten Führungsetage angeknüpft und werden zudem gerade von jungen, unerfahrenen aber karriereorientierten Managern wahrgenommen (dazu Kapferer 1992, S. 32 f.; Esch 2012, S. 47). Dadurch fehlt die notwendige Konstanz im Brand Management, weil a) die Verantwortungen schnell wechseln und b) die langfristigen Konsequenzen aus der Perspektive des Managers quasi keine Rolle für den eigenen Weg des Managers spielen. Hinzu kommt: Strategische Kommunikationsentscheidungen und Kommunikationsmaßnahmen, die für die Schaffung und Pflege starker Brands elementar sind, werden oft stark von externen Agenturen geprägt. Ein solches „Outsourcing" von Kernfragen ist aus Sicht der Brand fatal.

Ein weiterer Punkt zu den Strukturen: Aus Sicht des Kunden bestehen für einen Kauf oft keine Unterschiede zwischen dem Online- und dem Stationär-Kanal. Für ihn sind die reale und die digitale Welt eins (Rigby 2014). Auch dies sollte sich der Handel verdeutlichen. Noch viel zu oft werden bspw. das Stationär- und das Onlinegeschäft unabhängig voneinander betrieben.

Baldur-Garten – Wachstum durch Mobile-Strategie

Der Pflanzenversender und Spezialist für Pflanzen-Neuheiten und -Raritäten Baldur-Garten GmbH aus Bensheim erreichte 2016 mit über 1 Mio. Kunden und über 3000 Produkte einen Umsatz von rund 30 Mio. EUR. Baldur arbeitet mit bis zu 300 Mitarbeitern und versendet bis zu 800.000 Sendungen pro Jahr.

Der Händler stellte seine Online-Strategie stärker auf mobile Endgeräte ab und launchte dafür einen neuen Onlineshop. Dieser soll bei Kunden insb. ein gesteigertes Erlebnis möglich machen, mehr Funktionalitäten integrieren und die Usability verbessern. Der neu ausgerichtete Onlineshop ist nun eine responsive Lösung, die auch alle mobilen Endgeräte miteinbezieht. Dieser ist nach dem Launch auch per Smartphone und Tablet intuitiv bedienbar und kann große und vielfältige Bilder besser ausspielen. Außerdem wird gesichert, dass das Sortiment zum Kunden hin einheitlich dargestellt wird. Intern entfällt lästige und fehlerprovozierende Doppelpflege am Sortiment. Ein geräteübergreifender Warenkorb erlaubt, dass der Kaufprozess über mehrere Stationen erfolgen kann, beispielsweise kann via Smartphone eine Pflanze direkt am Beet ausgewählt werden und später am PC gekauft werden. Abgelöst wurde damit der bisherige, separate Mobile-Shop, der eher eingeschränkte Funktionalitäten zeigte. Seit der Umstellung wuchs die Nutzung des Mobile-Shops durch Kunden stark an und die Konversionsraten steigerten sich signifikant. Quelle: o. V. 2017c.

Digitalisierung

Digitalisierung und Internet verändern nicht nur die Kommunikation enorm, auch das Kaufverhalten von Menschen wird in hohem Maße gewandelt. Viele Produkte werden anstatt stationär nun online geordert. Oft werden Produkte zuerst im Internet recherchiert, um diese dann stationär zu erwerben – oder Kunden probieren Produkte im Laden aus, um dann doch online zu kaufen (Herbener 2015, S. 63). Viele Kunden nutzen das Geschäft nur noch als „Showroom", um Produkte (insb. mit höherer Fehlkaufgefahr) in Augenschein zu nehmen.[1] Aber auch das Einkaufserlebnis, das stationär stärker ausgeprägt ist, scheint eine Rolle zu spielen.

Social Commerce als Teil der Alibaba Group

Die Alibaba Group, Hangzhou/China, ist einer der weltweit wachstumsstärksten und erfolgreichsten Händler. Der Umsatz betrug 2016 7669 Mio. US$ und wuchs im Vergleich zum Vorjahr um rund 54 %. Das Kerngeschäft Handel machte dabei 6708 Mio. US$ aus.

Ein Teil der Handelsaktivität setzt mit taobao.com auf Social-Commerce (Abb. 1.2). Die Plattform erzeugte im Dezember 2016 bereits 493 Mio. aktive User, wodurch sie für viele Anbieter und andere Händler attraktiv ist. Durch eine bessere Datennutzung möchte Alibaba die Erfahrung für Nutzer noch weiter personalisieren. Quelle: o. V. 2017b.

Die Digitalisierung verändert zudem *Geschäftsmodelle,* nicht nur im Handel. Neue Wettbewerber betreten damit die Bühne, vom Internet Pure Player bis zum virtuellen Anbieter. Gleichzeitig muss sich jeder Händler die Frage stellen, wie er aus den Veränderungen der Digitalisierung resultierende Chancen für sich identifiziert und erfolgsversprechende Strategien entwickelt.

Das Store Brand Management steht vor der doppelten Herausforderung, einerseits auf die Anforderungen und Marktveränderungen, die die Digitalisierung mit sich bringt, angemessen zu reagieren, andererseits den digitalen Wandel für das Unternehmen und

---

[1]Die Standortpolitik, die traditionell ein Kernbereich des Handelsmarketing ist, muss im Zeitalter der Digitalisierung also zum Teil neu durchdacht werden.

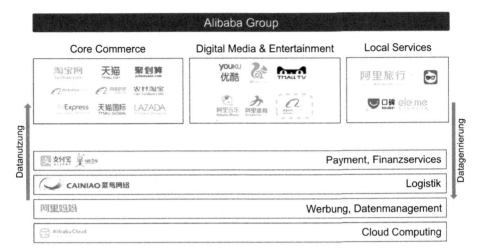

Abb. 1.2 Struktur der Alibaba Group. (Quelle: In Anlehnung an o. V. 2017b, S. 2)

die Store Brand aktiv zu gestalten. Store Brands müssen ins und im digitalen Zeitalter geführt werden.

Fünf Erfolgsfaktoren, um die digitale Disruption zu meistern
Untersuchungen von Rigby und Kollegen (zitiert nach Rigby 2014), die sich auf Best-Practices von globalen Branchenführern stützen, haben fünf Regeln identifiziert, die für den Unterschied zwischen Erfolg und Misserfolg verantwortlich sind. Nicht alle stellen grundsätzlich neue Erkenntnisse dar. Jedoch zeigte sich anhand der erfolgreichen Unternehmen, dass es eben auf ihre Umsetzung ankommt.

1. Die Strategie auf der Verschmelzung von digitaler und physischer Welt aufbauen. Nur so lassen sich Wettbewerbsvorteile halten.
2. Systematisch Verbindungen zwischen allen Kontaktpunkten – egal ob digital oder real – aufbauen und verstärken, als Bausteine eines perfekten Kundenerlebnisses. Digitale Innovationen konsequent integrieren.
3. Das Innovationsmanagement neu strukturieren, indem in jeder Phase digital experts gleichberechtigt eingebunden werden.
4. Eine Phase des Wettbewerbs zwischen organisatorisch getrennten traditionellen und Online-Einheiten für Beschleunigung und Wandel nutzen. Neuen digitale Ansätzen Schutz für den Kompetenzaufbau und die Profilierung durch einen Start-up-Rahmen gewähren.
5. Ein digital versiertes Führungsteam aufbauen. Insbesondere als CEO eine digital-minded Person wählen.

1.3   Standpunkt: Proud to Sell[2]

Von Torsten Kohlbrei | geometry

Wenn zwei sich streiten, bekommt der Dritte eins auf die Nase: Die Profilierung von „Händlermarken" wird allgemein aus den Kräfteverschiebungen im Dreiecksverhältnis von Händler, seinem Wettbewerb und den Herstellern abgeleitet. Seit die ehemals biederen Kaufleute nicht mehr allein auf die Optimierung interner Prozesse schauen, sondern ihre Ähnlichkeit zur Konkurrenz als bedeutendes Hindernis bei der Geschäftsentwicklung erkannt haben, nutzen sie die „Veränderung der Machtverhältnisse in der Konsumgüterwertschöpfungskette"[3] zum Aufbau einer „Marketingführerschaft"[4] sowie von differenzierenden Markenidentitäten: „Ich bin doch nicht blöd"[5].

Denn die gestiegene Marktkonzentration im Handel, aber auch der direktere Zugang zu Informationen über das Käuferverhalten versetzt den Handel in die Lage, den Einfluss der Hersteller zurückzudrängen. Unmittelbar augenfällig wird dies beim Gang durch den dm-Markt an der nächsten Ecke. Die Filiale wird von den Gestaltungsprinzipien des Handels dominiert, die Hersteller müssen sich buchstäblich ins Regalbild fügen. So profiliert sich der Händler und stärkt anscheinend seine Wahrnehmung als Marke.

Doch bei dieser Herleitung des „Phänomens Händlermarke" bleibt eine entscheidende Instanz unberücksichtigt. Der Shopper erscheint hier lediglich als eine passive Figur, die erst die Bühne betritt, wenn die Handelslandschaft geordnet ist, um sich dann innerhalb der Szenerie für einen Retailer zu entscheiden. Dabei geht verloren, dass auch Händlermarken Marken sind, und als solche erst in den Köpfen der Konsumenten entstehen.

Daher wird an dieser Stelle vorgeschlagen, im Folgenden Marken als von Unternehmen oder Produkten initiierte, affirmative Wert-Vorstellungen zu verstehen, die im gesellschaftlichen Diskurs über die Werbung des Markeninhabers, die Erfahrung der Konsumenten mit dem Produkt oder Unternehmen sowie durch aktuelle soziale Projektionen operationalisiert wurden und für die spezifische Zielgruppe einen mehr oder weniger starken, kollektiv gültigen Zeichencharakter gewonnen haben.

Gemäß diesem Verständnis verlangt auch die Bildung von Händlermarken (Store Brands) die Beantwortung der schlichten Fragen: „Warum lassen Konsumenten, warum

---

[2]Dieser Aufsatz verzichtet weitgehend auf Statistiken und Umfrageergebnisse. Denn sein Verfasser respektiert die Autorität der Empirie, er kann jedoch nicht erkennen, warum alle weiteren bewährten Erkenntnismethoden der Geisteswissenschaft ihre Kraft verloren haben sollen. Basierend auf seinen Erfahrungen in der Beratung einer Werbeagentur erlaubt er sich die Annahme, dass die Gier nach „Zahlen" vor allem auf den Mangel an Mut zurückzuführen ist, eine Strategie radikal zu durchdenken und zu den Ergebnissen dieser Überlegungen zu stehen.

[3]Morschett, D. (2002). Retail Branding und Integriertes Handelsmarketing: eine verhaltenswissenschaftliche und wettbewerbsstrategische Analyse. Wiesbaden: DUV, S. 2.

[4]Ebd.

[5]Der 1995 eingeführte Claim von Media Markt ist nach Aussage des Unternehmens 96 % der Deutschen bekannt; dazu: http://www.mediamarkt.de/de/shop/unternehmen/die-marke-media-markt.html (16.2.2016).

lassen wir Store Brands zu? Wann akzeptieren wir ein Handelsunternehmen nicht nur als qualifizierte Schnitt- oder Verteilerstelle zwischen Produzent und Käufer, sondern als Wert-Vorstellung, als Marke?"

Eine aus Sicht des Verfassers tragfähige Antwort ergibt sich aus dem veränderten Einkaufsverhalten, das die offenen, postmodernen Gesellschaften seit Mitte des vorherigen Jahrhunderts immer stärker prägt. Solange die Befriedigung eines Bedarfs[6] im Vordergrund steht, ist der Händler lediglich in seiner Funktion als Vermittler von Interesse. Er stellt den Zugang zu Waren sowie deren Qualität sicher. Wenn die Befriedigung eines Bedarfs aber zur Selbstverständlichkeit geworden ist – wie beschrieben geht es hier um die offenen, postmodernen Gesellschaften mit ihren ausentwickelten Märkten – kann sich der Konsument den Luxus leisten, das Einkaufserlebnis, die Präsentation und Auswahl von Waren, zu genießen.

Das Wort „Erlebnis" bedarf an dieser Stelle einer Schärfung, wird es doch inflationär für die Gestaltung einer irgendwie angenehmen Einkaufsatmosphäre genutzt. Was hier gemeint sein soll, ist aber tatsächlich das Erlebnis des Einkaufs, und das bedeutet das Erlebnis der Auswahl aus einem Angebot. Diese Erfahrung rechtfertigt im deutschen Sprachraum die Benutzung eines neuen Begriffs in der Alltagssprache: „Wir gehen shoppen."[7] Denn zum faktischen Einkaufen, der Beschaffung eines Produkts, ist etwas Neues hinzugetreten: die Wahl aus der Vielfalt des Möglichen, die Entscheidung im Überfluss für das mir Gemäße. Und auch wenn der Weg vom Joghurt-Becher zur philosophischen Hypothese weit ist: Die Wahl ist das konstitutive Element postmoderner Gesellschaften. Idealiter wählen wir den Beruf unabhängig von der Profession unserer Eltern, wir entscheiden uns für einen Lebensstil, Religion, Wohnort, Sprache, sogar die sexuelle Orientierung steht in gewisser Weise zur Disposition.[8]

---

[6]Hierzu: Schulze, G. (1999). Die Erlebnisgesellschaft. Kultursoziologie der Gegenwart, Frankfurt, und Schulze, G. (o. J.). Was wird aus der Erlebnisgesellschaft, unter http://www.bpb.de/apuz/25682/was-wird-aus-der-erlebnisgesellschaft (22.02.2016).

[7]Vgl. zur Wortbedeutung: http://www.duden.de/rechtschreibung/shoppen 27.02.2016: „Shoppen, Bedeutungsübersicht: einen Einkaufsbummel machen, einkaufen". Die Wahl tritt hier also gegenüber dem Kauf in den Hintergrund, dies entspricht auch der historischen Wortentwicklung; vgl. Dictionary.com „shop", in Online Etymology Dictionary (source location: Douglas Harper, Historian), online unter http://dictionary.reference.com/browse/shop (27.02.2016): „Shop = 1680s: „to bring something to a shop, to expose for sale, from shop (n.). The meaning 'to visit shops for the purpose of examining or purchasing goods' is first attested 1764. Related: Shopped; shopping. Shop around is from 1922. Shopping cart is recorded from 1956; shopping list first attested 1913; transferred and figurative use is from 1959."

[8]Recht anschaulich wurde die „Multioptionalität" zuletzt dargestellt von Tobias Hürter et al. in: „Mehr Freude an der Wahl", Hohe Luft, 2/2016, S. 20–27: „Nicht einmal einen Burger kann man bei McDonald's bestellen, ohne sich mehrfach zu entscheiden: mit Zwiebeln? Mit Gurken?" – „Das Problem der Multioptionalität können wir nur lösen, wenn wir in der Lage sind, einen Großteil der Optionen für uns auszuschließen. Erst dann bedeutet Multioptionalität wirklich mehr Freiheit – und nicht heillose Überforderung." Damit beschreiben die Autoren eine zentrale Erkenntnis des Shopper Marketings. Denn die Erfahrung zeigt, dass Shopper zunächst „deselektieren", also Optionen ausschließen, bevor sie ihre Wahl treffen. Sie wollen eben einen Gouda, keinen Weichkäse und blenden daher nicht relevante Angebote aus. Als angenehm wird ein Einkauf erlebt, der diesen Prozess unterstützt.

Mit jedem „Shoppen" wird der soziale Akt des Wählens eingeübt. So erklärt sich, warum Shopping Malls in ihrer urbanen Präsenz die Rolle mittelalterlicher Kirchen übernommen haben. Nahm dort das teleologische, hierarchische Welt-Bild räumliche Gestalt an, so sind die Malls symbolische Orte einer Wahlmöglichkeit, deren so konsequente wie egalitäre Zugangsberechtigung im Besitz von Geld besteht.[9]

Es liegt auf der Hand, dass die skizzierte Entwicklung die Rolle des Handels verändert und den Aufbau von Store Brands begünstigt hat. Wo die Wahl das Ziel ist, gibt es buchstäblich mehr physischen und digitalen Raum zur Inszenierung eben dieser Auswahl. Ein starkes Beispiel ist Media Markt. Wie kaum eine andere Marke basiert ihr Erfolg auf dem Versprechen von Teilhabe. Geiz war niemals geil, vielmehr ist der anscheinend schwellenlose Zugriff auf Produkte mit hohem Statuswert durch eine Präsentation, die in Vielfalt schwelgt und private Investitionsgüter als Mitnahmeprodukte inszeniert, hochgradig affizierend.[10] Am deutlichsten wird dies, wenn man sich an Phonofachgeschäfte der 60er und 70er Jahre erinnert. Gemäß dem Wert der Produkte wurde die Ware exklusiv vorgestellt, die Begegnung mit dem Fernseher oder der Stereoanlage wurde vom Verkäufer vermutlich kompetent, aber auch achtungsgebietend, distanzierend begleitet. In deutlicher Abgrenzung von diesem Einkaufserlebnis bietet Media Markt ein ganz anderes Gefühl: Verfügbarkeit für individuelle Teilhabe. Alle Kampagnen sind der lang nachhallende Donner auf diesen einen markenbildenden Marketing-Blitz, der den Technikanbieter als eine barrierelose Oase der Verfügbarkeit zeigt: „und das XP3 hab' ich dann auch direkt mitgenommen." Oder mit einer aktuelleren Kampagne gesprochen: Wer will, der kriegt.[11] Media Markt ist aber nicht nur interessant, weil das Unternehmen seine Marke so stromlinienförmig im Zeitgeist platzierte, dass sie auf einen der vorderen Plätze in der Shopper-Wahrnehmung segeln konnte, sondern auch, weil sich in den letzten Jahren zeigte, was geschieht, wenn sich der Wind dreht.[12]

---

[9]Ausdrücklich erwähnt sei, dass keine Glaubens- oder Denkschule für obsolet erklärt werden soll, aber es lässt sich nicht leugnen, dass sie ihre Rolle als gesamtgesellschaftliche Orientierungs- und Ordnungsinstanzen weitgehend verloren haben.

[10]Vgl. dazu die Selbstdarstellung des Unternehmens: „Während die formale Seite der Werbung spektakulär ausfällt, stellt die inhaltliche Aussage *Auswahl, Marke und Preis* in den Vordergrund." Zitiert nach: http://www.mediamarkt.de/de/shop/unternehmen/die-marke-media-markt.html (16.02.2016).

[11]Dazu: http://www.presseportal.de/pm/55404/2861809 (27.02.2016, eingestellt 23.10.2014) über die Saisonkampagne zum Weihnachtsgeschäft (2014): Wer will, der kriegt. Im Markt. Im Netz. Jederzeit. „Dass das bei Media Markt problemlos klappt, zeigen zum Auftakt der Kampagne verschiedene TV-Spots, die sämtliche Zielgruppen adressieren. Die einzigen Hürden, die die jüngeren wie älteren Protagonisten dabei überwinden müssen, sind familiärer Natur."

[12]Dazu beispielsweise: Peter Tischer: „Keine Trendwende bei Media-Saturn", crn.de (01.08.2014), zitiert nach: http://www.crn.de/server-clients/artikel-103708.html (27.02.2016), Nannika Scholz, Multi-Channel-Retailing Analyse: Media Markt, http://www.webspotting.de/2016/01/04/multi-channel-retailing-analyse-media-markt/ (27.02.2016).

Das Gefühl, die Wert-Vorstellung, einer schnellen Verfügbarkeit können Internet-Portale in einer bisher ungekannten Qualität bieten: größeres Angebot, bessere Vergleichsmöglichkeit, eine geschicktere Camouflage des Bezahlprozesses. Dort scheinen die Produkte noch einfacher erreichbarer, jeweils nur einen Klick entfernt.

Entsprechend wurde die Media Markt-Filiale zu einem Verkaufspunkt unter anderen mit mehr oder weniger guten Angeboten und Eigenschaften, aber ohne jene differenzierende, emotionale Strahlkraft, die von der affirmierten Wert-Vorstellung einer Marke ausgeht. Daraufhin konzentrierte sich Media Markt ab 2012 auf die Entwicklung von Online-Konzepten, die das Markenversprechen in den neuen Kanal übersetzen.[13] Nun bleibt abzuwarten, ob sich die positiven Signale bestätigen und sich Media Markt im gewandelten Umfeld langfristig behaupten kann.[14]

Ganz unabhängig von der Marke Media Markt und ausgehend von dem fürs heutige „Shopping" als konstitutiv vorgeschlagenen Motiv der „Auswahl als Erlebnis" sollen an dieser Stelle zwei Kommunikationsdimensionen für den Aufbau von langfristig überzeugenden Markenbildern skizziert werden.

Leitmotiv A: Personal Shopper
Der Akt der Auswahl wird erst zum positiven, identitätsstiftenden Erlebnis, wenn er mit dem Gefühl verbunden ist, die richtige Entscheidung getroffen zu haben. Gerade für eine Store Brand ergeben sich hier Möglichkeiten, den Aufbau einer nachhaltig wirksamen Wert-Vorstellung zu etablieren.

Entlang des gesamten „Shopping-Cycle" also von der ersten Recherche über die Deselektion irrelevanter Angebote bis zur Kaufentscheidung und unabhängig, ob es sich um einen klassischen Einkauf, die Nutzung von eCommerce-Plattformen oder ein Hybrid-Shopping handelt: Händlermarken sollten ihre Kommunikation als (Beratungs-)Service verstehen und sich so beim Aufbau des Markenbildes auf ihre genuine Mittlerfunktion stützen. In einer Welt immer unübersichtlicherer Angebote und einer Kakofonie guter Ratschläge können sie ihre digitalen und physischen Räume nutzen, um sich als möglichst individuelle „Personal Shopper" an der Seite der Kunden zu inszenieren. Welche Möglichkeiten sich hier für den Handel bieten, wird deutlich, wenn man sich die – sicher optimistische – Beschreibung des Soziologen Gerhard Schulze vergegenwärtigt, der übergreifend den Wettbewerb um Aufmerksamkeit beschreibt:

„Da die Sinnesressource der Steigerung von Ausdrucksmitteln immer knapper wird, muss sich der Selektionsmechanismus der Marktorientierung immer stärker auf den Inhalt verlagern. Zwangsläufig konkurrieren die Anbieter nicht mehr durch gegenseitiges

---

[13]Dazu Scholz, N. (o. J.). Multi-Channel-Retailing Analyse: Media Markt. In „WebSpotting. Das E-Commerce Blog der Fachhochschule Wedel", http://www.webspotting.dc/2016/01/04/multi-channel-retailing-analyse-media-markt/ (27.02.2016).

[14]Vgl. dazu den angekündigten Start des „Kundenclubs": http://www.horizont.net/marketing/nachrichten/Zum-roten-Hirschen-Media-Markt-will-mit-seinem-Kundenclub-das-CRM-ncu-erfinden-138816 (16.02.2016).

Übertrumpfen auf Steigerungspfaden wie Reizintensivierung, Vereinfachung und Zeit-verkürzung, sie konkurrieren durch Erfindung, Argument und Information."[15]

Wer könnte den Shopper besser auf dem Weg zu Erfindungen, Argumenten und Infor-mationen begleiten als der Handel? Das glaubwürdige Ausspielen dieser Rolle erlaubt den Aufbau der Wert-Vorstellung „ehrlicher Makler", die zu einer langfristigen Shop-per-Loyalität führt, der mit bloßen Preisaktionen beizukommen sein dürfte. Es ist dem Verfasser rätselhaft, warum Händler ihre Beratungsqualität, von Ausnahmen abgese-hen (z. B. Weinkategorie im LEH mit markenübergreifenden Orientierungs- und Infor-mationsangeboten), zwar in der Kommunikation postulieren, bei der Einlösung jedoch weitgehend auf Initiativen der Hersteller für die Produkt- und Kategoriekommunikation vertrauen. Dies ist umso schwerer zu verstehen, da nicht nur die Theorie, sondern auch die Praxis das stärkere Engagement nahelegt. Wo beispielsweise die Investition in digi-tale Beratungsinstrumente für einen Hersteller nicht finanzierbar ist, ergeben sich für den Handel bei langfristiger, markenübergreifender Nutzung ganz andere Potenziale.

Leitmotiv B: Shopping & Repräsentation
Zum Verständnis der zweiten Kommunikationsdimension, die hier zur Markenbildung von Handelsunternehmen umrissen werden soll, muss der Akt der Auswahl genauer beschrieben werden. Wenn das „Shopping" einen Akt der Auswahl kennzeichnet, stellt sich die Frage, was denn da ausgewählt wird?

Bei jedem Kauf, der die unmittelbare Befriedigung eines Bedürfnisses übersteigt, wird ein letztlich unauflöslicher Mix aus faktischer Produktqualität bzw. einem klar for-muliertem Qualitätsversprechen und der Aneignung eines Assoziationsraums erworben: Durch den Kauf des Rasierers X erwerbe ich einerseits ein Gerät mit fünf wohlmöglich „sehr gut" getesteten Klingen und andererseits das durch die Kommunikation aktivierte Gefühl, Spitzentechnologie für eine besonders erfrischende Rasur in meinem Badezim-mer platzieren zu können.

Traditionell qualifizieren sich Markenhersteller durch das Abdecken beider Dimen-sionen, der rationalen und der emotionalen. Inzwischen zeigt sich, dass Eigenmarken (private label brands) wie die Feine Welt[16] von REWE durch die Kommunikation von Exklusivität und Exotik ebenfalls emotionale Strahlkraft erzeugen können. Besonders interessant ist mit balea ein weiteres Beispiel für diese Tendenz. 1995 als dm-Pflege-marke gestartet, wurde die Handelsmarke zunächst bis hin zur Anzahl der Buchstaben im Namen als „Kopie" von Nivea wahrgenommen und hat es inzwischen zur eigenen Identi-tät mit facebook-Community geschafft.[17]

---

[15]Schulze, G. (1999, S. 65 f.). Kulissen des Glücks. Streifzüge durch die Eventkultur, Frankfurt: Campus.

[16]https://www.rewe.de/marken/feine-welt (27.02.2016).

[17]http://www.medizin-markt.eu/2014/06/nachgefragt-welches-unternehmen-steckt-hinter-der-marke-balea (27.02.2016).

Doch – und diese Einsicht gilt es zur Geltung zu bringen – starke Marken gehen über die emotionale Erlebnisqualität noch einen Schritt weiter. Denn starke Marken wirken nicht nur *auf* den Shopper, sondern auch *für* ihn. Sie repräsentieren ihren Shopper, sie funktionieren als Zeichen von „Wert-Vorstellungen". Wie dieser Zeichen-Charakter wirkt, belegt der Bericht eines Außendienstmitarbeiters. Auf die Frage nach einem Dress-Code berichtete er, dass seine Teamleitung von schwarzen Anzügen der Marke „Boss" abgeraten hätte, da diese von den Gesprächspartnern im Einzelhandel als zu „schick" angesehen würden, und man nicht mit der entsprechend gekleideten Sales Force eines als etwas hochnäsig geltenden Süßwarenherstellers verglichen werden möchte.

Dem Außendienstler wurden „normale" Marken wie Esprit oder Benetton nahegelegt. Interessant ist nun, dass die Teamleitung des um ein bodenständiges Image bemühten FMCG-Herstellers explizit eine Markenempfehlung ausgesprochen hat. Sie nutzt klar jenen Mehrwert, den selbst Mainstream-Marken in der Kommunikation bieten. Die mit ihnen verbundenen Attribute, hier die unprätentiöse Freude an (italienischem) Design, ein gewisses Qualitäts- sowie Preisbewusstsein und ganz allgemein der Sinn für schöne Dinge, empfehlen den Vertreter der Genuss versprechenden Mopro[18]-Marke als Gesprächspartner auf Augenhöhe.

Was hier auf den ersten Blick wie ein recht bekannter Verweis auf das Phänomen der altbekannten Angeberei durch präpotent zur Schau gestellte Logos klingt, beschreibt eine zentrale Funktion von Marken in der postmodernen Gesellschaft.

Wo der Einzelne sich nicht mehr durch die Zugehörigkeit zu einer großen Erzählung (der christlichen Religion, der kommunistischen Ideologie) oder allein durch soziale Fixpunkten (Einkommen, Bildung) auszeichnet, werden neue Codes zur Identitätsdarstellung nötig. Starke Marken erfüllen genau diese Funktion, denn wie der Einzelne mit Marken spielt, sie mixt (oder sich ihnen entzieht) macht ihn sozial „lesbar". Marken sind Attribute der Identitätsrepräsentation. Diese Selbstdarstellung zielt auf die Kommunikation durch Sichtbarkeit, sie ist aber bereits erfüllt, wenn ein Logo faktisch nicht zu erkennen ist, da die Selbst-Wahrnehmung in jedem Fall beeinflusst und das Marken-Produkt von der relevanten Zielgruppe „gelesen" wird.[19]

Wenn in postmodernen Gesellschaften mit jedem Kauf ein persönlichkeitsbildendes Attribut (mit) erworben wird; ja wenn angesichts von steigender Preis-, Qualitäts-, und Erlebnisäquivalenz die Frage „Was passt am besten zu mir?" zunehmend bei der Kaufentscheidung an Bedeutung gewinnt, warum inszeniert sich der Handel nicht als Instanz

---

[18]Mopro steht im Handelsjargon für Molkereiprodukte.

[19]„Selbst in den meisten alltäglichen Produkten stecken mittlerweile ähnlich starke Bedeutungen wie in Kunstwerken oder Texten, weshalb das Konsumieren oft auch eine hermeneutische Beschäftigung geworden ist. Daher gibt es inzwischen auch Konsumversager, ja Konsumanalphabeten. Sie sind diejenigen, die diese Codes nicht lesen können, …", Ullrich, W. (2016, S. 123): „Kunstsammler als ‚Role Model' für kreative Konsumenten". In Hohnstätter, D. (Hrsg.), Konsum und Kreativität, Bielefeld: transcript.

zur Auswahl und Ausrüstung der jeweils zielgruppenspezifisch relevanten Codes? Oder näher am Alltag formuliert: Kategorieübergreifend werden durchschnittlich 76 %[20] aller Kaufentscheidungen – auch dieser Aufsatz kann die magische Zahl des Shopper-Marketings nicht entbehren – erst am Point-of-Sale getroffen. Dort verdichtet sich der unauflösliche Mix aus Bedürfnissen (Hunger), Vorlieben (etwas Fruchtiges) und dem latenten Wunsch zur Selbstrepräsentation (das Produkt als Attribut) zur Auswahl.

Indem der Handel starken Marken Raum zur Präsentation der von ihnen getragenen Wert-Vorstellungen lässt, entfaltet er nicht nur eine Atmosphäre, er bietet seinen Shoppern die Möglichkeit, sich selbst zu wählen: eine schrille Zutaten-Kombinationen von Müller-Milch? Bewusste Ernährung, allerdings unbelastet von allen problematisierenden Bio-Siegeln, á la Landliebe? Oder doch die reine Öko-Lehre aus dem Bioland von Andechser?

Während der Mittagspause wird der Marken-Joghurt als winzige Facette der Identitätsdarstellung funktionieren: Ich bin mehr als Arbeitskraft und Kollegin, lest meine Persönlichkeit![21]

Dieses Rollen-Spiel wird natürlich ergänzt durch bekannte Attribute, die Krawatte und das weiße Hemd, unterschiedliche Rocklängen, Absatzhöhen oder die ganze Vielfalt vom modischen Buddha-Anhänger bis zum tradierten Kettchen mit Kreuzanhänger. Marken ergänzen dieses Reservoir und bilden einen Pool zum Ausspielen von situativen Rollendarstellungen. Gerade in der Möglichkeit zur Nuance, dem kontinuierlichen Wechsel und Anpassen, zeigen sich die attributiven Kräfte.[22]

---

[20]POPAI's 2012 Shopper Engagement Study.

[21]Dazu „Kolonien der Ökonomie. Gespräch zwischen Axel Honneth, Rainer Forst und Rahel Jaeggi". In polar. Zeitschrift für politische Philosophie und Kultur 2 (2007, S. 42): Dort sieht es Honneth heute als nahezu ausgeschlossen, „dass Individuen zu einer sozialen Identität gelangen, ohne diese in einem Ensemble persönlich konsumierter Güter auszudrücken."

[22]An dieser Stelle drängt sich ein Verweis sozusagen in eigener Sache auf: Die skizzierte Hypothese über Marken als Repräsentations-Attribute wurde in praktischer Auseinandersetzung mit dem „Lovemark-Konzept" der Agentur Saatchi & Saatchi entwickelt. Dieses Konzept zielt auf den Aufbau von „Lovemarks", denen die Kunden „beyond reason" anhängen. Durch die emotionale Bindung soll eine Loyalität hergestellt werden, die auch vergleichbare Angebote des Wettbewerbs oder temporäre Qualitätseinbrüche übersteht. Als Beispiel kann ein Studentenseminar in den USA gelten, zu dessen Teilnahmebedingungen die ausschließliche Nutzung von kostenfrei zur Verfügung gestellten PCs gehörte. Das Seminar fand – so die, wenn nicht wahr, dann gut erdachte Anekdote – keine Teilnehmer, da die Studenten „beyond reason" an ihrer Lovemark Apple festhalten wollten. In der Arbeit der Agentur genügt dieser Gedankengang, um die emotionale Kommunikation von Marken zu stärken. So dargestellt entsprechen Lovemarks jedoch dem üblichen Misstrauen gegenüber Werbung, der man den Aufbau von letztlich unsinnigen Begehrlichkeiten unterstellt. Mit dem Verweis auf die attributive Funktion der Marke Apple erscheint das Verhalten der Studenten in einem anderen Licht. Sehr pointiert formuliert, hätten die Studenten durch die Nutzung des PCs ein Attribut für Design-Affinität, Modernität und Kreativität verloren. Sie wären schlicht sozial weniger lesbar gewesen: *Loyalty with reason.* Zum Lovemarks-Konzept: Roberts, K. (2008). Der Lovemarks-Effekt. Markenloyalität jenseits der Vernunft, München: mi.

Die oben grob umrissene Darstellung soll das grundsätzliche und langfristig wachsende Potenzial starker Marken für den Handel aufzeigen. Will eine Händlermarke diese Möglichkeiten nutzen, muss sie den zur Zielgruppe und eigenem Profil passenden Hersteller-Marken Raum geben. Sie wird die Präsenz der virulenten Wert-Vorstellungen nach Kräften stärken und den Shopper einladen, sich mit den favorisierten Attributen zu versorgen.

Ein solcher Ansatz wirkt sich genauso auf das Listing und Category-Management wie auf die Gestaltung von Werbemitteln oder die Offenheit bei Kooperationen aus. In jedem Fall definiert der Handel einen Rahmen, in dem sich – und dies ist wichtig – händlerspezifisch die Hersteller-Marken aufstellen können. Konsequent umgesetzt würde der Ansatz die häufig unkonstruktive Gegnerschaft überwinden, um die jeweiligen Stärken von Handel und Hersteller ins Spiel zu bringen. Zudem könnte der stationäre Handel alle Überlegungen der Hersteller zu händlerunabhängigen Strategien mit einem Mix aus Flag-Ship-Stores und eCommerce entkräften[23]: Warum sollte man teure Gillette-Welten gestalten, wenn der Handel als traditionelle Mittlerinstanz selbst auf die Kraft starker Marken setzt?

Store Brands, Orientierung und Kooperation

Konkrete Umsetzungen wollen nicht Gegenstand dieses Aufsatzes sein, dem Verfasser würden jedoch einige Agenturen einfallen, die darauf spezialisiert sind, entsprechende Konzepte zu entwickeln. Ziel des Textes war aber die Beschreibung von ganz grundsätzlichen Potenzialen beim Aufbau von Retail Brands durch eine Stärkung der Shopper-Perspektive. Hier wurde vorgeschlagen, überzeugende Differenzierungen nicht vom Aufbau atmosphärisch dichter, aber letztlich austauschbarer „Erlebnis-Welten" zu erwarten, sondern die Bedürfnisse der Shopper nach Orientierung und Information (Leitmotiv A) ernst zu nehmen. Wer zielgruppenspezifische Kategorie-Schwerpunkte bestimmt und dort (Beratungs-)Service bietet, differenziert sich nachhaltig.

Während der Handel beim Aufbau von Beratungs-Service Verantwortung übernehmen und sich von den Herstellern emanzipieren sollte, setzt das zweite diskutierte Leitmotiv auf die Kooperation mit starken Marken. Als bedeutende Kommunikatoren von Wert-Vorstellungen werden Marken von Shoppern zur Selbst-Repräsentation genutzt. Dieses Potenzial können sich Händlermarken erschließen, wenn sie sich als „Portal" zu diesen Attributen der Selbstdarstellung inszenieren.

---

[23]Dazu: Murmann, C.: „Geliebter Feind", Lebensmittel Zeitung 44/2015, S. 72–73: „Wer gesehen hat, welche Schlangen asiatischer Käufer – nein Fans – in Paris vor den Outlets von Louis Vuitton, Chanel und anderen ‚Must-haves' anstehen, bekommt eine Ahnung davon, wie robust das Vertriebsmodell von LVMH oder L'Oréal ist. In dieser Welt regiert nicht der Handel." – „[…] Was wäre, wenn [Procter & Gamble] seine Pampers-Windeln und Gillette-Rasierer nur noch über Flagship-Stores und per Internet vertriebe?"

Auf die Fragen „Wie wird ein Händler zu meiner Marke? Wann bietet er als Verkörperung seiner Wert-Vorstellung für mich einen Mehrwert?" antwortet dieser Aufsatz: Wenn er die Gegenwart versteht und die theoretische Erkenntnis *Dinge machen Leute* spezifisch umsetzt. Wenn er mich durch die Kategorie führt, zu meiner Marke. Damit wird erfolgreiche Store Brand-Führung letztlich wiederum aus der genuinen Funktion des Handels als Mittler abgeleitet. Auch unter den veränderten Bedingungen einer postmodernen Gesellschaft mit ausdifferenzierten Märkten und völlig neuen, noch nicht hinreichend erprobten Kanälen bleibt der Handel, was er immer war: ein „Makler", der auch unter den gegenwärtigen Bedingungen voller Stolz seine Waren anbietet – proud to sell.

Literatur

Aburdene, P. (2008). *Mega Trends 2020 – Sieben Trends, die unser Leben und Arbeiten verändern werden!* Bielefeld: Kamphausen.

Berg, B. (2014). *Retail branding and store loyalty.* Wiesbaden: Springer Gabler.

Bergman, J. (2013). Geht doch! *Brand Eins, 2013*(4), 58–62.

Berry, L. L., Carbone, L. P., & Haeckel, S. H. (2002). Managing the total customer experience. *Sloan Management Review, 43*(3), 85–90.

Calhoun, J. (2001). Driving loyalty: By manging the total customer experience. *Ivey Business Journal, 65*(6), 69–79.

Esch, F.-R. (2012). *Strategie und Technik der Markenführung.* München: Vahlen.

Grey Strategic Planning. (1996). *Smart Shopper: Wieviel Marke braucht der Mensch?* Düsseldorf: Grey.

Grewal, D., & Levy, M. (2009). Emerging Issues in Retailing Research. *Journal of Retailing, 85*(4), 522–526.

Hatch, M.-J., & Schultz, M. (2010). Toward a theory of brand co-creation with implications for brand governance. *Brand Management, 17*(8), 590–604.

Herbener, A. (2015). Digitalisierung verändert das Kaufverhalten der deutschen Verbraucher im Einzelhandel. *Marke41, 4*(15), 62–66.

Hupp, O. (2000). Markenpositionierung: Ansatzpunkte zu einer Verbesserung der Wettbewerbsfähigkeit des Lebensmitteleinzelhandels in Deutschland. *Planung & Analyse, 2000*(2), 38.

Interbrand (2014). Best Retail Brands 2014. Online unter: https://www.rankingthebrands.com/PDF/Interbrand%20Best%20Retail%20Brands%202014.pdf. Zugegriffen: 23. Apr. 2017.

Interbrand (2016). Best Global Brand Rankings. Online unter: http://interbrand.com/best-brands/best-global-brands/2016/ranking/#?sortAscending=asc&listFormat=ls&filter=Retail. Zugegriffen: 23. Apr. 2017.

Jary, M., Schneider, D., & Wileman, A. (1999). *Marken-Power – Warum Aldi, Ikea, H&M und Co. so erfolgreich sind.* Wiesbaden: Gabler.

Kapferer, J.-N. (1992). *Die Marke – Kapital des Unternehmens.* Landsberg: Moderne Industrie.

Keller, K. L., & Lehmann, D. R. (2006). Brand and branding: Research findings and future priorities. *Marketing Science, 25*(6), 740–759.

Kliger, M. (1999). Home Meal Replacement als Herausforderung und Chance für die Lebensmittelindustrie. *Akzente, 99*(5), 22.

Martineau, P. (1958). The personality of the retail store. *Harvard Business Review, 36*(1), 47–55.

Meyer, A. (2000). Der Handel als Marke – Ein Spaziergang durch die Welt der Branded Retailer. In T. Tomczak (Hrsg.), *Store Branding – Der Handel als Marke? Ergebnisse 10. Bestfoods TrendForum* (S. 13–38). Wiesbaden: TrendForum.

Morschett, D. (2002). *Retail Branding und integriertes Handelsmarketing: Eine verhaltenswissen-schaftliche und wettbewerbsstrategische Analyse.* Wiesbaden: DUV

Naisbitt, J., & Aburdene, P. (1990). *Megatrends 2000.* Düsseldorf: Econ.

Opaschowski, H. W. (2013). *Deutschland 2030: Wie wir in Zukunft leben.* Gütersloh: Gütersloher Verlagshaus.

o.V. (2017a). Amazon ist die wertvollste Handelsmarke der Welt. *Marke 41, 1,*18–20.

o.V. (2017b). Wie das Zeitalter 'New Retail' der Alibaba Group 27,6 % Umsatzzuwachs beschert. *Versandhausberater, 5,*1–2.

o.V. (2017c). Warum ein neuer Shop Baldur-Garten auf mobilen Wachstumskurs bringt. *Versandhausberater, 19,* 1–3.

Rigby, D. K. (2014). Digital-physical mashups. *Harvard Business Review, 92*(9), 84–92.

Roberts, K. (2008). *Der Lovemarks-Effekt: Markenloyalität jenseits der Vernunft.* München: MI

Scholz, N. (o. J.). Multi-Channel-Retailing Analyse: Media Markt. In *WebSpotting – Das E-Commerce Blog der Fachhochschule Wedel,* online unter: http://www.webspotting.de/2016/01/04/multichannel-retailing-analyse-media-markt/. Zuggegriffen: 27. Feb. 2016.

Schulze, G. (o. J.). *Was wird aus der Erlebnisgesellschaft,* online unter: http://www.bpb.de/apuz/25682/was-wird-aus-der-erlebnisgesellschaft. Zuggegriffen: 22. Feb. 2016.

Schulze, G. (1999). *Kulissen des Glücks – Streifzüge durch die Eventkultur.* Frankfurt a. M.: Campus.

Schulze, G. (2005). *Erlebnisgesellschaft: Kultursoziologie der Gegenwart.* Frankfurt a. M.: Campus.

Schüppenhauer, A. (1998). *Multioptionales Konsumentenverhalten und Marketing, Erklärungen und Empfehlungen auf Basis der Autopoiesetheorie.* Wiesbaden: Deutscher Universitäts-Verlag.

Schweizer, M., Kotouc, A. J., & Wagner, T. (2006). Scale development for consumer confusion. *Advances in Consumer Research, 33*(1), 184–190.

Shaw, C., & Ivens, J. (2002). *Building great customer experiences.* Basingstoke: Palgrave Macmillan.

Sieweke, K. (2015). Unterschätzter Wettbewerbsfaktor. *Shops+Stores, 2*(15), 51–55.

Swoboda, B., Schramm-Klein, H., & Weindel, J. (2016). *Retail Branding: Handelsunternehmen als Marke (Reihe Handelsmonitor).* Frankfurt: Deutscher Fachverlag.

Terblanche, N. S. (2009). Customer experiences, interactions, relationships and corporate reputation: A conceptual approach. *Journal of General Management, 35*(1), 5–17.

Ullrich, W. (2016). Kunstsammler als ,Role Model' für kreative Konsumenten. In Hohnstätter, D. (Hrsg.), *Konsum und Kreativität* (S. 121–130), Bielefeld: transcript.

Ullrich, K., & Wenger, C. (2008). *Vision 2017 – Was Menschen morgen bewegt.* München: Redline.

Werle, K. (2005). Aldi trifft Gucci. *Manager Magazin,* 02.02.2005. http://www.manager-magazin.de/magazin/artikel/a-332818-2.html. Zuggegriffen: 20. Mai 2015.

ZAW (Zentralverband der deutschen Werbewirtschaft). (2013). *Werbung in Deutschland 2013.* Berlin: Edition ZAW.

Store Brand und Store Brand Management

2

2.1 Brand und Store Brand

Auffassungen zu dem, was man unter Brands (Marken) versteht, existieren zahlreich. Zum Teil ist dies durch unterschiedliche Zwecke und Blickwinkel auf das Phänomen bedingt.

Im Marketing-Zusammenhang hat sich eine wirkungsbezogene Definition etabliert. Nach dieser sind Brands als *in der Psyche des Menschen verankerte Vorstellungsbilder* zu verstehen, die eine Differenzierungs- und Identifizierungsfunktion übernehmen und das Verhalten prägen (Esch 2014, S. 22; Meffert und Burmann 1998, S. 81; ähnlich auch Keller 2003, S. 59 ff.). Sie werden als gelernte (gedankliche wie emotionale) Wissensinhalte verstanden. Das, was eine Brand ausmacht, spiegelt sich in den mit bestimmten Reizen (z. B. dem Markennamen, einem bestimmten Symbol, einer Farbe) verbundenen (gedanklichen, gefühlsmäßigen, bildlichen) Assoziationen wider, die im Gedächtnis des Adressaten auf unterschiedliche Art repräsentiert sind. Nachgewiesenermaßen üben eben diese Assoziationen einen Einfluss auf das Verhalten der Menschen aus[1] (Abb. 2.1). Brands haben daher Effekte, die denen von Vorurteilen gleichen. Die Gestaltung von Markenassoziationen bei Zielgruppen ist deshalb ein zentrales Instrument der Marktbeeinflussung und ein Aufbau von Ressourcen für den Markterfolg.

▶ Brands sind psychische Phänomene.

Die eine Brand konstituierenden Assoziationen werden auch als Markenwissen oder *Brand Image* bezeichnet. Sie lassen sich durch Netzwerkdarstellungen (Assoziogramme;

---

[1]Vgl. dazu die Zusammenstellung von Wänke (2015), S. 102 f.

© Springer Fachmedien Wiesbaden GmbH 2018
J. Redler, *Die Store Brand*,
https://doi.org/10.1007/978-3-658-09709-7_2

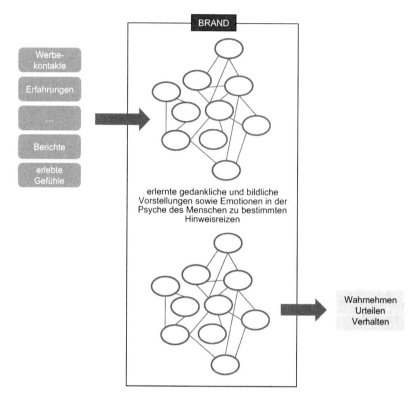

Abb. 2.1 Brands als psychisches Phänomen

brand network models) darstellen und beschreiben (auch Esch 2014, S. 55 ff.; Till et al. 2001; Roedder John et al. 2006). Das Brand Image baut sich durch vielfältige Kontakte, durch Lernerfahrungen in den unterschiedlichsten Kontexten auf – es entsteht durch die Kontakte mit markierten Produkten, Menschen, Berichten, Kommunikationsmaßnahmen (Bak 2014, S. 114).

Abgeleitet aus diesem Verständnis ergibt sich, dass die zentralen Zielgrößen zum Aufbau einer starken Brand einerseits die Bekanntheit der Brandelemente und andererseits ihr Image sein müssen.

Das Brand Image spiegelt die gesamten als zugehörig erlernten Gedächtnisinhalte wieder, also das Markenwissen, es enthält aber auch Bewertungen, Einstellungen und Gefühle zur Brand. Die Bekanntheit ist eine notwendige Voraussetzung zum Imageaufbau, denn nur zu Begriffen, die überhaupt erinnert werden (also bekannt sind), können Inhalte erlernt werden (Esch 2014, S. 53 ff.). Die *Brand entsteht folglich stets in der Psyche der Zielgruppe,* nie auf Unternehmensseite. Brands sind weniger als Input von Marketingmanagern zu verstehen als vielmehr als Output in Form von Images, die Adressaten zu einem Markennamen aufbauen (de Chernatony 1993).

Eine „Brand" wird oft als das Warenzeichen, die Markenbezeichnung, Sorte oder der Markenartikel aufgefasst. Dies alles sind in der Tat Bedeutungen, die zu dem Begriff gehören. Nach heutigem Verständnis ist die „Brand" jedoch nicht mehr das kennzeichnende „Brandzeichen" auf einem Artikel, sondern eher das Brandzeichen, das sich in den Gedächtnissen von Menschen zu einem bestimmten Markennamen eingestellt hat. Daher spricht Esch (2014, S. 22) auch von den „Vorstellungsbildern in den Köpfen der Anspruchsgruppen". Man kann also sagen: Nicht ein Produkt wird „gebrandet", sondern die Psyche einer Zielperson.

Eine Brand entsteht ferner erst dann, wenn ein *Mindestmaß an Markenbekanntheit* aufgebaut und zudem ein eigenständiges Image erschaffen wurde (Weinberg 1995, Sp. 2681; Redler 2014a, S. 16). Brands zu gestalten bedeutet, bei Zielpersonen gedankliche Vorstellungen und emotionale Reaktionen zu gestalten.[2]

▶   Brands sind psychische Phänomene, die das Erleben und Verhalten von
        (potenziellen) Kunden beeinflussen. Diese Beeinflussungswirkung macht sie
        für Unternehmen wertvoll.

Aus *neuropsychologischem Blickwinkel* stellt sich das Phänomen Brand als ein Wechselspiel von eigenen Zielen und erwartetem Belohnungswert dar (u. a. Scheier und Held 2012). Starke Brands besitzen einen hohen erwarteten Belohnungswert. Dies drückt sich neurologisch u. a. in der Aktivierung des ventromedialen Präfrontal-Kortex aus, ein Bereich des Gehirns, der eng mit dem Belohnungssystem verbunden ist und in dem die Bewertung darüber fällt, welchen (Belohnungs-)Wert etwas für den Einzelnen besitzt. Dies geht auch mit Mechanismen einher, die beim Menschen Motivation auslösen. So kommt es, dass Menschen an starke Brands gebunden werden, weil diese optimal belohnen: Aus der Perspektive des Einzelnen helfen sie, bestimmte Ziele zu erreichen (Stiftung eines bestimmten sachlichen Nutzens, Erreichen von Status und Anerkennung, Auslösen von Freude). Neuropsychologisch ist es also ganz einfach: Menschen streben Marken an, weil sie *Belohnungswert* versprechen. Darin können Trigger für zugehörige Motivationen, also das Befassen mit oder der Kauf von entsprechenden Produkten oder aber auch der höheren Zahlungsbereitschaft gesehen werden. Wenn von Marken Belohnungswert ausgeht, werden sie handlungsrelevant.

---

[2]Diese wirkungsbezogene, verhaltenswissenschaftliche Sicht ist eine, die für das Management mit seiner Analyse- und Gestaltungsaufgabe praktikabel ist. Für andere Zwecke existieren alternative Auffassungen. Zum Beispiel existiert die rechtliche Sicht auf Brands (Brand als Zeichen und andere Elemente, die geschützt werden, um Waren und Dienste von Unternehmen unterscheidbar zu machen, vgl. MarkenG) oder die Perspektive im Kontext von Rechnungslegungsstandards, bei der Brands als intangible Assets aufgefasst werden und bei der es um eine monetäre Bewertung geht (dazu z. B. Salinas 2009, S. 2 ff.).

Aaker (1996) sieht eine Brand als ein mit dem Markennamen assoziiertes Bündel von Eigenschaften an, das sich deutlich von den mit anderen Markennamen verbundenen Eigenschaften unterscheidet, und das den Nutzen der generischen Marktleistung modifiziert. Das Management habe zur Aufgabe, derartige Vorstellungen zu einem Markennamen zu schaffen und zu pflegen. Dies sei die Grundlage für loyale Kundenbeziehungen.

Beeinflussungseffekte von Brands

Etablierte Brands, verstanden als aufgebaute *Gedächtnisinhalte* zu einem Markennamen oder -reiz, beeinflussen vollautomatisch das Wahrnehmen, das innere Erleben, Denken und Urteilen. Auf Basis der Gedächtnisinhalte entstehen Erwartungen, die beispielsweise die Aufnahme, Selektion und Verarbeitung von Informationen in hohem Maße steuern (Abb. 2.1 oben). Daher beeinflusst ein wahrnehmbar auf einem Produkt platziertes Logo einer starken Brand auch die Produktbeurteilung.

Gut ausgebaute Gedächtnisinhalte führen weiterhin dazu, dass Menschen auf faktisch fehlende Information, zum Beispiel über Produkt- oder Serviceeigenschaften, schließen. Hier wird der *Vorurteils-Effekt* besonders gut nachvollziehbar. Oftmals sind zahlreiche Eigenschaften eines Produktes unbekannt: Wird aber die Brand erkannt, so werden – quasi automatisiert – diese Lücken geschlossen. Daher ist es doch selbstverständlich, dass die 200 g Käse, die man bei „denn's Biomarkt" kauft, aus hochwertigen Zutaten des kontrollierten, wahrscheinlich sogar regionalen, Bio-Landbaus bestehen, obwohl man es im Grunde gar nicht weiß. Nicht zu den Erwartungen passende Informationen hingegen werden nur unzureichend registriert, quasi ausgeblendet.

An diesen wenigen Effekten kann man klar erkennen, wie sehr Brands menschliche Urteile färben. Da man davon ausgeht, dass interne Urteilsbildungen in weiten Teilen wichtige Teilprozesse der Verhaltenssteuerung darstellen, ist es ein folgerichtiger Schluss, dass Brands (als Gedächtnisinhalte) auch auf menschliches Verhalten wirken. Anschaulich dazu auch folgender Befund: Probanden, denen man das Logo der Marke Apple zeigte, verhielten sich bei einer zu gestaltenden Aufgabe kreativer als Personen, die zuvor dem Logo der Marke IBM ausgesetzt waren (Fitzsimons et al. 2008). Das jeweilige Markenwissen zu Apple und IBM hat das gezeigte Verhalten der Personen offensichtlich beeinflusst. Brands sind genau deshalb wichtige Potenziale für Unternehmen. Sie werden in Wissenschaft und Praxis als *immaterielle Wertschöpfer* für Unternehmen angesehen (vgl. z. B. die Diskussion als intangibles Asset in Salinas 2009, S. 2 ff.; Esch 2014, S. 4 f.).

Brand-induzierte Beeinflussungseffekte bieten *Chancen* für Unternehmen und können in Vorteile verwandelt werden (Abb. 2.2), die sich wie folgt zusammenfassen lassen:

- Starke Marken geben Vertrauen und erleichtern dadurch die Neukundengewinnung.
- Starke Marken geben Vertrauen und binden darüber Kunden.
- Starke Marken beeinflussen die Urteile zu angebotenen Marktleistungen.
- Starke Marken erlauben eine Differenzierung in stark homogenen Märkten.
- Starke Marken sind hohe Eintrittsbarrieren für weitere Wettbewerber.

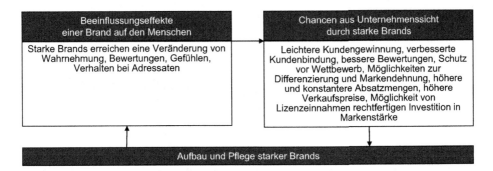

Abb. 2.2 Beeinflussungswirkungen starker Brands äußern sich aus Unternehmenssicht in Chancen bzw. Vorteilen

- Starke Marken ermöglichen höhere Absatzmengen.
- Starke Marken erlauben es tendenziell, höhere Preise durchzusetzen.
- Starke Marken können genutzt werden, um leichter in neue Märkte einzudringen.
- Starke Marken machen Rechte zur Nutzung von Namen und Zeichen monetär wertvoll und können bspw. Lizenzeinnahmen generieren.

Die Unterscheidung von Brand Assets und Brand Value

Die Stärke von Brands wird meist mit dem Brand Value (Brand Equity, Markenwert) gleichgesetzt. Es stimmt: Starke Brands sind wertvoll. Dennoch sollte man auch begrifflich grundsätzlich zwei unterschiedliche Sachlagen und Betrachtungsweisen *unterscheiden*.

Brand Assets

Der Logik des modernen Brand Management folgend haben Brands mit hohem Einfluss auf den (potenziellen) Kunden eine besonders hohe Bedeutung für das Unternehmen und sind demnach als Brands mit hoher verhaltenswissenschaftlicher Kraft anzusehen. Diese bilden die vorökonomischen Vorbedingungen ab, die zur Erreichung ökonomischer Erfolgsgrößen zu erfüllen sind. Man könnte auch von zu schaffenden (Brand-)Potenzialen sprechen. Um den Guthaben- bzw. Potenzialcharakter herauszustellen, wird zur begrifflichen Fassung dieser Bedeutung der Begriff *Brand Assets* gewählt[3].

Brand Value

Der Begriff *Brand Value* hingegen soll sich auf einen finanziellen Blickwinkel beziehen. Demnach sind Brands besonders wertvoll, wenn betroffene Markenrechte zu hohen Preisen veräußert werden können oder mit hohen Wertansätzen in der eigenen Bilanz angesetzt werden können bzw. als Treiber bei der Bestimmung des Unternehmenswerts

---

[3]Üblich und gut geeignet ist auch der Begriff Markenstärke.

fungieren. Vereinfachend könnte man sagen, dass es hier um Marken-Kapitalwerte geht, also um die (hoffentlich positive) Differenz zwischen diskontierten Einnahmen aufgrund von Markeneffekten und den notwendigen spezifischen Ausgaben.

Brand Value und Brand Assets sind letztlich zwei Perspektiven (z. B. Haedrich et al. 1997, S. 157 ff.; Salinas 2009, S. 12 ff. und dortige Zusammenstellung). Die verhaltenswissenschaftlich geprägten und vorökonomisch fokussierten Brand Assets sind etwas anderes als ein finanzieller Brand Value. Sie können auch nicht direkt ineinander überführt werden. Deutlich wird zudem, dass sich Markenpotenziale (Brand Assets) als „Wert" auf etwas Unternehmensexternes beziehen, nämlich in der Psyche von Zielgruppen entstandene Wissensstrukturen. Ein finanzieller Brand Value hingegen bezieht sich tendenziell auf Aspekte im Unternehmensbesitz, z. B. die Rechte zur Nutzung eines bestimmten Markennamens bzw. bestimmter typischer Gestaltungselemente oder aber andere Realoptionen. Abb. 2.3 soll diese Unterscheidung verdeutlichen.

▶   Brand Assets und Brand Value sind zwei Paar Schuhe. Brand Assets beziehen
        sich auf Potenzialgrößen in der Psyche des (Ziel-)kunden. Brand Value hin-
        gegen ist Ergebnis von geschaffenen Brand Assets und wird in monetären
        Dimensionen gemessen.

Die Store Brand – Wertschöpfungshebel im modernen Handelsmanagement
Handelsunternehmen sind Unternehmen, die sich darauf spezialisieren, Waren zu beschaffen und diese ohne wesentliche Be- und Verarbeitung weiterzuveräußern. Dabei integrieren sie die Waren zu einem Sortiment für spezifische Zielgruppen, stellen dieses bereit und ergänzen die warenbezogene Leistung um unterschiedlich gelagerte zugehörige Dienstleistungen.

Bei Handelsunternehmen beziehen sich Fragen des Brand Management im Wesentlichen auf drei unterschiedliche Ebenen. Auf der Ebene des Sortiments bzw. des Produkts

Abb. 2.3 Brand Assets und Brand Value als zwei nebeneinander stehende Perspektiven

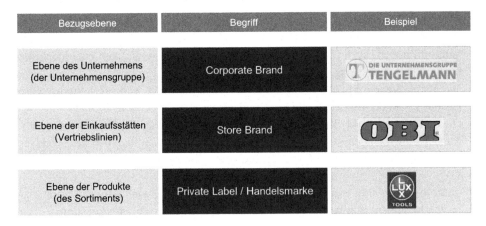

Abb. 2.4   Zentrale Ebenen des Brand Management im Handel und zugehörige Begriffe

sind Fragen der Führung von *Private Label Brands* (Handelsmarken) relevant. Die Ebene der Einkaufsstätte hingegen ist Betrachtungsgegenstand und Aktionsbereich von *Store Brands*. Wird das gesamte Unternehmen als Brand geführt, ist das *Corporate Brand Management* tangiert (Abb. 2.4). Aus der Verknüpfung der Ebenen resultieren Markenstrukturen (dazu Abschn. 3.4). Zugehörige Struktur-Fragestellungen nehmen an Bedeutung zu, wenn mehrere Absatzkanäle, mehrere Branchen mehrere Betriebstypen und Vertriebslinien aufzubauen bzw. zu steuern sind.

Ausgehend von der modernen, wirkungsbezogenen Sicht auf Brands wird eine Store Brand[4] hier als erlernte psychische Reaktion (insb. Kenntnis, Emotionen, gedankliche Vorstellungen und Bewertungen) auf Markierungssignale von Verkaufsstätten eines Handelsunternehmens verstanden.

Store Brand Management ist folglich das Brand Management auf der Ebene von Verkaufsstellen, also die Markenschaffung und -stärkung auf der Ebene von Verkaufsstellen. Im Zentrum zugehöriger Store Brand Assets und von resultierendem Brand Value stehen die im (potenziellen) Kunden etablierten Gedächtnisinhalte zu einem Händler[5] (im Sinne der Einkaufsstätte). Dies bedeutet:

---

[4]Die Begriffsverwendung in der internationalen Literatur ist keinesfalls einheitlich. Oft werden mit Store Brands auch Handelsmarken (private label) gemeint. Store Brand nach dem Verständnis in diesem Text deckt sich andererseits auch oft mit der Bezeichnung Retail Brand. Beachte auch die begriffliche Einführung bei Esch und Redler (2004a) sowie Gröppel-Klein (2001).

[5]Die Begriffsverwendung von „Händler" hier und im Folgenden oft im Sinne von „Vertriebsline". Genaugenommen ist ein Händler jedoch ein Handelsunternehmen, das durchaus mehrere Vertriebslinien (als eigene Store Brands) betreiben kann oder eben selbst nur als eine singuläre Store Brand fungiert. Diese Ungenauigkeit wird in Hinblick auf eine bessere Darstellbarkeit und somit hoffentlich bessere Verständlichkeit in Kauf genommen.

1. Eine Store Brand ist eine Brand. Sie ist (folgend den Grundideen von Meffert und Burmann 1998, S. 81 sowie Esch 2014, S. 22; s. a. oben) ein einzigartiges Vorstellungsbild in der Psyche des (potenziellen) Kunden, das bewirkt, dass eine Identifikation und Differenzierung stattfinden kann.
2. Die Store Brand bezieht sich speziell auf das Objekt der Verkaufsstätte(n)[6] eines Händlers bzw. der Einkaufsstätte aus Kundensicht.
3. Die Store Brand wirkt als vermittelndes Element zwischen den auf den (potenziellen) Kunden einwirkenden Reizen, seinem inneren psychischen System und dem Wahlverhalten – zwischen dem Selbst und der Außenwelt (auch Lindquist 1974).

> ▶   Store Brands sind Ergebnis von Markenbildungsphänomenen auf der Ebene
>   von (Gruppen) von Verkaufsstätten. Sie sind erlernte psychische Reaktionen
>   (insb. Kenntnis, Emotionen, gedankliche Vorstellungen und Bewertungen) auf
>   Markierungssignale von Verkaufsstätten eines Handelsunternehmens.

Schon Davies (1992) hat darauf hingewiesen, dass neben der Rolle von Private Label Brands (Handelsmarken) auch die Markenbildung auf der Ebene des gesamten Händlers von hoher Relevanz ist. Damit ebnet er den Weg für das Thema Store Brand.

Umfassende Sicht

Das Konzept der Store Brand lässt sich universell auf den Handelssektor anwenden (vgl. Beispiele in Abb. 2.5). Es bezieht sich sowohl auf Händler, die an Endkunden verkaufen (*B2C*-Handel, Retail) als auch Händler, die sich an professionelle Beschaffer richten (*B2B*-Handel, Wholesale)[7]: Ebenso wie für den B2C-Händler Saturn ist die Store Brand-Idee für die B2B-Händler Würth oder Bechtle relevant. Überdies ist das Store Brand-Konzept losgelöst von bestimmten Verkaufsformen oder Verkaufskanälen zu sehen. Physische Läden in der Innenstadt oder in Einkaufszentren sind als Einkaufsstätten ebenso beinhaltet wie auch Kataloge (z. B. bei Witt) oder Onlineshops (z. B. MrSpex.de). Weiterhin ist das Konzept Store Brand unabhängig vom Betriebstyp. Es hat keine Auswirkungen, ob es um Verbrauchermärkte, Warenhaus, Onlineshop, Factory-Outlet-Center, Fachgeschäfte, Tankstellen oder Pop-Up-Stores geht[8]. Bereits Morschett (2002, S. 108 f.) löst sich von der Festlegung auf die Ebene des Betriebstyps[9].

---

[6]Wie Morschett (2002, S. 109) betont, ist es sinnvoll, darunter auch Gruppen von Einkaufsstellen eines Handelsunternehmens, zu fassen.

[7]Auch hier zeigt sich die Problematik des Begriffs Retail Brand für den hiesigen Untersuchungskontext: Der englischsprachige Begriff Retail umfasst lediglich den Einzelhandel.

[8]Zur Unterscheidung und Definition von Betriebstypen z. B. Müller-Hagedorn et al. (2012), Kap. 2 und 10.

[9]Morschett (2002) arbeitet mit dem Begriff „Retail Branding". Er stellt dabei auf den Einzelhandel ab und betont die Verwendung eines einheitlichen Markenzeichens.

Abb. 2.5 Beispiele für Store Brands

Die Effekte von starken Brands wurden bereits oben umrissen und können im Wesentlichen auf Store Brands übertragen werden. Einige Besonderheiten sollen jedoch noch herausgearbeitet werden.

Vorteile und Chancen durch die Schaffung von Store Brands
Die Store Brand beeinflusst das Wahlverhalten von einkaufenden Personen, insb. die *Wahl der Einkaufsstätte* (auch Ahlert 1996, S. 76; Ailawadi und Keller 2004, S. 1). Wie in Abb. 2.6 dargestellt, kann die Gesamtkaufhandlung in verschiedene Teilentscheidungen zerlegt werden. Diesbezüglich sind die Wahl der Produktart, der Einkaufsstätte und des konkreten Produkts zu nennen (Ahlert 1996, S. 72 ff.). Die Store Brand beeinflusst dabei insbesondere die *Entscheidung zur Einkaufsstätte*. Weil davon auszugehen ist, dass in vielen Situationen die Einkaufsstättenwahl vor der Produkt- bzw. Produktmarkenwahl erfolgt (Ahlert et al. 2000, S. 108), geht von der Store Brand letztlich auch ein indirekter Effekt auf die eigentliche Entscheidung über das Produkt aus[10].

Befunde von Morschett (2002) stützen den dargelegten Zusammenhang, dass von der Store Brand (in der Studie operationalisiert durch Bekanntheit und Markenwertschätzung) ein signifikanter Einfluss auf die Wahl der Einkaufsstätte ausgeht (Erfolg, hier operationalisiert durch Kauffrequenz und Ausgabenanteil).

Store Brands ermöglichen es also, dass der Kunde vergangene Erfahrungen einer bestimmten Einkaufsstätte zuschreibt, zu ihr Erwartungen bildet und letztlich diese auch auf zukünftige Kaufhandlungen extrapoliert. Store Brands senken somit die Komplexität der Einkaufsstättenwahl für den Konsumenten (s. oben). Damit sind sie auch Grundlage für eine *Präferenzbildung* bei der Einkaufsstättenwahl. Starke Store Brands bedeuten letztlich *Vertrauen* von Konsumentenseite (Davies 1992, S. 26), also auch einen

---

[10]Die Wahlmöglichkeiten beim Produkt sind durch die Einkaufsstättenwahl (aufgrund der Sortimentsbildung des Handels) vorstrukturiert.

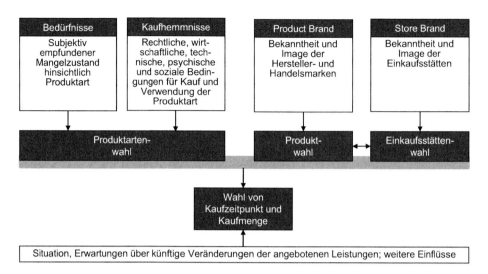

Abb. 2.6 Teilentscheidungen bei der Kaufhandlung und Einfluss der Store Brand. (Quelle: Z. T. in Anlehnung an Ahlert 1996, S. 76)

emotionalen Bezug zum Händler. Dies impliziert ein hohes akquisitorisches Potenzial von starken Store Brands: Neue Kunden werden leichter erschlossen, bestehende Kunden leichter gehalten. Dies sind Effekte, die für den Händler betriebswirtschaftlich bedeutsam sind.

Store Brands sind daneben eine Basis zur *Differenzierung und Profilierung* in den dynamischen und wettbewerbsintensiven Handelsmärkten (Davies 1992, S. 26). Insbesondere als Mittel, um der starken Sogkraft zur Vereinheitlichung in der Handelslandschaft zu entkommen, erscheinen sie ein probater Ansatz – zudem erschweren sie durch die psychologische Differenzierung das schnelle Kopieren von Handelskonzepten durch Wettbewerber (Ahlert et al. 2000, S. 101).

Darüber hinaus können bei starken Store Brands im Vergleich zu schwachen Brands oft *höhere Verkaufspreise* durchgesetzt werden, denn Kunden sind geneigt, einen vertrauensvollen Händler vorzuziehen, selbst, wenn dieser einen höheren Preis verlangt als ein anderer, weniger vertrauenswürdiger Händler (Ahlert et al. 2000, S. 103). Gleichwohl ergeben sich Vorteile hinsichtlich der *Absatzmenge*. Diese Effekte nehmen mit der Stärke der Store Brand zu (Abb. 2.7).

Ergänzend ergeben sich weitere direkt ökonomische Effekte einer starken Store Brand aus der Möglichkeit, *Kosten zu senken*. Dies betrifft insbesondere Kosten für Kommunikation (auch Roeb 1997, S. 10) und für innere Koordination. Durch die starke Stellung auf Kundenseite haben Händler mit einer starken Store Brand außerdem Macht, günstigere Einkaufskonditionen durchzusetzen.

Abb. 2.7 Relative Preis-
und Mengenvorteile starker
gegenüber schwacher Store
Brands. (Quelle: Jary et al.
1999, S. 31)

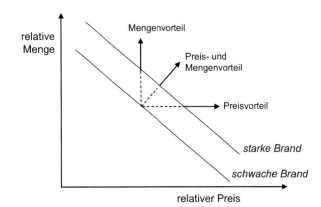

Handelsunternehmen, die es schaffen, zu einer starken Store Brand zu werden, erreichen daher *höhere Handelsspannen* und eine *höhere Kapitalverzinsung* als traditionelle
Händler (Jary et al. 1999, S. 17). Zudem verbessern sich die Aussichten, dass die daraus
generierten zusätzlichen *Gewinne dauerhafter* und auch konstanter sind, weil das Nach-
fragemuster ausgeglichener und elastischer wird (Jary et al. 1999, S. 18 f.).

Starke Store Brands sind überdies starke *Markteintrittsbarrieren* für neue Konkurrenten. Sie ermöglichen es weiterhin, sich aus den Fesseln einer rein kostengetriebenen
Steuerung zu befreien (Jary et al. 1999, S. 18) und schaffen somit *Automonie*. Außerdem
bieten starke Store Brands ein höheres Potenzial für erfolgsversprechende Ausdehnung
in neue geografische Märkte, die Eroberung neuer Kundengruppen, die *Erweiterung* in
neue Vertriebskanäle oder Sortimente (Jary et al. 1999, S. 18).

Abb. 2.8 stellt die Vorteile einer starken Store Brand für den Händler als auch den
Handelskunden als wesentliche wertschaffende Effekte zusammen.

Im Gesamtblick kann hier festgehalten werden: Eine positive Bewertung der Store
Brand (starke Store Brand) wirkt sich förderlich für die Entscheidung für diese Einkaufsstätte aus (u. a. Pan und Zinkhan 2006; Grewal et al. 1998 sowie Quellen oben), schafft
Treue zur Vertriebslinie (u. a. Ailawadi und Keller 2004; Helgesen et al. 2010; Jinfeng
und Zhilong 2009), was wiederum zu höheren Ausgaben der Kunden führt (Macintosh
und Lockshin 1997). Starke Store Brands helfen aber auch, neue Kunden anzuziehen
(z. B. Jinfeng und Zhilong 2009), das eigene Geschäftsfeld auszudehnen, der negativen
Preis- und Kostenspirale zu entgehen sowie neue Wettbewerber fernzuhalten. Starke
Store Brands sind eine immaterielle Kapitalbasis, auf deren Basis ein Händler betriebswirtschaftliche Ziele besser erreichen kann.

▶   Starke Store Brands helfen, Kunden anzuziehen, diese zu binden und Kunden
     besser auszuschöpfen, weil sie die Wahl der Einkaufsstätte bei (potenziellen)
     Kunden beeinflussen. Sie wirken zudem positiv auf die Marketingeffizienz.

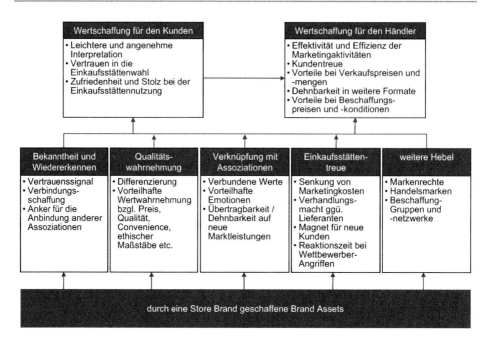

Abb. 2.8 Wirkungen starker Store Brands für Händler und Kunden. (Quelle: In Anlehnung an McGoldrick 2002, S. 186 sowie Aaker 1991, 1994)

Wann sind Store Brands starke Store Brands?

Zur Unterscheidung starker von schwachen Store Brands lässt sich das *BEEP-Kriterium* (Redler 2014a, S. 17) heranziehen (zu Grundüberlegungen z. B. Keller et al. 2012, S. 62 ff.). Danach sollten Brands, um starke Brands zu sein, folgende Charakteristika erfüllen:

- *Bildlich:* Die zugehörigen Gedächtnisinhalte sind durch möglichst viele bildliche Inhalte geprägt.
- *Eigenständig:* Die Gedächtnisinhalte sind durch möglichst eigenständige Inhalte geprägt. Das bedeutet, dass Inhalte vorliegen, die über jede hinausgehen, die auch mit dem Handel, dem relevanten Betriebstyp oder mit Wettbewerbern verbunden sind.
- *Emotional:* Innere Vorstellungen zur Store Brand sind durch möglichst viele gefühls-bezogene Inhalte geprägt.
- *Positiv:* Die Gedächtnisinhalte weisen viele positive Aspekte auf.

Beispiel: Die Store Brands Aldi und Zalando erfüllen das BEEP-Kriterium besser als die Store Brands Peek & Cloppenburg oder Norma. Darum sind Aldi und Zalando nach die-ser Sicht stärkere Marken als Norma oder Peek & Cloppenburg.

Schon Tietz (1985, S. 1317) formuliert (ausgehend von einem noch anders entwickelten Markenverständnis): „Der marktadäquat positionierte Betriebstyp ist aus Sicht des Einzelhandels vergleichbar mit dem Markenartikel eines Herstellers".

Einige weitere Besonderheiten von Store Brands

Store Brands sind Brands. Prinzipiell gelten für sie die grundsätzliche Perspektiven, Konzepte und Mechaniken bei der Analyse und Steuerung von Brands an sich. Dennoch sind noch Spezifika anzusprechen, die man für Store Brands berücksichtigen sollte.

Eine Besonderheit, die sich aus dem Handel skontext ergibt, ist die *Kombination aus Warenleistungen und Services,* die konstituierend für die Marktleistung des Händlers ist (Müller-Hagedorn 1998, S. 61; McGoldrick 2002, S. 498 ff.; Burt und Sparks 2002). Die Store Brand bezieht sich auf der Leistungsseite damit stets auf tangible wie auch intangible Leistungen und ist somit in einem Raum zwischen Dienstleistungs- und Produkt-Brand zu verorten. Entsprechend werden für das Handelsmarketing spezifische Konstellationen von Instrumentalbereichen diskutiert, die die klassische 4P-Einteilung im Marketing-Mix weiterentwickeln (dazu z. B. Levy und Weitz 2011; Rudolph 2013; Müller-Hagedorn und Natter 2011 oder Schröder 2012). Aufgrund der Intangibilität der Handelsleistung gilt das Vertrauen in die Store Brand als besonders wichtige Erfolgskomponente.

Bei vielen stationär geprägten Konzepten hat der *Standort* eine herausragende Bedeutung als Einkaufskriterium. Zudem sind im Handel direkte, multimodale *Kundenkontakte* möglich. Verhaltensdaten der Kunden sind besonders gut zugänglich, und diese können zum Teil sehr gut mit Individualdaten zusammengeführt werden. Daraus ergibt sich eine besondere Stellung hinsichtlich der *Informationsausstattung.*

Gleichfalls wird eine Store Brand von *weitaus mehr Attributen* geprägt als beispielsweise eine Produktmarke. Das, was vom Kunden zum Stimulus „IKEA" als eine Marke gelernt wird, ergibt sich hier nämlich zusätzlich aus Erfahrungen, Wissen und Eindrücken zu extrem vielen Artikeln im Sortiment, aus Erfahrungen und Eindrücken von den Filialmitarbeitern, mit dem Service, den Preisen und Finanzierungsmöglichkeiten; aus Erfahrungen und Eindrücken mit mehreren Filialen (Ahlert et al. 2000, S. 106 f. sowie Ailawadi und Keller 2004, S. 2). Die Komplexität für die Entstehung und Pflege von Store Brands ist hoch – aber dennoch beherrschbar.

Attributvielfalt bei Stores am Fall Tesco

Die Kundenerfahrung eines Mars-Riegels wird geprägt durch 16 Zutaten, ausgewählten Schlüsselcharakteristika wie Geschmack und Beschaffenheit, der Verpackung mit Logo und Material sowie einigen Leitmotiven in der Massenkommunikation (Arbeit, Pause, Spiel, …). Die rund zwei Dutzend tangiblen und intangiblen Markenattribute machen die Brand Mars aus; alles kann klar und deutlich definiert und in einer knappen Markenfibel zusammengefasst werden. Würde man eines der Attribute verändern, würde dies mehrere Jahre der internen Diskussion und wahrscheinlich den Gang zum CEO erfordern. Die Entscheidung, die Marke in die Eiscremekategorie zu dehnen, wurde beispielsweise fünf Jahre lang diskutiert.

Tesco, als Store, hat hingegen 435 Filialen, verfügt über 17.000 Produktlinien und 120.000 Mitarbeiter, die in den Filialen in täglichem Kundenkontakt stehen. Schon die simple Multiplikation dieser Werte resultiert in Millionen von Attributen, die die Store Brand beeinflussen, denn die Kundenerfahrung mit Tesco ist eine Kombination von Produkterfahrungen (Sortiment, Qualität, Preis, …), Erfahrungen mit der Einkaufsumgebung (Ladengestaltung, Umfeld, Erlebnis, …), dem Personal und den Services – z. T. in mehreren Kanälen (stationär, online). Hinzu kommt, dass sich rund 30 % der Produktlinien jährlich verändern. Auf der Seite des Personals besteht eine Fluktuationsrate von bis zu 30 % pro Jahr.

Wird dadurch der Aufbau und die Führung der Brand einfacher, komplizierter, unmöglich? Können Store Brands vor diesem Hintergrund überhaupt die Klarheit und Stärke von Herstellermarken erreichen?

Quelle: Jary et al. 1999, S. 51 f.

Hinzu kommt: Store Brands sind typischerweise stärker durch *mehrdimensionale Erfahrungsebenen* geprägt und leben oft in hohem Maße von Kundenerlebnissen (Ailawadi und Keller 2004, S. 2; Burt und Sparks 2002). Zugleich werden Wahrnehmungen zum Store auch durch die Herstellerprodukte, die sich im Sortiment befinden, geformt. Es findet somit quasi ein Imagetransfer statt – oder man könnte sagen, die Herstellermarkenimages fungieren wie Ingredient Brands[11] für die Store Brand (Ailawadi und Keller 2004, S. 2; ähnlich auch Burt und Sparks 2002). Ähnliches gilt für die eigenen Handelsmarkenprodukte, die unter einem gleichen Namen wie die Store Brand angeboten werden oder aber einen eigenständigen Namen haben können. Oft haben Handelsmarkenprodukte starke Anteile an einer Profilierung der Store Brand.

Auch *organisatorisch* und *betriebswirtschaftlich* zeigen sich im Handel einige erwähnenswerte Besonderheiten. Es ist ein spezielles Zusammenspiel zwischen zentralisierter und dezentraler Entscheidungsfindung zu verzeichnen, die Personalintensität ist oft hoch, die relativen Austrittskosten bei Fehlentscheidungen sind überdurchschnittlich. Andererseits reagieren Einzahlungsströme bei Handelsunternehmen überdurchschnittlich schnell auf Entscheidungen, und Lagerbestände und somit die Beschaffung haben einen höheren Stellenwert (Burt und Sparks 2002).

Und: Handel bedeutet Wandel. Dieses Bonmot kann besonders gut auf die Tatsache bezogen werden, dass eine dauerhafte Dynamik von Betriebsformen zu identifizieren ist. Darauf wird später noch knapp einzugehen sein.

Store Brands und Private Label Brands

Da Handelsmarken bereits mehrfach angesprochen wurden, soll an dieser Stelle knapp auf Begriffsabgrenzung und -verwendung eingegangen werden.

Einer breiten Definition folgend werden alle Markennamen, die sich im Eigentum eines Handelsunternehmens befinden, als Handelsmarken bezeichnet (Gröppel-Klein 2001; Liebman und Zentes 2001; Omar 1999). Für diese weite Bedeutung kann auch der

---

[11]Ingredient Branding („InBranding") bezeichnet die Markenpolitik für Komponenten eines Endprodukts, die wesentlich eingehen und damit an sich nicht mehr erkennbar sind, um die Eigenschaftsbeurteilung des Produkts zu beeinflussen (z. B. McCarthy und Norris 1999).

Begriff *Handelsmarke i. w. S.* (Esch und Redler 2004b) verwendet werden, um zu betonen, dass darunter einerseits hauseigene Marken des Handels für die angebotenen Leistungen (Handelsmarken i. e. S.; Private Label Brands), wie zum Beispiel die Aldi-Champagner-Marke *Veuve Durand* fallen – andererseits aber auch Store Brands wie *Toom* oder *Karstadt* zu Handelsmarken i. w. S. dazu zählen (Abb. 2.9). So gesehen ist die Handelsmarke i. w. S. ein Oberbegriff.

Unter der *Private Label Brand* als *Handelsmarke i. e. S.* hingegen ist die traditionelle Eigenmarke des Handels zu verstehen. Sie ist also das Markenwissen zu einem Markennamen, der sich im rechtlichen Eigentum einer Handelsunternehmung befindet, und der sich primär auf die Produktebene bezieht (auch Ahlert et al. 2000, S. 28). Store Brands hingegen beziehen sich – wie bereits dargelegt – auf die Markenbildung auf der Ebene von Verkaufsstätten.

Der Klarheit geschuldet wird in diesem Buch begrifflich zwischen Store Brand und Private Label Brand des Händlers getrennt. Damit soll jedoch nicht gemeint sein, dass komplexe Wechselwirkungen zwischen Markenphänomenen auf der Store- und Produktebene zu vernachlässigen sind. Es existieren für den Händler vielfältige Bezüge zwischen a) Private Label Brands, b) Brands von Herstellern, die im Sortiment geführt werden sowie c) der Store Brand.

Neben dem in diesem Buch genutzten Begriff „Store Brand" werden, mit z. T. leicht verschobenen Akzenten, auch die Begriffe „Retail Brand", „Einzelhandelsmarke" oder „Händlermarke" für diesen Themenkontext herangezogen. Ahlert et al. (2000, S. 104) sprechen von der „Betriebstypenmarke". Sie verstehen darunter eine Brand, die einem Handelsunternehmen gehört und die von diesem Unternehmen genutzt wird, um verschiedene Betriebstypen zu kennzeichnen.

Store Brands und Betriebstypen
Im modernen Handelsmanagement werden Handelsunternehmen und Vertriebslinien häufig nach Kriterien wie Größe, Stellung in der Wertschöpfungskette, Verkaufsfläche, Lage, Sortimentsausrichtung etc. in Betriebsformen und/oder Betriebstypen unterschieden. Solche *Betriebstypen* des Handels beziehen sich letztlich auf Cluster realer Ausprägungsformen, anhand derer Handelstätigkeit für den Kunden erkennbar wird.

Abb. 2.9 Private Label Brand und Store Brand als zwei Markenbildungsfelder des Handels. (Quelle: In Anlehnung an Esch und Redler 2004a, S. 232)

Die Formen (Formate)[12] können nach einer Vielzahl von Kriterien gebildet werden. Entsprechend liegen auch zahlreiche Typologien vor.

Konzepte, Handlungsfelder und Techniken des Store Brand Management können sich prinzipiell auf alle dieser Betriebsformen und -typen beziehen (vgl. auch oben). Die Differenzierungen sind dennoch nicht umfänglich auszublenden, da im Hinblick auf Umsetzungsfragen einige Besonderheiten zu beachten sind. Das ist der Grund, warum nachfolgend einige Schlaglichter auf wichtige Typen gerichtet werden.

▶ Das Prinzip der Store Brand ist universell auf den Handel bezogen. Es ist sowohl für B2B als auch B2C, für den Stationär- wie auch Online-Handel, für prinzipiell alle Betriebstypen relevant. Bei der Entwicklung und Führung von Store Brands sind jedoch zum Teil betriebstypenspezifische Besonderheiten zu beachten.

Eine wichtige Unterscheidung von Formaten im Handel bezieht sich zunächst auf die Trennung des (B2B-)Großhandels vom (B2C-)Einzelhandel. Zum *Großhandel* gehören Unternehmen, die Waren einkaufen und unverändert bzw. ohne nennenswerte Be- oder Verarbeitung an Nicht-Konsumenten verkaufen. Kunden des Großhandels sind also a) Weiterverkäufer wie z. B. andere Groß- und Einzelhandelsbetriebe und Großverbraucher wie Gaststätten, Kantinen, Gesundheitsbetriebe, Behörden sowie b) weiterverarbeitende Betriebe (Hersteller/Handwerker). Als wichtige Formate sind hier der Sortimentsgroßhandel, der Spezialgroßhandel, Cash- und Carry-Systeme sowie der Produktionsverbindungshandel zu nennen.

Der *Einzelhandel* umfasst Unternehmen, die Waren überwiegend ohne wesentliche Be- oder Verarbeitung an Konsumenten bzw. Endabnehmer verkaufen. Ausgewählte, im deutschsprachigen Raum typische Formate des Einzelhandels werden in Abb. 2.10 charakterisiert.

Einen anderen strukturierenden Blick auf den B2C-Handel schlagen Jary et al. (1999, S. 43 f.) vor. Sie unterscheiden fünf Gruppen.

• Der *Lifestyle-Einzelhandel*[13] hat in weiten Teilen starke Brands etabliert wie man sie aus dem Bereich schnell drehender Konsumgüter kennt. Häufig liegen vertikal integrierte Strukturen vor. Beispiele sind IKEA, Habitat, Next oder Esprit. Zumeist werden überwiegend Private Label Brands geführt, die über zahlreiche Kanäle (inkl. eigener Filialen) vertrieben werden. Modeeinzelhändler sind nicht selten vorwärts integrierte, ehemalige Hersteller. Zum Teil wird von diesen auch nur mit Flagship-Stores gearbeitet

---

[12]Betriebstypen sind zu unterscheiden von Vertriebstypen, zu denen u. a. Stationärtypen und Versandtypen (mit Onlinehandel) zählen. Betriebsform und Betriebstyp werden hier wie bei Müller-Hagedorn et al. (2012) synonym verwendet.

[13]Im Originaltext: Modeeinzelhandel.

Fachgeschäft	Zusammenhängendes, spezifisches Sortiment; Beratung und Bedienung; kleinere Flächen.
Fachmarkt	Breites und tiefes Sortiment aus einem Warenbereich oder Zielgruppenbereich, Selbstbedienung, mittleres Preisniveau, meist in Randlagen.
Discount	Mittlere Flächengröße, unteres Preisniveau, keine Beratung, Selbstbedienung, Sortiment schmal und flach.
Warenhaus	Großflächig, zentral, mehrere Branchen vereint, breite und tiefe Sortimente, Bedienung.
Kaufhaus	Großflächig, zentral, Waren aus mind. zwei Branchen, mind. bei einem Warenbereich ein tiefes Sortiment, Bedienung.
Verbrauchermarkt	Großflächig, breites und tiefes Sortiment an Nahrungs- und Genussmitteln sowie Verbrauchsgüter, Selbstbedienung; oft Dauerniedrigpreise.
SB-Warenhaus	Großflächig, umfassendes Sortiment an Nahrungs- und Genussmitteln, Selbstbedienung; oft Dauerniedrigpreise, autokundenorientiert.
Supermarkt	Mittlere Flächengrößen, Nahrungs- und Genussmittels sowie Frischware, Selbstbedienung.
Convenience Store	Kleinflächig, wohnnah, begrenztes Sortiment an Lebensmitteln und Haushaltswaren, hohes Preisniveau, lange Öffnungszeiten.
Outlet	Off-Preis, Partievermarktung, marken- oder sortimentsbezogen.

Abb. 2.10 Auswahl von Betriebstypen des Einzelhandels mit charakterisierenden Stichworten

(z. B. Levi's, Mavi, adidas). Auch Warenhäuser beziehen heute ihre Umsätze überwiegend über das Bekleidungs- und Einrichtungssegment, sind also letztlich zu Modehändlern geworden. Die Stärke, die sich originär auf die Sortimentsbreite stützte und vor allem auch aus Elektro-, Spiel- und Sportsortimenten generiert wurde, scheint verloren – wohl auch, da Großflächenkonzepte, Verbrauchermärkte und Category Killer den Warenhäusern Kunden und Umsätze abgenommen haben.

- *Nahversorger* werden von Verbrauchern vorrangig über das Kriterium örtlicher Nähe ausgewählt. Lokale Lebensmittelmärkte, Kioske, Apotheken etc. fallen hier hinein. Starke Brands sind hier weniger ausgeprägt. Rewe City, Esso on-the-go, DM oder Boots wären Beispiele für Brands in diesem Segment.
- Großflächige, außerstädtische Formate, die in ihren Warengruppen eine maximale Breite bei aggressiven Preisen anbieten, werden als *Category Killer* angesehen. Der Einzugsbereich solcher Formale ist sehr groß. Pro Kategorie existieren hier einzelne starke Store Brands, so z. B. Obi oder home Depot für D-I-Y, Media Markt und Saturn für Elektro, Decathlon in Frankreich für Sportartikel.
- Der *Lebensmitteleinzelhandel* (LEH) ist eine Mischung aus Nahversorgern und Category Killern. International sind Store Brands in diesem Segment vergleichsweise schwach. Tesco oder Safeway sind Beispiele aus dem britischen Markt, Rewe oder Edeka aus dem deutschen. Hypermarkt Store Brands wie Wal-Mart oder Carrefour nähern sich besonders stark dem Category Killer-Konzept an. Als Discouter Store Brands sind in Deutschland Aldi und Lidl gut etabliert.

- Der *Dienstleistungseinzelhandel* umfasst insb. Brands der Systemgastronomie, Hotellerie und der Finanzdienste, die oft global aufgestellt sind: McDonald's, Pizza Hut, American Express, Hilton etc.

2.2   Store Brand Management

Vor dem Hintergrund des dargestellten Markenverständnisses und des vorgestellten Rahmens befasst sich das Store Brand Management mit der gezielten Schaffung, Pflege und Weiterentwicklung von Store Brands in den Gedächtnis- und Erlebniswelten definierter Zielgruppen. Es beinhaltet eine zeitliche, eine inhaltliche und eine organisationale Dimension:

- Es sind die relevanten Themenfelder, Aktivitäten und Aktionsparameter zu identifizieren *(Inhalte)*.
- Notwendige Aufgaben, Schritte und Entscheidungen sind in einer *zeitlichen* Abfolge zu systematisieren.
- Definitionen zu *organisatorischen* Ressourcen, Kompetenzen und Verantwortungen sind als Rahmen erforderlich.

Ein solcher Managementprozess ist ein entscheidungsorientierter Planungs- und Steuerungsprozess, der *funktionsübergreifend* vernetzen muss.

▶   Store Brand Management hat die gezielte Schaffung, Pflege und Weiterentwicklung von Store Brands in den Gedächtnis- und Erlebniswelten definierter Zielgruppen zum Inhalt.

Abb. 2.11 gibt die wesentlichen Themenfelder des Store Brand Management wieder und strukturiert diese in einer Abfolge. Es wird deutlich, dass das Store Brand Management sowohl strategische wie auch operative Aufgabenstellungen umfasst.

Ausgehend von einer Abgrenzung des zu betrachtenden *Marktes* und einer Festlegung und zweckmäßigen wie präzisen Definition von *Zielgruppen* (was i. d. R. eine sinnvolle *Marktsegmentierung* voraussetzt) bestehen wichtige Ausgangspunkte in der sorgfältigen Bestandsaufnahme zur externen wie auch der internen Situation. Um die *externe Situation* zu bestimmen, sind Marktfaktoren zu analysieren: Wettbewerbsanalysen, Analysen der Marktdynamik sowie dezidierte Erörterungen von Erwartungen, Haltungen, Erwartungen und Kaufverhalten der Zielgruppe sind dazu erforderlich. Auch Untersuchungen zur Wahrnehmung von bestehenden eigenen Brands sowie von konkurrierenden Brands sind dabei relevant. Auf *interner Seite* sind die eigenen Ressourcen, Fähigkeiten und relative Wettbewerbsstärken zu betrachten, bestehende Kundenstrukturen zu analysieren und insbesondere auch das vorhandene Brand Portfolio bzw. die bisherigen Markenidentitäten zu erfassen und einzubeziehen.

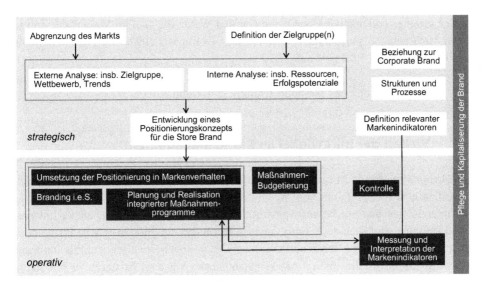

Abb. 2.11 Prozess und Themenfelder des Store Brand Management

Auf der Grundlage der ermittelten Informationslage kann dann ein *Positionierungs-konzept* entwickelt werden.

Erst darauf aufbauend beginnt die *Umsetzung* der Positionierungsideen in Ausdrucks-mittel der Brand. Dies bedeutet einerseits, das *Branding* der Store Brand zu gestalten, andererseits sind damit konkrete Marketing-*Maßnahmenprogramme* angesprochen, die zu planen, budgetieren und zu realisieren sind.

Aus strategischer Perspektive ist weiterhin ein geeignetes *Monitoringsystem* aus relevanten Indikatoren zu bestimmen, dass anschließend operativ umgesetzt wird (Kontrolle). Als strategische Kernaufgaben im Store Brand Management sind zudem die Klärung organisatorischer *Verantwortungen* und Abläufe sowie die Berücksichtigung bzw. Gestaltung der *Markenarchitektur* anzusehen.

▶ Das Store Brand Management als Managementprozess beinhaltet die Definition geeigneter Brand Assets- und Positionierungs-Ziele. Es umfasst zudem die Entwicklung und Steuerung von Maßnahmenprogrammen, um diese Ziele zu erreichen. Fester Bestandteil muss zudem die Sicherung von Effektivität und Effizienz der Erreichung der Store Brand-Ziele sein.

Bedeutung von Kultur und Führung

Fast wichtiger als Prozesse, Strukturen und Strategien scheint die Etablierung einer Markenführungskultur zu sein. Sie beinhaltet auch die Kontinuität von Personen und wird wesentlich durch Führungsverhalten geprägt („embedded via leadership practices", Schein 2010, S. 22). Die *Kultur* eines Unternehmens kann beschrieben werden als das

Muster geteilter und stabiler Überzeugungen und Werte, die sich im Verlauf der Zeit in einem Unternehmen herausbilden (Gordon und DiTomaso 1992, S. 784).[14] Kulturelle Aspekte werden u. a. in Kap. 4 aufgegriffen.

▶   „… culture determines and limits strategy …" (Schein 2010, S. 377).

2.3   Vielfalt der Blickwinkel im Brand Management

Das Thema Store Brand ist keineswegs auf ein einheitliches Grundverständnis festgelegt. Es besteht eine bunte Vielfalt von Annahmen zu Brands, eine Pluralität von Interpretation ihrer Rollen und ein breites Spektrum theoretischer Erklärungsversuche. Entsprechend vielfältig sind auch die herangezogenen Methoden, um diesbezügliche Phänomene zu untersuchen. Die sich daran entfachenden Diskussionen erweisen sich als durchaus produktiv, um die Reflexion von Markenphänomenen vor dem Erstarren zu bewahren. Zur Einordnung werden im Folgenden einige Linien knapp aufgegriffen.

Unterschiedliche Grundauffassungen über den organisationalen Kontext
Die Auseinandersetzung mit Store Brands unterschiedet sich zunächst elementar in der Philosophie, mit der Fragen entwickelt, verfolgt und untersucht werden. Damit sind implizite Grundannahmen u. a. über das Weltbild, die Vorstellungen zur Wissensgenerierung, zur Beherrschbarkeit von Situationen sowie zu grundlegenden Methoden angesprochen. Mit Rückgriff auf die Betrachtungen von Burrell und Morgan (1979) über Basisperspektiven der Analyse sozialer Phänomene sollen für die Beschäftigung mit Store Brands zumindest zwei Richtungen hervorgehoben werden:

- Im *funktionalistischen* Paradigma werden Store Brand-Fragen mit modernistischem, positivistischem[15] Blick untersucht. Die Perspektive ist eher am Status quo orientiert und dem Realismus verpflichtet. Man versucht tendenziell, Modelle und Methoden der Naturwissenschaften auf die Analyse sozialer Zusammenhänge zu übertragen (Burrell und Morgan 1979, S. 26).
- Im *interpretativen* Paradigma bestehen hingegen andere Annahmen über die Welt. U. a. ist es dadurch gekennzeichnet, dass es das Verhalten des Menschen aus seiner Perspektive verstehen und interpretieren möchte, aber keine quantifizierbaren und

---

[14]Vgl. auch Definitionen von Schein (2010), Barney (1986) oder Dyer (1985). Der Begriff ist vielgestaltig. Kroeber und Kluckhohn (1963) haben schon in den 1960ern mehr als 160 Bedeutungen aufgezeigt.

[15]Positivismus hier verstanden als eine Richtung, die versucht, Markenphänomene zu erklären und vorherzusagen, indem nach Regelmäßigkeiten und kausalen Beziehungen zwischen bestimmten Elementen gesucht wird.

generalisierbaren Erklärungen sowie auch keine Sozialtechniken für die Verhaltens-
beeinflussung liefern möchte. Man strebt danach, die Welt zu begreifen wie sie ist.
Die soziale Realität, und damit Store Brands wie auch das Managementverhalten
bzgl. Store Brands wird explizit als ein Netzwerk von Annahmen und intersubjektiv
geteilter Deutungen gesehen (Hudson und Ozanne 1988; Burrell und Morgan 1979,
S. 26 f.).

Unterschiedliche Brand-Paradigmen
Louro und Cunha (2001) clustern die Vielfalt von Betrachtungsweisen und Ansätze im
Brand Management in vier Paradigmen, indem sie nach den Dimensionen „Brand Centra-
lity" (Leitmotiv-Rolle der Brand für die Marketingstrategie) und „Customer Centrality"
(Beitrag des Kunden bei der Wertschaffung) trennen. Aus jedem Paradigma (Abb. 2.12)
leitet sich ein spezifisches Verständnis zum Store Brand Management ab.

- Beim *Product Paradigm* herrscht ein taktisches Markenverständnis vor. Marken
  werden eher als Logos und rechtliche Zeichen oder schmückender bzw. schüt-
  zender Zusatz für Marktleistungen angesehen. Das Brand Management fokussiert

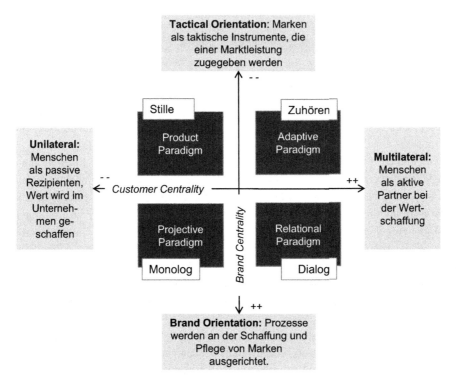

Abb. 2.12 Brand Management Paradigmen nach Louro und Cunha (2001). (Quelle: In grober
Anlehnung an Louro und Cunha 2001, S. 855)

auf Marketing-Instrumente. Dazu passt die Aussage von Kapferer (1992, S. 3): „At present, the tendency is to manage products that happen to have a name." Metapher = Stille.

- Das *Projective Paradigm* ist ebenso innen orientiert, sieht das Brand Management jedoch als eine strategische Aufgabenstellung an. In diesem Paradigma werden Brands als Plattformen aufgefasst, mittels derer die strategische Idee von Unternehmen artikuliert und umgesetzt werden kann. Kernkonstrukt beim Brand Management ist die Brand Identity. Metapher = Monolog.

- Im *Adaptive Paradigm* wird betont, dass Brand Meaning im (Ziel-)Kunden entsteht bzw. von diesem konstruiert wird. Brands sind in diesen Sichtweisen somit aus einer Output-Perspektive definiert, das Brand Image steht zentral und reguliert auch das Managementhandeln. Das Management der Brands ist jedoch ein eher taktischer Prozess, der sich zyklisch an die Imagebedingungen anpasst, sodass erwünschte Kundenreaktionen erreicht werden. Metapher = Zuhören.

- Im *Relational Paradigm* wird das Brand Management als ein kontinuierlicher dynamischer Prozess gesehen, in dem Markenwert und Brand Meaning durch das Zusammenwirken (Co-Creation) von miteinander verwobenen Verhaltensweisen von Menschen und Organisationen entsteht. Brands werden als Persönlichkeiten ausgelegt, die sich im Kontext der Brand-Mensch-Beziehung herausbilden. Daher berücksichtigt das Brand Management die aktive Rolle von Organisations-Externen bei der Schaffung von Brand Meaning. Metapher = Dialog.

Als Reaktion auf das digitale Zeitalter entwickelt Quinton (2013) das *New Community Paradigm (NCP)*. Dieses Konzept setzt wesentlich auf dem Relational Paradigm von Louro und Cunha (2001) auf und entwickelt die beinhalteten Ideen weiter. Wichtige Annahmen des NCP sind, dass die Macht über die Brand von den Kunden gehalten wird, dass Brand Communities eine nicht-ignorierbare Bedeutung zukommt und dass Prozesse der Co-Creation und der sozialen Produktion von Leistungen unverzichtbar sind, um Relevanz und Added-Value zu erreichen. Damit einher geht das Verständnis, dass das Brand Management auch marketingübergreifende Kontextinformation aktiv berücksichtigen muss. Demgemäß ist die Sicht auf digitale Medien so zu verändern, dass diese nicht nur als ein Kommunikationskanal aufgefasst, sondern auch als ein Interaktionsmuster zwischen Unternehmen und Menschen begriffen werden (Quinton 2013, S. 916). Digitale Medien inklusive ihrer Effekte werden also explizit gemacht und als Angelpunkt gesehen. Diese Perspektiven-Verschiebung zwischen Relational Paradigm und NCP hat grundlegende Implikationen für das Store Brand Management. Abb. 2.13 stellt das Relational Paradigm und das NCP gegenüber.

Unterschiedliche Forschungstraditionen

Fragestellungen im Kontext von Store Brands werden zudem aus unterschiedlichen Traditionen heraus analysiert und beantwortet. In Markenkontext herauszustellen sind die identitätsorientierte, die ökonomische, die verhaltenswissenschaftliche und die strategieorientierte Tradition (ähnlich auch Kernstock et al. 2014, S. 18 ff.).

	Relational Paradigm	New Community Paradigm
Metapher	Dialog	Debatte
Brand-Fokus	Beziehungen	Erfahrungen/Erlebnisse
Strategischer Fokus	Integration von (potenziellen) Kunden und Interaktionen mit diesen	Interaktivität: Austausch von (potenziellen) Kunden untereinander
Strategie-Entstehung	Umbrella: Führung gibt Oberziel oder Rahmen vor ODER reine Prozesssteuerung	Emergent und in Echtzeit

Abb. 2.13 Relational Paradigm und New Community Paradigm im Vergleich

Die Berücksichtigung einer innengerichteten Ressourcen- und Kompetenzpers-pektive wird von der *identitätsorientierten Tradition* betont. Strategie, Kultur, Struktur, Geschäftszweck und Branche des Unternehmens wie auch die Wurzeln der Brand werden herangezogen, um zentrale Identitäts-Werte zu identifizieren. Auf deren Basis wiederum wird unter Berücksichtigung absatzmarktbezogener Faktoren die Markenzukunft entwickelt (Meffert und Burmann 2005).

Die *strategieorientierte Tradition* hingegen verdeutlicht die Brand als wichtigen Faktor im Strategischen Management. Dies wirkt sich u. a. in der Diskussion um markenbasierte Strategien (Kapferer 2008), der expliziten Berücksichtigung von Brands bei unternehmensstrategischen Entscheidungen (wie z. B. Fusionen, Portfolioentscheidungen) sowie einer finanzwirtschaftlichen Sicht auf Brands aus.

Aus der *ökonomischen Tradition* heraus werden Fragen von Brands unter dem Rationalitätsprinzip betrachtet. Neoklassische Zugänge der Mikroökonomik sind aufgrund ihrer strikten und oft realitätsfernen Annahmen heute allerdings Randerscheinungen der Markenforschung. Jedoch sorgen Beiträge der Neuen Institutionenökonomik dafür, dass auch ökonomische Perspektiven wieder häufiger aufgegriffen werden. Die Neue Institutionenökonomik schwächt bestimmte strenge Annahmen der Neoklassik ab und führt bspw. Unsicherheiten, die Existenz von Institutionen und unvollständige Information in ökonomische Kalküle ein. Dadurch sind Strömungen entstanden, die über Verfügungsrechte, Transaktionskosten, Informationsasymmetrien oder Principal-Agent-Konstellationen Phänomene von Brands beleuchten helfen. Speziell die Informationsökonomik leistet fruchtbare Beiträge (dazu z. B. Schölling 2000).

Die *verhaltenswissenschaftliche Tradition* des Brand Management prägt weite Teile der gegenwärtigen Auseinandersetzung mit Markenphänomenen. Sie integriert soziologische, sozialpsychologische und psychologische Erkenntnisse und Methoden, um Store Brands zu untersuchen. Eine Begründung für ihre Dominanz kann darin gesehen werden, dass diese Tradition besonders aufschlussreiche Einblicke für die praktische Markensteuerung hervorgebracht hat und ihre partialtheoretischen Aussagen einer empirischen Prüfung gut zugänglich sind. Der verhaltenswissenschaftliche Blickwinkel unterstreicht die Erklärungskraft des Imagekonstrukts und erlernter markenspezifischer Inhalte (die auch Emotionen, Erfahrungen, Muster und Bilder umfassen können) für das Entscheidungsverhalten von (potenziellen) Kunden.

Unterschiedliche Methodencluster
Auch in Bezug auf die grundlegende Arbeitsweise, die Methoden, mit denen Ideen und Erkenntnisse im Themenfeld der Store Brands herausgearbeitet werden, bestehen charakteristische Unterschiede. Wichtige Ansätze sind:

Konzeptionelle Ansätze. Konzeptionelle Ansätze spannen ein Untersuchungsfeld neu auf und entwickeln einen geeigneten Theorierahmen bzw. eine theoretische Erklärung für ein Phänomen. Oft skizzieren sie grundlegend neue Ideen oder Konstellationen in einem Untersuchungsfeld oder alternative theoretische Annäherungen. Es werden also neue Konstrukte oder Zusammenhänge eingeführt, die empirische Prüfung der vorgestellten Inhalte ist jedoch nicht beinhaltet. Allerdings fließen i. d. R. bisher abgesicherte Erkenntnisse und Beobachtungen ein. Eine spezifische Ausprägung der konzeptionellen Ansätze stellen Arbeiten dar, die bestehende Modelle oder Theorien auf neue Fragestellungen bzw. Gebiete übertragen. Ein Beispiel dafür sind Arbeiten von Wänke (1998), die Aspekte des Brand Management auf der Basis von bereits in der Psychologie etablierten Kategorisierungstheorien diskutiert und erklärt.

Fallstudienansätze. Bei dieser Gruppe von Ansätzen geht es im weiten Sinne um Forschungen, die an Organisationen, also in oder mit Unternehmen ablaufen. Die Fallstudie (Case Study) ist eine empirische Untersuchung, die ein gegenwärtiges Phänomen in Real-Life-Kontexten untersucht; sie ist dann besonders angemessen, wenn Grenzen zwischen Phänomen und Kontext nicht klar ersichtlich sind (Yin 1994). Dieser Zugang kann explorativ, deskriptiv wie auch explikativ eingesetzt werden und sowohl qualitative wie quantitative Daten heranziehen. Paradigmatisch scheint er eher im qualitativen Kanon verortet. Oft wird dieser Zugang als bewusster Gegenpol zu großzahligen quantitativen Ansätzen gesehen (Wrona 2005, S. 1).

Die Besonderheit ist die Fokussierung auf aktuelle Ereignisse, wobei keine Kontrolle über das organisationale Verhalten notwendig wird (Yin 1994). Wie bei anderen Zugängen auch, sind hierfür eine klare Forschungsfrage, solide entwickelte Hypothesen sehr wichtig. Es erfolgt eine logische Verbindung zwischen Daten und Hypothesen; eigene/spezifische Merkmale für die Bewertung der Qualitätskriterien bestehen. Je nach Zahl der Fälle unterscheidet man oft Single- von Multi-Case-Designs.

Als Datenbasis für die Erforschung von Store Brand Phänomenen kommen bei diesem Ansatz Interviews, Beobachtungen, Gegenstände, Dokumente oder Archivmaterialien infrage. Grundsätzlich ist die Stützung auf mehrere Datenquellen, der Aufbau einer Fallstudiendatenbank und die solide Darlegung der Beweisketten sehr wichtig. Wichtige revitalisierende Interpretationen wären bei der Auswertung einzubeziehen, und signifikante Aspekte des Cases zu adressieren. Es handelt sich um eine fallbezogene als auch fallübergreifende Analyse – nicht jedoch die exemplarische Bearbeitung jedweder Problemstellungen.

Um mit Unternehmen über Store Brands zu forschen bzw. die Store Brand Realität am Fall zu untersuchen, ist die Beteiligung von Unternehmen eine Voraussetzung. In Bezug auf die Anknüpfung des externen Forschers an ein Unternehmen können Ideen von Schein (1988) aufgenommen werden, der drei Arten der organisationsbezogenen (Forschungs-)Arbeit unterscheidet.

- Expertenmodell: Der Untersucher wird als Experte angesehen. Sein Engagement wird von der Organisation als förderlich akzeptiert. Er verhilft im Wesentlichen zu mehr Effizienz.
- Arzt-Patient-Modell: Die Organisation kommt quasi „krank" auf den Untersucher zu, um „geheilt" zu werden. Diagnose und Therapieansatz im Themenfeld Store Brand sind Kernbestandteile und werden vom Externen geliefert.
- Prozessbegleitungsmodell: Dieser Ansatz erscheint angemessen, wenn die Organisation nicht erkennen kann, was genau das Problem ist, sie benötigt also schon Hilfe in der Diagnose. Der externe Partner unterstützt das Unternehmen dabei, eine eigene Diagnose der Markensituation zu erstellen sowie bei der Entwicklung von Lösungsmöglichkeiten. Durch die Involvierung des Unternehmens sind Wandelprozesse nachhaltig gestaltbar.

Als wesentlicher Vorteil dieses qualitativen Zugangs erscheint die Möglichkeit, zu tatsächlichen Probleme und Themen vorzudringen, statt nur an Oberflächensymptomen zu arbeiten (Elving 2015). Ein Beispiel für Untersuchungen nach der Fallstudienmethode sind die Analysen zu Markenarchitekturstrategien bei Unternehmen von Laforet und Saunders (1999).

Quantitative Ansätze, insb. Pfadanalysen und Strukturgleichungsmodelle. Quantitative Zugänge zur Untersuchung des Themas Store Brand basieren auf der Quantifizierung der Beobachtungsrealität. Verbales Material wie Dokumente, Protokolle oder offene Interviews wird hier nicht als direkter Input betrachtet. Vielmehr werden Daten in quantitative Größen transferiert (skaliert) und an großen Stichproben erhoben, oft anhand von (online-)Fragebögen, die dann nach standardisierten, multivariaten statistischen Methoden ausgewertet werden. Beispiel sind Untersuchungen mittels Pfadanalysen oder Strukturgleichungsmodellen. Abb. 2.14 zeigt als ein Beispiel eine gefundene Lösung für ein Strukturmodell bei der Betrachtung des Zusammenspiels der Variablen (in den Ovalen) „Green Brand Image", „Green Satisfaction", „Green Trust" und „Green Brand Equity". Die Pfeile geben die gerichteten Zusammenhänge in Sinne von Einflüssen einer Variablen auf die andere an. Die Werte an den Pfeilen (Pfadkoeffizienten) geben die Stärke des Zusammenhangs zwischen den Variablen an (wobei alle anderen Variablen im Pfadmodell statistisch konstant gehalten werden; Schnell et al. 2013, S. 451). In den Kästen sind die Messgrößen für die Variablen zu sehen.

Pfadanalysen bilden komplexe Zusammenhänge zwischen anhängigen (AV) und unabhängigen Variablen (UV) sowie die Rückwirkungen der AV auf andere Variablen ab und prüfen diese (Schnell et al. 2013, S. 451). Die Zusammenhänge werden dabei als

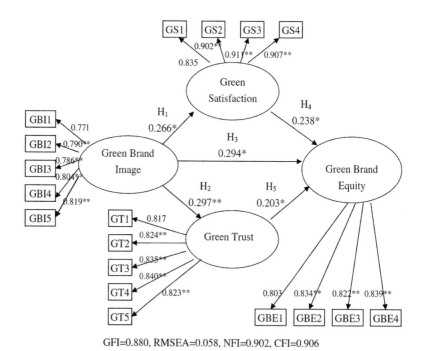

GFI=0.880, RMSEA=0.058, NFI=0.902, CFI=0.906

Abb. 2.14 Beispiel für ein Strukturgleichungsmodell in Untersuchungen zu Brands. (Quelle: Chen 2010, S. 315)

„Richtungen", also kausal[16] interpretiert. Wenn zudem noch Parameter für systematische Messfehler integriert werden, entstehen Strukturgleichungsmodelle (Schnell et al. 2013, S. 451).

Experimentelle Untersuchungen. Experimente als Teil quantitativer Studien sind besonders geeignet, um Ursache-Wirkungs-Beziehungen zu belegen. So gesehen dienen sie vor allem dazu, unterstellte Einflüsse zu prüfen, um damit den Forschungsstand zum Store Brands voranzubringen. Bei Experimenten werden also Beziehungen zwischen Variablen betrachtet. Eine veränderliche Variable (UV) wird systematisch manipuliert, um die Effekte bei anderen Variablen (AV) zu erfassen. Dabei sind Vergleichssituationen zu definieren und alle anderen potenziell wirksamen Variablen (die Bedingungen) streng zu kontrollieren. Als Beispiel können die Untersuchungen von Einwiller et al. (2006) dienen, bei denen für die UV unterschiedliche Brand Endorsement-Konstellationen in ihrer Wirkung auf die Produkteinstellung als AV untersucht wurden. Experimentelle Untersuchungen sind im Labor wie im Feld möglich; gerade bei Forschung in und an Organisationen kommen auch Quasi-Experimentelle Designs zu Einsatz.

Experteninterviews. Für die Untersuchung des Themas Store Brands sind zudem Experteninterviews bedeutsam, um datenseitig an die Unternehmensrealität anzuknüpfen und die multifaktoriell strukturierten Managementsituationen umfänglich zu erfassen. Insofern stellen Experteninterviews gleichermaßen eine Synthese der Unternehmensrealität dar als auch einen Anknüpfungspunkt an die Personengruppen, die genau diese Realität prägen (Pace 2015, S. 231). Sie liefern wichtige Einblicke und Validierungen für Forscher und Manager. Die Interviews sind dialogisch strukturiert und qualitativer Natur; sie folgen wissenschaftlichen Prinzipien, die streng zu beachten sind (dazu z. B. Gummesson 2005). Gerade bei Untersuchungen zu Store Brands sind die Ansätze oft entweder mit normativen Paradigma oder mit konstruktivistischem Paradigma gerahmt, was sich auf die Frage auswirkt, wer die Brand besitzt, führt und erschafft. Tiefeninterviews und phänomenologische Interviews sind je nach Perspektive gut integrierbar (Pace 2015).

Unter prozessualer Perspektive sind im Grunde die Datenerhebung, die Datenanalyse und die Befunddarstellung voneinander zu trennen. Aufgrund der qualitativen Natur können Erhebung und Auswertung auch interdependent und verbunden sein.

Die Umsetzung der Interviews und die Interpretation der Daten sind als besonders kritische Aspekte dieses Untersuchungszugangs zu betonen (Pace 2015). Ein Beispiel für Untersuchungen auf der Basis von Experteninterviews sind die Studien von Melewar

---

[16]Eine tatsächliche Prüfung von Kausalität ist nur über Experimente möglich. Die bei Strukturgleichungsmodellen üblicherweise vorgenommene Interpretation von Korrelationen als gerichtete Zusammenhänge ist daher problembehaftet.

et al. (2012). Sie konnten mittels der Experteninterviews Dimensionen herausschälen, die die Identität einer Corporate Brand formieren.

▶   Store Brands und zugehörige Effekte sowie das Store Brand Management wer-
    den nach Weltbild, Forschungstradition, Markenparadigma sowie Untersu-
    chungszugang mit durchaus unterschiedlichen Annäherungen erforscht.

2.4   Grundbausteine zum Aufbau einer Store Brand

Schritte und Aufgaben des Store Brand Management ergeben sich aus dem Wesen der Brand. Den bisherigen Ausführungen folgend wird also von drei wesentlichen Überlegungen ausgegangen: 1) Die Brand entsteht in der Psyche des (potenziellen) Kunden. 2) Die Brand fungiert als „Vorurteil" und erleichtert die Zuordnung von Informationen und deren Verarbeitung. 3) Starke Brands sind durch ein Image gekennzeichnet, das einzigartige, möglichst emotionale und multimodale, positive, relevante Inhalte aufweist.

Dies führt zu zwei wichtigen Teilzielen auf dem Weg zur Schaffung von Store Brands (dazu auch Esch 2014, S. 60, 70 f.; Keller 1993, S. 3 ff.):

- Schaffung von Awareness und Vertrautheit mit einer Einkaufsstätte oder einer Gruppe von Einkaufsstätten (oder ihrem Markennamen),
- Etablierung eines spezifischen Images zu einer Einkaufsstätte oder einer Gruppe von Einkaufsstätten.

▶   Die Markierung eines Stores ist ungleich der Store Brand. Der Name eines
    Stores wird erst dann zu einer Store Brand, wenn er in der relevanten Ziel-
    gruppe die notwendige Awareness erreicht und in der Zielgruppe mit einem
    spezifischen Image verknüpft ist.

Awareness
Awareness bedeutet, dass die Kunden sich in genügend Situationen an die Marke erinnern. Ursächlich geht es darum, dass ein Anker in einer Gedächtnisstruktur angelegt und in relevanten Situationen auffindbar ist. Awareness steht also für die Fähigkeit von Zielgruppenpersonen, Markensignale in unterschiedlichen Bedingungen zu identifizieren (Rossiter und Percy 1987). Sie ist eine notwendige Bedingung für eine Marke (Esch 2014, S. 62).

Markensignale wie der Markenname müssen einerseits überhaupt erkannt und richtig zugeordnet werden. Andererseits muss sich jemand, wenn er eine Zündkerze, Jeans oder Topfblume kaufen möchte, eine bestimmte Einkaufsstätte ins Gedächtnis rufen.

Awareness kann in einigen Situationen ausreichend sein, um den Besuch der Einkaufsstätte auszulösen. Beispiel: Auf dem Weg von der Arbeit nach Hause fällt jemandem ein, dass für die Herrichtung der Balkonblumen am Wochenende noch Pflanzerde benötigt wird. Die Person erinnert sich bei Blumenerde an die Store Brand „Bauhaus" und steuert diese auf dem Nachhauseweg an. In anderen Situationen jedoch wird es auch auf das gelernte Markenimage ankommen. Beispiel: Ein Bankangestellter möchte unkompliziert ein blaues Business-Hemd der Marke Seidensticker „nachbeschaffen". Er wählt intuitiv den Onlineshop von „Breuninger", da er sich bei diesem modisch gut aufgehoben fühlt und er außerdem die Erfahrung gemacht hat, dass die Lieferung schnell, mit Liebe fürs Detail und fehlerfrei abläuft.

Store Brand Image

Das *Markenimage* beinhaltet die die Brand konstituierenden Assoziationen (vgl. oben), also mit dem Markenanker in der Gedächtnisstruktur verbundene Inhalte. Es ist das innere Abbild dessen, was alles mit einem Markennamen bzw. anderen Markensignalen verbunden wird (Keller 1993 S. 3). Da sich daraus letztlich konstituiert, wofür eine Brand steht, was sie aus Kundensicht ausmacht, kann man auch argumentieren, dass sich aus diesen inneren Vorstellungen Brand Meaning für relevante Zielgruppen ergibt (Keller et al. 2012, S. 65). Image ist nach Esch (2014, S. 66) die hinreichende Bedingung für eine Brand.

Entstehung von Store Brands

Store Brands entstehen erst, wenn ein Mindestmaß von Bekanntheit in der relevanten Zielgruppe gegeben ist und wenn das von (potenziellen) Kunden gelernte Markenwissen über spezifische Inhalte verfügt, also ein spezifisches Image entwickelt ist (Abb. 2.15). Erst dann wäre von einer Brand zu sprechen (Redler 2014a, S. 16). Alles andere wären lediglich nach außen hin mit seinem Absender gekennzeichnete Aktivitäten eines Händlers.

Auf die beiden zentralen Teilziele Awareness und Image wird nachfolgend gesondert eingegangen.

Abb. 2.15 Stufen auf dem Weg zu einer Store Brand

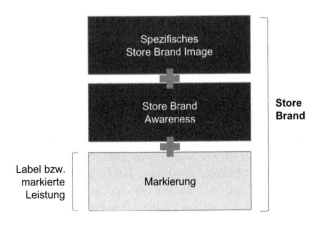

2.5 Bedeutung und Aufbau von Store Brand Awareness

Mit der Awareness wird ausgedrückt, inwieweit sich Zielgruppenpersonen in relevanten Situationen an die Brand erinnern, oder anders gesagt, Markensignale in unterschiedlichen Bedingungen identifizieren (Rossiter und Percy 1987). Awareness sorgt daher dafür, dass eine Brand in einer Auswahlsituation überhaupt Berücksichtigung finden kann (Aaker 1991). Sie erzeugt außerdem Vertrautheit und eine positive Bewertung seitens der Zielgruppen. Letztlich kann ohne hinreichende Awareness keine Imagebildung erfolgen (Esch 2014, S. 61).

Brand Awareness setzt sich aus zwei unterschiedlichen Erinnerungsleistungen beim Menschen zusammen. *Brand Recognition* erfasst, ob jemand angibt, einen Markenreiz (i. d. R. Markenname) bereits schon vorher einmal wahrgenommen zu haben. Es geht um das Wiedererkennen (passive Bekanntheit). *Brand Recall* (aktive Bekanntheit) hingegen drückt aus, inwieweit jemand ein Markenname aktiv aus dem Gedächtnis reproduziert, wenn man eine Produktkategorie oder eine Problemlösung nennt. Wird ein Markenname bei der Recall-Abfrage vorrangig oder ausschließlich genannt, so handelt es sich um eine Top-of-Mind-Awareness bzw. eine exklusive Awareness. Brand Recall erfordert eine höhere Gedächtnisleistung als Brand Recognition, weshalb die Recall-Werte i. d. R. unter denen der Recognition liegen. Beide Arten der Awareness können sowohl auf Basis verbaler als auch bildlicher Reize gemessen werden. Die relative Bedeutung der jeweiligen Werte ist zudem abhängig von der Frage, ob Zielpersonen eine Markenwahlentscheidung in An- oder Abwesenheit von Markensignalen treffen müssen (Keller 2012, S. 60).

Für die Berechnung ausgedrückt bedeutet dies:

- Recognition = (Anzahl der Probanden die angeben, das Markensignal (z. B. Markenname) zu erkennen, mit diesem also schon einmal konfrontiert gewesen zu sein/ Anzahl allen gültigen Probanden zu dieser Abfrage) × 100
  Fragetypus: Kennen Sie xy? (j/n)
- Recall = (Anzahl der Nennung des relevanten Markennamens/Anzahl allen gültigen Probanden zu dieser Abfrage) × 100
  Fragetypus: Welche Einkaufsstätten für Büromaterial fallen Ihnen ein? (offene Felder)
- Top-of-Mind-Nennung = (Anzahl der Probanden, die den Markennamen innerhalb der ersten drei oder fünf Nennungen nennen/Anzahl allen gültigen Probanden zu dieser Abfrage) × 100
  Fragetypus: Wie Recall

In vielen Situationen ist die Awareness an sich ein wichtiger Prädiktor für die Auswahlentscheidung (Hoyer und Brown 1991, S. 147). Speziell bei Entscheidungsprozessen, die ohne aufwendige psychische Beurteilungsprozesse ablaufen (low involvement), ist außerdem eine dominante Erinnerung, am besten Top-of-Mind-Awareness äußerst wertvoll: Unter Bedingungen geringen Involvements sprechen hohe Awareness-Werte einer Brand für eine höhere Wahrscheinlichkeit der Wahl dieser Brand (Esch 2014, S. 63;

Keller 1993, S. 3). Nedungadi (1990), zeigt, dass eine Steigerung der Awareness bei Low-Involvement-Entscheidungen zu einer häufigeren Wahl zum Produkt der Marke führt.

▶   An welchen Online-Shop denken Sie, wenn Sie Schuhe kaufen möchten? Das Ergebnis auf diese Frage ist Ausdruck des Brand Recall als Teil der Brand Awareness.

Der Awareness-Aufbau erfolgt durch *Kontakte* mit „Äußerungen" der Organisation im Kontext mit Signalen der Brand. Umso häufiger Zielgruppenpersonen etwas im Kontext von Markensignalen wahrnehmen, Erlebnisse sammeln, etwas sehen, hören oder fühlen, oder an all dies denken müssen, umso eher wird Awareness aufgebaut bzw. gefestigt. Jeder Kontakt mit Markensignalen ist demnach für die Awareness relevant.

Dabei spielen die Wiederholungen solcher Kontakte eine signifikante Rolle, denn es handelt sich i. d. R. um einen passiven Lernvorgang. Außerdem unterstützt die Integration der unterschiedlichen Maßnahmen bzw. Eindrücke an den diversen Touchpoints diesen Lernvorgang (dazu speziell Esch 2011), da die Inter-Kontaktpunkt-Integration technisch die Reizwiederholung erhöht. Essenziell ist die Konstanz der Signale, weshalb sorgsam und dauerhaft entwickelte Markensignale, starke Klammern und eine Identifizierung und Priorisierung relevanter Touchpoints von hoher Bedeutung sind (dazu Kap. 4 und 7).

▶   Die Schaffung von Awareness erfolgt durch wiederholte Kontakte der Zielgruppe mit dem Markennamen, dem Logo oder sonstigen Markensignalen.

Für Umsetzung als auch die Markenstrategie bedeutet dies, zugehörige Kenngrößen der Mediasteuerung[17] als wichtige Stellgrößen zu erkennen. Die relevante *Bruttoreichweite* gibt an, wie viele Personen der Zielgruppe durch die kombinierten Aktivitäten in einer Periode mindestens einmal erreicht werden[18] (Bruttokontaktsumme). Die relevante *Nettoreichweite* hingegen erfasst die Anzahl von Personen aus der Zielgruppe, die mindestens einmal erreicht werden. Interne und externe Überschneidungen sind zu beachten. Mit der *Frequenz* liegt ein Maß vor, um die Zahl der Kontakte zu erfassen, denen eine durchschnittliche Person innerhalb einer Periode ausgesetzt ist. Als Kennwert für die Gesamtmenge der Kontaktchancen werden Gross-Rating-Points *(GRP)* herangezogen. Der Kennwert wird bestimmt als Reichweite x Frequenz. Je höher der der GRP, desto stärker ist der Kontaktdruck.

---

[17]Zu den Kenngrößen der Mediaplanung, die hier relevant sein sollten, Redler (2014b).

[18]Erreichen von Personen bedeutet in diesem Kontext stets: Die Personen haben eine Chance auf Kontakt.

Bedeutung von Awareness

Seit Oktober 2014 ist der britische Haushaltgeräte-Versender AO auch in Deutschland vertreten. Um entsprechende Bekanntheit bei den deutschen Zielgruppen zu erreichen und den Branchenführern Media-Markt und Saturn Marktanteile abzujagen, setzte das Unternehmen eine groß angelegten TV-Kampagne ein (o. V. 2014, S. 8).

2.6 Bedeutung und Prägung eines Store Images

Das Store Brand Image wurde bereits vielfach angesprochen. An dieser Stelle soll definitorisch nochmals genauer gefasst werden: Das *Image* umfasst nach heutigem Verständnis die Menge aller Assoziationen, die mit einem Markenanker der Gedächtnisstruktur verbunden sind. Es ist das innere Abbild dessen, was alles mit einem Markennamen bzw. anderen Markensignalen verbunden wird (Keller 1993, S. 3). Trommsdorff (1990, S. 121) unterstreicht, dass das Image nicht auf Kognitionen reduziert werden darf. *Auch Bewertungen, Gefühle, Töne, Bilder oder Erfahrungssequenzen können dazu gehören.*[19] Schweiger (1995) betont die beim Image eher relevante gefühlsmäßige Auseinandersetzung mit dem Objekt.[20] Da das Image holistischen, ganzheitlichen Charakter aufweist, sollte es generell immer als Gesamtbild gesehen und nicht auf Teilaspekte reduziert werden.

> ▶ Das Store Brand Image ist die Gesamtheit aller Assoziationen, die eine Person mit einem Markennamen (oder anderen Markenreizen) verbindet. Es ist ein ganzheitliches Konstrukt. Die Inhalte des Store Brand Images können nicht auf rein sprachliche Inhalte reduziert werden.

Beispiel: Das Store Brand Image von amazon.de umfasst wahrscheinlich Assoziationen wie „riesiges Sortiment", „Kaufbewertungen", „einfache Bestellung", „schnelle und problemlose Lieferung", „praktisch", „immer günstige Produkte", „gute Vergleichbarkeit", Vorstellungen zum Look der Website, das Bild der typischen Versandverpackungen, „Rückruffunktion", oder „nutze ich auf dem Smartphone" (auch Abb. 2.16).

Ein solches Image prägt allgemein Erwartungen über ein Objekt und dadurch weitere Wahrnehmungen und Bewertungen. Ein Store Brand Image bedingt also ganz konkret Erwartungen an den Händler (den Shop, die Sortimente, Qualitäten, Service) sowie die weitere Wahrnehmung seiner Handlungen und seines Auftretens sowie die Beurteilung dessen.

---

[19]Am Imagebegriff wird sehr deutlich, dass menschliches Verhalten nicht von Fakten, sondern von den subjektiven Vorstellungen von den Fakten geleitet ist (Trommsdorff und Becker 2005, S. 297).

[20]Eine konsistente Begriffsanwendung für das Image besteht im deutschsprachigen Raum allerdings nicht (Wiswede 2012, S. 283). Zum Teil wird der Imagebegriff mit dem Begriff Einstellungen gleichgesetzt (Trommsdorff 1990, S. 120 f.; Kroeber-Riel und Gröppel-Klein 2013, S. 233).

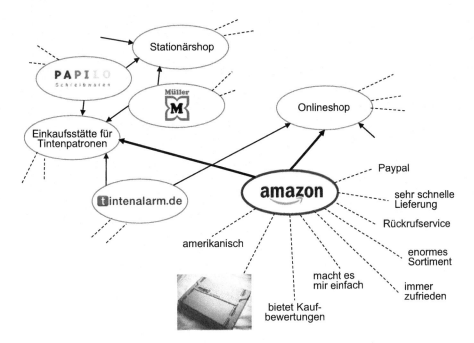

Abb. 2.16 Fiktives Markenschema von amazon.de

Trommsdorff und Becker (2005, S. 297) definieren Image:
Unter dem Image eines Objektes versteht man die ganzheitliche, stabile, schematisch vereinfachte, durchaus mit Wertungen versehene Vorstellung von diesem Objekt, die von den Mitgliedern einer Gruppe, eines Marktsegments, einer (Sub-)Kultur mehr oder weniger einheitlich gehalten wird. Images mit einheitlicher Ausprägung in einer sozialen Einheit sind soziale Schemata, im Fall starker Verfestigung so genannte Stereotypen. Jedenfalls ist ein Image die subjektive Realität, die bei der Erklärung von Verhalten zu berücksichtigen ist. In der modernen Imageforschung versteht man unter Images Bilder, die man besonders von komplexen und kaum in allen wesentlichen Merkmalen zu beschreibenden Objekten hat.

Image als Schema
Gedächtnisstrukturen, und in diesem Sinne auch Brand Images, können als *Schemata* interpretiert werden (z. B. Wänke 2015; Esch 2014, S. 59; Bless et al. 2007). Schemata sind Konstrukte zum Verständnis von psychischen Prozessen, Gedächtnisstrukturen, die Wissen zu einem Objekt, einem Ereignis, einer Situation repräsentieren (zu Grundlagen von Schemata z. B. Bless und Schwarz 2002; Rumelhart und Ortony 1977; Marcus und Zajonc 1985; Pendry 2012). Die enthaltenen Inhalte sind hierarchisch organisiert, stehen aber in Beziehung zueinander. Sie repräsentieren die wichtigsten Merkmale zum relevanten Gegenstandsbereich. Verschiedene Schemata können ineinander eingebettet sein, wobei Inhalte von übergeordneten auf untergeordnete Schemata vererbt werden. Schemata können außerdem sehr unterschiedliche Arten von Information beinhalten, insb.

auch nonverbale und emotionale Bewertungen (z. B. Garramone 1992; Pendry 2012, S. 98). Abb. 2.16 zeigt zur Veranschaulichung das fiktive Markenschema von amazon.de.

Schemata bzw. ihre jeweiligen Ausprägungen beeinflussen in hohem Maße, welche Inhalte wahrgenommen, wie sie verarbeitet und schließlich erinnert werden. Schussfolgerungen, Bewertung und Einordnung neuer Reize, Urteile werden durch Schemata gesteuert. Neisser (1976, S. 80) stellt die These auf, dass Menschen nur jene Informationen aufnehmen, die sie auch ausgebildeten Schemata zuordnen können – der Rest wird ignoriert. Schemata sind also Rahmen zur Selektion und Organisation von Informationen (im weiten Sinne). Besonders für die Erklärung der quasi ständig ablaufenden heuristischen Beurteilung und Schlussfolgerung sind sie sehr wertvoll (auch Pendry 2012, S. 100 ff.).[21]

Sie intervenieren auch bei der Erinnerung. Das Erinnern (z. B. an ein Erlebnis bei einem Einkauf) wird heute vielfach als rekonstruktiver Prozess verstanden (Gerrig und Zimbardo 2008, S. 263): Man rekonstruiert Information aus dem gespeicherten Wissen. Dabei haben vorhandenen Schemata (z. B. das der Store Brand) den entscheidenden Einfluss.

▶   Der Image-Aufbau ist ein meist langfristiger Lernprozess bei den Zielgruppen.

Imageaufbau

Die Ausbildung von Gedächtnisstrukturen, von Assoziationen zu einem Reiz, letztlich der Aufbau des Brand Images als Schema erfolgt nach dem Prinzip eines Lernprozesses auf der Basis von Kontiguität. Dieser führt zu einer Schemainduktion (dazu Mandl et al.1988, S. 127; Rumelhart und Norman 1978). Bereits vorhandene Schemata, die das vorhandene Wissen repräsentieren, werden durch Reizexposition ggf. so umstrukturiert, dass ein neues Schema entsteht. Grundlage ist, dass bestimmte Sachverhalte häufig zusammen wahrgenommen werden (z. B. ein Logo und ein Laden). Da in weiten Teilen von einem geringen Involvement der Adressaten auszugehen ist, sind dies passive Lernvorgänge, die besonders zahlreiche Wiederholungen bedürfen.

Für den *Store Image-Aufbau* bedeutet dies, dass Zielgruppenpersonen

- wiederholt,
- zeitlich nachhaltig und

---

[21]Dieser Zugang zum Brand Image über Schemata als eine etablierte Modellklasse der Psychologie ist sehr konstruktiv. Aufgrund der Modellreife und der zahlreichen empirischen Befunde wird es möglich, wichtige Hypothesen über die Wirkung und Steuerung des Brand Images abzuleiten. Neben der Schematheorie existieren viele weitere Modellklassen, mittels derer man sich dem Brand Image annähern und entsprechend Folgerungen ableiten kann. Genannt seien hier die multimodale Gedächtnistheorie, die Netzwerkmodelle, die kognitive Emotionstheorie, das Modell- und Beobachtungslernen oder die motorischen Schema- bzw. Verhaltensregulationstheorien. Hier und nachfolgend wird aufgrund des vergleichsweise umfassenden Erklärungshalts vor allem die Schemaperspektive aufgegriffen.

- über die unterschiedlichen Wahrnehmungskanäle
- gleiche Informationen, Erfahrungen, Gefühle und innere Bewertungen zusammen mit dem Absender (z. B. Markenname oder Logo) erfahren müssen.

Dadurch werden diese Assoziationen zu einem Schema formiert und als typische Aspekte gelernt. Sie sind dann mit dem Store Brand Schema verbunden. Das Store Brand Schema wiederum ist in bestehende Gedächtnisstrukturen eingebettet.

Um das Store *Image* zu *festigen* bzw. vor dem Verblassen zu schützen ist es förderlich, wenn

- Zielgruppenpersonen regelmäßige „Auffrischungen" der gelernten Assoziationen erfahren,
- sich Gedächtnisinhalte möglichst auf mehrere Sinne beziehen,
- auch emotionale, motorische und erlebnisbezogene Gedächtnisinhalte bedient werden.

Grundvoraussetzung ist natürlich, dass eine Zuordnung zum Schema stattfindet.

Aus der Schematheorie heraus entspricht die Markenschaffung dem Ausbau und der Verstärkung eines Schemas (dazu Mandl et al. 1988, S. 127): Vorhandene Schemastrukturen werden vertieft und verstärkt. Auch können dabei neue Assoziationen eingefügt oder vorhandene „Lücken" im Schema gefüllt werden (Assimilation neuer Informationen). Abelson (1976) geht bei einer Festigung von Schemata zudem von einer Verallgemeinerung der Bestandteile aus, die auf die wiederholten Erfahrungen zurückgeht. Bezüglich optimaler Lernwirkungen bzw. den effizienten Aufbau und Erhalt des Store Images ergeben sich aus den Erkenntnissen und Regeln der Integrierten Kommunikation (z. B. Esch 2011; Esch und Redler 2004b) wertvolle Imperative. Speziell ist dabei auch die Vielzahl der Kontaktpunkte zu beachten, die auf Store Brand Images Einfluss nehmen. Um damit umzugehen, bietet es sich an, die Kontaktpunkte nach ihrem schemaprägenden Einfluss zu priorisieren (dazu Kap. 7).

Veränderungen bei Images sind als Schema-Akkomodation anzusehen. Das bedeutet, dass Schema in Details modifiziert werden – oder sogar umgebildet werden. Da aber gerade weit entwickelte Schemata i. d. R. sehr stabil gegenüber Veränderungen sind (Fiske und Taylor 1991, S. 149), sind derartige Vorhaben mit Vorsicht zu handhaben. Positionierungswechsel, die auf eben eine solche Schemaveränderung abzielen, sind durchaus problembehaftet (Kroeber-Riel und Esch 2011, S. 153 f.). Es besteht die Gefahr, dass bisher gelernte Schemata „nachwirken" und deshalb neue, sehr abweichende „Information" dann nicht mehr dem Schema zugeordnet wird, z. T. somit gar nicht wahrgenommen wird.

Kriterien zur Beschreibung von Brand Images
Wichtige Ansätze zur Strukturierung der vielfältigen Assoziationen, die in einem Brand Image Bedeutung haben, gehen von Keller (1993) und Esch (2014) aus. Keller (1993)

bewertet die Assoziationen[22] hierzu nach drei Kriterien: die Stärke der Assoziationen, ihre Vorteilhaftigkeit sowie ihre Einzigartigkeit.

Nach Esch (2014) kann die *Beschreibung des Images* erfolgen, indem man die zugehörigen Assoziationen nach folgenden Merkmalen bewertet:

- Anzahl: Menge der Assoziationen.
- Art: Emotionale vs. kognitive Assoziationen.
- Stärke: Enge der Anbindung von Assoziationen.
- Repräsentationsart: Sprachliche vs. nichtsprachliche Assoziationen.
- Einzigartigkeit: Assoziationen, die von Wettbewerbsmarken differenzieren.
- Zugriffsfähigkeit: Abruf- und Verknüpfungsfähigkeit der Assoziationen.
- Richtung: Positiv vs. neutrale vs. negativ konnotierte Assoziationen.
- Relevanz: Kundenbedürfnisse betreffende Assoziationen.

Positionierung als Vorgabe für das Store Brand Image
Während das Store Brand Image Ausdruck der psychologischen Reaktion der Zielgruppen auf das Verhalten des Händlers ist, wird mit der *Positionierung* aus Sicht des Brand Management festgelegt, mit welchen Assoziationen, mit welchem Image der (potenzielle) Kunde den Markennamen verbinden soll.

Die Positionierung definiert, wofür die Store Brand in der Wahrnehmung der Zielgruppe stehen soll – welches Schema sich aufbauen soll. Dabei stützt man sich allerdings auf ausgewählte, zentrale Assoziationen. Aspekte zur Positionierung werden in Kap. 3 genauer betrachtet.

Erfassung und Vermessung von Store Brand Images
Die Erfassung des aktuellen Store Brand Images ist keine triviale Aufgabe. Das ist darin begründet, dass Ausprägungen meist nicht voll bewusst sind, diese in Teilen auch bildhaft, episodisch oder metaphorisch (also nicht nur sprachlich) codiert sind, sie eher diffus vorliegen und in einer Zielgruppe durchaus sehr heterogen ausgeprägt sein können (Trommsdorff 2004, S. 168 f.).

Vier grundsätzliche methodische Richtungen, die auch in der Managementpraxis zur Messung und Beschreibung von Brand Images relevant sind, sollen hier knapp umrissen werden (Abb. 2.17).

Images können zunächst als *Overall*-Einstellungen gemessen werden. Dazu werden Zielpersonen beispielsweise gefragt, wie sie „Globetrotter finden", wie sie „Globetrotter bewerten" oder wie sie „Globetrotter beurteilen". Antworten können dann über eine geankerte Ratingskala erfasst und ausgewertet werden. Offensichtlich hat der resultierende Overallwert wenig Detailinformation, liefert aber i. d. R. eine interessante Bewertungsrichtung.

---

[22]Assoziation wird hier und im Folgenden als Überbegriff für alle möglichen Gedächtnisinhalte verstanden.

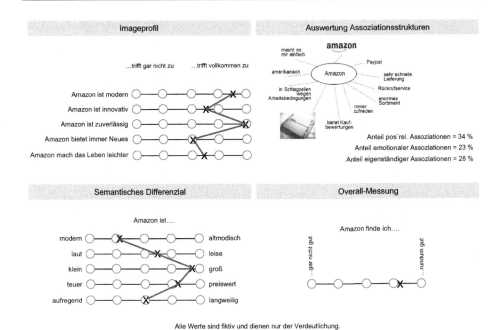

Abb. 2.17 Unterschiedliche Möglichkeiten der Imageerfassung

Eine weitere wichtige Art sind deskriptive *Imageprofile*. Dabei werden bei Zielpersonen relevante kognitive wie auch emotionale Imageeigenschaften itemweise mit einer Ratingskala hinsichtlich dem Grad der Zustimmung abgefragt. Pro Item werden dann Mittelwerte betrachtet, die in der Gesamtdarstellung ein charakteristisches Profil zur Brand ergeben. Dadurch erhält man Einblicke, inwieweit bestimmte Aspekte mit dem Store Brand Schema übereinstimmen. Ähnlich den Imageprofilen arbeiten *Semantische Differenziale*. Bei diesen werden gegensätzliche Adjektivpaare als Anker einer bipolaren Skala verwendet, auf denen Zielpersonen die Brand einordnen müssen. In der Zusammenstellung der Items ergibt sich auch hier ein Profil.

Besonders aufschlussreich zur Diagnose des Images sind *Assoziationsstrukturanalysen*. Diese können qualitativ als auch quantitativ vorgenommen werden. Grundlage ist die Erhebung und Clusterung der mit einem Markenreiz verbundenen Assoziationen[23].

- Eine *qualitative* Auswertung geht auf die evozierten Inhalte ein, indem wichtige Inhalte (Nennungen) zusammengestellt und beispielsweise als assoziative Netzwerke

---

[23]Vgl. zum Vorgehen und den Instruktionen Esch (2012), S. 647 f.

visualisiert werden[24]. Diese Inhalte können qualitativ nach bestimmten Kriterien bewertet werden; sie können auch aus Managementsicht in ihrer Vorteilhaftigkeit interpretiert werden. Die Inhalte können zudem mit den in der Positionierung definierten Inhalten verglichen werden. Außerdem kann eine Interpretation dazu erfolgen, durch welche Kontakte und Erfahrungen einzelne Inhalte Teil der Assoziationsstruktur geworden sind. Im Sinne qualitativen Vorgehens sollte auf der Basis dieser Daten der Versuch unternommen werden, die soziale Konstruktion der Brand durch den Zielkunden besser zu durchdringen. Dies ist ein Zugang, um die Bedeutung und den Stellenwert einzelner Inhalte und ihre Wechselwirkung in der Psyche der Zielgruppe zu verstehen. Um der Ganzheitlichkeit der Images gerecht zu werden, sollten dabei stets die Assoziationen im Gesamtblick betrachtet und nicht nur die Top-Assoziationen untersucht werden.

- Die *quantitative* Auswertung von Assoziationen ermittelt bestimmte Anteile bzw. Koeffizienten zur Imagebeschreibung und ggf. weiteren statistischen Analyse. Beispielsweise kann die Anzahl der Assoziationen, der Anteil emotionaler, bildlicher oder positiver Assoziationen pro Brand oder die Prägnanz als Koeffizient numerisch beschrieben werden.

Emotionalität und Beziehungsebene

Die Rolle von Emotionen und Beziehungen wird im Kontext von Brand Images vielfach herausgestellt (Esch 2014; Fournier 1998; Keller et al. 2012; Staton et al. 2012; Falkowski und Grochowska 2009). Esch (2014, S. 65 ff., 108 ff.) beispielsweise betont, dass sich Markenschemata von starken Brands besonders durch Inhalte zu Gefühlswelten und positiven emotionalen Bewertungen auszeichnen. Insofern sollten emotionale Komponenten bei Positionierung, Maßnahmenplanung und der Imagemessung berücksichtigt werden.

Auf der Grundlage gut ausgebildeter Markenschemata können beziehungsrelevante Phänomene resultieren, die u. a. als Brand Commitment, Markensympathie oder emotionale Bindung analysiert werden. Sie sind nach der hier vertretenen Konzeption „Resultate" von Images (Abb. 2.18; dazu auch Geus 2005), die wiederum Verhalten beeinflussen.

Bei der Analyse von Store Brand Assets sollten sie aber nicht ausgeblendet werden. Es empfiehlt sich, sie als gesonderte Konstrukte zusätzlich zu Awareness und Image zu messen und zu steuern.

Die emotional geprägte Beziehungsebene von Brands tritt in neueren Überlegungen zu starken Brands deutlich hervor. Beispielsweise schlagen das *Lovemarks*-Konzept (Roberts 2005) oder die Ansätze zu *Brand Love* (Batra et al. 2012; Langner et al. 2014) in diese Kerbe.

---

[24]Es ergibt sich jedoch das Problem, an den Daten zu erkennen, welche Verbindungen zwischen den Assoziationen untereinander bestehen.

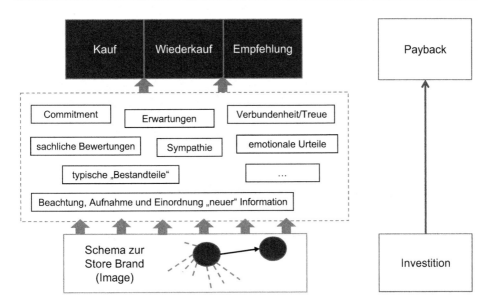

Abb. 2.18 Brand Schemata als Grundlage für andere Phänomene

Nach dem Ansatz von Roberts verfügen Lovemarks besondere Stärken in den eher emotionsbasierten Attributclustern „Intimacay", „Sensuality" und „Mystery" (Roberts 2005, S. 77) und sind außerdem durch einen hohen Grad an „Respect" charakterisiert (Roberts 2005, S. 147). Aus dem Ansatz ergeben sich interessante ergänzende Blickwinkel auf Brand Images[25] und deren Rolle für das langfristige Verhalten von Kunden.

Analoges gilt für den Brand Love-Ansatz von Batra et al. (2012). Die „Liebe" manifestiert sich nach diesem Zugang in bestimmten psychischen Prototypen aus Verhaltensweisen und Emotionen.[26] Sie wird in ihrer Stärke vor allem durch den Mehrwert geprägt, den die auf der Basis einer Brand entstehende Beziehung für die Person selbst haben könnte. Ähnliche Konzepte existieren von Ahuvia (1993) oder Albert et al. (2008). Zur Verdeutlichung dieser Konzeptionen ist in Abb. 2.19 als Beispiel das empirisch ermittelte Strukturgleichungs-Modell zur Erfassung von Brand Love nach Batra et al. (2012) dargestellt.

---

[25]Allerdings auch zahlrciche Operationalisierungsprobleme.

[26]Hier wird zwischen der Emotion „Liebe" und der Liebesbeziehung unterschieden. Die Prototyp-Konzeption hat eine deutliche Nähe zum Schema. Insofern kann „Liebe" hier quasi als ein Schema verstanden werden. Je deutlicher eine gezeigte Emotion oder eine Beziehung Eigenschaften (inkl. Voraussetzungen und Folgen) dieses „Liebesschemas" erfüllt, desto eher wird die Emotion/Beziehung von einer Person als „Liebe" betrachtet. Im Sinne einer Kategorisierung in das Liebesschema können Menschen Objekte danach beurteilen, ob sie definitiv geliebt sind, oder keinesfalls geliebt sind. Einem „fuzzy"-Verständnis folgend existieren bei Batra et al. auch Zwischenbereiche.

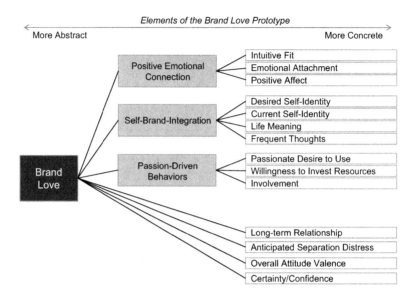

Abb. 2.19 Brand Love-Prototyp-Modell. (Quelle: In Anlehnung an Batra et al. 2012)

Konzepte zu Brand Love werden z. T. kritisiert, weil sie Markenbeziehungen analog zu zwischenmenschlichen Beziehungen ansehen. Denn Befunde mittels funktionaler Magnetresonanztomografie zur Erfassung der Hirnaktivität deuten darauf hin, dass Marken im Gehirn nicht wie Personen, sondern wie Objekte verarbeitet werden (Yoon et al. 2006). Wenn jedoch Marken als Objekte und nicht als Personen verarbeitet werden, kann die Psychologie der Beziehung Mensch-Marke nicht der der Beziehung Mensch-Mensch entsprechen. Einen anderen Kritikpunkt stellen Avis et al. (2012, 2013) heraus. Sie argumentieren, u. a. anhand weiterer Untersuchungen mit anderen Messinstrumenten, dass vorgebrachte Belege für eine personen-analoge mentale Verarbeitung von Brands im Grunde Artefakte der Messung seien.

Möglicherweise ist die Kontroverse aber lediglich in einem unterschiedlichen Verständnis von „Brand" begründet (Brand als Produkt vs. Brand als psychisches Phänomen).

Imagerelevante Eigenschaften bei Händlern
Studien zeigen, dass zahlreiche handelsbezogene Eigenschaften das Image eines Stores beeinflussen, bspw. Sortimentsbreite und Qualität der Produkte, Services, Herstellermarken im Sortiment, die Ladengestaltung, Auftreten und Verhalten der Verkaufsmitarbeiter, Preisniveaus oder Aktivitäten der Verkaufsförderung (dazu Ailawadi und Keller 2004, S. 4 sowie dort verwiesene Literatur). Solche Eigenschaften wurden von Lindquist (1974) sowie Mazursky und Jacoby (1986) in Kategorien geclustert; von Ailawadi und Keller (2004) wurden diese weiterentwickelt. Dem folgend können

für Händler nachfolgende Gruppen von imageprägenden Eigenschaften unterschieden werden:

- *Zugang:* Dieses Cluster umfasst Aspekte des Standorts und der Entfernung, die ein Kunde für den Ladenbesuch überwinden muss. Letztlich geht es um einen großen Anteil der kundenseitig anfallenden Kosten des Einkaufs. Der Einfluss des Standorts auf die Einkaufsstättenwahl scheint abzunehmen (z. B. Bell et al. 1998); der Standort ist bei Online-Shops zudem im übertragenen Sinne zu interpretieren.
- *Ladenatmosphäre:* In dieses Cluster fallen alle Aspekte, die die Reizkonstellation der Einkaufsumgebung prägen, welche wiederum gesamtheitlich auf emotionale und kognitive innere Reaktionen des Kunden wirken. Dadurch werden insb. der Ladenbesuch an sich, die Besuchsdauer und das Ausgabeverhalten von Kunden beeinflusst (für eine Übersicht zu diesbezüglichen Erkenntnissen Baker et al. 2002).
- *Preise und Verkaufsförderung:* Vor allem Preisniveauwahrnehmungen, Preispositionierung, Preisstrategie und Einsatz von Sonderangeboten sind wichtige Aspekte dieser Gruppe. Aber auch weitere artverwandte Aspekte sind hier zugehörig.
- *Breite von Sortiment und Service:* Die Ausdehnung von angebotenen Produkten und Services über unterschiedliche Kategorien prägt Wahrnehmung und Image der Store Brand. Insbesondere das Spannungsfeld zwischen Generalist und Spezialist ist hierbei mit Blick auf das Image auszuloten. Steht ein Spezialist prototypisch für bestimmte Produktkategorien, bringt dies Vorteile hinsichtlich der Spezifität für das Store Brand Image mit sich, birgt jedoch auch Probleme, wenn man bspw. an die Dehnung in neue Betätigungsfelder für die Store Brand denkt (dazu die Diskussion bei Ailawadi und Keller 2004, S. 10).
- *Sortimentstiefe:* Da die wahrgenommene Sortimentstiefe (ebenso die Sortimentshöhe, also die Sortimentsmächtigkeit) die Nutzenwahrnehmung prägt (z. B. Kahn und Wansink 2004), sie sogar als ein Kerntreiber der Einkaufsstättenwahl angesehen werden kann (Ailawadi und Keller 2004, S. 11), sind alle damit zusammenhängenden Eigenschaften auch für das Store Brand Image von hoher Bedeutung (vgl. dazu die Diskussion bei Ailawadi und Keller 2004, S. 12 f.).

Diese Richtung einer Klassifizierung von imagerelevanten Attributen orientiert sich offensichtlich noch sehr an den Bereichen des klassischen Marketing-Mix. Obgleich damit eine Struktur geliefert wird, sind auch Probleme nicht zu übersehen: Gerade emotionale Elemente, die heute einen wichtigen, oftmals einzig differenzierenden Bestandteil ausmachen, finden nur wenig Berücksichtigung. Zudem werden „Facettenkataloge" der ganzheitlichen Idee der Imagebildung im Grunde nicht gerecht. Während sich das

Konzept bzw. die Idee des Store Images an den Prinzipien der Gestaltpsychologie[27] aus-richtet, enthüllen o. a. Klassifikationen und Zusammenstellungen von „imagebildenden Elementen" ein eher multiattributes Verständnis, das davon ausgeht, dass sich ein Image aus der Summe von Ausprägungen bei Einzelteilen ergibt (Keaveney und Hunt 1992). Es ist umstritten, ob attributbasierte Ansätze die ganzheitliche Natur von Images, auch in ihrer Wirkung, angemessen abbilden können.

Plädoyer für die ganzheitliche Sicht auf das Brand Image
„Intellectually explaining and emotionally communicating are in principle two ways of communicating a message. When we [the consumer] interpret a brand, we use both our 'brain' (i. e., reference function) and with our 'heart' (i. e., emotional function). A brand is experienced in its entirety. Intellectually explaining a brand thus becomes just as fruitless as attempting to explain a work of art" (Urde 1999, S. 126).

Ein weiteres Problem mit der Definition von und der Arbeit mit solchen „Imagekomponenten" ergibt sich daraus, dass die Bedeutung einzelner Komponenten in Abhängigkeit von Markt, Branche, Land, Wettbewerbssituation und Kundensegment stark unterschiedlich ausfällt (z. B. Hirschman et al. 1978; Arnold et al. 1983). Zwischen zwei Marktsituationen sind die Grunddimensionen, aus denen sich Images konstituieren, eben nicht konsistent.

▶   Mit Blick auf Positionierung und Imageaufbau steht der Store Brand Manager vor der Herausforderung, zu ermitteln, welche Kerndimensionen für die konkrete Marktsituation und die konkreten Zielgruppe(n) der jeweiligen Store Brand tatsächlich relevant sind.

2.7   K-V-A-Rahmenmodell zu Entstehung und Festigung der Store Brand

Die essenziellen Kausalitäten bei der Entstehung und für die Gestaltung, Pflege und Kapitalisierung von Store Brands können anhand eines Rahmenmodells verdeutlicht werden (Abb. 2.20). Es vereinfacht, zeigt aber die wesentlichen Bezüge und ist deswegen für Strategien und Entscheidungen bzgl. Store Brands hilfreich. Es fokussiert den Blick und liefert Argumente.

▶   Das K-V-A-Rahmenmodell zur Store Brand bietet die wichtige Grundorientierung über Ursache und Effekt.

---

[27]Die Gestaltpsychologie widmet sich der Frage, wie der Mensch Ganzheiten, Figuren, oder Sinneinheiten wahrnimmt. Ausgangspunkt ist die Annahme, dass die menschliche Wahrnehmung Objekte der Umgebung nicht mechanisch für eine weitere Verarbeitung abbildet, sondern diese bereits während der Wahrnehmung strukturiert. Daher werden bspw. Punkte, die in hinreichender Dichte auf einer imaginären Kreislinie angeordnet sind, bereits als Kreis wahrgenommen.

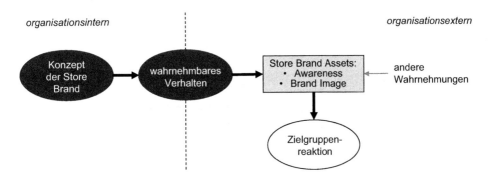

Abb. 2.20   K-V-A-Rahmenmodell zum Store Brand-Effekt

Die zugrunde liegenden Gedanken lassen sich einfach anhand der Kernbestandteile.

  K – **K**onzept zur Marke

  V – **V**erhalten im Markt

  A – Store Brand **A**ssets

darlegen (Abb. 2.20): Grundlage für die Schaffung und Steuerung einer Store Brand ist die *Definition,* wofür die Store Brand stehen soll, was sie auszeichnet, was sie wie andere auch macht, was sie unterscheidet. Anders ausgedrückt: Mit welchen Assoziationen – mit welchem Image – der (potenzielle) Kunde den Markennamen verbinden soll. Die Herausarbeitung und Festlegung eben dieser Vorgaben wurde oben bereits als *Positionierung* gekennzeichnet – darauf wird in Kap. 3 noch genauer eingegangen.

Die Positionierung als Extrakt des Markenkonzeptes ist sodann langfristig, konsistent und konstant über wahrnehmbare „Äußerungen", das *Verhalten* an Kontaktpunkten im Markt (z. B. Gestaltung des Online-Stores, Werbespots, Facebook-Profil, Verhalten des Verkaufspersonals) erlebbar zu machen. Diese von „innen" gestaltbaren Aspekte sind eine wichtige Basis, auf der dann Kontakte, Wahrnehmungen und Lernprozesse bei den (Ziel-)Kunden basieren können.

Organisationsextern können also auf der Basis des wahrnehmbaren Verhaltens der Organisation bei den Zielgruppenpersonen Vertrautheit und Awareness entstehen. Zudem stellt sich nach und nach ein Store Brand Image ein, das sich langfristig festigt, sich bei Anpassungen ggf. langfristig verändert. Es werden *Brand Assets* gebildet. Dies ist jedoch kein garantierter Prozess; die externen Brand Assets unterliegen nämlich nicht vollständig der Kontrolle der markensteuernden Organisation, sondern sind auch von der Psyche der Zielgruppenpersonen sowie zahlreichen weiteren Wahrnehmungen, die Zielpersonen haben, abhängig. Dennoch erhöht sinnvoll ausgesteuertes Verhalten die Wahrscheinlichkeit der Brand-Bildung und -Stärkung signifikant.

Auf der Grundlage der aufgebauten Brand Assets können sich sodann Bewertungen, Vorlieben und Verhalten *(Zielgruppenreaktionen)* einstellen, die z. B. die Präferenz oder eine Entscheidung für eine Einkaufsstätte beinhalten. Diese Reaktionen auf die Store Brand Assets werden schließlich über ökonomische Größen wie Umsatz in Stück erfahrbar.

2.8   Entwicklungsphasen der Store Brand

Store Brand Management sollte vom Bewusstsein getragen sein, dass dieses keine statische Angelegenheit ist. Vielmehr prägen Veränderungen bei Kontexten und internen Situationen das Bild. Solche Veränderungen werden von externen Faktoren wie bspw. einem gewandelten Kundenverhalten ebenso getrieben wie von internen Faktoren wie bspw. Unternehmenszukäufen. Veränderungen können sich als langsame und stetige Entwicklungen ausdrücken, aber auch als Diskontinuitäten virulent werden. Vor diesem Hintergrund ist es eine Realität, dass das Store Brand Management einerseits relevante Kontextveränderungen sorgsam beobachten muss, um zu entscheiden, wie damit umzugehen wäre. Andererseits gehört es zu den originären Herausforderungen eines Store Brand Management, auf der Basis eigener Interpretationen wahrgenommener Kontext- oder interner Veränderungen selbst Weiterentwicklungen und Anpassungen proaktiv zu initiieren.

▶   Bei der Steuerung von Store Brands ist zu beachten, dass diese selbst einer
     Dynamik und Entwicklung unterliegen.

Um die Sensibilität für die zeitdynamischen Ansichten zu erhöhen, sollen nachfolgend einige Perspektiven vorgestellt werden.

Dynamik im Brand Management: Phasen der Store Brand
Store Brands entwickeln sich. Sie werden geboren, wachsen und verschwinden ggf. wieder vom Markt. Im Zeitverlauf bestehen dabei unterschiedliche Anforderungen an das Store Brand Management. Um dies zu verdeutlichen, kann eine Phasen-Bildung hilfreich sein, die die Entwicklung einer Store Brand verdeutlicht (Abb. 2.21):

- Ausgangspunkte einer Store Brand sind *Definition und Launch der Brand*. In dieser Phase ist die Store Brand im engen Sinne noch nicht existent. Wohl aber ist eine Markenidee formuliert und fixiert. Zudem sind Elemente definiert, mit deren der Absender seine Äußerungen im Markt wahrnehmbar und zuordenbar machen kann. Grundsätzlich sind die Marktleistungen im Markt unter ihrem Namen und den weiteren Brand Elementen eingeführt. Es bestehen jedoch noch keine zielgruppenbezogenen Brand Assets, die erst in der folgenden Phase aufgebaut werden müssen.
- In der *Aufbauphase* wird die eigentliche Brand erschaffen, indem Brand Assets entstehen. In der relevanten Zielgruppe wird Awareness über relevante Kontakte aufgebaut und ein spezifisches Image geprägt. Dazu sind kontinuierliche, wahrnehmbare und integrierte Maßnahmen notwendig. Diese Phase beansprucht i. d. R. Zeit, da bei den Zielgruppen ein Low-Involvement-Lernen erfolgen muss.
- Die Phase der *Stärkung* der Store Brand bezeichnet die zeitlichen Abschnitte, in denen – nachdem grundsätzliche Brand Assets etabliert wurden, die Brand also eine Brand wurde – Awareness weiter ausgebaut bzw. stabilisiert wird, und das Store

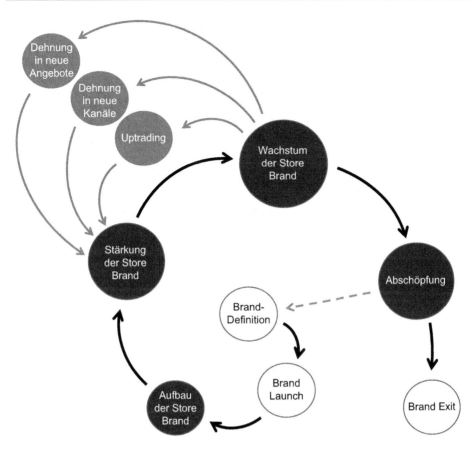

Abb. 2.21 Typische Phasen beim Management einer Store Brand

Brand Image bei Zielgruppen weiter profiliert und gefestigt wird. Dazu sind i. d. R. hohe Aktualität und zeitliche wie inhaltliche Konstanz in allen Maßnahmen wichtige Schlüsselfaktoren. Wichtig erscheint es, Maßnahmen weiter so zu gestalten, dass a) Kontakte geschaffen werden und b) dass die Markenidee konsistent wahrgenommen werden kann. Strategisch sollte daher die Positionierung (auch nach Jahren seit dem Launch) möglichst gleich behalten werden, wenn nicht zwingende Gründe im Markt anderes bedingen. Interne Wear-Outs sollten daher kritisch hinterfragt werden. Es geht darum, zu unterstützen, dass sich die Brand Asscts weiter multiplizieren.

- Die weitere *Wachstumsphase* der Store Brand ist gekennzeichnet durch den Ausbau der Erreichungsgrade bei Zielen des Brand Management, die auch weiteren ökonomischen Erfolg induzieren. Das Image wird gefestigt, weiter profiliert, die Bekanntheit weiter hoch gehalten. Die Marke hat hohe Aktualität. Verbundene Marktleistungen entwickeln sich gut bei Marktanteilen. Die Store Brand verursacht starke Kundenbeziehungen und -bindungen. Marktleistungen werden bei abgesicherter Relevanz

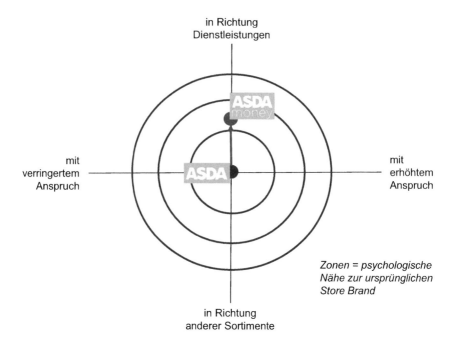

Abb. 2.22 Zonenmodell als Denkrahmen bei der Dehnung von Store Brands

weiterentwickelt. Grundsätzlich gelten die Imperative der Stärkungsphase. Jedoch können nun Dehnungen in neue Angebote oder Kanäle realisiert und ein Uptrading berücksichtigt (s. unten) werden. Diese Aktivitäten wiederum führen im guten Fall zu weiteren Stärkungen der Brand. Wichtig ist jedoch: Der Kern der Store Brand darf dadurch nicht verloren gehen – Verwässerungen von Brand Assets zugunsten Wachstumsoptionen sind riskante Manöver.

• Am Ende der Entwicklungen stehen *Abschöpfungsszenarien,* bei denen keine weiteren Investitionen in den Erhalt der Brand Assets erfolgen. Auf der Grundlage von Brand Assets noch vorhandene Zahlungsströme werden konsequent abgeschöpft, sogar unter Ausnutzung von brand-destruktiven Dehnungen oder Lizenzgeschäften. Diese Phase ist oft gefolgt von einem *Brand Exit* oder einer notwendigen *Neupositionierung* der Store Brand.

Eine solche Differenzierung der Phasen ist bedeutsam, weil Teilziele und Maßnahmen danach variieren.

Dehnungen in der Wachstumsphase
In der Phase des Markenwachstums sind verschiedene Denkrichtungen interessant (dazu auch Redler 2014a).

Dehnung in neue Angebote. Wird das Betätigungsfeld der Store Brand in neue Angebote im Markt ausgedehnt, kann man dies analog einer Markenerweiterung (dazu im Detail Esch et al. 2005; Redler 2014a, S. 45) auffassen. Darunter fällt bspw. die Dehnung der Store Brand Zara vom Shopkonzept für Bekleidung in die *Sortimentskategorie* der Einkaufsstätten für Heimtextilien (Zara Home). Die etablierte Brand fungiert hier als wichtiger Hebel, damit verbundenen Assoziationen, Bewertungen und Erwartungen auf das neue Angebot (Einkaufsstätte für Heimtextilien und Dekoration) übertragen werden können. Ebenso möglich sind Dehnungen in Dienstleitungen, wie dies bei Neckermann Reisen der Fall gewesen ist, eine Brand, die als Markenerweiterung der Einkaufsstätte Neckermann hervorgegangen ist. Weitere Möglichkeiten bestehen über Dehnungen in andere *Handelsformate* (z. B. Dehnung der Store Brand Rewe vom Supermarkt in ein Convenience-Konzept Rewe City). Über solche Dehnungen können Store Brands wachsen. Voraussetzung ist jedoch ein stark ausgeprägtes Markenimage (Esch et al. 2005).

Als Denkrahmen für die Erörterung von Dehnungsmöglichkeiten kann nach einem Zonenmodell agiert werden (Abb. 2.22). Im dargestellten Beispiel wird ein Raum aufgespannt, der nach der Dehnung in andere Dienstleitungen oder Sortimente sowie nach dem Anspruch differenziert. Je nach von den Zielgruppen wahrgenommenen Ähnlichkeit zur bisherigen Store Brand kann dabei in Zonen unterschieden werden.

▶   In der Wachstumsphase von Store Brands sind Dehnungen in neue Marktleistungen, Kanäle und Formate sowie ein Uptrading wichtige Optionen.

Dehnung in neue Kanäle. Ebenso können Store Brands wachsen, indem diese in neue Kanäle gedehnt werden. Damit sind vor allem *alternative Vertriebsformen* und Regionen angesprochen. Mit der Entwicklung des Online-Commerce wurde dies für viele Händler ein wichtiger Zukunftsbaustein, indem etablierte Store Brands auf Onlineshops übertragen wurden (so dehnte sich die Store Brand Otto vom Katalogshop zum Onlineshop, ebenso ist der Stationärhändler Conrad heute auch Onlineshop, auch Würth ist neben dem Stationärkanal heute online aktiv, der einstige Web-Pureplayer notebooksbilliger.de hat die Brand auf ein Stationärkonzept gedehnt). Für zahlreiche Händler ist dato eine Kanalvielfalt Realität. Zu beobachten sind Store Brand Ausdehnungen auch in Richtung des Stationärkanals, beispielsweise der Marken Lascana, hessnatur oder Sheego. Im weiten Sinne kann unter diese Formen der Dehnung auch die *Vertikalisierung* als Wachstumsoption gefasst werden (z. B. Howe 1990) – Wie weit ist die Store Brand Deichmann eigentlich rückwärts integriert?

Speziell – aber nicht nur – für Anbieter, die mit ihrer Store Brand die Grenzen für nationales Wachstum erreicht haben, stellt die Dehnung der Marke in *neue Regionen* eine wichtiges Wachstumschance dar (Internationalisierung; z. B. Pellegrini 1995).

Uptrading. Bei dieser Form des internen Wachstums handelt es sich um die systematische Gestaltung der kundenbezogenen Maßnahmen im Hinblick auf eine wertigere Wahrnehmung im Markt (Redler 2014a, S. 46). Uptading erfordert meist – zumindest in normalen Wettbewerbssituationen – eine entsprechende Argumentation im Markt. Daher ist daran regelmäßig die sorgsame Weiterentwicklung von Sortimenten, Zusatznutzen und Innovationstätigkeit gekoppelt, um die Leistungen und damit die Brand aufzuwerten. Beispielsweise wird am Design, an Services oder an der Beratung angesetzt (Qualitätsanpassung nach oben). Diese Bestrebungen unterstützen tendenziell, dass sich ein höheres Preisniveau durchsetzen lässt. Darüber kann der Umsatz über einen Preiseffekt wachsen, allerdings sollten sich auch induzierte Mengeneffekte ergeben. Denn: Dem gegenüberzustellen sind natürlich Kostenwirkungen.

Voraussetzung des Uptrading ist eine veränderte Umsetzung der Leistung im Markt. Die vom Uptrading induzierte veränderte Markenwahrnehmung bewirkt letztlich auch eine Weiterentwicklung des Markenimages. Das modifizierte Markenimage wiederum bewirkt veränderte Voraussetzungen für weitere Aktivitäten unter dem Markennamen (Redler 2014a, S. 47). Dies kann beispielsweise dazu führen, dass die Store Brand neue Randzielgruppen für sich erschließt.

Uptrading bei Tedi

Tedi mit Sitz in Dortmund ist ein Nonfood-Discouter, der 2004 gegründet wurde. Die Unternehmensgruppe Tengelmann hält 30 % der Anteile. 2015 hat das Unternehmen rund 1400 Filialen, überwiegend in Deutschland, und beschäftigt rund 10.000 Mitarbeiter bei einem Nettoumsatz von 512 Mio. EUR. Das Unternehmen ist in den letzten Jahren durchschnittlich um 150 Filialen pro Jahr gewachsen. Pro Filiale werden 3500−4000 Artikel geführt. Sortimentsschwerpunkte sind Geschenk- und Dekoartikel, Schreibwaren, Haushaltswaren, Schreib- und Drogerieartikel, Batterien, Accessoires und sonstige Kleinteile des täglichen und saisonalen Bedarfs. Süßwaren und Getränke werden in kleiner Auswahl angeboten. Durchschnittlich ist eine Filiale heute rund 430 qm groß, Tests mit größeren Flächen und verbesserten Lagen laufen.

Bei der Store Brand Tedi sind *Uptrading-Bestrebungen auf der Fläche erkennbar.* Filialen und Corporate Design wurden ab 2014 umgestaltet, modernisiert und aufgewertet. Es kann davon ausgegangen werden, dass damit auf eine veränderte Markenwahrnehmung abgezielt wird, um eine Weiterentwicklung des Markenimages im Markt zu erreichen.

Bisher wurde der Look der Filialen stark von vom CD-Blau des Anbieters dominiert. 90 % der Farbenanwendungen innen waren blau, sogar der Teppichboden. Dominant war auch ein gelbes EURO-Zeichen, das auch Teil des Logos war. Die Ware wurde überwiegend in losen Schüttpräsentationen dargeboten, ein unaufgeräumter, unübersichtlicher und voller Eindruck auf der Fläche war typisch (dazu Abb. 2.23). Klar waren die Assoziationen zu „Schnäppchen" und „billig". Der *neue Auftritt* sieht nun Präsentationstische mit Themenpräsentationen vor. Mehr Atmosphäre und Orientierung sind erklärtes Ziel. Beispielsweise sorgt die Rückwand-Hängepräsentation von Schreibwaren für einen aufgeräumteren Eindruck als die bisher lose Präsentation dieser Artikel. Insgesamt wurde die Farbigkeit zurückgenommen. Blau macht nur noch ca. 40 % aus, grau und Neutraltöne sind hinzugekommen, der Boden ist nun in Holzoptik. Verändert ist auch der Kassenbereich, wieder in grau, mit geräumigen Kassentischen, untergebracht in Wandnähe. Beim Licht wurde von kaltem Neon auf LED umgestellt. Der Look soll zurückhaltender, angenehmer und hochwertiger sein. Auch die Beschilderungen zur Grob-Orientierung sind verändert. Eingesetzt werden dreidimensionale Großbuchstaben, die mit Mood-Bildern, passend zum Warenbereich, kombiniert sind. Im Kassenbereich werden erstmals digitale Bildschirme eingesetzt, um werbliche Information darzubieten. Die Warenträger sind nach wie vor ein Einheitssystem aus Stahlregalen in blau, die nun aber vereinzelt mit Holzapplikationen versehen sind. Investiert wurde zudem in Gangflächen, sodass dadurch und durch die bessere Warenverräumung ein weniger überladener, weniger „vollgestopfter" Eindruck beim Kunden entstehen kann. Quellen: eigene Recherchen; Lamberts und Wilhelm 2015; tedi.com; tengelmann.de.

Abb. 2.23 Bisheriger und neuer Auftritt des Store Brand Tedi auf der Fläche. (Quellen: Tedi GmbH & Co. KG; eigene Aufnahmen)

Dynamik im Brand Management: Veränderungen von Betriebstypen

Bei der phasischen Betrachtung von Store Brands im Zeitablauf stößt man zudem schnell auf Interdependenzen mit den grundsätzlichen Entwicklungen bei Handelsformen, insb. den sich permanent weiterentwickelnden Handelsformaten bzw. Betriebstypen[28]. Diese, z. T. als zyklisch angenommenen, Entwicklungen machen es erforderlich, dass Brand Manager mit Blick auf die Store Brand regelmäßig Strategie und Umsetzung überprüfen und diese den kommenden Realitäten anpassen. Dabei besteht die Kunst des Spagats zwischen Kontinuität, um aufgebaute Brand Assets nicht aufzugeben, und Anpassung, um neue Chancen zu nutzen und die Store Brand in eine positive Zukunft zu führen.

---

[28]Für einen Überblick über die Veränderungen bei Handelsinstitutionen (allerdings Fokus Einzelhandel) vgl. z. B. Brown (1987).

Abb. 2.24 Prinzip des Wheel of Retailing und einige Treiberaspekte. (Quelle: Nach Brown 1988; Hollander 1960)

▶   Das Denken in einer Betriebstypendynamik führt gut vor Augen, dass die immer-
         während Spannung zwischen der Pflege von Store Brand Assets und dem
         Zwang, zukünftige Handelstrends mitzuprägen, nicht ausgeblendet werden darf.

Einer der verbreitetsten Ansätze zur Erfassung und Erklärung von dynamischen Tendenzen bei den Betriebsformen ist das *Wheel of Retailing* (McNair 1958; Hollander 1960;
Brown 1988). Der Ansatz geht davon aus, dass neu entstandene, innovative Handelsformate die Bestehenden herausfordern. Sie starten zunächst mit einfachen Lösungen und
insofern auch einer überschaubaren Kostensituation. Entsprechend können Preise vergleichsweise moderat angesetzt werden. Mit der weiteren Etablierung des Formats müssen Standards gehoben werden, was sich in steigenden Preisen auswirkt. In der weiteren
Etablierung kommt es zur Verwundbarkeit durch andere Innovatoren, da die Handelsunternehmen behäbig werden und u. a. Wettbewerbsaggressivität und Kostenbewusstsein
nachlassen. Dies führt dazu, dass notwendige Anpassungen unterlassen werden. Für neue
Formate entsteht damit die Chance, im Markt Fuß zu fassen. Diese Tendenzen sind wie
ein Kreislauf verbunden (Abb. 2.24).

   Historisch gesehen kann man beispielsweise gut erkennen, wie Warenhäuser in den
USA, die hauptsächlich als günstige Alternativen zu den kleinen Fachgeschäften starte-
ten, sich zu anspruchsvollen Einkauftempeln entwickelten, die dann wiederum klar von

aufkommenden Supermärkten und günstigeren Kaufhäusern sowie Fachmärkten ange-
griffen wurden (McNair 1958). Später erlebten die Supermärkte dann selbst eine Aufwertung, die es ihnen nicht mehr ermöglichte, tatsächlich über den Preis zu konkurrieren
(Bucklin 1972).

Die Ideen des Wheel of Retailing dürfen jedoch nicht zu sehr generalisiert oder gar als
Gesetze interpretiert werden, eher als ungetestete Hypothesen (Savitt 1984). Der Ansatz
ist dennoch ein klarer und hilfreicher Denkrahmen, der eindringlich mahnt, dass beson-
ders in Handelsmärkten die Dynamik nicht unterschätzt werden sollte. Obgleich es mit
Bezug auf den stationären Einzelhandel formuliert wurde, sind dennoch Bezüge für den
Onlinehandel und den B2B-Handel enthalten.

Dynamik im Brand Management: Denken in Langfristwirkungen
Store Brand Management verlangt die strategische, langfristige Perspektive. Eine
Schlüsseleinsicht muss sein, dass Maßnahmen und Kampagnen (Markenverhalten) der
Gegenwart die Brand Assets der Zukunft beeinflussen. Was heute getan wird, verändert
Awareness und Store Brand Image in der Zukunft (Abb. 2.25). Diese Veränderungen bei
den Brand Assets wiederum beeinflussen in hohem Maße, wie erfolgswirksam zukünf-
tige Store Brand-Maßnahmen sein werden. Werden heute also beispielsweise unklare
oder wechselhafte Aussagen und Haltungen der Store Brand vermittelt, so bewirkt es
einen Abbau profilierter Imagestrukturen bei den relevanten Zielgruppen in der Zukunft.
Werden heute negative Kundenerfahrungen hingenommen, ist in der Zukunft weniger
Markenguthaben zu erwarten. Brand Assets müssen daher sorgsam und proaktiv auch
mit zeitlicher Betrachtung gesteuert werden.

▶   Die Maßnahmen von heute prägen Store Brand Assets von morgen. Aktuelles
     Verhalten der Zielpersonen basiert vielfältig auf den Erfahrungen mit vergan-
     genen Store Brand Management-Aktivitäten.

Abb. 2.25 Langfristwirkungen von aktuellen Store Brand-Maßnahmen. (Quelle: In Anlehnung an
Keller et al. 2012, S. 716)

Literatur

Aaker, D. A. (1991). *Managing brand equity: Capitalising on the value of a brand name*. New York: Free Press.

Aaker, D. A. (1994). The value of brand equity. *Journal of Business Strategy, 13*(4), 27–32.

Aaker, D. A. (1996). *Building strong brands*. New York: Free Press.

Abelson, R. P. (1976). Script processing in attitude formation and decision making. In J. S. Carroll & J. W. Payne (Hrsg.), *Cognition and social behaviour* (S. 33–45). New York: Lawrence Erlbaum.

Ahlert, D. (1996). *Distributionspolitik*. Stuttgart: UTB.

Ahlert, D., Kenning, P., & Schneider, D. (2000). *Markenmanagement im Handel*. Wiesbaden: Gabler.

Ahuvia, A. C. (1993). *I love it! Towards an unifying theory of love across diverse love objects*. Dissertation, Northwestern University.

Ailawadi, K. L., & Harlam, B. (2004). An empirical analysis of the determinants of retail margins: The role of store-brand share. *Journal of Marketing, 68*(1), 147–165.

Ailawadi, K. L., & Keller, K. L. (2004). Understanding retail branding: Conceptual insights and research priorities. *Journal of Retailing, 80*(4), 331–342.

Albert, N., Merunka, D., & Valette-Florence, P. (2008). When consumers love their brand: Exploring the concept and its dimensions. *Journal of Business Research, 61,*1062–1072.

Arnold, S. J., Oum, T. H., & Tigert, D. J. (1983). Determinant attributes in retail patronage: Seasonal, temporal, regional and international comparisons. *Journal of Marketing Research, 20*(2), 149–157.

Avis, M., Aitken, R., & Ferguson, S. (2012). Brand relationship and personality theory metaphor or consumer perceptual reality? *Marketing Theory, 12*(3), 311–331.

Avis, M., Forbes, S., & Ferguson, S. (2013). The brand personality of rocks: A critical evaluation of a brand personality scale. *Marketing Theory, 14*(4), 451–475.

Bak, P. M. (2014). *Werbe- und Konsumentenpsychologie*. Stuttgart: Schäffer-Poeschel.

Baker, J., Pasuraman, A., Grewal, D., & Voss, G. B. (2002). The influence of multiple store environment cues on perceived merchandise value and patronage intentions. *Journal of Marketing, 66*(2), 120–141.

Barney, J. B. (1986). Organizational culture: Can it be a source of sustained competitive advantage? *Academy of Management Review, 11*(3), 656–665.

Batra, R., Ahuvia, A., & Bagozzi, R. P. (2012). Brand love. *Journal of Marketing, 76*(2), 1–16.

Bell, D., Ho, T.-H., & Tang, C. (1998). Determining where to shop: Fixed and variable costs of shopping. *Journal of Marketing Research, 35*(3), 352–369.

Bless, H., & Schwarz, N. (2002). Konzeptgesteuerte Informationsverarbeitung. In D. Frey & M. Irle (Hrsg.), *Theorien der Sozialpsychologie* (S. 257–278). Bern: Huber.

Bless, H., Greifender, R., & Wänke, M. (2007). Marken als psychologische Kategorien – Möglichkeiten und Grenzen einer sozial-kognitiven Sichtweise. In A. Florack, M. Scarabis, & E. Primosch (Hrsg.), *Psychologie der Markenführung* (S. 31–40). München: Vahlen.

Brown, S. (1987). Institutional change in retailing: A review and synthesis. *European Journal of Marketing, 21*(6), 5–36.

Brown, S. (1988). The wheel of the wheel of retailing. *International Journal of Retailing, 3*(1), 16–37.

Bucklin, L. P. (1972). *Competition and evolution in the distributives trades*. Englewood Cliffs: Prentice Hall.

Burt, S. L., & Sparks, L. (2002). Corporate branding, retailing, and retail internationalization. *Corporate Reputation Review, 5*(2–3), 194–212.

Burrell, G., & Morgan, G. (1979). *Sociological paradigms and organisational analysis.* London: Heinemann.

Chen, Y.-S. (2010). The drivers of green brand equity: Green brand image, green satisfaction, and green trust. *Journal of Business Ethics, 93*(2), 307–319.

Davies, G. (1992). The two ways in which retailers can be brands. *International Journal of Retail & Distribution Management, 20*(2), 24–34.

Chernatony, L. de (1993). Categorizing brands: Evolutionary processes underpinnned by two key dimensions. *Journal of Marketing Management, 9*(2), 173–188.

Dyer, W. G. (1985). The cycle of cultural evolution in organizations. In R. H. Kilmann, M. J. Saxton, & R. Serpa (Hrsg.), *Gaining control of the corporate culture* (S. 200–229). San Francisco: Jossey-Bass.

Einwiller, S. A., Wänke, M., Herrmann, A., & Samuchowiec, J. (2006). Attributional processes in the case of product failures – The role of corporate brand as a buffer. In C. Pechmann & L. Price (Hrsg.), *Advances in consumer research* (Bd. 33, S. 270–271). Duluth: Association for Consumer Research.

Elving, W. J. L. (2015). Corporate brand: Case study research. In T. C. Melewar & S. F. S. Alwi (Hrsg.), *Corporate branding* (S. 192–207). Oxford: Routledge.

Esch, F.-R. (2011). *Wirkung integrierter Kommunikation.* Wiesbaden: Deutscher Universitäts-Verlag.

Esch, F.-R. (2012). *Strategie und Technik der Markenführung.* München: Vahlen.

Esch, F.-R. (2014). *Strategie und Technik der Markenführung.* München: Vahlen.

Esch, F.-R., & Langner, T. (2005). Branding als Grundlage zum Markenaufbau. In F.-R. Esch (Hrsg.), *Moderne Markenführung* (S. 573–586). Wiesbaden: Gabler.

Esch, F.-R., & Redler, J. (2004a). Markenkombinationsstrategien für den Handel. In V. Trommsdorff (Hrsg.), *Handelsforschung 2004* (S. 225–247). Köln: BBE.

Esch, F.-R., & Redler, J. (2004b). Durchsetzung einer integrierten Markenkommunikation. In M. Bruhn (Hrsg.), *Handbuch Markenführung* (S. 1467–1490). Wiesbaden: Gabler.

Falkowski, A., & Grochowska, A. (2009). Emotional network in control of cognitive processes in advertisement. *Advances in Consumer Research, 36,* 405–412.

Fitzsimons, G. M., Chartrand, T. L., & Fitzsimons, G. J. (2008). Automatic effects of brand exposure on motivated behavior: How apple makes you "think different". *Journal of Consumer Research, 35*(1), 21–35.

Fiske, S. T., & Taylor, S. E. (1991). Social cognition, New York: McGraw-Hill.

Fournier, S. M. (1998). Consumers and their brands: Developing relationship theory in consumer research. *Journal of Consumer Research, 24*(4), 343–373.

Garramone, G. M. (1992). A broader and "warmer" approach to schema theory. In S. A. Deetz (Hrsg.), *Communication yearbook* (Bd. 15, S. 146–154). Newbury Park: Sage.

Gerrig, R. J., & Zimbardo, P. G. (2008). *Psychologie.* München: Pearson.

Geus, P. (2005). *Wirkungsgrößen der Markenführung.* Berlin: Logos.

Gordon, G. G., & DiTomaso, N. (1992). Predicting corporate performance from organizational culture. *Journal of Management Studies, 29*(6), 783–798.

Grewal, D., Krishnan, R., Baker, J., & Borin, N. (1998). The effect of store name, brand name and price discounts on consumers' evaluations and purchase intentions. *Journal of Retailing, 74*(3), 331–352.

Gröppel-Klein, A. (2001). Handelsmarkenstrategien aus Konsumentensicht. In F.-R. Esch (Hrsg.), *Moderne Markenführung* (S. 939–959). Wiesbaden: Gabler.

Gummesson, E. (2005). Qualitative research in marketing: A road-map for a wilderness of complexity and unpredictability. *European Journal of Marketing, 39*(3/4), 309–327.

Haedrich, G., Tomczak, T., & Kaetzke, P. (1997). *Strategische Markenführung.* Bern: Haupt.

Helgesen, Ö., Havold, J. I., & Nesset, E. (2010). Impacts of store and chain images on the „quality-satisfaction-loyalty process" in petrol retailing. *Journal of Retailing and Consumer Services, 17*(2), 109–118.

Hirschman, E. C., Greenberg, B., & Robertson, D. H. (1978). The intermarket reliability of retail image research: An empirical examination. *Journal of Retailing, 54*(1), 3–12.

Hudson, L. A., & Ozanne, J. L. (1988). Alternative ways of seeking knowledge in consumer research. *Journal of consumer research, 14*(4), 508–521.

Hollander, S. C. (1960). The wheel of retailing. *Journal of Marketing, 24*(3), 37–42.

Howe, W. S. (1990). UK retailer vertical power, market competition and consumer welfare. *International Journal of Retail & Distribution Management, 18*(2), 16–25.

Hoyer, W. D., & Brown, S. P. (1991). Die magische Anziehungskraft der Bekanntheit. *Vierteljahreshefte für Mediaplanung, 3,* 10–12.

Jary, M., Schneider, D., & Wileman, A. (1999). *Marken-Power – Warum Aldi, Ikea, H&M und Co. so erfolgreich sind.* Wiesbaden: Gabler.

Jinfeng, W., & Zhilong, T. (2009). The impact of selected store image dimensions on retailer equity: Evidence from 10 chinese hypermarkets. *Journal of Retailing and Consumer Services, 16*(6), 486–494.

Kahn, B. E., & Wansink, B. (2004). The influence of assortment structure on perceived variety and consumption quantities. *Journal of Consumer Research, 30*(4), 519–533.

Kapferer, J.-N. (1992). *Strategic brand management: New approaches to measuring and managing brand equity.* London: Kogan Page.

Kapferer, J.-N. (2008). *The new strategic brand management.* London: Kogan Page.

Keaveney, S. M., & Hunt, K. A. (1992). Conceptualization and operationalization of retail store image: A case of rival middle-level theories. *Journal of the Academy of Marketing Science, 20*(2), 165–175.

Keller, K. L. (1993). Conceptualizing, measuring, and managing customer-based brand equity. *Journal of Marketing, 57*(1), 1–22.

Keller, K. L. (2003). *Strategic brand management.* Upper Saddle River: Prentice Hall.

Keller, K. L., Apéria, T., & Georgson, M. (2012). *Strategic brand management – A European perspective.* Essex: Pearson.

Kernstock, J., Esch, F.-R., & Tomczak, T. (2014). Management-Verantwortung, Prozesse und Strukturen für das Corporate Brand Management klären. In F.-R. Esch, T. Tomczak, J. Kernstock, T. Langner, & J. Redler (Hrsg.), *Corporate brand management* (S. 129–138). Wiesbaden: SpringerGabler.

Kroeber, A. L., & Kluckhohn, C. (1963). *Culture. A critical review of concepts and definitions.* New York: Vintage.

Kroeber-Riel, W., & Esch, F.-R. (2011). *Strategie und Technik der Werbung.* Stuttgart: Kohlhammer.

Kroeber-Riel, W., & Gröppel-Klein, A. (2013). *Konsumentenverhalten.* München: Stuttgart.

Laforet, S., & Saunders, J. (1999). Managing brand portfolios: Why leaders do what they do. *Journal of Advertising Research, 39*(1), 51–66.

Lambertz, W., & Wilhelm, S. M. (2015). Trading-up für Tedi. *Shops + Stores, 2*(15), 52–53.

Langner, T., & Esch, F.-R. (2014). Das Branding der Corporate Brand gestalten. In F.-R. Esch, T. Tomczak, J. Kernstock, T. Langner, & J. Redler (Hrsg.), *Corporate brand management* (S. 107–127). Wiesbaden: SpringerGabler.

Levy, M., & Weitz, B. (2011). *Retailing management.* Colombus: McGrawHill.

Liebmann, H.-P., & Zentes, J. (2001). *Handelsmanagement.* München.

Lindquist, J. D. (1974). Meaning of image. *Journal of Retailing, 50*(4), 29–38.

Louro, M. J., & Cunha, P. V. (2001). Brand management paradigms. *Journal of Marketing Management, 17,* 849–875.

Macintosh, G., & Lockshin, L. S. (1997). Retail relationships and store loyalty: A multi-level perspective. *International Journal of Research in Marketing, 14*(5), 487–497.

Mandl, H., Friedrich, H. F., & Hron, A. (1988). Theoretische Ansätze zum Wissenserwerb. In H. Mandl & H. Spada (Hrsg.), *Wissenspsychologie* (S. 123–160). Weinheim: Psychologie Verlags Union.

Marcus, H., & Zajonc, R. B. (1985). The cognitive perspective in social psychology. In G. Lindzey & E. Aronson (Hrsg.), *The handbook of social psychology* (S. 137–230). New York: Random House.

Mazursky, D., & Jacoby, J. (1986). Exploring the development of store images. *Journal of Retailing, 62*(2), 145–165.

McCarthy, M. S., & Norris, D. J. (1999). Improving competitive position using branded ingredients. *Journal of Product & Brand Management, 8*(4), 267–285.

McGoldrick, P. (2002). *Retail marketing*. London: McGrawHill.

McNair, M. P. (1958). Significant trends and developments in the post war period. In A. B. Smith (Hrsg.), *Competitive distribution in a free high level economy and its implications for the university* (S. 1–25). Pittsburgh: University of Pittsburgh Press.

Meffert, H., & Burmann, C. (1998). Abnutzbarkeit und Nutzungsdauer von Marken – Ein Beitrag zu steuerlichen Behandlung von Warenzeichen. In H. Meffert & N. Kravitz (Hrsg.), *Unternehmensrechnung und -besteuerung – Grundfragen und Entwicklung* (S. 75–126). Wiesbaden: Gabler.

Melewar, T. C., Sarstedt, M., & Hallier, C. (2012). Corporate identity, image and reputation management: A further analysis. *Corporate Communications – An International Journal, 17*(1), 50–53.

Morschett, D. (2002). Konzeptualisierung und Operationalisierung des Markenwerts von Einkaufsstätten. *Marketing ZFP, 24*(4), 277-292.

Müller-Hagedorn, L., & Natter, M. (2011). *Handelsmarketing*. Stuttgart: Kohlhammer.

Müller-Hagedorn, L., Toporowski, W., & Zielke, S. (2012). *Der Handel*. Stuttgart: Kohlhammer.

Nedungadi, P. (1990). Recall and consumer consideration-sets: Influencing choice without altering brand evaluations. *Journal of Consumer Research, 17*(3), 263–276.

Neisser, U. (1976). *Cognition and reality – Principles and implications of cognitive psychology*. San Francisco: Freeman.

o. V. (2014). AO kündigt Werbe-Offensive an. *Versandhausberater, 2014*(25), 8.

Omar, O. (1999). *Retail marketing*. London: Pitman.

Pace, S. (2015). Corporate brand: Expert interviews. In T. C. Melewar & S. F. S. Alwi (Hrsg.), *Corporate branding* (S. 230–245). New York: Routledge.

Pan, Y., & Zinkhan, G. M. (2006). Determinants of retail patronage: A meta-analytical perspective. *Journal of Retailing, 82*(3), 229–243.

Pellegrini, L. (1995). Alternative growth strategies: The options for the future. *European Retail Digest, 8*, 15–21.

Pendry, L. (2012). Social cognition. In M. Hewstone, W. Stroebe, & K. Jonas (Hrsg.), *An introduction to social psychology* (S. 91–120). Chichester: BSP Blackwell.

Quinton, S. (2013). The community brand paradigm: A response to brand management's dilemma in the digital era. *Journal of Marketing Management, 29*(7–8), 912–932.

Redler, J. (2014a). Mit Markenallianzen wachsen – starke Marken erfolgreich kapitalisieren. Düsseldorf: Symposion Publishing.

Redler, J. (2014b). Mediaplanung im Dialogmarketing. In H. Holland (Hrsg.), *Digitales Dialogmarketing* (S. 379–409). Wiesbaden: SpringerGabler.

Roberts, K. (2005). *Lovemarks – The future beyond brands*. New York: Powerhouse.

Roeb, T. (1997). Storebrands – Starke Marken. *Handelsjournal, 5*(10), 8–13.

Roedder John, D., Loken, B., Kim, K., & Monga, A. B. (2006). Brand concept maps: A methodology for identifying brand association networks. *Journal of Marketing Research, 43*(4), 549–563.

Rossiter, J. R., & Percy, L. (1987). *Advertising and promotion management*. New York: McGraw-Hill.

Rudolph, T. (2013). *Modernes Handelsmanagement*. Stuttgart: Schäffer-Poeschel.

Rumelhart, D. E., & Norman, D. A. (1978). Accretion, tuning, and restructuring: Three models of learning. In J. W. Cotton & R. L. Klatzky (Hrsg.), *Semantic factors in cognition* (S. 37–53). Hillsdale: Erlbaum.

Rumelhart, D. E., & Ortony, A. (1977). The representation of knowledge in memory. In R. C. Anderson, R. J. Spiro, & W. E. Montague (Hrsg.), *Schooling and the acquisition of knowledge* (S. 99–135). Hillsdale: Erlbaum.

Salinas, G. (2009). *The international brand valuation manual*. Chicester: Wiley.

Savitt, R. (1984). The „wheel of retailing“ and retail product management. *European Journal of Marketing, 18*(6/7), 43–54.

Scheier, C., & Held, D. (2012). *Was Marken erfolgreich macht: Neuropsychologie in der Markenführung*. Freiburg: Haufe-Lexware.

Schein, E. H. (1988). *Process consultation* (Bd. 1). Reading: Addison Wesley.

Schein, E. H. (2010). *Organizational culture and leadership*. San Francisco: Wiley.

Schnell, R., Hill, P. B., & Esser, E. (2013). *Methoden der empirischen Sozialforschung*. München: Oldenbourg.

Schölling, M. (2000). *Informationsökonomische Markenpolitik*. Frankfurt: Lang.

Schröder, H. (2012). Handelsmarketing. Wiesbaden: Gabler

Schweiger, G. (1995). Image und Imagetransfer. In B. Tietz, R. Köhler, & J. Zentes (Hrsg.), *Handbuchwörterbuch des Marketing* (S. 915–928), Stuttgart: Schäffer-Poeschel.

Staton, M., Paharia, N., & Oveis, C. (2012). Emotional marketing: How pride an compassion impact preferences for underdog and top dog brands. *Advances in Consumer Research, 40,*1045–1046.

Tietz, B. (1985). *Der Handelsbetrieb*. München: Vahlen.

Trommsdorff, V. (1990). Image als Einstellung zum Angebot. In C. Hoyos, W. Kroeber-Riel, L. v. Rosenstiel, & B. Strümpel (Hrsg.), *Wirtschaftspsychologie in Grundbegriffen* (S. 117–126). München: Psychologie Verlags Union.

Trommsdorff, V. (2004). *Konsumentenverhalten*. Stuttgart: Kohlhammer.

Trommsdorff, V., Becker J. (2005). Produkt und Image. In D. Frey, L. v. Rosenstiel, & C. Hoyos (Hrsg.), *Wirtschaftspsychologie* (S. 295–304). Weinheim: Beltz.

Urde, M. (1999). Brand orientation: A mindset for building brands into strategic resources. *Journal of Marketing Management, 15*(1–3), 117–133.

Wänke, M. (1998). Markenmanagement als Kategorisierungsproblem. *Zeitschrift für Sozialpsychologie, 29,* 117–123.

Wänke, M. (2015). Markenmanagement. In K. Moser (Hrsg.), *Wirtschaftspsychologie* (S. 101–118). Berlin: Springer.

Weinberg, P. (1995). Markenartikel und Markenpolitik. In B. Tietz, R. Köhler, & J. Zentes (Hrsg.), *Handwörterbuch des Marketing* (S. 2678–2692). Stuttgart: Schäffer-Poeschel.

Wiswede, G. (2012). *Einführung in die Wirtschaftspsychologie*. München: UTB.

Wrona, T. (2005). *Die Fallstudienanalyse als wissenschaftliche Forschungsmethode*. ESCP-EAP Working Paper Nr. 10. Berlin: ESCP.

Yin, R. K. (1994). Discovering the future of the case study method in evaluation research. *Evaluation Practise, 15*(3), 283–290.

Yoon, C., Gutchess, A. H., Feinberg, F., & Polk, T. A. (2006). A functional magnetic resonance imaging study of neural dissociations between brand and person judgments. *Journal of Consumer Research, 33*(1), 31–40.

Store Brand Management: Strategische Kernaufgaben

3

3.1 Situations- und Marktanalyse

Ausgangspunkt strategischen Handels ist eine fundierte Analyse relevanter Faktoren (z. B. Lynch 2012; Büchler 2014; Wilson und Gilligan 2005, S. 41 ff.). Für die Konzeption der Store Brand betrifft dies speziell die Analyse folgender Felder:

- Eigene Brands und Ressourcen,
- Lieferanten,
- Abnehmer,
- Wettbewerbsarena.

A. Eigene Unternehmens- und Markensituation
Ressourcen
Zur Analyse der eigenen Unternehmenssituation können Leistungs- und Führungspotenziale betrachtet werden (Bea und Haas 2009, S. 123 ff.). *Leistungspotenziale* basieren auf Chancen aus betrieblichen Funktionalbereichen, die noch in einzelne Erfolgsfaktoren aufgespalten werden können, z. B. relative Preise oder geringe Wechselkosten bei Lieferanten im Bereich Beschaffung; Produktportfolio oder Kundentreue im Bereich Vertrieb. *Führungspotenziale* hingegen entstehen aus Unternehmenskultur, den strategischen Planungs- und Kontrollprozessen sowie der Aufbau- und Prozessorganisation. Hinsichtlich der Organisation können bspw. Erfolgsfaktoren wie Dezentralisation und strategische Netzwerke eine Rolle spielen. Analysen des Geschäftsmodells sowie Wertkettenanalysen bieten dazu meist zusätzliche Einblicke. Gut geeignet sind auch sogenannte Strategy Maps als Analysezugang.

Daneben sollten Marktanteile, räumliche Distribution, relevante Deckungsbeiträge und finanzielle Parameter sowie Werttreiber ausgewertet und differenziert bewertet werden.

© Springer Fachmedien Wiesbaden GmbH 2018
J. Redler, *Die Store Brand,*
https://doi.org/10.1007/978-3-658-09709-7_3

Eine Untersuchung der Kundenstrukturen nach Umfang, Konzentration, Umsatz- und DB-Anteilen und Verteilungen auf Sortimente sowie Regionen sollte für ein vollständiges Bild ebenso berücksichtigt werden wie nähere Auswertungen zur Kundenzufriedenheit und -bindungssituation.

Ergebnisse dieser internen Unternehmensbetrachtung werden in der Regel als Profildarstellung, z. T. auch in Relation zu wichtigen Wettbewerbern, zusammengefasst oder als *Stärken-Schwächen-Auswertung* dargestellt.

Store Brand

Zur Erfassung und Analyse der eigenen Store Brand bzw. der eigenen Brands ist ein Brand Status durchzuführen (dazu auch Redler 2014). Unter *Brand Status* ist hier die systematische Bestandsaufnahme für die vom Unternehmen geführten Brands anhand definierter markenrelevanter Indikatoren zu verstehen. Ziel ist allgemein eine zeitpunkt- und/oder zeitraumbezogene Informationsversorgung zum Zustand der Brands, um Ableitungen für das Brand Management treffen zu können.

Zur Bestandsaufnahme ist ein Querschnittsdesign relevant. In *Querschnittmessungen* (auch Cross-Sectional-Designs) werden zu einem Zeitpunkt ein oder mehrere Merkmale (z. B. Markenrecall) an einer geeigneten Stichprobe erfasst (Diekmann 2007, S. 303 ff.; Fantapié Altobelli 2007, S. 25). Damit erhält man eine Information über die *Ausprägung der Markenmerkmale* zum Messzeitpunkt, zum Status quo. Werden Merkmale für mehrere Brands erhoben, können diese unter bestimmten Umständen miteinander *verglichen* werden.

Zur Durchführung sind zunächst die interessierenden Merkmale (z. B. Bekanntheit, Sympathie, Vertrauen etc.) zu bestimmen und messbaren Aspekten zuzuordnen *(Operationalisierung)*. Mit Blick auf die angestrebten Auswertungsabsichten wären schon an dieser Stelle Anforderungen an zu wählende Skalenarten zu berücksichtigen. Zudem ist festzulegen, auf welche Brand(s) und auf welche Zielgruppen sich die Messung beziehen soll. Zur Untersuchung ist dann i. d. R. eine für die entsprechende Gruppe repräsentative Stichprobe zu wählen. Die Stichprobe muss also der Grundgesamtheit, für die eine Aussage abgeleitet werden soll, strukturell entsprechen. Nur wenn dieses erfüllt ist, kann man aus den Ergebnissen der Studie auf die Grundgesamtheit schließen.

Ist ein zeitpunktbezogener *Vergleich* zwischen Brands angestrebt, ist zu beachten, dass die Messung mit dem identischen Instrumentarium, zu gleichen Zeitpunkten und zu gleichen Bedingungen erfolgt.

Zum Spektrum grundsätzlich erfassbarer Inhalte gehören insbesondere:

- vorökonomische Größen wie Brand Awareness, Brand Image und Einstellungen, Vertrauen, Loyalität, Markenemotionen oder Zufriedenheit, sowie
- Größen der ökonomischen Markenwirkung wie Erstkaufmenge, Wiederkaufrate, Umsatz, Kundenzahl oder Marktanteil.

Aus diesen sind die konkret Interessierenden zu bestimmen. *Store Awareness und Store Brand Image sind dabei wesentliche Säulen.* Für die Awareness sollten sowohl Recall als auch Recognition erfasst werden, wobei der Recall zuerst und auch in unterschiedlicher Breiteausprägung (Bezug zu Situation, zu Kategorie allgemein, zu enger Kategorie,…) zu messen wäre. Die Differenzen in den einzelnen Bekanntheitsergebnissen lassen Rückschlüsse zu. Auch die Assoziationen und Imageaspekte sollten so erfasst werden, dass man sich vom Allgemeinen zum Speziellen bewegt. Sicherzustellen ist, dass neben offenen Messansätzen ausdrücklich auch jene Imagedimensionen erfasst werden, die in einer Brand Positionierung formuliert sind.

Messung von Brands
Aus verhaltenswissenschaftlicher Sicht sind Brands vor allem durch die Awareness und das Brand Image beschrieben. Die *Awareness* einer Marke wird i. d. R. durch Messungen des Recalls und der Recognition operationalisiert (aktive/passive Bekanntheit). Zudem können Nennungen bei der Recall-Abfrage danach ausgewertet werden, ob eine Marke exklusiv genannt wird, sie überwiegend zuerst genannt wird (Top-of-Mind) bzw. an welcher Position der Nennungen sie durchschnittlich genannt wird.

Eine *Operationalisierung des Brand Images* kann u. a. erfolgen

- *auf der Grundlage von Markenassoziationen:* Dabei werden Nennungen aus Assoziationsinstruktionen u. a. ausgewertet nach der Anzahl der Assoziationen, der Konzentration der Assoziation (Prägnanz), den Anteilen von emotionalen, positiven oder bildlichen Assoziationen sowie dem Anteil markenexklusiver Assoziationen.[1]
- *mittels Einstellungsskalen und multiattributiver Einstellungsmodelle:* So werden im Semantischen Differenzial (auch Polaritäten-Profil) konnotative Bedeutungen zu Brands auf mehreren Skalen aus gegensätzlichen Adjektiven erfasst und nach Faktoren verdichtet. Aus den erhobenen Werten ergeben sich spezifische, markenimagetypische Profile. Im Einstellungsmodell von Fishbein werden Eindruckswerte zu verschiedenen Eigenschaften, die einer Marke zuzuschreiben wären, verdichtet.
- *auf der Basis der Dimensionen der Markenpersönlichkeit:* Die Markenpersönlichkeit steht für die Gesamtheit der menschlichen Eigenschaften, die mit einer Marke verbunden werden. Um diese zu erfassen, stehen standardisierte Messinstrumente zur Verfügung.[2]

Wichtige markenbezogene Konstrukte, die als Basis für einen Brand Status dienen können, sind in Abb. 3.1 zusammengestellt. Gleichzeitig sind (quantitative) Operationalisierungsmöglichkeiten angegeben. So kann bspw. das Markenimage über Assoziationsmuster, Imageskalen oder die Markenpersönlichkeit erfassbar gemacht werden. Markenvertrauen und Markenemotionen hingegen können u. a. durch Statementskalen operationalisiert werden. Zu den Statementskalen finden sich insb. bei Keller (2003, S. 97 f.), im Handbook of Marketing Scales von Bearden et al. (2011) sowie im Kontext der Untersuchungen von Lehmann et al. (2008) und Batra et al. (2012) konkrete Formulierungen als Vorgaben.

Die Zusammenstellung in Abb. 3.1 kann zugleich als eine *Landkarte verwendbarer Messinhalte* eines umfassenden Brand Status für die praktische Arbeit herangezogen

---

[1]Dazu Esch (2011); Keller (2003).
[2]Dazu Aaker (1997).

Abb. 3.1 Landkarte der Messinhalte für einen Brand Status. (Quelle: Redler 2014, S. 588)

werden. Die Landkarte gibt dabei die Fülle von Möglichkeiten der Messinhalte wieder, die letztlich aber nur in Ausnahmefällen vollumfänglich genutzt wird. Für Unternehmen stellt sich vielmehr die Herausforderung, die für sie wesentlichen Messinhalte zu identifizieren und *für einen individuellen Brand Status zusammenzuführen*. Allerdings ist auch dem Bedürfnis nach einer möglichst breit aufgestellten, mehrdimensionalen Messung einer Marke nachzukommen[3]. Der Blickwinkel sollte also nicht zu sehr eingeengt werden.

Neben solchen quantitativen Messansätzen kommen für einen Brand Status auch qualitative Messansätze infrage. *Quantitative Zugänge* sind mehrheitlich dem positivistischen Paradigma verhaftet. Bei diesem überwiegt eine naturwissenschaftliche Logik, nach der Realität gegeben und objektiv erfassbar ist (Collins und Hussey 2009, S. 56; Bortz und Döring 2009, S. 298 f.). Verarbeitet werden Messwerte nach statistischen Verfahren. *Qualitative Zugänge*[4] hingegen arbeiten schwerpunktmäßig mit verbalen bzw. nichtnumerischen Daten (Bortz und Döring 2009, S. 298). Sie sind vom interpretativen Paradigma geprägt, das davon ausgeht, dass die Realität sozial konstruiert ist. Folglich wird argumentiert, dass sich Personen und Kontexte bzw. Forscher und Untersuchungsobjekte nicht trennen lassen (Collins und Hussey 2009, S. 56 f.). Gerade für tiefere Einblicke in mit Marken verbundene Emotionen und Haltungen sowie nicht bewusste oder nicht verbalisierbare

---

[3]Zum Gedanken der Mehrdimensionalität auch die Überlegungen zur Brand Scorecard bei z. B. Linxweiler und Bruckner (2003) oder Schulz-Moll und Kam (2003).

[4]Zur qualitativen Marktforschung Kepper (2007) sowie auch Kühn und Koschel (2013).

Aspekte von Brand Value sind qualitative Zugänge unerlässlich (z. B. Esch 2014, S. 664). Wichtige Einsichten werden dabei durch Tiefeninterviews, Fokusgruppen, ethnografische Studien, Ladderinganalysen oder projektiven Verfahren gewonnen.

Ein einmaliger Brand Status liefert ein zeitpunktbezogenes Zustandsbild. Er zeigt allerdings nicht auf, durch welche Veränderungen im Zeitablauf die Zustände erzeugt wurden und wie eine Weiterentwicklung zu prognostizieren wäre (Scharnbacher 2004, S. 123).

▶ Die gründliche Erfassung und Analyse der eigenen Marke ist eine Basisvoraussetzung. Messzugänge, die den verhaltenswissenschaftlichen Blickwinkel auf Brands aufgreifen, erlauben dabei geeignete Einblicke und Ableitungen. Zweck ist eine genaue Diagnose der aktuellen Situation der Store Brand.

Analyse der Marktarena: Wettbewerb, Lieferanten, Abnehmer, Verhaltensweisen
Um die Marktarena des Händlers zu erfassen, ist zunächst die geeignete Abgrenzung des relevanten Marktes essenziell (z. B. Backhaus und Schneider 2009, S. 55). Eine *Marktabgrenzung* kann im Wesentlichen anhand von Bedürfnissen (Bsp.: Markt für Versorgung mit frischen, regionalen Lebensmittel), Leistungen (Bsp.: Markt für Sportartikel), Anbietergruppen (Bsp.: Versandhandelsmarkt), Regionen (Bsp.: US-amerikanischer Markt) oder Personengruppen (Bsp.: Markt der jugendlichen Modekäufer) vorgenommen werden (Redler 2013, S. 6). Da ein vorgenommener Zuschnitt des Marktes mit einer subjektiven Strukturierung einhergeht und gleichbedeutend ist mit der Bildung einer Teilmenge in einem Gefüge (Bauer 1989, S. 20), ist diese von grundlegender Bedeutung, da sie festlegt, welche aktuellen und zukünftigen Akteure und Mechanismen ins Blickfeld gerückt werden. Damit werden zugleich weite Bereiche ausgeblendet! Aufgrund der umfangreichen Auswirkungen einer Marktabgrenzung ist ihr hohe Aufmerksamkeit zu widmen. Bauer (1989, S. 17 ff.) weist eindringlich darauf hin, dass dieser grundlegenden Klärung jedoch oft zu wenig Aufmerksamkeit zukommt, diese insgesamt auch zu wenig durchdrungen ist: „Häufig wird nicht einmal erkannt, dass Aussagen über Marktgegebenheiten eine Bestimmung des Marktes voraussetzen. Wird eine solche vorgenommen, so meist durch kasuistisches Aufzählen von Produkten, Kundengruppen oder Wettbewerbern" (Bauer 1989, S. 18).

▶ Die Marktabgrenzung wählt aktiv einen bewussten Ausschnitt aus dem gesamten Handelsgefüge und richtet damit den Blick auf bestimmte Akteure und Räume mit bestimmten Verhaltensweisen. Ein enger oder starrer Blickwinkel kann Gefahren beinhalten. Daher ist bei der Marktabgrenzung nicht unbedingt der einfachste Weg der sinnvollste Weg.

Ist der relevante Markt für die Store Brand sheego der Markt für Mode, für Große Größen im Versandhandel, für Frauen, die sich in jeder Konfektionsgröße modisch wohlfühlen möchten, der Markt für Versandhandelstextilien, …? Ersichtlich ist, dass sowohl die

Breite der Abgrenzung als auch die gewählten Kriterien von entscheidender Auswirkung sind für die Definition der *Arena,* in der der Händler mit passenden Konzepten bestehen möchte.

Aufschlussreich scheint es, für eine Marktabgrenzung *Aspekte der Kundensicht zu integrieren,* indem bspw. untersucht wird, welche Substitutionsbeziehungen für Kunden bestehen oder welche Kriterien auch aus Kundensicht eine Rolle spielen. Im Beispiel: Differenzieren Große-Größen-Käuferinnen tatschlich zwischen Versandhandel und stationärem Handel?

Als wesentliche Konsequenz einer definierten Marktarena ergeben sich zu betrachtende *Wettbewerber.* Diese sind im Hinblick auf Grundaspekte wie Marktleistungen, Ressourcen, Strategien (Wilson und Gilligan 2005, S. 227) aber speziell auch auf die Markenpolitik zu analysieren. Wie angesprochen sollte man dabei nicht die Augen verschließen vor potenziell neuen Formaten oder Marken, die in die definierte Arena eintreten. So mussten bspw. traditionelle Sporthäuser darauf eingehen, dass Discounter wie Lidl oder Netto als neue Wettbewerber relevant sind.

Bei der Analyse identifizierter Wettbewerber ergeben sich wichtige Rückschlüsse aus einer Auseinandersetzung mit den Einflüssen auf das jeweilige Wettbewerbsverhalten und einer Ableitung eines *Reaktionsprofils* für wichtige Wettbewerber (dazu Abb. 3.2). Auf dieser Grundlage erfolgt eine Betrachtung der aktuellen Strategie des Wettberbers.

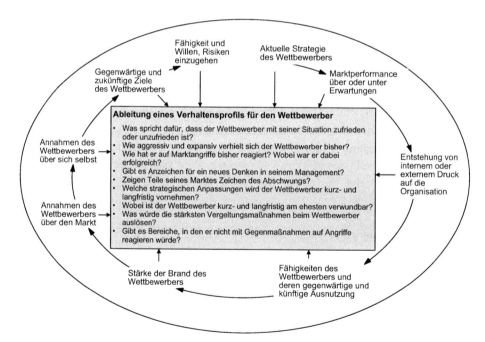

Abb. 3.2 Wettbewerber-Verhaltens-Profil. (Quelle: In grober Anlehnung an Wilson und Gilligan 2005, S. 229)

Es werden außerdem *relative Stärken* untersucht. Dazu sind u. a. Preisstrukturen und Sortimente, das Vertriebssystem, das Servicespektrum, die Verkaufsförderungsaktivität, die Supply-Chain, die finanzielle Stabilität, das Innovationsverhalten sowie das Wettbewerbsverhalten zu analysieren (dazu auch Abb. 3.3). Ebenso sind die Annahmen des Wettbewerbers über sich und den Markt zu eruieren. Im Ergebnis sollte es möglich sein, auf zukünftige Ziele und treibende Faktoren zu schließen. Anhand der Analyseergebnisse sollten u. a. wesentliche Grundfragen beantwortet werden können:

- Ist der Wettbewerber zufrieden mit seiner aktuellen Situation?
- Welche Schritte wird er in Zukunft wahrscheinlich unternehmen?
- In welchen Segmenten ist er am ehesten verwundbar?
- Welche Aktivitäten würden bei ihm am ehesten Gegenreaktionen auslösen?

In die Betrachtung einzubeziehen wäre auch die Erfassung der *Marktdynamik,* bspw. anhand des Ansatzes von Porter (1980). Dieser betont, dass die Wettbewerbsstruktur und -intensität einer Branche durch das Zusammenspiel von fünf Kräften bestimmt wird: Die Bedrohung durch neue Wettbewerber, die Machtposition der Abnehmer, die Bedrohung durch Substitute, das Ausmaß der Rivalität der Wettbewerber sowie die Machtposition der Lieferanten. Eine Berücksichtigung dieser Faktoren lenkt den Blick

Stärken bzgl. Marktposition	• Marktanteil? • Rolle im Markt? • Kundenbasis? • Fokussierungen? • Vertikalisierungsgrad?
Stärken bzgl. Marktverhalten	• Exzellenz bei einen oder mehreren Marketing-Mix-Element(en)? • Grad der Kundenzufriedenheit und -loyalität? • Position bei Lieferanten? • Exzellenz bei Sortimenten?
Stärken bzgl. Ressourcen	• Profitabilität? • Zugang zu Kapital? • Personal und Kompetenzen? • Innovationsfähigkeit und Lernen? • Allianzen?
Strategien	• Strategische Absichten? • Wahrscheinliche Verhaltensweisen? • Wahrscheinliche Reaktionen auf kommende Marktentwicklungen? • Internationalität?
Brands	• Anzahl von Store Brands? • Bekanntheit der Store Brands bei Zielgruppe? • Imagesituation der Store Brand bei Zielgruppe? • Bedeutung von Private Label Brands im Sortiment?

Abb. 3.3 Wichtige Merkmale für eine Grobskizze zu Wettbewerbern im Handel

auf zeitdynamische Aspekte und verdeutlicht, dass (Handels)unternehmen permanent neuen Markbedingungen ausgesetzt sind. Eine Analyse würde zu kurz greifen, würden diese rein statisch ansetzen[5]. Backhaus und Schneider (2009, S. 192 ff.) regen zudem an, exogene wie endogen *Regeln des Marktes* zu betrachten. Unter exogenen Regeln werden dabei speziell rechtliche Rahmenbedingungen (z. B. die sich ändernden rechtlichen Vorgaben für das „opt-in" bei der Interessentengewinnung im Versandhandel) gefasst, während sich endogene Regeln auf Standards und akzeptiere Verhaltensweisen im Markt beziehen. Auch diese wäre also mit Zukunftsblick zu bewerten.

▶   Auch mögliche neue Marktteilnehmer sowie alternative Geschäftsmodelle
     und Lösungen als Substitute für gegenwärtige Leistungen eines Händlers
     müssen Objekte einer gründlichen Analyse sein.

Auf der Basis der angesprochenen unterschiedlichen Analyseblickwinkel, die in Abb. 3.2 im äußeren Ring zusammengetragen sind, können pro wichtigem Wettbewerber Details eines *Verhaltensprofils* zusammengestellt werden, das die im Kasten in Abb. 3.2 aufgeworfenen Fragen beantwortet.[6] Weitere Einsichten kann die Betrachtung der *Stellung der Sortimente und des Geschäftsmodells im Lebenszyklus* liefern. Zum Teil sind auch Informationen über die *Zugehörigkeit zu strategischen Gruppen* wichtige Argumenten für den Bewertungsprozess.

Für wichtige *Konkurrenzmarken* ist außerdem ein ähnlicher Brand Status wie bei eigener Brand zu erheben (vgl. oben). Awareness- und Imageparameter zu konkurrierenden Store Brands sind ebenso Bestandteil der notwendigen Analyse wie Daten zur Markenbindung und den wesentlichen Kaufargumenten der zugehörigen Kunden. Daneben sind noch andere markenbezogene Aspekte interessant:

• Daten zur Zielgruppe und zur
• Kundenbasis sowie deren Überschneidung mit den eigenen Kunden,
• (begründet) vermutete Positionierungen[7],

sind gleichermaßen essenzielle Inputs, die für ein fundiertes Bild ermittelt werden sollten.

Zu den Akteuren der Marktarena zählen weiterhin die aktuellen und ggf. zukünftig wichtigen *Lieferanten* des eigenen Unternehmens. Im Zeitalter integrierter Supply

---

[5]Siehe hierzu auch die Ausführungen zur Dynamik im Handel in Kap. 2.

[6]Für vertiefende Betrachtungen zur Wettbewerbsanalyse Wilson und Gilligan (2005, S. 221 ff.).

[7]Um sich von impliziten Theorien zu lösen, sollten die Markenaktivitäten systematisch analysiert werden. Dabei sind möglichst alle Aktivitäten an Kernkontaktpunkten zu betrachten. Auch Selbstaussagen (z. B. von Homepages oder Markenbeschreibungen) der Anbieter und Claims sind heranzuziehen. Erst in der Gesamtsicht sollte dann eine Hypothese über die angestrebte Positionierung abgeleitet und systematisch, z. B. anhand der o. a. Brand Proposition, dargestellt werden.

Chains oder auch Value Chains nehmen sie eine für die Marktperformance des Händlers signifikante Rolle ein (z. B. Simatupang und Sridharan 2002). Lieferanten prägen mit den von ihnen produzierten Produkten in hohem Maße die Sortimente des Handels. Verfügen Lieferanten über starke Brands, ist dies oftmals ein wichtiger Baustein auch für die Attraktivität eines Stores. Auch nehmen Lieferanten Einfluss auf die Lieferfähigkeit und Bestandssituation im Handel. Sie sind andererseits auch Produzenten der von Handelsunternehmen gesteuerten Handelsmarkenprodukte. Nicht selten sind Lieferanten (teil-)vertikalisiert und haben damit auch eigene Handelsaktivität. Es bestehen also bedeutsame Wechselwirkungen, weshalb Lieferanten bei grundlegenden Situationsanalysen nicht ausgeblendet werden sollten.

Zur Lieferantenanalyse können diverse Aspekte erörtert werden: Zunächst zählen dazu Kernkriterien einer strategischen Lieferantenbewertung wie mengen- und wertmäßige Anteile, Macht und Verhandlungsstärke, Qualität und Innovationsgrad des Sortiments, Verlässlichkeit und Treue, relative Preisposition, relevante Logistikkompetenz oder der Integrationsgrad in die eigene Supply Chain (inkl. diesbezüglicher Abhängigkeiten). Weiterhin sind insb. auch zukünftige Strategien und Motivationen der Lieferanten zu betrachten. Dazu kann eine analoge Vorgehensweise gewählt werden wie bei der ober vorgestellten Analyse von Wettbewerbern. Besondere Aufmerksamkeit sollten a) die Betrachtung des zukünftigen Vertikalisierungsgrades sowie b) die Untersuchung der von Lieferanten betriebenen Product Brands und ggf. auch Store Brands erhalten. So ist Adidas bspw. ein wichtiger Lieferant für viele Handelsunternehmen. Allerdings betreibt Adidas auch einen Online-Shop sowie eigene stationäre Stores in größeren Agglomerationen. Dies steht in Wechselwirkung mit Positionierungsoptionen von relevanten Store Brands wie bspw. Sport Scheck im Bereich Sport oder frontlineshop.com im Bereich Streetwear. Daher sind in diesen Fällen Analysen zur vermuteten Positionierung und zum Image dieser Herstellerbrands zweckmäßig und sollten z. B. in eine Wettbewerbsbetrachtung integriert werden.

Abnehmer

Zentrale Akteure einer abgegrenzten Marktarena sind nicht zuletzt die Abnehmer. Diese umfassen einerseits aktuelle Kunden, andererseits angestrebte Zielgruppen[8]. Insofern ist in diesem Bereich *zwischen Kunden- und Zielgruppenanalysen* zu *trennen*. Für beide Analysebereiche erscheinen nachfolgende Analyseinhalte von Belang:

- *Quantitative Beschreibung* von Potenzial, Volumen, Kaufkraft.
- *Verortung nach Soziodemografie und Region:* Die Objekte werden nach Alter, Geschlecht, Familienstand, Einkommen, Ausbildung oder sozialer Klasse beschrieben. Interessante Einblicke ergeben sich auch aufgrund der Klassifizierung in Phasen des Familienzyklus sowie der geografischen Zuordnung z. B. nach Wohn- und Arbeitsort.

---

[8]Hier besteht eine Interdependenz mit dem Abschnitt zu Segmentierung und Targeting. Abnehmer sollten hier als die Zielsegmente verstanden werden, die ggf. vorab festzulegen sind.

- *Analyse von Bedürfnissen, Haltungen, Erwartungen, Werten und Motivationen*, z. B. über ethnografische Studien, Meinungs- und Motivforschung. Oft sind indirekte und projektive Methoden vorteilhaft, leistungsfähig erscheinen diesbezüglich auch Conjoint-Analysen. Ebenso kann eine Verortung in Lebensstilen hilfreich sein, weil über diese weitere psychografische wie auch verhaltensbezogene Beschreibungen ableitbar sind. Beispiele für Lebensstiluntersuchungen und -typologien sind die Studien VALS, SINUS oder OUTFIT. Es existieren auch zahlreiche Studien mit Bezug zu spezifischem Branchen (z. B. vom Verband bitcom oder die ard-zdf-onlinestudie). Onlinebezogene Auswertungen sind untern http://www.linklover.de/studien/ zusammengestellt. Lohnenswert kann ferner die Auswertung von Suchanfragen bei Suchmaschinen sein. Die Millionen von täglich eingehenden Suchanfragen bieten eine Auswertungsbasis für Rückschlüsse auf die Denkweise und Bedürfnisse von Zielgruppen (Keyword-Analyse). Zum Teil kann auch – gerade für mittelständische und B2B-Unternehmen – die Auseinandersetzung mit Gruppen bei Xing oder Facebook oder Frage-Communities wie gutefrage.net Ansatzpunkte für Hypothesen liefern, die weiter verfolgt werden sollten. Über die Funktion Display Planner von google kann die Zusammensetzung von Zielgruppen großer Websites eingeschätzt werden, auch dies kann zuweilen bei der Annäherung helfen.
- Kernpunkt ist herauszufinden, welche Erwartungen die Objekte tatsächlich (und nicht nur vordergründig) haben und welche Motivationen handlungsleitend sind. Was ist den Personen in ihrer Wertewelt wichtig?
- *Analyse des beobachtbaren Verhaltens.* Auch Verhaltensparameter sollten ausgewertet werden, um Zielgruppen und Kunden zu beschreiben. Untersuchungen von Markenpräferenzen, Produkt- und Markenkauf, Einkaufsstättennutzung bei relevanten Kategorien, Treue- und Wechselverhalten und Preiskaufverhalten sind dabei wichtige Inhalte. Neben Sekundäranalysen vorhandener Untersuchungen und speziell konzipierten Beobachtungsstudien sind hier Analysen von Paneldaten relevant. Studien auf der Basis von Befragungen sind für diese Themen mit Vorsicht zu betrachten, da ihre Ergebnisse (besonders wenn diese erinnerungsbasiert sind[9]) nicht immer mit dem tatsächlichen Verhalten übereinstimmen.

Kunden- und zielgruppenbezogenen Analysen erfordern i. d. R. sowohl Desk-Research als auch Primärstudien. *Quantitative und qualitative Zugänge* sollten sich dabei ergänzen. Die dargestellten wesentlichen Perspektiven für eine Situationsanalyse sind in Abb. 3.4 noch einmal zusammengefasst.

Auch benötigen die mit den Bestandsaufnahmen ermittelten Inputs eine Einschätzung ihrer zukünftigen Entwicklungen, denn die Konzeption einer Store Brand ist stets auf

---

[9]Dieses Phänomen, dass vergangene Ereignisse verzerrt rekonstruiert werden, wird als „hindsight bias" diskutiert. Vgl. dazu als Ausgangspunkt z. B. Hertwig et al. (2003).

Abb. 3.4 Kernbereiche der
Situations- und Marktanalyse

die Zukunft gerichtet. Beispielsweise sind Zielgruppenpotenziale hinsichtlich ihrer perspektivischen Entwicklung von Bedeutung. Auf Aspekte der Zukunftsprojektion geht der kommende Abschnitt ein.

3.2 Aufbau und Bewertung von Zukunftsszenarien

Da die Konzeption einer Store Brand Weichenstellungen für einen zukünftigen Erfolg legen soll, erscheint es erforderlich, konzeptionelle Entscheidungen anhand entsprechender Zukunftsbilder vorzunehmen. Beispielsweise ist es für die Ableitung einer Positionierungsidee hoch relevant, einzuschätzen, wie sich diese im Spannungsfeld zukünftiger Kundenerwartungen und Wettbewerberpositionierungen darstellt. Für den Entwurf von solchen Zukunftsbildern können *Prognose*techniken genutzt werden. Sie liefern systematisch ermittelte und begründete Voraussagen über Ereignisse und Zustände in der Zukunft. Exakte Prognosen künftiger Zustände können dabei jedoch kaum erreicht werden. Jedoch entsteht bereits aus der Tatsache ein Zuwachs an Entscheidungsqualität, dass kommende Veränderungen, ihre Richtungen und auch ihre Spannweiten explizit verdeutlicht und diskutiert werden. Auf eine Auseinandersetzung zukünftigen Zuständen und auch verbundenen Unsicherheiten sollte daher nicht verzichtet werden.

Prinzipiell kann eine Prognose von unternehmensinternen und von Makro- und Mikro-Faktoren der Unternehmensumwelt erfolgen. Rechtliche oder soziale Bedingungen sind

Beispiele für Makro-Faktoren, Lieferanten oder Abnehmer zählen beispielsweise zu Mikro-Faktoren.

Ausgewählte Prognosetechniken sollen nachfolgend knapp erläutert werden. Dabei wird zwischen *qualitativen* und *quantitativen* Ansätzen unterschieden. Während qualitative Prognosemethoden tendenziell mehrere unterschiedliche Quellen von Wissen zusammenführen, weniger zahlenbasiert angelegt sind, und menschliche Expertise nutzen, stützen sich quantitative Methoden auf zahlenbasiertes historisches Datenmaterial, um konkretisierte Werte bestimmter Parameter für einen zukünftigen Zeitpunkt zu bestimmen. Quantitative Prognosen gehen nach anerkannt objektiven und reliablen Methoden vor, unterstellen allerdings, dass sich andere als die analysierten Parameter nicht ändern und die erkannten Muster über die Zeit konstant bleiben (Peterson und Lewis 1999). Szenariobetrachtungen (dazu unten) können beide Perspektiven integrieren.

Qualitative Prognosen

Qualitative Prognosen sind *besonders geeignet,* wenn die Rahmenbedingungen instabil sind und größere Zeiträume betrachtet werden. Daher sollten Prognosen für Entscheidungen im Rahmen der Store Brand-Konzeption mindestens um qualitative Zugänge ergänzt werden. Beispielhaft seien die Nachfrageschätzung für ein revolutionär-neues Handels-Konzept oder die Abschätzung der Marktgröße für den Handel mit gedruckten Bildbänden in 15 Jahren genannt. Dazu lassen sich kaum aussagekräftige Zukunftseinschätzungen auf Basis bisheriger artverwandter Daten vornehmen, denn Strukturbrüche können so nicht vorhergesagt werden.

Qualitative Prognosen weisen zudem eher holistischen Charakter auf, denn sie *integrieren* intuitives, subjektives Wissen (z. B. Meinungen, Einschätzungen, Bewertungen) aus verschiedenen Erhebungsformen und von verschiedenen Subjekten (z. B. Kundenbefragungen, Expertengespräche) zu einer Gesamtaussage (Pilikiené 2008). Wichtige Vor- und Nachteile in Abgrenzung zu quantitativen Methoden sind in der Abb. 3.5 extrahiert (dazu Bails und Peppers 1993; Bolt 1994; Makridakis und Wheelwright; Pilikiené 2008; Goodwin 2002).

Sind keine historischen (quantitativen) Daten vorhanden, sind qualitative Prognosen eine *Notwendigkeit,* um zu Zukunftsaussagen zu kommen.

Eine einfache Form der qualitativen Prognose sind *einstufige Expertenschätzungen* und Befragungen. Bei solchen werden individuelle Prognoseinformationen von involvierten Personen zusammengetragen (Beispiel: Vertriebsschätzung zu Auftragsvolumina in 1 Jahr) und zu einem Ergebnis zusammengefasst. Zusätzlich können auch noch Eintrittswahrscheinlichkeiten mit erfasst werden. Ähnlich verdichten *Befragungen* (z. B. Zielgruppenbefragungen zur Nutzung von Tablets beim Einkauf in einem Jahr) Meinungen, Ansichten und Bedeutungen von Zukunftsaspekten von vielen Individuen zu einem Gesamtbild. Probleme bestehen in den subjektiven Wertungen, die von Wunsch- oder Zielvorstellungen geprägt sein können und dadurch in verzerrten Resultate münden können. Sie sind jedoch besonders schnell und kostengünstig durchführbar und liefern zudem schnell Anhaltspunkte für mögliche Trends, die weiter zu prüfen sind. Solche Schätzungen und Befragungen sind auch als Gruppenmethode durchführbar, wobei sich dann gruppendynamische Einflüsse ergeben, die

Qualitative Prognose	Quantitative Prognose
Stärken • Keine Datensätze zur Vergangenheit notwendig • Auch bei langer Frist und Instabilität geeignet • Kann Vielfalt von Sichten sowie Diskontinuitäten berücksichtigen	• Daten oft einfach ermittelbar, Durchführung maschinell möglich • Zahlenbasierte Ergebnisse • Objektive Ermittlung • Zahlenbasierte Ergebnisse haben hohe Akzeptanz
Schwächen • Subjektive Einflüsse der Beteiligten • Datenreihenmuster werden nicht immer erkannt • Bei Kurzfristprognosen zu ungenau • Oft aufwändig in Durchführung • Probleme mit Akzeptanz qualitativer Ergebnisse	• Notwendigkeit, Daten permanent aufzuzeichnen • Ambitionierte Methoden nicht immer gut vermittelbar • Ergebnisse können leicht missinterpretiert werden • Annahme von Konstanz anderer Faktoren • Annahme ausbleibender Strukturbrüche • Bei Langfristprognosen problematisch

Abb. 3.5   Einige Stärken und Schwächen der qualitativen und quantitativen Prognose

zu einer stärkeren Gewichtung einzelner Einschätzungen führen können. Diese Vorgehensweisen sind eher geeignet für Prognosen zu kurzfristigen Zeiträumen.

Delphi-Studien hingegen nutzen nach einem strukturiertes Verfahren Expertenmeinungen. Experten werden dabei in mehreren Runden befragt, bis sich ein Konsens herauskristallisiert. Ein Moderator erstellt zunächst Fragebögen, die an Experten verteilt werden, damit diese die Bögen unabhängig voneinander ausfüllen. Nach dem Rücklauf an den Moderator wertet dieser sie aus. Auf der Grundlage der Befunde wird ein neuer Fragebogen erstellt und an die Experten ausgegeben, zugleich erhalten sie die erhobene Gruppenmeinung, damit sie ihre Einschätzung im Gesamtbild überdenken können. Dabei bleiben die Experten untereinander anonym. Experten, die extreme Meinungen vertreten, werden zudem aufgefordert, den anderen die eigene Einschätzung zu erklären. Der Prozess wird so lange fortgesetzt, bis sich ein Konsens im Sinne eines einheitlichen Bildes abzeichnet (Abb. 3.6). Besonders bei langen Prognosefristen haben Delphi-Studien eine hohe Bedeutung. Sie unterstützen es zudem, unterschiedliche Expertenblickwinkel zu erfassen und zusammenzuführen. Probleme bestehen, wenn sich frühzeitig dominierende Meinungen bilden, die zu schnellen Meinungsänderungen bei den anderen Experten führt. Die Methode ist zudem sehr aufwendig und kostenintensiv, jedoch bei grundlegenden Potenzial-, Technologie- oder Bedürfnisprognosen ein wichtiges Instrument.

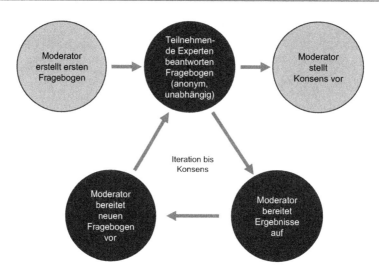

Abb. 3.6 Ablauf von Delphi-Studien. (Quelle: In Anlehnung an Thonemann 2010, S. 37)

Ergänzt werden Delphi-Prozesse oft durch gesonderte, systematische Reihen von Gruppendiskussionen.

Da insbesondere Wertetrends, Konsummuster oder technologische Neuerungen nur selten logisch aus Vergangenheitsentwicklungen prognostizierbar sind, kann auch eine frühzeitige bzw. regelmäßige Untersuchung von sog. *Weak Signals* wertvoll sein (Abb. 3.7). Der Perspektive von Weak Signals (Ansoff 1981) liegt die Annahme zugrunde, dass sich größere *Diskontinuitäten* (plötzliche und dringende Ereignisse oder Veränderungen, die ein Unternehmen zum Handeln zwingen, weil sie Bedrohungen oder Chancen bedeuten) durch bestimmte Signale (im Sinne von unscharf und schlecht strukturierten Informationen) andeuten. Damit verbunden ist auch die Annahme, dass prinzipiell kein vom Menschen ausgelöstes Ereignis unvorhergesehen eintritt, auch wenn der Einzelne selbst davon völlig überrascht wird. Die Herausforderung besteht darin, entsprechende Signale durch einen „strategischen Radar" möglichst frühzeitig – noch bevor sie offensichtlich werden und die allgemeine Wahrnehmungsschwelle überschreiten – aus einem Grundrauschen „herauszufiltern", ihre Tragfähigkeit zu beurteilen und mögliche Entwicklungs- und Anpassungsoptionen zu entwerfen, um somit Entscheidungsspielräume zu wahren. Dies wird auch unter dem Begriff der strategischen Frühaufklärung diskutiert.[10] Beispiele für Weak Signals: Tendenzen der Rechtsprechung, Stellungnahmen von Organisationen zu bestimmten Themen, plötzliche Häufung von

---

[10]Zur Vertiefung vgl. Reich und Hillar (2006).

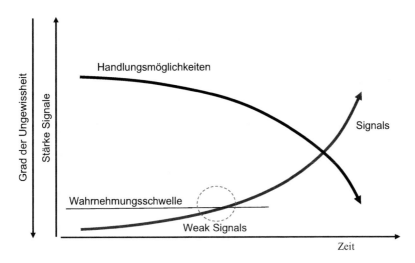

Abb. 3.7 Weak Signals und Reaktionsmöglichkeiten. (Quelle: Redler 2013a, S. 89)

gleichartigen Ereignissen. Positiv an diesem Ansatz ist insbesondere, dass er herausstellt, wie bedeutsam es ist, künftige Umweltzustände frühzeitig zu antizipieren. Jedoch ergeben sich Probleme hinsichtlich der allgemeinen Kennzeichnung von Weak Signals, sowie ihrer Erfassung und Bewertung.

Beiträge gehen zudem von der *Trendforschung* aus. Bei Trends handelt es sich um verdichtete Beschreibungen von grundlegenden und dynamischen Entwicklungen in Gesellschaften, die langfristiger Natur sind und Einstellungen sowie Verhalten von Gruppen der Gesellschaft beeinflussen (Kuhn et al. 2014, S. 250). Wie sie sich in Stärke, Entwicklung, Ausdruckform und gegenseitigen Wechselwirkungen darstellen lassen, damit befasst sich die interdisziplinär agierende Trendforschung (Fantapié Altobelli et al. 2015). Sie ergründet damit Dynamiken, die Ereignisse, Ansichten, Institutionen infrage stellen (Horx und Wippermann 1996, S. 19) und leitet Muster ab.

▶ Bei der Analyse von Szenarien sollten Erkenntnisse von Trendforschern berücksichtigt werden. Die ermittelten soziokulturellen Phänomene liefern wichtige Anhaltspunkte für zu entwerfende Zukunftsbilder.

Das methodische Fundament ist dabei sehr breit und qualitativ geprägt. Scanning (regelmäßiges ungerichtetes Absuchen der Umwelt auf Veränderungen und die Existenz von Weak Signals), Monitoring (gerichtetes Verfolgen bestimmter Entwicklungen) sowie semiotische Analysen, qualitative Inhaltsanalysen oder Metaanalysen wie auch Delphi-Studien gehören, als wichtige Beispiele, zum Standardrepertoire (Fantapié Altobelli et al. 2015; Horx und Wippermann 1996).

Beachtenswert erscheint eine *systemische* Sicht auf zukünftige Welten. Statt also nur Einzelaspekte zu prognostizieren, sollte auch der Versuch unternommen werden, das

Zusammenwirken vieler Faktoren zu beachten, indem Wechselwirkungen von Entwicklungen bei einigen Faktoren auch auf ihre Folgen für andere Faktoren betrachtet werden, und umgekehrt. Welches Gleichgewicht wird sich einstellen, welche Faktoren werden unbedeutend, welche entstehen neu?

Prognosen sind in der Regel falsch

Oft treffen Prognosen nicht zu, speziell bei langen Prognosehorizonten. Zum Beispiel wurde die Entwicklung des Computers bei dessen Einführung von vielen falsch eingeschätzt. Sogar Thomas Watson, der IBM-Chef, der das Unternehmen ins Computerzeitalter führte, schätzte den Weltmarkt 1948 mit fünf ein! Zu diesem Zeitpunkt wurden Computer noch mit Röhren betrieben, was diese langsam, anfällig und teuer machte. Mit der Entwicklung von Transistoren und integrierten Schaltkreisen hat sich der Computermarkt dann jedoch rasant entwickelt. Das Beispiel macht deutlich, wie schwierig es selbst für Experten sein kann, korrekte Schätzungen für größere Zeiträume abzugeben. Dennoch ist es alles Ungenauigkeiten zuwider besser, Prognosen zu erstellen, weil ohne diese kaum geplant werden kann. Mit einem passenden Prognoseverfahren und der gebotenen kritischen Haltung kann sichergestellt werden, dass Prognosen eine geeignete Basis für Entscheidungen darstellen (Thonemann 2010, S. 36).

Quantitative Prognosen

Für bspw. Prognosen zu Absatzzahlen, Marktgrößen oder Kundenzahlen in kürzerer Frist kann mit quantitativen Verfahren gearbeitet werden, die im Prinzip auf der Basis von Extrapolation oder Strukturmodellen erwartete Variablenausprägungen vorhersagen. Dies betrifft sowohl Kausalprognosen wie auch Zeitreihenprognosen. Auch quantitative Prognosen sind jedoch Projektionen; ihre Grenzen werden durch die Modellierung, die beinhalteten Parameter sowie die herangezogenen Daten gesteckt.

Prognosen im wirtschaftswissenschaftlichen Bereich sind ein Kernfeld der Ökonometrie (Dreger et al. 2014, S. 3 ff.; von Auer 2013, S. 9 f.; Hackl 2013, S. 23). Ökonometrische Prognoseansätze nutzen mathematisch-statistische Methoden zur Modellierung und Vorhersage zukünftiger wirtschaftlicher Tatbestände. Es werden auf der Basis empirischer Daten und ökonomischer Überlegungen Modelle formuliert und angepasst, mit deren Hilfe sodann Prognosen erstellt oder Änderungen simuliert werden (z. B. von Auer 2013; Kanjanatarakul et al. 2014; Dougherty 2006). Wichtige prognoserelevante Methoden innerhalb der Ökonometrie sind Regressions- und Zeitreihenanalysen oder Paneldatenmodelle. Angesichts sich stetig verbessernder Möglichkeiten, können heute computerbasiert u. a. auch nichtlineare oder Bayessche Ansätze, Regresssions-Diskontinuitäts-Analysen, Box-Jenkins-Prognosen oder künstliche neuronale Netze genutzt werden.

Beispiel

Bei elektronischen Testmärkten oder simulierten Testmärkten kommerzieller Marktforschungsinstitute werden quantitative Modellierungen genutzt, um zukünftige Absatzvolumina und Marktanteile vorherzusagen.

Beim *simulierten Testmarkt* wird ein Gleichgewichtsmarktanteil ermittelt, indem pro Testperson ein Adoptionsprozess simuliert wird. Erstkaufpenetration, Bedarfsdeckung und Kaufintensität werden als Komponenten einzeln bestimmt und dann mit Marktdaten in quantitativen Verfahren verdichtet. Die Erhebungen (meist Interviews, Wahlaufgaben) erfolgen z. T. im Studio, z. T. bei Testkunden zu Hause und dauern über einen längeren Zeitraum, wobei verschiedene Phasen durchlaufen werden. In den Ergebnissen wird u. a. sichtbar, wie sich ein Markt durch die Einführung einer neuen Marke verändert, wie sich die neue Marke in diesem entwickelt und welche Substitutionsbeziehungen zu anderen Marken entstehen.

Der *elektronische Testmarkt* arbeitet auf der Basis von kombinierten Haushalts- und Handelspaneldaten. Die Daten sind also Beobachtungsdaten und werden mit kooperierenden Testhaushalten und Testgeschäften erfasst, wobei weitgehend reale Bedingungen vorherrschen. Auf der Basis der Daten und des Modells können dann bspw. Akzeptanzwerte und Effekte von Marketingmaßnahmen simuliert werden (Litzenroth und Hertle 2007).

Als die Zusammenführung von quantitativen Modellierungen, Data Mining (Aufdeckung von Mustern in großen Datenmengen) und lernender Algorithmen spielt im Feld der Prognose zunehmend die Perspektive der *Predictive Analytics* eine Rolle. Besonders weil der Ansatz Muster in zeitsynchronen Transaktionsdaten nutzt und sehr große, komplexe, vielfältige Datenmengen (Big Data) verarbeitet, ist er für den Online-Handel ein wichtiges Handwerkszeug. Dennoch gelten auch hier allgemeine Probleme prognostischer Daten.

Predictive Analytics bauen stark auf statistische Verfahren, die auf Vorhersagen abzielen (Shmueli und Koppius 2010, S. 2). Auch bei ihnen entsteht ein Prognosemodell, auf dessen Basis bei Hinzunahme externer Daten zukünftige Zustände errechnet werden können.[11] Dies ermöglicht, frühzeitig Veränderungen zu erkennen und somit Risiken zu umschiffen (Ruff 2015). Mittels regelmäßiger, rollierender Forecasts wird auch die Güte der Prognose und damit Anpassungsbedarf am Prognosemodell ersichtlich. Ein Einsatz in praktischer Breite setzt ein strukturiertes Datenmanagement und entsprechende Akzeptanz sowie eine passende Ausbildung der Mitarbeiter voraus.

Keine Sicherheit auf Basis von Vergangenheitswerten
In den 1960ern und anfänglichen 1970er Jahren entwickelte sich der Rohölpreis vergleichsweise stabil. Eine Fortschreibung dieser Entwicklung auf Basis der bisherigen Preise in die späten 1970 und die 1980er Jahre hätte aber eine falsche Prognose ergeben. Schlagartig veränderten sich nämlich einige Rahmenbedingungen durch die OPEC-Politik, sodass sich die Preise dramatisch veränderten. Dies zeigt, dass solche „bequemen" Zukunftsaussagen auf Basis von Vergangenheitswerten mit enormen Risiken belastet sind. Es zeigt auch, wie die Ergänzung um qualitative Einschätzungen, die Betrachtung vieler Ansätze und vor allem auch das Scanning „weiter" Aspekte wie politischer Faktoren ein besseres Zukunftsbild zeichnen können.

---

[11]Obgleich Predictive Analytics weitgehend quantitativ ansetzen, betonen Waller und Fawcett (2013, S. 80), dass diese auch qualitative Aspekte integrieren können.

Zu beachten ist, dass auch in quantitative Prognosen Subjektivität eine Rolle spielt. Diese wird in sie hineingetragen, weil auch die Auswahl der Daten und die gewählten Modellansätze der Beurteilung des Durchführenden unterliegen. Es kann also zu einer, durch die Zahlenbasiertheit bedingten, Überschätzung der Genauigkeit kommen. Zudem nimmt die Prognosegenauigkeit der Verfahren mit zunehmendem Zeithorizont ab (Egle 2013, S. 263). Bei steigender Unsicherheit wird daher empfohlen, nur jüngste Daten als Grundlage zu verwenden und einfache Prognoseverfahren anzuwenden (Rieg 2008, S. 87). Die Wahl eines quantitativen Verfahrens kann allgemein nach Prognosegenauigkeit sowie nach Wirtschaftlichkeits- und Akzeptanzgesichtspunkten erfolgen (Egle 2013, S. 262).

▶   Quantitative Prognosen ermitteln auf der Basis statistischer Methoden erwartete Parameterausprägungen. Sie beinhalten Unsicherheiten, da sie von einer Zeitstabilitätshypothese ausgehen. Sie sind zudem nicht von subjektiven Einflüssen befreit. Man sollte daher nicht einer vorgetäuschten Genauigkeit unterliegen.

Die Beurteilung der *Validität* von quantitativen Prognosemodellen kann vor ihren Einsatz wie auch nach ihrem Einsatz vorgenommen werden (Fantapié Altobelli 2011, S. 406; Hackl 2013, S. 141 ff.). Vorab kann dies insb. erfolgen, indem

- Eine Gegenwartsprognose auf Basis historischer Werte erstellt wird, um das Ergebnis mit dem tatsächlichen Zustand zu vergleichen,
- Die Ergebnisse der Vorhersage sachkundigen Personen vorgelegt werden, die auf Plausibilität prüfen (face validity).

Nachträgliche Validierungen vergleichen die prognostizierten Werte mit den später tatsächlich eingetroffenen Werten.

Denken in Szenarien
Bei langen Prognosefristen und komplexeren Entwicklungen mit entsprechend großer Unsicherheit empfiehlt sich die Anwendung der Szenario-Technik (dazu z. B. Geschka 1999, S. 518 ff.). Sie ist ein Beispiel für einen ganzheitlichen Prognoseansatz, der über die isolierte Prognose einzelner Faktoren hinausgeht (Hungenberg 2011, S. 181).

Szenarien sind alternative Zukunftsbilder, die auf logischen Annahmen beruhen. Sie beschreiben das Unternehmen und seine Umwelt und arbeiten heraus, wodurch alternative, aber denkbare Zukunftssituationen charakterisiert sind. Eingeschlossen ist dabei stets auch die Darstellung, wie der Weg von der Gegenwart zu den Zukunftssituationen aussieht. Einflussfaktoren, ihre Abhängigkeiten, und mögliche Störereignisse werden explizit berücksichtigt. Bei der Entwicklung von Szenarien geht es zudem nicht primär um die Vorhersage der Zukunft, sondern eher um das *Herausarbeiten von alternativen Entwicklungen* von Umwelten und ihren Effekten auf das Unternehmen (z. B. Kerth et al. 2011, S. 224; Grant und Nippa 2006, S. 403). Die Bedeutung der Technik liegt also speziell in der bewussten Auseinandersetzung des Store Brand Managers mit wichtigen Einflussvariablen und deren kommenden Veränderungen, wodurch das Risiko sinkt, dass wichtige Einflüsse übersehen werden (Hungenberg 2011, S. 182). Dazu werden zwei bis drei alternative Zukunftsbilder entwickelt, die eine mögliche „Spannweite" aufzeigen sollen. Die Erarbeitung der Szenarien erfolgt in folgenden Schritten (Hungenberg 2011, S. 182 ff.)[12]:

1. Identifikation von Schlüsselfaktoren, die zur Beschreibung der Zukunft und der Entwicklung dieser zu analysieren sind. Es erfolgt eine Konzentration auf ca. fünf Umweltfaktoren, die besonders hohen Einfluss auf den langfristigen Markenerfolg nehmen, aber zugleich unsicher sind.
2. Für jeden Faktor werden Annahmen über denkbare, alternative Zukunftszustände getroffen (i. d. R. zwei bis drei Zustände).
3. Es werden ca. vier Szenarien erstellt[13], indem jeweils Bündel aus unterschiedlichen, aber konsistenten Ausprägungen aller Faktoren gebildet werden.

Die Arbeit mit Szenarien unterstützt das Denken im Gesamtbild und die gedankliche Durchdringung der Zukunft in ihrer Spannweite. Zudem erzwingt es vom Store Brand Manager, aus dem komplexen Zusammenspiel vieler Einflüsse *Kernfaktoren* zu *identifizieren* und auch alternative Sichtweisen in Szenarien zu berücksichtigen.

▶ Szenarien helfen, Kernfaktoren für zukünftige Entwicklungen zu isolieren, weiten den Blick und sorgen für Spannweite bei der Betrachtung zukünftiger Situationen.

Letztlich kann bei der Szenario-Entwicklung eine Vielzahl von Techniken kombiniert werden. Typische sind bspw. Kreativitätstechniken, Vernetzungsmatrizen, das Relevanzbaumverfahren, morphologische Analysen – ebenso auch Gruppendiskussionen und Gruppentechniken sowie quantitative Prognosen zu einzelnen Faktoren (Götze und Mikus 1999, S. 81). Gut erkennbar ist, wie qualitative und quantitative Verfahren kombiniert werden – und wie auch disruptive Veränderungen bei Faktoren Eingang finden. Szenarioanalysen können allerdings auch als rein quantitative Variante umgesetzt werden, indem Ereignisse modelliert werden und daraufhin Simulationsrechnungen und Sensitivitätsanalysen durchgeführt werden (Grant und Nippa 2006, S. 403). Dies ähnelt dann eher den oben erörterten quantitativen Techniken.

---

[12]Andere Schritte sind z. B. bei Geschka und Hammer (1990), Kerth et al. (2011) oder Götze und Mikus (1999) vorgeschlagen.

[13]Nach Hungenberg (2011, S. 184) sollte man nicht *drei* Szenarien wählen, da sonst die Tendenz besteht, in „worst", „best" und „most likely" zu denken.

▶   Um zukünftige Situationen bei u. a. Marktpotenzialen, Wettbewerbssituation,
    Zielgruppenerwartungen, Technologie oder rechtlichen Rahmenbedingungen
    (auch im Zusammenspiel) zu bewerten, können Szenarien entworfen werden,
    die Inputs aus sowohl quantitativen als auch qualitativen Prognosemethoden
    nutzen. Die so gewonnenen Einblicke helfen bei Entscheidungen zur Konzep-
    tion der Store Brand.

Systemsicht

Hinsichtlich der Berücksichtigung von oft komplexen Zusammenhänge einen Schritt
weiter gehen Betrachtungen aus systemdynamischer Sicht. Insbesondere die *System-
Dynamics-Methode* bietet einen interessanten Ansatz, um komplexe und dynamische
Systeme zu analysieren und zu simulieren (z. B. Roberts 1978; Coyle 1977, 1996;
Tako und Robinson 2012; Martinez-Moyano und Richardson 2013). Die Methode kann
sowohl qualitative wie auch quantitative Faktoren und Ausprägungen integrieren und
ermöglicht die Durchdringung von Interaktionen und Abhängigkeiten. Dabei arbeitet sie
mit verstärkenden und ausgleichenden Rückkoppelungen von Faktoren und kann auch
Verzögerungen abbilden, sodass systemische Effekte sichtbar werden. Allerdings sind
auch diesen Modellen (selbst bei Einsatz von Computersimulationen) Grenzen gesetzt,
da auch nur eine Auswahl von Einflussfaktoren berücksichtigt werden kann. Dennoch
ergeben sich bei bestimmten Anwendungen wichtige Hilfestellungen für den Manager.
Letztlich können damit auch spezifische Szenarien genauer simuliert werden.

Zusammenfassend: Prognosen künftiger Zustände und eine Entwicklung von Zukunftsszenarien sind die wichtige Fortführung von Markt- und Situationsanalysen. Sie sind
erforderlich, da konzeptionelle Festlegungen zeitlich vorwärtsgerichtet erfolgen müssen. Dabei können quantitative wie qualitative Techniken genutzt werden, die idealerweise in ganzheitliche Szenarien zusammengefasst werden. Jedoch sollte beachtet
werden, dass die Prognoseunsicherheit mit der Dynamik von Umwelten ansteigt und
sich aus vergangenheitsbezogenen Informationen nur begrenzt sichere Aussagen über
die Zukunft ableiten lassen. Werden verschiedenen Prognoseverfahren kombiniert,
kann die Prognosequalität im Grundsatz verbessert werden (Fantapié Altobelli 2011,
S. 408).

Zur Auswahl eines geeigneten Prognoseverfahrens sollten insb. folgende Fragen beachtet werden:

• Wie ist die Fristigkeit/der Zeitraum der Prognose?
• Wie hoch sind Unsicherheitsgrad/Stabilität des Umfelds?
• Welche Anzahl von relevanten Variablen ist zu integrieren?
• Welche Ansprüche an Vollständigkeit und Qualität von verfügbaren Daten bestehen?
• Wie hoch ist die notwendige Prognosegenauigkeit?

3.3   Segmentierung und Targeting

Weitere strategische Kernaufgaben beziehen sich auf die Festlegung von Zielgruppen-segmenten, bei denen die Store Brand entstehen soll. Hierfür sind die Prinzipien von Segmentierung und Targeting relevant. Das Konzept der Segmentierung wurde von Smith (1956) formuliert und befasst sich mit der Gruppierung von Zielpersonen in Seg-mente. Die so gefundenen Personengruppen ähneln sich nach mindestens einem Krite-rium und sind somit homogener als der Gesamtmarkt. Zwar decken sie jeweils nur einen Teil des Marktes ab, jedoch sind ihre Bedürfnisse im Vergleich zu großen heterogenen Gruppen leichter zu befriedigen (dazu Zikmund und d'Amico 1995). Das *Targeting* befasst sich dann mit der Frage, auf welche Segmente hinsichtlich einer Bearbeitung (durch ein Store Brand-Konzept) abgezielt wird. Segmentierung und Targeting sind daher eng verbundene Konzepte.

Die Konzepte tangieren folglich die Zuordnungsachse Zielsegment-Markenbe-zeichnendes des *Markenmoleküls* (dazu Abb. 4.1 in Kap. 4 sowie Redler 2013b). Die Marktsegmentierung kann als Ausgangspunkt für die Gestaltung einer Zielgruppen-Brand-Relation angesehen werden (auch Keller 2003, S. 120). Erst aufbauend auf den Entscheidungen zur Segmentierung kann eine Zielgruppenwahl (Targeting) vorgenom-men werden, auf Basis derer sich markenstrategische Optionen eröffnen. Diese Überle-gungen werden nachfolgend weiter konkretisiert.

Markt und Zielgruppe
Die Zielgruppe ist meist eine Teilmenge der Personen innerhalb des relevanten Mark-tes, kann aber auch den Gesamtmarkt umfassen. Der Markt ist im strengen Sinne der-jenige gedankliche Ort, an dem ein Angebot von Leistungen auf die Nachfrage nach diesen Leistungen trifft. Der definierte relevante Markt legt die maximal mögliche Ziel-gruppe fest. Durch die Segmentierung resultieren Cluster von Personen, die entweder in ihrer Gesamtheit oder ausgewählt bearbeitet werden sollen. Dies hat Einfluss auf die zu definierende(n) Markenpositionierung(en) (auch Abb. 3.8).

Die *Zielgruppe* definiert dann die Personen, für die das Store Brand Konzept rele-vant sein soll. Sie kann sehr breit und allgemeingültig aber auch sehr eng umrissen sein. Bedeutsam ist es, die Zielgruppenvorstellung konkret und genau zu erfassen, um Ent-scheidungen im Rahmen des Store Brand Management daran ausrichten zu können. Die Zielgruppen-Definition bestimmt also darüber, bei welchen Personen Store Brand Assets entstehen sollen. Damit wird im weiten Sinne gleichwohl festgelegt, welches individu-elle Vorwissen zu Wettbewerbern, anderen Marken, Produktkategorien etc. im Durch-schnitt zu erwarten ist.

Segmentierung: Aufdeckung von Konsumentenclustern
Eine der grundlegenden Annahmen des Marketing besteht darin, dass Konsumenten unter-schiedliche Präferenzen und Bedürfnisse haben (Sausen und Tomczak 2003, S. 2). Das Ziel der *Segmentierung* ist es, innerhalb des Marktes homogene Konsumentengruppen zu

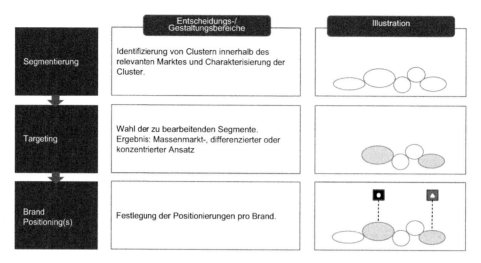

Abb. 3.8 Verbindung von Segmentierung und Targeting

finden, die sich hinsichtlich ihrer Präferenzen und Bedürfnisse ähnlich sind – wobei sich die Gruppen in ihrer Reaktion auf Marketingaktivitäten möglichst unterscheiden sollen[14] (Freter 1983; Lynch 2009, S. 109; Frank et al. 1972). Innerhalb der Segmente soll eine hohe Homogenität realisiert werden, was sich insb. auch in einer hohen Ähnlichkeit ihrer Marktreaktionsfunktionen auswirken sollte (Becker 2005). Dadurch wird der (relevante) Gesamtmarkt aller potenziellen Konsumenten in Teilmärkte zerlegt. Fennell und Allenby (2004) weisen deutlich darauf hin, dass dem eine fundierte Marktabgrenzung vorausgehen muss (vgl. oben).

▶   Mittels Segmentierung wird ein Gesamtmarkt in homogene Teilgruppen zer-
        legt. Dabei sollten bedürfnisorientierte, kaufrelevante Kriterien herangezogen
        werden.

Der Idee der Marktsegmentierung wird eine hohe Bedeutung zugewiesen, u. a. weil kaum noch Märkte existieren, in denen eine einheitliche, nicht nach Segmenten diffe-renzierte Vorgehensweise sinnvoll erscheint (Vossebein 2000, S. 19). In Literatur (z. B. Meffert 2000, S. 186 ff.; Frank et al. 1972, S. 26 ff.) und Praxis werden für die Differen-zierung von Segmenten vor allem folgende Kriteriengruppen herangezogen[15]:

---

[14]Neben dieser analytischen Seite der Segmentierung wird in der Literatur z. T. auch eine gestalte-rische besprochen. Dazu z. B. Rogge (2007, S. 262); Freter (1983, S. 18).

[15]Die Segmentierungskriterien sind mit spezifischen Vor- und Nachteilen verbunden. Dazu Freter (2008).

- Geografische Merkmale wie Land, Region, Postleitzahlen, Stadtteile.
- Demografische Merkmale wie Einkommen, Bildung, Berufstätigkeit, Alter, Geschlecht, Familienstand, Anzahl der Kinder, Familienlebenszyklus.
- Psychografische Merkmale wie Werte, Haltungen, Meinungen, Interessen, Motive, Wahrnehmungen.
- Verhaltensbezogene Merkmale wie Preiskaufverhalten, Mediennutzung, Einkaufsstättenwahl, Markentreue, Nutzungsintensivität, Verbundnutzungen.

Kaum ein Händler kann dem Gesamtmarkt mit nur einem Store Brand-Konzept gerecht werden

Schon vor über 50 Jahren wurde die Bedeutung eines sinnvollen Targetings im Handel betont: „It is high time we retailiers realised that we cannot be all things to all people. When we try to do that, we end up with no particular appeal for anybody. It is up to us to decide where we fit, who comprises our customer body, and then to fulfill, as completely and satisfactorily as possible, the expectations of our particular group and our logical market" (Martineau 1958). Damit wurde ein wichtiger Grundgedanke vieler Store Brand-Konzepte, die richtige Fokussierung, ausgesprochen. Allerdings gibt es heute wie damals Stores, die ihre Segmente sehr weit (z. B. Marks & Spencer) und andere, die diese eher enger (z. B. Monki) zuschneiden.

Hinsichtlich einer Segmentierung von *B2B*-Abnehmern spielen Kriterien wie Branche, Endanwendung, Organisationstypen, Kaufsituation und Kaufart, Mehrwertschaffung oder Professionalitätsgrad eine Rolle (Lynch 2009, S. 111; Horst 1988, S. 350 ff.). Zudem wird in diesem Kontext oft mehrstufig segmentiert (Kotler et al. 2011, S. 477 f.).

Die *Kombination verschiedener Segmentierungskriterien* erscheint sinnvoll, um die Aussagekraft der ermittelten Segmente zu erhöhen (Sausen und Tomczak 2003, S. 2). Die tatsächliche Durchführung der Marktsegmentierung im Sinne von Kriterienrelevanz, Kriterienanzahl und herangezogenen Gütekriterien hängt jedoch in hohem Maße von den Rahmenbedingungen, insb. der Branche, ab. Quinn (2009) zeigt mittels qualitativem Zugang an Unternehmen aus UK auf, dass die praktische Anwendung wenig sofistiziert und zum Teil mit anderen Ansprüchen erfolgt als in der Theorie erörtert.

Wichtige Ansätze einer kombinierten Anwendung von Kriterien sind die Lifestyle-Segmentierung, Werte-Typologien und die mikrogeografische Segmentierung (dazu Pepels 2000, S. 15 ff.). Praktisch intensiv angewendet ist die (kaufverhaltensorientierte) *Nutzen-Segmentierung* (Yankelovich 1964), die sich wesentlich auf die Nutzen-Erwartungen der Konsumenten stützt. Nach Esch (2014, S. 521) stellt eine bedürfnisorientierte Segmentierung eine wichtige Grundbedingung für die Diskriminationsfähigkeit der zu gestaltenden Brands dar.

Beispiel für eine Lifestyle-Segmentierung: Euro-Styles der CCA

Auf der Grundlage einer europaweiten Befragung einer Kooperation von Marktforschungsunternehmen werden für Westeuropa 15 Cluster von Käufern (u. a. Euro-Dandy, Euro-Scout, Euro-Moralist) identifiziert. Für jedes Cluster können u. a. typische Orientierungen angegeben, Anteile am Gesamtmarkt ermittelt und Markenkaufpräferenzen ausgewiesen werden.

Kotler (2003) folgend sollten Segmente zur sinnvollen Nutzung folgende Anforderungen erfüllen:

- Messbarkeit/Operationalisierbarkeit – sie müssen sich durch Kriterien erfassen lassen.
- Erreichbarkeit – sie müssen für das Unternehmen zugänglich sein.
- Substanz – sie müssen groß genug sein, um damit wirtschaftlich zu arbeiten.
- Abgrenzbarkeit – sie müssen sich in Zusammensetzung und Marktreaktion deutlich von anderen Segmenten unterscheiden.
- Bearbeitbarkeit – sie müssen es ermöglichen, dass sie mit Marketingaktivitäten adressiert und beeinflusst werden.

Einige interessante Segmentierungsansätze im Handel

- Motivationen auf der Basis der LOV (list of values; Kamakura und Novak 1992):
  - selbstbezogen (self-direction)
  - leistungsbezogen (achievement)
  - freudebezogen (enjoyment)
  - sicherheitsbezogen (security)
  - erwachsen (maturity)
- Geodemografische Segmentierungssysteme wie ACORN (a classification of residential neighbourhoods), die demografische, geografische und Lebensstilvariablen verbinden
- Shopping orientation (Stephenson und Willett 1969):
  - Convenience shopper
  - Receational shopper
  - Price-bargain shopper
  - Store-loyal shopper
- Zeitorientierungen (z. B. McDonald 1994)
- Suchverhalten (Putrevu und Lord 2001):
  - Suchintensive
  - Selektive Sucher
  - Suche-Meider
- Modeorientierung (Ghosh 1994):
  - Modeenthusiasten
  - Stilfreudige
  - Klassiker
  - Schüchterne und Uninteressierte

Eine Herausforderung bei der Zerlegung des Gesamtmarktes in Segmente besteht in der *Wahl des angemessenen Zerlegungsgrads.* Einerseits bestehen Gefahren der Übersegmentierung (der Markt wird „künstlich" zu stark zerlegt), andererseits Gefahren einer zu geringen Zerlegung, also der Bildung zu grober Cluster (Assael 1990, S. 251 f.). Keller (2003, S. 120) spricht von einem Trade-off zwischen Kosten und Nutzen: Umso feiner segmentiert wird, desto treffsicherer lassen sich Markenmaßnahmen zuschneiden und damit die Response auf diese erhöhen (Nutzen). Allerdings sind damit i. d. R. auch höhere Marktbearbeitungskosten verbunden (Kosten). Gefundene Segmentierungslösungen sollten regelmäßig überprüft werden.

▶   Psychografische Kriterien sind für die Segmentierung besonders relevant.

Zur Bestimmung der Marktsegmente stehen verschiedene quantitative Verfahren zur Verfügung. Bedeutend sind dabei u. a.:

- *Clusteranalysen:* Gruppe von multivariater Verfahren, die Objekte so gruppiert, dass die Intra-Gruppen-Differenzen minimiert und die Inter-Gruppen-Differenzen hinsichtlich einer oder mehrerer Variablen maximiert werden.
- *Diskriminanzanalysen:* Verfahren, welche Variablen aufdecken, anhand deren man Personen einer Gruppe von den restlichen Elementen abgrenzen kann. Dabei wird eine Auswahl potenzieller Trennvariablen identifiziert, die die Gruppenbildung erklären und vorhersagen kann.
- *MDS:* Durch Verfahren der Multidimensionalen Skalierung (MDS) können Objekte in einem mehrdimensionalen, aber möglichst gering dimensioniertem Raum abgebildet werden. Dies ermöglicht es, Gruppen erkennbar werden zu lassen; anhand der gefundenen Achsen sind zudem Trennvariablen identifizierbar. MDS wird oft auch als sog. „Perceptual Mapping" angewendet, um die Wahrnehmungsräume von Konsumenten abzubilden.

Targeting: Wahl der zu bearbeitenden Segmente
Das *Targeting* umfasst die Entscheidung über die *Art und Anzahl der zu bearbeitenden Segmente* (West et al. 2010, S. 169). Es ist die logische Folge einer Identifikation potenzieller Segmente durch Segmentierung.

▶   Beim Targeting werden die für das Store Brand-Konzept als relevant anzusehenden Segmente festgelegt.

Mit der Auswahl der Segmente ist die Frage nach der Spezifität ihrer Bearbeitung verknüpft. Nach der Segmentabdeckung und der Standardisierung bei ihrer Bearbeitung können folgende *Targeting-Strategien* (Redler 2013b; auch Abb. 3.9) unterschieden werden (dazu auch die produktbezogenen Richtungen von Abell 1980, sowie die Betrachtungen zur Marktparzellierung bei Becker 2003):

- Es werden alle Segmente für eine Bearbeitung durch die Store Brand ausgewählt. Die Bearbeitung der Segmente erfolgt mit identischen Vorgehensweisen, also undifferenziert. Es wird eine *Massenmarkt-Strategie* verfolgt.
  - Vorteile: Großer Kreis von Personen, somit hoher Wirkungskreis angestrebter Maßnahmen; Synergieeffekte durch Maßnahmenstandardisierung.

Abb. 3.9 Targeting-Strategien

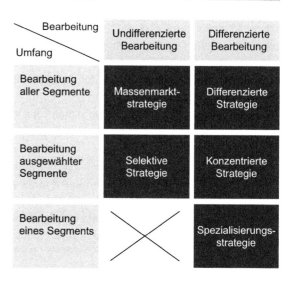

- Nachteile: Erkenntnisse über die beinhalteten Personen müssen für die weiteren Ableitungen verallgemeinert, nivelliert und reduziert werden; Informationsverlust, verringerte Response der Maßnahmen.
- Es werden Segmente selektiert, die mit der Store Brand einheitlich bearbeitet werden. Dies ist die *selektive Strategie.*
  - Vorteile: Im Vergleich zur Massenmarkt-Strategie geringeres Nivellierungsniveau der segmentspezifischen Informationen, bei der Wahl großer Segmente noch quantitativ weite Abdeckung des Marktes.
  - Nachteil: Im Vergleich zum Gesamtmarkt jedoch reduzierter Personenkreis. Weiterhin Informationsverlust und relativ geringere Response von Maßnahmen.
- Es werden alle Segmente für eine Bearbeitung ausgewählt, wobei die Segmente jedoch spezifisch bearbeitet werden. Es handelt sich um die *differenzierte Strategie.* Sie bedingt i. d. R., dass mehrere unterschiedlich positionierte Store Brands auf Gruppen von je ähnlichen Segmenten abstellen.
  - Vorteile: Großer Kreis von erreichten Personen, kein Informationsverlust für weitere Ableitungen durch Nivellierungszwänge – spezifische Informationen der Segmente für weitere Entscheidungen nutzbar, hohe Response der Maßnahmen.
  - Nachteile: Hoher Transaktions- und Marketingaufwand durch die zu steuernde Pluralität. Zum Teil sehr kleine Segmente müssen hohe Marketingkosten tragen, was i. d. R. zu Problemen mit der Wirtschaftlichkeit führt.
- Es werden nur ausgewählte Segmente bearbeitet – und zwar jeweils spezifisch über unterschiedliche Store Brands (dazu auch Abschn. 3.4). Dies wird als *konzentrierte Strategie* gefasst.
  - Vorteile: Kein Informationsverlust für weitere Ableitungen durch Nivellierungszwänge. Spezifische Informationen der Segmente für weitere Entscheidungen

nutzbar. Im Vergleich zur differenzierten Strategie weniger Marketing- und Transaktionsaufwand, hohe Response der Maßnahmen.
  – Nachteile: Im Vergleich zum Gesamtmarkt reduzierter Personenkreis. Wirtschaftlichkeitsprobleme bei kleinen Segmenten.
• Es wird lediglich ein Segment mit einer Store Brand (spezifisch) bearbeitet und damit eine *Spezialisierungs-Strategie* verfolgt.
  – Vorteile: Spezifische Informationen über das Segment in vollem Umfang für Entscheidungen relevant, hohe Response auf Maßnahmen, Marketingaufwand lediglich für ein Segment, relativ geringe Transaktionskosten.
  – Nachteile: Im Vergleich zum Gesamtmarkt i. d. R. deutlich eingeschränkter Personenkreis; Wirtschaftlichkeitsproblem bei kleinem Segment, Risiko durch Abhängigkeit von gewähltem Segment.

▶ Beim Targeting können Massenmarkt-, Spezialisierungs-, konzentrierte, selektive und differenzierte Vorgehensweisen unterschieden werden.

Allgemein bewegt man sich bei der Entscheidung für eine Targeting-Strategie also im Spanungsfeld zum Teil konfliktärer Ausrichtungen, nämlich von Vorteilen aus der Menge von Ziel-Personen, Vorteilen aus der Standardisierung bei Marketingaktivitäten und Vorteilen aus verbesserter Response durch spezifische Nutzung segmentbezogener Informationen. Vom Grundsatz her sollte dabei bedacht werden (dazu Romaniuk 2012):

• Die Zielsegmente sollten mindestens die aktuellen Kunden umfassen (was die differenzierte Kenntnis von Kunden und Segment voraus setzt).
• Man sollte nicht der Versuchung erliegen, sich zu sehr an den Heavy-Buyern auszurichten, da sich diese Gruppe oft wenig stabil zeigt.
• Der mit den Segmenten erfasste Personenkreis sollte insgesamt möglichst groß sein, damit sich Marketinginvestitionen schneller amortisieren.

Eine kundenseitig heterogene Situation möglichst gut zu erfassen, um dann die Maßnahmengestaltung und die Store Brand-Idee möglichst optimal auf die präferenzrelevanten Aspekte abzustimmen, muss – als eine der zentralen Ideen kundenorientierter Unternehmensführung – auch für das Store Brand Management im Zentrum grundlegender Weichenstellungen stehen. Letztlich soll durch ein spezifisches Vorgehen die Nutzenstiftung für den einzelnen Kunden erhöht werden, mit dem Ergebnis, dass dieser letztendlich bereit ist, die angebotene Leistung gegenüber Wettbewerbsleistungen vorzuziehen und/oder einen höheren Preis zu zahlen.

▶ Mittels Marktsegmentierung und Targeting wird ein Gesamtmarkt in möglichst homogene Teilmärkte zerlegt, die bewertet und nach Priorität segmentspezifisch bearbeitet werden.

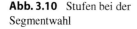

Abb. 3.10 Stufen bei der Segmentwahl

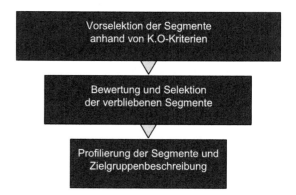

Auswahl von Segmenten

Die Identifikation potenzieller Segmente und das Targeting sind wie gezeigt unmittelbar verbundene Aufgabenstellungen. Bei der Wahl von Segmente sind jene vorrangig, die für das Unternehmen (die größten) Chancen bieten. Oftmals zeigen sich dabei mehrere Segmente als chancenreich. In diesen Fällen wird eine Priorisierung der Segmente erforderlich, um Ressourcen wirtschaftlich und zweckmäßig einzusetzen. Ausgehend von einer vorliegenden Segmentierungslösung zu einem Gesamtmarkt kann dann mehrstufig vorgegangen werden[16] (Abb. 3.10):

Stufe 1: Vorselektion anhand von K.O.-Kriterien

Zunächst sind Mindestanforderungen zu prüfen. Da Segmente für eine sinnvolle Bearbeitung[17]

- hinreichend groß sein sollten, um damit wirtschaftlich agieren zu können,
- nachhaltig relevant sein sollten (also keine Kurzzeitphänomene sein sollten),
- für das Unternehmen mit seinen Instrumenten und Kanälen erreichbar sein sollten,

können diese Aspekte als Grundbedingungen für ein Engagement in einem Segment angesehen und bei einer Segmentbewertung als K.O.-Kriterien gesetzt werden. Das bedeutet, dass sich die weitere Betrachtung nur auf die Segmente erstreckt, die diese fundamentalen Anforderungen erfüllen.

Stufe 2: Bewertung und Selektion der Segmente

Grundsätzlich geeignete Segmente sind anschließend nach ihrer Attraktivität und den mit ihnen verbundenen Erfolgsmöglichkeiten zu bewerten (auch Simkin und Dibb 1998,

---

[16]Die Vorgehensweisen und Bewertungskriterien sind stets unternehmensspezifisch zu prüfen und ggf. anzupassen; es handelt sich hier nicht um allgemeingültige, übergreifend fixe Regeln.

[17]Zu den folgenden Kriterien auch Kotler (2003).

S. 407 f.). Dazu sind die unternehmensindividuell relevanten Kriterien zu bestimmen und zu gewichten. Die *Kriterienwahl und -gewichtung* stellt dabei eine strategische Entscheidung mit entsprechender Tragweite dar, die sorgsam getroffen werden sollte. Gewählte Kriterien müssen außerdem in operationale Größen überführt werden, indem valide Indikatoren zugeordnet werden (z. B. Operationalisierung von Marktpotenzial durch Umsatz in EUR für Produkte und zugehörige Services).

Durch Anwendung der Kriterien kann eine Rangfolge der Attraktivität der Segmente gefunden werden. Top-Down werden also die attraktivsten Segmente gewählt. Die Cut-off-Schwelle[18] kann dabei entweder

- nach einem Wert eines Parameters (z. B. kumuliertes Umsatzvolumen) oder
- nach einer Segmentzahl (z. B. nach drei Segmenten) erfolgen.

Die Festlegung eines Cut-Offs ist aufgrund ihrer strategischen Auswirkung sensibel vorzunehmen. Zweckmäßig erscheint an dieser Stelle die Arbeit mit mehreren Szenarien[19]. Als *Kriterien* bei der Segmentbewertung sind wirtschaftliche, strategische wie potenzialorientierte relevant. Typischerweise sind hier pro Segment Größen wie

- Marktpotenzial, Marktvolumen,
- Segmententwicklung,
- Kundenzahl, Deckungsbeitrags-Volumen, Umsatz/Kunde,
- Passung des Segments zu Kompetenz, Organisation, Portfolio und strategischer Stoßrichtung,
- Wettbewerbsdichte im Segment oder die
- bereits vorhandene Bekanntheit im Segment heranzuziehen.

Ein guter Überblick über Kriterien für die Segmentbewertung findet sich bei Hooley und Saunders (1993). Abb. 3.11 zeigt dazu eine Auswahl. Mit Bezug zur Store Brand sollten neben den Kundenpotenzialen v. a. die Zahl und Imagestarke von Wettbewerbs-Brands sowie die eigenen Positionierungsmöglichkeiten als Kriterien Im Blick behalten werden.

In der Praxis dominieren auf eine kurzfristige Profitabilität ausgerichtete Kriterien (Abb. 3.12), wie Simkin und Dibb (1998) anhand ihrer Untersuchungen in Großbritannien zeigen. Aus ihren Erhebungen geht zudem hervor, dass bei der praktischen Segmentevaluation eine simultane Bewertung nach mehreren Kriterien nur untergeordnete Bedeutung hat.

Hinsichtlich der Evaluations- und *Entscheidungsmethoden* zur Auswahl kann dem Grunde nach die gesamte Bandbreite der betriebswirtschaftlichen Entscheidungsinstrumente

---

[18]Die Cut-Off-Schwelle legt hier fest, ab welcher Position in der Rangfolge Alternativen nicht mehr berücksichtigt, also „abgeschnitten" werden.

[19]Zu Szenarien vgl. oben sowie Hungenberg (2011, S. 181 ff.).

Marktattraktivität
• Größe des Segments
• Segmentwachstum
• Lebenszyklusphase
• Preissensitivität
• Saisonalität der Nachfrage
• Preiselastizität
• Wettbewerbsintensität
• Substitutionsdruck
• Differenzierungsgrad
• Eintrittsbarrieren
• Austrittsbarrieren
• Investitionsvolumen
• Deckungsbeiträge
• Rechtliche und gesetzliche Rahmenbedingungen

Marktstärkeposition
• Relativer Marktanteil
• Marktanteilsveränderung
• USPs
• Relative Kostenposition
• Auslastungsgrad
• Technologische Position
• Managementstärke
• Grad vertikaler Integration

Abb. 3.11 Ausgewählte Kriterien der Segment-Attraktivität nach Hooley und Saunders (1993)

Criteria	Score					Overall
	1	2	3	4	5	measure
1. Profitability	10	22	2	1	0	41
2. Market growth	6	20	7	2	0	30
3. Market size	3	23	7	2	0	27
4. Likely customer satisfaction	7	16	9	1	2	25
5. Sales volume	5	19	7	4	0	25
6. Likelihood of sustainable differential advantage	6	19	5	2	3	23
7. Ease of access of business	6	12	15	2	0	22
8. Opportunities in the industry	6	14	12	2	1	22
9. Product differentiation	3	17	14	0	1	21
10. Competitive rivalry	3	15	14	3	0	18
11. Market share	4	17	5	8	1	15
12. Relative strengths in key functions	1	19	10	4	1	15
13. Customers' price sensitivity	3	14	13	5	0	15
14. Customer image of company	4	15	8	7	1	14
15. Technological factors	2	16	6	9	2	7
16. Fit with business strategy	3	8	16	8	0	6
17. Stability of market	1	10	16	8	0	4
18. Environmental factors	2	6	16	9	2	–3
19. Threat of substitutes	2	9	12	8	4	–3
20. Barriers to entry	3	7	12	9	4	–4
21. Negotiating power of buyer	1	8	10	11	5	–11
22. Ease of profiling customers	1	3	16	12	3	–13
23. Supplier power	2	7	8	9	9	–16

Note: The raw Likert scale data were converted into an overall usage measure of the target market criteria. This measure in the right-hand column allows the relative importance of individual criteria to be appraised. It was developed by allocating the following points to the five-point Likert scale: 1 = +2 points; 2 = +1 point; 3 = 0 points; 4 = –1 point; 5 = –2 points

Abb. 3.12 Die wichtigsten Kriterien für die Segmentwahl in der betrieblichen Praxis. (Quelle: Simkin und Dibb 1998, S. 412)

herangezogen werden. Als Wesentliche in diesem Kontext wären Checklistenverfahren, Nutzwertanalyse, Scoring-Modelle, Portfolio-Methoden, Kundenwertmethoden sowie monetäre Simulationen und monetäre Vergleichsrechnungen zu nennen.

Stufe 3: Profilierung der Segmente und Zielgruppenbeschreibung

Jedes gewählte Segment kann als eine gesondert zu betrachtende Zielgruppe verstanden werden, für die ggf. eine oder mehrere Store Brands konzipiert werden. Für diese Bearbeitung der ausgewählten Segmente sind demzufolge steuerungsrelevante Zielgruppenbeschreibungen erforderlich. Neben der Steuerungsfunktion für die direkt marktgerichteten Entscheidungen kommt diesen desgleichen eine wichtige Bedeutung für die mitarbeitergerichtete Orientierung und Kommunikation zu.

Pro Segment bzw. Zielgruppe stellt sich also die Frage nach einer für die Store Brand-Konzeption angemessenen, relevanten und praktikablen Charakteristik. Dies gelingt durch eine möglichst spezifische Beschreibung der beinhalteten typischen Kunden mit zugehörigen Erwartungen, Einstellungen, Orientierungen etc. Die wesensprägenden und verhaltensrelevanten (wie ggf. auch die zwischen Segmenten abgrenzenden) Aspekte sollten dabei besonders deutlich herausgearbeitet sein. Zentral ist, dass sich bei allen marktseitig agierenden Personen des Unternehmens ein klares Bild, ein „Gesicht" zur Zielgruppe einstellen kann. Diesbezüglich sind Steckbriefe, Bildwelten zum Lifestyle oder Personas etalierte Hilfsmittel. Neben einer solchen, im Zweifel eher pointierten, Beschreibung im „first-level", empfiehlt es sich, zusätzlich auch einen „second-level" mit allen wichtigen Detailerkenntnissen zur Zielgruppe zu hinterlegen, um relevante Information für zielgruppenbezogene Entscheidungen in möglichst fundierter Form bereitzustellen.

Wird eine Segmentierung mit totaler Abdeckung verfolgt, ist eine entsprechende Mehrzahl von Beschreibungen erforderlich. Ist eine Massenmarktstrategie vorgesehen (Abb. 3.13), muss die Konkretisierung eines Zielgruppenbilds eher über Durchschnittseigenschaften der Personen auf relevanten Dimensionen erfolgen.

Je nach Segmentierung und gewählter Targeting-Strategie ergeben sich einerseits Folgerungen für die Zuordnung von Store Brand(s) zu einem oder mehreren Segmenten. Dies wird in Abschn. 3.4 unter dem Begriff Markenkonfigurationen aufgezeigt. Diese wiederum stehen in Wechselwirkung mit der Gestaltung der Store Brand Positioning, die im Abschn. 3.6 behandelt wird.

3.4 Planung der Markenkonfiguration

Sind Segmente identifiziert und eine Targeting-Strategie bestimmt, ist die Markenkonfiguration zu gestalten (Redler 2013b, S. 147). Die *Markenkonfiguration* definiert das Gesamtbild aller konkreten Zuordnungen von Zielgruppe(n) und Markenbezeichnendem(n) im Sinne des Markenmoleküls aus Unternehmenssicht (dazu Abb. 4.1 in Kap. 4). Es ist zu klären, welche dieser Konfigurationen für eine verfolgte Targeting-Strategie geeignet sind.

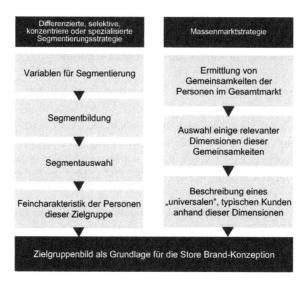

Abb. 3.13   Zielgruppenkonkretisierung bei der Segmentierungsstrategie

Um diesen Zusammenhang genauer darzustellen, werden zunächst grundsätzliche Möglichkeiten hinsichtlich der Markenkonfigurationen eingeführt (dazu Abb. 3.14).

Monomarken-Ansatz. Bei einem *Monomarken-Ansatz* wird für die Bearbeitung eines Segments genau eine Store Brand geführt. Diese Konfiguration beschränkt die intern zu steuernde Komplexität und damit Transaktionskosten. Sie bietet zudem Vorteile im Hinblick auf die Effizienz der Kosten der Markenführung. Damit ist es besonders gut möglich, Marketingressourcen zu konzentrieren und damit mehr Wirkungsstärke aufzubauen. Allerdings wird nur ein Segment ausgeschöpft, das aber spezifisch bearbeitet werden kann.

▶   Die Markenkonfiguration steht im Zusammenhang mit der angestrebten Targeting-Strategie. Sie legt das Grundprinzip fest, nach dem Store Brand-Konzepte für die Segmentbearbeitung genutzt werden. Je nach Konstellation aus Segmentanzahl, der Spezifität deren Bearbeitung und der dafür genutzten Store Brands existieren mehrere Konfigurationen.

Markmarken-Ansatz. Der *Mehrmarken-Ansatz* hingegen nutzt gleichzeitig mehrere eigenständige Store Brands im gleichen Segment und steuert diese unabhängig voneinander (ähnlich auch Meffert und Perrey 2002, S. 206 oder Baumgarth 2014, S. 231).

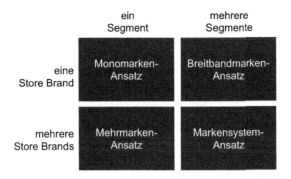

Abb. 3.14 Markenkonfigurationen: Zuordnung von Store Brand zu Segmentfeldern

Dadurch kann das Segment besser ausgeschöpft und Marktrisiken können gesenkt werden. Auch existieren Effekte aus Markteintrittshemmnissen für neue Wettbewerber, der Risikostreuung sowie einer Nutzung von Brands zum Schutz einer Kernmarke. Die Kosten einer solchen Marktbearbeitung sind jedoch vergleichsweise hoch. Hinzu kommt das Argument einer internen Kannibalisierung durch gegenseitige Marktanteilssubstitution der Store Brands. Z. T. ist auch die Idee leitend, dass es besser sei, Kunden zwischen mehreren eigenen Brands wechseln zu lassen, als zwischen eigener und Wettbewerbsmarke (Mason und Milne 1994, S. 163). Es wird hier also oft bewusst eine Kannibalisierung in Kauf genommen.

Breitbandmarken-Ansatz. Werden mehrere Segmente durch nur eine Store Brand bearbeitet, liegt ein *Breitbandmarken*-Ansatz vor. Hier können Kunden aus mehreren Segmenten angesprochen werden, wodurch sich die Basis vergrößert. Allerdings ist die Bearbeitung wenig spezifisch weshalb mit verringerten Responsewerten zu rechnen ist.

Markensystem-Ansatz. Beziehen sich mehrere geführte Marken *nicht* ausschließlich auf das identische Segment, so resultiert ein *Markensystem*[20]. Darunter wird die als Gesamtheit zu steuernde, sich auf mindestens zwei Segmente beziehende Mehrzahl von eigenen Marken verstanden (Redler 2013b, S. 150). Wenn zusätzlich hierarchische Zuordnungen (z. B. zwischen Store Brand, Corporate Brand und Private Label Brands) mitbetrachtet werden, gewinnen Fragestellungen an Relevanz, die unter dem Begriff der komplexen Markenarchitektur (dazu Esch 2014, S. 553 ff.) zu erörtern wären (dazu auch die Ausführungen zur vertikalen Einbindung der Store Brand in Abschn. 3.5).

---

[20]Ähnlich auch der Begriff des Markenportfolios bei Aaker (2004).

Beispiel

Die Douglas Gruppe hatte über Jahre nebeneinander die Store Brands Douglas, Thalia, Hussel, Christ und AppelrathCüpper für verschiedene Segmente geführt. Hinsichtlich einer Fokussierung auf den Parfümeriemarkt erfolgte ab 2012 eine Neuausrichtung, in dessen Zusammenhang Store Brands veräußert wurden. Die Store Brand Douglas verblieb beim Unternehmen und 2014 kam schließlich die französische Store Brand Nocibé hinzu. Im europäischen Markt für Beauty- und Kosmetikhandel verfügt die so aufgestellte Gruppe über dominierende Marktanteile. Nocibé wiederum ist geprägt durch ein starkes Geschäft mit Private Label Brands auf Produktebene.

Targeting-Strategien und Markenkonfigurationen

Die Wahl adäquater Markenkonfigurationen steht in Wechselwirkung mit der gewählten Targeting-Strategie (Abb. 3.15):

- Verfolgt das Targeting eine *Massenmarkt-Strategie,* sollen also alle Segmente des Gesamtmarkts identisch (unspezifisch) bearbeitet werden, stellt ein Breitbandmarken-Ansatz die logische Folge dar. Somit wird lediglich eine Store Brand geführt, die die Marktaufgabe in allen Segmenten erfüllen muss. Entsprechendes gilt bei einer *selektiven Targeting-Strategie,* allerdings werden hier nur ausgewählte Segmente durch die Store Brand in einheitlicher Weise bearbeitet. Die Segmentabdeckung unterscheidet sich bei aber gleicher Konfiguration.
- Wird nur ein einziges Marktsegment für die Bearbeitung gewählt *(Spezialisierungs-Strategie),* kann dieses über eine singuläre Store Brand oder parallel durch mehrere Store Brands bearbeitet werden. Als Markenkonfiguration sind in diesem Fall also ein Monomarken- wie auch ein Mehrmarken-Ansatz möglich.

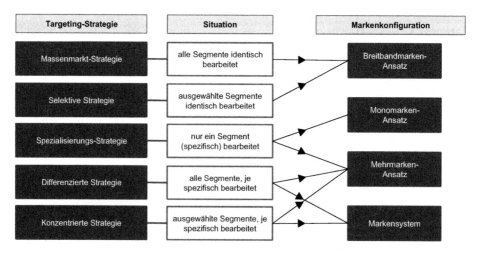

Abb. 3.15 Zusammenhang zwischen Targeting-Strategien und Markenkonfiguration

- Bei voller Marktabdeckung und je spezifischer Bearbeitung der Segmente handelt es sich um die *differenzierte Targeting-Strategie*. Werden die Segmente im Rahmen dieser Strategie mit unterschiedlichen Store Brands spezifisch bedient, so resultiert ein Markensystem als Konfiguration. Werden in mindestens einem der Segmente parallel mindestens zwei Store Brands für die spezifische Marktbearbeitung des Segments herangezogen, liegt eher ein *Mehrmarken-Ansatz* vor.
- Im Rahmen des *konzentrierten Targetings* werden aus den möglichen Segmenten einzelne ausgewählt, um sie spezifisch zu bedienen. Wie beim differenzierten Targeting sind auch hier Markensysteme und Mehrmarken-Ansätze relevant. Wird pro Segment genau eine Brand genutzt, so handelt es sich um ein Markensystem, da sich die Markenpluralität nicht auf identische Segmente richtet. Andererseits ist eine Mehrmarkenstrategie die Folge, wenn in einem der relevanten Segmente parallel mit mindestens zwei Store Brands agiert wird.

Erkennbar wird, dass bei der differenzierten und der konzentrierten Targeting-Strategie gleichwohl auch *Mischformen* aus Mehrmarken-Strategie und Markensystem möglich sind.

Spezialaspekte von Mono- und Mehrmarken-Ansätzen sowie Markensystemen
Bei der Realisierung der Markenkonfigurationen sind einige spezifische Rahmen- und Nebenbedingungen beachtenswert:

Der *Monomarken-Ansatz* bedeutet, dass aus unternehmensinterner Sicht in einem betrachteten Segment ausschließlich eine Store Brand genutzt wird. Dies sichert zwar intern Synergien, nutzt aber kundenseitig ggf. nicht die maximale Responsebereitschaft aus. Wird dabei eine große Pluralität von Sortimenten angeboten, so sollte kritisch geprüft werden, ob alle Leistungen sinnvoll unter dieser Store Brand geführt werden können. Durch die Konzentration auf eine Store Brand ergibt sich letztlich mehr Kraft, um bei der/den Zielgruppe(n) Brand Assets aufzubauen. Diese Markenstärke kann Markteintrittsbarriere für Wettbewerber schaffen.

Eine solche Eintrittsbarriere für Wettbewerber ergibt sich beim *Mehrmarken-Ansatz* wiederum nur dann, wenn für mindestens eine der eigenen Brands entsprechende Stärke realisiert werden kann. Dies erfordert jedoch overall einen deutlich höheren Markenführungsaufwand. Wenn es jedoch gelingt, und eine Lead-Brand geschaffen wird, kann diese ebenso eine Hürde für Konkurrenten schaffen. Die flankierenden Store Brands würden sogar zusätzliche Hürden darstellen. Beim Mehrmarken-Ansatz wäre zudem zu beachten, dass für die eigenen Store Brands aus Kundensicht möglichst klare Abgrenzungen in Auftritt und Leistungsportfolio geschaffen werden. Dies bedeutet auch eine Klärung der Sortimentszuordnung: Sollen identische Produktspektren bei allen Store Brands angeboten werden? Oder sollen Schwerpunkte und logische/wirtschaftliche Gruppierungen gebildet werden? In diesem Kontext sollte dann zudem geprüft werden, ob die zugrunde liegende Segmentierung nicht „zu fein" unterteilt hat. Die Besonderheit dieser Konfiguration liegt ja in der Parallelität mehrerer bedienter Segmente durch unterschiedliche

Brands, um in der Marktbearbeitung möglichst spezifisch zu sein und somit Vorteile zu erlangen. Die gefundenen Segmente müssen jedoch den Markenführungsaufwand auch tragen können, und letztlich muss im Gesamtblick über alle beteiligten Marken und Segmente eine effiziente Lösung darstellbar sein. Unter wirtschaftlichem Aspekt ist also zu prüfen, ob die richtige Balance zwischen hoher Markenzahl und entsprechenden Möglichkeiten zur spezifischen Segmentansprache einerseits und Synergien aus Standardisierungen andererseits gefunden wurde.

Es erscheint für den Mehrmarken-Ansatz von Vorteil, wenn innerhalb des Segments eine gewisse Spannbreite von Kundenerwartungen zu verzeichnen ist, um diese dann mit den unterschiedlichen Brands eher spezifisch zu bedienen. Denkbar wäre es, dafür innerhalb des Segments eine Abgrenzung von potenziellen Kunden nach einem ergänzenden Segmentierungskriterium zu erreichen, um Schwerpunkte für die unterschiedlichen Brands zu setzen. Dabei sollten jedoch Gefahren der Übersegmentierung beachtet werden. Wurde bspw. der Schuh-Markt nach Preisklassen-Kaufverhalten segmentiert, könnte innerhalb des mittleren Preissegments nach einem zweiten Kriterium anhand von Verwendungsanlässen oder Motivlagen und Werten der Kunden abgegrenzt werden. So könnten in dem mittleren Preissegment z. B. Abstufungen gefunden werden wie „Outdoor-Affine", „Modebewusste" oder „Unauffällige Mainstreamer". Diese Abstufungen könnten das Territorium innerhalb des mittleren Preissegments grob aufteilen, um bei den Store Brands Schwerpunkte zu setzen. Eine solche Drei-Marken-Lösung mit Schwerpunkten sollte Vorteile bei der Ausschöpfung des Segments erreichen können. Der Übergang zu einem Markensystem mit spezialisierten Store Brands ist jedoch fließend und hängt letztlich vom Segmentzuschnitt ab.

Zusätzliche Komplexitätsgrade treten bei *Markensystemen* auf, da in diesem Fall mehrere Store Brands in mehreren Segmenten geführt werden müssen. Sie sind deshalb mit hohen Anforderungen an die Steuerung verbunden. Hohe Anforderungen bestehen auch bezüglich der Trennschärfe der Positionierungen und der Klarheit der Rollen der Marken. Um diese zu sichern, erscheinen regelmäßige Überprüfungen der Lösungen im Zeitablauf unerlässlich.

3.5   Beachtung der vertikalen Einbindung

Store Brand Management erfolgt nicht losgelöst vom Corporate Brand Management sowie dem Management von Private Label Brands des Händlers. Store Brand, Corporate Brand und ggf. Private Label Brands agieren allerdings auf unterschiedlichen Ebenen (vgl. Abschn. 2.1). Eine vertikale Betrachtung (Redler 2013a, S. 120) der Store Brand-Rolle bezieht sich grundsätzlich auf außenwirksame

- Verbindungen zwischen Corporate Brand und Store Brand,
- Verbindungen zwischen Store Brand und Private Label Brands.

Die Verbindung Corporate Brand-Store Brand soll nachfolgend im Mittelpunkt stehen. Dazu können in Anlehnung an Laforet und Saunders (1994) *vier Grade der Store Brand Integration* mit der Corporate Brand unterschieden werden (Abb. 3.16).

Corporate congruent-Typ

Bei einer *„corporate congruent"* Ausprägung stimmen Name und Auftritt der Store Brand in hohem Maße überein. Aus Zielgruppensicht bestehen im Prinzip keine Unterschiede. Ein Beispiel stellt Rossmann dar: Hier werden alle wesentlichen Brandingmerkmale in gleicher Weise für die Store Brand wie auch für die Corporate Brand benutzt.

Corporate dominant-Typ

Tesco Express hingegen ist ein Beispiel für eine extern klar wahrnehmbare Verbindung zwischen Store Brand und Corporate Brand. In diesem Fall der *„corporate dominant"* Store Brand stehen Brandingelemente der Corporate Brand unmissverständlich im Vordergrund. Es findet daher auch ein Transfer der Bekanntheit sowie von allgemeinen Imageelementen der Corporate Brand auf die Store Brand statt. Dennoch kann die Store Brand einzelne, spezialisierende Imagekomponenten hinzufügen.

Corporate endorsed-Typ

Im Fall *„corporate endorsed"* ist der Einfluss der Corporate Brand geringer, da im Auftritt nur Anklänge an die Brandingelemente der Corporate Brand auftreten. Im Beispiel nahkauf sind dies Elemente des Farbcodes und Schriften, die mit der Brand des besitzenden Unternehmens Rewe übereinstimmen. Zudem ist die Verbindung auf der nahkauf-Website für jeden Besucher sehr einfach erkennbar. Bei dieser Vorgehensweise ist entsprechend mit nur geringen Transferwirkungen hinsichtlich Bekanntheit und Image zu rechnen. Dafür kann jedoch – weitgehend unabhängig von der Corporate Brand – für die Store Brand mit spezifischen Positionierungsinhalten operiert werden. Die Corporate

Abb. 3.16 Typen von Store Brands nach vertikaler Anbindung

Brand kann lediglich als Stütze für Vertrauen und Sympathie (über ihre Bekanntheit) Beiträge leisten. In solchen „*related*" Typen profitieren idealerweise sowohl die Store Brand als auch die Corporate Brand von ihrer Verbindung. Die Corporate Brand aktualisiert und gewinnt an Kompetenz, während die Store Brand von Bekanntheit und Vertrauen der Corporate Brand profitiert (auch Esch 2012, S. 513 ff.). Ebenso zu beachten sind ggf. Wechselwirkungen zwischen mehreren „related" Store Brands in einem Portfolio. Da diese allesamt mit der Corporate Brand verbunden sind, sind Effekte zwischen den angebundenen Store Brands untereinander nicht unwahrscheinlich. Erleidet bspw. eine davon einen großen Vertrauensverlust, kann sich dies also auch auf die anderen angebundenen Brands auswirken.

Solo Store Brand

Die „*solo*" Store Brand ist dadurch charakterisiert, dass extern keine Verbindungslinien zur Corporate Brand führen. Dies ist bei der Store Brand Kaufland der Fall, die von der Schwarz-Gruppe mit einem eigenständigen Branding geführt wird. Bei diesen Typus ist die maximale Eigenständigkeit für Positionierung und Management der Brand gegeben. Brands solchen Typus können problemlos aus dem eigenen Markenportfolio herausgelöst (z. B. für Verkauf der Markenrechte)[21] und differenziert auf spezifische Zielgruppen ausgerichtet werden. Allerdings wirken auch keine Synergiepotenziale.

▶   Bei Entscheidungen zur vertikalen Einbindung der Store Brand geht es wesentlich um Effekte, die auf der tatsächlichen Zielgruppenwahrnehmung beruhen. Die Zielgruppenwahrnehmung bestimmt auftretende Bekanntheits- und Imagetransferphänomene.

In einer Untersuchung der Professur für Marketing und Handel der DHBW Mosbach wurde die empirische Realität der Store Brand Typen bei den Top-100 Händlern im deutschen B-to-C-Umfeld ermittelt (Neudorf et al. 2015). Dabei zeigte sich, dass die Mehrheit (41 %) der Store Brands dem Typ „corporate congruent" zuzuordnen sind. Knapp ein Drittel waren „solo store brands" (29 %). Je 15 % der untersuchten Brands waren „corporate endorsed"- oder „corporate dominant"-Typen (Abb. 3.17). Deutliche Unterschiede ergaben sich nach Umsatzgröße: In der Top-10-Gruppe fällt lediglich eine Store Brand in den Typus „corporate congruent", die Mehrheit der Store Brands ist von der „corporate related"-Form, während 30 % „solo store brands" sind. Bei den zehn umsatzschwächsten Store Brands der Untersuchung dominiert hingegen mit 60 % der „corporate congruent"-Typus und bei 20 % steht die Corporate Brand noch im Vordergrund

---

[21]Eine der herausforderndsten Aufgaben im Brand-Portfolio-Management besteht darin, zu entscheiden, ob eine schwache Marke behalten oder aufgegeben werden soll. Für diese Aufgabenstellung bietet Shah (2015) einen konzeptionellen Rahmen an, der den Entscheidungsprozess strukturieren hilft und zudem wichtige Entscheidungskriterien zusammenstellt.

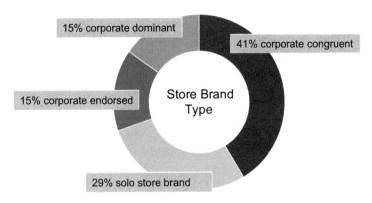

n = 100 umsatzstärkste B-to-C-Händler in Deutschland 2013.

Abb. 3.17 Häufigkeit der Typen von Store Brands in Deutschland. (Top-100 B-to-C Store Brands nach Umsatz 2013)

(„corporate dominant"). Es kann die Tendenz erkannt werden, dass mit zunehmender Umsatzbedeutung der Store Brand seltener eine wahrnehmbare Anbindung an die Corporate Brand verfolgt wird. Dies ist kompatibel zu Laforet und Saunders (1999), die bei ihren Analysen zu Markenarchitekturen die Sortimentsbreite und die Unternehmensstruktur als zwei wichtige Determinanten für die Ausbildung bestimmter Typen herausgearbeitet haben. Als weitere Determinanten werden der Stellenwert der Corporate Identity für das Unternehmen, der bisherige Entwicklungspfad, die Segmentierung des Marktes sowie strategische Ziele erkannt.

Aktive Gestaltung von Verbindungen
Die aufgezeigten Optionen verdeutlichen, dass mit Blick auf strategische Ziele sehr genau zu untersuchen ist, a) ob zwischen Corporate Brand und Store Brand wahrnehmbare Verbindungen geschaffen werden sollen und b) wie diese im Sinne geeigneter Über- und Unterordnungsverhältnisse der verbundenen Brands auszugestalten sind. Diese Grundpfade sind für die Konzeption der Store Brand wichtige Rahmenbedingungen.

Allgemein sollte die *vertikale Einbindung* so gewählt werden, dass die richtige Balance von Beiträgen der Corporate Brand und Beiträgen der Store Brand besteht, um das Zielgruppenverhalten effektiv und möglichst effizient zu beeinflussen. Dabei entwickelt sich auch für die Store Brand das Spannungsfeld zwischen ihrer Eigenständigkeit und der Nutzung von Synergien (Esch und Bräutigam 2001). Eigenständigkeit bezieht sich auf die Möglichkeit zum unabhängigen Management der Brand sowie auf die Möglichkeit, die Store Brand losgelöst von der Corporate Brand zu positionieren. Mit Synergien sind förderliche Effekte, die das Management der einen Brand für die je andere

Brand verursacht. Typische Synergieeffekte in diesem Kontext sind Reduktionen von Gesamtkosten für Management oder Kommunikation, Transfereffekte von Bekanntheit oder Imageinhalten, vereinfachte Vorgehensweisen oder Reichweitenvergrößerung. Zudem kann gerade bei der Einführung eines neuen Store Brand-Konzepts die wahrnehmbare Verbindung zu einer Corporate Brand (und damit ggf. auch zu weiteren Store Brands) einen wichtigen Vorteil für Marktakzeptanz und Einführungsaufwand darstellen.

▶   Eine vertikale Integration der Store Brand mit der Corporate Brand ermöglicht Synergien beim Brand Management. Diese sind beim Typ „corporate congruent" am höchsten, und bei „corporate dominant" höher als bei „corporate endorsed". Die Integration geht allerdings zulasten der eigenständigen Profilierung der Store Brand.

Bewertung der Optionen zur vertikalen Einbindung
Für eine Entscheidung darüber, welcher Grad einer vertikalen Integration der Store Brand mit der Corporate Brand (Store Brand Typ) anzustreben ist, kann eine zweistufige Vorgehensweise gewählt werden:

1. Zunächst sind *Mindestanforderungen* zu durchdenken. Dazu können folgende Fragen handlungsanleitend sein:
   – Sind bei einer Anbindung der Store Brand an die Corporate Brand
      – positive Beiträge einer Brand auf die andere in mindestens einer Richtung anzunehmen?
      – die Positionierungen der Brands miteinander verträglich?
      – schwerwiegende Nachteile für jede der Brands ausgeschlossen?
   – Kann bei einer kompletten Loslösung („solo store brand") der Store Brand die Wahrnehmbarkeit und Akzeptanz der Store Brand in der relevanten Zielgruppe wirtschaftlich dargestellt werden?
2. Nachdem die grundsätzliche Stoßrichtung hinsichtlich einer grundsätzliche Verbindung zwischen den Brands eingeschätzt ist, sollten *Detailbewertungen* wichtiger Kriterien wie Ausmaß der Synergieeffekte, Gefahren, Positionierungsmöglichkeiten usw. vorgenommen werden. Die so gewonnenen Befunde für die einzelnen Kriterien sind anschließend im Gesamtbild zu bewerten, um auf einen geeigneten Store Brand Typ zu schließen. Zu Verdeutlichung sind ausgewählte Aspekte, die für Detailbewertungen relevant erscheinen, in Abb. 3.18 zusammengestellt. Davon unabhängig sollte jedoch jedes Unternehmen einen individuellen Kriterienkatalog entwickeln. Sinnvoll ist es, für die Kriterien Gewichtungen zu erarbeiten. Um solche Gewichtungen möglichst objektiv und zielbezogen zu gestalten, empfiehlt es sich, ihre Ermittlung unabhängig von den Bewertungen der Kriterien zu erarbeiten.
   Zur Veranschaulichung der Vorgehensweise, sei auf einige wenige Aspekte kurz eingegangen: Wenn die Store Brand „Baumarkt direkt" der Otto group ein „solo"-Vorgehen wählt, kann die Positionierung diese Store Brand sehr speziell an der

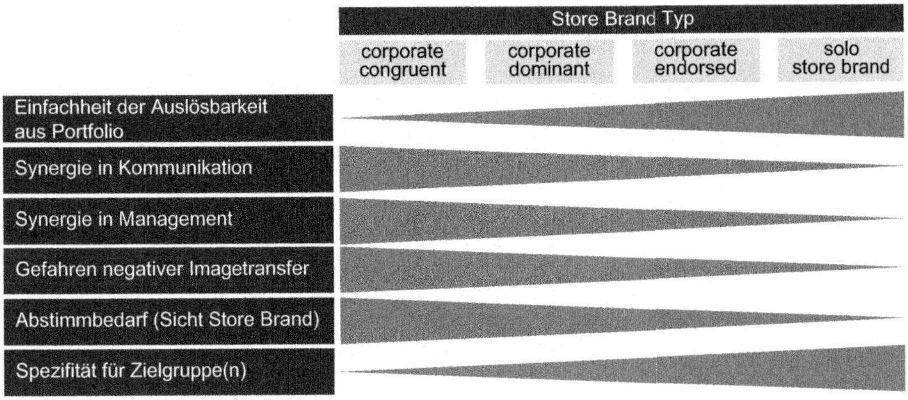

Abb. 3.18 Detailbewertung zur Eignung von Store Brand Typen (Auswahl)

Zielgruppe ausgerichtet werden und auch Anforderungen aus dem Wettbewerbsumfeld berücksichtigen. Zudem kann die Store Brand vergleichsweise einfach aus dem Portfolio der Otto group herausgelöst und an Dritte verkauft werden, ohne dass Effekte für die Brand Otto zu erwarten sind. Jedoch resultieren für die Markenkommunikation der Store Brand kaum Synergieeffekte mit Maßnahmen anderer Store Brands oder der Corporate Brand.

Hingegen nutzt die Takko-Gruppe (Corporate Brand) den Namen Takko auch für die Store Brand und setzt auf identische Farbcodes und Schriften. Es besteht also eine enge wahrnehmbare Verbindung zwischen den Marken. Dies führt zu realisierbaren Synergiepotenzialen, da nicht zwischen unterschiedlichen Ausrichtungen unterschieden werden muss, Kommunikation standardisiert eingesetzt werden kann und jeder Kontakt mit der einen Brand auch Beiträge für die andere erbringt. Dies ist möglich, da sich auch die Positionierung der Corporate Brand ähnlich ausrichtet wie die der Store Brand, also schon vergleichsweise spezifisch ist. Eine Abtrennung der Store Brand im Falle eines Verkaufs wäre jedoch kompliziert, und bei einer Krise der Store Brand sind Imageeffekte für die Corporate Brand wahrscheinlich.

▶ Ist eine sehr spezifische Profilierung der Store Brand erforderlich und/oder soll die Store Brand sehr eigenständig steuerbar bzw. leicht aus dem Portfolio herauslösbar sein, erscheint eine „solo store brand" angemessen. Allerdings muss diese Brand dann alle Kosten der Markenführung alleine tragen. Sie profitiert auch nicht von Image und Bekanntheit der Corporate Brand.

Fazit: Bei der Konzeption einer Store Brand ist auch ihre geplante, extern wahrnehmbare vertikale Anbindung an die Corporate Brand ein bedeutsamer Aspekt. Aufgrund wichtiger Chancen für Synergiepotenziale sprechen viele Argumente für eine Anbindung.

Abb. 3.19 Schematisches Spektrum aus Freiheitsgraden und Synergiepotenzialen bei Store Brand Typen

Allerdings hat die vertikale Integration mit der Corporate Brand Auswirkungen auf Freiheitsgrade der inhaltlichen Gestaltung der Positionierung und des Brand Management. Bei der Konzeption sind daher begründete Entscheidungen dazu herbeizuführen, wo sich der angestrebte Bereich auf einem Spektrum von Freiheitsgraden und Synergiepotenzialen befinden soll (Abb. 3.19). Eine solche Einordnung ermöglicht es, sich für weitere Konzeptionsentscheidungen auf ein Ziel hinsichtlich der Store Brand Typen festzulegen.

▶   Die Form der vertikalen Einbindung ist optimal, wenn bei ausreichender Eigenständigkeit der Store Brand größtmögliche Synergiepotenziale generiert werden.

Markenportfolio Ralph Lauren
Mit 7,5 Mrd. US$ zählt die Ralph Lauren Corporation zu den weltgrößten Lifestyle-Konzernen. Er bedient die Sparten Bekleidung, Parfüms, Accessoires und Einrichtung. Das Markenportfolio umfasst Marken wie Polo Ralph Lauren, Ralph Lauren Purple Label, Ralph Lauren Collection Black Label, Lauren by Ralph Lauren, RRL, RLX, Ralph Lauren Childenswear, Club Monaco, Denim&Supply, Chaps sowie American Living. Die Produkte der zahlreichen Marken u. a. sind in den eigenen Ralph Lauren Stores erhältlich.

3.6   Festlegung der Store Brand-Positionierung

Auch die Bestimmung einer Positionierung zählt zu den strategischen Kernaufgaben des Store Brand Management. Der Positionierungsbegriff kann allerdings aus mindestens zwei Blickwinkeln aufgefasst werden und wird in der Literatur nicht immer trennscharf eingesetzt.

Erstens wird mit Positionierung der *Vorgang* angesprochen, der einer Idee wie der Brand in der mentalen Welt der Zielgruppe eine Position verschafft. Kernthema der Positionierung in diesem Sinne ist es, die Brand durch die Gesamtheit der sinnlich wahrnehmbaren Markenmaßnahmen (z. B. Werbung, Stores, Onlineshop usw.) in der subjektiven mentalen Welt der (potenziellen) Abnehmer so zu verankern, dass sie eine attraktive und eigenständige Position einnimmt. Damit soll erreicht werden, dass verbundene Marktleistungen konkurrierenden Angeboten vorgezogen werden (Esch 2012, S. 157). Eine Brand *wird* positioniert.

Zweitens kann die Positionierung als eine *Zielvorgabe* angesehen werden. Aus diesem Blickwinkel meint die Positionierung die Festlegung auf einige differenzierenden Kernpunkte eines Ziel-Images, das bei den relevanten Zielgruppen entstehen soll („intended positioning" bei Fuchs und Diamantopoulos 2010, S. 1765). Sie drückt im Wesentlichen aus, wofür eine Store Brand stehen soll bzw. durch welche besonderen Assoziationen sich das Store Brand-Image auszeichnen soll (z. B. Wilson und Gilligan 2005, S. 354; Fuchs und Diamantoploulos 2010, S. 1765). Eine Brand *hat* eine Positionierung als Ziel für das zugehörige Image[22]. Dieser Begriffsverwendung wird hier im Wesentlichen gefolgt.

▶   Die Store Brand-Positionierung definiert die zentralen Kernpunkte eines Ziel-Images und legt darüber fest, wofür eine Store Brand bei den Zielgruppen in Abgrenzung zu Konkurrenzmarken stehen soll. Die Store Brand Positioning definiert entsprechend auch den Charakter der Store-Brand. Die Festlegung einer Positionierung ist essenziell als strategische Vorgabe für weitere Aktivitäten.

Anforderungen und Bewertungskriterien für Positionierungsinhalte
Eine zu entwickelnde Positionierung sollte klar definierte Anforderungen erfüllen (dazu Esch und Petri 2014, S. 81 ff.; Haedrich et al. 1997, S. 47; Meffert 1988, S. 119 ff.; Davis 2002, S. 507), die wie folgt auf die Store Brand-Positionierung übertragen werden können:

- *Besonderheiten des Stores thematisieren.* Diese können sachliche als auch emotionale Vorteile, Mehrwerte oder Erlebnisse sein. Dabei gilt: Nutzen der Käufer statt Eigenschaften aus Händlersicht! Bewertungen aus der Perspektive von subjektiven Nutzen der jeweiligen Zielgruppen sind der relevanten Blickwinkel; sie müssen eine Innensicht der Anbieter auf scheinbar objektive Vorteilen ersetzen. Positionierungseigenschaften sollen dabei *zum Unternehmen passen,* damit sie langfristig überzeugend verfolgt werden können. Nach innen gerichtet hat dies mit Akzeptanz und Identifikationspotenzial zu tun, nach außen gerichtet könnte man auch von Authentizität sprechen. Dazu ist auch eine Analyse der eigenen Ressourcenpotenziale wichtig (Backhaus 1999, S. 22).

---

[22]Vgl. auch die Ausführungen von Ellson (2004) oder DiMingo (1988).

- *Für die Zielgruppe attraktiv sein.* Notwendig ist es, dass gewählte Positionierungs-eigenschaften von den Zielgruppen als attraktive Eigenschaft wahrgenommen oder erlebt werden.
- *Für die Zielgruppe relevant sein.* Nur Eigenschaften, Emotionen oder Erlebnisse, die für den (potenziellen) Kunden wichtig sind, sind als Positionierungselemente einer Store Brand geeignet. Triviale Eigenschaften leisten nach Esch und Elste (2013) kei-nen echten Beitrag zur Profilierung beim Kunden. Die Positionierungseigenschaf-ten (Nutzen) müssen zudem aus der Subjektivität der Adressaten wahrnehmbar sein (Tomczak und Müller 1992)
- *Sich abgrenzen.* In den Positionierungseigenschaften müssen zwingend Eigenständige enthalten sein („Points-of-Difference" nach Keller 2003, S. 131). Um dem gerecht zu werden, ist häufig die Entwicklung von neuen und zukunftsbezogenen Konzep-ten unumgänglich. Diese beinhalten natürlich Unsicherheiten (die durch die Anwen-dung von sozialtechnischen Erkenntnissen verringert, aber nicht umgangen werden können). Jedoch ist die ausschließliche Stützung auf Marktforschungsbefunde auch keine geeignete Lösung, denn diese können nur Zustände der Vergangenheit und Gegenwart, nicht jedoch zukünftige Aspekte erfassen. Insofern darf man nicht dem Irrglauben aufsitzen, durch Marktforschungseinsichten erhielte man hier mehr Sicher-heit. Marktforschung kann dem Store Brand-Manager die Entwicklung abgrenzender Eigenschaften nicht abnehmen, jedoch wichtige Argumente im Entwicklungsprozess beisteuern.

  Oft werden Positionierungsüberlegungen zudem nicht hinreichend mehrdimen-sional gedacht. Werden bspw. nur zwei Dimensionen wie Preis und Modegrad als Positionierungsaspekte für eine Store Brand herangezogen, ist ggf. keine Differenzie-rung erkennbar, obgleich bei zusätzlich betrachteten Dimensionen eine tatsächliche Abgrenzung möglich wäre. Auch ist es weniger empfehlenswert, relevante Kriterien auf hochaggregierter Ebene (z. B. „Service") zu betrachten. Vielmehr wäre differen-ziert hinzuschauen, welche enthaltenen Aspekte kundenseitig wirklich betroffen sind (z. B. „Auswahl von Bezahlsystemen"). Vereinfachende Konzepte sind oft ein Grund für mangelnde Differenzierungsfähigkeit zwischen Händlern (McGoldrick 2002, S. 173).
- *Langfristigkeit.* Positionierungsideen haben mittel- bis langfristige Bedeutung. Positi-onierung ist ein strategisches Konzept, das mit Ausdauer verfolgt werden muss. Reak-tives Verhalten und Positionierung haben nichts miteinander zu tun. Positionierung setzt vielmehr strategische Vorgaben für Kommunikation und anderes Markenhan-deln. Nur durch eine konsistente und kontinuierliche Ausrichtung von Markenfüh-rungsmaßnahmen an der Positionierung kann mittelfristig eine eindeutige Position in der mentalen Welt der Zielgruppen erreicht werden. Insofern ist es erforderlich, dass Positionierungseigenschaften auch bei Veränderungen in der Zukunft ihre Aufgaben noch nachhaltig erfüllen können. Wheeler (2013, S. 29) diskutiert dazu die Kriterien „Sustainability" und „Flexibility".

- *Zukunftsorientierung.* Das Positionierungskonzept ist auf die Zukunft gerichtet, insofern müssen Positionierungsideen der Store Brand dem *zukünftigen* Abgleich mit Zielgruppen und Wettbewerbern gerecht werden.

Keine Leichtgläubigkeit bei Marktforschung

Bei der Suche nach Eigenschaften und Erlebnissen, die für den Konsumenten wichtig sind, ergibt sich häufig folgendes Problem (Kroeber-Riel und Esch 2011): Die Idealvorstellungen der Konsumenten werden in der Praxis oft durch die Marktforschung ermittelt. Die Marktforschung spielt aber nur die derzeit auf dem Markt verbreiteten Ansichten über Produkte und Dienstleistungen zurück. Zudem äußern sich Kunden in solchen Befragungen meist rationaler, als sie sich tatsächlich verhalten. Positionierung ist aber stets zukunftsorientiert, sie soll den Interessen und Wünschen der Konsumenten von morgen entsprechen. Die auf einem Markt vorherrschenden Idealvorstellungen von einem Unternehmen werden oft von Klischees geprägt, welche die derzeitige Kommunikation – insbesondere die Kommunikation des Marktführers – vermittelt. Wer sich bei der Positionierung zu stark an der Marktforschung orientiert, übernimmt leicht Branchenklischees, die veraltet und verbraucht sind und seine Kommunikation austauschbar machen (Esch und Petri 2014, S. 83).

Nehmen wir einmal an, man erfährt durch die Marktforschung tatsächlich, welche langfristig wirksamen Ansprüche die Konsumenten an ein Unternehmen stellen. Diese Erkenntnis ist in der Regel allen konkurrierenden Anbietern zugänglich. Es besteht dann die Gefahr, dass Produkteigenschaften und -erlebnisse, die diesen Ansprüchen in ganz besonderem Maße entsprechen, von allen Anbietern herausgestellt werden. Gerade solche wichtigen Produkteigenschaften und -erlebnisse sind deswegen mit höchster Vorsicht für die Positionierung heranzuziehen (Esch und Petri 2014, S. 83).

Diese Anforderungen können bei der Entwicklung einer Positionierung wie eine Checkliste für die systematische Bewertung von Inputs benutzt werden. Eine einfach zu vermittelnde wie nutzbringende Hilfestellung ist zudem das Denken im *„Positionierungsdreieck"* (Esch 1992). Dieses fordert – als Eckpunkte des Dreiecks – die simultane Beachtung der Aspekte Zielgruppe, Unternehmen und Konkurrenz:

- Welche Anforderung und Bedürfnisse hat die Zielgruppe heute und in der Zukunft?
- Worüber positionieren sich zentrale Konkurrenzmarken aktuell und, aufgrund möglicher Veränderungen der Angebots- und Nachfragestruktur, möglicherweise künftig?
- Welche Positionierungsideen passen nachhaltig zum Unternehmen und seiner Tradition?

Dies ist passfähig zu Brooksbank (1994), der die Wahl von relevanten Kundensegmenten, die Isolierung der Wettbewerber und die Bewertung eigener Ressourcen als Basis von Wettbewerbsvorteilen als Subkonzepte ansieht, um eine Positionierungsstrategie abzuleiten. Dazu kann auf die Ergebnisse des obigen Punktes „Situationsanalyse" zurückgegriffen werden.

▶   Um die Eignung von einzelnen Aspekten als Positionierungseigenschaften zu
    prüfen, können folgende Anforderungen – im Sinne einer Checkliste – genutzt
    werden: Eigenständigkeit, Relevanz, Zukunftsfähigkeit, Langfristigkeit, Attrak-
    tivität. Sie können auch an ein Gesamtbild aus Positionierungsaspekten ange-
    legt werden.

Funktionale und emotional-symbolische Positionierungsinhalte

Park et al. (1986) unterscheiden drei Schwerpunkte, an denen sich Positionierungskon-
zepte ausrichten können[23].

- *Funktionale Positionierungen* zielen auf das Angebot von anschaffungsbezogenen
  Lösungen für die Zielgruppen ab. Sie fokussieren eher momentane und praktisch-
  beobachtbare Bedürfnisse. Die ausgelösten Motivationen sind eher extrinsischer
  Natur, indem z. B. eine kognitive Dissonanz des Kunden verringert wird oder ein
  benötigter Service kosteneffizient bereitgestellt wird. Der von der Zielgruppe generierte Nutzen ist direkter Natur.
- *Symbolische Positionierungen* stellen darauf ab, dem Adressaten der Marke zu ermöglichen, dass dieser sich leichter mit einer Gruppe, Rolle identifizieren kann. Sie unterstützen das jeweilige Selbstkonzept und arbeitet somit mit intrinsischen Motivlagen
  bzw. erzeugen erwünschte psycho-soziale Konsequenzen. Die Zielgruppen generieren
  damit durch die Markennutzung einen indirekten Nutzen.
- *Erlebnispositionierung*en integrieren sinnlich-positive Erfahrungen und emotionale
  oder gedankliche Stimulation. Sie greifen intrinsische Bedürfnisse nach Stimulation,
  Abwechslung und hedonistisch-sinnlichen Erfahrungen auf.

Nach Befunden von Bhat und Reddy (1998) scheinen funktionale und symbolische
Aspekte der Positionierung Ausdruck von zwei unabhängigen Dimensionen zu sein –
und nicht etwa zwei Enden eines Kontinuums. Daher sind sie im Grunde kombinierbar.
Die Autoren finden zudem eine interessante Unterscheidung der symbolischen Dimension in zwei Unterdimensionen „Prestige" und „Personal Expression". Auch diese sind
kombinierbar. In Untersuchungen mit Kunden zeigen Fuchs und Diamantopolous (2010)
weiterhin, dass nutzenbezogene Positionierungen (z. B. „mit unserer Mode fühlen Sie
sich jünger") gegenüber rein eigenschaftsbezogenen Positionierungen (z. B. „wir haben
aktuelle Laufstegtrends") überlegen sind. Dies spricht dafür, nutzenbezogene Aspekte in
Form von funktionalen und symbolischen Positionierungseigenschaften bei der Entwicklung einer Positionierung zu berücksichtigen und keinesfalls nur bei bloßen Eigenschaften aus Innensicht zu verharren.

---

[23]Über eine solche Ausrichtung des Konzepts wird letztlich auch das Set relevanter Wettbewerber
beeinflusst, ebenso wie sie Auswirkung hat auf die Kategorisierung der Brand seitens der Adressaten (Park et al. 1986, S. 137).

Neben kognitiven (sachlichen) Aspekten sind speziell *affektive, emotionale Aspekte für die Positionierung bedeutsam* (z. B. Mahajan und Wind 2002). Zu den emotionalen Inhalten zählen auch *Erlebnisse* als mehrdimensionale Bündel von Emotionen (Weinberg und Diehl 2005, S. 263 ff.).

Emotionen als Positionierungsinhalte sind kraftvoller als rein sachliche Argumente (Mahajan und Wind 2002, S. 41). Gerade bei geringem *Involvement* der Zielgruppen[24] (wie in den meisten Marktsituationen heute), haben sie Vorteile, weil bei Adressaten keine Bereitschaft vorliegt, Informationen aktiv aufzunehmen und aktiv zu verarbeiten, erlebnis- und emotionsbezogene Aspekte der Positionierung hingegen aber Chancen haben, zum Adressaten durchdringen, insbesondere wenn sie integriert kommuniziert werden (z. B. Esch und Redler 2004; Kroeber-Riel und Esch 2015, S. 111 f.). Emotionen werden auch ohne hohen gedanklichen Aufwand verarbeitet und können so die Beurteilung der Marke erleichtern. Zudem werden diese Inhalte aufgrund der emotionalen Verarbeitungsprozesse mit hoher Wahrscheinlichkeit auch tiefer in der Innenwelt der Zielgruppen verankert als rein sachliche Aspekte. Nicht zu unterschätzen ist zudem die Anforderung, den Anfordernissen einer Erlebnisorientierung (dazu z. B. Kilian 2007; Kroeber-Riel und Esch 2015, S. 111 f.) Rechnung zu tragen. Überdies sind emotionale Positionierungsaspekte weniger leicht kopierbar. Auch die *Rahmenbedingungen,* in denen sich Store Brands befinden, liefern Argumente. Ausgereifte, etablierte Handelskonzepte, eine Überflutung der Adressaten mit Alternativen und Informationen, digitale Suchhilfen und erhöhte Transparenz, die Zunahme von Pull-Kommunikation sowie das angesprochene tendenziell geringe Involvement, welches mit dem Vermeiden mental aufwendiger Situationen einher geht – alles dies sorgt dafür, dass sachliche-rationale Ansprachen an Bedeutung verlieren (auch Mahajan und Wind 2002; Kroeber-Riel und Esch 2015).

Gerade B2B-Brands vernachlässigen jedoch noch zu häufig symbolische und emotionale Positionierungen[25]. Dies ist umso überraschender, da dies oft eine der wenigen Optionen für B2B-Anbieter darstellt, zu einer echten Differenzierung zu kommen.

Fazit: Bei der Entwicklung und Festlegung einer Positionierung für die Store Brand empfiehlt es sich somit sicherzustellen, dass nutzenbezogene Eigenschaften verwendet werden und auch emotional-erlebnisbezogene Aspekte mit verankert werden. Bei *geringem Involvement* der Zielgruppen sollten *erlebnisbezogene und hedonistische Inhalte ins Zentrum* der Positionierung gestellt werden.

---

[24]Involvement ist das innere, gedankliche Engagement; die Bereitschaft, die für gedankliche Auseinandersetzung mit einem Objekt oder Thema besteht.

[25]Beachte die Diskussionen bei u. a. Fern und Brown (1984), Coviello und Brodie (2001), Cova und Salle (2008) oder Andrews und Norwell (1990), die schlagkräftige Argumente dafür entwickeln, eine Trennung zwischen B2B und B2C aufzugeben.

▶ Bei der Definition der Store Brand Positioning sollte in Nutzen gedacht werden. Neben funktionalen Nutzen sind zwingend symbolische und erlebnisbezogene Aspekte zu integrieren, um eine ganzheitliche Festlegung zu erreichen.

Relevanz beachten

Die Store Brand sollte weiterhin auf bestimmte Kunden-Ziele hin positioniert werden, damit die Relevanz gesichert ist. Nur wenn Ziele des Kunden getroffen werden, kann Motivation ausgelöst werden (bspw. die Motivation, sich über die Markensortimente zu informieren oder diese zu kaufen). Um sicherzustellen, dass tatsächlich *Ziele* angesprochen werden, sollten Aspekte der Store Brand Positioning daher mit folgender Frage überprüft werden: „Ist dies etwas, was der Kunde über die kurze Transaktion hinaus haben will oder tun will oder werden will oder sein möchte?" Nur wenn sie zum „ja" führt, sind Ziele tangiert. Beispiel: Positioniert sich ein Supermarkt u. a. über „umfangreihe Bio-Sortimente", kann dies relevant sein, wenn bei den Zielkunden das Ziel besteht, die Familie gesünder zu ernähren oder sich in einem bestimmten Freundeskreis anerkannt und bewundert zu fühlen. So verstanden, ist die Brand mit ihrer Positionierung für den Kunden instrumentell, um eigene Ziele und Belohnungen zu erreichen. Es setzt voraus, dass die Zielstruktur der infrage kommenden Kunden gründlich untersucht wurde.

Erfassung und Dokumentation der Store Brand Positioning

Das Ergebnis einer Store Brand-Positionierungsentwicklung sollte *ganzheitlich* beschrieben werden. Ganzheitlich bedeutet in diesem Kontext, dass neben rationalen auch emotionale Vorteile für die Zielgruppe(n) berücksichtigt und beziehungsrelevante Haltungen der Marke nicht vernachlässigt werden.

▶ Eine Store Brand Positioning kann auf diverse Arten erfasst werden. Jede Art hat spezifische Vor- und Nachteile. Zentral ist jedoch, eine entwickelte Positionierung als Zielmaßstab festzuschreiben und im Unternehmen zugänglich zu machen.

Um eine Positionierung strukturiert darzustellen, können verschiedene Instrumente (z. B. Kernwerte von Keller, das Markensteuerrad, der Markendiamant von McKinsey, der Identitätsansatz von Aaker, das Markenprisma von Kapferer; dazu z. B. Esch 2014, S. 94 ff. oder Baumgarth 2014, S. 222 ff.)[26] herangezogen werden. Das verbreitete Tool „Markensteuerrad" (Esch 2014, S. 102 ff.) beispielsweise beinhaltet sowohl Eigenschaften und Nutzen als auch Tonalitäten und nonverbale Elemente, die die Marke kennzeichnen sollen.

---

[26]Zum Teil sind diese zur Erfassung von sog. Markenidentitäten eingesetzt.

Neben der strukturierten, ganzheitlichen Aufzeichnung der Positionierung sollte diese außerdem in einen Extrakt bzw. Kern überführt werden, um die notwendige *Pointierung* zu erreichen, die nicht zuletzt für ein internes Brand Management erforderlich ist[27]. Dies bedeutet, in einer knappen Phrase die Essenz der Markenidee ausdrücken, um effizient zu transportieren, was die Marke ist und was nicht. Keller (1999) entwickelt dazu die Idee eines „brand mantra". Beispiel Nike: „authentic athletic performance". Wheeler (2013, S. 29) spricht von „meaning" und einer „big idea". Die Pointierung hilft auch, den wahren Schwerpunkt zu finden und der Tendenz, zu viele Aspekte in der Positionierung integrieren zu wollen, entgegenzuwirken.

▶   Eine Store Brand-Positionierung sollte sich in einer kurzen Phrase pointiert ausdrücken lassen.

Beispiel

Wal-Mart, der weltgrößten Einzelhändler, pointiert seine Positionierung in folgendem Positioning Statement: „We sell for less" (Ritson 2002).

Einen interessanten Ansatz zur Erfassung und Darstellung der Markenpositionierung zeigt Sherrington (1995, S. 514). Seine *„Brand Proposition"* (Abb. 3.20) enthält im Zentrum eine Kernaussage zur Markenidee. Diese wird durch zugehörige tangible Attribute substanziiert. Außerdem werden Werte und Emotionen erfasst, die Personen mit der Marke verbinden sollen, ebenso wie auch symbolische Botschaften, die die Marke über den Nutzer kommuniziert. Der Ansatz integriert damit pragmatisch wichtige Blickwinkel bei der Manifestation einer Store Brand Positionierung: Er verlangt eine notwendige Pointierung (core proposition), sorgt zudem dafür, dass Vorteile/Nutzen verankert werden (substantation), berücksichtigt, dass Marken gleichzeitig Funktionen als Instrument des Selbstausdrucks und als Identifikationsfolie übernehmen[28] (outer directed values) und sorgt für eine Verankerung von emotionalen Werten (inner directed values).

Anforderungen an die Positionierung von Store Brands in Abhängigkeit von der Markenkonfiguration
Die Entscheidung über ein geeignetes Positionierungsziel ist durch die Markenkonfiguration gewissermaßen vorstrukturiert. Besonders im Hinblick auf die *Breite der Positionierung,* also einer Einordnung der inhaltlichen Ausrichtung der Positionierung im

---

[27]Die Idee ist hier, dass alle Mitarbeiter in der Organisation und alle externen Partner (z. B. Agenturen) tatsächlich verstehen, was die Store Brand darstellt, was ihre Mission ist und welches Ziel-Image angestrebt wird. Dies dient, damit diese Entscheider die Markenkontaktpunkte im Sinne der Positionierung gestalten.

[28]Kunden nutzen eher Marken, die kongruent zu ihrem Selbstkonzept oder dem idealen Selbst sind (Sirgy 1982; Malhotra 1988). Dies zeigt sich auch bei der Einkaufsstättenwahl (Bellenger et al. 1976; Manrai und Manrai 1995).

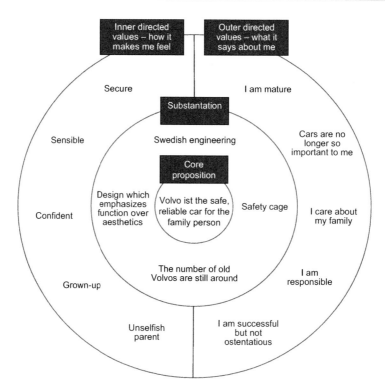

Abb. 3.20 Brand Proposition nach Sherrington als Möglichkeit zur Erfassung einer Markenpositionierung. (Quelle: Sherrington 1995, S. 514)

Spektrum allgemein–differenziert (Abb. 3.21) erscheinen bestimmte Ausrichtungen vorgezeichnet (Redler 2013b).

Eine *allgemeine Positionierung* bedeutet, dass breite, umfassende, allgemeingültige, wenig konkrete Inhalte den Kern der Positionierung darstellen („Qualität", „Wohlfühlen", „Service", „Kompetenz", „sympathisch"). Beispiel: Positionierung von Walmart als Händler über „täglich günstige Preise", „Service" und „riesige Auswahl". Eine *differenzierte Positionierung* bedeutet hingegen, dass sich die Positionierung auf sehr spezifische, konkretisierte, klare und spitz dargestellte Inhalte bezieht. Beispiele: Die Positionierung von vinoverde.de als Online-Spezialist für biologisch vertretbare Weinspezialitäten und vegane Weine.

Mit Blick auf gewählte Targeting-Strategien und die Markenkonfiguration sind einige Aspekte anzusprechen:

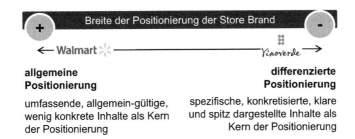

Abb. 3.21 Spektrum zur Verdeutlichung der Breite von Positionierungen

- *Breitbandmarken-Ansatz bei Massenmarkt-Strategie:* In dieser Situation ist eine sehr breite, allgemeinplatzähnliche Positionierungsklammer („Qualität", „Service") erforderlich, damit die Positionierung für die Erwartungen einer möglichst großen Gruppe von Teilnehmern dieses Gesamtmarktes relevant sein kann.
- *Breitbandmarken-Ansatz bei selektiver Strategie:* Auch hier ist eine breite, allgemeine Positionierungsklammer erforderlich, die auf die Erwartungen einer möglichst großen Gruppe – in diesem Fall jedoch aus den Zielsegmenten – abstellt. Werden eher ähnliche Segmente bearbeitet, kann die Store Brand Positionierung im Vergleich zur Massenmarkt-Strategie bereits enger gewählt werden, sofern in der Positionierung Aspekte bemüht werden, die auch mit den Unterscheidungskriterien aus der Segmentierung in Zusammenhang stehen.
- *Monomarken-Ansatz bei Spezialisierungs-Strategie:* Bei diesem Fall der Bearbeitung eines ausgewählten Segments mit ausschließlich einer Store Brand ist eine spitze, spezifisch auf das Segment zugeschnittene Positionierung möglich und sinnvoll. Es bietet sich an, in der Positionierung charakteristische, definierende Nutzenerwartungen des Segments aufzugreifen.
- *Mehrmarken-Ansatz bei differenzierter, konzentrierter und bei Spezialisierungs-Strategie:* In diesen Fällen werden zur Bearbeitung des Segments oder der Segmente parallel mindestens zwei Marken pro Segment genutzt. Das erfordert es, jede Store Brand spezifisch zu positionieren (für die Segmentbedürfnisse und in Abstimmung zur konkreten Wettbewerbssituation), um eine entsprechend passgenaue Ansprache zu erreichen und so Responsewahrscheinlichkeiten zu erhöhen. Jede Store Brand sollte im Sinne Kapferers (2008) ein eigenes Territorium belegen. Dabei können typischerweise unterschiedliche Kanäle, Preislagen oder Bedürfnisse fokussiert werden. Die jeweilige Store Brand-Positionierung sollte dementsprechend in dieser Richtung profiliert ausfallen. Dennoch ist dabei zwingend zu beachten, dass die Brands aus Kundensicht an mindestens einer relevanten und wahrnehmbaren Eigenschaft unterscheidbar ausgerichtet werden. Andernfalls würde es wirtschaftlich wenig Sinn ergeben, mehrere Store Brands im Segment zu führen. Eine Unterscheidbarkeit kann

- auf Konzeptebene[29] über die Variation von einzelnen Positionierungsinhalten (inkl. Nutzenkomponenten) bei sonst gleicher Grundausrichtung erfolgen (bei auf Konzeptebene jedoch hoher Ähnlichkeit der Positionierungen).
- auf Umsetzungsebene über eine andersartige Umsetzung der grundlegend identischen Positionierung (z. B. über ein unterschiedliches Branding[30]) realisiert werden.

Die Markenpositionierungen sind hier also jeweils spitz und abgrenzend zu wählen. Anforderungen an die Standardisierung einer Positionierung bestehen kaum.

- Auch in einem *Markensystem* wäre jede enthaltene Store Brand jeweils eher differenziert für ihr Segment zu positionieren, um die Chancen der spezifischen Segmentbearbeitung zu nutzen. Die Überlegungen zum Mehrmarken-Ansatz können auf diesen Fall übertragen werden. Insofern ergeben sich ähnliche Ansatzpunkte auf Konzept- als auch Umsetzungsebene.

▶   Die Breite der Positionierung ist durch die Markenkonfiguration vorstrukturiert.

Mögliche Schritte auf dem Weg zu einer Store Brand Positionierung
Nachfolgende Schritte können eine Orientierung anbieten, wie bei der Entwicklung einer Positionierung vorgegangen werden kann[31]

1. Nach Segmentwahl und Marktabgrenzung erfolgt eine gründliche *Analyse* der Zielgruppenbedürfnisse, -haltungen und -motivationen. Ebenso werden die Marktauftritte relevanter Wettbewerber sorgsam untersucht, um Aussagen zu den vermuteten Positionierungen abzuleiten. Stärken und Schwächen der Wettbewerber und ihre potenziellen zukünftigen Strategien sind ebenso wichtige Betrachtungspunkte. Diese Ergebnisse können aus dem obigen Punkt „Situationsanalyse" entnommen werden. Sie werden für nachfolgende Schritte benötigt.
2. Aus der Unternehmensstrategie und auf Basis der Kompetenzen des Unternehmens wird eine *Brand Vision* entworfen. Als grobe Richtungsvorgabe soll diese neben einer Aussage zur Rolle der Marke für die Erreichung von Unternehmenszielen insbesondere auch eine generelle Idee für die Marktaufgabe beinhalten. Auf dieser Stufe wird primär Inside-Out gearbeitet. Unter Umständen können zunächst auch mehrere alternative Brand Visions entworfen werden, um sich in späteren Schritten auf eine realisierbare zu entscheiden.

---

[29]Zur Unterscheidung von Umsetzungs- und Konzeptebene vgl. Esch und Levermann (1995).

[30]Zum Branding vgl. Langner (2003).

[31]Vgl. auch die Schritte zur Entwicklung eines Brand-Asset-Management-Ansatzes von Davies (2002).

3. Die aktuelle *Situation der Store Brand* (sofern schon existent) wird penibel erfasst[32]. Dabei werden Stärken und Schwächen in Relation zum Wettbewerb betrachtet und Image- und Awareness-Analysen vorgenommen. Neben Markeneigenschaften sind insb. die verschiedenen Nutzenfacetten und Aspekte der Markenpersönlichkeit (dazu Fournier 1998; Aaker 1997) zu erfassen. Herausgeschält werden sollte, für welche Assoziationen die Marke aktuell steht und welchen Wert die Kunden in ihr sehen. Die Perspektive ist hier Outside-In.

4. Auf der Basis der eigenen Kompetenzen und der gewachsenen Identität, von Trend- und Werteforschung sowie auch Kreativansätzen wird (intern und/oder extern) eine *breite Basis* von Inputs für mögliche Positionierungseigenschaften zusammengetragen, die mit der Brand Vision konsistent sind. Dabei sollten sachliche, emotionale und symbolische Nutzen Beachtung finden. Die Inputs können dabei nach diesen Nutzenkategorien arrangiert werden. Zweckmäßig sind dabei Workshops mit bezüglich Hierarchie und Funktion heterogenen Gruppen.

5. Die gefundenen Möglichkeiten werden pro Nutzenkategorie nochmals systematisch weiter konkretisiert und elaboriert und ggf. um Ideen oder Facetten erweitert. Diese zusätzliche Schleife erscheint wichtig, um hinreichend Tiefe zu erzeugen und nicht bei oberflächlichen oder erstbesten Aspekten zu verharren.

6. Die dadurch tief ausgearbeiteten und auch konkretisierten einzelnen Positionierungseigenschaften (als noch bunt gemischte) Bausteine für eine Positionierung werden systematisch anhand der oben dargestellten Kriterien bewertet. Differenzierungsfähigkeit zu Wettbewerbern, Passung zum Unternehmen und die Strategie, Relevanz und Attraktivität für die Zielgruppe und Zukunftsfähigkeit sind wichtige Anforderungen, an denen in diesem Schritt zunächst jeder singuläre Input gemessen wird. Ist darüber ein (symbolischer) Nutzenaspekt oder sind darüber mehrere Nutzenaspekte identifiziert, die den Anforderungen an Positionierungsitems genügen, so kann dieser/können diese in der folgenden Stufe weiterentwickelt werden.

7. Auf der Basis einer oder mehrerer verbliebender Positionierungsinhalte, wird nun daran gearbeitet, ein stimmiges Gesamtbild für eine Positionierung zu formen. Dazu kann bspw. das Schema zur Brand Proposition von Sherrington (Abb. 3.20 oben) herangezogen werden. Dies würde bedeuten, dass ausgehend von dem gefundenen Positionierungsinhalt nun die Felder „substantation", „inner directed values", „outer directed values" und schließlich die „core proposition" zu einem integrativen und schlüssigen Gesamtbild für die Positionierung gefüllt werden. Dies kann ebenso gut anhand der Felder des Markensteuerrads erfolgen. Wichtig ist es jedoch, ein derartiges Strukturierungsraster heranzuziehen, damit darüber automatisch der notwendigen Ganzheitlichkeit einer Formulierung der Positionierung Rechnung getragen wird. Für die Brand Proposition als Gesamtergebnis ist anschließend nochmals anhand der o. g. Anforderungskriterien zu validieren, ob die so erarbeitete Positionierung in der

---

[32]Sofern mit der „Situationsanalyse" noch nicht erfolgt.

Gesamtsicht wirklich den Anforderungen an eine Positionierung entspricht. Hier ist jedoch zu betonen, dass nicht mehr jedes Item jedes Anforderungskriterium der obigen Checkliste erfüllen muss. Vielmehr geht es darum zu prüfen, ob über bestimmte einzelne Aspekte bspw. wirklich eine Differenzierung erfolgen kann oder ob Kernnutzen wirklich für die Zielgruppe relevant sind. Kann dies nicht testiert werden, sollte nochmals bei den vorherigen Schritten angesetzt werden.

8. Eine gefundene Store Brand Positioning wird sodann strukturiert festgeschrieben (z. B. mittels Sherringtons Brand Proposition) und dient fortan als strategischer Rahmen für alle weitere Markenentscheidungen, insb. die Kommunikation.

9. Aus der Brand Positionierung wird der pointierte Kern übernommen bzw. noch gebildet.

Dass es sich aus Sicht der Unternehmensrealität oft nicht um die Bestimmung einer „optimalen" Positionierung handelt, sondern eher ein politischer Prozess vorliegt, wird von Baumgarth (2014, S. 225) angemerkt. Gerade deswegen können klare Vorstellungen hinsichtlich der Vorgehensweise und der strukturierten Erfassung einer Positionierung Hilfestellung bieten.

3.7 Klärung von Kompetenzen und Verantwortungen

Die organisatorischen Rahmenbedingungen sind von hoher Bedeutung für die Effektivität im Marketing (Köhler 1993, S. 127 ff.). Auch der Erfolg des Store Brand Management hängt mit klaren Verantwortlichkeiten und den richtigen Kompetenzen zusammen. Anders ausgedrückt: Um Store Brand Management erfolgreich zu machen, muss geklärt werden, wie es organisatorisch verankert ist und welche Personen dabei welche Verantwortungen übernehmen sollen. Denn die gesamte Organisation soll den Store Brand Value fördern.

▶   Store Brand Management-Erfolg hängt auch mit Organisation zusammen.

Bereits im Jahr 2001 betonte Keller (2001, S. 5), wie vernachlässigt die organisatorischen Fragestellungen im Kontext des Brand Management seien. Seiner Meinung nach mangelt es insbesondere an Untersuchungen dazu, wie verschiedene Unternehmen ein Brand Management am besten organisatorisch abbilden. Er forderte daher Einsichten zur Frage, wie man das Brand Management in der Organisation verankern solle. Diese Fragestellungen und Appelle sind auch heute noch aktuell.

Um den organisatorischen Aspekt zu klären, wären mehrere Anforderungen durch geeignete Regelungen aufzugreifen (in Anlehnung an Kernstock et al. 2014 sowie Baumgarth 2014, S. 300 ff.):

- Förderung der Markenorientierung im Unternehmen,
- Anbindung des Store Brand Management an das Top-Management,

- Verringerung von Revierverhalten von und Rivalität zwischen Unternehmensbereichen,
- Regelung von Aufgabenteilungen, Schnittstellen und Prozessen zwischen Abteilungen, inkl. sinnvoller Delegation,
- Ermöglichung der punktuellen Einbindung externer Experten.

Aufgaben und Verantwortungen einer Einheit Store Brand Management
Das Store Brand Management als strukturelle Einheit ist in erster Linie zu verstehen als ein Koordinationsbereich in der Handelsorganisation, welcher Markenthemen und Personen im Unternehmen vernetzt und für die Bedeutung und Konsistenz des Brand Management kämpft. Insofern muss ihm eine *Treiberrolle* für Markenthemen zukommen. Es muss in der Lage sein, langfristig für die Ideale und Ziele des Store Brand-Konzepts zu werben und stets in dieser Richtung vorausgehen, ohne andere vor den Kopf zu stoßen: es muss aber auch als Korrektiv zu operativ-kurzfristigen Versuchungen agieren (dazu Ahlert et al. 2000, S. 122).

Zusammen mit dem Top-Management des Unternehmens müssen von dieser Einheit auch zentrale strategische Entscheidungen bzgl. der Store Brand *verantwortet* werden. Dies betrifft bspw. Store Brand Positioning, Ausrichtung des Markensystems oder Kommunikationsstrategien. Es ist bedeutsam, dass bei dieser Instanz markenrelevante Entscheidungen in einer wie auch immer gearteten Form zusammenlaufen und in der Gesamtsicht bewertet werden können. Dazu gehört, dass Stoßrichtungen abgestimmt, Denkrichtungen und Ziele harmonisiert werden. An dieser Stelle muss aber auch entschieden werden dürfen – oder? Einerseits ist das Store Brand Management damit *Instanz* für Markenfragen, andererseits *Teamarbeiter* mit den vielen Schnittstellenbereichen. Es ist (neben dem Top-Management) diese Einheit, die den Brand Value nach innen und außen verantworteten muss. Ziel ist insofern die Schaffung von Wert durch Store Brand Assets und hohen Store Brand Value. Dies setzt die Identifikation der Organisation mit der Brand ebenso voraus wie deren Profilierung im Markt. Auch die Verantwortung für ein Monitoring (s. unten) gehört dazu.

▶   Store Brand Management muss den Spagat zwischen Vorgabe und Integration leisten.

Store Brand Management ist daher eine anspruchsvolle Aufgabe, die im Spannungsfeld der Rollen als oberster Markenwächter und als kompetenter Integrator wirkt. Die *Integrationsaufgabe* verlangt, andere Bereich zu involvieren, Einfluss zu ermöglichen und zu nutzen, Abstimmungen mit anderen Bereich zu erreichen, notwendige Diskurse herbeizuführen und mit der strategischen und operativen Willensbildung im Handelsunternehmen zu vernetzen. Eine Einbindung in die Steuerung der operativen Marketinginstrumente ist für das Store Brand Management punktuell bedeutsam. Als Markenwächter sind auch Interventionen erforderlich, wenn Fehlentwicklungen sichtbar werden.

Kompetenzen von Store Brand-Managern

Schon das Aufgabenspektrum macht deutlich, dass *hohe Anforderungen an die Handlungskompetenz* von Store Brand-Managern bestehen. Handlungskompetenz setzt sich einerseits aus den Kompetenzfeldern fachlicher, sozialer methodischer und Selbstkompetenz sowie andererseits Wissen, Fertigkeiten und Einstellungen zusammen (Klieme und Hartig 2007). Diese Zerlegung in mehrere Felder kann helfen, Anforderungsprofile für die erforderlichen Personen greifbarer zu machen. Dies kann in den nachfolgenden Darstellungen verdeutlicht werden, ohne dass ein Anspruch auf Vollständigkeit oder Universalität besteht.

- *Wissen:* Store Brand Manager haben solide Kenntnisse in Markenführung und Wirkzusammenhänge von Brands auf andere betriebliche Parameter. Sie verfügen über Wissen zum Brand Management in anderen Wirtschaftszweigen, kennen dennoch den Handel und die Besonderheiten von Handelsunternehmen sehr genau.
- *Fertigkeiten:* Sie können Berichte, Präsentationen und Reportings erstellen, empirische Studien steuern und interpretieren. Sie können präsentieren und vortragen, Zusammenhänge darstellen und Argumente entwickeln.
- *Einstellungen:* Store Brand Manager sind positiv in der Grundeinstellung und der Haltung zur Überzeugbarkeit anderer Personen. Sie befürworten vernunftgeleitete Argumentation und ausdauernde, strategische Arbeitsweisen sowie das Eintreten für Überzeugungen. Das teamorientiert Hinarbeiten auf entfernte Ziele sehen sie als befriedigend und selbstverständlich an, wobei sie Konflikte nicht negativ sehen und Ausdauer wertschätzen. Das Suchen nach dem einfachsten Weg beim Abweichen von eigene Überzeugungen entspricht nicht ihrer Grundausrichtung.
- *Fachkompetenz:* Sie können betriebswirtschaftliche, handels- und marketingbezogene Probleme eigenständig und zielgerecht bearbeiten und bewegen sich souverän im Kontext entsprechender interner wie externer Experten. Aktuelle Erkenntnisse aus wissenschaftlichen Studien zu Brands können problemlos erfasst und in das betriebliche Handeln übertragen werden.
- *Soziale Kompetenz:* Sie können mit unterschiedlichen Personen zielförderlich interagieren, diese motivieren, zielgruppenadäquat kommunizieren, sich in unterschiedlichen Kontexten situationsangemessen auftreten und im Team arbeiten.
- *Selbstkompetenz:* Store Brand Manager sind eigenständig, kritikfähig, verantwortungsbewusst und verlässlich. Sie können eigene Werte und Urteile ausbilden und diese für sich verfolgen.
- *Methodische Kompetenz:* Moderation, Konfliktmediation, betriebswirtschaftliche Planungs- und Analysetechniken, Primär- und Sekundärforschung oder Projektsteuerung sind vertrautes Handwerkszeug.

Insofern erscheint es nicht überzogen, wenn bspw. Riesenbeck und Perrey (2004, S. 260) beim Brand Management davon sprechen, dass dieses der „Regie eines qualifizierten Markenmanagers" bedarf.

Unterstützung durch eine geeignete Aufbauorganisation

Aufgrund der strategischen Tragweite und der Erfolgsbedeutung gerechtfertigt ist die Verankerung des Store Brand Management auf Top-Management-Ebene (dazu auch Ahlert et al. 2000, S. 124). Gerade so langfristig erfolgskritische Aspekte wie Positionierung oder Markenstrukturen müssen mit der Unternehmensleitung synchronisiert sein. Folgerichtig muss auch der Unternehmensleiter oberster Markenstratege sein und langfristige Markeninterpretationen anwenden (Ahlert und Kenning 2000). Auch ist dieser als „oberster Schiedrichter" (Ahlert et al. 2000, S. 127) bei Divergenzen zwischen Bereichen gefragt.

Doch in welchen Strukturen soll es erfolgen? Obgleich keine für alle Brand Situationen optimale Organisationsform existiert (Hankinson 1999), macht es dennoch Sinn, Kriterien zu isolieren, nach denen die Eignung von Unternehmensstrukturen für ein erfolgreiches Store Brand Management bewertet werden kann. Als wichtige Kriterien zur Beurteilung von Organisationen hinsichtlich der Eignung für das Brand Management nennt Baumgart (2014, S. 302):

- Ganzheitlichkeit: Inwieweit unterstützt die Aufbauorganisation die holistische Integration aller Facetten bei der Führung einer Marke?
- Langfristigkeit: Inwieweit unterstützen Strukturen den Langfrist-Charakter beim Management von Store Brands?
- Gesamtsicht: Ermöglichen die Strukturen, dass man allen Brands des Unternehmens im Gesamtblick gerecht werden kann?
- Offenheit: Erlaubt die Organisation, dass man sich ändernde Umweltbedingungen wahrnimmt und man auf diese reagieren kann?

Matrix

In Anwendung dieser Aspekte auf unterschiedliche Typen von Organisationsformen findet Baumgarth (2014, S. 303) tendenziell eine Vorteilhaftigkeit bei Formen des Category Management und der Matrixorganisation. In der Tat kann gerade die *Matrixstruktur* Vorteile hinsichtlich des notwendigen internen Diskurses, der Involvierung der obersten Führung und der Vernetzung mit anderen Bereich wie Sortimentsmanagement und Vertrieb bieten. Bei dieser Form wird parallel zur funktionalen Orientierung auch eine objektbezogene Orientierung auf die Store Brand installiert (Abb. 3.22), wodurch ein Mehrliniensystem entsteht. Diese organisatorische Lösung kann einen geeigneten Rahmen darstellen, um in komplexen Teamanstrengungen Store Brands erfolgreich zu managen. Die engsten Vernetzungen bestehen dabei mit Einkauf, operativem Marketing und Vertrieb (Ahlert et al. 2000, S. 127), weitere mit Personal, IT, Facility Management, Logistik, Service etc. Die eingebaute Reibung einer solchen Organisationsform stützt zudem die mehrdimensionale Betrachtung von Themen – das Aufeinandertreffen unterschiedlicher Interessen kann konstruktiv wirken und Verfahrensinnovationen unterstützen, und der interne Wettbewerb um knappe Sachmittel und Budgets fördert tendenziell die Effizienz (Krüger 1994, S. 112).

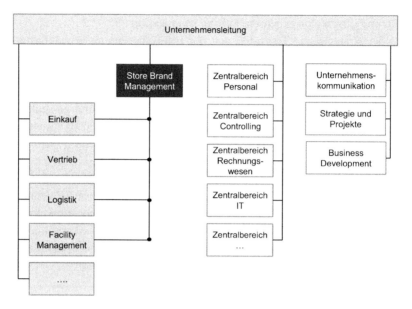

Abb. 3.22   Store Brand Management als Matrixfunktion

Allerdings müssen auch mögliche Nachteile bewusst sein. Speziell ergeben sich bei Matrixorganisationsmodellen regelmäßige Konflikte, da eine Mehrheit der Auftragserteilung gegeben ist, langwierige Diskussionen und auch unproduktive Konflikte sind möglich; seitens der Leitung entsteht ein vergleichsweise hoher Koordinationsbedarf (Krüger 1994, S. 112 f.).

▶ Store Brand Manager müssen organisatorisch fest mit einflussreichen Abteilungen und der Unternehmensleitung vernetzt werden. Ein Ansatz dazu
   können Matrixstrukturen bieten, die bewusst Integrations- und Diskussions-
   zwänge erzeugen. Ein anderer Ansatz könnte in Brand-Teamstrukturen liegen.

Brand Team
Eine andere Möglichkeit, die enge Zusammenarbeit zwischen Store Brand Verantwortlichen und Funktionalbereichen organisatorisch zu provozieren, besteht in der Errichtung einer *Brandteamstruktur* (Abb. 3.23). Bei dieser arbeiten die Mitglieder von Kernabteilungen am Thema Store Brand zusammen, wobei die Projektteamleitung dauerhaft beim Store Brand Manager, der direkt der Unternehmensleitung unterstellt ist, liegt. Eine solche multidimensionale Struktur, die allerdings dauerhaft bestehen muss, integriert Experten und Fachkräfte aus unterschiedlichen Bereichen, und kann damit einerseits

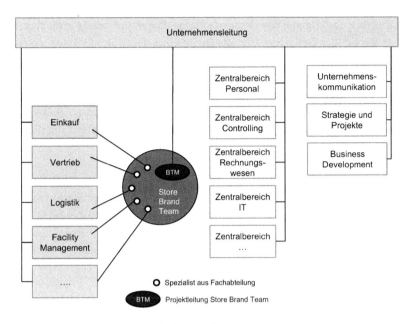

Abb. 3.23 Store Brand Management als Teamstruktur

komplexen Informations- und Meinungsbildungsprozesse beim Store Brand Management gerecht werden und andererseits innovative gemeinschaftliche Lösungen fördern (dazu auch Jones und Bouncken 2008, S. 377). Allerdings ist eine starke Leitung durch den Store Brand Manager als Teamführer erforderlich, der auch die markenrelevanten Interessen vertritt und eng mit der Unternehmensleitung zusammen wirken muss. Nachteile sind ähnlich wie bei der Matrixlösung die Gefahr durch Lähmung im Konflikt, kostenintensive langwierige Abstimmungen sowie die nicht klare Regelung von Weisungsbefugnissen.

Vor dem Hintergrund einer Betonung der langfristigen Horizonte im Brand Management sehen Hulbert et al. (1998) in der betrieblichen Praxis eine Entwicklung hin zum Senior Brand Management.

Warum macht es der Handel nicht wie die Konsumgüterbranche? Ahlert et al. (2000, S. 199 f.) stellen heraus, dass Lösungen aus dem Konsumgüterbereich nicht ohne weiteres auf das Store Brand Management übertragen werden können. Gerade wegen der starken Stellung von Einkaufsabteilungen in Handelsunternehmen müssen als Gegengewicht ebenso starke wie kompetente Brand Management-Einheiten etabliert werden. Dies sei besonders auch deswegen notwendig, weil eine Markenmentalität im Unternehmen erschaffen werden müsse. Ähnlich argumentieren auch Jary et al. (1999).

Zu betonen ist im Übrigen das organisatorische *Kongruenzprinzip* (Bleicher 1980, S. 1057 f.): Auch bei der Diskussion um die Stelle eines Store Brand Managers ist dieses grundlegende Gestaltungsmuster zu beachten, nach dem sich Aufgabe, Kompetenz und Verantwortung wechselseitig entsprechen müssen. Soll das Store Brand Management wirksam sein, so muss der Manager nicht nur Aufgaben zugewiesen bekommen, er muss auch die für die Aufgabenerfüllung notwendigen Rechte erhalten (z. B. Informationsrechte, Weisungsrechte). Zudem muss ihm als Ausdruck der Verantwortung die angemessene Rechenschaftspflicht auferlegt werden.

Formalisierungsnotwendigkeiten

Formalisierung umfasst die Verwendung schriftlich fixierter Regelungen innerhalb der Organisation. Auch sie ist eine Seite von Organisation und sollte daher nicht ausgeblendet werden. Typischerweise werden drei Dimensionen von Formalisierung unterschieden (Pugh et al. 1968), die auch heute noch für das Store Brand Management aktuell und relevant sind:

- *Strukturformalisierung* meint den Umfang, in dem organisatorische Regelungen fixiert sind (z. B. in Handbüchern, Organigrammen etc.). Sie tritt bspw. in Regelungen zur Einbindung von Stellen, der Definition von Kompetenzen und Verantwortungen aus. Dadurch entsteht auch Transparenz und Eindeutigkeit.
- *Aktenmäßigkeit* beschreibt das Ausmaß der Verwendung von schriftlichen Unterlagen, Protokollen, Aktennotizen usw. Diese Dimension wird u. a. bei Positionierungspapieren oder Zielformulierungen sehr wichtig, um Nachvollziehbarkeit und Unveränderlichkeit zu gewährleisten. Auch Brand Books, Standards und Guidelines sind hierbei zu nennen (dazu Wheeler 2013, S. 202 f.), um Konsistenz und Integrität der Store Brand zu ermöglichen. Die Durchsetzung von vereinbarten Standards muss für den Store Brand Manager möglich sein.
- *Leistungsdokumentation* bezieht sich auf den Formalisierungsgrad bei Prozessen, die die Leistungserfassung betreffen. Im Store Brand Management fallen darunter u. a. Vorgehensweisen, Zwischenschritte und markenbezogene Reportings.

Aspekte der Formalisierung sollten demnach als Mittel zum Zweck eine Rolle spielen. Sie können die Markenarbeit sichtlich erleichtern. Werden diese zum Selbstzweck, sollten ihre Ausprägungen jedoch kritisch hinterfragt werden.

3.8   Definition der Store Brand-Steuergrößen und Installation eines Store Brand Monitorings

Managementziele werden anhand zu definierender Indikatoren greifbar gemacht und Managementprozesse werden über solche Indikatoren gesteuert (dazu z. B. Fortuin 1988). Dies ist beim Brand Management nicht anders (z. B. Epstein und Westbrook

2001; Keller et al. 2012, S. 381 ff.), was u. a. in Diskussionen zur „Brand Value Chain" deutlich wird (dazu Keller et al. 2012, S. 381).

Dass Brands Wertschöpfungsbeiträge in Unternehmen leisten, ist weitgehend akzeptiert (zusammenfassend bspw. Keller und Lehmann 2003 sowie Teile oben). Daher sollten Brands nicht einseitig aus einer Kostenperspektive betrachtet, sondern als Vermögenswert des Unternehmens gesehen werden, der maßgeblich den Gesamtwert des Unternehmens beeinflusst und ausmacht (auch Irmscher 1997, S. 123; Reinecke und Tomczak 1998, S. 93; Esch 2012, S. 132): Sie sind als *Ressourcen* zu sehen. Ressourcen sind die zur Wertschöpfung eines Unternehmens erforderlichen materiellen und immateriellen Güter. Ressourcen wie Brands machen das Unternehmen einzigartig und bestimmen letztlich über Leistungsmöglichkeiten. Sie können auf Basis von Kompetenzen geschaffen werden. Store Brands sind strategische, immaterielle Ressourcen.

Vielfältig wird daher in diesem Zusammenhang betont, dass „Markenschaffung" als Investitionen in immaterielle Vermögenswerte zu verstehen sei. Dem folgend sind sie ebenso systematisch zu steuern wie Investitionen in materielles Anlagevermögen (Heemann 2008, S. 5 ff.; Esch 2012, S. 574). Daher ist über die Erfassung und Darstellung von relevanten Steuergrößen nachzudenken und ein Kontrollsystem zu etablieren. Ein auf die Store Brand bezogenes System, das markenrelevante Indikatoren systematisch erfasst und für die Markensteuerung bereitstellt, wird hier als *Store Brand Monitoring* System bezeichnet. Die zeitpunktbezogene Auswertung entspricht einem *Store Brand Status.*

▶   Als Ressource des Handelsunternehmens ist die Store Brand sorgsam zu managen. Dazu werden geeignete Steuergrößen benötigt. Sie dienen, um Ziele zu definieren und Zielerreichungen zu ermitteln.

Zweck des Store Brand Monitorings ist eine zeitpunkt- und zeitraumbezogene Informationsversorgung zum Zustand der Store Brand und zum Erreichungsgrad markenbezogener Ziele als Basis für das Store Brand Management. Um dies zu erreichen, müssen im Wesentlichen zwei Teilaufgaben bewältigt werden:

1. Relevante Größen eines solchen Monitorings bestimmen.
2. Prozesse festlegen, die die Wirksamkeit im Managementkreislauf sicherstellen und die die Steuergrößen im Kompetenz- und Anreizsystem des Handelsunternehmens wirksam werden lassen.

Relevante Steuergrößen

Ein handlungsfähiges Store Brand Management benötigt dem Prinzip nach ein *Markenkontroll-Cockpit,* das die relevanten Erfolgsgrößen und deren Vernetzung untereinander erfasst. Ziel eines solchen Kontroll- und Steuerkonzepts ist, Werttreiber der Brand zu identifizieren, diese im Rahmen der Markendiagnose zu berücksichtigen und geeignete Maßnahmen des Brand Management abzuleiten (Reinecke et al. 2006, S. 893 ff.). Der hier vertretenen verhaltenswissenschaftlichen Perspektive des Store Brand Management folgend, stehen die mentalen Abbilder, die die relevanten Anspruchsgruppen zur Store Brand ausgebildet haben, im Zentrum eines solchen Ansatzes. Zur Erfassung dieser psychischen Welten sind insbesondere qualitative und psychografische Kenngrößen heranzuziehen (auch Burmann et al. 2012, S. 219 ff.; Esch 2012, S. 91 ff.).

Da man sich bei einem Kontroll- und Steuerkonzept für die Brand nicht ausschließlich an vergangenheitsbezogenen Größen orientieren kann, sondern sich ebenso an zukunftsorientierten Zielsetzungen des Unternehmens ausrichten muss, ist eine explizite Berücksichtigung von Leistungszielen für das Brand Management unerlässlich. Diese leiten sich u. a. aus dem übergeordneten Zielsystem des Unternehmens ab und unterscheiden Globalziele, ökonomische Ziele und verhaltenswissenschaftliche Ziele, die sich gegenseitig beeinflussen (Esch et al. 2005, S. 42 f.). Dem Globalziel eines Unternehmens, seine Existenzsicherung durch den Erhalt oder die Steigerung des Unternehmenswerts (Hahn und Hungenberg 2001, S. 13), sind traditionelle ökonomische Zielgrößen kausal vorgelagert. Die Erreichung ökonomischer Ziele wiederum ist von *vor*ökonomischen Größen abhängig – ökonomische Ziele werden im Brand Management also mittelbar, nämlich über die Schaffung von Brand Assets, angesteuert (Esch et al. 2005, S. 42; Keller et al. 2012, S. 381). Die Schaffung und der Erhalt von Brand Assets ist somit der wichtige Potenzialfaktor für eine Sicherung und Steigerung des Unternehmenswerts. Hier wird nochmals deutlich, was schon oben umfänglich dargestellt wurde: Der Wert einer Brand liegt in der Psyche der Anspruchsgruppen begründet (Customer Mindset); sie bildet Potenziale, um zum Unternehmenswert beizutragen. Größen, die sich darauf beziehen, sind folglich ein Schlüssel zum Markenerfolg, begreiflicherweise erfordern sie hinsichtlich eines Store Brand Monitorings besondere Beachtung.

Die verhaltenswissenschaftlichen Indikatoren sind dementsprechend eine erste wichtige Klasse von Messgrößen für ein Store Brand Monitoring. Das „Mindset" von Anspruchsgruppen lässt sich im groben durch das Store Brand Image und die Awareness operationalisieren (Esch 1993, S. 56; Keller 1993, S. 1). Als weitere wichtige verhaltenswissenschaftliche Steuerungsgrößen werden von Geus (2005) genannt: Markeneinstellung, Markenvertrauen, Markenloyalität, Markenverbundenheit, Markenzufriedenheit. Diese vorökonomischen Größen beeinflussen Markenpräferenzen, die so auf die ökonomischen Ziele, also den Markterfolg, wirken[33].

---

[33]Bei der Mehrheit der angesprochenen Größen handelt es sich um sog. Konstrukte. Konstrukte sind rein gedankliche Sachverhalte (z. B. Einstellung, Vertrauen) – Merkmale, die empirisch nicht direkt fassbar sind (Fantapié Altobelli 2007, S. 171; Balderjahn und Scholderer 2007, S. 6). Diese benötigen eine Operationalisierung, mittels derer sie erfassbar werden. Die Operationalisierung gibt also entweder die Operationen an, die zur Erfassung des Konstrukts notwendig sind, oder sie gibt Indikatoren vor (Bortz und Döring 2009, S. 63). Indikatoren entsprechen messbaren Ereignissen, die das Vorliegen einer Ausprägung des Konstrukts anzeigen. Sie können auch als die empirisch wahrnehmbaren Eigenschaften, die das Konstrukt repräsentieren, bezeichnet werden (Fantapié Altobelli 2007, S. 171). Im Kontext von Marken typische Operationalisierungen sind Häufigkeiten, Fragebogenskalen oder apparative Messresultate wie Reaktionszeiten oder Entfernungen.

▶ Der Erreichung ökonomischer Marktperformanz sind verhaltenswissenschaftliche Größen kausal vorgelagert. Da nur diese unmittelbar beeinflussbar sind,
   sind sie als zentrale Parameter für das Store Brand Management anzusehen.
   Das Kontroll- und Steuersystem sollte daher neben ökonomischen auch solche vorökonomischen Größen berücksichtigen und zu einem System zusammenführen. Das resultierende System von Steuergrößen kann sowohl für die
   vergangenheitsbezogene Kontrolle als auch für die zukunftsbezogene Zielde-
   finition dienen.

Daneben interessieren Größen der *ökonomischen Markenwirkung* wie Erstkaufmenge,
Wiederkaufrate, Umsatz, Kundenzahl oder Marktanteil (sog. markterfolgsbezogenen
Größen nach Homburg und Krohmer 2010, S. 116 f.). Auch Größen des Markenerfolgs
sind in diesem Zusammenhang relevant – zu nennen sind Kennwerte aus Markende-
ckungsbeitragsrechnungen oder Marktsegmentrechnungen. Sie sind eine weitere Klasse
von Messgrößen für ein Store Brand Monitoring.

Finanzwirtschaftliche Markenwerte (die über diverse, sehr unterschiedliche Verfahren
modelliert werden; im Überblick Tomczak et al. 2004, S. 1833 ff.) sind als dritte Klasse
relevanter Steuergrößen in Einzelfällen wie z. B. Markenkauf oder -lizenzierung von
Bedeutung.

Die zu Beginn dieses Kap. 3 in Abb. 3.1 dargestellte Zusammenstellung fasst die Gedanken zusammen und bietet eine Übersicht über die wichtigsten zugehörigen Indikatoren. Sie
ist jedoch nicht so zu interpretieren, dass alle dort angegebenen Möglichkeiten immer vollumfänglich ausgeschöpft werden sollen. Für Unternehmen stellt sich vielmehr die Herausforderung, die für sie wesentlichen Messinhalte zu identifizieren und *für einen individuellen
Store Brand Status zusammenzuführen*. Insofern resultiert die Aufgabe, eine marken- bzw.
unternehmensspezifische Ausprägung für den ein Brand Monitoring zu bestimmen.

▶ Aus Sicht des Brand Management sind gerade die vorökonomischen Größen
   besonders bedeutsam, da sie die wichtigen Mittlergrößen in Richtung Markt-
   wirkungen bzw. Kundenreaktionen darstellen.

Zu betonen ist indes, dass angestrebte Messungen zur Store Brand mehrdimensional
konfiguriert werden sollten, sich also nicht auf nur einzelne Größen beschränken sollten (auch Tomczak et al. 2004, S. 1840 sowie die Ableitungen von Lehmann et al. 2008,
S. 49). Trommsdorff (2008, S. 340) konkretisiert dieses, indem er folgende Maximalfor-
derungen[34] formuliert:

---

[34]Im Kontext Markencontrolling.

- Quantitative wie auch qualitative Aspekte berücksichtigen!
- Möglichkeit zum Lernen aus der Vergangenheit wie auch zum Ableiten für die Zukunft aufgreifen!
- Regelmäßig über Zeiträume messen!
- Unternehmensinterne und -externe Größen kombinieren!

Reduktion vs. Diagnosetiefe

Bei der inhaltlichen Ausgestaltung ist letztlich stets eine Konkurrenz zwischen der *Reduktion* auf die Kerninformationen einerseits und einer möglichst ausgeprägten *diagnostischen Tiefe* und Mehrdimensionalität der Informationen andererseits zu verzeichnen. Auf dem Kontinuum zwischen diesen gegensätzlichen Zielen ist ein adäquater Punkt zu definieren, dessen Lage jedoch in hohem Maße von der konkreten Situation des Handelsunternehmens abhängt (Abb. 3.24). Als Bewertungskriterien zu Bestimmung eines solchen Punktes können u. a. Ziele und Zweck, Kosten, interne Durchsetzung und Nutzung der Befunde, Praktikabilität, betrachtete Zielgruppe, Umsetzung als Eigen- oder Fremdforschung herangezogen werden. Anders könnte man auch fordern: Soviel Tiefe wie nötig, soviel Reduktion wie möglich!

Mehrdimensionale Indizes als *Spitzenkennzahlen* sind dabei eine interessante Verdichtungsmöglichkeit. Allerdings muss sichergestellt sein, dass diese tatsächlich Einzelindikatoren *aggregieren*. Die Indikatoren müssen zudem transparent sein, um sinnvolle Interpretationen zu ermöglichen.

▶   Der konkrete Aufbau eines geeigneten Store Brand Monitorings bewegt sich im Spannungsfeld zwischen den Anforderungen einer diagnostischen Informationstiefe und der einer möglichst pointierten, reduzierten Konzentration aus Kerninhalte.

Längsschnittmessung

Ein Store Brand Monitoring stellt eine Längsschnittmessung dar. Dies bedeutet, dass regelmäßig Messungen der oben dargestellten Steuergrößen vorgenommen werden – auf

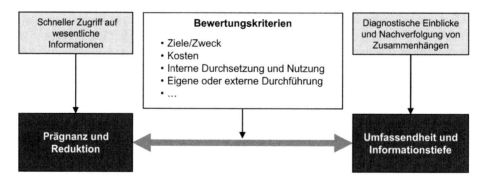

Abb. 3.24 Trade-Off der Anforderungen an den Store Brand Status. (Quelle: Redler 2014, S. 601)

immer gleiche Weise. Die Anlage als Längsschnitt ist bedeutsam, weil dadurch einerseits Information über eine „baseline" entstehen, andererseits aber auch Effekte von Marketingaktivitäten sichtbar bzw. zuordenbar werden. Egal, ob es sich um nur vereinzelte oder intensive Anpassungen der bei Maßnahmen bezüglich der Store Brand handelt, eine Beobachtung der Auswirkungen bei wichtigen Markenindikatoren ist unerlässlich. Eben dies leistet das Monitoring. Dabei geht es nicht nur um eine Wirkungszurechnung, sondern auch um eine Frühdiagnose, damit Handlungsspielräume erhalten bleiben (Keller 2003, S. 399). Die Erkenntnis, dass sich Maßnahmen im Store Brand Management oft erst mit starkem Zeitversatz auf vorökonomische wie besonders auch auf ökonomische Markeneffekte auswirken, ist ein besonders wichtiges Argument für die Sicherung einer langfristigen Beobachtung von Entwicklungen bei den Steuergrößen.

▶   Zur Steuerung der Store Brand nutzen Einzelmessungen wenig. Wichtig sind
    regelmäßige Erhebungen im Zeitverlauf.

Eine erhebliche Rolle haben Längsschnittbetrachtungen außerdem, weil sie Quellen und Treiber von Brand Value identifizieren helfen (Bong et al. 1999). Dies bezieht sich insbesondere auf die Markenassoziationen. Durch die regelmäßige Erfassung der Inhalte und Muster im Zeitablauf wird sichtbar, welche von ihnen herausragend, konstituierend und abgrenzend wirken und damit Einstellungen und Verhalten besonders beeinflussen können. Werden diese Betrachtungen mit den eigenen und auch wettbewerbsbezogenen Marketingaktivitäten abgeglichen, sind auch wertvolle Ableitungen zur Wirkungsstärke von Maßnahmen möglich. Da bei Längsschnittmessungen die Zeitkomponente einbezogen ist, können letztlich auch *Kausalitäten* geprüft werden (Sandner und Größler 2007, S. 355). Durch den Verlauf der Zeit entsteht eine eindeutige Reihenfolge der Messwerte, sodass Einflussfaktoren für Veränderungen betrachtet werden können. Dies findet in der Analyse der *Effekte von Marketingmaßnahmen auf Steuergrößen der Store Brand* eine wichtige Anwendung (Beispiel: Online-Werbung auf Bekanntheit). Zu beachten ist dabei die hinreichende Kontrolle anderer potenzieller Einflüsse (im Beispiel z. B. Filialanzahl oder Verkaufsförderungsaktionen).

Längsschnittbetrachtungen können auch eine Basis für Prognosen bieten. Um Zukunftsfortschreibungen vorzunehmen, muss allerdings durchdrungen werden, dass die ermittelten Verläufe Ergebnis des Zusammenwirkens mehrerer Komponenten sind, die zudem unterschiedlich verknüpft sein können (Scharnbacher 2004, S. 123 ff.).

Grundsätzlich zu beachten ist, dass die Längsschnittmessungen der Store Brand reliabel, aber auch hinreichend sensitiv sein müssen, damit sie für das Store Brand Management nutzbar sind. Gerade die Sensitivität scheint eine große Herausforderung darzustellen (Keller 2003, S. 407): Viele Indikatoren ändern sich im Zeitablauf kaum. Man beachte: „Stabilität" kann Ausdruck einer Markensolidität sein – muss es aber nicht, wenn die gewählten Messinstrumente schlicht nicht sensitiv genug sind, um kleinere Veränderungen zu erfassen. Daher kommt der Instrumentenentwicklung eine große

Bedeutung zu. Tendenziell wird die Sensitivität verbessert, wenn die verwendeten Abfragen relativ, also in Bezug auf andere Brands, formuliert werden (Keller 2003, S. 407 f.).

Damit typische *Probleme* mit Längsschnittstudien umgangen werden, ist – streng genommen – zu beachten, dass im Fortschritt des Store Brand Monitorings

- keine Befragungsobjekte oder Brands wegfallen, sich also die Basis nicht ändert,
- keine Messgrößen entfallen oder neu aufgenommen werden,
- keine Veränderungen bei Messinstrumenten oder Operationalisierungen vorgenommen werden, somit die Vergleichbarkeit nicht berührt ist,
- keine Veränderungen bei Rahmenbedingungen entstehen und
- der Aufwand und die Dauer der Studien von der Organisation getragen werden kann.

An diesen hohen Anforderungen ist abzulesen, dass es sehr wichtig ist, in eine solide Konzeption und ggf. Testläufe für das Monitoring zu investieren, um langfristig von einem guten Navigationssystem für die Store Brand profitieren zu können.

Methodische Umsetzung

Häufig wird so vorgegangen, dass die interessierenden vorökonomischen Messgrößen durch Befragungsmethoden umgesetzt werden. Andere ökonomische Kennwerte (z. B. des Markenerfolgs) werden dann aus vorhandenen Marketingcontrollingberichten ergänzt.

Hinsichtlich der Befragungen sind insbesondere Inhalte, Objekte und Zeitpunkte zu definieren. Wie oben dargelegt, sollten sich die *Befragungsinhalte* auf alle wesentlichen verhaltenswissenschaftlichen Parameter beziehen, also Bekanntheit und Imagefacetten, Sympathie, Vertrauen etc. Einen Kern bildet auch für den Handelskontext das Image (z. B. McGoldrick 2002, S. 187). Es kann u. a. durch Skalen, Assoziationsverfahren oder multidimensionale Skalierung erfasst werden. Speziell Markenassoziationen[35] können hinsichtlich Veränderungen in den Assoziationsmustern ausgewertet werden. Hierzu bestehen inzwischen dokumentierte Vorgehensweisen (z. B. Jansen 1999; Joiner 1998; Geise und Geise 2015). Auch die Erkenntnisse und Messzugänge zur Markenpersönlichkeit (Aaker 1997; McGoldrick 2002, S. 190) können hier sinnvoll sein. Hilfreich ist es, stets streng zwischen den interessierenden Variablen und deren Operationalisierungen zu trennen. So wäre bspw. zunächst zu entscheiden, *ob* die „Einstellung" zur Store Brand erhoben werden soll, um erst anschließend zu klären, *auf welche Weise* eine Einstellung im Store Brand Monitoring zu messen ist.

Bei *übernational agierenden Store Brands* sollten zusätzliche, breiter ansetzende Kontextmessungen berücksichtigt werden, um nationalen Aspekten Rechnung zu tragen.

---

[35]Aaker (1991) stellt neun Arten vor, wie Markenassoziationen „herausgekitzelt" werden können, u. a. freies Assoziieren, Personenanalogien, Bildinterpretationen, Protokolle lauten Denkens im Entscheidungsprozess oder Means-End-Analysen.

Diese müssen zwar nicht regelmäßig erhoben werden, sollten jedoch in gewissen Abständen erfolgen.

Überdies ist, neben der hier im Fokus stehenden Wirkungsseite des Store Brand Management, natürlich auch die markenbezogene *Kostenseite* im Zeitablauf zu betrachten.

Hinsichtlich der Befragungsobjekte ist festzustellen, dass sich Längsschnittmessungen zu Brands oft auf die aktuellen Kunden konzentrieren. Relevant ist an vielen Stellen allerdings auch die regelmäßige Erfassung der Parameter an Nicht-Kunden aus der Zielgruppe (letztlich der Zielgruppe insgesamt), Nutzern der relevanten Produktkategorien insgesamt oder Kunden von Wettbewerbsmarken. Nicht zu vergessen ist die Gruppe Mitarbeiter (dazu auch Kap. 4).

Die Messungen zu Markenindikatoren müssen sodann regelmäßig erfolgen, wenn man die Längsschnittidee ernst nimmt. Es sind also fixe *Erhebungszeitpunkte* festzulegen. Aus dem Datensatz, der sich über die wiederholten Messungen aufbaut, kann idealerweise ein grundsätzlicher Trend bzw. eine „baseline" identifiziert werden – damit wird ein Bild zur grundsätzlichen Ausprägungen der Variablen gezeichnet. Kurzfristige, saisonale Abweichungen können auf dieser Basis geglättet werden.

Die *Häufigkeit der Messungen* sollte sich an den Nutzungshäufigkeiten des Stores, an Zielgruppenmerkmalen und an der eigenen Marketingaktivität ausrichten. Store Brands mit Schwerpunkt bei Konsumgütern des täglichen Bedarfs bedürfen also einer häufigeren Messung als jene mit Schwerpunkten bei langlebigen Konsumgütern oder Investitionsgütern. Grundsätzlich ist es auch möglich, von festen Messzeitpunkten abzusehen, und mittels permanenter Befragungen (z. B. systematisch rollierende Befragungen von einigen Kunden pro Woche) Inputs für gleitende Durchschnittsbildungen zu bestimmten Auswertungszeitpunkten zu erhalten. Dies stellt allerdings hohe Anforderung an die Sicherung der Repräsentativität. Die notwendige Intensität der Messung hängt auch von der „Stabilität" der Marke ab. Tendenziell kann bspw. eine Imagemessung bei einem sehr stabilen Store Brand Image seltener vorgenommen werden. Allerdings steigt damit das Risiko, Veränderungen bei Markenparametern (z. B. durch Rückwirkungen von neu in den Markt eingetretenen Wettbewerbs-Stores oder aggressiven Kommunikationsmaßnahmen von Wettbewerbern) nicht rechtzeitig zu erkennen. In diesem Zusammenhang kann auch die Marktreife bzw. die Phase im Markenlebenszyklus einen Anhaltspunkt bieten. Da bspw. Einstellungen zu Brands besonders in jungen Phasen weniger stabil erscheinen, sich ggf. auch eher unerwartet verändern (auch baut sich die Bekanntheit in den relevanten Zielgruppen erst auf), erscheint in diesen frühen Phasen eine höhere Erhebungsfrequenz indiziert.

Integration der finanziellen Markenwertmessung

Im Zusammenhang mit dem Store Brand Monitoring können auch (kommerzielle) Ansätze der ökonomischen Markenwertmessung interessant sein (siehe dazu den Überblick in Sattler und Völcker 2013 oder die Zusammenstellung von Salinas 2009). Der Fokus liegt hier auf dem Versuch, Brands monetär-finanzwirtschaftlich zu bewerten. Es geht um den Store Brand Value.

Dabei ist jedoch zu beachten, dass ein solcher Brand Value nicht mit markenbezogenen Treibergrößen verwechselt werden darf und für operative Store Brand Management-Entscheidungen nur untergeordnet bedeutsam ist (Reinecke und Janz 2007, S. 413, 414). Er ist keine Steuerungs-kennzahl für das eigentliche Store Brand Management. In besonderen Fällen und um auch Nicht-Marketingexperten im Handelsunternehmen zu erreichen, können jedoch eher finanzwirtschaftlich ausgerichtete Markenwertverfahren sinnvoll und angebracht sein. Die monetäre Quantifizierung unterstützt auch die „reflexive Komponente im Rahmen der Willensbildung" (Reinecke und Janz 2007, S. 415).

Grundsätzlich bestehen kosten-, kapitalmarkt- oder einkommensorientierte Globalmodelle sowie Kriterienmodelle (Güldenberg und Franzen 1992). Während Globalmodelle den finanziellen Wert einer Brand als Ganzes zu erfassen suchen, führen Kriterienmodelle Markenstärkeindikatoren zusammen und quantifizieren dann finanziell (allerdings nicht immer). Wichtige Verfahren der finanziellen Markenbewertung sind:

- Interbrand Brand Valuation
- Icon Brand Rating
- Nielsen Brand Value
- WPP BrandZ
- Ansatz von GfK/PwC/Sattler

Zur genaueren Darstellung und Einordnung der zahlreichen Verfahren sei auf Salinas (2009) oder Esch (2014) verwiesen.

Beim Aufbau eines Store Brand Monitorings können außerdem etablierte Verfahren kommerzieller Brand-Tracking-Studien eingebunden werden. Bekannte markenbezogene Trackingstudien[36] kommerzieller Anbieter sind das *Brand Assessment System (BASS)* der *GfK,* der *Brand Health Check* des *Instituts für Marktanalysen, Market Radar* von *Demoscope* oder das *KPI Tracking der GIM* (dazu auch Tomczak et al. 2004, S. 1844 ff.).

Im Hinblick auf die Aufgaben eines Store Brand Monitorings kommt auch die Berücksichtigung von Lösungen kommerzieller Anbieter zur Markendiagnose und -messung infrage. Zu nennen sind die schwerpunktmäßig auf vorökonomische Markenpotenziale ausgerichteten Verfahren – beispielsweise der Brand Potenzial Index-Ansatz der GfK, der Markeneisberg von Icon Added Value oder der Brand Asset Valuator aus dem Hause Young & Rubicam.

▶   Verfahren kommerzieller Anbieter können eine interessante Lösung für den Aufbau eines Store Brand Monitorings darstellen. Jedoch sollten diese auf die individuellen Anforderungen angepasst werden.

Darstellung

Neben der inhaltlichen Ausgestaltung ist auch die Darstellungsseite der Befunde des Store Brand Monitorings zu klären. Diese betrifft die Art und Weise der sprachlichen, visuellen und kennzahlenseitigen *Aufbereitung zur Vermittlung in die Organisation.* Sie beeinflusst in hohem Maße die Akzeptanz im Unternehmen und den empfundenen

---

[36]Es existieren viele Weitere, insb. mit spezifischen Schwerpunktsetzungen.

Nutzwert für die einzelnen Mitarbeiter des Unternehmens. Daher sollten diese Fragen keinesfalls vernachlässigt werden. Das Ziel ist in einer leicht zugänglichen Darstellung mit zum Teil notwendiger Pointierung zu sehen, die aber auch eine hinreichende Tiefe in Bezug auf Hintergrund- und Kausalinformationen bietet. Auch hier zeigt sich die Konkurrenz zwischen Informationsreduktion und Informationstiefe.

Zur internen Vermittlung erscheint ein Store Brand Reporting sinnvoll. Als essenzielle Bestandteile können (pro Brand) angesehen werden (*„Big Six" eines Brand-Papers*):

1. Kernaussagen aus dem Positioning Paper zur Store Brand.
2. Verdichtete Kernbefunde zu den ausgewählten vorökonomischen Indikatoren.
3. Eckwerte zu den Marken- und Markterfolgswerten, ggf. auch als Bestanteil einer Markentrichterdarstellung.
4. Informationen zur wahrgenommenen Positionierung, auch im Wettbewerbsvergleich.
5. Kommentierung der Auffälligkeiten bei sonstigen Messgrößen.
6. Visualisierung der wichtigsten Messgrößen im Zeitverlauf.

▶   Ein Store Brand Monitoring benötigt ein professionelles Store Brand Reporting, das auch intern inszeniert werden sollte.

Prozesse
Es reicht indes nicht aus, lediglich geeignete Messungen zur Store Brand zu etablieren. Damit das Thema „lebt", empfiehlt es sich, auch geeignete *interne Strukturen und Prozesse* zu schaffen (auch: Keller 2003, S. 408). Es sind Verantwortungen, Anreize, Kompetenzen und Ressourcen zu klären, wie auch Abläufe und Dramaturgien für Produktion und Inszenierung der Store Brand Befunde.

Bedbury und Fenichell (2003) empfehlen in einem solchen Zusammenhang, regelmäßige „Brand Development Reviews" in Form von Halbtages-Meetings der Markenbeteiligten durchzuführen – u. a. mit folgenden Inhalten:

• Review der aktuellen Brand Parameter,
• Review der letzten Markenmaßnahmen/-entscheidungen,
• Bewertung kommender Maßnahmen und Projekte vor dem Hintergrund der aktuellen Markenentwicklung.

Diese Treffen können zudem dem Informationsaustausch zwischen Bereichen bzw. Abteilungen dienen, Nähe der Beteiligten herstellen und das gemeinsame Store Brand-Verständnis absichern. Sie sind überdies eine wichtige Plattform, um das Grundverständnis zu Brands als eine der wichtigsten Ressourcen für das Unternehmen nachhaltig in der Organisation zu festigen.

▶   Brand Review-Treffen helfen zu informieren, zu interpretieren und Bedeutung zu schaffen.

Literatur

Aaker, D. A. (1991). *Managing brand equity: Capitalising on the value of a brand name.* New York: Free Press.

Aaker, J. L. (1997). Dimensions of brand personality. *Journal of Marketing Research, 34*(3), 347–357.

Aaker, D. A. (2004). *Brand portfolio strategy.* New York: Free Press.

Abell, D. F. (1980). *Defining the business.* Upper Saddle River: Prentice Hall.

Ahlert, D., Kenning, P., & Schneider, D. (2000). *Markenmanagement im Handel.* Wiesbaden: Gabler.

Andrews, D. M., & Norvell, W. (1990). Marketing differences between large and small firms: A test of the industrial/consumer dichotomy hypothesis. *Akron Business and Economic Review, 21*(3), 33–46.

Ansoff, H. I. (1981). Die Bewältigung von Überraschungen und Diskontinuitäten durch die Unternehmensführung – Strategische Reaktion auf schwache Signale. In H. Steinmann & R. Achenbach (Hrsg.), *Planung und Kontrolle* (S. 233–265). München: Vahlen.

Assael, H. (1990). *Marketing – Principles and strategy.* Chicago: Dryden.

Auer, L. von. (2013). *Ökonometrie.* Wiesbaden: Gabler.

Backhaus, K. (1999). *Investitionsgütermarketing.* München: Vahlen.

Backhaus, K., & Schneider, H. (2009). *Strategisches Marketing.* Stuttgart: Schäffer-Poeschel.

Bails, D. G., & Peppers, L. C. (1993). *Business fluctuations.* London: Prentice Hall.

Balderjahn, I., & Scholderer, J. (2007). *Konsumentenverhalten und Marketing.* Stuttgart: Schäffer-Poeschel.

Batra, R., Ahuvia, A., & Bagozzi, R. P. (2012). Brand love. *Journal of Marketing, 76*(2), 1–16.

Bauer, H. H. (1989). *Marktabgrenzung.* Berlin: Duncker & Humblot.

Baumgarth, C. (2014). *Markenpolitik.* Wiesbaden: Springer Gabler.

Bea, F. X., & Haas, J. (2009). *Strategisches Management.* Stuttgart: UTB.

Bearden, W. O., Netemeyer, R. G., & Haws, K. L. (2011). *Handbook of marketing scales: Multiitem measures for marketing and consumer behavior research.* London: Sage.

Becker, J. (2003). *Marketing-Konzeption.* München: Vahlen.

Becker, J. (2005). Einzel-, Familien-und Dachmarken als grundlegende Handlungsoptionen. In F.-R. Esch (Hrsg.), *Moderne Markenführung* (S. 381–402). Wiesbaden: Gabler.

Bedbury, S., & Fenichell, S. (2003). *A new brand world.* London: Penguin.

Bellenger, D. N., Stanton, W. W., & Steinberg, E. (1976). The congruence of store image and self image as it relates to store loyalty. *Journal of Retailing, 52*(2), 17–32.

Bhat, S., & Reddy, S. K. (1998). Symbolic and functional positioning of brands. *Journal of Consumer Marketing, 15*(1), 32–43.

Bleicher, K. (1980). Kompetenz. In E. Grochla (Hrsg.), *Handwörterbuch der Organisation* (S. 1056–1064). Stuttgart: Poeschel.

Bolt, G. (1994). *Sales forecasting.* London: Kogan Page.

Bong, N. W., Marshall, R., & Keller, K. L. (1999). Measuring brand power: Validation a model for optimizing brand equity. *Journal of Product & Brand Management, 8*(3), 170–184.

Bortz, J., & Döring, N. (2009). *Forschungsmethoden und Evaluation für Human- und Sozialwissenschaftler.* Berlin: Springer.

Brooksbank, R. (1994). The anatomy of marketing positioning strategy. *Marketing Intelligence & Planning, 12*(4), 10–14.

Büchler, J.-P. (2014). *Strategie entwickeln, umsetzen, optimieren.* Hallbergmoos: Pearson.

Burmann, C., Halaszovich, T., & Hemmann, F. (2012). *Identitätsbasierte Markenführung, Grundlagen. Strategie, Umsetzung, Controlling.* Wiesbaden.

Collins, J., & Hussey, R. (2009). *Business research.* Houndmills: Palgrave Macmillan.

Cova, B., & Salle, R. (2008). The industrial/consumer marketing dichotomy revisited: A case of outdated justification? *Journal of Business & Industrial Marketing, 23*(1), 3–11.

Coviello, N. E., & Brodie, R. J. (2001). Contemporary marketing practices of consumer and business-to-business firms: How different are they? *Journal of Industrial & Business Marketing, 16*(5), 382–400.

Coyle, R. G. (1977). *Management system dynamics.* London: Wiley.

Coyle, R. G. (1996). *System dynamics modelling – A practical approach.* London: Chapman & Hall.

Davies, S. (2002). Implementing your BAM strategy: 11 steps to making your brand a more valuable business asset. *Journal of Consumer Marketing, 19*(6), 503–513.

Diekmann, A. (2007). *Empirische Sozialforschung.* Hamburg: Rowohlt.

DiMingo, E. (1988). The fine art of positioning. *Journal of Business Strategy, 9*(2), 34–38.

Dougherty, C. (2006). *Introduction to econometrics.* Oxford: Oxford University Press.

Dreger, C., Kosfeld, R., & Eckey, H.-F. (2014). *Ökonometrie.* Wiesbaden: Springer.

Egle, S. (2013). Prognosen in der operativen Planung. *Controlling, 25*(4/5), 262–264.

Ellson, T. (2004). *Culture and Positioning as Determinants of Strategy.* New York: Palgrave Macmillan.

Epstein, M. J., & Westbrook, M. K. (2001). Linking actions to profits in strategic marketing. *MIT Sloan Management Review, 42*(3), 39–49.

Esch, F. R. (1992). Positionierungsstrategien–konstituierender Erfolgsfaktor für Handelsunternehmen. *Thexis, 4*(1992), 9–16.

Esch, F. R. (1993). Markenwert und Markensteuerung–eine verhaltenswissenschaftliche Perspektive. *Thexis, 10*(5), 56–64.

Esch, F.-R. (2011). *Wirkung integrierter Kommunikation.* Wiesbaden: Deutscher Universitäts-Verlag.

Esch, F.-R. (2012). *Strategie und Technik der Markenführung.* München: Vahlen.

Esch, F.-R. (2014). *Strategie und Technik der Markenführung.* München: Vahlen.

Esch, F.-R., & Bräutigam, S. (2001). Corporate Brands vs. Product Brands? Zum Management von Markenarchitekturen. *Thexis, 18*(4), 27–35.

Esch, F.-R., & Elste, R. (2013). Weniger ist mehr. *Harvard Business Manager, 2013*(2), 7–9.

Esch, F.-R., & Langner, T. (2005). Branding als Grundlage zum Markenaufbau. In F.-R. Esch (Hrsg.), *Moderne Markenführung* (S. 573–586). Wiesbaden: Gabler.

Esch, F.-R., & Levermann, T. (1995). Positionierung als Grundlage des strategischen Kundenmanagements auf Konsumgütermärkten. *Thexis, 12*(4), 8–16.

Esch, F.-R., & Petri, J. (2014). Identität durch Positionierung fokussieren und wirksam nach innen und außen umsetzen. In F.-R. Esch, T. Tomczak, J. Kernstock, T. Langner, & J. Redler (Hrsg.), *Corporate Brand Management* (S. 79–104). Wiesbaden: Springer Gabler.

Esch, F.-R., & Redler, J. (2004). Durchsetzung einer integrierten Markenkommunikation. In M. Bruhn (Hrsg.), *Handbuch Markenführung* (S. 1467–1490). Wiesbaden: Gabler.

Fantapié Altobelli, C. (2007). *Marktforschung.* Stuttgart: Lucius & Lucuis.

Fantapié Altobelli, C. (2011). *Marktforschung.* Stuttgart: Lucius & Lucuis.

Fantapié Altobelli, C., Znanewitz, J., & Hensel, D. (2015). Trendforschung. *WISU, 44*(5), 564–568.

Fennell, G., & Allenby, G. M. (2004). An integrated approach. *Marketing Research, 16*(4), 28–34.

Fern, E. F., & Brown, J. R. (1984). The industrial/consumer marketing dichotomy: A case of insufficient justification. *Journal of Marketing, 48,* 68–77.

Fortuin, L. (1988). Performance indicators – Why, where and how? *European Journal of Operational Research, 34*(1), 1–9.

Fournier, S. M. (1998). Consumers and their brands: Developing relationship theory in consumer research. *Journal of Consumer Research, 24*(4), 343–373.

Frank, R. E., Massy, W., & Wind, Y. (1972). *Market segmentation*. Eaglewood Cliffs: Prentice-Hall.

Freter, H. (1983). *Marktsegmentierung*. Stuttgart: Kohlhammer.

Freter, H. (2008). Markt-und Kundensegmentierung. Kundenorientierte Markterfassung und -bearbeitung. Stuttgart: Kohlhammer.

Fuchs, C., & Diamantopoulos, A. (2010). Evaluation the effectiveness of brand-positioning strategies from a consumer perspective. *European Journal of Marketing, 44*(11/12), 1763–1786.

Geise, W., & Geise, F. A. (2015). Die Konzept-Mapping-Methode als offener Ansatz zur Messung des Markenimages. In H. J. Schmidt & C. Baumgarth (Hrsg.), *Forum Markenforschung* (S. 137–152). Wiesbaden: SpringerGabler.

Geschka, H., (1999). Die Szenariotechnik in der strategischen Unternehmensplanung. In D. Hahn & B. Taylor (Hrsg.), *Strategische Unternehmensplanung – Strategische Unternehmensführung* (8. Aufl., S. 518–545) Würzburg (Physica).

Geschka, H., & Hammer, R. (1990). Die Szenario-Technik in der strategischen Unternehmensplanung. In D. Hahn & B. Taylor (Hrsg.), *Strategische Unternehmensplanung – strategische Unternehmensführung* (S. 311–336). Heidelberg: Physica

Geus, P. (2005). *Wirkungsgrößen der Markenführung*. Berlin: Logos.

Ghosh, A. (1994). *Retail management*. Fort Worth: Dryden.

Goodwin, P. (2002). Integrating management judgment and statistical methods to improve short-term forecasts. *International Journal of Management Science, 30,* 127–135.

Götze, U., & Mikus, B. (1999). *Strategisches Management*. Chemnitz: Verlag der Gesellschaft für Unternehmensrechnung und Controlling.

Grant, R. M., & Nippa, M. (2006). *Strategisches Management*. München: Pearson.

Güldenberg, H. G., & Franzen, O. (1992). Auditing auf der Basis von Markenwerten. *Thexis, 9*(5), 37–43.

Hackl, P. (2013). *Einführung in die Ökonometrie*. München: Pearson.

Haedrich, G., Tomczak, T., & Kaetzke, P. (1997). *Strategische Markenführung*. Bern: Haupt.

Hahn, D., & Hungenberg, H. (2001). *PuK – Wertorientierte Controllingkonzepte*. Wiesbaden: Gabler.

Hankinson, P. (1999). An empirical study which compares the organisational structures of companies managing the World's Top 100 brands with those managing outsider brands. *Journal of Product & Brand Management, 8*(5), 402–414.

Heemann, J. (2008). *Markenbudgetierung*. Wiesbaden: Gabler.

Hertwig, R., Franselow, C., & Hoffrage, U. (2003). Hindsight bias: How knowledge and heuristics affect our reconstruction of the past. *Memory, 11*(4/5), 357–377.

Homburg, C., & Krohmer, H. (2010). *Grundlagen des Marketingmanagements*. Wiesbaden: Gabler.

Hooley, G. J., & Saunders, J. A. (1993). *Competitive positioning: The key to market success*. London: Prentice Hall.

Horst, B. (1988). *Ein mehrdimensionaler Ansatz zur Segmentierung von Investitionsgütermärkten*. Pfaffenweiler: Centaurus.

Horx, M., & Wippermann, P. (1996). *Was ist Trendforschung?* Düsseldorf: Econ.

Hulbert, J. M., Berthon, P., & Pitt, L. F. (1998). Brand management prognostications. *Sloan Management Review, 40*(2), 53–65.

Hungenberg, H. (2011). *Strategisches Management in Unternehmen*. Wiesbaden: Gabler.

Irmscher, M. (1997). *Markenwertmanagement,* Frankfurt/M: Peter Lang.

Jansen, D. (1999). *Einführung in die Netzwerkanalyse*. Opladen: Westdeutscher Verlag.

Jary, M., Schneider, D., & Wileman, A. (1999). *Marken-Power – Warum Aldi, Ikea, H&M und Co. so erfolgreich sind*. Wiesbaden: Gabler.

Jioner, C. (1998). Concept mapping in marketing. In J. W. Alba & J. W. Hutchinson (Hrsg.), *NA-Advances in consumer research* (Bd. 25, S. 311–317). Provo: Association for Consumer Research.

Jones, G. R., & Bouncken, R. B. (2008). *Organisation – Theorie, design, wandel*. München: Pearson.

Kamakura, W. A., & Novak, T. P. (1992). Value-system segmentation: Exploring the meaning of LOV. *Journal of Consumer Research, 19*(1), 119–132.

Kanjanatarakul, O., Sriboonchitta, S., & Denoeux, T. (2014). Forecasting using belief functions: An application to marketing econometrics. *International Journal of Approximate Reasoning, 55*(5), 1113–1128.

Kapferer, J.-N. (2008). *The new strategic brand management*. London: Kogan Page.

Keller, K. L. (1993). Conceptualizing, measuring, and managing customer-based brand equity. *Journal of Marketing, 57*(1), 1–22.

Keller, K.-L. (1999). Brand mantras: Rationale, criteria, and examples. *Journal of Marketing Management, 15*, 43–51.

Keller, K.-L. (2001). Editorial: Brand research imperatives. *Journal of Brand Management, 9*(1), 4–6.

Keller, K. L. (2003). *Strategic Brand Management*. Upper Saddle River: Prentice Hall.

Keller, K. L., & Lehmann, D. R. (2003). How do brands create value? *Marketing management, 12*(3), 26–31.

Keller, K. L., Apéria, T., & Georgson, M. (2012). *Strategic brand management – A European Perspective*. Essex: Pearson.

Kepper, G. (2007). Methoden der qualitativen Marktforschung. In A. Herrmann, C. Homburg, & M. Klarmann (Hrsg.), *Handbuch Marktforschung* (S. 175–212). Wiesbaden: Gabler.

Kernstock, J., Esch, F.-R., & Tomczak, T. (2014). Management-Verantwortung, Prozesse und Strukturen für das Corporate Brand Management klären. In F.-R. Esch, T. Tomczak, J. Kernstock, T. Langner, & J. Redler (Hrsg.), *Corporate Brand Management* (S. 129–138). Wiesbaden: Springer Gabler.

Kerth, K., Asum, H., & Stich, V. (2011). *Die besten Strategietools in der Praxis*. München: Hauser.

Kilian, K. (2007). Erlebnismarketing und Markenerlebnisse. In A. Florack, M. Scarabis, & E. Primosch (Hrsg.), *Psychologie der Markenführung* (S. 357–391). München: Vahlen.

Klieme, E., & Hartig, J. (2007). Kompetenzkonzepte in den Sozialwissenschaften und im erziehungswissenschaftlichen Diskurs. *Zeitschrift für Erziehungswissenschaft, Sonderheft, 2007*(8), 11–29.

Köhler, R. (1993). *Beiträge zum Marketing-Management: Planung, Organisation, Controlling*. Stuttgart: Schäffer-Poeschel.

Kotler, P. (2003). *Marketing management*. Upper Saddle River: Prentice Hall.

Kotler, P., Armstrong, G., Wong, V., & Saunders, J. (2011). *Grundlagen des Marketing*. München: Person.

Kroeber-Riel, W., & Esch, F.-R. (2011). *Strategie und Technik der Werbung*. Stuttgart: Kohlhammer.

Kroeber-Riel, W., & Esch, F.-R. (2015). *Strategie und Technik der Werbung*. Stuttgart: Kohlhammer.

Krüger, W. (1994). *Organisation der Unternehmung*. Stuttgart: Kohlhammer.

Kühn, T., & Koschel, K.-V. (2013). Die problemzentrierte Gruppendiskussion. *Planung & Analyse, 2*(2013), 26–29.

Kuhn, M., Ruff, F., & Splittgerber, M. (2014). Corporate Foresight und strategisches Issues Management: Methoden zur Identifikation der Trends und Themen von morgen. In A. Zerfaß & M. Pirwinger (Hrsg.), *Handbuch Unternehmenskommunikation* (S. 513–531). Wiesbaden: Gabler.

Laforet, S., & Saunders, J. (1994). Managing brand portfolios: How the leaders do it. *Journal of Advertising Research, 34*(5), 64–76.

Laforet, S., & Saunders, J. (1999). Managing brand portfolios: Why leaders do what they do. *Journal of Advertising Research, 39*(1), 51–66.

Langer, T. (2003). *Integriertes Branding: Baupläne zur Gestaltung erfolgreicher Marken.* Wiesbaden: Gabler Edition Wissenschaft.

Lehmann, D. R., Keller, K. L., & Farley, J. U. (2008). The Structure of survey-based brand metrics. *Journal of International Marketing, 16*(4), 29–56.

Linxweiler, R., & Bruckner, V. (2003). BrandScoreCard. In U. Kamenz (Hrsg.), *Applied marketing,* (S. 445–458). Berlin: Springer.

Litzenroth, H. A., & Hertle, T. (2007). Testmarktsimulationen am Beispiel von Körperpflegemittel. In S. Albers & A. Herrmann (Hrsg.), *Handbuch Produktmanagement* (S. 1003–1034). Wiesbaden: Gabler.

Lynch, R. (2009). *Strategic management.* Harlow: Pearson.

Lynch, R. (2012). *Strategic management.* Harlow: Pearson.

Mahajan, V., & Wind, Y. (2002). Got emotional product positioning? *Marketing Management, 11*(3), 36–41.

Malhotra, N. K. (1988). Self-concept and product choice: An integrated perspective. *Journal of Economic Psychology, 9*(1), 1–28.

Marai, A. K., & Manrai, L. A. (1995). A comparative analysis of two models of store preference incorporating the notion of self-image and store-image: Some empirical results. *Journal of Marketing Channels, 4*(3), 33–51.

Martineau, P. (1958). The personality of the retail store. *Harvard Business Review, 36*(1), 47–55.

Martinez-Moyano, I. J., & Richardson, G. P. (2013). Best practices in system dynamics modeling. *System Dynamics Review, 29*(2), 102–123.

Mason, C., & Milne, G. R. (1994). An approach for identifying cannibalization within product line extensions and multi-brand-strategies. *Journal of Business Research, 31*(2), 163–170.

McDonald, W. J. (1994). Time use in shopping: The role of personal characteristics. *Journal of Retailing, 70*(4), 345–365.

McGoldrick, P. (2002). *Retail marketing.* London: McGrawHill.

Meffert, H. (1988). *Strategische Unternehmensführung und Marketing.* Wiesbaden: Gabler.

Meffert, H. (2000). *Marketing.* Wiesbaden: Gabler.

Meffert, H., & Perrey, J. (2002). Mehrmarkenstrategien – Ansatzpunkte für das Management von Markenportfolios. In H. Meffert, V. Burmann, & M. Koers (Hrsg.), *Markenmanagement* (S. 201–229). Wiesbaden: Gabler.

Neudorf, D., Perli, M., & Raudenbusch, N. (2015). *Typen von Store Brands in Deutschland.* Mosbach: Unveröffentlichte Seminararbeit DHBW Mosbach BWL-Handel.

Park, C. W., Jaworski, B. J., & MacInnis, D. J. (1986). Strategic brand concept-image management. *Journal of Marketing, 50,* 135–145.

Pepels, W. (2000). Marktsegmentierung. In W. Pepels (Hrsg.), *Marktsegmentierung* (S. 9–23). Heidelberg: Symposium.

Peterson, H. C., & Lewis, W. C. (1999). *Managerial economics.* New Jersey: Prentice Hall.

Pilikienė, V. (2008). Selection of market demand forecast methods: Criteria and application. *Engineering Economics, 58*(3), 19–25.

Porter, M. E. (1980). *Competitive strategy.* New York: Free Press.

Pugh, D. S., Hickson, D. J., Hinings, C. R., & Turner, C. (1968). Dimensions of organization structure. *Administrative Science Quarterly, 13*(1), 65–105.

Putrevu, S., & Lord, K. R. (2001). Search dimensions, patterns and segment profiles of grocery shoppers. *Journal of Retailing and Consumer Services, 8,* 127–137.

Quinn, L. (2009). Market segmentation in managerial practice: A qualitative examination. *Journal of Marketing Management, 25*(3–4), 253–272.

Redler, J. (2013a). *Grundzüge des Marketings.* Berlin: Berliner Wissenschafts-Verlag.

Redler, J. (2013b). Markenführung und Marktsegmentierung. In W. Pepels (Hrsg.), *Marktsegmentierung* (S. 133–163). Düsseldorf: Symposion.

Redler, J. (2014). Quer- und Längsschnittmessungen des Corporate Brand Status einsetzen. In F.-R. Esch, T. Tomczak, J. Kernstock, T. Langner, & J. Redler (Hrsg.), *Corporate brand management* (S. 583–605). Wiesbaden: Springer Gabler.

Reich, M., & Hillar, T. (2006). Frühwarnsysteme. In C. Zerres (Hrsg.), *Handbuch Marketing-Controlling* (S. 91–107). Berlin: Springer.

Reinecke, S., & Janz, S. (2007). *Marketingcontrolling*. Stuttgart: Kohlhammer.

Reinecke, S., & Tomczak, T. (1998). Aufgabenorientiertes Marketingcontrolling. In S. Reinecke, T. Tomczak & S. Dittrich (Hrsg.), *Marketingcontrolling*, St. Gallen, S. 90–109.

Reinecke, S., & Tomczak, T. (2006). Marketingkennzahlensysteme. In *Handbuch Marketingcontrolling* (S. 891–913). Wiesbaden: Gabler.

Rieg, R. (2008). *Planung und Budgetierung*. Wiesbaden: Gabler.

Riesenbeck, H., & Perrey, J. (2004). *Mega-Macht Marke*. Frankfurt: Redline.

Ritson, M. (2002). Wal-Mart: A shopping revolution. *Business Life*, März, 21.

Roberts, E. B. (1978). System dynamics – An introduction. In E. B. Roberts (Hrsg.), *Managerial applications of system dynamics* (S. 3–35). Cambridge: Productivity Press.

Romaniuk, J. (2012). Five steps to smarter targeting. *Journal of Advertising Research, 52*(3), 288–290.

Rogge, H.-J. (2007). Markersegmentierung durch werbepolitische Maßnahmen. In Pepels. W. (Hrsg.), *Marktsegementierung* (S. 261–306), Düsseldorf: Symposion.

Ruff, J. (2015). Vorausdenken. *Business Intelligence Magazine, 3*(13), 30–34.

Sandner, P. G., & Größler, A. (2007). Methoden der Längsschnittanalyse in den Wirtschafts- und Sozialwissenschaften. *WiSt, 36*(7), 355–362.

Salinas, G. (2009). *The international brand valuation manual*. Chicester: Wiley.

Sausen, K., & Tomczak, T. (2003). Status quo der Segmentierung in Schweizer Unternehmen. *Thexis, 2003*(4), 2–7.

Scharnbacher, K. (2004). *Statistik im Betrieb*. Wiesbaden: Gabler.

Schulz-Moll, P., & Kam, P. (2003). Brand Balanced Scorecard (BBS) – ganzheitliche Steuerung des Markenmanagementerfolges. In O. Göttgens, A. Gelbert & C. Böing (Hrsg.), *Profitables Markenmanagement* (S. 199–214). Wiesbaden: Gabler.

Shah, P. (2015). Kill it or keep it? The weak brand retain-or-discard decision in brand portfolio management. *Journal of Brand Management, 22*(2), 154–172.

Sherrington, M. (1995). Branding and brand management. In M. J. Baker (Hrsg.), *Companion encyclopedia of marketing* (S. 509–527). London: Routledge.

Shmueli, G., & Koppius, O. (2010). Predictive analytics in information systems research. Arbeitspapier School of Business, University of Maryland, RHS-06-138. http://ssrn.com/abstract=1606674. Zugegriffen: 29. Sept. 2015.

Simatupang, T. M., & Sridharan, R. (2002). The collaborative supply chain. *International Journal of Logistics Management, 13*(1), 15–30.

Simkin, L., & Dibb, S. (1998). Prioritising target markets. *Marketing Intelligence & Planning, 16*(7), 407–417.

Sirgy, J. (1982). Self-concept in consumer behaviour: A critical review. *Journal of Consumer Research, 9*(4), 287–300.

Smith, W. R. (1956). Product differentiation and market segmentation as alternative marketing strategies. *Journal of Marketing, 21*(1), 3–8.

Stephenson, D., & Willett, R. P. (1969). Analysis of consumers' retail patronage strategies. In P. R. MacDonald (Hrsg.), *Marketing involvement in society and economy* (S. 316–322). Chicago: AMA.

Tako, A. A., & Robinson, S. (2012). The application of discrete event simulation and system dynamics in the logistics and supply chain context. *Decision Support Systems, 52*(4), 802–815.

Thonemann, U. (2010). *Operations Management: Konzepte, Methoden und Anwendungen.* München: Pearson.

Tomczak, T., & Müller, F. (1992). Kommunikation als zentraler Erfolgsfaktor der strategischen Markenführung. *Thexis, 9*(6), 18–22.

Tomczak, T., Reinecke, S., & Kaetzke, P. (2004). Markencontrolling – Sicherstellung der Effektivität und Effizienz der Markenführung. In M. Bruhn (Hrsg.), *Handbuch Markenführung* (S. 1821–1852). Wiesbaden: Gabler.

Trommsdorff, V. (2008). Ökonomische und außerökonomische Sollgrößen des Marketingcontrolling. In A. Herrmanns, T. Ringle, & P. C. Overloop (Hrsg.), *Handbuch Markenkommunikation* (S. 335–350). München: Vahlen.

Vossebein, U. (2000). Grundlegende Bedeutung der Marktsegmentierung für das Marketing. In W. Pepels (Hrsg.), *Marktsegmentierung* (S. 19–46). Düsseldorf: Symposion.

Waller, M. A., & Fawcett, S. E. (2013). Data science, predictive analytics, and big Data: A revolution that will transform supply chain design and management. *Journal of Business Logistics, 34*(2), 77–84.

Weinberg, P., & Diehl, S. (2005). Erlebniswelten für Marken. In F.-R. Esch (Hrsg.), *Moderne Markenführung* (S. 263–286). Wiesbaden: Gabler.

West, D., Ford, J., & Ibrahim, E. (2010). *Strategic marketing.* Oxford: Oxford University Press.

Wheeler, A. (2013). *Designing brand identity: An essential guide for the whole branding team.* New Jersey: Wiley.

Wilson, R. M. S., & Gilligan, C. (2005). *Strategic marketing management.* London: Routledge.

Yankelovic, D. (1964). New criteria for market segmentation. *Harvard Business Review, 1964*(3/4), 83–90.

Zikmund, W. G., & d'Amico, M. (1995). *Effective marketing – Creating and keeping customers.* Mason: South-Western.

Store Branding

4

4.1　Idee des Store Branding

Aufgabe des *Branding* ist es, eine Marktleistung aus der Menge gleichartiger Angebote herauszuheben und die eindeutige Zuordnung des Angebots zu ermöglichen (Esch und Langner 2005, S. 577; dazu auch Langner 2013, S. 4 ff.). Ein Branding soll also der Identifikation und Differenzierung einer Leistung in der Masse dienen, zudem aber auch unterstützen, dass bestimmte Imageinhalte transportiert werden (Esch 2014, S. 307).

Im engeren Sinne geht es beim Branding um die *Markierung*. Diese umfasst die Definition von formalen Markenzeichen, Markennamen und anderen dominanten Stilelementen, die als Wiedererkennungszeichen dienen sollen. Diesem engeren Begriffsverständnis von Branding wird hier gefolgt. *Store Branding* kann insofern verstanden werden als die Gestaltung von formalen Wiedererkennungselementen für den Store (die Einkaufsstätten). Diese Wiedererkennungsanker sollen die möglichst einfache Zuordnung von Sortimenten, Werbemaßnahmen, Services, Onlineauftritten etc. zu einem gedanklichen Schema ermöglichen. Sie sind insofern signifikante Parameter für die Schaffung starker Brands im Sinne gedanklicher Strukturen. Nur wenn etwas (wie ein Online-Werbebanner) dem bereits vorhandenen Markenschema zugeordnet werden kann (was ein Wiedererkennen voraussetzt), kann ein Brand-Schema gestärkt oder verändert werden.

Das Branding befasst sich mit dem Element „Markenbezeichnendes" aus dem *Markenmolekül* (Abb. 4.1). Das Markenmolekül verkörpert die zur Führung einer Brand notwendige stabile Verbindung von Markenbezeichnendem, Zielsegment und Leistung (Redler 2013, S. 134; Redler 2014, S. 6). Unter einem strategischem Blickwinkel illustriert es, dass als konzeptionelle Grundlage für die Entstehung einer Brand einerseits die Zuordnung eines Produkts oder einer Dienstleistung – allgemein einer Leistung – zu einem Markenbezeichnendem (Branding-Elemente inkl. Markenname und formale Markenelemente) vorzunehmen ist, andererseits die Zuordnung des Markenbezeichnendem zu einer Zielgruppe zu leisten und auch die Verbindung von Leistung und

© Springer Fachmedien Wiesbaden GmbH 2018
J. Redler, *Die Store Brand,*
https://doi.org/10.1007/978-3-658-09709-7_4

Abb. 4.1 Store Branding im
Markenmolekül. (Quelle: nach
Redler 2014, S. 7)

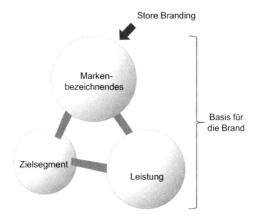

Zielgruppe festzulegen ist. Für die Store Brand sind demgemäß das Store Branding (Markenbezeichnendes), Zielgruppe und Segment sowie die zugehörige Handelsleistung interdependent festzulegen.

▶   Store Branding ist die gezielte Gestaltung von Wiedererkennungselementen für
         ein Store Brand-Konzept. Über diese Anker soll die einfache Wiedererkennbar-
         keit als Grundlage für eine eindeutige Zuordnung von Marktaktivitäten zum
         Brand-Schema sichergestellt werden.

Die Entwicklung der Store Branding-Elemente und ihr Einsatz in konkreten Maßnahmen
oder Programmen müssen sorgsam erfolgen und auf die *Kernaufgaben* des Branding
bezogen werden: Das Branding soll die leichte Identifikation des Store-Konzepts in der
Vielfalt von Botschaften und Angeboten ermöglichen, es soll die Verwechslungsgefahr
mit anderen Absendern minimieren und es soll idealerweise der Positionierungsidee der
Store Brand dienen. Für eine in diesem Sinne zielbezogene Entwicklung der Store Branding-Elemente und deren Nutzung bieten nachfolgend vorgestellte Gütekriterien wertvolle Hilfestellung.

4.2   Gütekriterien und Elemente eines Store Branding

Das Store Branding erfüllt seine Aufgaben dann besonders gut, wenn von der gefunde-
nen Lösung folgende Gütekriterien (im Sinne Anforderungen) für die Gesamtheit der
Brandingelemente möglichst gut erfüllt werden (z. T. in Anlehnung an Langner 2013,
S. 267 ff.):

1. *Eigenständigkeit* bzw. Unterschiedlichkeit zu Konkurrenten sowie zu dominanten Anbietern auch anderer Branchen.

   Auch bei flüchtiger Betrachtung müssen die Brandingelemente von Elementen anderer Brands unterscheidbar sein, damit eine Identifizierung des Stores möglich wird. Dies ist einerseits essenziell mit Blick auf konkurrierende Stores. Andererseits ist als Nebenbedingung aber auch zu vermeiden, dass die gewählten Brandingelemente eine hohe Ähnlichkeit zu dominierenden Brands aus anderen Märkten aufweisen. Wenn beispielsweise für eine neue Store Brand als Elemente dominant mit der Farbe Magenta und mit einem T-Logo gearbeitet würde, ist eine zu geringe Abgrenzung zur Brand Telekom zu befürchten. Dies wiederum erschwert den Aufbau starker Brand Schemata. Daher wird in Punkt 2 nochmals gesondert die Eindeutigkeit herausgestellt.

2. *Eindeutigkeit* bei der Zuordnung.

   Selbst bei flüchtiger Betrachtung dürfen keine Falschzuordnungen der Brandingelemente zu Wettbewerbsanbietern oder anderen branchendominierenden Brands auftreten. Andernfalls wäre die Schemabildung und -stärkung erschwert. Dies kann in der relevanten Zielgruppe durch Zuordnungs- und Verwechslungstests leicht geprüft werden.

3. Gute *Erinnerbarkeit*.

   Die Brandingelemente sollten erinnerungsstark gestaltet sein, um Lernwirkungen zu unterstützen und somit effizient zu agieren.

4. *Keine negativen Gefallenswirkungen*.

   Um Akzeptanz zu erreichen, sollten die Elemente idealerweise den Adressaten gefallen, also positiv beurteilt werden. Über solche gefälligen Gestaltungen können z. T. positive Emotionen für die Brand verankert werden. Es besteht jedoch oft ein Zielkonflikt zur Eigenständigkeit, da gerade bekannte, verbreitete und zeitgeistige Gestaltungen besonders häufig positiv beurteilt werden. Mindestanforderung ist stets, dass keine negativen Beurteilungen auftreten Es besteht sonst die Gefahr, dass diese negativen Aspekte in das Brand Schema integriert werden.

5. *Verträglichkeit mit der Positionierungsidee*.

   Idealerweise sollten schon durch die Brandingelemente spezielle, positionierungskonforme Assoziationen hervorgerufen werden, damit sie auf diesem Weg leicht Eingang in das Brand Schema finden. So könnte ein preisaggressiver Store den Farbcode rot-gelb wählen, da dieser von vielen Zielgruppen mit Preisreduzierungen verbunden wird. Ein anderes Beispiel: Die als nachhaltiger Anbieter positionierte Store Brand Grüne Erde (Abb. 4.2) wählt beim Namen („Grüne Erde"), beim Farbcode (grün) und beim Logo (Baum integriert in Schriftzug) Elemente, die mit dem ökologischen Gedanken assoziiert sind. Zu beachten sind bei diesem Kriterium wiederum Konflikte mit der Eigenständigkeit: Die Bestimmung von Elementen (z. B. Farben) anhand von „Assoziationskatalogen" birgt die Gefahr der Wahl von stereotypen Lösungen. Zentral ist an dieser Stelle aber: Die Brandingelemente dürfen der Positionierung auf keinen Fall im Wege stehen, also kontraproduktive Assoziationen auslösen. Dies ist zwingend zu prüfen.

Abb. 4.2 Store Branding von
Grüne Erde: Name und Logo
mit positionierungsstützenden
Assoziationen

Claim: Seit 1983 ökologisch und fair

6. *Schutzfähigkeit.*
Zentrale Markenelemente sollten (ggf. international) schutzfähig sein. Name, Bildzeichen oder andere „Marken" im Sinne des Markenrechts[1] sollten für die notwendigen Länder absolut und relativ schutzfähig sein und auch eingetragen werden, damit das alleinige Recht besteht, diese Elemente zu benutzen.

7. *Umsetzbarkeit an allen wesentlichen Kontaktpunkten.*
Die Store Brand Assets formieren sich durch die Eindrücke über zahlreiche Kontaktpunkte, weshalb die Identifikation und eindeutige Zuordnung an allen zentralen Kontaktpunkten über die Brandingelemente erreicht werden muss. Daher ist zu fordern, dass gewählte Brandingelemente an den wesentlichen Kontaktpunkten umsetzbar sein sollen. Beispiel: Wenn a) ein Bildelement als wichtiges Element des Branding vorgesehen ist und b) der Social Media-Kanal facebook einen Haupt-Kontaktpunkt darstellt, so ist zu prüfen, inwieweit c) das Bildelement durchgängig bei facebook eingesetzt werden kann, um die Brandingaufgabe zu erfüllen. Was wäre, wenn Twitter und ein persönlicher Verkäufer die Kern-Kontaktpunkte wären? Zu beachten sind auch technische Anforderungen, wie bspw. eine mögliche Umsetzung in schwarzweiß oder die extreme Verkleinerbarkeit von Logoelementen für Etiketten o. ä.

8. *Internationale Anwendbarkeit.*
Store Brands sind nicht selten länderübergreifende Phänomene. Marc O' Polo, Hollister, Carrefour usw. sprechen da eine klare Sprache. Sofern die Store Brand-Strategie nicht nur eine nationale Marktbearbeitung vorsieht, sind daher auch beim Branding internationale Perspektiven zu bedenken, ähnlich wie beim Markenschutz. Vor allem sprachlich-kulturelle Besonderheiten sind zu berücksichtigen, damit keine unerwarteten Überraschungen auftreten. Beispiel: Der Markenname Tchibo nimmt im Japanischen ungünstige Bedeutungen an. Der erste Wortteil bedeutet auf Japanisch je nach Aussprache in etwas Tod oder Blut – und der zweite Teil „Bo" bedeutet bei ungünstiger Interpretation Grab.

Leichte Aussprech- und Einprägsamkeit sowie die Vermeidung negativer Assoziationen sind gerade bei der internationalen Namensgebung wichtig. Zum Teil muss mit Alternativnamen agiert werden. Auch Unterschiede in Farbcodes sind zu beachten:

---

[1]Marken im Sinne des Markenrechts können aus Wörtern, Buchstaben, Zahlen, Abbildungen, dreidimensionalen Gegenständen und aus akustischen Signalen bestehen.

Die Farbe Grün (Beispiel Grüne Erde oben) ist in Malaysia mit der Dschungelkrankheit belegt, Lila in den meisten lateinamerikanischen Ländern mit dem Tod (Kotler und Bliemel 2001, S. 641). Der McDonalds-Clown Ronnie McDonald trat auch in Japan mit weiß geschminktem Gesicht auf, was jedoch aus der lokalen kulturellen Sicht die Symbolik des Todes darstellt (Kotler und Bliemel 2001, S. 620). Ähnliches gilt für Symbolelemente und Formen.

▶ Zur Beurteilung bzw. als Maßstab zur Entwicklung eines Store Branding können sieben Gütekriterien herangezogen werden.

Brandingelemente
Die wichtigsten *Elemente,* über die ein Store Branding gestaltet werden kann, sind der Markenname, das Logo, der Farbcode, Sounds (Jingles, Tonlandschaften oder spezifische Musik wie beim skandinavischen Emporia Shopping Center), andere Zeichen und Symbole, die Schriftart, Gerüche (z. B. bei Hollister oder The Mint Company) sowie eine typische Stilistik im visuellen Auftritt und Ladendesign (Abb. 4.3). Ihnen kommt dabei eine unterschiedliche Bedeutung für die Identifikationskraft des Brandings zu (Abb. 4.4). Diese Bedeutung ist insofern zunächst für die individuelle Situation zu untersuchen, um

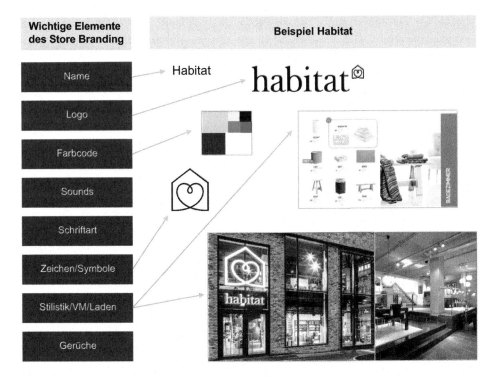

Abb. 4.3 Wichtige Brandingelemente

Abb. 4.4 Bedeutung der Brandingelemente für Identifikationswirkung

eine angemessene Priorisierung vorzunehmen. Zu beachten ist außerdem, dass die Wahrnehmung des Store Branding stets ganzheitlich erfolgt, also als Gesamteindruck aller Elemente im Zusammenspiel – nie als bloße „Summe" von Einzeleindrücken zu den beteiligten Elementen. Daher sollten die Elemente so *aufeinander abgestimmt* sein, dass diese ein stimmiges Gesamtbild erzeugen können, indem z. B. Logo und Name ähnliche Assoziationen hervorrufen (Langner 2013).

▶   Die Store Branding-Elemente müssen integriert entwickelt und umgesetzt werden. Dies bedeutet, dass die Elemente von vorn herein aufeinander abgestimmt werden und einheitlich und konstant über alle Kontaktpunkte eingesetzt werden.

Idealerweise trägt das Store Branding zur *Schaffung von Brand Image* bei (auch Esch und Langner 2005), indem auch eine Positionierungswirkung genutzt wird (auch Abschn. 4.6). Dies ist besonders bei der Planung von neuen Store Brands sehr wichtig, um den Markenaufbau im Sinne der erforderlichen Lernwirkungen schneller und kostengünstiger zu gestalten. Vorteile eines gut gewählten Branding bestehen aber auch insgesamt durch die Unterstützung bei der Stärkung und Feinjustierung des Store Brand Schemas.

▶   Idealerweise transportiert schon das Store Branding den Kern der Positionierungsidee und leistet damit einen Beitrag zur Schaffung von Store Brand Assets.

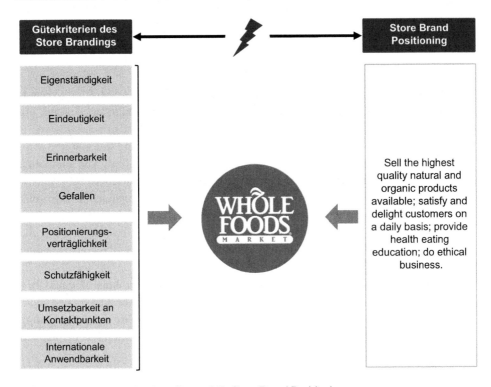

Abb. 4.5 Abstimmung des Branding auf die Store Brand Positionierung

Dies zu realisieren bedeutet im Endeffekt, die (Weiter-)Entwicklung von Brandingelementen im Spannungsfeld zwischen den o. g. Gütekriterien und der Positionierungsidee
vorzunehmen (Abb. 4.5). Die Anforderung, die Positionierung auszudrücken, kann insofern auch als *achtes Gütekriterium* angesehen werden. Es wird empfohlen, die Entwicklung wichtiger Brandingelemente ausgehend von der Positionierung vorzunehmen.

Im Zeitverlauf ist das Store Branding evolutionär *weiterzuentwickeln,* selbst wenn
Zielgruppen und Positionierung unverändert sind[2]. Gründe dafür sind:

- Der Zeitgeist, als Denk- und Fühlweise einer (längeren oder kürzeren) Epoche verändert sich. Dies beeinflusst Erwartungen, Wahrnehmungsmuster und ästhetisches Empfinden.
- Die Store Brand trifft auf andere Personen-Kohorten in den Zielgruppen (z. B. die
jungen, trendbewussten Hobby-Radfahrer). Andere Kohorten bringen jedoch andere
Lebenserfahrungen und Erwartungen sowie Bewertungsstandards mit sich.

---

[2]Bestehen grundlegende strategische Veränderungen bei Zielgruppen oder Positionierung, sollte
das Branding grundsätzlich überdacht und ggf. eine Überführungsstrategie entwickelt werden.

- Gewohnheiten und Reizschwellen bei den aktuellen Adressaten wandeln sich. So bedeutet beispielsweise eine zunehmende Überflutung mit (Bewegt-)Bildinformation oder die Allgegenwärtigkeit von sexuellen oder gar pornografischen Inhalten eine abnehmende Aufmerksamkeitswirkung solcher Reize.
- Kontaktpunkte mit dem Store verändern sich. So führte der Online-Shift im Versandhandel bspw. dazu, dass Brandingelemente vieler Anbieter modifiziert wurden, um dem neuen Kanal gerecht zu werden.
- Kommunikationskanäle und -technologien, über die das Branding transportiert wird, wandeln sich. So ermöglichen etwa Online-Medien heute die Nutzung von animierten Elementen oder akustischen Elementen für das Branding.
- Das Wettbewerbsumfeld modifiziert sich – neue Wettbewerber treten in die Arena ein, andere scheiden aus, einige verändern den eigenen Auftritt. Oder: Der eigene Store internationalisiert sich. Dies macht regelmäßig eine Prüfung erforderlich, ob die Gütekriterien noch immer hinreichend erfüllt sind, mit der Folge, dass das Branding ggf. sensibel weiterentwickelt werden muss.
- Standards in der Wettbewerbsarena verändern sich. Wenn es in einem Umfeld beispielsweise zu einem Quasi-Standard geworden ist, mit plakativen Farben und mangabasierten Bildelementen zu agieren, ist zu bewerten, ob dies beim eigenen Branding gezielt aufgenommen werden oder ob beim eigenen Branding gezielt mit dem Standard gebrochen werden soll.

Solche Entwicklungen des Store Branding sollten jedoch mit Bedacht und keinesfalls aktionistisch erfolgen. Zu vermeiden sind Brüche mit dem Bisherigen. Langsame Evolutionen mit hoher Selbstähnlichkeit sollten die Regel sein.

▶ Das Store Branding ist im Zeitverlauf evolutionär weiterzuentwickeln. Dies muss sorgfältig durchdacht und geplant werden und darf nicht aktionistisch getrieben erfolgen.

4.3   Kernelement Name

Ein Element des Store Branding ist der *Markenname*. Dieser kann als die *Bezeichnung* verstanden werden, die für die Kommunikation über die markierten Leistungen herangezogen wird. Er ist letztlich ein Zeichen, das per Konvention für etwas Anderes, nämlich eine bestimmte Marktleistung, festgelegt wird: Marc O' Polo für einen bestimmten Modeladen, Conrad für einen bestimmten Elektroartikelladen, KaDeWe für ein bestimmtes Warenhaus etc.

Damit hilft der Markenname bei der Verständigung über diese Sachverhalte. Der Markenname ist damit auch eines der wichtigsten Identifikationsmerkmale für das betrachtete Leistungsbündel. Aus Sicht des Store Brand Management dient der Markenname als der zentrale Anker für den Aufbau des Store Brand Schemas. Der Markenname ist, allgemein formuliert, jener Teil des Store Branding, der ausgesprochen werden kann.

Die Möglichkeiten, einen Namen festzusetzen, sind an sich schier unbegrenzt. Damit jedoch ein möglichst großer Beitrag zu den Aufgaben des Branding (vgl. oben) geleistet wird, werden mehrere Anforderungen diskutiert, die an einen geeigneten Markennamen zu stellen sind (Murphy 1992; Kohli und LaBahn 1997; Kircher 2005; Esch und Langner 2005):

- Eigenständigkeit im Wettbewerbsumfeld,
- Merkfähigkeit,
- Aussprechbarkeit bei den Zielgruppen,
- rechtliche Schutzfähigkeit,
- Gefallen/Akzeptanz bei den Zielgruppen,
- Umsetzbarkeit in Internet-Domain,
- (Passung zur bzw. Stützung der Positionierung),
- (internationale Anwendbarkeit).

Diese können auch als Kriterien dienen, wenn zwischen Namensalternativen zu entscheiden ist. Da es zahlreiche Anforderungen sind, und diese zum Teil konfliktär sind, ist keine triviale Aufgabe zu lösen.

Aus Brandingsicht sind die Eigenständigkeit und die Merkfähigkeit besonders wichtig, um die Schaffung von *Store Brand Awareness* zu unterstützen. Für einen Beitrag zum Aufbau des Store Brand Images hingegen erscheint es wesentlich, dass schon über den Markennamen Assoziationen hervorgerufen werden, die für das gewünschte *Store Brand Schema* wertvoll sind – sie also andere erwünschte Schemata evozieren, damit diese verknüpft werden, oder sie Assoziationen und innere Bilder liefern, die in das Brand Schema integriert werden können. Dieser Bezug des Namens zur Positionierung kann sich auf funktional-sachliche oder emotional-erlebnisbezogene Positionierungsaspekte beziehen.

Beispiel

Der Name „home24.de" weckt Assoziationen in Richtung „Zuhause" und „Wohnen" sowie „Onlineshop" und unterstützt damit das Brand Schema im Sinne der Positionierung. Auch „Fashionforhome.de" kann solche Assoziationen in Richtung „Einrichten" und Wohnen" erzeugen; zudem bestehen Konnotationen zu „Design". Der Name „Roller.de" hingegen ruft keine Assoziationen zu einem Einrichtungsanbieter hervor. Ein Beitrag zur Positionierung der Store Brand „Roller" über den Namen ist nicht erkennbar. Der Name „Fressnapf" wiederum ist eindeutig mit „Tiernahrung" und „Haustieren" assoziiert". Dies leistet einen wichtigen Hinweisreiz auf das Sortiment für Tiere, die Nahrung aus einem Napf fressen. Jedoch schränkt der Name zunächst auch auf diese ein.

Neben der Unterstützung der Positionierung ist auch die *Relevanz für die Angebotskategorie* von hoher Bedeutung. Relevanz besteht, wenn die gewählten Markennamen leicht oder intuitiv mit einer bestimmten Produktkategorie verknüpft werden können bzw. diese direkt assoziiert wird und daher leicht verknüpfbar ist. Studien von Bao et al. (2008) zeigen, dass auf diese Weise relevante Markennamen hinsichtlich der Präferenzurteile besser abschneiden. Sie zeigen ebenso, dass positive Konnotationen und leichte Aussprechbarkeit des Namens Vorteile bringen. Kategoriebezogene Namen bergen jedoch die Gefahr hoher Austauschbarkeit.

Assoziationen und Bilder, die über den Markennamen hervorrufen werden, lenken Bewertungen von Marken und Leistungen und beeinflussen die Merk- und Lernfähigkeit (u. a. Robertson 1987; MacInnis et al. 1999; Wänke et al. 2007). Auch deswegen ist die Wahl des Markennamens als eine Schlüsselentscheidung anzusehen. Namen, die in der Lage sind, Assoziationen zu evozieren, werden als *bedeutungshaltige* Namen bezeichnet. Ihnen kommt eine wichtige Funktion zu.

Werden bedeutungshaltige Namen gewählt, die gleichzeitig einen hohen Bezug zur Angebotskategorie zeigen, erhalten unter dem Namen angebotene Leistungen (den Untersuchungen von Zaichkowsky und Vipat (1993) folgend) eine bessere Produktbeurteilung[3]. Dies könnte nun zu der voreiligen Ableitung verleiten, unbedingt einen Namen zu wählen, der einen Angebotsbezug aufweist. Jedoch ist zu bedenken, dass man sich in den meisten Märkten gerade mit kategoriebezogenen Namen eine hohe Austauschbarkeit erkauft. Für die Store Brand würde es bedeuten, dass man den Namen mit klarem Fokus zum Kernsortiment wählte. Dies ist allein schon aus zwei Gründen kritisch zu prüfen. Erstens existieren bei der hohen Wettbewerbsdichte der Handelsbranche meist zahlreiche Anbieter, die ähnliche oder gleiche Kernsortimente bieten. Damit wäre die Abgrenzung über den Store Brand Namen deutlich erschwert. Zweitens ist das Handelsumfeld hochdynamisch. Eine Knüpfung an bestimmte Sortimente entspräche somit auch einer Beschränkung bei künftigen Ausrichtungen oder Markendehnungen auf neue Konzepte.

▶   Der Name als ein zentrales Brandingelement muss klar definierte Anforderungen erfüllen. Diese Anforderungen können die Entwicklung eines Store Brand-Namens leiten. Ebenso können sie als Kriterien dienen, um Namen systematisch zu beurteilen. Eigenständigkeit, Merkfähigkeit und Positionierungsunterstützung nehmen dabei eine zentrale Rolle ein.

Markennamen können beim Store Branding also so gewählt werden, dass Bezüge zur Positionierung oder zum Kernsortiment bestehen. Neben der gewünschten *Richtung* eines Bezugs kann zudem danach unterschieden werden, *wie sehr und auf welchem Wege ein Bezug* erfolgt. Diese Bezugsstärke[4] kann in die Typen

---

[3]Bei Produkten, die geringes Involvement verlangen.

[4]Murphy (1990, 1992) bezog sich in seinen Betrachtungen ausschließlich auf die Stärke des Bezugs zu einem Produkt. Diese wurde hier weit interpretiert und für die Positionierung übertragen.

- *deskriptive Namen:* eindeutiger Bezug zu Angebot oder Positionierung durch beinhaltete (Teil-)Worte, also primär im enthaltenen Wortsinne,
- *suggestive Namen:* indirekter aber offener Bezug zu Positionierung, Nutzen oder Angebot,
- *assoziative Namen:* Namen lösen (oft aufgrund ihrer Klangstruktur) Vorstellungen aus, die auf die Angebotskategorie hinweisen oder für die Positionierung relevant sind, ohne dass die Kategorie oder die Positionierungseigenschaft direkt enthalten sind und
- *fiktive Namen:* kein Bezug zu Angebot oder Positionierung; meist Fantasiekonstruktionen, Herkunfts- oder Gründernamen; konkrete Worte ohne Bezug (z. B. Penguin, Shell) oder oft Abkürzungen oder Akronyme

differenziert und auf einem Spektrum dargestellt werden (Murphy 1990, S. 80 ff., 1992, S. 96; Riezebos 2003, S. 111). Umso geringer die Bezugsstärke der Namen ausfällt, umso eher sind sie rechtlich schutzfähig (Abb. 4.6). Speziell bei Namen mit sehr starkem Produktbezug ergeben sich Probleme bei der Schutzfähigkeit.

Das *Brand Name Grid* (Abb. 4.7) verdeutlicht die Möglichkeiten anschaulich und fasst die dargelegten Optionen zusammen: Markennamen können einen Bezug zum Angebot und/oder zur Positionierung aufweisen oder ohne solche Bezüge angelegt sein. Bezugsart und Bezugsstärke des Namens können dabei unterschiedlich stark ausgeprägt sein: assoziativ, suggestiv oder deskriptiv. Assoziative Namen evozieren durch ihr Klangbild Gedanken oder Vorstellungen, die mit der Angebotskategorie oder Positionierungseigenschaften verbunden werden. Dabei sollte man gezielt mit den phonetischen Qualitäten bestimmter Buchstaben sowie den Assoziationsstrukturen von Wortstämmen arbeiten (zur vertiefenden Darstellung Langner 2013). Suggestive Namen erreichen einen indirekten aber benannten

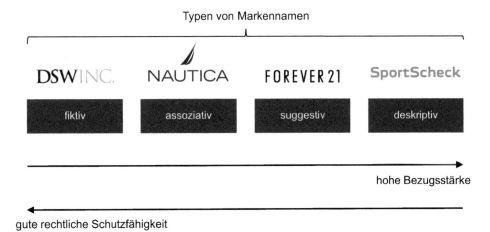

Abb. 4.6 Spektrum Typen von Markennamen und Bezugsstärke. (Quelle: in Anlehnung an Riezebos 2003, S. 111)

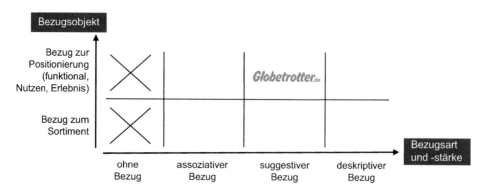

Abb. 4.7 Brand Name Grid

Bezug zu Positionierung, Nutzen oder Sortiment. In Abb. 4.7 ist der Name Globetrotter als Beispiel für einen suggestiven Name mit Bezug zur Store Brand Positionierung gewählt, da dieser indirekt das positionierungsrelevante Erlebnis des Weltenbummlers hervorruft. Deskriptive Namen hingegen haben einen eindeutiger Bezug zur Positionierung oder zum Sortiment durch beinhaltete (Teil-)Worte bzw. den enthaltenen Wortsinn. Sie haben Nachteile bei der Schutzfähigkeit sowie der Eigenständigkeit.

In vielen Anwendungen sind bezugshaltige Markennamen vorteilhaft, da Beiträge zur Positionierung, zur Kategoriezuordnung und auch generell zur Identifikation und Merkfähigkeit geleistet werden. Insofern wären bezugslose Namen tendenziell zu meiden. Allerdings ist dies nicht durchweg so, denn bei verschiedenen Konstellationen soll gerade eine solche Festlegung nicht erfolgen. Auf solche Besonderheiten wird in Abschn. 4.6 eingegangen. Wenn jedoch Beiträge zur Positionierung und/oder eine Signalisierung des Sortiments angestrebt wird, sollte dieses schon bei der Namenwahl berücksichtigt und bezugslose/fiktive Namen gemieden werden.

▶　　Die Wahl des Markennamens ist eine wichtige Festlegung. Schon der Markenname kann bei geeigneter Wahl zu Store Brand Assets beitragen.

Typischer Verlauf der Namensentwicklung
Bei der Markennamenentwicklung können fünf Schritte charakterisiert werden:

1. *Briefing an die Namenagentur.* Der Dienstleister erhält relevante Informationen zur Aufgabenstellung, dem Markt und dem Unternehmen, den Zielgruppen, der Store Brand Positionierung, der Positionierung von wichtigen Wettbewerbern sowie zur gewählten Markenstrategie/dem Markensystem (und Deadlines und Budgets). Wichtig ist es, die zentralen Anforderungskriterien genau zu fixieren. Zu ihnen gehören i. d. R. (vgl. oben) Differenzierungsfähigkeit und Merkfähigkeit, die Verständlichkeit für und Aussprechbarkeit bei den Zielgruppen, Erinnerungsfähigkeit, rechtliche Schutzfähigkeit, Gefallen/Akzeptanz bei den Zielgruppen, Umsetzbarkeit, die Passung zur Positionierung, ggf.

der Transport von Positionierung oder Sortimentsschwerpunkt sowie ggf. die internationale Anwendbarkeit. Eine gemeinsame Verortung des idealen Namens im Brand Name Grid (Abb. 4.7 oben) mit der Namensagentur ist zur Klärung des strategischen Ansatzes sinnvoll. Oft fallen in direktem Anschluss erste qualitative Studien an, z. B. um Phrasen zu eruieren, mit denen die Zielgruppen den Markt und zugehörige Marktleistungen beschreiben oder Assoziationsstrukturen offenzulegen.

2. *Namenskreation.* Es schließt sich eine Kreativphase an, in der der Dienstleister unter Einsatz diverser Such- und Kreativtechniken möglichst viele oberflächlich geeignete Namen generiert.

3. *Vorauswahl möglicher Markennamen.* Nach dem Kreativprozess findet (getrennt vom oder auch gemeinsam mit dem Auftragnehmer) eine erste Auswahlrunde statt, in der die vorgelegten Namen *auf die gebrieften Anforderungskriterien getestet werden.* Oft wird nach strategischen, sprachlichen, rechtlichen und anwendungsbezogenen Aspekten gruppiert und vorgegangen. Dabei empfiehlt sich eine Priorisierung bzw. Beschränkung der Kriterien, sodass gestuft und somit effizient vorgegangen werden kann. Vorwiegend werden hier Experteneinschätzungen herangezogen werden. Am Ende dieser Stufe sollte eine Shortlist von ca. zehn Namenalternativen stehen.

4. *Eignungs- und Umsetzbarkeitsprüfung* aller vorausgewählten Namen. Die Namen der Shortlist werden dann exakt auf die definierten Anforderungskriterien getestet, wobei verschiedene Verfahren notwendig werden. Die Prüfung absoluter und relativer Eintragungshindernisse für den Markenschutz ist essenziell und sollte daher zum Auftakt erfolgen. Die konsumentenbezogenen Prüfungen (z. B. auf die Merkfähigkeit, Erinnerungswirkung, Akzeptanz, Assoziationsstruktur) kann dabei gut durch unabhängige Marktforschungsdienstleister erfolgen. Ggf. sind internationale Prüfungen/Studien erforderlich.

5. *Namenwahl und Markeneintragung.* Hat ein oder haben mehrere Markennamen die kritischen Testhürden überstanden, kann ausgewählt werden. Ergeben sich keine echten Alternativen, muss der Prozess von neuem begonnen werden; Second-Best-Lösungen sind nicht ratsam. Für den gewählten Markennamen ist sodann die Markenanmeldung vorzunehmen.

Wichtige Einflüsse auf Namenwahl und -strategie
Die Wahl von Markennamen ist von vier Langfristfaktoren (Abb. 4.8) beeinflusst (auch Riezebos 2003, S. 107 f.), zu deren Ausrichtung man sich vor dem Naming-Prozess Klarheit verschaffen sollte.
Größe des Marketing-Budgets: Bei kleinerem Marketing-Budget übernimmt der Markenname oft eine Aufgabe nach dem sog. Joyce-Prinzip[5]. Dies bedeutet, der Imageaufbau erfolgt in weiten Teilen schon aus den Assoziationen, die der Markenname an sich transportieren kann. Der Markenname muss entsprechend so gewählt werden, dass er einen maximalen Beitrag leisten kann. Bei größerem Marketing-Budget kann nach dem sog. Julia-Prinzip agiert werden. Der Markenname wird durch

---

[5]Zum Joyce- und zum Julia-Prinzip vgl. Collins (1977).

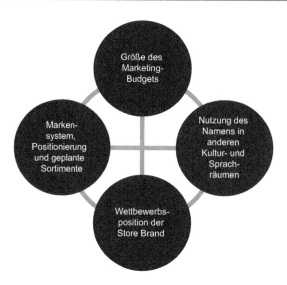

Abb. 4.8 Einflussfaktoren auf Namenwahl und -strategie in langer Frist

zahlreiche andere Kommunikationsmaßnahmen mit bestimmten Assoziationen aufgeladen. Für die Namenswahl bedeutet dies höhere Freiheitsgrade, da im Grunde irgendein Name gewählt werden kann, jedoch ist ein entsprechend hoher Einsatz bei der Markenkommunikation erforderlich, um das Store Brand Image aufzubauen bzw. zu steuern. Daher kann dieses Prinzip auch nur bei großen Budgets erfolgreich angewendet werden. Bei kleinen Budgets hingegen ist es hingegen meist besonders wichtig, den Store Brand Namen adäquat zu wählen (i. d. R. mit hohem Positionierungsbezug). Anders formuliert: Nur bei großen Budgets kann man sich das Julia-Prinzip überhaupt erlauben. Aufgrund des ökonomischen Prinzips sollte allerdings generell nach dem Joyce-Prinzip verfahren werden. Jedoch ist dies nicht immer umsetzbar (z. B. keine Schutzfähigkeit oder hohe Austauschbarkeit) weshalb überhaupt andere Namenstrategien mir geringerem oder ohne Bezug zu diskutieren sind. Jedoch muss Klarheit darüber bestehen, dass dies dann einen höheren Budgeteinsatz für weitere imageschaffende Kommunikation erfordert.

Nutzung des Namens in anderen Kultur- und Sprachräumen: Wird der Markenname in zusätzlichen Ländern eingesetzt oder ist dies geplant, besteht neben der Schutzproblematik insb. die Herausforderung, mit fehlenden, anders ausgerichteten oder für die Positionierung kontraproduktiven Assoziationen eines bisherigen Namens umzugehen. Dies muss bei der Namenwahl beachtet werden. Nicht selten müssen Store Brands aus diesem Spannungsfeld heraus in anderen Ländergruppen andere Namen wählen oder auf Kunstworte als Markennamen zurückgreifen (z. B. COS), die dann entsprechend dem Julia-Prinzip ländergruppenspezifisch mit entsprechenden Imagekomponenten „aufgeladen" werden müssen. Die Internationalisierungsstrategie ist daher ein wichtiger Einflussfaktor für den Store Brand Namen.

Markensystemkonfiguration, Positionierung und geplante Sortimente: Für die Namenswahl ist es außerdem hoch relevant, welche Konfiguration des Markensystems (vgl. Abschn. 3.4) vorgesehen ist und langfristig verfolgt werden soll. Zugehörig sind dabei auch die Markenpositionierungen der Marken im Markensystem sowie die langfristige Planung unter der Store

Brand angebotener Leistungen (speziell Kernsortimente) heranzuziehen. Sollen mittelfristig weitere Sortimente hinzugenommen werden, ist dies für die Namenwahl zu beachten, um zu prüfen ob damit verbundene Assoziationen kompatibel sind. Soll eine möglichst hohe Flexibilität bei möglichen Markendehnungen bestehen, bieten bezuglose Markennamen einen gewissen Vorteil. Dies gilt analog auch bei Markensystemen, die einen eher monolytischen Dachmarkenansatz (branded house) verfolgen. Sieht die Markenstrategie vor, eher Einzelmarken zu führen (house of brands), kann wiederum jeweils gut mit Markennamen mit hohem Sortiments- oder Positionierungsbezug gearbeitet werden.

Wettbewerbsposition der Store Brand: Eine Rolle spielt weiterhin die angestrebte Wettbewerbsposition bzw. die Wettbewerbsstrategie der Store Brand. Wird eine Differenzierungsstrategie oder eine Pionierstrategie verfolgt, sollte schon der Markenname dies unterstützen, indem von ihm entsprechende Assoziationen der Innovativität, Originalität und Neuigkeit ausgehen. Anders bei Anpassungs- oder Folger-Strategien: Hier erscheint es geboten, gerade keine Originalitäts-Assoziationen zu evozieren, sondern mit dem Markennamen möglichst jene Assoziationen aufzugreifen, die mit denen der führenden Store Brand übereinstimmen. Ein solches Angleichen kann auch geschehen, indem man mit dem Namen auf stereotype Assoziationen der Sortimente aufsetzt. Im Extremfall kann man sogar Store Brand-Namen wählen, die im Klangbild oder bei der Schreibweise Ähnlichkeiten zum Marktführer aufweisen. Allerdings bestehen hier rechtliche Grenzen. Ein dritter Weg, um im Sinne eine Anpassungsstrategie zu profitieren, kann darin bestehen, die Erlebniswelt der Referenz-Brand aufzugreifen, indem ein ähnliches Wort aus dieser Erlebniswelt für den Namen herangezogen wird.

Änderung des Markennamens

Nach Riezebos (2003, S. 123 f.) existieren sieben Gründe, weshalb eine Änderung des Markennamens erforderlich sein kann. Diese lassen sich für das Store Brand Management wie folgt interpretieren:

1) Die Assoziationen des Markennamens *schaden* nachhaltig dem Store Brand Value, daher ist der Markenname zu verändern. 2) Die Store Brand soll *neu positioniert* werden, wobei wesentliche Beiträge vom Markennamen ausgehen sollen. Der Ansatz kann auch eine Option sein, wenn sich negative Publicity oder Skandale fest im Markenschema verankert haben und ein „Umlernen" zu langatmig und kostenintensiv ist. 3) Synergien im Markensystem der Store Brand sollen genutzt werden oder Friktionen im Markensystem sollen reduziert werden. Dies geht i. d. R. mit Namensänderungen einher. 4) Die Store Brand soll in andere, zusätzliche Sortimente gedehnt werden und der aktuelle Markenname bindet die Store Brand zu eng an die bisherigen Sortimente, bringt für die neuen Sortimente geringer Potenziale mit oder weist sogar ungünstige Assoziationen für dieses neuen Betätigungsfeld auf. 5) Die Store Brand operiert international. Gerade bei der Internationalisierung von Konzepten kann es in neuen Ländern mit dem bestehenden Namen zu Problemen kommen, bspw. wenn der Name nicht ausgesprochen werden kann, er unerwünschte Assoziationen erweckt oder der Name in neuen Land bereits geschützt ist. Ein anders gelagerter Fall ist der Drang nach einer Namensstandardisierung, wenn das Unternehmen bereits in mehreren Ländern Stores betreibt, jedoch unter unterschiedlichen Markennamen. In diesen Kontexten sind Namensänderungen zu diskutieren. 6) Die Store Brand ist an Fusionen, Aufkäufen oder Kooperationen beteiligt. 7) Es bestehen markenschutzrechtliche Probleme.

Namenänderungen verlangen eine sorgfältige Planung. Insbesondere ist zu entscheiden, ob ein schlagartiger Tausch oder eine Überführungsstrategie mit einer phasenweisen Mehrfachmarkierung gewählt wird, und wie die zugehörige Kommunikation gestaltet wird (dazu u. a. Liedtke 1994; Backhaus und Bieling 2005; Keller 2013).

4.4   Kernelement Logo

Neben dem Markennamen ist das Logo ein sehr gewichtiges Brandingelement. Das Logo ist (meist integriert zum Farbcode) der visuelle Anker des Branding. Es ist ein *grafisches Zeichen* oder eine Zeichengruppe als Erkennungsmerkmal der Store Brand. Da ihm signifikante Bedeutung für die Wiedererkennung, die schneller Ansprache des Store Brand-Schemas und die Positionierungsvermittlung zukommt, ist es auch als Bestandteil des strategischen Designs (dazu Riezebos 2003, S. 131) für eine Store Brand anzusehen.

Oft beinhaltet das Logo den Markennamen in einer gestalteten Umsetzung. Das Logo kann aber generell aus einem oder mehreren grafisch realisierten Buchstaben oder aus einer Kombination von Buchstaben und grafischen Bildelementen oder nur aus grafischen/bildlichen Bildelementen bestehen.

Arten von Logos

Aus der rechtlichen Sicht unterscheidet man in diesem Kontext die Wortmarke (bloße grafische Umsetzung des Markennamens), die Bildmarke (grafisches Zeichen oder Signet) sowie die Wort-Bild-Marke (kombinierte grafische Umsetzung von Markennamen mit einem gestalterischen Element oder Bildelement/Signet). Aus der Brandingperspektive hingegen spricht man von *Schriftlogos* und *Bildlogos* (Esch und Langner 2005). Bildlogos können dem Grunde nach mit Bezug zur Positionierung oder zur Produktkategorie/zum Sortiment, bezugslos oder als visuelle Doppelung zum Markennamen realisiert werden (Esch und Langner 2005). Elemente, die zu einem Logo zusammengefügt werden, werden als Einheit bildlich wahrgenommen und mental als Einheit verarbeitet.

Durch ihren bildlichem Charakter können Logos einen *Erinnerungsvorteil* realisieren. Aus der Gedächtnisforschung ist bekannt, dass Bilder besser als Worte erinnert werden, und dass bildliche, konkrete Reize besser erinnert werden als abstrakte Bildreize (Paivio und Csapo 1971; Paivio 1971 sowie Kroeber-Riel 1993, S. 73 ff. und die dort angegebene Literatur). Übertragen auf die Logogestaltung folgt: Hinsichtlich der Erinnerungswirkung sind Logos besser als bloße Namen.

▶   Das Logo ist das bildliche Erkennungszeichen für die Einkaufsstätte und übernimmt eine wichtige Funktion für die Ansprache des Store Brand-Schemas. Logos bieten aufgrund ihres bildlichen Charakters besondere Vorteile hinsichtlich der Wahrnehmung, gedanklichen Verarbeitung und Erinnerung. Je nach Komponenten eines Logos kann man begrifflich diverse Typen unterscheiden.

Nach Wheeler (2014, S. 49) sind fünf Typen von Logos gebräuchlich, wobei jeder Typus spezifische Vor- und Nachteile mit sich bringt:

- wordmark: Ein frei stehendes Akronym oder der typografisch umgesetzte Name als Logo.
- letterform: Ein gestalteter Buchstabe oder eine gestaltete Abkürzung als Logo.
- pictorial mark: Ein grafisches Element, das den Markennamen inhaltlich visualisiert.
- emblem: Gestaltung, die den Namen mit einem bildlichen Element grafisch fest zu einer geschlossenen Einheit kombiniert.
- symbolic mark: Ein grafisches Symbol, meist abstrakter Natur, also Logo.

Daneben finden sich in der empirischen Realität häufig Kombinationen von wordmarks mit symbolic marks oder pictorial marks. Es ergeben sich damit die in Abb. 4.9 aufgezeigten *wichtigsten Arten von Logos.*

Abb. 4.9   Arten von Logos

Anforderungskriterien an eine gute Logogestaltung

Auch an das Logo sind, wie an Markennamen, bestimmte Anforderungen zu stellen. Dabei sind Nachfolgende hervorzuheben (Esch und Langner 2005; Langner 2013; Hendersen und Cote 1998; Page und Thorsteinsson 2009), die sehr gut als Beurteilungskriterien bei der Bewertung oder Auswahl von Logos herangezogen werden können:

- *Prägnanz:* Das Logo sollte eine geschlossene Gestaltung aufweisen, einen hohen Figur-Grund-Kontrast haben und bei möglichst geringer Komplexität einem hohen Bedeutungsgehalt in einfachen und wenigen Formen transportieren können.
- *Aktivierungswirkung:* Damit das Logo eine hohe Wahrnehmungschance erhält, sollte es mit hoher Aktivierungswirkung ausgestattet sein. Dies bedeutet, dass die Gestaltung mindestens eine der folgenden Techniken aufgreifen sollte:
  – Einsatz von im Umfeld auffällige Farben oder Formen,
  – Nutzung überraschender Elemente oder origineller Gestaltungslösungen,
  – Einsatz emotionaler Reize zur Ansprache von zielgruppenspezifischen, kulturell geprägten oder angeborenen Erlebnisschemata bei den relevanten Zielgruppen.
- *Kategorie-/Sortimentsführung:* Das Logo soll bei den Zielgruppen das relevante Kategorie- bzw. Sortimentsschema aktivieren, damit geeignete Erwartungen gebildet werden.
- *Differenzierungskraft:* Für die Identifizierungs- und Lernwirkung ist es erforderlich, dass sich das Logo leicht von anderen Logos unterscheiden lässt und Verwechslungen möglichst nicht vorkommen. Für ein Beispiel vgl. Abb. 4.10.
- *Attraktivität:* Hiermit ist das Auslösen von Gefallenswirkung und Akzeptanz bei den Zielgruppen angesprochen. Wichtige Aspekte, um dies zu erreichen, sind die Geschlossenheit und Symmetrie der Gestaltung, die Induktion klarer statt diffuser Assoziationen und die strikte Vermeidung von Irritationswirkungen (Gefühl von Abwehr und Störung). Auch die Originalität der Gestaltung kann hier ein Einflussfaktor sein.

Abb. 4.10 Store Brand Logos mit hoher und mit geringer Differenzierungskraft am Beispiel Spielwarenhandel

- *Vertrautheit:* Idealerweise kann das Logo bei den Zielgruppen Gefühle von Vertrautheit wecken.
- *Erinnerbarkeit:* Das Logo soll leicht erlernbar und von den Zielgruppen mit möglichst wenig mentalem Aufwand erinnert werden können. Um dies zu unterstützen, ist einerseits auf eine hohe Aktivierungskraft und Lebendigkeit zu achten und die Prägnanz abzusichern. Andererseits sollte eine möglichst konkrete und eigenständige Gestaltung des Logos bevorzugt werden.
- Vermittlung der *Positionierungsidee:* Das Logo sollte bei den Zielgruppen Assoziationen erzeugen, die mit materiellen oder immateriellen Aspekten der Positionierung korrespondieren (vgl. auch die Befunde von Page und Thorsteinsson 2009). Ein Beispiel liefert der Streetwear-Händler Green Shirts (vgl. Abb. 4.11), bei dessen Logo die Farbe grün und das Bildelement der Linde zur Unterstützung der Positionierung über fair und ökologisch vertretbar produzierte Bekleidung beitragen. Zur Vermittlung positionierungsrelevanter Inhalte (also die Evozierung positionierungsrelevanter Assoziationen, die dann mental mit dem Store Brand Schema verknüpft werden sollen), sind vor allem bildliche Elemente sowie die Formen- und Farbsprache wichtige Parameter. Letztlich ist dennoch stets das Gesamtbild des Logos entscheidend.

    Dieses Kriterium setzt allerdings voraus, dass eine Positionierung formuliert ist. Ob man diesem Kriterium folgt, hängt zudem davon ab, wie breit die Positionierung angelegt ist (vgl. auch unten) und ob man ein Logo tatsächlich bereits langfristig an bestimmte Inhalte knüpfen kann.
- *Konkretheit:* Konkrete Logos sind hinsichtlich der Lern- und Erinnerungsleistung besser als abstrakte Logovarianten. Esch und Langner (2005) empfehlen daher die Verwendung konkreter Bildlogos.
- *Umsetzbarkeit:* Da das Logo in diversen Medien und Kontaktpunkten einzusetzen ist, ist zu prüfen, ob es sich z. B. hinsichtlich Skalierbarkeit, Strichstärken, Farben, Komplexität, Raumbedarf, Zuschnitt tatsächlich vielfältig realisieren lässt. Vor dem Hintergrund einer Multi-Kanal-Realität vieler Händler muss ein Logo bspw. tadellos in Online-Medien, auf Printprodukten (wie Katalogen) oder an Fassaden (bei Läden) umsetzbar sein.

Abb. 4.11   Beispiele für Logos mit Positionierungswirkung

„A logotype or a symbol should express the fundamental essence of an organization or a product or a service – the visual manifestation of its nature, its aspirations, its culture, its reason for being" (Bart Crosby, Gründer Crosby Associates, zitiert nach Wheeler 2014, S. 145).

Die Vielzahl von Anforderungen, die simultan an eine gute Logogestaltung zu stellen sind, beinhaltet zum Teil *konfliktäre* Ansprüche. Dennoch sind sie in Ihrer Gesamtheit bedeutsam. Denn: Durch das Austarieren verschiedener Blickwinkel können möglichst gut geeignete Logos entstehen. Aus Brandingsicht gute Logogestaltungen wiederum sind das A und O, damit das Store Branding effektiv wird. Schon hier wird deutlich, dass ein gutes Logo i. d. R. erst einem *längeren* Entwicklungsprozess mit diversen Rückkoppelungen und Prüfungen entspringt. Um im Entwicklungsprozess die einzelnen Kriterien pro Logo zu bewerten, kann an vielen Stellen systematisch mit *Expertenurteilen* gearbeitet werden. Bei einigen Kriterien (z. B. Assoziationswirkungen, Sortimentsführung) sind jedoch *Tests* mit Zielgruppen unumgänglich.

▶ Das Store Brand-Logo kann nach marketing-fachlichen Kriterien systematisch beurteilt werden. Diese Kriterien können auch als Anforderungen bei der Logoentwicklung verstanden werden. Eine intuitiv-gefühlsmäßige Beurteilung und Auswahl von Logos ohne spezifische Expertise hat mit moderner Brandingentwicklung nichts zu tun.

Überblick über Gestaltungsparameter von Logos
Die zentralen Gestaltungsparameter für ein Store Brand Logo sind in nachfolgender Tab. 4.1 zusammengestellt[6]. Ihre Kenntnis ist hilfreich, um Logogestaltungen fachlich angemessen diskutieren zu können.

Typische Probleme mit Logos aus Brandingsicht
Abstraktheit und Assoziationsschwäche, geringe Differenzierungskraft sowie Stereotypizität und Trendbezogenheit bei der Umsetzung sind häufige Probleme bei der Realisation von Markenlogos (Esch 2014, S. 326 ff.). Sie führen dazu, dass Logos ihre wichtigen Aufgaben für das Branding nicht optimal erfüllen. Hinzu kommt, dass Logos häufig derart gestaltet sind, dass eine beabsichtigte Induktion bestimmter Assoziationen nur bei aktiver, intensiver Auseinandersetzung der Adressaten mit dem Logo gelingt. Dies entspricht jedoch kaum den realen Bedingungen. Die Adressaten sind i. d. R. wenig involviert und nehmen ein Logo beiläufig und passiv wahr, wobei es zu extrem kurzen Betrachtungszeiten kommt. Die Logogestaltung muss also so erfolgen, dass auch unter diesen Bedingungen die Ziele (vgl. Anforderungen oben) möglichst gut erreicht werden.

---

[6]Aus der Basis von Schneider und Pflaum (2003, S. 469 ff.), Esch und Langner (2005, S. 615 ff.), Böhringer et al. (2008) sowie Bann (2011).

Tab. 4.1 Parameter der Logogestaltung

Parameter	Subparameter	Beschreibung
Farbeinsatz	Farbton	Der Farbton bezeichnet die Grundfarbempfindung (z. B. blau), wird nach Farbwerten beschrieben und kann nach den Bestandteilen von Grundfarben exakt bezeichnet werden. Farbtöne können in Sättigung und Helligkeit variieren. Der Farbton beeinflusst wesentlich die Aktivierungskraft. Farbtöne haben zudem eine kulturbezogene Symbolik. Auch sind Farbtöne mit spezifischen Assoziationswirkungen ausgestattet
	Farbsättigung	Die Sättigung drückt die Reinheit der Farbwirkung unabhängig von der Helligkeit aus. Im Farbraum kann sie als Abstand von der Unbunt-Achse angesehen werden. Sie beeinflusst stark die Gefallens- und Erregungswirkung einer Farbe
	Farbhelligkeit	Die Helligkeit beschreibt, wie eine Farbe auf dem Hell-Dunkel-Spektrum wahrgenommen wird. Damit erfasst sie die Stärke der Lichtreflexion eines farblichen Körpers. Sie beeinflusst die Gefallenswirkung von Farben und steuert die mit Farben verbundenen Assoziationen
	Farbkontraste	Farbkontraste beziehen sich auf den gezielten Einsatz des Zusammenspiels von aneinander grenzenden Farben, um zu akzentuieren, zu lenken oder um bestimmte Assoziationen auszulösen. Farbwirkungen können durch Kontraste gesteigert oder auch geschwächt werden. Die Farbkontraste erfassen, inwiefern im Vergleich zwischen zwei oder mehreren nebeneinander liegenden Farben deutlich erkennbare Unterschiede wahrnehmbar sind. Es werden verschiedenen Grundtypen von Farbkontrasten unterschieden (z. B. Qualitätskontraste, Farbe-an-sich-Kontrast, Hell-Dunkel-Kontrast)
Formeinsatz	Symmetrie	Eine Gestaltung ist symmetrisch, wenn diese so aufgebaut ist, dass sich ihr Gesamtbild aus einer Punkt- oder Achsenspiegelung einzelner Teile ergibt. Im weiten Sinne wird damit auch eine gut proportionierte, maßvolle, harmonische Gestaltung bezeichnet. Symmetrische Gestaltungen haben Vorteile bei der gedanklichen Verarbeitung, Erinnerung und der Gefallenswirkung
	Formqualität	Die Formqualität bezieht sich auf die Konturen der Gestaltung und lenkt maßgeblich Assoziationen zu und Reaktionen auf Gestaltungen. Grob können z. B. runde und eckige, geometrische und organische, klare und zerfließende Formen differenziert werden

(Fortsetzung)

Tab. 4.1 (Fortsetzung)

Parameter	Subparameter	Beschreibung
	Geometrische Grundstrukturen	Lassen sich Gestaltungen leicht in geometrische Grundstrukturen zerlegen, so zeigen diese bessere Verarbeitungs- und Erinnerungseffekte. Dieser Subparameter beurteilt, inwieweit eine solche Zerlegung leicht gelingt
	Formbeziehungen	Formbeziehungen entstehen durch die Anordnung von Formen auf einer Grundfläche bzw. durch die Wechselwirkung der Formanordnung. Sie entscheiden wesentlich über Wirkung und Ausdruck. Beispielsweise Schwerpunktbildungen und Dynamik werden stark von ihr geprägt
Komplexität		Die Komplexität einer Gestaltung erfasst die beinhaltete Anzahl unterscheidbarer Elemente sowie ihre Unähnlichkeit. Je mehr Elemente enthalten sind und je unähnlicher diese sind, desto komplexer ist die Gestaltung. Zu komplexe Gestaltungen wirken negativ auf Aktivierungs- und Erinnerungswirkungen. Komplexität kann auch als Gegenteil zur Ordnung in einer Gestaltung beschrieben werden
Figur-Grund-Kontrast		Der Figur-Grund-Kontrast charakterisiert, inwieweit sich das gestaltete Element (Vordergrund, Figur) von seiner Umgebung (dem Grund) abhebt. Umso höher der Figur-Grund-Kontrast, umso besser kann ein Logo an sich wahrgenommen werden. Er wird u. a. durch den Einsatz von Farbkontrasten, Formkontrasten oder Helligkeitskontrasten gesteuert
Gestaltfestigkeit/ Geschlossenheit		Dieser Parameter erfasst, inwiefern ein gestaltetes Element als eine Einheit wahrnehmbar ist. Wenn dies erfüllt ist, spricht man von gestaltfestem oder geschlossenem Design. Geschlossene Objekte werden einfacher aufgenommen und erinnert. Besteht beispielsweise ein Logo aus einem Bildelement und einem Wort, so entscheiden u. a. der Abstand zwischen diesen Elementen sowie ihre Anordnungsqualität zueinander darüber, inwiefern sie als eine Einheit wahrgenommen werden. Jede Gestaltung sollte es ermöglichen, dass sich eine insgesamt möglichst einfache, gut gruppierte Struktur ergibt
Typografie		Wenn im Logo Worte enthalten sind (z. B. bei Schriftlogo-Kombinationen), sind diese nach typografischen Kriterien zu gestalten und zu integrieren. Dabei sind insb. Lesbarkeit und Assoziationswirkungen von Schrifttypen zu beachten

(Fortsetzung)

Tab. 4.1 (Fortsetzung)

Parameter	Subparameter	Beschreibung
Bildliche oder bildhafte Inhalte		Werden bildliche oder bildhafte Elemente integriert, ist dies i. d. R. vorteilhaft für die Erinnerungswirkung der Gestaltung und einen schnellen Transport bestimmter grober, eindimensionaler Bedeutungen. Präzise ist jedoch der Bedeutungs-, Symbol- oder Assoziationsgehalt zu klären

Parameter der Logogestaltung

▶   Zu vermeiden sind austauschbare oder stereotype Logo-Lösungen. Zudem sollte das Verständnis beim flüchtigen Betrachter eher pessimistisch bewertet werden, denn dieser bringt dem Logo i. d. R kein Involvement entgegen, verarbeitet also rein passiv. Kein (potenzieller) Kunde verfasst zunächst eine Design-Interpretation, bevor er den weiteren Kontakt mit dem Store eingeht. Wenn eine spezifische Store Brand Positioning vorliegt, sollten konkrete und bedeutungsstarke Logos präferiert werden. Auf hohe Differenzierungskraft ist zu achten.

Es wird empfohlen, das Logo mit dem Namen sowie den weiteren Brandingelementen *integriert* zu entwickeln (Langner 2013). Dabei sollte die Kompetenz und hohe Verantwortung für ein wirkungsvolles Branding nicht an externe Gestalter abgegeben werden. Diese sind wichtige Partner für die Kreation, die markenstrategische Führung ist jedoch beim zentralen Store Brand Management zu sehen. Entsprechend muss bei diesen Managementpositionen ein solides Wissen zur Markenpsychologie zum Handwerkszeug gehören.

▶   Die Gestaltung der Brandingelemente dreht sich nicht um die Frage, was man mag oder nicht mag, sondern welche Gestaltung die Brandingfunktionen optimal erfüllt.

4.5   Das Zusammenspiel mit weiteren Branding-Elementen bei Stores

Als weitere Elemente des Store Branding sind Farbcodes, Formen, Schrifttypen, Ladendesign, Bildstile, Sekundär-Stilelemente, Sound und Animation von Belang. Damit sich ein stimmiges Gesamtbild ergibt, sollten sie *im Zusammenspiel* mit Namen und Logo entwickelt werden.

Die Forderung nach einer integrierten Erarbeitung begründet sich aus den Erkenntnissen zur Ganzheitlichkeit und Multimodalität der Wahrnehmung (Bertelson und de Gelder 2004; Arnheim 1977; Rock und Palmer 1990; Palmer 1990) und den gedächtnistheoretischen Grundlagen Integrierter Kommunikation (dazu die Hinweise bei Thurston und Moore 1996; Esch 2011 oder Stacks und Salwan 2009).

▶   Das Branding wirkt immer ganzheitlich. Auf die Gesamtwirkung aller Einzel-
     elemente kommt es an.

Brand Design

Das ganzheitliche Durchdenken und das aufeinander abgestimmte Entwickeln von Brandingelementen sind essenzielle Prinzipien des *Brand Design*. Brand Design ist ein sorgsam zu planendes Mittel der visuellen Identität von Brands sowie der damit verbundenen
Assoziations- und Beeinflussungswirkung für die Zielgruppen. Kapferer (1992, S. 32)
versteht es im Sinne einer logischen Verlängerung der Brand Positioning (bei ihm: Identity). Wenn das Brand Design seine Aufgaben gut erfüllt, kann es der übrigen Kommunikation (insb. Werbung) einen bedeutsamen Teil der Konditionierungsaufgabe für die
Schaffung von Brand Assets abnehmen.

„The best identity designers have a strong understanding of how to communicate effectively
through the use of signs and symbols, a keen sense of form and letterforms, and an understanding
of the history of the history of design" (Hans-U. Allemann, Mitgründer von Allemann, Almquist &
Jones, zitiert nach Wheeler (2014, S. 145)).

Ein gelungenes Brand Design bzw. ein stimmiges und zielbezogen entwickeltes Store
Branding entfaltet sowohl unternehmensinterne wie externe Wirkungen, die wiederum
der Erreichung der Unternehmensziele dienen (Abb. 4.12).

    In Richtung der *externen* Zielgruppen unterstützt ein wirksam aufgestelltes Brand
Design insb. die Imagebildung, die Erreichung der relevanten Zielgruppen sowie die
Übertragung der wesentlichen Brand-Eigenschaften. Davon sind positive Effekte auf die
Zufriedenheit und Bindung bei den Kunden zu erwarten, ebenso wie von Identifikations-
effekten, die vom Brand Design an sich ausgehen.

    Intern wirkt das Brand Design positiv auf Motivation und Loyalität, auch bedingt
durch die Klarheiten, die von Designregeln ausgehen. Generell übernehmen die Mitarbeiter bzw. die internen Zielgruppen eine essenziell wichtige Funktion als Vermittler der
Brand (dazu Kap. 6). Daher ist die innen gerichtete Funktion von Brand Design keinesfalls zu unterschätzen. Etablierte Design-Regeln verbessern zudem die Kommunikation
sowie die Informationsflüsse, machen Prozesse schneller und verringern fehlerbedingte
Korrekturschleifen. Diese Effekte haben zusammengenommen vorteilhafte Wirkung auf
die Kostenseite bei i. d. R. simultaner Etablierung wichtiger Qualitätsstandrads. Durch
schnelleres, fehlerfreies Arbeiten und einer verbesserten Kommunikationsleistung ergeben sich zudem positive Auswirkungen auf den externen Kommunikationserfolg.

    Somit tragen interne wie externe Wirkungspfade in ihrem Zusammenspiel zur
Zielerreichung auf *Unternehmensebene* bei. Roy und Potter (1993) fanden bei einer
Untersuchung im UK-Markt, dass sich 90 % der implementierten Design-Projekte wirtschaftlich vorteilhaft darstellten (bei einer durchschnittlichen Amortisationszeit von
15 Monaten).

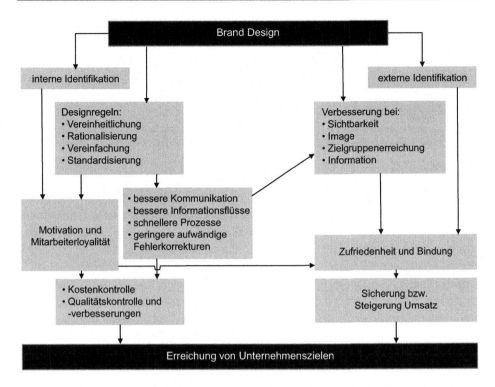

Abb. 4.12 Denkrahmen zur Wirkung von Brand Design. (Quelle: In Anlehnung an Roizebos 2003, S. 135)

Weitere Brandingelemente

Im Zusammenspiel mit Logo und Markennamen kann im Wesentlichen aus folgenden weiteren Brandingelementen das visuelle Gesamtbild, das ganzheitliche Branding entwickelt werden[7]:

Farbcodes (Hausfarben)

Dies betrifft die Wahl einer oder mehrerer Grundfarben sowie die Definition ihres Verhältnisses zueinander. Beispielsweise arbeitet Sport Scheck dominant mit orange, Würth mit rot, Lidl mit der Kombination blau-gelb, Deichmann mit grün. Die Entscheidung für einen Farbcode sollte eng an den Branding-Gütekriterien ausgerichtet werden.

Farben werden noch vor Formen und Inhalten wahrgenommen und interpretiert. Sie sind daher ein wichtiger Schlüssel für die Identifikation der Store Brand sowie die blitzartige der Assoziations- und Emotionsvermittlung. Jedoch ist der Kanon reduziert, da im

---

[7]Wertvolle Hinweise zum Management eines Brandingprozesses finden sich z. B. bei Wheeler (2014, S. 102 ff.)

wesentlichen nur Grundfarben bzw. eine beschränkte Auswahl von Kombinationen sinn-voll und für den Kunden differenzierend eingesetzt werden kann. Die spezifischen Asso-ziationswirkungen[8] oder eine kulturelle Symbolik der Farbtöne sind besonders für die Positionierungswirkungen relevant. Zudem werden Farben auch nach der Farbtemperatur unterschieden. So zählt Orange als warme Farbe, während Blau und Grün kalte Farben sind. Farbtemperatur und andere Parameter wie Sättigung sind wichtig für die Gefallens-wirkung – aber auch die Aktivierungswirkung So führen nach Smets (1975) Gelb und Rot zu einer höheren Aktivierung bei Adressaten als Grün oder Lila. Vgl. auch die Aus-führungen zur Farbe in Tab. 4.1.

Definierte Farbcodes sollten für eine effektive und effiziente Brandingwirkung kon-sistent über alle Kontaktpunkte eingesetzt werden. Dies stellt in der Praxis oft eine große Herausforderung dar. Zu beachten ist dabei, dass Kommunikationskontakte zahlreich via Online-Medien stattfinden und Farben somit auch hier konsistent darstellbar sein müs-sen.

Formen (Shape)

Der Formbegriff im Kontext des Branding kann verstanden werden als die zweidimen-sionale Abgrenzungsgestalt von genutzten Elementen, die einem einheitlichen Muster folgen sollten. Dabei ist stets die Außenform relevant, wenn es sich um zusammenge-setzte Elemente handelt (Espe und Krampen 1986). Man unterscheidet geometrische Formen (Kreise, Ovale, Dreiecke, Rechtecke etc.) von organischen Formen, die natür-liche, weniger klar definierte Grenzen aufweisen (z. B. eine Wolke, eine Wurzel). Von der Formensprache gehen bestimmte Assoziationswirkungen aus, die im Sinne des Bran-ding nutzbar gemacht werden können. So sind bspw. spitzwinkelige Formen mit Mäch-tigkeit und Aktivität assoziiert, während runde Formen eher passiv und schwach wirken (Espe und Krampen 1986, S. 72 ff.). Ebenso kann die Wahl der Formen für die anderen Branding-Anforderungen genutzt werden (z. B. für eine hohe Eigenständigkeit). Als ver-deutlichende Beispiele kann man sich die Fashion-Händler Uniqlo und Monki anschauen (Abb. 4.13). Uniqlo wählt klare Formen sowie Aufteilungen mit hohem Symmetriegrad und kombiniert mit Rot und dominantem Weiß. Monki hingegen kombiniert verspiel-tere Formen (z. T. mit Stilelementen von Manga). Schwarz liegt in hohen Anteilen vor und wird mit vielen knalligen Farben kombiniert. Insgesamt zeigen sich die Formen bei Monki vielfach variabler als bei Uniqlo, obgleich beide ein charakteristisches Gesamt-bild erzeugen.

Bei einem Schwerpunkt in Sozialen Medien oder bei Onlineshops kann die Nutzung der Formensprache für das Branding eingeschränkt sein, da hier vorgegebene Raster beachtet werden müssen. Vgl. auch die Ausführungen in Tab. 4.1.

---

[8]Zur vertiefenden Betrachtung vgl. Heller (2004) sowie Adams und Osgood (1973).

Abb. 4.13   Formensprachen von Uniqlo und Monki

Typografie

Auch die eingesetzte Schriftart bzw. die Kombination gestalteter Lettern ist für die Brandingwirkung bedeutsam. Dabei muss die gewählte Schriftart („Hausschrift") nicht zwingend die Schrift, die im Logo eingesetzt wird, replizieren, sondern muss diese vielmehr sinnvoll ergänzen.

Die Schriftfestlegung im Rahmen des Branding ist eine kniffelige Aufgabe. Sie verlangt solides Wissen über die Möglichkeiten sowie auch typografische Expertise. Vor allem die Anwendungsmöglichkeit (Funktionalität) von Schriften variiert dramatisch nach der Schriftart, sodass die große Bandbreite von Einsatzfeldern (Kartonagen, Schriftzüge, Werbematerial, Online-Ads, Online-Shop, …) sorgfältig durchzuprüfen ist. Die Schriftart muss diese Flexibilität zulassen und sollte dennoch möglichst einfach zu handhaben sein. Gute Lesbarkeit und hohe Klarheit der Schrift sollte als Grundanforderung verstanden werden.

Beiträge zur Positionierung sind auch über die Typografie als Brandingelement
möglich, indem Schriftlösungen gewählt werden, die bei den Zielgruppen mit positionierungskonformen bzw. -unterstützenden Assoziationen oder entsprechenden emotionalen Reaktionen verbunden sind. Entsprechende Erörterungen und Studien sind z. B. bei
Childers und Jass (2002), Henderson et al. (2004), Tantillo et al. (1995), Spaeth (1999)
oder Grohmann et al. (2013) zu finden.

Zusammenfassend: Im Speziellen sollte die gewählte Schrift die Positionierung
reflektieren, gut lesbar und mit dem Logo kompatibel sein, für die gesamte notwendige
Anwendungsbreite und in zahlreichen Größen nutzbar, mit Farb- als auch mit Schwarz-
Weiss-Kontexten verträglich sein, sich von Wettbewerbern unterscheiden und langfristig einsetzbar sein (auch Rögener et al. 1995; Esch 2014, S. 323 sowie Wheeler 2014,
S. 155). Mit Blick auf die Kosten ist zu empfehlen, die Zahl der zulässigen Schriftfonts
klar zu begrenzen, da die eingesetzten Schriften i. d. R. lizenziert oder als Schriftfamilie
völlig neu entwickelt werden müssen.

Store-Design und Visual Merchandising[9]

Beim Store Branding muss auch das *Store-Design* in Verbindung mit dem *Visual Merchandising* (VM) als ein wichtiges Branding-Element verstanden werden. Diese Besonderheit des Handels-Kontextes ergibt sich aus der Tatsache, dass stationäre Läden wie
auch Onlineshops im Handel sehr wesentliche Kontaktpunkte für die Zielgruppen darstellen, bei denen zudem mit multimodalen Reizkonstellationen gearbeitet werden kann.
Somit sind einerseits starke Effekte auf Aufmerksamkeit und Kontakt sowie Imagebeeinflussung möglich, andererseits bestehen damit besonders gute Möglichkeiten, für den
Store einen einzigartigen Charakter zu prägen.

Von der Inszenierung der Verkaufsumgebung und der Waren gehen folglich starke
Impulse aus, um die eigene Marktleistung aus einer Menge gleichartiger Angebote herauszuheben und das eigene Angebot *identifizierbar* zu machen. Ladendesign und VM
übernehmen diesbezüglich im Handel eine besondere Funktion, auch in Bezug auf den
Transport positionierungsbezogener Imageinhalte. Sie übernehmen Brandingaufgaben,
wenn sie zu einem charakteristischen *Stilelement* werden. Nicht zuletzt deswegen werden sie als ein integraler Bestandteil erfolgreicher Handelssysteme angesehen (Conran
1996).

Beispiel: Der Fashion-Store Hollister hat eine eigene Charakteristik für seine Läden
entwickelt, die sich dramaturgisch-ganzheitlich auf das äußere wie innere Erscheinungsbild erstreckt und dabei intensiv mit mehreren Sinnen der Besucher arbeitet: Die
Gestaltung nimmt die Atmosphäre und stilisierte Bildwelt kalifornischer Beach-Hütten
auf, posierende Models zeigen sich mit viel nackter Haut, im Innenraum ist es untypisch

---

[9]Dazu auch die umfänglichen Ausführungen in Kap. 5 unter dem Blickwinkel Ausdrucksformen.

dunkel mit starken Lichtakzenten, laute Klubsounds sind im Einsatz und auf der gesamten Verkaufsfläche ist ein typischer, intensiver Duft zugegen. Diese Ladengestaltung resultiert in einer klaren Abgrenzung von anderen Mode-Konzepten sowie zu einer hohen Wiedererkennung, auch wenn Logo oder Store Brand Name nicht sichtbar wären.

Dass der Store-Inszenierung eine markenprägende Dimension aufweist, aber auch im Sinne der Store Branding-Ziele wirksam genutzt werden kann, klingt auch in den konzeptionellen Überlegungen sowie Beispielen bei bspw. Ailawadi und Keller (2004), Riewoldt (2002), Kent (2003), Kent und Stone (2007) oder Nistorescu und Barbu (2008) an.

Sound

Aufgrund der stetig anwachsenden Möglichkeiten, Kontaktpunkte auch auditiv zu gestalten, rückt Sound als Branding-Element immer mehr in den Fokus[10]. Gerade im Online-Bereich sind Töne, gesprochene Worte sowie Musik immer selbstverständlicher. „Nichts ist so nackt wie eine Website ohne Sound" könnte man heute sagen.

Sound kann für das Branding vor allem durch Jingles, akustische Signale und Effekte, Sprache sowie Musik operational gemacht werden. Auch Sound ist integrativ zum restlichen Branding-Gesamtbild zu entwickeln, wobei Sound und visuelle Eindrücke komplementär aufgefasst werden sollte. Dadurch kann die emotionale Wirkung oder das Markenerlebnis intensiviert werden. Generell wird davon ausgegangen, dass z. B. Musik besonders direkt auf emotionale Reaktionen wirkt, dieses wenig gedanklich kontrolliert abläuft und zum Teil auch kultur- und sprachübergreifende Effekte vorliegen (Juslin 2001; Blood und Zatorre 2001; Juslin und Västfjäll 2008; Trainor und Schmidt 2003).

Animationen

Ebenso sind markentypische Animationen im Zeitalter bewegter Bilder einer Online-Welt als ein mögliches Brandingelement zu sehen. In diesem Kontext werden darunter kurze Animationen verstanden, die Logos oder Teilen von Logos (z. B. Symbolen) Bewegung oder in Sequenzen verleihen. Dadurch können besonders gut Kernideen der Positionierung transportiert, Aufmerksamkeit und Differenzierung geschaffen und Gefallen und Sympathie erzeugt werden. Diese Möglichkeiten sind bei Store Brands bislang zwar kaum anzutreffen, werden aber sicher ihren Platz als Brandingelement finden. Beachtet werden muss, dass die animierten Versionen auf eine solche Weise voll integriert und kompatibel zu den ursprünglichen Form- und Logoelementen benutzt werden, dass die Bewegtheit die Brandingziele tatsächlich unterstützt und die Sore Brand nicht etwa trivialisiert. Animationen können aufgrund ihres Charakters nur in bestimmten Kommunikationskanälen benutzt werden, weshalb die Stimmigkeit zum in anderen Kanälen nutzbaren Logo besonders wichtig ist.

---

[10]Siehe z. B. die Betrachtungen bei Westermann (2008) und Moosmayer und Melan (2010) sowie das wachsende Feld des Sound-Branding.

Spezifisch zu beachtende Punkte werden in den *Animation Principles* (Wheeler 2014, S. 159) zusammengefasst:

- Essential: Jede Gestaltungsentscheidung muss begründet erfolgen. Jedes nicht-essenzielle Element der Animation ist zu eliminieren.
- Strategic: Die Animation muss die Erreichung der Brandingziele unterstützen und dem Brand Value dienen.
- Hamonious: Die visuelle Sprache der Animation ist aus der visuellen Sprache des Brandings heraus aufzubauen.
- Communicative: Die Animation soll eine Geschichte erzählen. Dramaturgie ist zu beachten.
- Resonant: Die Bewegung der Bilder erlangt ihre Stimmung und den emotionalen Gehalt vor allem durch den Rhythmus, Geschwindigkeit und die Bildübergänge. Diese Besonderheit ist zu berücksichtigen, um Stärken der Animation zu nutzen.

„Animation can explain whatever the mind of man can conceive" (Walt Disney).

Integriertheit bei vielen Möglichkeiten

Die Ausführungen konnten zeigen, dass neben dem Markennamen und dem Logo eine Reihe von weiteren Brandingelementen verfügbar ist. Das Store Brand Management steht daher vor der Herausforderung zu entscheiden, welche davon mit welcher *Bedeutung Bestandteil* des Store Branding sein sollen.

▶   Das Store Brand Management muss definieren, welche Brandelemente mit
       welcher Bedeutung Bestandteil des Store Branding sein sollen.

Und nochmals: Alle Brandingelemente müssen *im Zusammenspiel entwickelt* werden, sodass sich über alle Kontaktpunkte bei den relevanten Zielgruppen ein stimmiges Gesamtbild ergibt, welches die Brandingziele umsetzt (Abb. 4.14).

Integriertes Redesign der Markierung beim Jagd- und Modehändler Frankonia

Das 1908 gegründete Handelsunternehmen Frankonia ist Teil der Otto group und in Deutschland Marktführer im Bereich Jagd und Sportschießen. Unter dem gleichen Markennamen bietet der Händler auch hochwertige Mode-Sortimente an. Das Unternehmen verfolgt ein Multichannel-Vertriebskonzept mit stationären Handelsgeschäften, Onlineshop, Kataloggeschäft sowie Großhandel. 2009/2010 wurde das evolutionär gewachsene Store Branding systematisch überprüft, modernen Erfordernissen angepasst und um Elemente erweitert, auch um der verfolgten Dachmarkenstrategie für mehrere Vertriebslinien gerecht zu werden. Dabei wurde der bisherige Markenname als fix aufgefasst. Die weiteren Elemente (speziell Farbwelten, Bilderwelten, Schrift, Symbole und Formen) als auch das Branding-Gesamtbild wurden unter strenger Berücksichtigung von Zielgruppenerwartungen, Store Brand Positioning und den Branding-Auftritten von Wettbewerbern anhand der Branding-Gütekriterien entwickelt. Entstanden und umgesetzt worden ist eine integrierte Brandinglösung wie in Abb. 4.15 dargestellt.

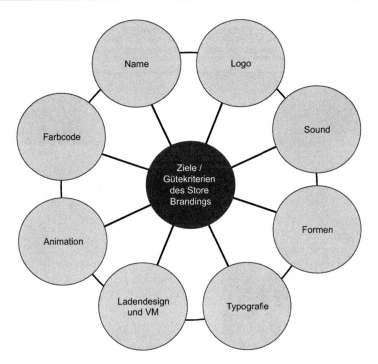

Abb. 4.14   Integrierte Ausrichtung des Store Branding

4.6   Ausmaß der Positionierungsvermittlung

Nicht immer muss das Branding eine Positionierungsvermittlung erreichen. Auch die Spezifizität, mit der eine Positionierungsidee für das Branding aufgegriffen wird, kann in unterschiedlicher Ausprägung ideal sein.

Die durch das Branding zu erreichenden Effekte bei den Zielgruppen müssen letztendlich in Abhängigkeit von verfolgten strategischen Entscheidungen betrachtet werden. Dies kann man sich an folgender Kausalkette verdeutlichen: Strategische Rahmensetzungen der Markenstrategie prägen, welche Entscheidungen hinsichtlich der Branding-Gestaltung zielführend sind. Eine gewählte Branding-Gestaltung erzeugt dann wiederum bestimmte Effekte bei den Zielgruppen (Abb. 4.16).

Der strategische Rahmen (Brand Strategy Configuration) beinhaltet Aspekte wie:

- die horizontale Markenstrategie, also der Rahmen, den bspw. eine Dachmarken- oder Einzelmarkenstrategie vorgibt,

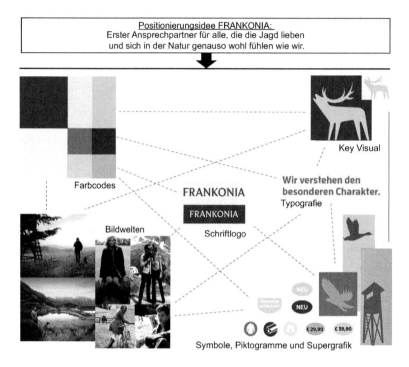

Abb. 4.15 Integrierte Brandinglösung bei Frankonia

- die gewünschte Verbindung von Brands über verschiedene Hierarchieebenen, die der Store Brand zugewiesene Rolle und resultierend die Breite der gewählten Store Brand Positioning,
- angestrebte Freiheitsgrade für Weiterentwicklungen der Store-Brand.

Die Brand Strategy Configuration legt also indirekt fest, welche Zielgruppeneffekte hinsichtlich

- Positionierungsvermittlung,
- Anbindung der Store Brand an Sortimente/Kategorien und der
- Verbindung der Store Brand zu anderen Marken in einem Markensystem

anzustreben sind. Eine Branding-Gestaltung wäre nun so darauf anzupassen, dass die gewünschten Effekte unterstützt werden. Es ist also zu erörtern, welche Branding-Gestaltungen bei bestimmten strategischen Konstellationen relevant sind.

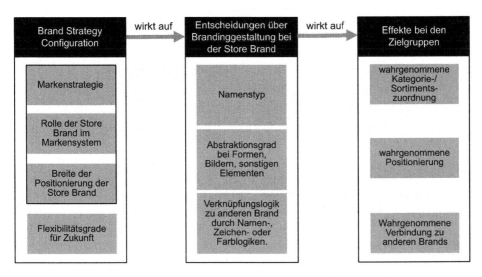

Abb. 4.16 Zusammenhang von Einflussgrößen, Gestaltungsparameter und wahrnehmbaren Effekten beim Branding im Kontext Markensysteme

Aspekte der Brand Strategy Configuration als Entscheidungsparameter
Markenstrategie.
Eine eindimensionale Markenstrategie kann im Wesentlichen als Einzelmarken-, oder Gruppierungsstrategie ausgeprägt sein (Redler 2012, S. 119 f.). Bei einer *Einzelmarken-*
strategie wird jede Leistung eines Unternehmens als eine eigene Marke geführt (Becker 2005), jeder mit dem Markenmolekül spezifizierte Store bekäme also eine eigene Store Brand. Dadurch kann eine klare Profilierung für jede Store Brand erreicht werden, und Zielgruppen können sehr treffsicher angesprochen werden. Andererseits ergeben sich keine Synergien hinsichtlich der Zielgruppenbearbeitung, und jeder Store muss die gesamten Markenführungskosten (bei manchmal kurzen Lebenszyklen) für sich tragen. Die Komplexitätskosten steigen zudem. Kleine Segmente können dabei oft nicht wirt-schaftlich bedient werden.

Die *Gruppierungsstrategie* hingegen fasst Leistungen eines Handelsunternehmens unter einer Brand oder mehrere Brands zusammen. Die übergeordnete Brand stellt dann jeweils die *Dachmarke* zu den untergeordneten Brands dar. Im Extremfall sind alle Leis-tungen eines Handelsunternehmens unter einer einzelnen Store-Dachmarke angeordnet („klassische Dachmarkenstrategie"). Existieren mehrere Gruppierungen, so spricht man von sog. *Familienmarken* (Becker 2005). Die Vorteile der Gruppierungsstrategie liegen in der Nutzung von Synergieeffekten. Zum einen partizipieren alle gruppierten Brands am segmentspezifischen Store Brand Image. Zum anderen tragen damit mehrere Brands den erforderlichen Marketingaufwand gemeinsam. Dadurch wird auch die Bearbeitung kleinerer Segmente eher wirtschaftlich. Die Store Brands können zudem gegenseitig von Transfereffekten profitieren. Allerdings muss die Positionierung der Marken breiter, runder, ausfallen, weil sie unterschiedlichen Leistungen und Segmenten gerecht werden muss. *Dies hat Effekte auf die Branding-Gestaltung.*

▶   Einfluss der Markenstrategie: Bei einer Einzelmarkenstrategie kann das Branding auf den Transport spezifischer positionierungsrelevanter Assoziationen ausgerichtet werden. Bei einer Gruppierungsstrategie ist eine Lösung zu finden, die mehreren Zielgruppen und/oder Segmenten gerecht wird, weshalb meist eine breitere Positionierung zu vermitteln ist.

Rolle der Store Brand im Markensystem

In Markensystemen erhalten Brands klare Rollen. Dies bedeutet, dass aus strategischer Sicht festgelegt wird, welche Beziehung sie zu den anderen Marken im System haben und welche Produkt-Markt-Beziehungen sie jeweils bedienen sollen. Solche Rollen haben zum einen Auswirkungen auf die Positionierung (vgl. oben), zum anderen definieren sie, welche Verbindungen zwischen Brands in welchem Ausmaß wahrnehmbar sein sollen. Fungiert z. B. eine Store Brand gleichzeitig als Dachmarke zu anderen Store Brands, so ist im Branding eine wahrnehmbare Verbindung zwischen diesen Store Brands zu schaffen. Dies ist bspw. bei der Store Brand Rewe so zu sehen, die als Dach für die Brands Rewe ToGo, Rewe.de Lieferservice, Rewe City sowie der Brand Rewe Systems fungiert. Die Verbindung auf Brandingebene wird hierbei über Namen, Farben und Schriften umgesetzt. In der gleichen Rewe-Gruppe sind zudem die beiden Store Brands toom Getränkemarkt und toom Baumarkt wahrnehmbar untereinander verbunden, allerdings ausschließlich über den Namen. Zu den anderen Marken der Gruppe sind keine wahrnehmbaren Verbindungen gestaltet.

Für solche *Markenverbindungen beim Branding* können alle Branding-Elemente als verbindende Klammern genutzt werden. Die Elemente habe dabei jedoch unterschiedliche Kraft, die Verbindung zu signalisieren. So ist diese beim Namen, bei starken Farbcodes oder durchgängigen Symbolen eher höher, bei Formen, Sounds oder Schriftarten eher geringer einzustufen. Die Anbindung wird dabei zudem umso enger, je mehr Branding-Elemente gleichzeitig als Klammer dienen.

▶   Einfluss der Rolle der Brand im Markensystem: Die strategisch geplante Verbindung zwischen Store Brands innerhalb eines Markensystems muss auch über entsprechend wahrnehmbare Verknüpfungslogiken bei den Brandingelementen umgesetzt werden.

Breite der Positionierung

Eine Positionierung kann eher breit oder sehr spitz angelegt sein. Eine breite Positionierung ist z. B. indiziert, wenn die Store Brand für sehr unterschiedliche Marktleistungen stehen soll oder sie mehrere inhomogene Zielgruppen bedient, die unterschiedliche Erwartungen an die Brand stellen. Die Store Brand kann dann lediglich für allgemeine Versprechen stehen (z. B. „Kompetenz für Haus und Garten") und weniger gut auf sehr spezifische

Erlebnisse abstellen. Auch dies bringt Implikationen für die Branding-Gestaltung mit sich. Umso breiter die Positionierung angelegt sind, umso eher muss bei den Branding-Elementen ein Rückgriff auf abstrakte Lösungen erfolgen. Im Extremfall ergeben sich Gestaltungen, die von ihrer Assoziationswirkung so allgemein gehalten sind, dass man sie als losgelöst von einer spezifischen Positionierung bezeichnen muss.

▶ Einfluss der Breite der Positionierung: Spitze Positionierungen erlauben die Ausrichtung des Branding auf spezifische Assoziationen oder Erlebnisse, die evoziert werden sollen. Bei einer breiten Positionierung ist dies oft nicht möglich, sodass auf allgemeine, abstrakte Lösungen zurückgegriffen werden muss.

Zukünftige Flexibilität

Die Frage, ob und in welcher Spezifität eine Positionierung durch das Branding transportiert werden soll, hängt weiterhin von der gewünschten Flexibilität hinsichtlich weiterer Entwicklungen für die Store Brand ab. Dies kann bspw. das Wachstum in neue Sortimente oder Zielgruppen betreffen, mögliche Internationalisierungen, oder Markenerweiterungen in neue Servicefelder, womit i. d. R. auch Veränderungen bei der Positionierung einhergehen. Wenn dies unter der gleichen Store Brand möglich sein soll, kann es daher angeraten sein, das Branding nicht zu stark an die aktuelle Ausrichtung der Store Brand zu koppeln, sondern eher allgemeiner zu halten[11]. Eine spezifische Ausrichtung würde hier eine langfristige Festlegung bedeuten[12]. Jedoch sollte dennoch möglichst nicht auf „inhaltsleere" Allerweltslösungen verfallen werden.

Zum Teil ist der interne Entwicklungsstand auch noch nicht so weit gedrungen, das man sich beim Launch (für die ein Branding vorliegen muss) auf eine Positionierung festlegen kann[13].

Wird aus solchen Gründen eine eher allgemeine Store Brand Positioning gewählt, müssen Chancen bildhafter Markennamen und -logos bzw. eines assoziationsstarken Branding oft ungenutzt bleiben.

▶ Ist hohe Flexibilität bzgl. kommender Entwicklungen erwünscht, können eher globale, abstrakte Ausprägungen des Branding angebracht sein. Dabei sollte man aber die damit verbundenen Nachteile im Blick behalten.

Folgen für Ausprägung der Branding-Gestaltung bei der Store Brand

Aus den strategischen Festlegungen ergeben sich also bestimmte Konsequenzen für die Branding-Gestaltung. Dies betrifft insbesondere die Gestaltungsparameter

---

[11]Dies kann bspw. bei Neugründungen der Fall sein.

[12]Eine Alternative wäre natürlich die Verwendung weiterer, paralleler Brands.

[13]Dies ist bei Neugründungen typisch, jedoch nicht zwingend.

- Markennamen,
- Abstraktionsgrad von Formen, Bildern, sonstigen Elementen sowie
- die Verknüpfungslogik zu anderen Brands durch Namen, Zeichen oder Farben.

Namenstyp

Bei sehr breiter Positionierung der Store Brand, Dachmarkenfunktionen von Store
Brands sowie hohen angestrebten Flexibilitätsgraden kann über den Einsatz von Namen
nachgedacht werden, die nur globale, allgemeine Assoziationen auslösen und von einem
spezifischem Sortimentsbezug sowie der Vermittlung eines spezifischen Erlebnisses oder
des konkreten Markennutzens absehen (wobei bei breiten Positionierungen ja meist auch
nur eine allgemeine generische Imagevorgabe angelegt ist, z. B. „einfaches Einkaufen“,
„glückliche Kunden“, „gesunde Ernährung“, „nachhaltige Produkte“). Im Extremum
würde man auf Namen ohne Bezug zu Angebot oder Positionierung zurückgreifen (z. B.
Buchstabenkürzel wie QVC), die erst durch intensive Investitionen in die Markenkommunikation mit Inhalten aufzuladen wären (fiktive Markennamen). In allen anderen Konstellationen empfiehlt sich jedoch die Nutzung bedeutungshaltiger, möglichst bildhafter
Markennamen (dazu Esch 2014, S. 315 ff.).

Abstraktionsgrad von Formen, Bildern, sonstigen Elementen

Ähnliches gilt für Formen, Bildelemente und weitere Bestandteile. Generell (vgl. oben)
sollten hier stets die *Chancen* genutzt werden, die sich aus der Vermittlung von geeigneten Assoziationen durch möglichst konkrete Ausprägungen bei diese Elemente für
die Positionierung der Store Brand ergeben können. Ist jedoch eine *Festlegung* nicht
gewünscht (geplante oder reaktive Flexibilität), sind abstraktere Gestaltungslösungen
zu diskutieren. Diese sind dann in viele Richtungen nutzbar, jedoch müssen Inhalte spezifische konditioniert werden. In Extremfall ergeben sich reine Präsenzsignale, die von
Kroeber-Riel (1993) als visuelle bildliche Erkennungszeichen ohne Positionierungsbezug charakterisiert werden. Bei *Dachmarken* muss die allgemeiner angelegte Positionierung beachtet werden, was auch meint, dass die Branding-Elemente verschiedenen
Zielgruppen und/oder Sortimenten gerecht werden müssen. Insofern sind diese oft all-
gemeinstaltiger bzw. abstrakter umgesetzt. Je *allgemeiner* die Positionierung gefasst ist,
desto weniger sind im Allgemeinen überhaupt Möglichkeiten zur Nutzung von Formen
oder Bildelementen mit sehr spezifischen Botschaften gegeben. Es erklärt sich somit,
warum hier abstrakte Logos eher anzutreffen sein sollten.

Verknüpfungslogik zu anderen Brands durch Namen, Zeichen oder Farben

Hinsichtlich der Gestaltung des Store Branding ist ferner – sofern geplant – die erforderliche Verbindung zu anderen Brands des eigenen Markensystems umzusetzen. Zur
Umsetzung von Bezügen können prinzipiell Wege über den Markennamen, das Logo,
den Farbcode oder die Formensprache eingeschlagen werden (Langner und Esch 2014).
Kombinationen sind möglich und wirken verstärkend auf eine wahrnehmbare Verbindung zwischen Brands, wie dies in Abb. 4.17 schematisch illustriert ist. Die Wirkungen

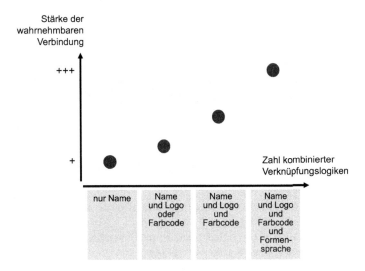

Abb. 4.17 Kombinationen aus Verknüpfungslogiken beim Branding zum Ausdruck von Marken-verbindungen

treten jedoch nur ein, wenn die Verbindungen für die Zielgruppen tatsächlich wahrnehmbar, also oberhalb einer Mindestschwelle umgesetzt werden. Halbherzige und uneinheitliche Lösungen sind hier meist fehl am Platz.

Wird mit dem *Markennamen* als Verbindungselement gearbeitet, sind einerseits Kombinationen von Namen möglich. Dabei werden bspw. der Markenname einer übergeordneten Corporate Brand und eine Store Brand simultan dargeboten. Andererseits sind Naming-Strategien (dazu z. B. Kircher 2005) nutzbar, die bei den zu verbindenden Brands systematisch ähnlich klingende oder semantisch ähnliche Markennamen einsetzen oder Namensbestandteile nach einem Muster einheitlich oder dekliniert anwenden.

Um über *Farb- und Formencodes* Verbindungen zu schaffen, werden identische Farben und Formen bei den Brands herangezogen[14]. Das *Logo* wiederum kann der Kommunikation von Markenbezügen dienen, indem es in seiner Gesamtheit oder in Bestandteilen bei den relevanten Marken in gleicher Weise Einsatz findet.

Auswirkungen auf Zielgruppenebene
Die Entscheidungen über die Ausprägungen der Brandingelemente führen zu bestimmten Wirkungen bei den Zielgruppen. Insofern ist die mittlere Stufe aus Abb. 4.16 gewissermaßen als Mittlerebene zu betrachten, die die strategischen Rahmenkonstellationen mit

---

[14]Vgl. auch die Hinweise von Wheeler (2014, S. 151) zum Einsatz von Farben zur Klärung der Markenarchitektur.

angestrebten Wirkungen verbindet. Je nach getroffenen Entscheidungen beim Branding resultiert eine Vermittlung von bestimmten Assoziationen, die eine Sortimentszuordnung sowie Positionierungsvermittlung erreichen kann. Beeinflusst wird außerdem der Grad der wahrgenommenen Verbindungen der Store Brand zu anderen Brands.

▶ Brand Strategy Configuration und Branding-Entscheidungen sind nicht unabhängig voneinander.

Literatur

Adams, F. M., & Osgood, C. E. (1973). A cross-cultural study of the affective meaning of color. *Journal of Cross-Cultural Psychology, 4*(2), 153–165.

Ailawadi, K. L., & Keller, K. L. (2004). Understanding retail branding: Conceptual insights and research priorities. *Journal of Retailing, 80*(4), 331–342.

Arnheim, R. (1977). *Zur Psychologie der Kunst*. Köln: Kiepenheuer & Witsch.

Backhaus, K., & Bieling, M. (2005). Markenmigration. In F.-R. Esch (Hrsg.), *Moderne Markenführung* (S. 883–901). Wiesbaden: Gabler.

Bann, D. (2011). *Die moderne Druckproduktion: Der umfassende Ratgeber für Design, Layout, Materialkunde und Einkauf im Digitaldruck, Print on Demand, sowie traditionelle Druckverfahren inklusive Weiterverarbeitung*. München: Stiebner.

Bao, Y., Shao, A. T., & Rivers, D. (2008). Creating bew brand names: Effects of relevance, connotation, and pronounciation. *Journal of Advertising Research, 48*(1), 148.

Becker, J. (2005). Einzel-, Familien-und Dachmarken als grundlegende Handlungsoptionen. In F.-R. Esch (Hrsg.), *Moderne Markenführung* (S. 381–402). Wiesbaden: Gabler.

Bertelson, P., & de Gelder, B. (2004). The psychology of multimodal perception. In C. Spence & J. Driver (Hrsg.), *Crossmodal Space and Crossmodal Attention* (S. 141–177). Oxford: Oxford University Press.

Blood, A. J., & Zatorre, R. J. (2001). Intensely pleasurable responses to music correlate with activity in brain regions implicated in reward and emotion. *Proceedings of the National Academy of Sciences, 98*(20), 11818–11823.

Böhringer, J., Bühler, P., & Schlaich, P. (2008). *Kompendium der Mediengestaltung: Produktion und Technik für Digital-und Printmedien*. Berlin: Springer.

Childers, T. L., & Jass, J. (2002). All dressed up with something to say: Effects of typeface semantic associations on brand perceptions and consumer memory. *Journal of Consumer Psychology, 12*(2), 93–106.

Collins, L. (1977). A name to compare with: A discussion of the naming of new brands. *European Journal of Marketing, 11*(5), 337–363.

Conran, T. (1996). *Conran on retail design*. London: Conran Octopus.

Moosmayer, D. C., Melan, M. (2010). The impact of sound logos on consumer brand evaluation. *Enhancing Knowledge Development in Marketing*, AMA Summer Marketing Educators' Conference Boston.

Esch, F.-R. (2011). *Wirkung integrierter Kommunikation*. Wiesbaden: Deutscher Universitäts-Verlag.

Esch, F.-R. (2014). *Strategie und Technik der Markenführung*. München: Vahlen.

Esch, F.-R., & Langner, T. (2005). Branding als Grundlage zum Markenaufbau. In F.-R. Esch (Hrsg.), *Moderne Markenführung* (S. 573–586). Wiesbaden: Gabler.

Espe, H., & Krampen, M. (1986). Eindruckswirkungen visueller Elementarformen und deren Interaktion mit Farben. In H. Espe (Hrsg.), *Visuelle Kommunikation. Empirische Analysen* (S. 72–101). Hildesheim: Georg Olms.

Grohmann, B., Giese, J. L., & Parkman, I. D. (2013). Using type font characteristics to communicate brand personality of new brands. *Journal of Brand Management, 20*(5), 389–403.

Heller, E. (2004). *Wie Farben wirken: Farbpsychologie, Farbsymbolik, kreative Farbgestaltung.* Reinbek: Rowohlt.

Henderson, P. W., & Cote, J. A. (1998). Guidelines for selecting or modifying logos. *Journal of Marketing, 62*(2), 14–30.

Henderson, P. W., Giese, J. L., & Cote, J. A. (2004). Impression management using typeface design. *Journal of Marketing, 68*(4), 60–72.

Juslin, P. N. (2001). Communicating emotion in music performance: A review and a theoretical framework. In P. N. Juslin & J. A. Sloboda (Hrsg.), *Music and emotion: Theory and research* (S. 309–337). New York: Oxford University Press.

Juslin, P. N., & Västfjäll, D. (2008). Emotional responses to music: The need to consider underlying mechanisms. *Behavioral and Brain Sciences, 31*(5), 559–575.

Kapferer, J. N. (1992). *Die Marke, Kapital des Unternehmens.* Landsberg am Lech: Verlag Moderne Industrie.

Keller, K.-L. (2013). *Strategic Brand Management.* Upper Saddle River: Prentice Hall.

Kent, T. (2003). 2D23D: Management and design perspectives on retail branding. *International Journal of Retail & Distribution Management, 31*(3), 131–142.

Kent, T., & Stone, D. (2007). The Body Shop and the role of design in retail branding. *International Journal of Retail & Distribution Management, 35*(7), 531–543.

Kircher, S. (2005). Gestaltung von Markennamen. In F.-R. Esch (Hrsg.), *Moderne Markenführung* (S. 475–493). Wiesbaden: Gabler.

Kohli, C., & LaBahn, D. W. (1997). Observations: Creating effective brand names: A study of the naming process. *Journal of Advertising Research, 37*(1), 76–75.

Kotler, P., & Bliemel, F. (2001). *Marketing Management.* Stuttgart: Schäffer-Poeschel.

Kroeber-Riel, W. (1993). *Bildkommunikation.* München: Vahlen.

Langner, T. (2013). *Integriertes Branding: Baupläne zur Gestaltung erfolgreicher Marken.* Wiesbaden: Gabler.

Langner, T., & Esch, F.-R. (2014). Das Branding der Corporate Brand gestalten. In F.-R. Esch, T. Tomczak, J. Kernstock, T. Langner, & J. Redler (Hrsg.), *Corporate Brand Management* (S. 107–127). Wiesbaden: Springer Gabler.

Liedtke, A. (1994). Der Wechsel des Markennamens. *Handbuch Markenartikel* (Bd. 2, S. 791–811). Stuttgart: Schäffer-Poeschel.

MacInnis, D. J., Shapiro, S., & Mani, G. (1999). Enhancing brand awareness through brand symbols. In E. J. Arnold & L. M. Scott (Hrsg.), *NA-Advances in Consumer Research 26* (S. 601–608). Provo: Association for Consumer Research.

Murphy, J. M. (1990). *Brand Strategy.* Cambridge: Director Books.

Murphy, J. M. (1992). Developing new brand names. In J. M. Murphy (Hrsg.), *Branding – A key marketing tool* (S. 86–97). London: MacMillan.

Nistorescu, T., & Barbu, C. M. (2008). Retail store design and environment as branding support in the services marketing. *Management & Marketing-Craiova, 1,* 11–18.

Paivio, A. (1971). *Imagery and verbal processes.* New York: Holt, Rinehart and Winston.

Palmer, S. E. (1990). Modern theories of Gestalt perception. *Mind and Language, 5*(4), 289–323.

Redler, J. (2012). *Grundzüge des Marketings*, Berlin: BWV.

Redler, J. (2013). Marktsegmentierung und Marke. In W. Pepels (Hrsg.), *Marktsegmentierung* (S. 133–163), Düsseldorf: Symposion.

Redler, J. (2014). *Mit Markenallianzen wachsen – starke Marken erfolgreich kapitalisieren.* Düsseldorf: Symposion.

Riewoldt, O. (2002). Brandscaping – Staging brand experiences through architecture and interior design. In O. Riewoldt (Hrsg.), *Brandscaping: Worlds of experience in retail design* (S. 7–11). Basel: Birkhäuser.

Riezebos, R. (2003). *Brand Management.* Essex: Pearson.

Robertson, K. R. (1987). Recall and recognition effects of brand name imagery. *Psychology & Marketing, 4*(1), 3–15.

Rock, I., & Palmer, S. (1990). Gestalt Psychology. *Scientific American, 263,* 84–90.

Rögener, S., Pool, A. J., & Packhäuser, U. (1995). *Branding with Type.* Mountain View: Adobe Press.

Roy, R., & Potter, S. (1993). The commercial impacts of investment in design. *Design Studies, 14*(2), 171–193.

Schneider, K., & Pflaum, D. (2003). *Werbung in Theorie und Praxis.* Waiblingen: M+S.

Smets, G. (1975). Pleasingness vs. interestingness of visual stimuli with controlled complexity: Their relationship to looking time as a function of exposure time. *Perceptual and Motor Skills, 40*(1), 3–7.

Spaeth, T. (1999). Powerbrands. *Across the Board, 32,* 53–55.

Stacks, D. W., & Salwan, M. B. (2009). *An integrated approach to communication theory and research.* New York: Routledge.

Page, T., & Thorsteinsson, G. (2009). Brand power through effective design. *i-Manager's Journal on Management, 4*(1), 11–25.

Tantillo, J., Lorenzo-Aiss, J. D., & Mathisen, R. E. (1995). Quantifying perceived differences in type styles: An exploratory study. *Psychology & Marketing, 12*(5), 447–457.

Thurston, E., & Moore, J. (Hrsg.). (1996). *Integrated Communication: Synergy of Persuasive Voices.* Mahwah: Erlbaum Associates.

Trainor, L. J., & Schmidt, L. A. (2003). Processing emotions induced by music. In I. Peretz & R. Zatorre (Hrsg.), *The cognitive neuroscience of music* (S. 310–324). Oxford: Oxford University Press.

Wänke, M., Herrmann, A., & Schaffner, D. (2007). Brand name influence on brand perception. *Psychology & Marketing, 24*(1), 1–24.

Westermann, C. F. (2008). Sound branding and corporate voice-strategic brand management using sound. In T. Hempel (Hrsg.), *Usability of speech dialog systems* (S. 147–155). Berlin: Springer.

Wheeler, A. (2014). *Designing brand identity: An essential guide for the whole branding team.* New Jersey: Wiley.

Zaichkowsky, J. L., & Vipat, P. (1993). Inferences From Brand Names. In G. Bamossy & F. van Raaij (Hrsg.), *European Advances in Consumer Research, Association for Consumer Research, 1,* 534–540.

Store Brand Management: Gestaltung des Ausdruckssystems

5

5.1 Aktionsfelder im Überblick

Wie in Kap. 2 dargestellt, resultiert die Store Brand als psychisches Phänomen aus der Vielzahl von wahrgenommenen Reizen, die dem Markennamen zugeordnet werden, ebenso wie verbundene innere Bilder, Bewertungen oder Gefühle. Die wahrgenommene, auf einen Markennamen bezogene Reizsituation im Zeitablauf hinterlässt quasi einen mentalen Abdruck.

Viele der Reize, die diesbezüglich eine Rolle spielen, können vom Handelsunternehmen nicht oder nur sehr indirekt beeinflusst werden (unmanaged Touchpoints; Abb. 5.2). Beispiele sind Bewertungen in Online-Portalen oder persönliche Berichte zu einem Einkaufserlebnis, die jemand an eine andere Person weitergibt.

Allerdings gibt es auch eine Reihe von Reizen in der wahrgenommenen Reizkonstellation, die durchaus vom Händler gesteuert werden können. Über diese gestaltet das Unternehmen sein wahrnehmbares Verhalten, sein *Ausdruckssystem*. Als ein (oft wesentlicher) Teil der Gesamtreizkonstellation im Zeitablauf, zeichnet dieses für die Ausbildung von Store Brand Assets verantwortlich. Das von der Organisation gestaltete Ausdruckssystem prägt Reize, deren Wahrnehmung wiederum die Ausbildung und Festigung der Store Brand beeinflusst. Es ist die relevante Basis für Kontakte, mentale Vorgänge und Lernprozesse bei den (Ziel-)Kunden. Beispiele für solche gestaltbaren Reize sind die Website des Stores, Werbespots im TV oder die Fassadengestaltung der Filiale.

▶ Ein Teil der Reizkonstellation, die durch die Wahrnehmung und ihre Zuordnung zum Markennamen die Store Brand prägt, kann vom Handelsunternehmen als Ausdruckssystem gestaltet werden.

© Springer Fachmedien Wiesbaden GmbH 2018
J. Redler, *Die Store Brand*,
https://doi.org/10.1007/978-3-658-09709-7_5

In Abschn. 2.7 wurde erläutert, dass die „Äußerungen" der Organisation ihren Ausgangspunkt in der Positionierung der Brand haben (K-V-A-Rahmenmodell). An dieser Stelle kann nun formuliert werden: Das Ausdruckssystem soll die Positionierung der Store Brand reflektieren.

Die zahlreichen Bestandteile des gestaltbaren Ausdruckssystems zur Prägung einer Store Brand lassen sich in mehrere Aktionsfelder bündeln. Zu den besonders wichtigen gehören (Abb. 5.1):

- die Point-of-Purchase-Kommunikation,
  - im physischen Store,
  - im Onlineshop,
  - im persönlichen Verkauf,
  - in Katalog und Mailing,
- die werbliche Kommunikation,
- die öffentlichen Beziehungen,
- Sortiment, Services und Handelsmarken,
- Preise und Promotions.

Auf die Möglichkeiten ihrer Gestaltung wird im weiteren Verlauf dieses Buchteils eingegangen. Zunächst werden jedoch wichtige Grundlagen zur Point-of-Purchase-Kommunikation vorgestellt.

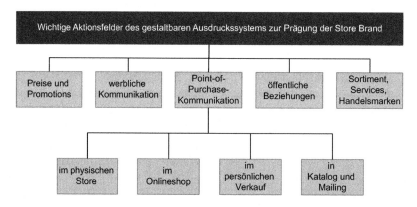

Abb. 5.1 Aktionsfelder der Gestaltung des Ausdruckssystems zur Prägung der Store Brand

5.2 Point-of-Purchase und Point-of-Purchase-Kommunikation

5.2.1 Grundbegriffe

Dieser und die nachfolgenden drei Abschnitte widmen sich der Kommunikation am Point-of-Purchase *(POP-Kommunikation)*. Unter dem Point-of-Purchase (POP) versteht man den Einkaufsort aus Kundensicht (u. a. auch Phillips und Cox 1998; Dickson und Sawyer 1986). Sehr ähnlich, aber perspektivisch leicht anders gelagert, ist der Begriff Point-of-Sale (POS). Er bezeichnet eher aus Händlersicht den Ort des Warenangebots mit Kontakt- und Transaktionsmöglichkeit für den Käufer (z. B. bei John et al. 2009 im Rückgriff auf das Point-of-Purchase Advertising Institute oder bei Baun 2013).

▶ Der Point-of-Purchase ist die wahrnehmbare Transaktionsoberfläche von Kunden zum Händler.

Point-of-Purchase-Kommunikation bezieht sich dem folgend auf sämtliche Strategien und Maßnahmen einer sozialen, medialen, symbolischen oder zeichenbasierten Informationsübertragung, die an der Transaktionsschnittstelle zwischen Unternehmen und (potenziellem) Kunden auf die Auslösung sowie Unterstützung von Kaufverhalten hinwirken.

Sie ist für Händler ein erheblicher, *markenprägender Hebel*. Einerseits, da mittels POP-Maßnahmen jene Botschaften, die im Rahmen der Massen-, sozialen oder persönlichen Kommunikation an den Kunden herangetragen wurden, an den Kaufentscheidungsort übertragen werden können, – andererseits, da die Store Brand-Botschaft an der Verkaufsschnittstelle besonders gut inszeniert werden kann. Auch die Nähe zur Kaufentscheidung, die Möglichkeiten für ein multimodales Erleben und das situativ eher günstige Involvement sind Besonderheiten.

Im günstigen Fall wird über die POP-Gestaltung ein besonderes Erleben des Point-of-Purchase erreicht, um den aktuellen Kauf zu fördern, Prägeeffekte für künftigen Käufe zu erreichen und die Store Brand zu formen.

▶ POP-Kommunikation ist ein zentraler Hebel zum Ausbau und zur Pflege von Store Brand Assets. Sie umfasst Strategien und Maßnahmen der beeinflussenden Kommunikation an der Transaktionsschnittstelle zwischen Händler und (potenziellem) Kunden.

Point-of-Purchase im Kontext von Kaufphasen
Vor dem Hintergrund des Store Brand Management erscheint die isolierte Betrachtung von Point-of-Purchase-Aktivitäten der aktuelle Kaufphase (wie z. B. beim Begriff POS-Marketing bei Gröppel-Klein 2006 erkennbar) zu kurz gegriffen. Vielmehr ist ein erweiterter Blick zweckmäßig, der den diversen POP-Konstellationen in den unterschiedlichen Phasen auf dem Weg zu einer Kaufentscheidung Rechnung trägt. Denn: Auch in vor- und nachgelagerte Phasen des Kaufs entstehen markenprägende Wahrnehmungen an Points-of-Purchase, die Wahlentscheidungen in der eigentlichen Kaufphase beeinflussen.

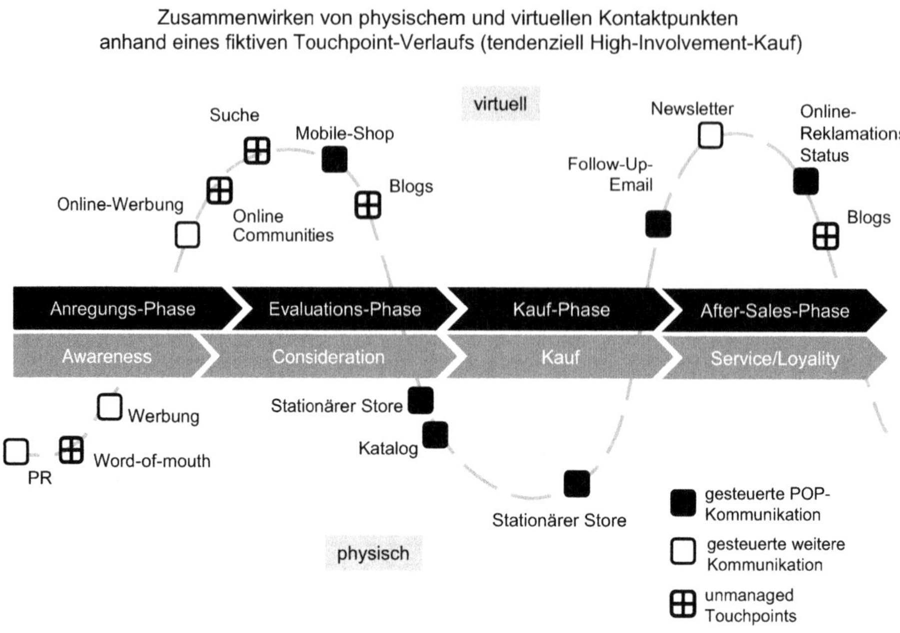

Zusammenwirken von physischem und virtuellen Kontaktpunkten
anhand eines fiktiven Touchpoint-Verlaufs (tendenziell High-Involvement-Kauf)

Suche   virtuell   Newsletter   Online-
                                                     Reklamations-
          Mobile-Shop   Status
                                   Follow-Up-
                           Blogs   Email
Online-Werbung   Blogs
          Online
          Communities

| Anregungs-Phase | Evaluations-Phase | Kauf-Phase | After-Sales-Phase |
| Awareness | Consideration | Kauf | Service/Loyality |

                    Stationärer Store
          Werbung
                    Katalog
PR   Word-of-mouth

                              Stationärer Store   ■ gesteuerte POP-
                                                             Kommunikation
          physisch   □ gesteuerte weitere
                                                             Kommunikation
                                                         ⊞ unmanaged
                                                             Touchpoints

Abb. 5.2 POP-Kontakte im Verlauf der Kaufphasen

In Abb. 5.2 wird skizziert, wie verschiedene POP-Konstellationen in idealtypischen Kaufphasen eine Rolle spielen. Dabei wird ersichtlich, dass im Zeitablauf verschiedene Formen von Kontakten für eine Kaufhandlung wie auch die Markenbildung zusammen-wirken.[1]

Wie in Kap. 2 erläutert, geht es stets um mindestens zwei Teilentscheidungen: Die Ent-scheidung für die Einkaufsstätte und die Entscheidung für ein Produkt. Da das Store Brand Management die Beeinflussungswirkungen hinsichtlich der Einkaufsstättenwahl fokussiert, ist also herauszustellen: Solche Beeinflussungswirkungen werden nicht nur in der virulenten Kaufphase determiniert, sondern auch durch Erfahrungen vor und nach dieser Phase.

Zudem manifestiert sich der Point-of-Purchase nicht nur im traditionellen Laden. Eine mindestens ebenso relevante Variante muss in seinem virtuellen Pendent, dem Online-shop, gesehen werden. Daneben sind weitere Formen zu beachten. Insofern zeigt sich eine Beschränkung auf den (Einzelhandels-)Laden, wie sie im Kontext von Betrachtungen

---

[1]Anzumerken ist allerdings, dass hier von einem Kaufprozess mit höherem Involvement ausge-gangen wurde, um die Grundideen plakativer zu verdeutlichen. Bei gering kognitiv gesteuerten Käufen ist bspw. von entsprechenden Vereinfachungen und einer Dominanz der Kaufphase auszu-gehen. Dennoch ist diese Analyseperspektive hilfreich und auch auf andere Fälle übertragbar. Bei bspw. impulsiven Entscheidungen existiert zwar keine Evaluationsphase im konventionellen Sinne, dennoch sind gerade bei solchen kognitiv entlasteten Käufen „Vorprägungen" über vorhergehende Kontakte einflussreich.

zum „POS-Marketing" nicht selten vorkommt, als wenig angemessen. Sie würde ignorieren, dass der Point-of-Purchase-Begriff auch Konstellationen abseits des konventionellen Ladens umfassen muss – bspw. Situationen des persönlichen Verkaufs im B2B-Segment. Vor diesem Hintergrund werden nachfolgend Arten des Point-of-Purchase genauer differenziert.

Verschiedene Points-of-Purchase
Ausgehend von der oben vorgenommenen Begriffsabgrenzung als Transaktionsschnittstelle sind dem Grunde nach verschiedene *Arten des Point-of-Purchase* zu postulieren. So kann er sich als physisch existente Umgebung, als virtuelle Umgebung oder auch persönlich oder durch Printmedien vermittelt darstellen. Zentrale damit verbundene Umgebungen für den Händler sind folglich der stationäre Store, der persönliche Verkauf, Online- und Mobile-Shop sowie Printmaterialien im Sinne bestellfähiger Prospekte oder Kataloge (Abb. 5.3):

- *Physischer Point-of-Purchase:* Er beinhaltet vom Käufer real und multimodal erlebbare Verkaufsumgebungen, in der Sortimente präsentiert werden, Beratung und Verkauf stattfinden und die Verkaufstransaktion vollzogen wird. Wichtige Ausprägungen sind der stationäre Laden, Verkaufsniederlassungen oder Verhandlungsräume. Besondere Formen stellen Flagship-Stores oder Pop-up-Stores dar.
- *Virtueller Point-of-Purchase:* Diese Art des Point-of-Purchase nutzt das Internet bzw. die Mobilfunktechnologie, um mittels virtueller Realitäten verkaufsfähige Sortimente zu präsentieren und Transaktionen abzuwickeln. Kommunikation und Interaktion sind medial vermittelt. Typische Ausprägungen sind Onlineshops oder Mobile-Shop-Apps.
- *Personenbezogener Point-of-Purchase:* Diese Form basiert auf dem unmittelbaren, persönlichen Kontakt zwischen Anbieter und (potenziellem) Käufer, um einen Kaufabschluss vorzubereiten bzw. zu tätigen. Es dominiert persönliche Kommunikation. Der persönliche Verkauf oder Verhandlungen stellen Ausprägungen dar.

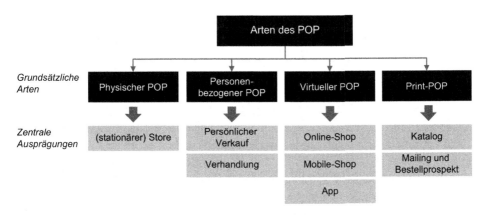

Abb. 5.3 Arten des Point-of-Purchase und wichtige Ausprägungen

- *Print-Point-of-Purchase:* Ein solcher Typus des Point-of-Purchase ist charakterisiert durch eine (auch oft ausschnitthafte) Übersicht über das Waren- und Dienstleistungsangebot eines Anbieters mittel Printmedien, auf deren Grundlage Kauftransaktionen möglich sind. Prospekte und Kataloge können als Ausprägungen dieser Art angesehen werden.

▶   Der Point-of-Purchase konkretisiert sich in mehreren grundsätzlichen Arten.

Die POP-Kommunikation, verstanden als beeinflussende Kommunikation am Point-of-Purchase, ist somit über verschiedene POP-Arten zu steuern. Auf welche Ziele soll nun POP-Kommunikation aus Sicht des Store Brand Management ausgerichtet werden? Überlegungen dazu werden in Abschn. 5.2.3 ausgeführt. Zuvor werden einige Grundlagen zum Zusammenhang zwischen Point-of-Purchase als gestaltete Umwelt und den Auswirkungen auf das Erleben von Menschen dargestellt.

5.2.2 Ansätze der Umweltpsychologie als theoretische Basis

Umweltfaktoren haben Einfluss auf das menschliche Verhalten. Diese Erkenntnis ist das zentrale Thema der Umweltpsychologie (dazu u. a. Bell et al. 1978; Sundstrom et al. 1996). Sie wird als theoretisches Fundament herangezogen, um Ableitungen für den Zusammenhang von POP-Kommunikation und Kundenverhalten zu treffen (auch Donovan und Rossiter 1982; Donovan et al. 1994). Die Grundidee des umweltpsychologischen Ansatzes zeigte sich schon in der Feldtheorie Lewins (1946), der postulierte, dass das Verhalten (V) eine Funktion aus personenbezogenen (P) und umweltbezogenen Faktoren (U) sei: $V = f(P, U)$. Der Faktor Umwelt (insb. soziale und physische Umwelt) tritt gleichberechtigt neben Aspekten von Persönlichkeit und psychischem Erleben. Personen- und Situationsfaktoren stehen jedoch in Wechselwirkung, im Sinne einer gegenseitigen Beeinflussung.

Inzwischen vielfach weiter ausdifferenziert können heute im Grunde zwei Richtungen identifiziert werden:

- *Kognitive Richtungen,* die gedanklich gesteuerte Prozesse der Psyche betonen und stark der Metapher der menschlichen Informationsverarbeitung verhaftet sind. Solche kognitiven Ansätze liefern wichtige Modellierungen und Erklärungen zur Aufnahme und inneren Verarbeitung von Umweltinformationen sowie auch zum Gedächtnis. Verhalten wird im Schwerpunkt durch Kognitionen erklärt.
- *Emotionsbasierte Richtungen,* die den Schwerpunkt bei der psychischen Interpretation von inneren Erregungszuständen setzen, um Verhalten zu erklären.

▶   Umweltpsychologische Ansätze sind das Theoriefundament zur Erklärung von Wirkungen der POP-Kommunikation. Bei ihnen können kognitive und emotionsbasierte Richtungen differenziert werden.

Kognitive Richtungen

Kognitive Prozesse beziehen sich auf das Erkennen der Welt, insb. durch das, was mit Denken verknüpft ist. Dabei ist das Paradigma der Informationsverarbeitung gängig (Büttner 2009, S. 7), welches Sequenzen von Informationsaufnahme, Verarbeitung und Speicherung von Informationen aus der externen Welt und dem Inneren des Menschen annimmt. Diese menschliche Informationsverarbeitung beeinflusst das Verhalten (Anderson 2009). Bezüglich des Point-of-Purchase sind solche kognitiven Prozesse z. B. bei der Wahrnehmung der Inneneinrichtung eines Ladens und bei der Orientierung und Navigation im Geschäft bedeutsam (Titus und Everett 1996; Esch und Thelen 1997; Russo und Leclerc 1994).

Aufgrund der besonderen Bedeutung im Kontext Point-of-Purchase sollen drei Themenfelder der kognitiven Perspektive herausgegriffen und etwas genauer umrissen werden: Wahrnehmung, Cognitive Maps und die Idee der Situated Cognition.

Wahrnehmung. *Wahrnehmung* kann als der Überbau für die Informationsaufnahme durch den Menschen und auch die subjektive Auswahl, Einordnung und Interpretation von Informationen in Bezug auf andere Informationen, bisheriger Erfahrungen sowie Erwartungen gesehen werden (Redler 2012, S. 36; Bak 2014, S. 23). Zusammenfassend ausgedrückt sind Prozesse der Wahrnehmung aktive, selektive und subjektive Vorgänge der menschlichen Informationsverarbeitung. Mit Blick auf die Ziele der POP-Kommunikation sind einerseits die Kenntnis darüber, wie die Aufnahme von Informationen unterstützt werden kann, sowie andererseits die Beachtung der besonderen Filterwirkung der Wahrnehmung bedeutsam.

Als ein Beispiel für den Erklärungswert des Faktors Wahrnehmung für das Verhalten von Kunden am Point-of-Purchase kann der Ansatz von Chandon et al. (2009) dienen. Die Forscher untersuchen den Einfluss des POP-Faktors Regalplatzierung auf die Beachtung, die Bewertung und den Kauf von Produkten. Dazu modellieren und prüfen sie Zusammenhänge wie in Abb. 5.4 dargestellt: Die Zahl der Facings am Regal und die Produktposition im Regal, beeinflussen (als POP-Faktoren) die Wahrnehmungschance, die ein Produkt bekommt (Visual Attention). Beide Aspekte interagieren mit personenbezogenen Aspekten, dem Marktanteil des Produkts sowie bisheriger Produktnutzung. Die Wahrnehmungschance wiederum beeinflusst die Tatsache, ob das Produkt für den Kauf infrage kommt, ausgewählt und erinnert wird. Zentral wird hier also der Faktor „Wahrnehmung" des Produkts behandelt – der Zugang ist primär kognitiv.

Cognitive Maps. Der Ansatz der *Cognitive Maps* (auch Mental Maps) befasst sich mit Prozessen und Formen der inneren Abbildung, Speicherung und Rekonstruktion von räumlichen Beziehungen und Zuordnungen aus der Umwelt in der Psyche des Menschen (Tolman 1948; Hirtle und Jonides 1985; Downs und Stea 1973, S. 7; Kitchin 1994). Cognitive Maps sind Ausdruck innerer Bilder oder Imagery (dazu Redler et al. 2017). Als

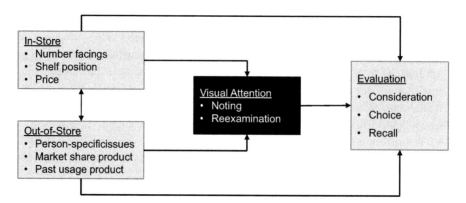

Abb. 5.4 Wahrnehmung im Zentrum der Untersuchung von Chandon et al. (2009) – als Beispiel für einen kognitiven Zugang zur Untersuchung von POP-Phänomenen

mentale räumliche Abbildungen und Lagepläne erlauben sie dem Menschen, sich schnell und problemlos in aktuellen Situationen zurechtzufinden (Downing 1992, S. 442). Sie enthalten zudem Bedeutungen, Bewertungen und Beziehungen und sind auch mit persönlichen Erfahrungen verknüpft (Spencer et al. 1989, S. 108). Das „Wayfinding" (Gollegde 1999, S. 24) des Kunden vor Ort entspricht der praktischen und kognitiven Fähigkeit des Kunden, sich in physischen Umgebungen zurechtzufinden. Mental Maps sind also wichtige Determinanten. Dies zeigen u. a. Studien von Gröppel-Klein und Germelmann (2003) oder Foxall und Hackett (1992).

Der Aufbau von Cognitive Maps bedeutet den Aufbau mentaler Strukturen durch Aufnahme, Verarbeitung und Speicherung orientierungswirksamer Reize (Scheuch 2001, S. 127), bspw. entsprechender Reize der Ladenumwelt. Die mentale Verankerung von räumlichen Bedingungen kann auch bildliche Aspekte umfassen (z. B. leuchtende Farbe einer Wand).

▶ Mental Maps sind innere Vorstellungsbilder zu räumlichen Umgebungen. Das Orientierungsvermögen des Kunden hängt einerseits von ihrem Vorhandensein und ihrer Klarheit ab. Andererseits von der konkreten Gestaltung des Point-of-Purchase, denn diese beeinflusst den Aufbau von Mental Maps sowie die Möglichkeit des Abgleichs von Mental Maps mit der aktuellen Umgebung.

Die eigentliche Orientierung im Store wird also durch Vorerfahrungen und aufgebaute gedankliche Strukturen wie Cognitive Maps ebenso beeinflusst wie durch die Wahrnehmung der aktuellen Reize aus der konkreten physischen oder virtuellen Store-Umwelt.

Mental Maps betonen die räumlichen Merkmale bildlicher Repräsentationen der Welt um uns herum und integrieren Informationen aus verschiedenen Sinnesmodalitäten (Anderson 2013, S. 84 f.). Sie helfen, die räumliche Struktur der Umwelt zu verstehen und zu erinnern. In der Psyche scheinen sie zunächst als sog. Routenkarten aufgebaut und dann zu Übersichtskarten entwickelt zu werden (Anderson 2013, S. 85 und Quellen dort). Routenkarten sind eine Art eindimensionaler Pfad mit markanten Punkten, während Übersichtskarten einem räumlichen Abbild entsprechen.

Unter Berücksichtigung der Konzepte von Titus und Everett (1995), Esch und Thelen (1997) sowie Scheuch (2001) kann der Orientierungseffekt im Store wie in Abb. 5.5 dargestellt werden: Bestehende Cognitive Maps und Erwartungen des Kunden sowie die aktuelle Umgebungsgestaltung beeinflussen, welche Informationen wie wahrgenommen werden. Dies prägt die Orientierung. Erwartungen und Cognitive Maps sind außerdem mit aktuellen Wahrnehmungen rückgekoppelt. Aus dem Grad der Orientierung resultieren Suchverhalten und Sucherfolg beim Kunden.

In der Anwendung bedeuten die Erkenntnisse, dass ein Store Manager hinsichtlich guter Orientierung mindestens drei Aufgaben erfüllen sollte: 1) Die Ausbildung von Mental Maps beim Kunden unterstützen, 2) bestehende Mental Maps bei Kunden beachten und 3) den Abgleich der Umgebung mit der Mental Map erleichtern. Dabei ist es förderlich (nach Esch und Billen 1996, S. 323 f.), wenn orientierungsrelevante Reize schnell und einfach wahrnehmbar und verarbeitbar sind. Zudem sollte auf Einprägsamkeit geachtet werden, um den Aufbau von Mental Maps möglichst leicht zu machen, neue Information zu den aus bestehenden Cognitive Maps resultierenden Erwartungen passt und neue Information leicht in diese integriert werden kann.

Situated Cognition. Handlungssteuernde Funktionen von Kognitionen werden besonders im Bezugsrahmen der *Situated Cognition* deutlich. Er löst sich von der starken

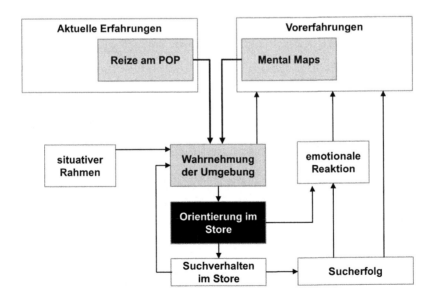

Abb. 5.5 Orientierung im Store als Ergebnis gelernter und wahrgenommener Information

Fokussierung auf zielgerichtetes Verhalten in klassischen psychologischen Handlungstheorien und kann auch unbewusste und affektive Prozesse der menschlichen Informationsverarbeitung integrieren (Büttner 2008, S. 21 f.). Als Bezugsrahmen steht er jedoch nicht auf der Ebene einer Theorie und ist insofern kaum empirisch zugänglich. Dennoch entstehen wertvolle Anknüpfungen für die POP-Kommunikation gerade bei seinen Grundpfeilern (zu den Grundprinzipien u. a. Smith und Semin 2004; Greeno 1998; Büttner 2009, S. 22 f.; Schwarz 2006):

- Verhalten resultiert aus einer Interaktion von Umwelt und Individuum, ist also situativ. Gedankliche Verarbeitung steht in enger Wechselwirkung mit Hinweisreizen der Umwelt, z. B. weil durch situative Umwelteinflüsse mentale Pläne abgeändert oder Verhaltenskonzepte aktiviert werden.
- Gedankliche Verarbeitung ist nicht allein auf das menschliche Gehirn beschränkt, sondern u. a. auch das Wissen anderer Personen und Elemente der physischen Umgebung sind Bestandteile; sie werden geradezu als „Werkzeuge" benutzt.
- Kognitionen stehen im Dienste des Handelns und vermitteln quasi zwischen dem handelnden Menschen mit seinen Zielen und seiner Umwelt. Sie werden verstanden als mit Motivationen und Emotionen interagierende Teilmodule menschlicher Selbstregulation. Die Konsequenz der klar handlungsleitenden Konzeption der Kognition ist, dass Themen und Prozesse der Informationsverarbeitung eng an angestrebten Handlungen ausgerichtet sind.

Emotionsbasierte Richtungen

Andere Richtungen fokussieren mehr auf das emotionale Teilsystem der menschlichen Psyche. Unter *Emotionen* fasst man innere Erregungszustände, die als angenehm oder unangenehm interpretiert werden (Bak 2014, S. 53; Kroeber-Riel und Gröppel-Klein 2013, S. 56). Die integrierte Interpretation kann sehr bewusst oder eher unbewusst geschehen. Zu Klassifizierung der möglichen Ausprägungsformen und Qualitäten (und damit auch zur besseren sprachlichen Fassbarkeit) sind diverse Systeme entwickelt worden, u. a. die Unterteilung in sog. Primäremotionen wie Freude, Angst oder Trauer und Sekundäremotionen wie z. B. Neugier, Vergnügen oder Enttäuschung. Durch die Umwelt ausgelöste Emotionen und die gefühlsmäßige Verarbeitung von Umwelteinflüssen nehmen Einfluss auf Verhalten.

Das Grundmodell (Abb. 5.6) in diesem Bereich geht zurück auf Mehrabian und Russell (1974). Umweltreize werden dabei nach Anzahl, Intensität, Neuartigkeit und Komplexität als eine Informationsrate erfasst und erzeugen eine primäre emotionale Reaktion. Diese ausgelösten Gefühle lassen sich nach den Dimensionen Vergnügen (Ausmaß der Auslösung von Freude), Erregung (Stimulierungsstärke) und Dominanz (Gefühl der Kontrollierbarkeit der Situation) beschreiben. Die emotionale Reaktion hängt außerdem von Personenmerkmalen ab. Die emotionale Reaktion prägt dann die Verhaltensreaktion, bei der als kategoriale Ausprägungen Annäherung oder Meidung gegenüber dieser Umwelt unterstellt sind. Umwelten, die angemessen stimulieren, Vergnügen und ein leichtes Gefühl der Dominanz

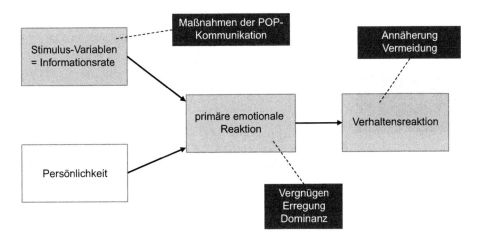

Abb. 5.6 Grundmodell der emotionsbasierten Umweltpsychologie von Mehrabian und Russell (1974)

auslösen, bewirken dem Ansatz folgend ein Annäherungsverhalten. Übertragen auf den Point-of-Purchase entsprechen dem Annäherungsverhalten bspw. Tendenzen zur längeren Verweildauer oder zum erneuten Besuch der Einkaufsstätte.

Für den Point-of-Purchase wurde der Ansatz von Donovan und Rossiter (1982) adaptiert und validiert. Vorgenommene Veränderungen des Ansatzes beziehen sich a) auf die Konkretisierung der Umweltreize auf In-Store-Reize, b) die Reduzierung der emotionalen Reaktion auf die Dimensionen Gefallen und Anregung (Dominanz entfernt) und c) die Spezifizierung von Verhaltenswirkungen auf einkaufsbezogene Ausprägungen, die jedoch auch grundsätzliche Annäherungs- oder Vermeidungskategorien ausdrücken.

In den zugehörigen *Studien* wurden verschiedene Konstellationen von In-Store-Reizen auf die Effekte hinsichtlich der psychologischen Erlebensebene (in den Zuständen für „Erregung" und „Gefallen") sowie auf verhaltensbezogene Parameter geprüft. Dabei wurde gefunden, dass Anregung und Gefallen positiv auf die Annäherungsvariablen (in dieser Operationalisierung) wirken, jedoch nur, wenn eine schon als grundsätzlich angenehm empfundene Umgebung vorlag. Abb. 5.7 bildet diesen spezifizierten Ansatz ab. Auch Untersuchungen von Tai und Fung (1997) zeigen auf, dass die In-Store-Reizsituation im Sinne einer Informationsrate auf das Gefallen des Stores einwirkt, was wiederum das Kaufverhalten beeinflusst. Ein Quasi-Experiment an realen Stores von Flicker und Speer (1990) brachte hervor, dass

- die Ladengestaltung an sich signifikante Unterschiede auf die „Anregung" als Komponente des emotionalen Erlebens der Einkaufsstätte produziert,
- die emotionale Gefallenswirkung als Prädiktorvariable für das Annäherungs-Vermeidungsverhalten der Kunden fungiert und
- die emotionale Gefallenswirkung generell auch mit der Kaufabsicht korreliert.

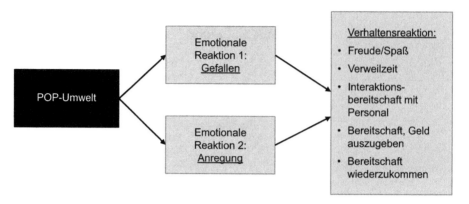

Abb. 5.7 Ansatz von Donovan und Rossiter (1982)

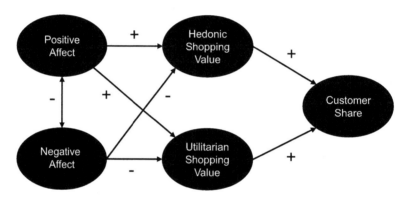

Abb. 5.8 Atmosphäre und Emotion als Einflüsse auf das Kaufverhalten bei Babin und Attaway (2000)

Ein neueres Strukturmodell (Abb. 5.8), das ebenso emotionale Prozesse als Determinante des Einkaufsverhaltens fokussiert, kommt von Babin und Attaway (2000). Die Autoren gehen davon aus, dass ausgehend von den POP-Reizen im Menschen negative und positive Gefühlsregungen entstehen. Diese wirken auf den empfundenen Einkaufswert, der hier in zwei Varianten einfließt: zweckbezogener und hedonistischer Einkaufswert. Diese Formen des empfundenen Einkaufswerts beeinflussen das Wiederkaufverhalten, ausgedrückt durch den Kundenmarktanteil (customer share). Die Richtungen der Zusammenhänge sind in Abb. 5.8 zu erkennen. Die berichteten empirischen Prüfungen stützen die angenommenen Zusammenhänge. Es zeigt sich: 1) Emotionen haben Einfluss. 2) Die Auslösung positiver Emotionen wirkt über einen wahrgenommenen Einkaufswert positiv auf das Kaufverhalten.

Insgesamt gesehen haben die emotionsbasierten Zugänge der Umweltpsychologie mit dem Forschungsfeld „store atmospherics" (z. B. McGoldrick 2002, S. 454 ff.; Greenland und McGoldrick 1994) prominenten Einfluss im Handelsmarketing erlangt.

Abb. 5.9 Zielfelder der POP-Kommunikation mit Blick auf die Schaffung eine starken Store Brand

5.2.3   Zielfelder einer Point-of-Purchase-Kommunikation

Um POP-Kommunikation strategisch auszurichten und operativ umzusetzen, sind Zielsetzungen erforderlich. Selbstredend sind diese marken- und unternehmensspezifisch zu gestalten. Dem Grunde nach sind jedoch einige Bereiche identifizierbar, die als grundsätzlich zu betrachtende Anforderungen relevant erscheinen. Als *Kernanforderungen* an die POP-Kommunikation lassen sich herausstellen (auch Abb. 5.9):

- *Sichtbarmachung der Store Brand-Elemente:* Wichtige Brandingelemente der Store Brand sollten am Point-of-Purchase wahrnehmbar sein, um die Zuordnung des Kontakts zum Markennamen und damit den Aufbau und die Sicherung von Store Brand Assets zu ermöglichen. Die Anforderung der Sichtbarmachung von Store Brand Elementen ist insofern ein Mindesterfordernis aus Sicht des Store Brand Management. Beispiel: Der Onlineshop von Media Markt setzt formale Markenelemente wie eine typische Farbe, Schrift und das Logo ein, um die Zuordnung zu ermöglichen.
- *Hinreichende Orientierung:* Die Unterstützung einer subjektiv positiv wahrgenommenen Orientierung am Point-of-Purchase führt zu einer positiveren Gesamtbewertung, senkt Meidungs- und Abwehrtendenzen, da sie mit der wahrgenommenen Beherrschbarkeit der Situation korreliert. Das schnelle Finden von Artikeln und Lösungen ist ebenso ein

wichtiger Effekt von Orientierung. Transaktionen werden erleichtert und von positiven Effekten auf die Kundenzufriedenheit ist auszugehen (auch Esch und Thelen 1997). Durch gute Orientierungswirkungen werden positive Erfahrungen und Bewertungen in den Store Brand Assets verankert. Beispiel: Im physischen Store von Bauhaus wird die Orientierung durch klare Gangstrukturen und Laufwege sowie Übersichtspläne und große Schilder mit Warengruppenzuordnungen an den Gängen erleichtert.

- *Positive Atmosphäre:* Das emotionale Erleben des Point-of-Purchase durch den Kunden übt in hohem Maße Einfluss auf Wiederkehr und Verweildauer aus. Da diese inneren Bewertungen mit der Store Brand verbunden werden, sind sie zielführend zu gestalten. Beispiel: Bei den Stores von Polo Ralph Lauren erzeugen die verwendeten Materialen, die Raumaufteilung und Möblierung, das Personal, die Wartemöglichkeiten und die Angebote von Getränken eine angenehme Atmosphäre, die zudem auch auf die Positionierung der Store Brand einzahlt.

- *Positionierungskonformes Erlebnis:* Sofern eine erlebnisorientierte Positionierung gewählt wurde, ist die Vermittlung dieser spezifischen Erlebniswirkungen über den Point-of-Purchase essenziell, damit diese der Store Brand zugehörig gelernt werden können. Aber auch zur Interessensweckung, Ansprache hedonistischer Zielgruppen oder Gestaltung der Dramaturgie spielen Erlebnisse abseits von Erlebnispositionierungen eine wichtige Rolle. Aus beiden Blickwinkeln entsteht die Anforderung, Erlebnisse bei der Kommunikationsgestaltung zu beachten. Beispiel: Die Positionierung über Naturerlebnis, sportliches Outdoorerleben und Trekking-Abenteuer transportieren die stationären Stores von Globetrotter u. a. über nutzbare „Erlebniszonen" wie Kältekammern, Klettertunnel, Wassersport- oder Quallenbecken.

- *Nutzung der Interaktion:* Hierbei geht es um die Möglichkeiten, Art und Stil sowie auch die Intensität einer Initiierung und Ermöglichung von Interaktionen mit dem Kunden am Point-of-Purchase. Interaktion meint den wechselseitigen und aufeinander bezogenen Austausch von Information wie auch das wechselseitige aufeinander bezogene Handeln. Nicht nur sollen Kunden Aktivitäten seitens des Stores erfahren, sondern sie sollen auch selbst Möglichkeiten erhalten, sich einzubringen. Durch wechselseitiges Agieren kann eine dialogische Qualität entstehen.

Diese fünf Kernforderungen an den Point-of-Purchase können als *Zielfelder* verstanden werden, an denen sich die Gestaltung von POP-Kommunikation ausrichten sollte. Nachfolgend werden die Zielfelder weiter ausgeführt.

▶   Für Store Brands bestehen grundsätzliche Ziele der POP-Kommunikation in

- der Sichtbarmachung der Store Brand-Elemente,
- der Erreichung von Orientierungswirkungen,
- der Auslösung positiver atmosphärischer Wirkungen,
- der Vermittlung von positionierungskonformen Erlebniswirkungen,
- der positionierungskonformen Ausgestaltung der Beziehung.

Ziel Sichtbarkeit der Store Brand-Elemente

Schon aus den Erkenntnissen zur Integrierten Kommunikation folgt, dass der Point-of-Purchase zum Aufbau von Bekanntheit und zur Verankerung einer angestrebten Store Brand Positioning beitragen muss, indem formale und inhaltliche Klammern der Store Brand auch hier konsistent und konstant ihren Einsatz finden. Denn: Jeder wichtige Kontaktpunkt sollte so gestaltet sein, dass eine Zuordnung zum Markennamen und eine Selbstähnlichkeit aller erzeugten Eindrücke gesichert wird – nur so wird erreicht, dass sich Kommunikationseffekte möglichst gut verstärken (zur Integrierten Kommunikation Esch 2011).

Für den Aufbau einer Store Brand ist es daher wichtig, dass Store Brand-Elemente auch am Point-of-Purchase dargeboten werden, damit diese in der Einkaufssituation der Store Brand zugehörig gelernt werden können (Abb. 5.10). Bei bereits bestehenden Store Brand Assets ist es eine Notwendigkeit, die Store Brand mithilfe dieser Elemente am Point-of-Purchase regelmäßig zu *aktualisieren*. Dies ist eine Minimalanforderung, auch um die Verknüpfung der multimodalen Erfahrungen am Point-of-Purchase mit dem Markennamen zu unterstützen. Dazu müssen Markensignale am Point-of-Purchase schnell wahrnehmbar und wiederholt inszeniert sein.

Probleme bestehen bei fehlendem oder zu zurückhaltendem Einsatz der Store Brand-Elemente am Point-of-Purchase: Wichtige Lern-Chancen bleiben ungenutzt. Besonders wenn das Involvement der Kunden gering ist, scheinen wahrnehmbare Markenelemente als starke Integrationsklammern bedeutsam. Zudem resultiert aus fehlendem oder zu zurückhaltendem Elementeneinsatz am Point-of-Purchase oft eine Nichtzuordenbarkeit des Point-of-Purchase zum Markennamen bzw. Store. Das führt zu austauschbaren Wahrnehmungen. Daraus folgt die Gefahr, dass es zu Verwechslungen beim Abruf erinnerter Information oder zum „falschen Abspeichern" von Erfahrungen zu einem anderen Markennamen kommen kann. Dies ist besonders bei einem engen Wettbewerbsumfeld fatal.

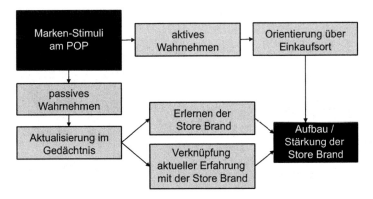

Abb. 5.10 Sicherung der Markenwahrnehmung am Point-of-Purchase: Essenziell für starke Store Brands

▶ Der Point-of-Purchase muss dem Store und seinem Markennamen zugeordnet werden können, damit der Kontakt zur Bekanntheit und einer Image-
   prägung der Store Brand beitragen kann. Daher sind dominante Store
   Brand-Elemente zu definieren, die wahrnehmbar am Point-of-Purchase inszeniert werden müssen.

Abb. 5.11 zeigt als Beispiel zwei Einsichten in Verkaufsräume der Stores von H&M und
C&A an Innenstadtlagen der gleichen Stadt. Sichtbar wird die hochgradige Austauschbarkeit der Verkaufsraumgestaltung. Sie ist u. a. durch fehlende typische Store Brand-
Elemente bedingt. Würde eine dieser Ansichten kurzzeitig verschiedenen Personen
gezeigt, würden auf die Frage, welcher Laden dies sei, sicher nur zufallsverteilt die korrekten Store-Namen genannt. Ähnlich verhält es sich bei den in Abb. 5.12 zusammenge-
stellten Onlineshops aus dem Schmuckbereich. Zwar werden spezifische Logos genutzt,
da jedoch der Einsatz weiterer wirkungsstarker Store Brand-Elemente unterbleibt, ist
auch hier die schnelle Zuordnung des Point-of-Purchase zum Markennamen erschwert.
Ist davon auszugehen, dass häufige Schmuckkäufer den Onlineshop erkennen würden,
wenn man das Logo wegließe?

Wichtige Brandingelemente der Store Brand sollten also am Point-of-Purchase wahrnehmbar verwendet werden. Als *formale Erkennungsanker* sichern diese die Zuordnung des POP-Kontakts zum Markennamen und damit den Aufbau und die Sicherung
der Store Brand Awareness. Natürlich geht es nicht darum, möglichst alle formalen
Markenelemente einzusetzen. Vielmehr sind sie nach Umsetzbarkeit, Beitrag zur Eigenständigkeit in der Kundenwahrnehmung (insb. in Relation zum relevanten Wettbewerb)
und Bedeutung für eine schnelle Zuordnung zu priorisieren (vgl. auch Abschn. 2.1
bzgl. der Bedeutung einzelner Store Brand-Elemente). Welche „Plakativität" formaler Erkennungszeichen erforderlich und sinnvoll ist, richtet sich weiterhin nach der
angestrebten Positionierung und dem zu erwartenden Involvement der Zielgruppen am

Abb. 5.11 Austauschbarer Point-of-Purchase durch fehlende eigenständige Brandingelemente
(physischer Store)

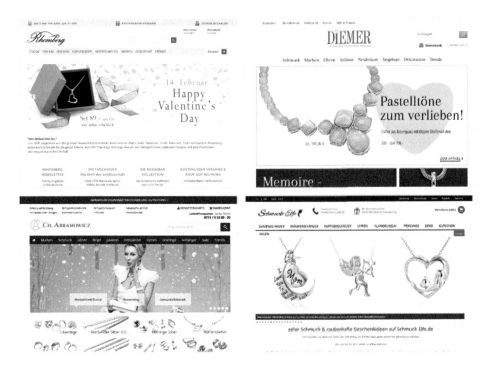

Abb. 5.12 Austauschbarer Point-of-Purchase durch fehlende eigenständige Brandingelemente (Onlineshop)

Point-of-Purchase. Hinsichtlich ihrer Wahrnehmbarkeit am Point-of-Purchase primär zu prüfen sind: Farbcodes, Logo, Designelemente und Bildstil.

▶   Wichtige Store-Branding-Elemente müssen auch am Point-of-Purchase wahrnehmbar sein! Auch bei flüchtiger Betrachtung des anonymisierten Point-of-Purchase sollte eine korrekte Zuordnung zum Markennamen möglich sein.

Ziel Orientierung

Orientierung am Point-of-Sale bedeutet, dass die Gestaltung des Point-of-Sale (Ziel-) Kunden dabei unterstützt, sich in der Umgebung möglichst einfach zurechtzufinden und gesuchte Artikel oder Leistungen möglichst schnell zu finden.

Es ist ein wichtiger Aspekt: Subjektiv positiv wahrgenommene Orientierung führt zu einer positiveren Gesamtbewertung und senkt Meidungs- und Abwehrtendenzen. Führen Suchprozesse nach Produkten oder Bereichen am Point-of-Purchase hingegen zum Misserfolg, sind negative emotionale Reaktionen beim Kunden wahrscheinlich, ebenso eine erhöhte Wahrscheinlichkeit des vorzeitigen Kaufabbruchs sowie langfristig eine Reduktion der Zufriedenheit mit der Store Brand (Titus und Everett 1996, S. 266). Man sieht: Orientierung ist ein wichtiges Zielfeld der Point-of-Purchase-Kommunikation.

Die Implikationen der Erkenntnisse zu *Mental Maps* (vgl. oben) stützen diese Forderung: Ziel-(Kunden) am Point-of-Purchase bringen Mental Maps mit, oder bauen diese auf. Sie haben darüber Erwartungen über die (quasi-)räumliche Struktur der Umgebung. Bei Suchprozessen nehmen Kunden auf Basis dieses kognitiven Modells Schlussfolgerungen vor, z. B. dazu, wo ein bestimmter Artikel zu finden ist, wobei diverse „search errors" auftreten können (Titus und Everett 1996). Positive Orientierungswirkungen werden, diesem Blickwinkel folgend, erreicht, wenn bei Besuchern die Ausbildung von Mental Maps unterstützt wird, bestehende Mental Maps von Kunden beachtet werden und für den Kunden ein Abgleich der Umgebung mit der Mental Map vereinfacht wird.

Für den physischen Store unterscheiden Titus und Everett (1996) zwei Modi des Suchens am Point-of-Purchase[2]:

- *Passiver Suchmodus:* Bei diesem wird zunächst die nähere aktuelle Umgebung untersucht, um spezifische Produkte oder Produktkategorien zu identifizieren. Daraufhin wird die Einkaufsliste rekapituliert, um die Wahrscheinlichkeit zu ermitteln, inwieweit in der aktuellen Umgebung relevante Produkte der Liste zu finden sind. Ist die Wahrscheinlichkeit hoch genug, fokussiert sich der Kunde zunächst auf eine Suche in der aktuellen Umgebung. Produkte werden folglich in der Reihenfolge gekauft, wie sie bei der Bewegung am Point-of-Purchase angetroffen werden. Es gilt das Muster Umgebungssuche => Listensuche => Umgebungssuche.
- *Aktiver Suchmodus:* In diesem Modus gehen Kunden zunächst die Einkaufsliste durch und entscheiden sich dann für ein Produkt, das am Point-of-Purchase zu suchen ist. Kunden kontrollieren in diesem Modus also aktiv die Reihenfolge, in der Produkte gekauft werden. Es gilt das Muster Listensuche => Umgebungssuche.

Die zahlreichen zugehörigen kognitiven Aufgaben, die im Rahmen der Suche am Point-of-Purchase durchlaufen werden, sind in den Abb. 5.13 und 5.14 zusammengefasst. Ebenso sind auch die typischen Fehler, die auf „falschen" kognitiven Inferenzen beruhen und zum Misserfolg bei der Suche führen, dargestellt. Titus und Everett (1996, S. 286) führen diese „Suchfehler" auf zwei Aspekte zurück: a) unzureichende Orientierungshilfen am Point-of-Purchase, die zu einer schlechten „Lesbarkeit der Fläche" führen und daher den Aufbau bzw. den Abruf von Mental Maps erschweren sowie b) unzureichendes Produkt- bzw. Produktkategoriewissen der Kunden.

▶   Der Point-of-Purchase muss beim Besucher die gedankliche Arbeit mit Mental Maps unterstützen, das Zurechtfinden und das Produktfinden erleichtern. POP-Kommunikation sollte das Ziel Orientierung aufgreifen.

---

[2]Grundlage sind Studien am stationären Point-of-Purchase, wobei eher komplexe Läden und Einkaufsituationen genutzt wurden. Die Modi werden von Kunden flexibel und adaptiv eingesetzt (Titus und Everett 1996, S. 283).

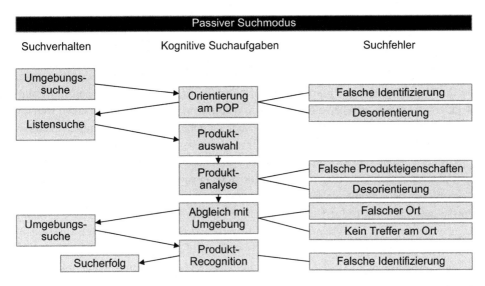

Abb. 5.13 Kognitive Prozesse und Fehler der passiven Suchstrategie von Kunden am Point-of-Purchase. (Quelle: Titus und Everett 1996, S. 285)

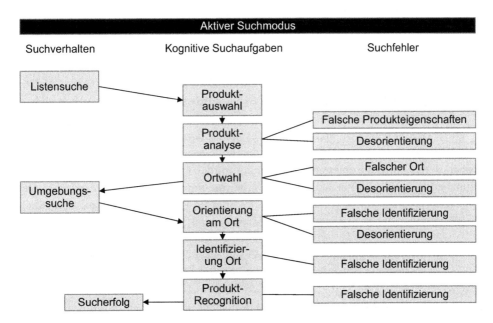

Abb. 5.14 Kognitive Prozesse und Fehler der aktiven Suchstrategie von Kunden am Point-of-Purchase. (Quelle: Titus und Everett 1996, S. 285)

Die Überlegungen zur notwendigen Orientierung am Point-of-Purchase können auch in der Konzeptualisierung und Untersuchung von Reith (2007) zur empfundenen *Convenience* im Handel wiedererkannt werden. Dort fließen als Bestimmungsfaktoren von Convenience u. a. die Kundenfreundlichkeit von Verkaufsräumen und Kassenbereichen sowie die Reibungslosigkeit des Informationsprozesses ein. Eine gute Orientierung des Point-of-Purchase kann so gesehen als Ausdruck von Kundenfreundlichkeit verstanden werden. Im Sinne von Posselt und Gensler (2000) kann eine hohe Orientierungsfreundlichkeit des Point-of-Purchase zudem als Senkung der Transaktionskosten angesehen werden.

Aus der Perspektive des *virtuellen Point-of-Purchase* bestehen Überschneidungen mit der Forderung nach Usability (dazu Abschn. 5.4). Gute Orientierung entspricht hier im Wesentlichen dem problemlosen Zurechtfinden auf einzelnen Seiten wie auch im gesamten Onlineshop. Dies triggert u. a. emotionale Reaktionen bei der Benutzung (Freude, Ärger), die sich auf Nutzereinstellungen auswirken (Lee at al. 2010). Beim *personenbezogenen Point-of-Purchase* (Abschn. 5.5) sind mit der Forderung nach Orientierung mehrere Aspekte tangiert: Die persönliche Unterstützung beim Finden angesteuerter Produkte auf der Fläche, die Navigation im Kaufprozess, die Identifikation zentraler Problemstellungen des Kunden sowie die Beratung am Sortiment. Beim *Print-POP* (Abschn. 5.6) bezieht sich Orientierung vor allem auf das Zurechtfinden im Werbemittel.

Ziel Atmosphäre

Eine direkte Verkaufsumgebung wirkt niemals neutral auf den Kunden. Dies stellen schon Markin et al. (1976) aus sozialpsychologischer Sicht heraus: Das Verkaufsumfeld ist ein Bündel von Hinweisreizen, Botschaften und Suggestionen, und dieses entfaltet seine Wirkung beim (potenziellen) Kunden. Zwar könne man, Markin et al. (1976) zufolge, einen Laden nicht direkt wie eine Skinner-Box sehen, aber dieser würde ebenso u. a. Gefühlsregungen auslösen, die Absichten und Verhalten steuern.

Diese Gefühlsregungen sind das Ziel der *atmosphärischen Gestaltung*. Sie zielt auf das Auslösen unspezifischer Emotionen durch Point-of-Purchase-Kommunikation ab. Dabei ist zum einen die emotionale Bewertung auf den Ebenen „*Gefallen*" und positiver Stimulierung berührt.[3] Zum anderen geht es die *Qualität des emotionalen Eindrucks*. Die Qualität erfasst die innere Klassifizierung des erlebten emotionalen Eindrucks, letztlich ihre Einordnung in beschreibende Kategorien wie „kühl", „bedrohlich" oder „fröhlich".

▶   Die Atmosphäre am Point-of-Purchase kann overall über die Gefallenswirkung und zusätzlich in ihrer Qualität beschrieben werden.

Die evozierten emotionalen Eindrücke sind deshalb als unspezifisch zu bezeichnen, weil diese nicht auf positionierungsrelevante Konsumerlebnisse abstellen. Vielmehr sind sie

---

[3]Eine korrelative Untersuchung von Billings (1990) zeigt, dass vor allem die Dimension „Gefallen/ Freundlichkeit/Freude" mit einem „Annäherungsverhalten" zusammenhängt.

peripher, aber dennoch wirkungsvoll, weil sie das emotionale Klima erzeugen, das Wahrnehmung, Informationsverarbeitung und gedankliche Speicherung beim Kunden lenkt. Indirekt wird damit auch das Image beeinflusst, denn es resultiert u. a. aus eben solchen (emotionalen) Erfahrungen. Yoo et al. (1998) konzipieren emotionale Effekte in der Verkaufssituation entsprechend als Moderatoren der Wirkung einer gestalteten Verkaufsumgebung auf die Einstellung zum Store. Ein weiterer wichtiger Aspekt planvoll gestalteter atmosphärischer Wirkungen ist, dass bei positiver Klimawirkung davon auszugehen ist, dass gedankliche Gegenargumente oder negative Gedanken seltener entstehen. Scheuch (2001) findet in seinen Studien zudem, dass die wahrgenommene Atmosphäre sogar die Bewertung der Orientierungsfreundlichkeit der Einkaufsumgebung beeinflusst.

Reize zur atmosphärischen Gestaltung können auf allen Sinnesdimensionen umgesetzt sein: Visuelle, haptisch-taktile, akustische, gustatorische, olfaktorische oder thermale Reize sind möglich – Relevanz und Möglichkeiten hängen von der Art des Point-of-Purchase ab. Aus dem Zusammenspiel der Reize resultiert das sensorische Erleben des Point-of-Purchase. Berekoven (1995) spricht von der „Summe von Sinneswirkungen", welche sich teils bewusst, teils unbewusst als individuelles Erleben der Verkaufsumgebung ausdrückt. Ungeklärt erscheint das *genaue* Zusammenwirken einzelner Eindrücke.

Hilfreich ist ein Verständnis von atmosphärischen Wirkungen als „Gestalt", als holistischen Effekt. Der atmosphärische Eindruck, der die entsprechende Gefühlswelt beim Kunden aktivieren kann, ist stets Ergebnis der *multimodalen Totalwirkung* aller Sinneseindrücke. Er wirkt zum einen auf die Selbstwahrnehmung des Kunden („Stimmung"). Zum anderen werden auch kognitive Prozesse wie die Beurteilung von Sortimenten und die Beurteilung des Stores beeinflusst, mit entsprechenden Effekten auf das Verhalten (Abb. 5.15; auch Kotler 1973).

Wie effektvoll atmosphärische Hintergrundreize für die Wahrnehmung und das Markenimage sind, zeigen kausalanalytische Befunde von Baker et al. (1994), bei denen Prestige- und Discountgestaltungen hinsichtlich Qualitäts- und Serviceurteilen sowie Store Image experimentell verglichen wurden. Auch Befunde von Thang und Tan (2003) stützen die Atmosphäre als einen signifikanten Einflussfaktor auf die Präferenz von Einkaufsstätten. Im Fall dieser Untersuchung wurde die Atmosphäre über die Parameter Dekoration, Flächenaufbau, Bewegungsfreiheit und Warenpräsentation repräsentiert.

Diskutiert wird die Existenz eines optimalen Anregungsgrads durch die POP-Reize, insb., wenn es um die Gefallenswirkung geht. Etabliert ist der Befund einer umgekehrten U-Kurve, nach der moderate Anregungsgrade für einen einzelnen Reiz hinsichtlich der Gefallenswirkung des Point-of-Purchase optimal erscheinen (u. a. Berlyne 1974; Litman 2005; Nosewothy et al. 2014).

Bei Einsatz mehrerer anregender Reizarten (z. B. Musik und Lichtreize oder Duft) am Point-of-Purchase sollten diese im Art und Ausmaß abgestimmt sein, um eine entsprechende *Gefallenswirkung* zu erzielen. Beispielsweise könnten im Laden anregende Ansagen mit anregender Musik kombiniert sein. Findet keine Übereinstimmung hinsichtlich des Aktivierungsausmaßes statt, kommt es zu einer schlechteren Beurteilung (Mattila und

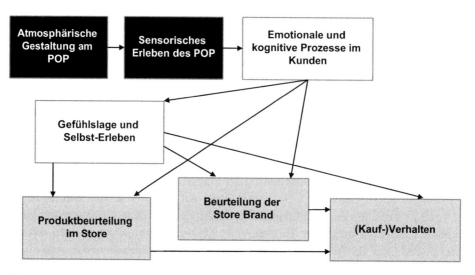

Abb. 5.15 Wirkung der Atmosphäre

Witz 2001; neuere Replikationen von Das und Hagtvedt 2016). In Studien mit zwei gleich-zeitigen anregenden Reizarten erzielten je zwei wenig anregende oder zwei hochgradig anregende Reizarten die besten Gefallenswirkungen. Gleichartige Ausmaße des Erregungs-grads sind also dann relevant, wenn verschiedene Reizgruppen zusammenwirken. Zudem wurde gefunden, dass die wahrgenommene Passung der Reizinhalte als Moderatorvariable wirkt (Das und Hagtvedt 2016, S. 215). Moderierende Effekte scheinen zudem von Per-sonen- und Situationsvariablen auszugehen (u. a. Sirgy et al. 2000), sodass generelle Aus-sagen dazu, durch was die Atmosphäre wie zu gestalten ist, schwer zu treffen sind. Umso wichtiger ist es, Zielgruppe(n) und deren Situation(en) genau zu erfassen und Gestaltungen darauf abzustimmen. Entsprechende Tests sind empfehlenswert.

▶   Die Schaffung einer geeigneten Atmosphäre ist eine wichtige Zielgröße für
      die POP-Kommunikation, denn

      ● sie unterstützt das Wahrnehmen, Erleben und Erinnern der Einkaufserfah-
        rung und beeinflusst damit indirekt den Entscheidungsprozess,
      ● sie sorgt für eine längere Verweildauer und Gefallenswirkungen am Point-
        of-Purchase,
      ● erhöht die Wahrscheinlichkeit eines erneuten Besuchs und
      ● prägt damit auch Imagebestandteile der Store Brand.

Ziel Erlebnis und Multisensualität
Erlebnisse sind spezifische Bündel von beim Kunden ausgelösten Emotionen, die eine eigene Qualitätsdimension erlangen (Weinberg 1992). Als subjektive innere Reaktionen

von Kunden stiften sie Nutzen als „experiential value" (Brakus et al. 2008; Pine und Gilmore 1999). Im Blickpunkt von Erlebnissen stehen zwar meist ausgelöste *positive emotionale* Reaktionen (z. B. Machleit und Eroglu 2000; Andreu et al. 2006; Bagdare and Jain 2013). Gleichwohl wird die Beteiligung kognitiver, spiritueller, sozialer und körperlicher Ebenen diskutiert (Gentile et al. 2007, S. 397; Brakus et al. 2009). Erlebnisse können unterschiedlich intensive *Ausprägungen* annehmen. Streng genommen gibt es folglich nicht nur starke, intensive, gut erinnerbare Erlebnisse (Pine und Gilmore 1999) – auch banale, durchschnittliche Erfahrungen können Eigenschaften von Erlebnissen erfüllen (Carù und Cova 2003).

Erlebnisse, die durch den Händler ausgelöst werden, sind substanzielle Bausteine für das Store Brand Image (Ailawadi und Keller 2004, S. 338). Mindestens vier Gründe sprechen dafür, das Zielfeld Erlebnis bei der POP-Kommunikation heranzuziehen:

1. *Erlebnis als Folge kultureller Anforderungen:* Da Menschen die Welt nach einem Ich-Prinzip ordnen und bewerten und sie bestrebt sind, sie in Gestalt inspirierender Erlebnisse zu optimieren (Wöhler 2008), müssen sich Einkaufsstätten und Brands sich immer stärker dem Erlebnis zuwenden. Sie müssen Beiträge für diese neue Form der „Weltverarbeitung" leisten. Händler im Zeitalter der Erlebnisökonomie müssen es also schaffen, neben ihrem bisherigen Geschäft auch den „Kauf von Erlebnissen" optimal zu unterstützen (Pine und Gilmore 1999).
2. *Erlebnis als steuernde Intervention:* Erlebnisse dienen, um phasenweise das Involvement des Kunden anzuheben, impulsives Kaufen zu fördern, Faszination auszulösen (um Verweildauern zu verlängern oder Gründe für den Besuch von Einkaufsstätten zu liefern; dazu auch Abb. 5.16). Sie können hedonistische Konsummotive zu befriedigen und Erlebniskäufer als Segmente aufzugreifen. Sie initiieren Produktkontakte und/oder lenken Kundenströme.
3. *Erlebnis als Ausdruck einer Erlebnispositionierung:* Wurde bei der Konzeption der Store Brand eine erlebnisorientierte Positionierung gewählt, sind Erlebnisse am Point-of-Sale die notwendige Konsequenz. In diesem Fall muss auch der Point-of-Purchase die „Story der Brand" erleb- und durchlebbar machen. Die Gesamtheit der wahrgenommenen Reize ist folglich so auszurichten, dass subjektive, innere Reaktionen erfolgen, die das Soll-Image fördern.
4. *Erlebnisse als Zugang zur Person:* Da erfahrene Erlebnisse etwas Innerliches und Persönliches sind, schaffen sie es besonders gut, Beziehungen zu Kunden auf mehreren Ebenen (emotional, intellektuell, spirituell) aufzubauen und zu festigen (Carbone 1998). Jedoch sind Erlebnisse stets auch einzigartig pro Kunde, werden subjektiv erlebt und individuell verinnerlicht, folglich entsprechend abgewandelt.

Die Store Brand „acts as an experience factory or retail theatre for delivering a pleasant shopping experience, which influences customer satisfaction and loyalty" (Bagdare und Jain 2013, S. 791, basierend auf Baron et al. 2001).

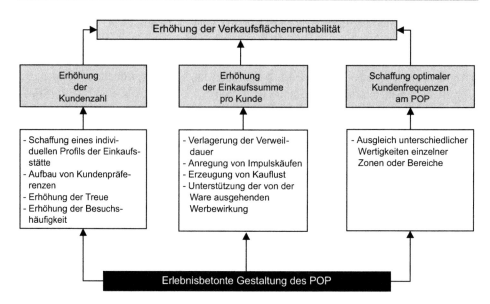

Abb. 5.16   Ziele einer erlebnisbetonten POP-Gestaltung nach Diller und Kusterer (1986)

Ausgelöst werden Erlebnisse durch innere und/oder äußere Reize. Der direkten Gestaltung zugänglich sind allerdings nur die äußeren Reize. Mit Blick auf die Erlebnisschaffung müssen sie wirkungsstark sein und Emotionen ansprechen. Zudem sind sie so zu gestalten, dass möglichst *alle Sinnesebenen* des Menschen beteiligt sind (Terblanche 2009, S. 8). Analog zu den Anforderungen bei der atmosphärischen Gestaltung ist auf Konsistenz zu achten, am besten durch ein klares Leitthema (Pine und Gilmore 1998; Aaker et al. 2015, S. 83 ff.). Erlebnisse und ihre Facetten bzw. Konkretisierungen können über systematisches Suchen in den Bereichen a) biologisch programmierte Erlebnisse, b) kulturell geprägte Erlebnisse und c) zielgruppenspezifische Erlebnisse gefunden werden (Kroeber-Riel 1993).

Schon David Ogilvy stellte fest: „You cannot bore someone into buying."

Studien von Möller und Herm (2013) weisen darauf hin, dass speziell auch in der Gestaltung der kundenseitigen körperlichen Wahrnehmung („bodily experiences", als Teil des multisensorischen Erlebens) Potenziale für die Erlebnis- und Positionierungsvermittlung bestehen. Nach ihren Erkenntnissen werden körperliche Wahrnehmungen (z. B. Temperatur im Raum; gefühlte Derbheit von Materialien) sinnbildlich auf die Bewertung der Markenpersönlichkeit übertragen. Sinnvoll als Teil einer multimodalen Vermittlung umgesetzt, können also auch die vielfältigen körperlich erfahrbaren Eindrücke das Erlebnis und das Store Brand Image prägen, indem es zu einer Art Primingeffekt kommt. Ebenso folgt daraus, dass zu kontrollieren ist, ob die Verkaufsumgebung nicht etwa unerwünschte körperliche Erfahrungen auslöst, die wiederum unerwünschte Konzepte ansprechen und letztlich kontraproduktiv für den Store Brand Imageaufbau sind. Dies bezieht sich auch auf „feingliedrige" Gestaltungsaspekte wie beispielsweise das Erleben eines Bodenbelags beim Begehen.

Wie bedeutsam und dennoch oft sträflich vernachlässigt bewusst gewählte Inszenierungsstrategien (dazu Abb. 5.17) als Abgrenzungs- und Profilierungszugang für physische Stores sind, kommt in einer Aussage des Retail-Designers Rainer Zimmermann (2015, S. 26) pointiert zum Ausdruck: „Schauen Sie sich Selfridges in der Oxford Street an, das einzelne Haus ist doch interessanter als die gesamte Königsallee in Düsseldorf."

Damit die Erlebnisinszenierung gelingt, müssen Design, Szenografie, Service, Online-Sichtbarkeit und Qualität des Verkaufspersonals exzellent aufeinander abgestimmt sein; auch hinsichtlich der Sortimentspolitik sind grundlegende Veränderungen weg vom Vorsichts- und Optimierungsdenken hin zu innovativen Experimenten für außergewöhnliche Angebote ein hochrelevantes Moment (Zimmermann 2015, S. 26 f.).

Stephan Vogel (2016, S. 12), CCO von Ogilvy & Mather Advertising Germany, kommt für Markenmanager zu dem Fazit: „Start entertaining".

Ziel Interaktionsgestaltung

Je nach Art des Point-of-Purchase bestehen besondere Chancen für eine direkte oder medial vermittelte Interaktion. Interaktion wird diesbezüglich verstanden als *wechselseitiger* und aufeinander bezogener *Austausch* von Information bzw. Botschaften (u. a. bei Ballantyne und Varey 2006 und dortigen Quellen). Sie grenzt sich insofern von der Einwegkommunikation (z. B. Werbung) ab. Die *Interaktionsgestaltung am Point-of-Purchase* differenziert sich in Aspekte wie die grundsätzliche Möglichkeit, Art und Stil

Abb. 5.17 Erlebnisorientierte Inszenierung am Beispiel Schaufenster. (Bildrechte Petra Morschheuser)

sowie die Intensität der Initiierung und der Ermöglichung von Interaktionen mit dem Kunden am Point-of-Purchase (Abb. 5.18).

Adressiert sind damit jene Kontaktbereiche, die das wechselseitige Aufeinander-Einwirken, das aufeinander bezogene Handeln des Unternehmens und des Kunden an der Oberfläche Point-of-Purchase ermöglichen und prägen. Je nach Art des Point-of-Purchase drückt sich Interaktionsgestaltung in unterschiedlichen Maßnahmen aus – bspw. Aktivitäten, die Response auslösen, Maßnahmen die medial vermittelt auf Rückmeldungen reagieren oder Maßnahmen des persönlichen Dialogs.

Die *Interaktionsqualität* als ein Bewertungsmerkmal für Interaktion am Point-of-Purchase klassifiziert, wie gut oder schlecht die Interaktion aus Kundensicht funktioniert und durch welche Handschrift sie aus Kundensicht geprägt ist.

Beispiele für die Interaktionsgestaltung am Point-of-Purchase: Die Art und Offensivität des Zugehens auf Kunden in einem Autohaus, der Einsatz von Feedback-Boxen in einem Supermarkt, der telefonische Nachfass bei einer Kundenbeschwerde in einem Supermarkt durch den Gebietsleiter, die Kommentarfunktion in einem Onlineshop, der Einsatz von Call-Back-Karten in einem Katalog, die Nutzung von Beratungschats bei einem Onlineshop etc.

Die *grundlegende Bedeutung* der Interaktionsgestaltung ergibt sich schon aus dem vorherrschenden Relationship-Marketing-Paradigma (z. B. Grönroos 2004) und den zugehörigen positiven Effekten für Geschäftsbeziehungen (dazu z. B. die Zusammenstellung in Hennig-Thurau 2002). Ebenso liefern beziehungsorientierte Richtungen im modernen Brand Management (z. B. Tuominen 2007) und Co-Creation-Perspektiven Argumente.

Indem Service- wie Handelssituationen *beteiligender* gestaltet werden, kommt der Kunde mehr und mehr aus einer passiven Rolle heraus (Pine und Gilmore 1999). Dies kann natürlich dazu führen, dass Grenzen zwischen der Kundenrolle und der Anbieter-Rolle verwischen (Broderick 1998). Die dialogische Seite von Interaktionen bietet aber Chancen für den gemeinsamen Wissensaufbau der Beteiligten (Ballantyne und Varey 2006): Durch die Interaktion wird ein (für die Interaktionspartner Händler und Kunde) gemeinsames Verständnis der Store Brand gefördert. Im Sinne von Senge (1990) sowie Bohm (1996) würde damit, durch Interaktion, die Schaffung von „common meaning"

Abb. 5.18 Aspekte von Interaktion am Point-of-Purchase

bezüglich der Store Brand ermöglicht. Wenn es also beim Store Brand Management um die Schaffung von Wissen und Haltungen in der Innenwelt des Kunden geht, ergeben sich aus der Gestaltung von Interaktion zahlreiche Möglichkeiten.

▶   Möglichkeiten zur Initiierung und Verstetigung von Interaktion und damit der Aufbau einer eigenen Interaktionsqualität für die Store Brand sind als besondere Chancen am Point-of-Purchase zu sehen.

Mit Bezug zur Interaktion am Point-of-Purchase erscheint weiterhin die Abgrenzung von Händler-Kunden-Interaktion, Inter-Kundeninteraktion und Kundenintegration wesentlich.

- Die *Händler-Kunden-Interaktion* beschreibt den aufeinander bezogenen Austausch von Information bzw. das aufeinander bezogene Handeln der „Parteien" Händler und (Ziel-)Kunde.
- Daneben existiert weiterhin das große Feld der *Interaktionen zwischen Kunden,* die ebenso zu gestalten sind. Aus ihnen entspringen soziale Nutzen für Kunden (Parker und Harris 1999), zum Beispiel durch gegenseitige Diskussion oder Fachsimpelei oder auch Online-Bewertungen sowie durch das Bereitstellen von „Räumen" um auf andere Menschen zu treffen. Interaktions- und Erlebniseffekte des Handels sind auch durch just solche Drittwirkung von Interaktionen, den sozialen Effekten („social liking with fellow consumers"), determiniert. Das wird sich im Zeitalter der digitalen Revolution beschleunigt fortsetzen.
- Bei der *Kundenintegration* (die Ausprägung von Interaktion sein kann), erfolgt eine Einbindung des Kunden als produktive Ressource bei der (Dienstleistungs-)erstellung. Ein Charakteristikum im Handel besteht je eben darin, dass der Kunde bei der Dienstleistungsproduktion selbst mitwirkt und damit auch den Service und dessen Wahrnehmung durch andere beeinflusst (Harris et al. 2001, S. 359 f.; Lengnick-Hall et al. 2000). Zum Teil wird vom Kunden daher auch als „partial employee" gesprochen (dazu Mills und Moberg 1982). Die Einbindung des Kunden erfolgt (der Rollen-Logik nach Zeithaml und Bitner 1996 folgend) vor allem, indem der Kunde Informationen und Engagement in die Dienstleistungserstellung einbringt. Klassisches Beispiel ist der Ersatz von persönlicher Bedienung durch Selbstbedienung: Der Kunde bringt sich selbst ein. Bettencourt (1997) wie auch Bateson (1985) zeigen auf, dass diese besondere Kundenintegration dem Händler wie auch dem Kunden Vorteile bringt. Empirisch werden u. a. positive Effekte auf den wahrgenommenen Servicelevel und Kundenzufriedenheit gefunden (Kellogg et al. 1997). Letztlich wird über die Einbindung auch der Erlebnisfaktor geformt (Lengnick-Hall et al. 2000, S. 380). Aubert-Gamet und Cova (1999) plädiert daher für eine holistische Sicht auf das Kundenerlebnis im Handel, die zwingend auch Integration als Baustein berücksichtigen muss.

Für Händler besteht gerade im Aufbau, der Förderung und einer spezifischen Ausgestaltung *direkter* Kundenbeziehungen eine besondere Chance hinsichtlich ihrer Store Brand (Jary et al. 1999, S. 49 f.). Zielführende Interaktionsarbeit am Point-of-Purchase erscheint insofern fast definitorisch. Die relevanten Facetten und eingesetzten Instrumente sind dabei vielfältig und POP-spezifisch (dazu die Abschn. 5.3 bis Abschn. 5.5). So kann zum Initiieren von Interaktion z. B. ein Frage-Button am Produkt in einem Webshop genutzt, zum Aufrechterhalten und Verstärken von Interaktion z. B. eine Nachfrage des Außendienstmitarbeiters eingesetzt und bzgl. der Gestaltung einer besonderen Interaktionsqualität zur Vermittlung der Store Brand Positioning z. B. ein besonders wertschätzender, aber jugendlicher Umgang im persönlichen Verkauf umgesetzt werden.

Neue Kommunikationstechnologien und -medien bieten für die Interaktionsgestaltung permanent weiter wachsende Potenziale. Bspw. nimmt die Integration von Mobile Devices als Medien heute oft eine Schlüsselfunktion ein (z. B. Rohm et al. 2012; Persaud und Azhar 2012). Ihre Möglichkeiten sollten gerade im Hinblick auf die POP-Interaktion und die Store Brand sorgsam beobachtet werden.

Zielfelder und POP-Arten

Die herausgestellten Zielfelder Sichtbarkeit der Markenelemente, Orientierung, Atmosphäre, Erlebnis und Interaktionsgestaltung sind von grundlegender Natur. Ihre Realisation wäre somit bei allen von einem Händler genutzten POP-Arten im angestrebten, zielführenden Maße sicherzustellen. Schwerpunktsetzungen sowie konkreten Ausprägungen sind dabei spezifisch nach Store Brand Positioning und POP-Art zu bewerten. Bedeutsam ist die *konsistente* Umsetzung über mehrere Points-of Purchase (dazu Abschn. 2.4 und Kap. 7).

▶ Die Sichtbarmachung wichtiger Markenelemente, die Gestaltung von Orientierung und Atmosphäre, die positionierungsadäquaten Erlebnisbildung sowie die Umsetzung zweckmäßigen Interaktionsmodalitäten sind als zentrale Anforderungen bei der Gestaltung der POP-Kommunikation zu sehen. Sie sind in entsprechenden Zielen zu konkretisieren, um sie für alle Arten von Points-of-Purchase stringent zu realisieren, wobei Schwerpunktsetzungen denkbar sind.

5.2.4 Store Brand und POP-Kommunikation

Für das Store Brand Management, das sich wie dargelegt mit der gezielten Schaffung, Pflege und Weiterentwicklung von Store Brands in den Gedächtnis- und Erlebniswelten definierter Zielgruppen befasst, besitzt die Point-of-Purchase-Kommunikation eine herausragende Rolle.

Sie hat großen Anteil am Ausdruckssystem des Händlers, über das Store Brand Assets geschaffen werden (Abb. 5.19). Wie zahlreich betont (z. B. Gröppel-Klein 2012),

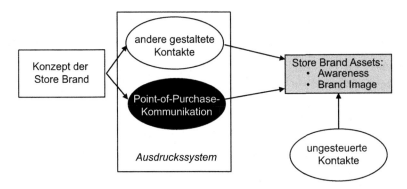

Abb. 5.19 Markenprägende Position der POP-Kommunikation im Handel

fungiert der Point-of-Purchase für Handelsunternehmen als eines der wichtigsten und wirkungsstärksten Ausdrucksmittel.

Damit die Gestaltung der POP-Kommunikation starke Store Brands schafft und stützt, muss sich diese streng am definierten Konzept, speziell der Store Brand Positioning, ausrichten. Die erörterten Zielfelder der POP-Kommunikation bieten dabei *Hilfestellung* an. Sie sind in geeigneter, positionierungsförderlicher Weise mit Leben zu füllen.

Die POP-Kommunikation ist demnach nicht als unabhängiges Gestaltungsfeld des Händlers anzusehen. Vielmehr muss sie – nach dem hier vertretenen Verständnis – der Schaffung und Pflege von Store Brand Assets dienen. *POP-Kommunikation ist Ausdruck im Sinne der Markenziele.* Store Brands als psychische Phänomene existieren vor allem durch die mittels POP-Kommunikation geschaffenen spezifischen mentalen Reaktionen der Zielpersonen.

▶ POP-Kommunikation ist der wichtigste und kraftvollste Teil des Ausdruckssys-tems eines Händlers. Sie formt die Store Brand.

5.3 POP-Kommunikation I: Physischer Store

5.3.1 Einordnung

Der stationäre Laden ist die typische Erscheinungsform des physischen Point-of-Purchase. An diesem werden Verkaufsumgebungen real und multimodal erfahren, Sortimente werden dargeboten und Beratung und Verkaufsaktivitäten finden statt.

Gerade im stationären Laden bestehen gute Möglichkeiten, emotional zu kommunizieren und zu inspirieren (Wahl 2014a, S. 16). Es können im Vergleich zu anderen Points-of-Purchase besonders gut Inszenierungen geboten werden, die Gefühle wecken und Geschichten erzählen. Durch persönlichen Verkauf lassen sich Interaktionen initiieren und mit bleibendem Eindruck gestalten. Allerdings ist zu beachten, dass Reizüberflutung und geringes Involvement die Situation prägen. Um Botschaften zu vermitteln, bleibt daher nicht viel Zeit. In Sekundenschnelle müssen für den Adressaten die Botschaften wahrnehmbar sein. Dies gilt besonders an der Schwelle, also vor dem eigentlichen Betreten des Stores. Dabei haben „äußere" Aspekte wie bspw. Fernsichtbarkeit, Fassade und Schaufenster einen nicht zu unterschätzenden Einfluss.

Der Laden als eine räumliche Umgebung bietet auch deswegen besondere Chancen für die POP-Kommunikation, da von ihm auf vielen Sinnesebenen Reize auf den Besucher einwirken können. U. a. wirken visuelle Impulse, Gerüche und Sounds zusammen. Dabei werden Besucher vom Laden quasi umgeben, der Shop trennt ihn also auch von anderen Umgebungen ab. Zudem sind i. d. R. weitere Menschen vorhanden, als Verkaufspersonal oder in Form anderer Besucher. Wie bspw. Baker et al. (1994) zeigen, nimmt die Gestaltung der Verkaufsumgebung des physischen Ladens Einfluss auf die Beurteilung der angebotenen Waren und der Services und beeinflusst das Store Image.

Mit der Gestaltung eines Ladens sind zahlreiche, vielfältige aber auch einige spezifische Handlungsparameter verbunden. So sind bspw. die Räume an sich zu gliedern und zu designen, Schaufenster sind auszugestalten und die Warendarstellung muss umgesetzt werden. Aus dem Blickwinkel der POP-Kommunikation eröffnen sich somit insgesamt besonders viele Ansatzpunkte, um Ziele der POP-Kommunikation zu realisieren und Store Brand Assets zu schaffen oder zu pflegen.

5.3.2 Umsetzung durch Visual Merchandising

5.3.2.1 Visual Merchandising und wichtige Instrumentalbereiche

Die Darstellung angebotener Leistungen und Sortimente zählt zu den Kernaufgaben aber auch bedeutenden Herausforderungen des Händlers (z. B. Müller-Hagedorn und Natter 2011, S. 434 ff.; Schröder 2012, S. 157 ff. sowie S. 231 ff.; McGoldrick 2002, S. 453). An die Warenpräsentation im weiten Sinne knüpft sich aus Marketingsicht seit jeher eine besondere Bedeutung, weil diese einen maßgeblichen Ansatzpunkt für die Kaufverhaltensbeeinflussung darstellt (Müller-Hagedorn und Natter 2011, S. 434)[4]. Als Spezialdisziplin im Kontext der Warendarbietung sowie Verkaufsumgebungsgestaltung am physischen Point-of-Purchase hat sich das *Visual Merchandising (VM)* als fester Ansatz etabliert (dazu z. B. Pegler 2001 oder Redler 2013).

VM beschäftigt sich dem Ursprung nach mit der zielgerichteten Darstellung und Präsentation des Unternehmens und seines Leistungsangebots, um potenzielle Kunden anzuziehen und Transaktionshandlungen des Käufers möglichst gut zu unterstützen (Diamond und Diamond 2003; Pegler 2001), wobei die von Buttle (1984) vorgenommene Hervorhebung,

---

[4]Bei Turley und Milliman (2000) findet sich ein Überblick über Studien zum Einfluss der Ladengestaltung auf das Kundenverhalten.

dass VM sich hierbei a) ausschließlich auf den POP fokussiert, b) den persönlichen Verkauf ausschließt und c) reine Verkaufsförderung ausschließt, als sinnvolle Zufügung erwähnenswert scheint.

▶   Die koordinierte Darstellung des Sortiments, der Leistungen und der Einkaufs-
      stätte an sich ist das Kerngebiet des Visual Merchandising (VM).

Morgan (2012, S. 18) beschreibt die *Ziele* des VM dahin gehend, dass erreicht werden soll, den Kunden a) anzuziehen, sodass dieser die Bühne des Point-of-Purchase betritt, b) ihn in der POP-Situation zu halten, c) ihn zum Kauf zu bewegen und d) dafür zu sorgen, eine positive Erfahrung zu hinterlassen. Dabei ginge es vor allem um die Umsatzgenerierung. Im Fokus des VM-Ansatzes stehen letztlich die Warenpräsentation und -inszenierung, um beim potenziellen Kunden Kaufhandlungen zu erreichen (z. B. Pegler 2001; Bhalla und Anuraag 2010, S. 18 f.; Walters und White 1987, S. 238). Dem folgen im Wesentlichen auch anwendungsorientiert ausgerichtete Autoren wie JosDeVries (2005, S. 132 f.), Leitl (2011, S. 215 f.) oder Wahl (2014a, 2014b). Die qualitativen Untersuchungen von Kerfoot et al. (2003) untermauern am Beispiel des Fashion-Handels in UK, wie Steuergrößen des VM die Kaufbereitschaft von Kunden beeinflussen.

Maßstäbe
Das Fachgebiet des *Visual Merchandising* stellt eine Fülle von Instrumenten zur Verfügung (vgl. unten), um der Store Brand-Idee am physischen Point-of-Purchase Ausdruck zu verleihen und Anforderungen an die POP-Gestaltung zu realisieren. Damit über VM ein Beitrag für die Store Brand geleistet wird, muss allerdings eine definierte Store Brand Positioning vorliegen, stellt diese doch den Ausgangspunkt für VM-Maßnahmen dar. Gleichzeitig resultieren aus ihr strenge Maßstäbe zu Bewertung von VM-Umsetzungen. In der Tat bestehen substanzielle Bezüge zwischen VM und Positionierungs-*umsetzung* bzw. Markenführung (dazu z. B. Walters und White 1987; McGoldrick 2002, S. 454 ff.; Olins 1989; Esch und Redler 2004; Swoboda et al. 2004; Davies und Brooks 1989; Lea-Greenwood 1998). Ausgehend von der Store Brand Positioning beeinflussen VM-Entscheidungen, wie der physische Store kurz- und langfristig wahrgenommen wird. Diese Wahrnehmungen prägen das Store Brand Image in hohem Maße.

Gleichzeitig ist VM als POP-Kommunikation hinsichtlich der Zielfelder der POP-Kommunikation zu steuern und zu beurteilen. Anders formuliert: Der Einsatz von VM-Instrumenten bestimmt darüber, inwieweit die oben ausgeführten Anforderungen an eine POP-Gestaltung (Sichtbarkeit der Markenelemente, Orientierung, Atmosphäre, Erlebnis und Interaktion) erfüllt werden.

▶   VM ist das zentrale Instrumentalfeld zum Ausdruck der Store Brand-Idee am
      physischen Point-of-Purchase. Sinnvolles VM entscheidet über die Erreichung
      der POP-Ziele.

Es ergeben sich also zwei wesentliche Ansprüche an die Ausrichtung und Umsetzung des VM (Abb. 5.20).

Gestaltungsparameter
Zu den wichtigsten *Gestaltungsparametern* im klassischen Kontext des Stores gehören das Store Design, Schaufenster, das Flächen-Layout, die Einrichtung, Displays, Beleuchtung, Warenpräsentation und Beschilderungen (Morgan 2012; Redler 2013; Schröder 2012, S. 257 ff. sowie S. 229 ff.; Davies und Tilley 2004). Ausgewählte Handlungsfelder des VM werden folgend kurz skizziert.

Store Layout. Das Store Layout beschreibt die Einteilung und Anordnung von Flächen im Store. Ein Store besitzt neben der eigentlichen Warenfläche meist auch Sonderverkaufs-, Shop-in-Shop-, Beratungs-, Kunden-, Kassen-/Theken- und Serviceflächen. Zusammen machen sie die *Verkaufsfläche* aus. Zudem bestehen Personal- und Lagerflächen. Die Raumanordnung innerhalb der Verkaufsfläche bestimmt die Struktur des Verkaufsraums, bildet Abteilungen und legt Wege fest. Hinsichtlich der Wege können der *Zwangslauf* (der dem Kunden den Weg zur Ware vorschreibt) und der *Individuallauf* (bei dem es dem Kunden überlassen bleibt, welchen Weg er wählt) unterschieden werden.

Layoutgestaltung ist eine *enorm wichtige Grundaufgabe.* Sie ist nicht trivial, weil neben der räumlichen Wahrnehmung des Kunden und dem resultierenden Bewegungsverhalten auf der Fläche sowie seinen *emotionalen und kognitiven Reaktionen* auch die Beziehungen zwischen angebotenen Produktkategorien wie auch die Steuerung der Kundenströme zu beachten sind (Borges 2003). Aus Kundensicht sollen die Laufwege möglichst gering ausfallen.

Die meisten Grundaufbauten von Stores zeigen Elemente der Layout-Typen aus Abb. 5.21.

Für das Store Brand Management steht mit der Gestaltung des Store Layouts ein Parameter zur Verfügung, der stark auf das VM-Ziel *Orientierung* wirkt. Herauszuheben ist eine gute sogenannte „Lesbarkeit der Fläche" („legibility", Titus und Everett 1995),

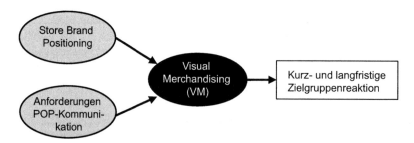

Abb. 5.20 Store Brand Positioning und Anforderungen der POP-Kommunikation als Maßstäbe für VM

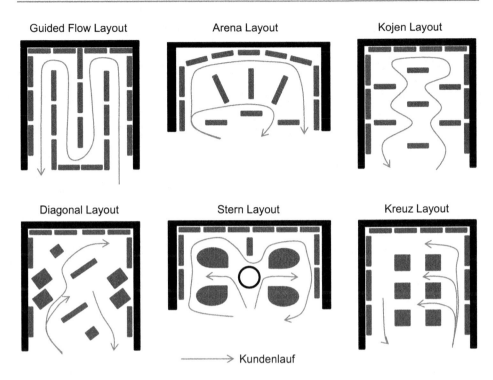

Abb. 5.21 Layout-Typen in Läden

weil diese den Suchprozess des Kunden unterstützt und möglichst Frust und Groll auf-
seiten der Kunden reduziert.

Indirekte Effekte ergeben sich also auf die emotionalen Reaktionen des Besuchers,
weil durch die Festlegungen das Auffinden von Artikeln, Wege, Vorausschaubarkeit im
Raum, Freiheitsgrade, empfundene Convenience, Interaktionsmöglichkeiten oder Wartezeiten beeinflusst werden. Zunehmend diskutiert wird auch der Zusammenhang zum
Phänomen des „Retail Crowding". Dieses erfasst die wahrgenommene Dichte mit Kunden im Store. Auch sie prägt emotionale Reaktionen auf Kundenseite und hat außerdem
Wirkungen hinsichtlich des Store Brand Images (Erogly und Harrell 1986). Auswirkungen des gewählten Layouts ergeben sich zudem auf die Raumgrößenwirkung und die
ästhetische Beurteilung des Raums.

Sauberkeit. Sauberkeit gilt als Selbstverständlichkeit im Store. Kundenseitig ist dieses
Kriterium sowohl für gelegentliche Besucher als auch für Stammkunden, über diverse
Handelsformate, die mit Abstand *bedeutendste Eigenschaft* eines Stores (Carpenter und
Moore 2006). Sauberkeit ist folglich ein Kernkriterium im VM, welches sich jedoch
empirisch wenig untersucht zeigt. Häufiger ist es Teil anderer Konstrukte: Für Baker et al.
(1994) oder Sherman et al. (1997) zählt die Sauberkeit zu den wichtigen Design-Faktoren

eines Stores, die Image und Kaufverhalten beeinflussen, bei Tang et al. (2001) ist Sauberkeit als Service-Eigenschaft eines Stores subsumiert. Ridmi et al. (2011) zeigen an ihren Daten einen Zusammenhang zwischen Sauberkeit und Kaufabsichten von Kunden.

Farben. Farbwirkungen sind ein durchaus stark untersuchtes Forschungsfeld. Bekannte Grundlagen mit Marketingbezug stammen bspw. von Gerard (1957) oder Wilson (1966); ein neuerer Überblick über relevante Studien und Zusammenhänge findet sich bei Singh (2006). Konkrete Studien für den POP-Kontext sind seltener, einzelne Beispiele sollen aber dennoch kurz herausgehoben werden:

- Bellizzi et al. (1983) untersuchen Farbwirkungen in Stores. Sie ermitteln, dass Kunden – unabhängig von Farbvorlieben – eher zu Umgebungen in warmen Farben wie rot oder gelb hingezogen werden. Paradoxerweise werden jedoch rot gestaltete Verkaufsumgebungen als plump, negativ, angespannt, und weniger attraktiv empfunden als Umgebungen in kühlen Farben (Bellizzi und Hite 1992).
- Auch Kaltcheva und Weitz (2006) blicken auf Farben am POP, indem sie jene als Gestaltungsgröße benutzen, um den Grad der Anregung in Verkaufsräumen zu beeinflussen. Dabei erfassen sie Farben anhand der Parameter a) Wärme (zurückgehend auf das Wärme-Kälte-Kontinuum von Rot, Gelb, Grün und Blau; Erwin et al. 1961; Jacobs und Hustmyer 1974), sowie b) Sättigung (wahrgenommene Reinheit der Spektralwellenlänge; Hogg 1969). Ausgegangen wird dabei von der Annahme, dass wärmere und sattere Farben stärkere Anregungswirkung entfalten (Valdez and Mehrabian 1994). In der Untersuchung zeigt sich allerdings u. a., dass die Frage, wie angenehm am Point-of-Purchase eingesetzte Farben empfunden werden, nur im Zusammenspiel mit der motivationalen Grundhaltung (recreational vs. task-oriented shopping) beantwortet werden kann (Moderatorwirkung). Wie angenehm eine Farbe empfunden wird, hängt demnach davon ab, mit welcher Motivation sich ein Kunde am Point-of-Purchase bewegt. Kunden, die „task-oriented" einkaufen, empfinden wenig anregende Konstellationen angenehmer, während „recreational shoppers" u. a. farblich anregende Umgebungen angenehmer finden.
- Crowley (1993) arbeitet heraus, dass sich Farben a) in ihrer Aktivierungswirkung und b) in ihrer evaluativen und affektiven Wirkung unterscheiden. Von zwei unabhängigen Wirkungsdimensionen ausgehend, schlägt er eine zweidimensionale Betrachtung vor (Abb. 5.22) und verbindet diese mit der Ordnung von Farben nach ihrer Wellenlänge. Diese Konzeption wird experimentell bestätigt.

Licht. Licht und Beleuchtung sind ein integraler Part für das VM (Morgan 2012, S. 170). Ausreichend Licht ist zunächst notwendig, um Waren und Umgebung sichtbar zu machen. Die Qualität des Lichts prägt aber auch wesentlich die Atmosphäre. Licht strukturiert andererseits den Raum, sodass auch Fragen der Orientierung betroffen sind. Durch entsprechende Beleuchtung finden Betonungen statt, die den Blick und die Aufmerksamkeit des Kunden lenken. Waren- und Rauminszenierungen ohne entsprechende

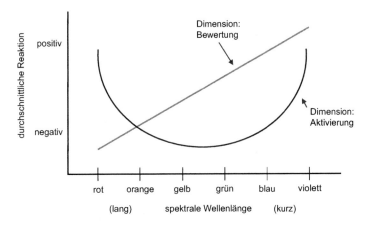

Abb. 5.22 Zweidimensionaler Ansatz für Kundenreaktionen auf Farben. (Quelle: nach Cowley 1993, S. 61)

Lichtkonzepte sind daher kaum möglich. Entsprechend betont die Illuminating Engineering Society of North America (IES), dass das primäre Ziel von Warenbeleuchtung darin besteht, Kunden anzuziehen, um den Verkauf zu sichern und das Geschäftsziel des Händlers abzusichern (Rea 1993).

Schon Mehrabian (1976) konstatiert, dass Licht als wichtiger Faktor der Umwelt auf den Menschen wirkt, und dass gut ausgeleuchtete Räume eine höhere Attraktion entfalten als dunkle Räume. Trotz der unbestritten großen Bedeutung von Licht am Point-of-Purchase ist dieser Faktor nur lückenhaft in Studien abgebildet. Dennoch liegen einige Befunde vor.

Areni und Kim (1994), als Beispiel, fanden im Weinhandel, dass Kunden bei guter Ausleuchtung signifikant mehr Artikel ansahen und inspizierten; sie fanden jedoch keinen Effekt auf die Verkaufszahlen. Gegenteilig dazu betonen Markin et al. (1976), dass eine zurückgenommene Beleuchtung bei Kunden eine genauere Auseinandersetzung mit der Ware wie auch eine längere Betrachtungszeit auslösen kann. Rook (1987) wiederum empfiehlt helle Warenbeleuchtung, um Impulskaufverhalten zu unterstützen. Eine zusätzliche Beleuchtung von Sortimenten wirkt sich nach Summers und Hebert (2001) positiv auf das Kundenverhalten aus.

Zu beachten ist die enge Interaktion von einerseits Beleuchtung und andererseits der Farbwirkung von Materialien und Ware (u. a. Deng et al. 2005; Bullough 2005). Je nach Beleuchtungssituation kann das Holz am Boden oder eine Wandfarbe anders wahrgenommen werden.[5] Farben sind eben keine inhärente Eigenschaft eines Objekts, sondern ein physiologisches und psychologisches Konstrukt, das individuell entsteht.

---

[5]Zur Wahrnehmung von Farbe und Licht vgl. z. B. das Grundlagenwerk von Hurvich (1981).

Pegler (2012, S. 34 f.) on Light

„Light means seeing. Light serves to lead the shopper into and through the store. It directs the shopper's attention from one featured presentation or classification to another, with stops along the way to appreciate the highlighted focal points and displays. It can separate one area from the next; one boutique or vendor's shop from another. The light level and the 'color' (the warmth or coldness) of the light in the store create the ambience. Is it warm, welcoming, and inviting? Is it residential, intimate, and comfortable? Is it cool and aloof or just cold and depressing? Is it flat and boring, or does it sparkle with the contrasts of highlights and shadows? A store's lighting is composed of many different light sources and lamps. It is a "palette" of lamps, of different color variations, intensities, and wattage, and it can also be affected by natural light that comes in through skylights or windows."

Warendruck auf der Fläche. Unter Warendruck versteht man die Anzahl der pro Quadratmeter Verkaufsfläche präsentierten Artikel. Er beeinflusst Atmosphäre, Übersichtlichkeit und Store Brand Image aber auch die Wahrnehmung von „Lieferfähigkeit" oder „Sortimentskompetenz".

Warenträger. Warenträger sind Hilfsmittel, um die Ware im Verkaufsraum darzustellen, zu lagern und sichtbar zu machen. Typischerweise sind dies Möbel wie Regale, Gondeln, Vitrinen, Rückwände, Tische, Kühltruhen, Kleiderständer. Da sie Sortimenten einen Kontext geben, sie strukturieren und gruppieren, sie inszenieren aber auch die Gesamtgestaltung des Stores prägen, zählen sie zum Kerngestaltungsbereich des VM (Morgan 2012, S. 128 f.; Pegler 2012, S. 137 ff.). Anzahl, Größe und Standorte von beispielsweise Regalen wirken auf die Kundenwahrnehmung, wie Davies und Tilley (2004) ausführen. Regalhöhe und Anzahl der Regalböden wiederum beeinflussen, auch über den Warendruck, die Verkaufszahlen. Sorgsam durchdachte Platzierungsentscheidungen von Artikeln mit hohem Warenumschlag helfen, Kundenströme auf der Fläche zu lenken.[6]

Displays. Displays bezeichnen Sonderaufsteller auf der Ladenfläche. Häufig dienen diese, um Zusatzsortimente, Aktionssortimente oder Zweitplatzierungen zu realisieren. Displays beeinflussen insb. den Absatz, die Store-Wahrnehmung und Effizienz der Flächennutzung (McGoldrick 2002, S. 472 f.).

Untersuchungen von Bellizzi und Hite (1992) zeigen auf, dass Displays gerade für ungeplante Käufe als wichtiger Auslöser fungieren. Ganz generell gilt: Displays am Point-of-Purchase stimulieren Käufe (Abratt und Goodey 1990). Einerseits werden die eingesetzten Suchstrategien des Kunden durch Displays verändert. Andererseits unterliegt die Wahrnehmung von auf der Fläche genutzten Displays weniger einer bewussten kognitiven Verarbeitung. Bei Ladenbesuchern lösen sie daher eher unterschwellig die Motivation aus, zugehörige Sortimente genauer zu inspizieren (Cant und Hefer 2012). Impulsives Entscheidungsverhalten wird durchaus unterstützt (Gutierrez 2004), allerdings hängt der Effekt stark von der Platzierung ab (Dyer 1980; Gagnon und Osterhaus 1985).

---

[6]Vgl. auch den Punkt Layout oben.

Weiterhin legen die Untersuchungsbefunde von Cant und Hefer (2012) nahe, dass Displays eine wichtige Funktion im Hinblick auf die räumliche Orientierung und die Wahrnehmung des Shops als Einkaufsumgebung an sich erfüllen. Natürlich kann über den Einsatz von Displays auch der Kundenstrom gesteuert werden, indem sie Barrieren darstellen, Laufradien vergrößern oder Kunden in weniger frequentierte Zonen attrahieren. Bei Aktionssortimenten bestehen Interaktionen mit Effekten von temporären Preisvorteilen (vgl. die Zwitterrolle von Verkaufsförderung in Abschn. 5.8).

Neben Einsatz und Platzierung ist auch die *Gestaltung* eine nicht zu vernachlässigende Variable für Displaywirkungen.

▶   Displays beeinflussen kurzfristig den Kaufimpuls, langfristig aber auch die
     Store-Wahrnehmung.

Displays im Store sind oft Elemente von (Preis-)Promotions-Kampagnen. Letztere können einen Einkaufsstättenwechsel auslösen (dazu die Zusammenstellung und Diskussion von empirischen Befunden bei Gedenk 2002, S. 228 ff.) und damit *Kontakte* für die Store Brand schaffen, die dem Aufbau von Awareness dient. Sie haben außerdem Auswirkungen auf die *Preiswahrnehmung* des Kunden, Markentreue und Einkaufsstättentreue (auch dazu die Zusammenstellung und Diskussion von empirischen Befunden bei Gedenk 2002, S. 245 ff.).

Fassade und Eingang (Shopfront). Der Eindruck des Umfelds überträgt sich auf die Store Brand und sollte daher bei Betrachtungen zum VM nicht außen vor bleiben. Die bauliche Umgebung, aber insb. Fassade und Eingangsbereich verlangen im Grunde sogar besondere Aufmerksamkeit, denn sie bestimmen die *ersten Eindrücke* des Kunden, wenn er sich dem Store nähert und ihn betritt. Auch wenn man die Fassade oft nur beschränkt verändern kann, sind alle Details so zu optimieren, dass der *Gesamteindruck* möglichst freundlich und förderlich im Sinne der Store Brand Positioning ist. Zudem ist zu prüfen, ob (gerade bei unscheinbaren Lagen) aktivierungsstarke Hinweisreize erforderlich sind, damit der Store wahrgenommen bzw. gefunden wird. Oft ist es erforderlich, dass der Store schon von außen in seinem Umfeld (immer im Sinne der Markenidee) auf sich aufmerksam macht.

▶   Der Store muss auch von außen „lächeln".

Der *Eingangsbereich* hat großen Einfluss darauf, was Kunden erwarten und wie sie sich fühlen. Es ist ein Spagat zu meistern aus attraktiver und Neugier auslösender Einladung einerseits und der Möglichkeit, in Ruhe anzukommen und sich „fallen zu lassen" andererseits. Der Eingang macht auf den Store aufmerksam und begrüßt den Kunden. Ist er hinreichend aktivierungsstark? Macht er das im Sinne der Store Brand Positioning? Abb. 5.23 zeigt eine im Umfeld aufmerksamkeitsstarke Umsetzung am Eingang.

Abb. 5.23 Aufmerksamkeitsstarke Inszenierung des Store-Eingangs

Insgesamt zählen das Gebäude, der Eingang, die Fassaden und Schaufenster, die direkte Beschilderung und jene im Umfeld, die Außenanlagen und Parkplätze sowie die Elemente der Fernwirkung zu den Gestaltungsfeldern der Shopfront in weiterer Auffassung.

Schaufenster. Schaufenster sind ein wichtiges Kommunikationsmittel für den Store. Hier kann Aufmerksamkeit erzeugt und Kontakt zum potenziellen Kunden hergestellt werden. Zudem können eindrucksvoll Aussagen zur Markenidee transportiert werden, um Erwartungen zu prägen. Schaufenster geben auch Hinweise auf die Sortimente des Stores. Sie können zudem Emotionen vermitteln und Geschichten erzählen. Wahl (2014a, S. 31) bezeichnet Schaufenster daher als „Magnet und Türöffner", die Botschaften vermitteln und Kunden begeistern sollen.

Wichtige Ausführungen des Schaufensters sind abgeschlossene Fenster, Durchblickfenster mit oder ohne Rückwand, Vitrine oder Schaukasten. Diese sind in Abb. 5.24 charakterisiert.

Vermehrt werden Schaufenster auch indoor umgesetzt. Als Faszinationspunkte scheinen sie Vitrinen zu verdrängen (Abb. 5.25).

Um die wichtige Kontaktwirkung zu erreichen, müssen Schaufenster mit hoher *Aktivierungskraft* gestaltet werden. Auch ein Abgleich der Realisation im Schaufenster mit den Zielen der Store Brand Positioning ist aufgrund der exponierten Stellung des

Wichtige Ausführungen von Schaufenstern	
Abgeschlossenes Fenster	Zwei Seitenwände plus Rückwand. Vorteil: keine Ablenkungen bei Wirkung der Inszenierung. Nachteil: Gestaltung aufwändig, da Rückwand und Boden zu berücksichtigen sind.
Durchblickfenster mit Teilrückwand	Durchblick in den Store und kleine Rückwand. Vorteil: Betrachter erhält schon Vorstellung vom Innenbereich. Nachteil: Ablenkungen und Unruhe für die Inszenierung.
Durchblickfenster ohne Teilrückwand	Uneingeschränkter Durchblick in den Store. Vorteil: Ladeneindruck uneingeschränkt schon von außen. Nachteil: Sehr starke Ablenkung von der Inszenierung im Fenster.
Vitrine	Vier Seiten mit Glas. Vorteil: Ware kann rundum betrachtet werden. Nachteil: Ware bzw. Objekt muss rundum ansprechend gestaltet sein, was oft schwer zu realisieren ist.
Schaukasten	Meist kleineres Format des abgeschlossenen Fensters. Vorteil: Starke Inszenierung mit wenigen Mitteln möglich. Nachteil: Platzbeschränkung.

Abb. 5.24   Wichtige Arten von Schaufenstern. (Quelle: In Anlehnung an Wahl 2014a, S. 35)

Instruments besonders wichtig. Vermittelte Erlebnisse aber auch die atmosphärischen Effekte dürfen die Erwartungen von Betrachtern nicht in eine für die Store Brand kontraproduktive Richtung lenken.

Die Gestaltung von Schaufenstern, ob außen oder innen, kann inhaltlich unterschiedliche Stoßrichtungen verfolgen. Zu den Standards gehört das Aufgreifen von Saison-, Label-, Ereignis- oder Showthemen. Beim Showthema wird eine ungewöhnliche Geschichte fantasievoll und spektakulär umgesetzt, sodass die Ware in den Hintergrund tritt. Bei Saison- oder Labelthemen steht eher ein Warenausschnitt im Fokus.

Standardisierungspotenziale beachten

Aus strategischer Perspektive sollte – bei Mehrstandort-Lösungen – eine möglichst *standardisierte Konzeption* und Umsetzung von VM-Konzepten erreicht werden. Um dies zu verdeutlichen, können Argumente von Zentes et al. (2012, S. 549)[7] übertragen werden:

- Kostenreduktion: Bei Standortwahl, Bauplanung sowie -umsetzung und Sortimentsbestimmung ergeben sich Synergien, ebenso wie beim für die Store Brand wichtigen Wiedererkennungseffekt.

---

[7]Bei Zentes et al. (2012) geht es um standardisierte Ladenkonzepte.

- Erleichterung der Expansion: Gerade stark expandierende Händler bevorzugen die starke Standardisierung gegenüber einer lokalen Anpassung, um Kosten und Steuerungsaufwand geringer zu halten.
- Filialsteuerung: Modulbildung und standardisierte Lösungen für ein Ladennetzwerk ermöglichen es, komplexe Steuerungsanforderungen zu vereinfachen und auch im Supply Chain Management Kostenreduktionen zu erzielen.

In Abhängigkeit von Betriebstyp, Führungskonzeption und Strategie sind größere oder kleinere Spielräume für die Gestaltung einzelner lokaler Stores zu prüfen.

Wichtige Rolle von VM
Wie bedeutsam der Faktor VM für das Store Brand Management ist, soll zusammenfassend an einigen Zusammenhängen verdeutlicht werden:

- *VM prägt die Markenwahrnehmung.* Park et al. (2015) zeigen an Kunden im Modehandel, dass VM-Umsetzungen die Markenpräferenz beeinflussen. Attributionen zum wahrgenommenen VM-Konzept übertragen sich auf die Einstellungen zur Marke.
- *VM prägt Kaufabsichten.* Die Untersuchungen von Kerfoot et al. (2003) belegen, dass VM-Umsetzungen Einfluss auf Kaufabsichten am Point-of-Purchase nehmen.

Abb. 5.25 Schaufenster auf der Verkaufsfläche bei Uniqlo

- *VM löst Interaktion* am Point-of-Purchase *aus* und hält Kunden auf der Fläche.
- *VM triggert Impulskäufe.* Mehta und Chugan (2013) finden direkte Zusammenhänge zwischen den VM-Aktivitäten (Schaufenster sowie auf der Fläche) und berichtetem Impulskaufverhalten. Bhatti und Latif (2014) zeigen den Einfluss diverser VM-Techniken auf Impulskäufe auf.

5.3.2.2 Ziel Sichtbarkeit der Markenelemente

Um Marken-Reizen hinreichend Wahrnehmungschancen zu geben, sind Brandingelemente der Store Brand in die Gestaltung des Stores, das VM, zu integrieren. Dies dient der Zuordnung des Kontakts zum Markennamen und somit dem Aufbau und der Sicherung von Store Brand Awareness und Store Brand Image. Wird die Zuordnung nicht unterstützt, wird die Schaffung starker Store Brands erschwert.

Einfachstes und verbreitetes Mittel ist das Aufgreifen von *Farbkonzepten* der Store Brand im Store. So sind Puma-Stores immer in Rot gehalten, Lagerfeld-Läden sind stets schwarz/weiß. Auch indirekt können Farben im Store-Konzept als Transportmittel der Positionierung dienen: Miu Miu hat in Tokio einen Store eröffnet, der komplett in den Retro-Farben Orange/Lindgrün gestaltet ist. Als Kontrast zur futuristischen Fassade und den hoch polierten Kupferflächen wird damit ausgedrückt, dass sich die Brand Miu Miu über die Verbindung von Tradition und Moderne definiert.

Relevant ist auch die Sichtbarmachung und Wiederholung des *Logos* am POP. Das Beispiel Oxfam (Abb. 5.26) zeigt, wie Farbe und Store Brand Logo auf der Fläche eingesetzt werden, um die für die Stärkung und Festigung der Store Brand notwendigen Lerneffekte zu fördern. Es ist zu beobachten, dass diese einfachen Grundregeln nicht immer beachtet werden. Dadurch werden Store Brand Assets nicht unterstützt, oft kommt es sogar zu Austauschbarkeit am Point-of-Purchase (auch Abb. 5.11 oben). Möglich, aber in der Wirkung schwächer, sind zudem eine markentypische Ikonografie oder eine durchgängige Gestaltungslinie als Brandingelemente auf der Fläche.

Gelegentlich bieten sich inhaltliche Botschaften zur Markenaktualisierung an. Dazu können *positionierungsrelevante Aussagen* textlich (z. B. Informationstafeln, Cash Desk, Eingang) oder bildlich (Screens im Verkaufsraum) genutzt werden. *Markenclaims* können ebenso direkt am POP wahrnehmbar gemacht werden. Zentral ist hier die Anforderung, dass dies markenkonform und integriert zur sonstigen Kommunikation erfolgt. Bildliche Botschaften werden häufig in Form von Kampagnen-Visuals, Schlüsselbildern oder Bildmetaphern dargestellt. Um die Wahrnehmung durch den Kunden auf der Fläche zu unterstützen, sind derartige Botschaften wiederholt, ausreichend prominent und an Orientierungspunkten oder den Endpunkten von Blickachsen zu platzieren.

▶   Durch formale Reize soll im Store das Erleben mit dem Markenwissen zur Store Brand verbunden werden. Austauschbarkeit auf der Fläche muss vermieden werden.

Abb. 5.26 Klare Zuordnung des Point-of-Purchase zum Markennamen durch Store Brand-Elemente bei Oxfam. (Bildrechte: © Oxfam I klassisch-modern.de)

5.3.2.3 Ziel Orientierung

Gerade in komplexen physischen POP-Umgebungen werden große Anteile der Einkaufstätigkeit mit der Suche nach Produkten zugebracht (Titus und Everett 1996, S. 265). Einkaufsumgebungen, in denen solche Suchprozesse nach Produkten oder Bereichen zum Misserfolg führen, weil sie schwer zu überblicken sind und in ihnen ein gezieltes Bewegen schwerfällt, wiegen für den Store Manager schwer (Titus und Everett 1996, S. 266), denn mangelnde Orientierung bedeutet:

- negative emotionale Reaktionen bei Kunden,
- erhöhte Wahrscheinlichkeit eines vorzeitigen Kaufabbruchs,
- langfristig eine Reduktion der Zufriedenheit mit der Store Brand,
- Abbau von Kundenbindung,
- oft sogar sogar Kundenverlust.

▶   Orientierung und Suche müssen im stationären Laden optimal unterstützt werden, um den Kaufprozess zu fördern und Kunden zu binden.

Damit der Grundaufwand des Kunden, sich zu orientieren und das erkannte Layout gedanklich abzuspeichern, möglichst gering ausfällt, muss im stationären Store auf gute

Orientierungsmöglichkeiten geachtet werden. Gelingt dies nicht, und ist der kundenseitige Orientierungsaufwand infolge ungeeigneter, wenig unterstützender POP-Gestaltung zu hoch, wird sich der Kunde tendenziell gegen diesen Laden und für einen anderen entscheiden.

Der Orientierungsaufwand für Ladenbesucher ergibt sich wesentlich aus dem Abgleich der vorhandenen Reizsituation mit seinen gedanklichen Lageplänen. Gute Orientierung unterstützt den Rückgriff auf bestehende *Mental Maps* des Besuchers bzw. fördert den Aufbau und die Festigung von Mental Maps.

Mittel und Befunde hinsichtlich Orientierung auf der Fläche

Eine Gestaltung, die die Orientierung im stationären Store unterstützen möchte, kann zunächst an empirisch gefundene Grundprinzipien anknüpfen (Gröppel 1991, S. 112 ff.):

- In der Regel begehen Kunden den Store mit einer Richtung *entgegen dem Uhrzeigersinn*.
- Kunden orientieren sich *wandbezogen und rechtslastig*.
- Bereiche, die *nahe dem Eingang* liegen, sind besonders im Fokus der Aufmerksamkeit.
- Kehrtwendungen und Ecken werden eher gemieden.

Wichtige Gestaltungsparameter zur Unterstützung der Orientierung auf der Fläche sind vor allem:

- Die Wahl eines klaren Grund-Layouts, insb. also Raumteilung und -anordnung (auch Abb. 5.21),
- eine gut erkennbare Abteilungsbildung und ein klares Wegesystem,
- die klare Zuteilung von Flächen und Lagen zu Sortimenten und Artikeln,
- der Einsatz erkennbarer Fokuspunkte und weiterer Orientierungspunkte wie Kassenzone oder Testbereiche,
- eine Nutzung von Präsentationsflächen oder Indoor-Schaufenstern,
- die Sicherung von Möglichkeiten zum einfachen Überblicken der Fläche,
- die Schaffung von Blickachsen mit visuellen Ankern (Abb. 5.27),
- die Nutzung baulicher Elemente wie Säulen oder Treppen,
- eine förderliche Beleuchtung und das Setzen von Lichtakzenten zur Blicksteuerung,
- eine Nutzung von farbliche Anordnungen bei Abteilungen und Artikeln, ggf. der Einsatz von Leitsystemen über Codes oder Farben,
- gezielte Verbundplatzierungen und die Umsetzung einer kundenbezogenen Categorybildung,
- eine förderliche und abwechselnd hohe Warendichte,
- die Nutzung von In-Store-Medien und Hinweisschildern, von Visuals und Überschriften als Navigationshelfer (z. B. für Warenthema),

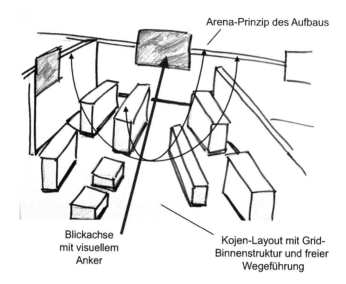

Abb. 5.27 Aspekte Grundlayout, Arena-Prinzip, Blickachse und zentrale Visuals als Hilfen für Orientierung am physischen Point-of-Purchase

- eine Kennzeichnung von Shop-in-Shop-Systemen sowie
- eine Unterstützung durch Möblierung und Einsatz markanter Einrichtungsgegenstände.

Eine besondere Bedeutung hat das sogenannte *Arena-Prinzip:* Einen Store oder einzelne Abteilungen nach dem Arena-Prinzip aufzubauen bedeutet, beim Ladenbau eine ungestörte Sicht auf Warenpräsentation und Rückwände zu berücksichtigen (Abb. 5.27). Am Aufbau bekannter römischer Arenen angelehnt, wird im Zentralbereich mit einer Höhe von ca. 30 cm begonnen. Die Höhe von Bauten und Möbeln und steigert sich dann über die Höhen 70, 90 und 140 cm auf die Wandregalhöhe. Dies führt zu Übersichtlichkeit und unterstützt Orientierungswirkungen.

Wie Hefer und Cant (2013) anhand qualitativer Untersuchungen finden, spielen auch *Displays* auf der Fläche eine wichtige Rolle für die Orientierung, indem sie Kunden erleichtern, zu gesuchten Sortimentsbereichen zu finden. *Augmented Reality-Anwendungen* können die Informationssuche von Kunden durch zugesteuerte digitale Inhalte unterstützen. Darauf deuten auch die Untersuchungsergebnisse von Spreer et al. (2012) am Beispiel des Buchhandels hin.

▶ Gezielte Gestaltungen im Store können dienen, um den Aufbau der Mental Map zu verbessern: Blickachsen, Wege, Bauelemente, Visuals und Fokuspunkte sind einige wichtige Aspekte.

Aufbau innerer Bilder durch Orientierung

Vor allem fünf Strukturmerkmale bestimmen, wie gut mentale innere Bilder zu Orten aufgebaut werden (Lynch 1960). Diese sollten daher vom VM aufgegriffen werden und besondere Aufmerksamkeit erhalten, um Stores orientierungsfreundlich zu gestalten:

1. *Orientierungs- und Merkzeichen.* Das sind optische Bezugspunkte, die niedrigere Elemente überragen und sich in größerer Entfernung zum Kunden befinden. Der Kunde wählt sie aus einer Anzahl von Möglichkeiten aus. Beispiel: Eine imposante und futuristische Deckenlampe, die über einer bestimmten Abteilung hängt und diese schon von weitem erkennbar macht.
2. *Wege.* Durch sie werden Orte beschrieben. Oft wird dabei nach Regelmäßigkeit gestrebt. Wege sollten daher zwingend angeboten werden. Dennoch ist auch ein Grad an Individualität im Vergleich zu anderen Orten erforderlich, damit der Laden nicht als verwirrend wirkt, weil sich gedanklich Orte überlagern. Empfehlenswert bei der Planung ist die Trennung in Primär- und Sekundärwege.
3. *Bereiche.* Das sind Raumteile, in die sich der Kunde hineinversetzen kann, weil Bedeutung besteht, z. B. eine bestimmte Abteilung oder ein Servicebereich. Grenzen zwischen Bereichen können durchaus unscharf sein. Wichtig ist aber eine Einheitlichkeit und Selbstähnlichkeit innerhalb des Bereichs.
4. *Grenzlinien.* Es handelt sich um seitliche Bezugslinien. Dies wird oft durch Wege gelöst, z. T. aber auch durch architektonische Gestaltung (z. B. Stufe, Lichtschacht).
5. *Fokus- und Knotenpunkte.* Hiermit sind strategisch wichtige Orte, an denen Wege zusammentreffen oder bestimmte Einrichtungen konzentriert sind, angesprochen. Beispiele: Espressobar innerhalb eines Ladens, Kassenzone.

Weitere Umsetzungsanforderungen

Gestaltungselemente, die mit Blick auf Orientierung eingesetzt werden, wie z. B. Informationstafeln, Wegweiser oder Bilder müssen a) aufmerksamkeitsstark umgesetzt, b) einfach ersichtlich und c) verständlich gestaltet sein (Rapoport 1977, 1994). Bildhinweise sind sprachlichen Hinweisen überlegen, weil sie schneller aufgenommen und besser gespeichert werden. Werden zu viele Hinweisschilder eingesetzt, kann die Orientierungsunterstützung in Unübersichtlichkeit umschlagen (Esch und Billen 1996, S. 326). Daher sind kundenbezogene Orientierungsreize klar zu priorisieren und entsprechend hierarchisch zu vermitteln.

▶ Navigationshelfer auf der Fläche sollten leicht wahrnehmbar, gut ersichtlich und aufmerksamkeitsstark gestaltet sein. Bildliche Hinweise sind sprachlichen überlegen.

Customer Confusion

Zusammenhänge und Folgen mangelnder Orientierung werden unter dem Begriff „Customer Confusion" untersucht (z. B. Edward und Sahadev 2012; Shui 2015; Garaus und

Wagner 2016). *Customer Confusion* bescheibt einen Zustand herabgesetzter Leistungsfähigkeit des Kunden aufgrund zu vieler oder unklarer Stimuli am Point-of-Purchase (Schögel et al. 2010, S. 39 ff.). Man unterscheidet nach den auslösenden Gründen drei Arten von Consumer Confusion: similarity confusion, overload confusion und ambiguity confusion. Das Konstrukt Confusion beinhaltet damit die Teilkonstrukte a) wahrgenommene Ähnlichkeit, b) wahrgenommene Überlastung und/oder c) wahrgenommen Unklarheit (Walsch und Hennig-Thurau 2002). Ob und wie schnell sich am Point-of-Purchase individuelle Customer Confusion ausprägt, wird maßgeblich vom Involvement der Kunden mitbestimmt (Walsh 2004).

Folgen solcher Zustände wiegen für den Händler schwer: Entscheidungsaufschub, -vermeidung und Ermüdung sowie sinkende Loyalität und negative Word-of-Mouth-Effekte. Daher sollte Confusion durch die Store Gestaltung dringend vermieden werden.

▶ Um Kundenverwirrung zu vermeiden, sind am Point-of-Purchase hinreichende Unterscheidungsmöglichkeiten, sinnvolle und eindeutige Hinweise und ein nicht zu hohes Maß an unbekannten Reizen einzusetzen. Einheitliche Gestaltungsmuster und Orientierungshilfen, hierarchisch angelegte Kommunikationskonzepte und Support-Konzepte reduzieren Customer Confusion.

5.3.2.4 Ziel Atmosphäre

Das Ziel Atmosphäre stellt darauf ab, dass der Laden als angenehm empfunden wird, sodass sich Verweildauern erhöhen und Erinnerungen an den Einkauf positiv ausfallen.

Atmosphäre als unspezifische emotionale Reaktion der Kunden ist das Ergebnis des Gesamteindrucks am Point-of-Purchase (vgl. Abschn. 5.2). So gesehen bestehen Bezüge zu der im vorigen Abschnitt als wichtig erörterten guten *Orientierungswirkung* des Raums. Schlechte Orientierung führt zu negativen emotionalen Reaktionen – die atmosphärische Wirkung wird also verschlechtert. Der gesamtheitliche Mechanismus impliziert auch, dass ein Zusammenspiel der Gestaltung *im* Store und der Gestaltung des Store-*Äußeren* beachtet werden muss. Außerdem besteht eine Wechselwirkung mit den Erfahrungen von *Personal* und weiteren Kunden im Store.

▶ Das emotionale Erleben entscheidet über Aufenthaltsdauern von Kunden und prägt das Store Brand Image.

Atmosphärische Reize am Point-of-Purchase wirken also in ihrer „Gestalt" auf das emotionale Erleben im Store und die aktuelle Einkaufserfahrung. Dies wiederum führt zu kurz- und langfristigen Wirkungen beim Kunden (dazu auch Abschn. 5.2) und Konsequenzen für das Store Brand Image. Diese Zusammenhänge sind in Abb. 5.28 veranschaulicht.

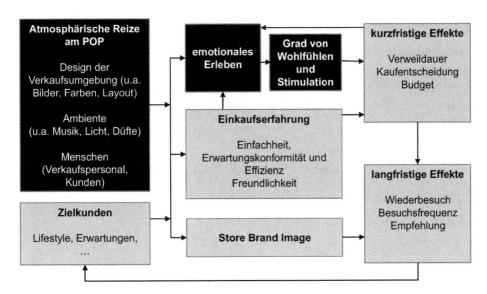

Abb. 5.28 Einfaches Modell zum Einfluss der Atmosphäre auf Ziele des Händlers. (Quelle: Auf Basis von Baker et al. 2002; Redler 2013; Tai und Fung 1997; Greenland und McGoldrick 1994)

Instrumentenspektrum

Die atmosphärische Situation am physischen Point-of-Purchase resultiert vor allem aus dem Design, dem Ambiente und den Menschen im Store. Aus Sicht des VM können die relevanten Gestaltungsbereiche in

- die Außenumgebung,
- die Innenräume,
- Layout und Warenpräsentation,
- Medien und
- Menschen

aufgegliedert werden. Die zugehörigen Gestaltungsvariablen werden in Abb. 5.29 dargestellt, bei der auf Zusammenstellungen von Bost (1987), Berman und Evans (1995) Turley und Milliman (2000) zurückgegriffen wird.

Wie zu erkennen ist, kann zur Formung der wahrgenommenen Atmosphäre bspw. am Innenraumdesign angesetzt werden. Die Gestaltung der Innenräume teilt sich sodann in diverse zu gestaltende Einzelparameter wie Boden, Licht, Decke, Warenpräsentation etc. An jedem ist u. a. über Materialen, Farben, Formen zu bestimmen, wie gewünschte Effekte für eine angestrebte atmosphärische Wirkung zu erreichen sind.

Wichtige Variablen der atmosphärischen Gestaltung am POP				
Außenumgebung	**Innenräume**	**Layout und Warenpräsentation**	**Medien**	**Menschen**
Gebäude	Boden		Beschilderungen	Verkaufspersonal
Fassade	Farbschema	Flächenzuschnitte	Bildmaterial	Umgangsform
Schilder	Licht	Abteilungsbildung	Bewegtbild/Screens	Verkaufsgespräch
Eingang	Musik / Geräusche	Warenanordnung	Preisauszeichnung	Bekleidung
Umgebungsbauten	Gerüche	Warenträger/Möbel	Serviceauslobung	Privatsphäre
Grünanlage	Temperatur	Servicezonen	Mehrwertinformation	Menschendichte
Lage	Gänge	Kundenfluss	Online-Vernetzung	
Parkplatz	Wandgestaltung	Warteschlangen		
Architekturqualität	Decke	Verkaufsförderungs-		
	Warenpräsentation	kommunikation		
	Sauberkeit	Dekoration		

Abb. 5.29 Gestaltungsvariablen zur Prägung der Atmosphäre in Stores

Visuals, Ladenbau, Materialien prägen, wie Kunden emotional auf die Umgebung reagieren. Auch Fokuspunkte zur Anregung und ihr Wechsel mit Präsentations- und Ruheflächen nehmen Einfluss. Durch Kontraste und Gegensätze können Spannungen erzeugt werden, Farbordnungen bei (textiler) Ware sorgen für Ruhe. Lebende Wandgärten (wie beim Store von Anthropologie), DJ-Einsätze (bei Peek & Cloppenburg), ein Mix mit Gastro-Bereichen, die gesteuerte Beduftung des Raumklimas (bei den Stores mint shop oder Hollister) zeigen, wie ambitioniert der Aspekt „Ambiente" von einigen Händlern angegangen wird.

Anforderungen

Wie eingangs erwähnt, ist hinsichtlich der atmosphärischen Gestaltung stets die *Gesamtwirkung* zu beurteilen. Die Vielzahl der eingesetzten atmosphärischen Reize muss also ein in sich konsistentes Bild erzeugen, um Wirkung zu entfalten. Erkenntnisse der Kategorisierungstheorie (z. B. Cohen und Basu 1987; Nakamato 1987) stützen die Meinung, dass eine Evozierung bestimmter Gefühle oder atmosphärischer Wahrnehmungen eher bei konsistenten Reizkonstellationen gelingen kann. Die Wahrnehmung erfolgt ganzheitlich.

▶ Zahlreiche Gestaltungsparameter nehmen Einfluss auf atmosphärische Effekte im Store. Entscheidend ist jedoch die Gesamtwirkung aus Zielgruppensicht.

Weiterhin sollte der angestrebte atmosphärische Gesamteffekt auch mit Blick auf die *Store Brand Positioning* überprüft werden. Im guten Fall zahlt sie auf die Tonalität der Store Brand Positioning ein. Im neutralen Fall ist sie für die gewählte Store Brand Positioning nicht hinderlich. Im schlechten Fall steht sie im Widerspruch zur formulierten Store Brand Positioning.

Beispiel 1: Wenn eine Store Brand eine freundliche, kindlich-verspielte, nähebezogene Tonalität für die Positionierung wählt (und damit entsprechende Imagefacetten anstrebt), würde ein Store, der durch seine Einrichtung, das Design und seinen Aufbau reduktionistisch, kühl und distanziert wahrgenommen wird, im Widerspruch zur Store Brand Positioning stehen.

Beispiel 2: Wenn für die Store Brand „Grüne Erde" Tonalitäten und Werteaspekte wie sehnsuchtsvoll, natur- und menschengemäß, fair, sanft und sinnlich bedeutsam sind (www.grueneerde.com 2016), ist es folgerichtig, wenn zugehörige Stores so umgesetzt werden, dass eine warme, freundliche, weiche, zurückhaltend-dauerhafte, naturmaterialbezogene jedoch auch klare Atmosphäre wahrgenommen werden kann.

Entscheidungen zu Gestaltungsparametern mit Auswirkungen auf die Atmosphäre sollten zudem nicht nach persönlichem Geschmack erfolgen, sondern anhand der atmosphärischen Wirkung *aus Zielgruppensicht* beurteilt werden.

▶   Die durch VM ausgelöste atmosphärische Wirkung im Store darf nicht im Widerspruch zur Store Brand Positioning stehen. Im Idealfall ist die erzeugte Atmosphäre kongruent zur angestrebten Markentonalität.

Erkenntnisse zum Einsatz der Gestaltungsvariablen
Visuelle Elemente. Gerade Licht- und Farbwirkungen, ihre Stimulierungseffekte, psychologische Farbtemperatur- und Distanzwirkungen nehmen Einfluss auf die atmosphärische Wahrnehmung (u. a. Bellizzi et al 1983; Rossotti 1983; Lehrl et al. 2007; Evans 2002). So gilt Rot beispielsweise als sehr anregend, warm und nah, während Gelb als aufregend, sehr warm und nah, Violett hingegen als aggressiv und ermüdend, kühl und distanziert eingeordnet wird (Hayne 1981). Dies steht jedoch im Wechselspiel mit Zielgruppe, Kultur, Einkaufssituation und Reizdichte. Hinsichtlich der *Lichtsituation* bewirken eine helle Beleuchtung und Lichtakzente höhere Gefallenswirkungen (pleasure) der Situation und höhere Kaufabsichten (Zielke und Schielke 2016). Zugleich wird die Wahrnehmung der Sortimente beeinflusst. So finden bspw. Oberfeld et al. (2009) in ihren Untersuchungen im Weinhandel, dass der Wechsel der *Beleuchtungsfarbe* im Raum einen signifikanten Einfluss auf die Qualitätsbewertung verkosteter Weine auslöst. Zielke und Schielke (2016) zeigen, dass *Lichtakzente* und (bei satten Farben) eine warme Lichtfärbung zu höheren Qualitätsbewertungen der Produkte führen. Noch weitgehend unklar ist jedoch die Lage hinsichtlich der optimalen Farb- und Lichtstimulation, insb. da sich Anspruchsniveaus zu verschieben scheinen (Spence at al. 2014, S. 474). Zudem sind auch Anforderungen aus der Store Brand Positioning zu beachten. So gesehen sollte eine formulierte Tonalität (z. B. nüchtern-steril) dann auch in Farbe und Licht ihren Ausdruck finden.

Rolle des Kundenlaufs. Stopper und Faszinationspunkte zur Unterbrechung des Kundenlaufs erscheinen förderlich. Nach Gröppel (1991) folgen Kunden einem Geschwindigkeitsrhythmus schnell-langsam-schnell. Wird dieser am Point-of-Purchase unterstützt, wird der Einkaufsort eher als angenehm empfunden.

Akustische Elemente. Hier sind vor allem *Musik* und Geräusche zu sehen. Frühe Studien an Supermärkten zeigen, dass Kunden Hintergrundmusik gegenüber Stille bevorzugen (Linsen 1975). Stores ohne Musik werden zum Teil als einschüchternd empfunden (McGoldrick 2002, S. 462 f.). Die Metaanalyse von Garlin und Owen (2006) untermauert, dass schon die Anwesenheit von Musik positive Effekte auslöst und dafür sorgt, dass Kunden bleiben. Der Effekt zeigt sich besonders, wenn die Musik bekannt ist und von den Kunden gemocht wird.[8] Im Feldexperiment finden Anderson et al. (2012) keine Einflüsse von Hintergrundmusik auf Anregung und Store-Gefallenswirkungen (als atmosphärische Wirkungen).

Das *Musiktempo* scheint die Bewegungsgeschwindigkeit am physischen Point-of-Purchase zu prägen. So findet Milliman (1982) in seinen Studien, dass Musik mit geringem Tempo auch das Tempo des Kundenflusses reduziert. Obgleich kaum generalisierbar, ist dies eine wichtige Einsicht. Auch zeigt sich, dass bekannte Musik dazu führt, dass Kunden berichten, länger einzukaufen, sie tatsächlich jedoch bei unbekannter Musik längere Verweildauern hatten (Yalch und Spangenberg 2000). Musik scheint insb. Low-Involvement-Käufe zu unterstützen (Park und Young 1986).

Schwierig sind Aussagen zur optimalen Musik und Lautstärke. Zum einen besteht eine extreme Kontextabhängigkeit, zum anderen wirken akustische Reize als Teil der Gesamtwahrnehmung im Zusammenspiel mit den anderen POP-Reizen. Gerade darin bestehen Chancen, die Atmosphäre konsistent zur Store Brand Positioning zu prägen. Vida et al. (2007) untersuchen den Fit zwischen Hintergrundmusik und Store Image. Dabei finden Sie, dass kongruent empfundene Musik dazu führt, dass sich Verweildauern erhöhen. Befunde von Demoulin (2011) deuten wiederum an, dass der Aktivierungsgrad der Musik nicht zu hoch ausfallen sollte, weil sonst die Gefallenswirkung sinkt. Moderat komplexe Reizraten scheinen also auch bei der Musik optimal zu sein (Berlyne 1974; North und Hargreaves 1995).

Gerüche. Obgleich ein scheinbar verbreitetes Thema (Aromen werden in Läden zahlreich eingesetzt – Duftmarketing), stellt sich die Befundlage speziell zu atmosphärischen Auswirkungen mau dar. Eher sind verhaltensbezogene Aspekte wie Kauf- und Zahlungsbereitschaften untersucht. Knasko (1989) berichtet für einen großen Schmuckladen, dass Kunden mehr Zeit an jenen Beratungstheken verbringen, die mit einem blumigen/fruchtigen oder einem würzigen Duft ausgestattet sind – im Vergleich zu Theken ohne Duft. Scheinbar existieren also Verhaltenseffekte, die mit positiver Atmosphäre zusammenhängen (Gulas und Bloch 1995).

Auch beim Faktor Duft ist die Abstimmung mit dem Gesamtbild essenziell. Beispiel Samsung: Tivedi (2006) zufolge wurde in Samsung-Stores ein spezifischer Duft nach Honigmelone eingeführt, der auf das grüne Farbschema der Gestaltung abgestimmt ist. Aufgrund der interindividuell sehr unterschiedlichen Bewertungen von Dufteigenschaften, ist eine Steuerung am Point-of-Purchase jedoch besonders schwer, zumal stark situative Effekte wahrscheinlich sind. Interessant ist die Tatsache, dass sich *Beschreibungsdimensionen* von Gerüchen im Prinzip auf die Intensität und ihr Gefallen reduzieren (Yeshurun und Sobel 2010).

Taktile Elemente. Die zahlreichen sich taktil auswirkenden Elemente des physischen Point-of-Purchase können ebenso eingesetzt werden, um eine bestimmte Atmosphäre zu

---

[8]Allerdings sind auch experimentelle Studien Teil der Metaanalyse.

erzeugen oder zu unterstützen. Kotler (1973) folgend werden diese auf den Dimensionen „Softness", „Smoothness" und „Temperature" qualifiziert.

Zu den taktilen Aspekten zählt die *Raumtemperatur.* Sie ist ein wichtiger Hebel, um das Wohlfühlen am Point-of-Purchase zu beeinflussen. Die Forschung hat sich mit diesem jedoch bislang wenig auseinandergesetzt. Folglich existieren kaum isolierte Befunde bezüglich atmosphärischer Effekte. Eine interessante Studie hat Raumtemperaturen in mehreren unterschiedlich positionierten Stores von Manhattan (cross-section) verglichen. Dabei fand sich, dass sich die Temperatur als eine Funktion des Durchschnittsverkaufspreises darstellte: Je höher der Preis, desto kühler war der Store klimatisiert (berichtet nach Spence et al. 2014, S. 479). Auch die Untersuchung von Möller und Herm (2013) ist ein Indiz, dass u. a. die Raumtemperatur die Store Brand Wahrnehmung beeinflusst.

Weitere wichtige Hebel sind der *Bodenbelag,* die berührbaren und auch die sichtbaren *Oberflächen* im Store, wie auch eingesetzte Touchscreens. Erheblich sind taktile Aspekte im Zusammenhang mit Ausprobiermöglichkeiten bei der Art der *Warenpräsentation* (u. a. Baker 1986; Mintel 2000). Der Textilhändler The Gap – beispielsweise – hat früh darauf gesetzt, seine Ware so zu präsentieren, dass Kunden diese bequem berühren können; durch zahlreihe Tische mit hohen Stapeln von Kleidungsstücken werden sie geradezu dazu eingeladen (Underhill 1999; Robinson, 1998). Bemerkenswert auch das Vorgehen des Händlers Lush: Betreten Kunden einen Store von Lush, werden sie direkt von dessen Personal angesprochen und aufgefordert, sich als Test eine Lotion in die Hände zu reiben. Nachgewiesenermaßen steigt die Kaufwahrscheinlichkeit bei Kunden, wenn diese die Produkte anfassen bzw. zur Hand nehmen konnten (Grohmann et al. 2007; Hultén 2012; Underhill 1999).

Personen. Auch das *Verkaufspersonal* ist Teil der Wahrnehmung am Point-of-Purchase, die die Atmosphäre prägt. So wirken sich u. a. Mimik und Stimme von Mitarbeitern im Store über den visuellen und auditiven Sinn aus, wobei es zum Zusammenspiel mit den sonstigen Reizen (z. B. Temperatur, Design) kommt (Chartrand und Bargh 1999; Puccinelli et al. 2013). Diese Aspekte werden speziell in Abschn. 5.5 aufgegriffen.

> Making sure that customers feel comfortable (just think of the comfortable lounge chairs one finds in Starbucks) and giving them the means to interact with merchandise is key to the success of many companies (Spence et al. 2014, S. 479).

Nochmals: Zusammenspiel der Sinne

An diversen Stellen wurde die besondere Bedeutung des Zusammenspiels mehrerer Sinne angesprochen. Aufgrund der herausragenden und grundlegenden Bedeutung soll dieser Aspekt nun erneut aufgegriffen werden.

Die Ansprache mehrerer Sinne zur Beeinflussung von Zielgruppen ist ein Kernthema des *multisensualen Marketing* bzw. Sensory Marketing (zum Überblick Krishna 2012; auch Hultén et al. 2009; Kilian 2016). Letztlich wird dabei auf die Anwendung von Erkenntnissen zur Reizaufnahme und Wahrnehmung und ihre Auswirkungen auf psychische Effekte und Verhalten beim Menschen zurückgegriffen. Wie Abb. 5.30 zeigt,

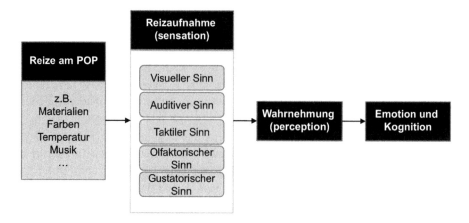

Abb. 5.30 Reize am POP und ihre Effekte. (Quelle. In Anlehnung an Krishna 2012)

führt die Aufnahme der *Reizsituation als Bündel* zu einer Wahrnehmung, die emotionale und kognitive Prozesse auslöst. Der Reizsituation steht auf der Wahrnehmungsseite ein ganzheitlicher sensorischer Eindruck aus visuellen, auditiven, taktilen, olfaktorischen und gustatorischen Sinnen gegenüber. Die Interpretation dieses Eindrucks entspricht der Wahrnehmung. Beachtenswert sind u. a. drei Besonderheiten:

- Wahrnehmungseindrücke entstehen nicht simpel additiv aus Reiz-Elementen, sondern weisen einen *ganzheitlichen Charakter* auf. Dies zeigen Erkenntnisse der gestalt- und ganzheitspsychologischen Forschung (z. B. die Grundausführungen bei Fitzek 2013). Dies unterstreicht die Bewertung der atmosphärischen Wirkung als Gesamtwirkung.
- Die Reizwahrnehmung in einem Sinn (z. B. das Sehen eines Bildes einer leuchtenden Frühlingsblume) beeinflusst die Wahrnehmung in anderen Sinnen (z. B. den Geruch oder den Geschmack). Die sogenannte *Synästhesie* untersucht, wie Sinnesmodalitäten bei der Wahrnehmung zusammenwirken und sich gegenseitig beeinflussen (dazu z. B. Felser 2007, S. 132).
- Reize können *innere Bilder* evozieren, die dann *quasi-sensorisch* wirken (u. a. Lwin et al. 2010; Redler et al. 2017), also Wahrnehmungen und folglich auch Empfindungen auslösen, obgleich die ursprünglichen Reize nicht dargeboten werden. Beispielsweise kann die Wahrnehmung eines bestimmten Geräuschs am Point-of-Purchase das Erleben eines Geruchs oder eine visuelle Wahrnehmung erreichen, mit der angenehme Emotionen verbunden werden.

Generell kann davon ausgegangen werden, dass ein abgestimmter Einsatz der Elemente, in der Hinsicht, dass über die verschiedenen Sinne kongruente Wahrnehmungen entstehen, förderlich ist (z. B. Fiore et al. 2000; Mitchell et al. 1995; aber auch Bosmans 2006) und positiver empfunden wird. Dies würde beispielsweise erfordern, dass eine tropische Atmosphäre abgestimmt über Aufbau und Einrichtung, Materialen, Licht, Temperatur, Luftfeuchtigkeit und Geräusche umgesetzt wird, sodass optische, akustische, haptische und olfaktorische Wahrnehmung in gleicher Weise den Aufbau einer tropischen Stimmung am Point-of-Purchase beitragen.

Mattila und Wirtz (2001) zeigen an der experimentellen Variation von zwei sensorischen Reizen (Musik und Duft), dass eine Kongruenz von Anregungsgrad und -richtung über die zwei Sinne zu einer positiveren Bewertung des Stores führt und Annäherungs- wie Impulskaufverhalten unterstützt. Untersuchungen von Das und Hagtvedt (2016) replizieren und erweitern diesen Befund. Anhand der drei sensorischen Parameter Musik, Stimme und Bilder finden sie, dass gleichförmige Anregungskonstellationen positivere Beeinflussungswirkungen auf Kundenbewertungen ausüben als inkonsistente. Die individuell wahrgenommene Konsistenz der Reize (Fit) wirkt dabei als Moderatorvariable. Es bestehen allerdings große interindividuelle Unterschiede zur Frage, was bei sensorischen Reizen als kongruent angesehen wird (Crisinel et al. 2013; Ludwig und Simner 2013; Spence et al. 2013).

▶   Um ein schlüssiges atmosphärisches Gesamtbild zu zeichnen, sollten Gestaltungselemente so abgestimmt werden, dass die sensorischen Wahrnehmungen konsistent sind. Konsistenz hinsichtlich der im Store eingesetzten sensorische Reize führt außerdem zu einer positiveren Beurteilung.

Unter bestimmten Bedingungen scheint eine *moderate Reizkonsistenz überlegen* zu sein. Darauf weisen neueren Befunden der Cue-Congruency-Forschung hin (Roggeveen et al. 2014; Mandler 1982). Scheinbar führt die moderate Inkongruenz zweier Reize zu einer tieferen Verarbeitung (Roggeveen et al. 2014, S. 36), die sich in der Bewertung auswirkt. Es ist zu vermuten, dass dies besonders *bei höherem Involvement* gilt, während bei geringem Involvement eine hohe Reizkongruenzsituation überlegen sein dürfte.

Die multimodale Ansprache durch viele unterschiedliche Reize am Point-of-Purchase bedeutet jedoch auch eine Erhöhung der *Komplexität* für den Kunden. Dadurch kann es zur Informationsüberlastung kommen (s. auch die Abschnitte zur Customer Confusion). Homburg et al. (2012) finden in Untersuchungen zu fiktiven Einkaufssituationen, dass bei mehr als zwei Reizen am Point-of-Purchase (z. B. Farbe, Musik und Duft) – trotz Reizkongruenz – auch negative Bewertungseffekte auftreten. Moderierend wirkt dabei scheinbar die Intensität (level of stimulation) des Reizes.

▶   Visuelle, haptische, akustische und olfaktorische Elemente prägen in ihrem Zusammenspiel die atmosphärische Wahrnehmung des Stores.

Beachtenswert ist weiterhin der Einfluss *personenbezogener Faktoren*. So wird beispielsweise die dominante und komplexe Reizkonstellation in den Stores von Abercrombie & Fitch von jüngeren Käufern geschätzt (Hulten et al. 2009; Morrison und Beverland

2003), während die Reizüberflutung durch laute Musik und intensive Düfte bei den Eltern dieser Kunden weniger gut ankommt (Morrin und Chebat 2005; Soars 2009).

Designelemente und atmosphärische Wirkung

Um eine cleane Casual-Atmosphäre zu erreichen, wurden beim Interior-Design des Kölner Stores von *Calvin Klein Jeans* folgende Umsetzungen gewählt:

- Dunkelblaue Rückwände erzeugen Assoziationen zum Denim-Material und provozieren im Menswear-Bereich zusammen mit dunkleren Holzpaneelen eine maskuline Botschaft.
- An den Wänden werden helle und dunkle Betonoptiken gemischt, um industrielle Modernität sowie Schnörkellosigkeit zu erzeugen und gleichzeitig Kontraste zu schaffen.
- Bei den Warenträgern werden Materialen wie Metall, helles Eichenholz und Glas verwendet, die Modernität, Klarheit und Wertigkeit transportieren.
- Die Beleuchtung erzeugt eine helle Freundlichkeit und setzt Wärme gegen die kühleren Materialien.
- Das fast monochrome Farbkonzept der POP-Gestaltung unterstützt eine Wahrnehmung als clean, zeitgeistig, gehoben, klar und fokussiert ohne kühl zu wirken.

Weitere Auswirkungen wahrgenommener Store-Atmosphäre

Die Atmosphäre des Stores wurde von Thang und Tan (2003) als ein signifikanter Einflussfaktor auf die *Präferenz* von Kunden nachgewiesen. Möller und Herm (2013) zeigen experimentell sogar auf, dass sich die von den POP-Gestaltungen ausgehenden körperlichen Wahrnehmungen auf die *Persönlichkeitsattributionen* zur Store Brand übertragen. So bewirken bspw. Wahrnehmungen der Raumtemperatur oder der „Materialhärte" von Möbeln korrespondierende Bewertungen auf den Markenpersönlichkeits-Dimensionen „Wärme" und „Rauhbeinigkeit". Die atmosphärische Wirkung als Zusammenspiel konsistent gestalteter VM-Reize beeinflusst zudem die *Preisakzeptanz* des Kunden am Point-of-Purchase: Bei Store-Umgebungen, die als anspruchsvoll („high-image") wahrgenommen werden, zeigt sich eine erhöhte Preisbereitschaft für die Produkte (Grewal und Baker 1994).

▶   Die atmosphärische Wirkung beeinflusst auch die Preisakzeptanz von Kunden.

5.3.2.5 Ziel Erlebnis und Multisensualität

Einkaufsstätten und Brands müssen sich immer stärker dem Erlebnis zuwenden. Wöhler (2008) umreißt den sich wandelnden kulturell-soziologische Hintergrund wie folgt: Der Mensch ordnet und bewertet die Welt nach einem Ich-Prinzip und versucht die Welt in Gestalt inspirierender Erlebnisse zu optimieren. Für diese neue Form der „Weltverarbeitung" leisten besonders die „Stätten des Konsums" Beiträge. Schon Wolf (1999), Schmitt

(1999), Ginsburg und Morris (1999) oder Riewoldt (2000) stellen heraus, dass die erlebnisbezogenen, *spektakulären und unterhaltenden Aspekte des händlerischen Verkaufens
immer wichtiger* werden. Der Händler im Zeitalter der Erlebnisökonomie muss es also
schaffen, neben seinem bisherigen Geschäft auch den „Kauf von Erlebnissen" optimal zu
unterstützen (Pine und Gilmore 1999).

Erlebnisse und verwandte Begriffe im Kontext des physischen Stores
Store-Erlebnisse. *Erlebnisse* wurden oben als Bündel von beim Kunden ausgelösten
Emotionen definiert, die eine eigene Qualitätsdimension erlangen (Weinberg 1992). Sie
stiften eigenen Nutzen (Brakus et al. 2008; Pine und Gilmore 1999). Deutlich wurde
auch bereits, dass für die Erlebnisschaffung möglichst *alle Sinnesebenen* des Menschen
beteiligt werden sollten (Terblanche 2009, S. 8). Erlebnisse sind dabei pro Kunde einzigartig. Sie werden *subjektiv erlebt* und individuell verinnerlicht, folglich entsprechend
abgewandelt.

Im Blickpunkt von Erlebnissen stehen ausgelöste *positive emotionale* Reaktionen
(z. B. Machleit und Eroglu 2000; Andreu et al. 2006; Bagdare and Jain 2013). Gleichwohl wird die Beteiligung kognitiver, spiritueller, sozialer und körperlicher Ebenen diskutiert (Gentile et al. 2007, S. 397; Brakus et al. 2009). Im Gegensatz zur Atmosphäre
handelt es sich bei Erlebnissen jedoch um Bündel *spezifischer* Emotionen, die für den
Einzelnen einen Wert aufweisen. *Gelungene Erlebnisse* werden vom Kunden als einzigartig, unvergesslich und anhaltend angesehen, sodass Kunden wiederholt daran teilhaben
möchten, innerlich davon zehren und möglichst auch positive Word-of-Mouth produzieren (Pine und Gilmore 1999; 1998, S. 12). Aus Sicht des Store Brand Management ist zu
ergänzen, dass Erlebnisse die *Store Brand Positioning ausdrücken* sollen.

Werden Erlebniswirkungen beim Besuch eines stationären Ladens ausgelöst, spricht
man von Store-Erlebnissen *(in-store experiences)*. Sie werden vielfältig auch von situativen Faktoren mitbeeinflusst. Dazu zählen u. a. (Kaltcheva und Weitz 2006; de Farias
et al. 2014): Ort und Zeit des Kaufs sowie der Betriebstyp des Händlers, die motivati-
onale Orientierung des Kunden („task-oriented" vs. „recreational"), sein Nutzenfokus
(rational vs. hedonistisch), sein Involvement, seine Preissensibilität sowie der subjektive
Neuigkeitswert des wahrgenommenen Erlebnisses.

Neben den fokussierten spezifisch im Store vermittelten Erlebnissen finden sich auch
breiter angelegte oder überschneidende Konzeptionen zum Erlebnis. Zur Abgrenzung
werden diese kurz eingeordnet.

Kundenerlebnisse. *Kundenerlebnisse* sind allgemeiner angelegt und beziehen sich im
Vergleich zu Store-Erlebnissen generell auf Marktleistungen und Marktbeziehungen.
Mit ihnen wird das multidimensional sensorisch, emotional, gedanklich, verhaltens- und
beziehungsbezogen wirkende Geflecht unterstrichen, das über den funktionalen Nutzen von Marktleistungen hinausgeht. Einzigartige Erlebnisse sind insofern zunehmend
wichtige Bausteine für Differenzierungsvorteile (Bagdare and Jain 2013; Schmitt 1999).
Sie werden als Hebel für die Gestaltung der Kundenbeziehung, Aufbau von Kundentreue

und der Schaffung von Economic Value Added diskutiert (Brakus et al. 2009; Frow und Payne 2007; Lywood et al. 2009).

Aus einer weiten Auffassung von Kundenerlebnis (wie bspw. bei Thompson und Kolsky 2004), bei der alle bewussten Ereignisse das Erlebnis definieren, resultiert, dass sich ein Händler einer Erlebnisproduktion bei jedem Kontaktpunkt mit dem Kunden gar nicht entziehen kann. Zudem unterliegen nicht alle Faktoren, die das Erlebnis beeinflussen, der Kontrolle des Händlers. Vielmehr existieren auch externe Einflüsse wie Einkaufsmotive oder Gruppeneinflüsse (Verhoef et al. 2009, S. 32).

Die neuere Auseinandersetzung mit Erlebnissen im Handel bezieht sich in Teilen auf Kundenerlebnisse und betrachtet, wie Kunden, Händler und andere Kunden gemeinsame Erfahrungen am Point-of-Purchase schaffen (Frow et al. 2014; Jaakkola et al. 2015). Damit möchte man der Erkenntnis Rechnung tragen, dass Erlebnisse aus einer komplexen Interaktion zwischen Kunden, ihrer Umgebung und Dritten hervorgehen (Carù und Cova 2003; Walls et al. 2011).

Teilweise ergeben sich enge Bezüge und fast unvermeidbare begriffliche Verquickungen von Erlebnis, Kundenerlebnis, genereller Kundenerfahrung und Touchpoint-Management. Beispielsweise untersuchen Khan und Rahman (2015) das Kundenerlebnis im stationären Handel eher aus der Perspektive der Kontaktpunkte. Im Ergebnis zeigen sie, dass Gestaltungsfelder wie die Verpackungsgestaltung von Handelsmarken, die Gestaltung und das Handling von Rechnungen, Formulare und Belegen, Umsetzungen des VM oder Verkäuferempfehlungen als Einflussgrößen auf das wahrgenommene Kundenerlebnis zu betrachten sind.

Markenerlebnisse. Ein weiterer Blickwinkel besteht in der Auseinandersetzung **mit** *Markenerlebnissen.* Unter diesen versteht man das Zusammenspiel von inneren Reaktionen und Verhaltensreaktionen von Konsumenten, die durch Kontakte mit Markenartefakten (z. B. Verpackungen, Produkten) ausgelöst werden (Brakus et al. 2009, S. 53). Markenerlebnisse beeinflussen die Markenglaubwürdigkeit, das Markenpotenzial und Einstellungen zur Marke (Shamim und Butt 2013) und können Loyalität schaffen (Brakus et al. 2009; Iglesias et al. 2011). Aufgrund der Tatsache, dass Erlebnisse schon rein definitorisch einen Nutzen (Erlebniswert) für Kunden beinhalten, können markenbezogene Erlebnisse erreichen, dass sich der wahrgenommene Wert einer Brand relativ zu anderen Marken verbessert (Brakus et al. 2008; Pine und Gilmore 1999). Das Konstrukt Markenerlebnis bildet Marken holistischer ab, denn es geht über das Gesamtbild der gemachten Erfahrungen hinaus (Khan und Rahman 2015, S. 61). Sieht man den Store als Marken-Artefakt, so sind Store-Erlebnisse auch Markenerlebnisse.

Erlebnisse und Store

Am physischen Point-of-Purchase können zahlreiche Sinnesmodalitäten für die Kommunikation genutzt werden. Diese *multimodale Ansprache* kann im Zusammenspiel mit inneren Bildern (dazu Redler et el. 2017) Facetten von Freude und ästhetischem

Vergnügen hervorrufen und damit Kundennutzen stiften (z. B. Holbrook 2006). Die enorme Bedeutung gerade der *sensorischen Erfahrungen* wird immer wieder aufgezeigt (z. B. Fiore und Kim 2007). Zudem sind gerade im stationären Laden Bedingungen gegeben, die die direkte, *körperliche Interaktivität* erlauben. Der Kunde im Store taucht letztlich in eine vom Händler gestaltbare Umgebung ein und interagiert mit dieser auf zahlreichen Ebenen. Es ist zu erkennen, dass der physische Store daher ein nahezu perfektes Instrument darstellt, um als Erlebnisort zu dienen und somit Erlebnisse zu schaffen. Er ist Ort multisensorischer Wahrnehmungen, emotionaler und sozialer Verbindungen (Verhoef et al. 2009). Je nach Ausprägungsgrad der erlebnisorientiert gestalteten Umwelt bestehen Parallelen zum Instrument Event (dazu z. B. Whelan und Wohlfeil 2006).

▶   Der Laden als Ort, in dem Kunden in eine physische Umgebung eintauchen, die alle Sinne des Kunden stimulieren kann und den Kunden als aktiven Mitwirker zur Interaktion mit seiner Umgebung motivieren kann: prädestiniert für die Erlebnisvermittlung.

Mit Blick auf Erlebnisse im stationären Läden sollten nach den Zielen zwei Stoßrichtungen differenziert werden: Zum einen können *Erlebnisse als Zweck per se* angestrebt werden, zum anderen sind sie als *Mittel der Markenprofilierung* relevant (Abb. 5.31).

Erlebnisse als Zweck per se. Vor dem Hintergrund veränderter Bedingungen (vgl. oben) sind Erlebnisse am Point-of-Purchase einerseits als Zweck oder Notwendigkeit per se erforderlich. Es bestehen vielfältige Argumente:

• Unter anderem dienen Sie, um das Involvement des Kunden phasenweise anzuheben,

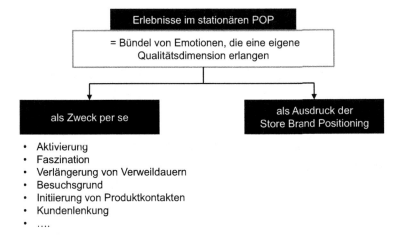

Abb. 5.31 Stoßrichtungen beim Einsatz von Erlebnissen im Store

- sie befriedigen hedonistische Konsummotive und greifen Erlebniskäufer als Segmente auf,
- sie unterstützen impulsives Kaufen,
- lösen Faszination aus, um Verweildauern zu verlängern oder Gründe für den Besuch von Einkaufsstätten zu liefern, und
- auf der Fläche initiieren sie Produktkontakte und/oder lenken Kundenströme.

Die sinnliche Ansprache zur Auslösung von positiven Emotionsbündeln beim Kunden ist in diesem Fall *nicht* Ausdruck spezifischer Erlebniskonzepte der Store Brand Positioning. Grundbedingung für ihren Einsatz ist aus Sicht des Brand Management allerdings, dass die vermittelten Erlebnisse *nicht im Konflikt* zur Markenidee und sonstigen Umsetzungen als Ausdruck der Brand Positioning stehen. Übergänge zur atmosphärischen Gestaltung sind fließend.

▶   Auch unabhängig von erlebnisbezogenen Store Brand Konzepten kommt der stationäre Laden kaum mehr ohne Erlebnischarakter aus. In vielen Fällen muss schon darüber die Anziehungskraft des Ladens gestaltet oder ein Hedonismusmotiv bedient werden.

Mit Blick auf eine Ansprache hedonistischer Motive empfehlen Bloch und Richins (1983) eine hohe Aktivierungswirkung der eingesetzten Reize in Richtung Kunde, die Integration von Angeboten zum Eskapismus und zum Ausleben von Fantasien, Kundenbeteiligung und die Sicherung von wahrgenommenen Freiheitsgraden beim Kunden.

Erlebnis als Ausdruck der Store Brand Positioning. Andererseits besitzen Erlebnisse am Point-of-Purchase eine wichtige Funktion zum *Ausdruck der Store Brand Positioning.*

Die ausgesprochen erlebnisbetonte Inszenierung der Stores von Globetrotter, Niketown oder Disneystores verdeutlichen diesen Ansatz: Es werden positionierungsrelevante Emotionen ausgelöst, indem aktivierungsstark und auf zum Teil ungewöhnliche Weise mehrere Sinne beim Besucher angesprochen werden. Oft wird auch motorische Aktivität des Kunden integriert. Dies ist beispielsweise der Fall, wenn Produkte unter verschiedenen Bedingungen ausprobiert, konfiguriert oder kombiniert werden können. Ebenso sind interaktive Elemente von hoher Bedeutung. Eine derartige Inszenierung im Laden führt zu einer tieferen Verankerung des Erlebten. Der Store macht die „Story der Brand" erleb- und durchlebbar. Beim Erlebniseinsatz nach dieser Stoßrichtung muss das komplexe Erlebnis den Kernideen der Store Brand Positioning entsprechen. Ist dies nicht der Fall, werden für die Brand nicht relevante oder sogar hinderliche Inhalte verankert. Dies würde die Store Brand schwächen.

▶   Wird für eine Store Brand eine erlebnisbezogene Positioning verfolgt, dann besteht im Laden als multisensorisch und interaktiv erfahrbarer Point-of-Purchase eine herausragende Möglichkeit, diese Positionierung erfahrbar zu machen. Voraussetzung ist die positionierungstreue Erlebnisumsetzung.

Beispiel 1: Im TUI Reise-Erlebnis-Center in Berlin (http://www.tui-berlin.de/unser-reise-buero/) ist das gesamte Interior-Design hell, offen und mit Wohlfühlcharakter, ohne die üblichen Zutaten eines Standard-Reisebüros gestaltet. Integriert sind Bartresen und Ver-köstigungsmöglichkeiten, eine Lounge, viel interaktives Multimedia und verschiedene Beratungszonen nach Kundenmentalitäten. In der Beratung kann man die Urlaubsreisen fast schon durchleben. Reiseziele werden übergroß, nahezu begehbar, auf einem großen Touchscreen vorgeführt, über Lautsprecheranlagen entsteht passender Sound. Eine Bedüf-tungsanlage verströmt Duft zu den Reisebildern oder -filmen. Kunden können ihr Foto in Hintergründe einblenden, um Postkarten aus dem Urlaub schon vorab zu testen. Natürlich sind auch Videobrillen im Einsatz. Zahlreiche Reiseberichte, passende Musik, Getränke sowie Snacks des Urlaubslands unterstützen das Erlebnis. Eine Reisebibliothek lädt zum Schmökern oder zur Ipad-Recherche ein (Hegenauer 2011; TUI-Berlin-Website).

Beispiel 2: Globetrotter Köln (https://www.globetrotter.de/filialen/koeln/filiale-koeln/) ist mit rund 7000 m^2 auf vier Etagen die größte deutsche Globetrotter-Filiale. Getreu dem Motto „Träume leben" können innerhalb der riesigen Auswahl auf der Fläche des Stores u. a. ein Tauchbecken, ein Klettertunnel oder eine Kältekammer genutzt werden. Es dient damit zur multisensualen, interaktiven Erfahrung. Ein Quallen-Aquarium fun-giert als weiterer Attraktionspunkt.

Erlebnis-Scope

Erlebnisse am POP können in der Form *einmaliger Ereignisse* erzeugt werden. Daraus ergibt sich eine singuläre Erfahrung des Kunden. Andererseits können *multiple Ereig-nisse* am POP erreichen, dass der Kunde dem Store gesamthaft einen Erlebnischarak-ter zuschreibt (Terblanche 2009, S. 8). Letzteres steht dem Konzept der *Total Customer Experience* nahe (u. a. Mascarenhus et al. 2006). Unter diesem versteht man über die gesamte Konsumkette gesehen insgesamt positive, einnehmende, anhaltende und gesell-schaftlich befriedigende Erfahrungen physischer wie emotionaler Art für den Kunden, die zu weiteren Anbieter-Kunden-Interaktionen anregen.

Messung

Zur Messung der Erlebniseigenschaft von Store Brands kann auf die übergreifende „Brand Experience Scale" von Brakus et al. (2009) zurückgegriffen werden. Die Autoren bieten eine geprüfte, sehr kompakte 12-Item-Skala an, die den Erlebnischa-rakter auf sensorischer, emotionaler, kognitiv-intellektueller und verhaltensbezogener Dimension erfasst (Abb. 5.32). Die Anwendung der Brand Experience Scale for Store Brands wird von Kahn und Ramann (2015) jedoch auch kritisch gesehen. Tests von Ishida und Taylor (2012) zur Anwendung dieser Skala bei Store Brands ergaben, dass

Sensory experience
1. I find this brand interesting in a sensory way
2. This brand makes a strong impression on my visual sense or other senses
3. This brand does not appeal to my senses*

Affective experience
4. This brand induces feelings and sentiments
5. I do not have strong emotions for this brand*
6. This brand is an emotional brand

Intellectual experience
7. This brand stimulates my curiosity and problem solving
8. I engage in a lot of thinking when I encounter this brand
9. This brand does not make me think*

Behavioural experience
10. I engage in physical actions and behaviors when I use this brand
11. This brand results in bodily experiences
12. This brand is not action oriented*

* umgekehrt kodiert

Abb. 5.32 Brand Experience Scale von Brakus et al. (2009)

die Operationalisierung von Brakus et al. (2009) nicht optimal auf den Kontext Handel abgestimmt ist, hier also Weiterentwicklungen wünschenswert sind.[9]

Wichtige Instrumente und Mittel am POP

In Anlehnung an den Ansatz von Zomerdijk und Voss (2010)[10] können drei wichtige Handlungsfelder bei der Gestaltung von Erlebnissen im stationären Laden identifiziert werden:

1. Das sensorische Design des Verkaufsraums.
2. Die Gestaltung der Beratungs-, Verkaufs- und Servicegespräche.
3. Die Dramaturgie von Store und Verkauf.

Erfolgskritisch ist das *Zusammenwirken der herangezogenen Instrumente* zu einem stimmigen Erlebnis. Bäckström und Johansson (2006) schälen anhand von Fallstudien heraus, dass Händler durchaus immer ausgefeiltere Techniken einsetzen, um Gesamterlebnisse im Store zu gestalten.

---

[9]Für den physischen Point-of-Purchase spezifische Skalen werden bei Bagdare und Jain (2013) sowie Lee und Kim (2015) genutzt, allerdings erfassen diese das etwas anders abgegrenzte *Marken*erlebnis am Point-of-Purchase.

[10]Aus dem Kontext des Service Designs.

Verkaufsraum

Ansatzpunkte zur Erlebnisgestaltung mittels *Verkaufsraumdesign* sind vor allem Architektur, Warenträger, Raumgestaltung und Medien.

Architektur und Raumdesign. Schon die architektonische Gestaltung kann Erlebniswerte bieten (vgl. dazu unten), wenn bspw. ästhetische Aspekte oder Aspekte der Dimensionierung betrachtet werden. Ebenso können Standortaspekte relevant werden, z. B. bei Pop-up-Stores an besonderen Orten. Alle Elemente des VM können weiterhin hinsichtlich eines zu schaffenden Erlebniswertes ausgerichtet werden. So können bspw. Licht, Farbwelten, Materialien, Layouts, Musik etc. in den Dienst eines Erlebnisses gestellt werden.

Auch der Teppichboden kann als Inszenierungs-Element für Erlebnisse genutzt werden. Und das nicht nur hinsichtlich des Materials oder seiner Farben. Als bespielbarer Informationsträger (https://www.viscomblog.de/mit-fuessen-getreten/) kann er für erlebnisbezogene Botschaften fungieren.

Beispiel: Die Mensing Holding inszeniert ihren Laden in Rheine (innerhalb eines Shopping-Centers: Emsgalerie) mittels Raumarchitektur als eine kleine Stadt (Allstädt 2016, S. 32 f.). Fünf Welten werden als sehr unterschiedliche Orte angelegt, an die sich Besucher interessiert begeben und wo sie sich länger aufhalten. So gibt es einen Bereich für anspruchsvolle Conaisseure, den Markt für die Grundversorgung oder einen Raum für den femininen Premium-Anspruch. Alle Bereiche sind thematisch pointiert und detailreich inszeniert. Zentral stehen eine Steinbrücke und ein Marktplatz (auch mit Funktionen für die Orientierung).

Shoebalou

Ein aktuelles Beispiel für eine markenkonforme erlebnisorientierte POP-Gestaltung mit dem Fokus auf Ästhetik und Innenraumarchitektur ist die Neuinszenierung des Stores von Shoebalou in Amsterdam. Mit avantgardistischer Innenarchitektur wird ein Raum geschaffen, der das nähere Eintauchen provoziert und Emotionen auslöst: Die Schaufenster sind elliptisch, die Möbel mit futuristischer Anmutung greifen die Formen auf. Die Ellipsenform wiederholt sich auch in Theke, Vitrinen und Präsentationsbereichen. Die Farb- und Lichtwelt ist hell und sehr clean. Es wird dabei mit Materialien wie Acrylstein gearbeitet, die fugenlos verarbeitet sind; der Boden verwendet helle Marmorfliesen mit leichten Mustern. Die abgesetzten dunklen Decken enthalten leuchtende Linien, die an einen Sternenhimmel erinnern.

Medien. Hinsichtlich der Erlebnisvermittlung im Laden kommt Bildern und Sounds sowie Bewegtbild eine besonders wichtige Rolle zu. Insofern sind als Elemente eines Erlebniskonzepts jene Medien zu betonen, die eben dies aufgreifen.

Screens oder interaktive *Projektionen,* die zum Mitmachen einladen, können die für das Erlebnis notwendigen emotionalen Reaktionen besonders gut evozieren. Einfache Medien beginnen dabei bei reaktiven Displays oder „Talking Wobblers", komplexere

Lösungen bieten 3-D-Displays, Holografie, Augmented Reality oder bspw. ein *Zusammenspiel mit Mobile Devices* des Kunden. RFID (Radio Frequency Identification) als Technologie kann aufgegriffen werden, um Erlebnisse am Point-of-Purchase zu fördern, wobei zwei Mechanismen besonders interessant sind (Melià-Seguí et al. 2013): Einerseits können durch RFID bestehende Kundenprozesse in ihrer Effizienz gesteigert werden. Dies kann positive emotionale Reaktionen erreichen. Beispiele dafür sind schnellere und selbst gesteuerte Checkout-Prozesse oder der Verzicht auf abschreckende Diebstahlsicherungsschranken am Ein-/Ausgang. Andererseits kann diese Technologie neue Features am im Laden ermöglichen. Zu finden sind bspw. virtuelle, interaktive Anprobierspiegel oder *Augmented Reality*-Lösungen am Regal oder der Umkleide. Durch Near Field Communication oder iBeacon-Technologien können intelligente Vernetzungen der Offline- und Online-Welt realisiert werden, um Erlebnisse ganzheitlicher zu prägen. Gleichwohl eröffnet sich die Chance, das Erlebnis im Laden auch digital fortzusetzen oder zu verbreiten.

Beispiel Saturn Connect-Store Köln: Sortimente, Lage und Interior Design sind auf den digitalen Lifestyle abgestimmt. Die digitale Technologie ist in Produktvitrinen mit transparenten Screens, Multitouch-Tischen und Monitorwänden präsent.

Geschlechtsspezifische Unterschiede beim Kleidungskauf?

„Wir glauben, das ganze Konzept des Einkaufserlebnisses gehört abgeschafft, denn die meisten Männer interessiert es nicht" (Dunn, A. – Gründer des Modeshops Bonobos – zitiert nach Ersek et al. 2016, S. 20).

Sound. Musik, Töne und Geräusche am Point-of-Sale sind zur Ansprache des auditiven Kanals relevant. Als Bausteine der Erlebnisvermittlung werden im Laden daher bspw. abgestimmte Musik und eingespielte Töne eingesetzt. Akustische Spotlights („Stimme aus dem Nichts") können als emotionale hörbare Brücken zwischen Ladenumgebung, Markenidee und Produkt fungieren.

Warenträger und **Produktinszenierungen.** Erlebnisanteile können sehr gut durch entsprechend spektakuläre Produktinszenierungen erreicht werden. Bspw. inszenieren Sport-Stores neue Schuhe, als wären sie Stars oder Kunstobjekte. Dies bedeutet letztlich: Eine entsprechende Story ist durch VM umzusetzen wobei der Inszenierung viel Raum auf der Fläche zu geben ist. So können vereinzelte Faszinationspunkte geschaffen werden, um die Dramaturgie zu gestalten. Ein anderer Zugang – als Beispiel – ist die Wiederholung der immer gleichen Produkte in Reihen oder anderen Gruppierungen, um damit Faszination als Erlebnisbaustein zu erreichen. Zu beachten wäre, dass die für auffällige Produktinszenierungen gewählten Produkte oder Sortimentsausschnitte gut zur Store Brand Positioning passen. Idealerweise stehen diese definitorisch für sie. Neben dem Erlebnisziel kann dann auch das Store Image unterstützt werden.

Ein gelungenes Beispiel für eine erlebnisbetonte, multimodal ausgerichtete Wareninszenierung stellt der Würth Family Store dar, der im Kaufhaus Breuninger Stuttgart realisiert wurde. Das Umfeld der Warenpräsentation (Abb. 5.33) ist an eine Handwerker-Situation angelehnt und setzt auf Materialien wie Beton, rohes und bearbeitetes Holz.

Abb. 5.33 Würth Family Store. (Bildrechte: Würth)

Die Artikel selbst sind mit viel Freiraum und in der Art präsentiert, dass sie zum Anfassen verleiten. Innere Bilder zur eigenen Werkstatt oder zum Hobbyraum können bei Besuchern besonders leicht aktiviert werden. Das Sortiment ist fokussiert und im Verbund dargeboten. Da der Store in die Herrenkonfektion eingebunden ist, können außerdem emotionale Reaktionen durch Überraschung wirken.

Gespräche
Aus dem Bereich der *Gespräche* sind vor allem der Umgang im Beratungs- und Verkaufsgespräch[11] sowie das Servicehandling herauszustellen. Hinsichtlich eines Beitrags zu Erlebniswirkungen im Laden sind vier Ebenen zu gestalten:

- das Auftreten der Personen an sich (Rollenverständnis),
- die Fachkompetenz der Personen,
- die Ausgestaltung der Interaktionen (Zeitrahmen, Verlauf, …),
- der Gestus der Interaktion.

---

[11]Der Beitrag des persönlichen Verkaufs für das Brand Management wird bei Redler (2015, S. 353 ff.) aufgezeigt.

Da Gespräche als persönliche Kommunikation auf mehreren Ebenen (verbal und non-verbal, symbolisch) ablaufen und sie zudem durch eine kontinuierliche Rückkoppelung zwischen den Beteiligten charakterisiert sind, sind die Beeinflussungseffekte von Gesprächen vergleichsweise stark. Entsprechend bieten sie wertvolle Potenziale für die Erlebnisvermittlung. In Abschn. 5.5 werden solche Überlegungen genauer ausgeführt.

„It is your imagination that needs to stimulated. Once that happens, the rest is easy.", sagt J. Cotugno, VM-Chefplaner der legendären Kaufhauskette und Macy's Tochterunternehmen Bloomimgdale's.

Dramaturgie

Aktionen, Kundenhandling und Interaktionsangebote sind als zentrale Ansatzpunkte hinsichtlich der *Dramaturgie* zu sehen.

Aktionen. Neben der Auslösung von Aktivierung bieten Aktionen (Verkaufsförderungskampagnen) – positiv gesprochen – Inspirationen für den Ladenbesucher. Es können u. a. aber auch bestimmte Erlebnisdimensionen transportiert werden. Dabei ist das Zusammenspiel von Ware und Präsentationsform entscheidend, um bspw. Gefühle Überraschung, Faszination, Freude oder spezifischere Erlebniskomponenten anzusprechen. Im Aktionskontext verbreitet ist die Präsentation von wechselnden Neuigkeiten, Saisonthemen oder veränderten Zusammenhängen, um beim Kunden Gefühle wie Verwunderung, Neugier, Bestätigung auszulösen. Dafür sind vor allem Sonderpräsentationen und Displaylösungen relevant. Nicht selten ist damit die Ansprache des emotionalen Nutzwerts im Sinne „Schnäppchen" verbunden.

Als Teil des aus der Positionierung abgeleiteten *Store-Erlebnisses* sind Aktionen, insb. über Displays und POP-Dekorationen seltener verwendet, obgleich hier durchaus Potenziale bestehen. Bspw. wären Aktionen als Bausteine zur Umsetzung einer Erlebnispositionierung zu sehen, wenn sich ein Store über ein Neuigkeits- und Inspirationserlebnis positioniert und dies auch anhand entsprechend gestalteter Sonderpräsentationen umsetzt. Ein anderes Beispiel wäre ein Uhrenhändler, der sich über ein Luxuserlebnis positioniert, und in wechselnden Aktionsdisplays neue Modelle so präsentiert, dass die hochwertigen Materialen und die überragende Verarbeitung multimodal vermittelt werden. Die Aktion würde das Erleben von Luxus auf der Fläche unterstützen.

Kundenhandling. Ebenso kann die Systematik aus Kundenführung und -umgang auf der Fläche zu einem Erlebniswert beitragen. Dieses Mittel befasst sich mit den Fragen, wie und wo Kunden begrüßt und beraten werden, wie diese Wartezeiten verbringen, welche Personen involviert sind und wie die Kontakte vor und nach dem Besuch des Stores gehandhabt werden.

Zur Verdeutlichung kann man das Handling in einem BOSS-Store heranziehen: Der Kunde wird mit dem Eintreten begrüßt und zunächst sich überlassen, damit dieser sich orientieren und sich in die interessierende oder relevante Abteilung begeben kann. In dieser angekommen, wird er vom dortigen Personal nochmals begrüßt. Bei Bedarf steht ihm ein Berater zur Seite. Bei längeren Einkäufen und für andere wartende Personen wird ein Getränk angeboten, auf Sitzmöglichkeiten und Zeitschriften verwiesen. Der fachkundige

Berater bietet Alternativen und bespricht Änderungsmöglichkeiten bei Produkten, gibt Feedback zu Stil und Passform probierter Kleidungsstücke. Kommt es zum Kauf, bringt der Berater die gewählte Ware mit dem Kunden zum Kassenbereich, wo vor den Augen des Kunden eine sorgfältige Übergabe an das Kassenpersonal erfolgt. Der Berater verabschiedet sich und der Kunde kann am Counter bezahlen. Die Ware wird aufwendig und hochwertig verpackt und dem Kunden übergeben. Das durchlaufene Kundenhandling prägt in hohem Maße das Erlebnis des Stores.

Das Angebot von *Personal Shoppers* beim stationären Einkauf ist eine weitere Möglichkeit, über Kundenhandling Emotionen auszulösen und Erlebnisse zu prägen. Dabei werden den Kunden (meist nach vorheriger Vereinbarung) für den gesamten Einkauf spezifische Berater exklusiv zur Seite gestellt. Diese führen durch Sortimente und/oder betreuen den Kunden in gesonderten Bereichen.

Interaktionsmöglichkeiten. Möglichkeiten zur Interaktion sind ein anderes wichtiges Instrument der Erlebnisprägung. Interaktion bezieht sich hier auf das wechselseitige Einwirken zwischen Kunde, Elementen des Stores sowie dem Personal. Die Gestaltung von Interaktionsmöglichkeiten umfasst somit speziell die Möglichkeiten, die für den Kunden bestehen, die Interaktion zu beeinflussen.[12]

Ein Grundprinzip besteht darin, Elemente des Stores interaktiv zumachen, um Kunden zu involvieren und erwünschte emotionale Reaktionen auszulösen und zu verankern. Einfache Formen sind Kundengewinnspiele, Kundeninfo-Boards, Feedbackkästen etc. Gerade die Digitalisierung bietet allerdings Optionen, auch komplexere Lösungen umzusetzen. Touchscreens, reaktive Schaufenster und Böden oder Spiele sind in dieser Hinsicht etabliert, Potenziale liegen in der Integration von Infotainment- und Virtual Reality-Applikationen oder Konfiguratoren in den Laden.

Beispiel

Der amerikanische Süßwarenhersteller und -händler See´s Candies hat seine rund hundertjährige Erfolgsgeschichte im Store am Flughafen von San Francisco interaktiv umgesetzt. Am Ladeneingang befindet sich ein über anderthalb Meter breites Display, die sogenannte „Heritage Wall". Berühren Kunden ein Exponat aus dem darunterliegenden Regal, beginnt die „Wall", mehr darüber zu erzählen (https://www.viscomblog.de/schokolade-interaktiv/). Bewegungen der Kunden steuern dabei die Themen.

Grundsätzlich machen es technologische Lösungen heute möglich, dass die Umgebung der Warenpräsentation auf den Kunden reagiert. Um dies für Erlebniswirkungen nutzbar zu machen, kann sich bspw. die multisensuale Reizsituation einer Umkleidekabine je nach anprobiertem Kleidungsstück anpassen: tropische Musik und der Duft von Kokosnuss bei der Anprobe eines Badeanzugs, heulende Winde, wenn ein dicker Strickpullover getestet wird.

---

[12]Es bestehen offensichtlich Schnittstellen zum gesonderten POP-Ziel Interaktion.

Weitere Möglichkeiten ergeben sich aus der Einbindung der Mobile Devices der Kunden am Point-of-Purchase und der Nutzung von Near Field Communication oder iBeacon-Technologie. Dadurch können Aktivitäten im Laden stärker auf situative Aspekte der Kundensituation eingehen; besondere Erlebniswerte werden möglich. Entscheidend sind eine nutzenbringende – im Sinne von erlebnisgenerierende – Vernetzung des Ladens mit dem Kunden-Device und die Eröffnung echter Handlungsmöglichkeiten für den Kunden mit entsprechend dynamischen Verläufen.

Signifikante Erlebnispotenziale liegen in der *Interaktion mit dem Personal,* weshalb auch diesbezüglich die genaue Steuerung und das Training beachtenswert sind. Bekannt ist, dass gerade erlebte Personalkontakte darüber bestimmen, wie sehr sich positive oder negative Emotionen bei Kunden ausprägen (Liljander und Strandvik 1997). Sie sind eine der wesentlichen Determinanten des Einkaufserlebnisses (Bäckström und Johansson 2006).

Interaktives Erlebnis mit dem Augmented Einkaufswagen

Was steckt hinter den Produkten, die wir tagtäglich in unsere Einkaufswagen fallen lassen? Die französische Supermarktkette Système U stellt das jetzt per Animation klar. Über Augmented Reality werden die Marktkunden im nordfranzösischen Thourotte über die Details ihres Einkaufs aufgeklärt. Système U hat die „Operation Transparence" ausgerufen, … und für die Einkäufer verheißt das Projekt auch eine Prise Spaß: Wenn sie mit gefülltem Einkaufswagen an einem großen Bildschirm vorbeigehen, sehen sie darauf sich selbst überlebensgroß. Mitsamt Einkaufswagen: Der Milchkarton darin zaubert eine Kuh in den virtuellen Einkaufswagen, inklusive Fakten zur Milch. Andere Einspielungen drehen sich um Apfelbäume und Fische, Joghurt oder Kotelett. Der LED-Bildschirm erhält das Bild der Einkäufer und ihrer Wagen dabei über einen Video-Feed. Ein Augmented-Reality-System identifiziert das Eingekaufte und spielt die passende Animation ab (https://www.viscomblog.de/augmented-einkaufswagen/).

Zusammenfassend: Anforderungen an den Einsatz von Erlebnissen

Die Erlebnisgestaltung im Laden sollte grundsätzliche Anforderungen beachten:

- Der Erlebniseinsatz sollte klaren *Zielen* folgen. Wenn Erlebnisse als Ausdruck der Store Brand Positioning fungieren sollen, müssen diese tatsächlich Teile der Markenidee erfahrbar machen. Grundsätzlich ist zu beachten, dass die Erlebnisse *markenkonform* sind und Markenkapital nicht verwässern.
- Das Erlebnis im Store sollte sich auf ein Thema *fokussieren* bzw. bei mehreren Erlebnissen ein Rahmenthema aufgreifen. Erwartungshorizont und Vorerfahrungen der Kunden sind zu berücksichtigen.
- Gewählte Erlebnisse sollen *Relevanz* für den Kunden haben, also einen Erlebniswert, der aus Kundensicht Nutzen stiftet. Dies können auch soziale, ästhetische oder hedonistische Nutzen sein.

- Erlebnisumsetzungen benötigen eine *hohe Aktivierungswirkung* in Richtung Kunde.
- Möglichst *alle Gestaltungsebene des Ladens* sollten hinsichtlich der Erlebniswirkung zusammenwirken.
- Erlebnisse sollen für den Kunden über möglichst viele Sinne erfahrbar sein *(Multisensualität)* und Kundenbeteiligung ermöglichen.
- Die eingesetzten Reize auf den Sinnebenen müssen *konsistent* sein.

5.3.2.6 Case: Emotionalisierung am Point-of-Purchase – Die e.s.-Erlebniswelt

Von Daniela Kratzenberger und Lisa Kroth | Store and Campus, engelbert strauss GmbH & Co. KG

Die engelbert strauss GmbH & Co. KG, ein familiengeführtes Handelsunternehmen mit Sitz in Biebergemünd, prägt die Welt der Berufsbekleidung durch innovative Trends und neue Designs. Als führender Markenhersteller dieser Branche setzt das Unternehmen auch bei dem Design der Filialen, der sogenannten workwearstores®, Maßstäbe. Aktuell ist das Unternehmen mit vier workwearstores® in Deutschland vertreten.

workwearstores®

Die workwearstores®, deren Fokus auf dem Vertrieb von Berufsbekleidung, Schuhen und Handschuhen liegt, sind nach einem *einzigartigen Storekonzept* entworfen mit dem Ziel, den Kunden eine völlig neue *Erlebniswelt* zu bieten. Dabei wird die Begeisterung für das Handwerk auf eine einzigartige Weise in das Design der Verkaufsfläche integriert, völlig neu interpretiert und außergewöhnlich in Szene gesetzt. Aus scheinbar alltäglichen Gegenständen verschiedener Handwerksberufe entstehen außergewöhnliche Architekturobjekte, wie beispielsweise Designleuchten aus Wasserwaagen und Zollstöcken, Loungemöbel aus Europaletten, Wanddekorationen aus Bohrmaschinen und Motorsägen sowie viele weitere Dekorationselemente. Die Storegestaltung soll dadurch immer wieder für Überraschungsmomente bei den Kunden sorgen und ein besonderes Einkaufserlebnis bieten. Zusätzlich soll durch die exklusive Gestaltung der Stores die Freude am Handwerk und dessen Wertschätzung zum Ausdruck gebracht werden. Der Geschäftsführer Henning Strauss verdeutlicht dieses Ziel: „Der workwearstore präsentiert das Handwerk so, wie es noch keiner gesehen hat. Kreativ in Szene gesetzt, vermitteln die Produkte Freude und Begeisterung an der Arbeitswelt. Die Marke engelbert strauss unterstreicht die Kompetenz des Trägers und drückt Wertschätzung für das Handwerk aus."

Gezielte Flächen- und Erlebnisstruktur

Das Design sowie die Präsentation der Waren in den workwearstores® werden im Rahmen des Storekonzepts ständig aufeinander abgestimmt, sodass die Kunden einzelne Elemente und Strukturen auf den Verkaufsflächen der verschiedenen Stores *wiedererkennen* und sich dadurch einfacher *orientieren* können. Das Corporate Design steht hierbei stets im Vordergrund. In den Stores (Abb. 5.34) werden je nach Flächengröße ausgewählte Teile des Sortiments präsentiert. Im Flagshipstore am Hauptsitz werden

Abb. 5.34 Erlebniswelt auf der Fläche bei engelbert strauss

sogar rund 40.000 Kleidungsstücke und Schuhe auf einer Fläche von rund 3000 m^2 präsentiert. Die angebotene Bekleidung am Point-of-Purchase ist in allen Stores in sogenannte *Bekleidungswelten* unterteilt, welche nach Farbthemen und Berufsgruppen
untergliedert sind. In jedem der Bereiche erwartet den Kunden eine andere Erlebniswelt.
Die Unterteilung basiert auf der Erkenntnis, dass die Kunden ihre Berufsbekleidung seit
jeher an die typische Farbe ihrer Branche anpassen. Die Bekleidungswelt Khaki deckt
beispielsweise alle Erd- und Grüntöne ab, sodass die Berufsgruppen der Gärtner, Förster
und viele mehr dort die passende Bekleidung finden.

Die Gestaltung der Verkaufsfläche nach *Farbwelten* dient dazu, farblich abgestimmte
Outfits präsentieren zu können, wodurch die einzelnen Berufsgruppen einfacher und
schneller die richtige Bekleidung in der gewünschten Farbe zusammen mit passenden
Kombinationsartikeln zur Hand haben. Des Weiteren schafft die farbliche Untergliede-
rung auf der gesamten Verkaufsfläche eine gewisse Struktur, die gleichzeitig von geraden
Laufwegen unterstützt wird. Die Ware wird in passenden Kombinationsmöglichkeiten
auf Warenträgern und Wandsystemen sowie zusätzlich an Mannequins auf ein bis zwei
Dekorationsflächen pro Bereich präsentiert.

Auf sogenannten *Fokuswänden* werden in den einzelnen Bereichen typische Werkzeuge der jeweiligen Branche dekorativ in Szene gesetzt und in einer Form präsentiert,
wie sie der Kunde noch nie gesehen hat. Neben der Ware befinden sich auch Sitzmöglichkeiten in Form von Palettenmöbeln in den Bereichen, welche als *Ruheoasen* dienen.
Passend zur Präsentation der Ware sind auch die Umkleidekabinen individuell für die
jeweilige Berufswelt gestaltet. So befinden sich die Kabinen teilweise in umgebauten
Containern oder in Beton- und Holz-Cubes, um die abgestimmte Erlebniswelt der Bereiche weiterzuführen.

Die Bereiche der Damen- und Kinderbekleidung sind separate Bereiche und werden nicht in Farbwelten unterteilt. Allerdings gibt es auch hier eine besondere Erlebniswelt für die Kunden. Dazu gehören beispielsweise gesonderte *Spielflächen für Kinder,*
die an die kreative Gestaltung des Stores angelehnt sind. So gibt es unter anderem eine

Erlebnisrutsche, die aus einem Straußennest herausragt und bereits bei den kleinen Kunden für Begeisterung sorgt. Die Berufs- und Sicherheitsschuhe werden in einem gesonderten Bereich, der sogenannten *Schuharena*, präsentiert. Dieser Bereich befindet sich inmitten des jeweiligen Stores, sodass er von sämtlichen Laufwegen aus betreten werden kann. Als besonderes Erlebnis für die Kunden sticht hier der Boden ins Auge, da er unterschiedliche Härtegrade und Oberflächen aufweist, damit die Schuhe auf verschiedenen Untergründen getestet werden können.

Eine weitere besondere Erlebniswelt bietet die sogenannte *Stitch-Lounge*. In diesem separaten Bereich erhalten Firmeninhaber, Vereine sowie Privatpersonen eine maßgeschneiderte Beratung hinsichtlich der Textilveredelungen in einer mit Garnrollen dekorierten und mit unterschiedlichsten Mustern bestückten Umgebung. Die Kunden können die Ware zunächst in der Filiale anprobieren, auswählen und anschließend die Textilveredlung direkt vor Ort in Auftrag geben.

Innen und außen durchdacht
Nicht nur innerhalb der Stores, sondern auch außerhalb wird den Kunden eine zum Storekonzept passende Erlebniswelt präsentiert. So wird die *Schaufenstergestaltung* der Stores saisonal an die jeweiligen Kollektionen, Neuprodukte und Themen im workwearstore® angepasst und für alle Stores ähnlich gestaltet. Der Fokus der Schaufenster liegt hierbei nicht auf der alleinigen Präsentation der neuen Ware, sondern zielt vielmehr darauf ab, die Geschichte der neuen Ware und der damit verbundenen Themenwelt zu erzählen, welche im Store fortgesetzt wird.

Zur Abrundung des Einkaufserlebnisses verfügt der Flagshipstore in Biebergemünd zusätzlich über die sogenannte e.s.bar, welche die Kunden zu den Store-Öffnungszeiten mit verschiedenen Köstlichkeiten aus regionalen und natürlichen Zutaten versorgt. Auch finden vor dem Store zeitweise kleinere Events statt, wie beispielsweise im Sommer 2016 der Bau eines e.s. Sicherheitsschuhs in Form einer Sandskulptur durch internationale Künstler. Den Kunden wird rundum eine beeindruckende und abwechslungsreiche Erlebniswelt bei ihrem Besuch der workwearstores® geboten, wodurch ihnen ihr dortiger Besuch in positiver Erinnerung bleiben wird und sie gerne wiederkommen.

5.3.2.7 Ziel Interaktion und Beziehungsgestaltung
Interaktion als wechselseitiger Informationsaustausch und wechselseitig aufeinander bezogenes Handeln von Händler und (potenziellem) Kunde hat für den stationären Laden ausgesprochen hohe Bedeutung. Mit der gezielten Gestaltung von Interaktionen, bestehen im Laden herausragende Möglichkeiten für eine effektive und effiziente Kundenbeeinflussung. In gleichem Maße bestehen damit Chancen für Store Brand Assets. Am physischen Point-of-Purchase sollen daher *Interaktionsmöglichkeiten geschaffen* und im Sinne der Store Brand ausgestaltet werden. Dies beinhaltet auch die Planung und Umsetzung von Anreizen zur *Auslösung und Aufrechterhaltung* der Interaktion.

Das Ausmaß von POP-Interaktion bestimmt sich auch hier aus Tonalität und Erlebniskonzept der Store Brand Positioning. Art und Stil von Interaktion sollten also nicht

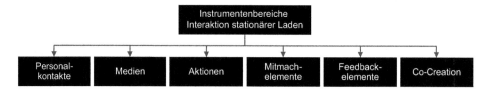

Abb. 5.35 Bereiche zur Interaktionsgestaltung im stationären Laden

nur in sich konsistent, sondern auch abgestimmt zur Markenidee sein. Daneben ist zu durchdenken, wie sich Interaktionskonzepte vor dem Hintergrund des übergreifenden Touchpoint-Management darstellen. Die gestaltete Interaktion im Laden sollte daher auch die Vor- und Nachkaufphasen beachten und berücksichtigen, dass bei diesen eben auch andere Points-of-Purchase als der Laden eine signifikante Rolle spielen.

Wichtige Ansatzpunkte
Wie in Abschn. 5.2 angesprochen, betrifft Interaktion die verschiedenen Konstellationen a) Interaktion von Kunde und Store-Elementen b) Interaktion von Kunde und Personal c) Interaktion von Kunde und Kunde. Für die Umsetzung im Laden ergeben sich sechs Hauptbereiche (Abb. 5.35), wobei *Interaktionskonzepte* im Store diese kombinieren können.

Personal und persönlicher Verkauf

Zur Interaktionsgestaltung im Laden ist es folgerichtig, zunächst beim Verkaufsperso-nal anzusetzen, da es die Wahrnehmung des Ladens in besonderem Maße prägt (u. a. Bettencourt und Brown 1997). Auch in der Untersuchung von Hu und Jasper (2006) zeigt sich die hohe Bedeutung von sozialen Faktoren für Instore-Kommunikation und Serviceinteraktion. Gerade die Beziehungsebene zwischen Kunde und Anbieter wird signifikant durch Kontakte des persönlichen Verkaufs geprägt (u. a. Redler 2015, S. 362).

▶   Die Gestaltung der Kontakte zwischen Kunden und Personal im Laden ist
     eines der wichtigsten Felder der Interaktionsgestaltung.

Im Sinne der Interaktionsziele von Konzepten zur POP-Kommunikation und mit Blick auf die Store Brand Positioning sollten daher u. a. *Art, Häufigkeit, Intensität und Drama-turgie* von kundenseitigen Personalkontakten ausgestaltet werden.

Zur Steuerung sind einerseits Zielstellungen für das Feld Interaktion notwendig, die den Mitarbeitern vertraut sein müssen. Andererseits sind für die Realisation ent-sprechende Mitarbeiter-Trainings und Ansätze der Personalselektion heranzuziehen.

Folgerichtig sollte die Beachtung von Interaktionszielen auch Bestandteil des Anreizsystems sein. Im B2B-Bereich haben sich außerdem Lösungen für das *„Guided Selling"* etabliert, die auch Interaktionszielsetzungen aufgreifen.

Beispiel

Vodafone UK rollte ein groß angelegtes Programm für Mitarbeiter aus, um diese zu sensibilisieren, wie sie mit Kunden (über alle Kanäle) der Marke angemessen interagieren (Fielding 2016).

Betrachtungen zu Interaktionsgestaltung im persönlichen Verkauf finden sich in Abschn. 5.5.

Medien

Digitale Medien bieten weitere Ansatzpunkte zur Prägung der Interaktion am physischen Point-of-Purchase.

Offensichtliche Möglichkeiten bestehen vor allem im Einsatz von *responsiven Elementen* in der Ladenumwelt. Interaktive Möbel, Böden und Screens, interaktive Beratungstische, Videowände, Beamer oder Schaufensterscheiben können also mediale Elemente eines Interaktionskonzepts sein.

Beispiel: Vanish in Japan nutzt Kleiderbügel mit Sensoren, um, sobald ein Kleidungsstück von der Stange genommen wird, Informationen zum Produkt wie auch Look-Vorschläge auf dem darüber hängenden Screen erscheinen zu lassen.

3-D-Konfiguratoren, immersive 3-D-Installationen und interaktive Holografie sind anspruchsvollere Lösungen. Zunehmende Verbreitung findet außerdem *Augmented Reality*-Technologie. Beachtet werden muss allerdings auch die Kundenakzeptanz. Sie wird signifikant vom wahrgenommenen Nutzen und dem wahrgenommenen Spaß bestimmt (Spreer et al. 2012). Es ist hinsichtlich der Interaktion zudem kein tatsächlicher Fortschritt, Ladenflächen lediglich mit Screens oder Tablets für Bewegtbild anzureichern. Es geht auch nicht darum, mit dem physischen Store das Internet zu imitieren. Vielmehr ist eine durchdachte Interaktionsmöglichkeit abzusichern. Dies kann schon im Schaufenster oder an der Fassade beginnen, indem Kunden oder Passanten beispielsweise über Gestensteuerung spielerisch in lebensgroße und realitätsgleiche Filmwelten eintauchen. Eine Kampagne dieser Logik inszenierte die britische Kaufhaus-Kette John Lewis in Kooperation mit Samsung.

Besondere Chancen, Interaktionspotenziale auszuschöpfen und sie sogar über den Ladenbesuch hinaus zu verlängern gehen weiterhin von der Einbindung der Mobile Devices von Ladenbesuchern aus.

Beispiel 1: Chasin' Amsterdam integrierte großflächige *interaktive Projektionen:* Per Smartphone konnten Kunden Screens an die Wand steuern.

Beispiel 2: Im Rahmen einer Aktion wurde in Baumärkten ein Gardena-Gartenmanagement-Produkt mit seinen komplexen Möglichkeiten interaktiv inszeniert (o. V. 2015): Ein aufmerksamkeitsstarkes Display mit integriertem Tablet lud bei dieser Kampagne im

Laden zur Interaktion ein. Der Kunde konnte diverse Szenarien aufrufen, um zugehörige, für ihn relevante Information abzurufen. Die videobasierte Darstellung nahm dabei Verläufe, die sich aus der Interaktion mit dem Kunden ergaben.

Voraussetzung ist jedoch zunächst die flächendeckende Ausstattung mit schnellen, kostenlosen WLAN-Netzen für Kunden. Das wollen z. B. 41 % der Modehändler in Angriff nehmen; bei bspw. C&A ist es fester Bestandteil des neuen Store-Konzepts, Galeria Kaufhof hat es schon in allen 100 Häusern etabliert (Rösch 2016). Verfügbares WLAN ist letztlich die Basis, um auf verschiedene Arten zusätzliche mediale Interaktion per Mobile Device mit Kunden vor Ort zu schaffen – oder auch virale Momente einbauen können, z. B. durch eine mit facebook kombinierte Registrierung.

Ein bekanntes Beispiel dazu: Barneys (New York) hat in einer Kooperation mit dem Popstar Lady Gaga eine hochinteraktive Schaufenster-Kampagne umgesetzt. Dabei konnten Passanten per Twitter Wünsche an #gagastar senden. Die Tweets wurden simultan auf übergroße Screens in den Schaufenstern gestreamt, wobei dazwischen Produktinformationen eingestreut wurden.

Aktionen, Mitmach- und Feedbackelemente, Co-Creation
Zu aktionsbasierten Maßnahmen der Interaktionsgestaltung zählen vor allem *Gewinnspiele, Verkostungen* oder *Wettbewerbe*. Zum Beispiel führt der Discounter Treff 3000 regelmäßig Gewinnspiel-Aktionen für (potenzielle) Kunden durch. Bedingungen und Termine werden in den Prospekten des Händlers angekündigt, und die Gewinnübergabe findet dann in einer Filiale statt. Ein anderes Beispiel: Der Textilhändler Ernsting's Family führte einen Malwettbewerb „Zukunft – unsere Welt in 50 Jahren" für Kinder durch.[13] Malbögen wurden in den Filialen ausgegeben, und auch dort (oder per Post) wieder eingereicht. Zeitgleich lief der Fotowettbewerb „Farben", bei dem auch Votings von Kunden über den Sieger mitbestimmten.

Mitmachelemente wie Ausprobierzonen, Lounges oder Gamingbereiche (z. B. Gaming-Zone in der Abteilung Haushaltselektronik bei Galeria Kaufhof) sind Mittel, um Interaktion mit Produkten, anderen Store-Elementen aber auch der Besucher untereinander zu initiieren und zu verstärken. Geringere Potenziale bieten *Feedbackelemente* wie Feedbackkarten, die Kunden ausfüllen, Buzzer, die beim Verlassen des Geschäfts die Zufriedenheit erfassen oder Meinungsumfragen.

Auch Prinzipien von *Co-Creation* können umfassende und nachhaltige Bausteine der Interaktion im Laden sein. Nach diesem Ansatz werden Besucher und Kunden des Stores eingeladen, systematisch in einen Kreativitäts- oder Innovationsprozess mitzuwirken (u. a. Sanders und Stappers 2008, S. 6; Bogers et al. 2010; Zwass 2010). Da es sich i. d. R. auf einen längeren Prozess bezieht, der zudem ein durchaus hohes Engagement der Beteiligten erfordert, sind die Potenziale für das Zielfeld Interaktion eher hoch.

---

[13]https://www.ernstings-family.de/unternehmen/presse/pressemeldungen/alle-anzeigen/details/malwettbewerb-ernstings-family-sucht-phantasievolle-zukunftsbilder; 16.03.2017.

Die Vorzeichen zur Stützung der dialogischen Qualität auf Augenhöhe erscheinen durch die intensive Beteiligung durchweg positiv. Letztlich kann Co-Creation damit nicht nur Interaktionen zwischen Kunde und Händler auslösen, sondern auch die Interaktion zwischen Kunden verstärken.

5.3.3 Store Architecture

Die Digitalisierung des Handels und der Handelskommunikation bringt zahlreiche Umbrüche. Diskussionswürdig ist die Frage, inwieweit digitaler Handel die „realen" Einkaufserfahrungen ersetzt. Borges (2013, S. 2) geht davon aus, dass das Eingreifen der digitalen in die physische Welt bewirkt, dass reale Erfahrungen letztlich „aufgewertet" werden und ihnen eine immer wichtigere Rolle für die Prägung von Brands zukommt. Dies könnte ein Grund sein, warum zunehmend auch *architektonische Blickwinkel* hinsichtlich der Gestaltung physischer Points-of-Purchase rezipiert werden.

Store Architecture
Store Brands stehen seit jeher auch im Interesse von Designern und Architekten. Es ist keinesfalls neu, dass Baugestalter untersuchen, wie Umgebungen, in denen Menschen kaufen, realisiert werden sollten. Über lange Episoden stand dabei vor allem die Frage im Mittelpunkt, wie Architektur geeignete Eindrücke bei den Zielgruppen des Händlers erschaffen (also Botschaften an Handelszielgruppen transportiert werden) und gleichzeitig „gute Gestaltung" realisieren kann. Insbesondere ab den 1980er Jahren wird versucht, beim Laden als „Gesamtdesignobjekt" die Verhaltensbedürfnisse der Kundschaft, Funktionalität und Anforderungen des Store Brand Management zusammenführen (Kent 2003, S. 136). Dazu wird sowohl das Interieur als auch das *Exterieur* von Shops in ihrem Zusammenwirken betrachtet.

Zunehmend systematisch mitgestaltet wird der gesamte „Konsumraum" (mit seinen sozialen Funktionen im Konsumismus). Die Aufgabe von Läden weitet sich damit auf Umgebungen aus: die Straße, Einkaufszonen, Shopping-Centers (Kent 2003, S. 138). Dieses spiegelt letztlich wider, dass Einkaufen in weiten Bereichen zum „Shopping" geworden ist – Shopping als soziale Aktivität, bei der Konsum dem Spiel und der Freude dient. Das Bluewater Park Shopping Centre in Kent, UK, kann als ein beispielhaftes Sinnbild für diesen Gedanken angesehen werden. Eine Gesamtarchitektur, die stadtentwicklerische Ausmaße bedient.

▶ Store Architecture geht über die Verkaufsraumgestaltung hinaus. Sie schafft baulich gestaltete Läden, innen wie außen.

Im engeren Sinne befasst sich *Store Architecture* mit der Gestaltung der Gebäude, die den physischen Point-of-Purchase umfassen. So gesehen ist sie als ein relevanter Teil des Ausdruckssystems zu Prägung der Store Brand anzusehen, weil die architektonische

Umsetzung bestimmte Konnotationen auslöst, die dann mit dem Markennamen verbunden werden. Dem Laden kann also durch architektonische Form spezifische Bedeutung verliehen werden, mit entsprechenden Effekten für Store Brand Assets. Dabei können auch Nuancen bedient werden, die sprachlich nicht oder nicht adäquat gefasst werden können. Der Store als gestaltetes Gebäude wird zu einem „autonomen Gebilde" (Habraken 1998, S. 233), das das Markenimage mit prägt.

Die Architektur bekommt damit den Charakter eines Kommunikationsmittels im Dienste der Store Brand, indem es in seiner Einmaligkeit und insb. seinem Zeichencharakter wirkt (Kaiser 2008; Schwanzer 1984). Diese „still vermittelten" Konnotationen werden – auch im Zusammenspiel mit der Sicht auf den Store als „Theater" (vgl. dazu unten) – genutzt, um mit (potenziellen) Kunden zu interagieren und darüber gemeinsam Markenbedeutung zu erschaffen (Kozniets et al. 2002, S. 28). Der Einsatz bekannter *Stararchitekten* kann zudem Aufmerksamkeitseffekte für den Store unterstützen und für diese sogar einen Transfer vom Architekten-Image auf das Store Brand Image auslösen (Kaiser 2008, S. 199).

▶　　　Store Brand Architecture hat Zeichencharakter und ist Kommunikationsmittel
　　　　des Stores.

In Anwendung semiotischer Kriterien (Eco 1991) kann bei Architektur zwischen der *Denotation* eines Gebäudes und seiner *Konnotation* differenziert werden. Während sich die Denotation auf die eigentliche, nutzenbezogene Funktion bezieht, geht es bei der Konnotation um die symbolische Bedeutung. Werden Ladengebäude gestaltet, besteht mit der Beachtung konnotativer Bedeutungen interessante Hebel für das Store Brand Management.

Eine besondere Rolle für Effekte auf Store Brand Assets kommt der gestalterischen Qualität zu. Sie ist es, die Architektur von einfach nur nützlichem, notdürftigem Bauen abgrenzt. Die Frage allerdings, was gestalterische Qualität ausmacht, ist umstritten und wurde im Laufe der Zeit durchaus unterschiedlich beantwortet. Konzepte der *Ästhetik* diskutieren eben dies.

Insgesamt: Es ist davon auszugehen, dass architektonische Gestaltung affektive, kognitive und verhaltensmäßige Bewertungen und Erfahrungen prägt. Schon deswegen muss auch die Architektur zu den wichtigen, *markenprägenden Kontaktpunkten* gezählt werden (Raffelt et al. 2011, S. 248). Store Architecture kann besonders ästhetische und erlebnisbezogene Anforderungen bedienen, gleichzeitig für Aufmerksamkeit sorgen oder „Statements" abgeben.

Nochmals: Effekte

Bitner (1992) zufolge liefert die Architektur der Gebäude *Hinweisreize bezüglich der Markenidentität*. Formen, Farben, Materialien und Symbolik liefern quasi Anhaltspunkte zur Markenidee, der Kultur oder Philosophie (Messedat 2005). Somit erfüllt die Architektur eine wichtige Rolle, um die Store Brand Positioning zu *visualisieren*. Gerade dies ist besonders effektiv für die Markenführung (Aaker und Joachimsthaler 2000, S. 82), da entsprechende *innere Bilder* aufgebaut werden. Gleichzeitig kann Store Architecture die Store Brand Positioning dreidimensional und in mehrere Sinne übersetzen und schon so intensive, nachhaltig verankerte Erinnerungen aufbauen. Zudem kann sie den physischen Rahmen liefern, in dem dauerhafte Markenerlebnisse erzeugt werden können (Raffelt et al. 2011, S. 248).

Da Gebäude als Ausdruck von Store Architecture betreten und multisensual erfahren werden, ist ihre markenprägende Wirkung enorm. Gerade zu Zielen wie der emotionalen Ansprache und Verankerung, oder dem Auslösen von Markenfaszination und -identifikation kann die Store Architecture besonders große Beiträge leisten. Nicht zu unterschätzen sind indirekte Effekte durch die Wahrnehmung der Gebäude über Medien (z. B. bei spektakulären Baulösungen).

▶   Konnotative Bedeutungen der Store Architecture sind für die Markensteuerung relevant.

Gerade im Online-Zeitalter scheint eine Aufwertung des realen Ortes gegeben, weil nur über diesen Ort konkrete Interaktion und unverwechselbare Erfahrung möglich werden (Riewoldt 2002, S. 8): Markenausdruck, Botschaften, Emotionen und die konkreten Leistungen werden auf unverfälschte und einmalige Weise erlebt. Nach Riewoldt (2002, S. 8 f.) wird die Brand damit selbst zum Ort, und auch zum Markenzeichen. Dies zu erreichen, setzt allerdings eine hervorragende gestalterische Qualität voraus.

Folgt man diesen Argumenten, kommt man um eine, von einem soliden Verständnis der Store Brand Positioning geleiteten, architektonisch professionellen Gestaltung der Ladengebäude und der Innenräume nicht herum. Sie wäre der Weg zu einer neuen Qualität des Markenerlebnisses.

In der Sprache von Schulze (1999) sind derart gestaltete Store Brand-Räume „Kulissen des Glücks" – Fassaden, die von den Kunden mit Leben erfüllt werden. Ihr Zweck ist die Erzeugung eines schönen Erlebnisses. Der Kunde wird dabei zum Handelnden, und ähnlich dem Theater sind von Requisite bis Regie alle szenischen Abläufe auszuarbeiten, um die erlebnisreiche Handlung zu erreichen (vgl. dazu unten). Kunden sind gleichsam Rollenspieler, und wenn alles gut verläuft wird der Klimax im Kauf von Ware erreicht. Kunden sind dabei nicht nur zu unterhalten. Essenziell ist der tatsächliche Einbezug, wie schon Pine und Gilmore (2011) bei der Experience Economy herausstellen.

▶   Die Unterhaltungsqualitäten von Architektur sind die wichtige Kulisse, mit denen die Store Brand geprägt und gestärkt werden kann.

Riewoldt (2002, S. 10) weist darauf hin, dass für eine gelungene architektonische Gestaltung die notwendige *Dialektik zwischen Wiedererkennbarkeit und Überraschungsmoment* zu beachten ist. Unabhängig von der Store Brand Positioning muss die Architektur den Laden wiederauffindbar machen und durch den baulichen Ausdruck Orientierung sichern. Zugleich aber muss die Architektur erlauben, mit Spannung Neues zu erleben.

John Hoke, Global Image Design von Nike, zur Bedeutung von Niketown für die Brand: „Nur so können wir das, was wir Brand Seeding nennen, das dauerhafte „Einsäen" des Markenimages erreichen. Das mit der Gestaltung verbundene Markenerlebnis muss dem Besucher so klar ins Gedächtnis gebrannt werden, dass man die Erinnerung noch Wochen, Monate, Jahre und Jahrzehnte später abrufen und sich entsprechend zunutze machen kann" (in der Abschlussdiskussion des Workshops Brandscaping – new dimensions of retail design, in: Riewoldt 2002, S. 103).

Effekte nach innen

Zu beachten ist zudem die Bedeutung der Store Architecture für das *Internal Branding* (dazu Abschn. 6.1), denn auch in Richtung der Mitarbeiter entfaltet die Architektur wichtige konnotative, symbolische Wirkungen. Beiträge zu einer besseren Durchdringung des Markenkonzeptes, der zugehörigen Wertewelt und einer stärkeren Identifikation können unterstellt werden. Allerdings sind diese Zusammenhänge für den Handelskontext kaum untersucht. Anhand von Studien in der Automobilindustrie zeigen Raffelt et al. (2011) auf, dass die symbolische Kommunikationskraft der Gebäudearchitektur Effekte auf das Markencommitment der Mitarbeiter hat.

Brandscaping

„So neu ist der Marken bildende Beitrag von Unternehmensarchitektur nicht. Der von Peter Behrens für den Chemiekonzern Hoechst in den Zwanzigerjahren entworfene expressionistische Torbau des Frankfurter Verwaltungsgebäudes schaffte es seinerzeit, zum Markenlogo zu werden. Die aus futuristischem Geist geborene Turiner Fiat-Fabrik Lingotto des Architekten Giacomo Matte-Trucco von 1920 war mit ihrem ovalen, auf dem Dach angelegten Rennkurs Sinnbild für Dynamik und Elan der Marke … Immer ging es dabei um einen Zusatznutzen: Für den industriellen Geschäftszweck notwendige Funktionsbauten wurden aufgewertet zu Symbolen. Heute indessen verselbständigen sich Architektur und Innenarchitektur und werden zu primären Instrumenten kundenbezogener Markenkommunikation. Brandscaping, die dreidimensionale Gestaltung von Markenlandschaften, bezeichnet Erlebnisräume mit hohem Unterhaltungswert, vom Flagshipstore bis zum Corporate Theme Park, von maßgeschneiderten, modularen Shop-Systemen bis zu innovativen Mall-Konzepten" (Riewoldt 2002, S. 7).

Flagship-Stores

Signifikant ist die Architektur als Wesensmerkmal bei Flagship-Stores. Dies sind besonders exponierte Filialen von Händlern, z. T. auch Verkaufsstellen von Herstellern, die sich einerseits vor allem durch einen exklusiven Standort auszeichnen, zum anderen aber durch ihre besondere Architektur Vorzeigecharakter haben (Abb. 5.36 unten).

Als Erlebnisinszenierungen einer einzelnen Brand zielen sie insb. darauf ab, das Brand Image zu prägen oder zu verstärken (Kozniets et al. 2002, S. 17). Der Produktverkauf hingegen ist nur ein Teilziel. Werden Unterhaltungsangebote (z. B. Café, Kinobereich) integriert, spricht man auch von Marken-Themenparks (themed flagship stores; Kozniets et al. 2002, S. 18). Die Besucher können dann nicht nur über den Produktkauf-Wunsch und das Markenerlebnis zum Besuch motiviert werden, sondern auch durch das

Abb. 5.36   Store Architecture – FREITAG Flagship Store in Zürich

Interesse, eine besonderes Umfeld zu erleben (Kozniets et al. 2002, S. 18). Flagship-Stores können als flächendeckendes Konzept oder ausgewählt umgesetzt sein.

Beispiel 1: Primark zeigt in Madrid auf der spektakulären Fläche von rund 133.000 m² sein Sortiment aus Kleidung und Haushaltswaren. Das Design verbindet die historischen Details des Gebäudes mit moderner Neon-Beleuchtung und digitalen Technologien. Integriert sind u. a. elf miteinander verbundene transparente Bildschirme im Atrium: Der Kunde kann eine 360-Grad-Screen-Erfahrung machen.

Beispiel 2: Der Funklautsprecheranbieter Sonos hat innerhalb seines 4200 m² großen Flagship-Stores in New York sieben schalldichte Kammern in der Form kleiner Häuser umgesetzt. Jede Kammer ist dabei für einen speziellen Sound konstruiert und den Lebenswelten zuhause nachempfunden. Der Laden umfasst auch Lounge-Bereiche und eine „Wall of Sounds", die das gesamte Sortiment spektakulär darbietet.

▶   Flagship-Stores sind Vorzeigeobjekte – auch hinsichtlich der Architektur.

Man könnte sagen, Flagship-Stores übersetzen die Idee der Markenführung für die Anforderungen der Erlebnisökonomie. So betont Kent (2009), dass sie über die zweidimensionale Projektion einer Markenidee hinausgehen. So wird *dreidimensionales Store-Branding* ermöglicht, das Produktpräsentationen mit weiteren sinnlichen Elementen verbindet.

Flagship-Stores besitzen *Komponenten von Markenerlebniswelten* (ähnlich: Brand Lands). Unter letzteren sind stationäre, physisch dauerhaft existente Orte zu verstehen, die von Unternehmen geschaffen werden, um damit wesensprägende Merkmale der Brand und zugehöriger Produkte darzustellen und interaktiv, multisensuell und emotional zu vermitteln (Löffler 2015, S. 11). Besonders dann, wenn Flagship-Stores neben den POP-typischen Eigenschaften auch gastronomische, informatorische, museale, verweil- und übernachtungsbezogene Angebote integrieren, werden sie mehr und mehr zur Markenerlebniswelt. Beispiele sind die Bunte SchokoWelt von Ritter Sport (Berlin), die Hansgrohe Aquademie (Schiltach) oder das Faber-Castell Erleben (Stein).

Fokussierung
Erfolgreiche Flagship-Stores erzählen idealerweise eine Geschichte – und lösen darüber Inspiration aus. Narration und Inspiration gehen vor allem mit ausgefallenen Materialien, außergewöhnlichen Produktinszenierungen oder eindeutigen Farbwelten sowie einer bewussten Fokussierung auf wenige Gestaltungsschwerpunkte einher (vgl. oben):

- 45.000 Bücher in deckenhohen Regalen bilden den Hintergrund des Sonia Rykiel-Stores in Paris.
- Bazar Noir, ein Store für Wohnaccessoires, lässt Kunden schwarzsehen, indem dort alles vom Boden bis zur Decke in schwarz getüncht ist. Jedes Produkt wirkt damit individuell und besonders.
- Valentino in Rom setzt ein Statement, indem er seinen Flagship-Store komplett in Marmor gestaltet.
- Der Amsterdamer Store von Chasin', einem Jeansanbieter, besteht fast nur aus interaktiven Bildschirmen.

Einem Store, der zu viele Elemente mischt und damit kompromisslose Gestaltungslinien verwässert, gelingen diese Storys weniger gut.

Flagships – wie Pilze aus dem Boden
Acne, ein schwedisches Mode-Label, eröffnet einen Flagship-Store in Südkorea. Das Design ist minimalistisch-monochrom mit viel Beton und Glas. Der Baukörper ist frei stehend, rechteckig und transluzent. Auf den 230 m^2 sind frei stehende Metallwände integriert.

Chronotex, ein Online-Marktplatz für Luxusuhren, eröffnet in London einen Flagship-Store. Der Store mit Boutique-Charakter inszeniert mehr als 250 Modelle. Über Tablets kann über das gesamte Sortiment verfügt werden.

Zara, Store Brand aus dem Inditex Konzern, hat nach London, New York, Paris und Shanghai nun auch einen neu gestalteten Flagship-Store in Hamburg. Dort wird das neue globale Ladenkonzept gezeigt, bei dem neutrale und elegante Elemente dominieren.

5.3.4 Physischer Point-of-Purchase als Theater

Im Kontext der Gestaltung moderner Einkaufsstätten ist sowohl auf Händlerseite als auch in der Literatur vermehrt eine Diskussion des Handels als „Theater" zu beobachten. So taucht der Begriff „Theater" bspw. zur Charakterisierung von Handelskonzepten immer häufiger auf (Abb. 5.37). Die Begriffsauffassung fällt jedoch durchaus divergent aus. Zum Teil sind einfache Mitmach-Elemente oder Erlebnispräsentationen angesprochen, bei anderen komplex durchdachte Inszenierungsstrategien am Point-of-Purchase. Vor diesem Hintergrund kritisieren Baron et al. (2001, S. 103) „the theater metaphor usage in retailing lacks depth and coherence".

Journal-Beiträge – beispielsweise von Goodwin (1996), Baron et al. (2001) oder William und Anderson (2005) – zeigen, dass die Theater-Perspektive im Handel auch forschungsseitig rezipiert und behandelt wird. Dabei wird jedoch weniger daran gearbeitet, einen komplett neuen Zugang oder eine neue Modelllandschaft zu entwerfen. Das Theater wird eher als Metapher bemüht. Mit *Metapher* ist gemeint, dass eine Bezeichnung den Inhalt nicht wörtlich, sondern im übertragenen Sinne ausdrückt. Die Idee, Wirk- und

Store	Sortiment	Quelle für Aussage „Theater"
Ted Baker	Mode	FT Discovery, World Reporter
Sephora	Kosmetik	Financial Times
Niketown	Sportartikel, Mode	Pressemitteilung
Levi's	Jeans	San Francisco Examiner
Comet	Elektro	The Times
Albert Heijn	Lebensmittel	Institute of Grocery Report
Toyota Megaweb Centre	Autos	Daily Telegraph

Abb. 5.37 Ausgewählte Stores, die sich selbst mit dem Begriff „Theater" darstellen oder so dargestellt werden. (Quelle: In Anlehnung an Harris et al. 2001, S. 369)

Arbeitsweise des Theaters sollen also sinnbildlich für die Einkaufsstätte, ihre Handhabung und deren zugehöriger Wirkungen stehen. Das „acting" entspricht den POP-Aktivitäten, die darauf abzielen, bestimmte Realitäten bei den Kunden zu schaffen oder zu bedienen (Williams und Anderson 2005, S. 14).

Zulässigkeit der Metapher
Um dieses Prinzip klarer zu machen und die „Zulässigkeit" der gewählten Metapher zu prüfen, ist es sinnreich, zunächst herauszustellen, was wesentliche Aspekte des Theaters sind (dazu Dürrenmatt 1951, 1954, 1964, 1970) und dann Entsprechungen im Handel zu deuten. Diesbezüglich könnte man nennen:

- Bühne: der physische Point-of-Purchase.
- Bühnenbild: die visuelle Gestaltung des Point-of-Purchase.
- Handlung: die inhaltliche und dramaturgische Gestaltung des Einkaufaktes bzw. des Erlebnisses.
- Sprache: Kundeninteraktion, persönliches oder vermitteltes Verkaufsgespräch.
- Publikum: Besucher bzw. Kunden.
- Arbeit und Dramaturgie *mit* dem Publikum, um Effekte, Reaktionen und Einsichten beim Publikum zu erreichen: Verkauf und Interaktion.
- Gespielte Wirklichkeit mit stilisierten Figuren, um Wirklichkeit zu erkennen: Inszenierung von Raum und Ware durch den Point-of-Purchase und das Verkaufspersonal.
- Über den Erfolg des Theaters entscheidet allein das Publikum: Store Brands als Awareness, Wissenselemente und Emotionen in der Psyche des Zielkunden, die zu Verhalten führen.
- Wert und Erfolg eines Theaterstücks als zwei unterschiedliche Dinge: Store Brand Assets und Store Brand Value sind zu unterscheiden.

Es wird erkennbar, dass die Theater-Metapher für das, was am Point-of-Purchase passiert, tauglich ist, wenngleich auch nicht alle Aspekte „perfekte" Entsprechungen haben. Der *Nutzen* eines solchen Metaphergebrauchs: Durch einen mehrfach gespiegelten Blickwinkel werden Themenfelder gebündelt, Aspekte eingängig gemacht, Zusammenhänge herausgehoben und wenig beachtete, aber zugehörige Themenfelder erkennbar.

▶ Die Konzeption des Point-of-Purchase als Theater ist kein neuer Ansatz, sondern eine sinnvolle Metapher für das, was am Point-of-Purchase passiert und passieren kann. Durch die metaphorische Darstellung werden Themen anschaulicher, und ggf. auch wenig beachtete Zusammenhänge werden sichtbar.

Gründe für einen neuen Blickwinkel
Viele Veränderungen und Trends auf Zielgruppenseite führen dazu, dass im Handel neue Lösungen erforderlich erscheinen. Prinzipien des Theaters können Inspiration dafür sein,

wie neuen Anforderungen begegnet werden kann. Mit dem Aufgreifen dieser Perspektiven – bspw. einem immer stärkeren Denken in Inszenierungen – ergibt sich die Konvergenz von händlerischer Aktivität am Point-of-Purchase und dem Theater (dazu u. a. Keim 1999; Hellmann 2009). Auslösende Momente sind u. a. zunehmend individualistische und hedonistische Tendenzen im Konsum, die visuelle Sozialisation und das Ansteigen von Reizschwellen (Abb. 5.38).

In der Theater-Metapher fokussieren sich Baron et al. (2001) zufolge im Wesentlichen *drei Motivfelder:*

- die Verkaufsumgebung theaterbühnengleich mit großen Gesten eindrucksstärker zu gestalten,
- Spaß, Anregung und Unterhaltung am Point-of-Purchase zu transportieren,
- die Zielgruppeninteraktion zu intensivieren.

Sie pointieren damit letztlich das Streben nach einem neuen, anders gelagerten Blick auf die Handels-Einkaufsstätte, um den *Erlebnischarakter* weiter zu steigern. Auch die Verstärkung der Interaktion am Point-of-Purchase ist ein wichtiger Punkt in diesem Kontext, da sie zu einem erhöhten Involvement der Kunden führt, was die Entstehung einer *Beziehung* zwischen Kunde und Anbieter unterstützt (Harris et al. 2001, S. 359). Viele Händler, die eine theatralische Inszenierung für Ihre Verkaufsumgebungen reklamieren, sehen daher auch in der *Kundenpartizipation und -interaktion* Kernmotive (Harris et al. 2001, S. 360).

Der *Mehrwert der Nutzung der Theater-Metapher* besteht darin, neue, über bisherige Store-Leistungen hinausgehende, (erlebnisbezogene, hedonistische) Kundeninteressen anzusprechen, letztlich ein „Theaterstück" perfekt zu „performen", um die eigene Store

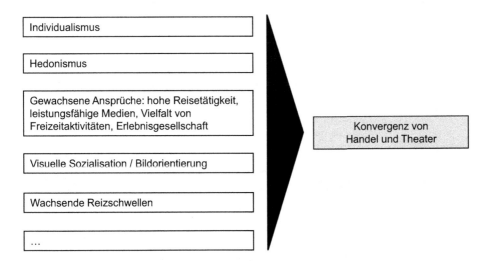

Abb. 5.38 Gründe für die Herausbildung des Theater-Ansatzes

Brand von anderen abzugrenzen (Baron et al. 2001, S. 103) und so Wettbewerbsvorteile zu erringen.

Folgerungen der Metapher

Die Betrachtung als Theater lässt für den Handel einige Schlussfolgerungen zu. Zunächst bedeutet die Auffassung einer Einkaufsstätte als ein Theater die Forderung, aufregende und involvierende Umgebungen zu schaffen, die es außerdem ermöglichen, dass Kunden *Teil dieser werden* und vielfältig interagieren (Baron et al. 2001, S. 102). Im Unterschied zu eigentlichen Theatern, deren Aufführungen auf je eine geplante, spezifische Publikumsreaktion abzielen, scheint das „Retail Theater" allerdings pro „Aufführung" eine Bandbreite von Kundenreaktionen zu tolerieren (Baron et al. 2001, S. 103).

So wie das Theater mit dem Publikum arbeitet, so sollte der Händler am Point-of-Purchase mit den Kunden „arbeiten". Kunden können dabei – wie Theaterbesuchern auch – unterschiedliche *Rollen* zugedacht werden. So können Kunden als distanzierte, abgetrennte Beobachter aufgefasst werden, wie dies in den Strömungen des dramatischen Realismus zu verzeichnen ist. Oder Kunden können als multisensual involvierte und „mitleidende" Quasi-Protagonisten verstanden werden, u. a. eine Rolle die dem Publikum im surrealistischen Theater zugedacht wird. Je nach Rolle ergeben sich dann andere Implikationen für Zielstellungen und POP-Kommunikation. Nach Baron et al. (2001) lassen sich die in Abb. 5.39 dargestellten vier Publikumsrollen herausschälen, die jedoch nicht grundsätzlich exklusiv aufzufassen sind:

Typus / Rolle	zu erreichende Publikumseffekt(e)	Folgerungen POP
Voyeur Basis: Realismus	Besucher beobachtet aus Distanz, ohne Involvement. Ist nicht Teil der Situation. Er erfasst realistische, real-lifeSituationen.	Sortiment und Personal wird in realistisch gestalteten Umfeldern (Abbildern) präsentiert bzw. vorgeführt. Dabei ist die Distanz zwischen Kunden und Präsentation ist gegeben und wird aufrechterhalten.
Spect-ator Basis: Politischer Realismus	Besucher begreift, dass er Teil einer Verkaufssituation ist. Er bewahrt eine kritische, hinterfragende Haltung bezüglich Produkten und Verkaufstechniken. Er drückt sich kommentierend aus.	Sortiment wird unverblümt und ehrlich präsentiert. Personal ist offen und unterstützt die ausgewogene Meinungsbildung. Vielfältige Möglichkeiten für Informationsgenerierung und -austauschwerden unterstützt. Kritisches Hinterfragen wird gefördert.
Sense-ceptor Basis: Surrealismus	Besucher macht umfangreich sensorische Erfahrung und „durchlebt" das Angebot bzw. die Erlebnis-Story der Einkaufsstätte.	Erlebniswelten werden umgesetzt, die ein Eintreten ermöglichen und eine multisensuale Dramaturgie realisieren. Eventcharakter.
Connoisseur Basis: Absurdes Theater	Besucher wird intellektuell gefordert, indem er dem ihm Präsentierten individuellen Sinn geben muss. Seine Expertise und Interpretation ist gefragt, diese wird von ihm eingebracht.	Minimalistische Darstellungen, die die Auseinandersetzung und das Nachdenken provozieren. Erklärungen und Hintergrundinformationen werden nicht angeboten. Keine Optionen zur Besucher-Verkäufer-Interaktion.

Abb. 5.39 Publikumstypen im Kontext der Theater-Metapher. (Quelle: In Anlehnung an Baron et al. 2001, S. 107)

Hinzuweisen ist auf den Effekt, dass durch die POP-Kommunikation an sich durchaus ein Wechsel im Rollenverständnis erreicht werden kann. Beispielsweise kann ein Besucher durch eine entsprechende Erlebnispräsentation von seiner Haltung als „Voyeur" in die des „Sense-ceptors" kommen, weil sein Involvement sich situativ verändert. Dennoch können die vier Typen als Denkraster und Inspirationsquelle für Segmentierung, Positionierung und Kommunikationsumsetzung nützlich sein.

Interessant ist auch die Erkennbarkeit einer *konzeptionellen und einer umsetzenden Seite* des Handels-Theaters. Im Sinne Pavis (1993) ist bei Nutzung der Theater-Metapher streng zwischen den intendierten Effekten eines Dramas und den aktuell erzeugten Effekten der Aufführung zu unterscheiden. Übertragen auf das Store Brand Management spiegelt es den Leitgedanken, eine Positionierungsidee herauszuschälen, um diese über die POP-Kommunikation umzusetzen. Auch hier hat man es mit zwei – möglichst kongruent zu lösenden – Aufgabenfeldern zu tun (siehe u. a. Abschn. 3.6).

Zwei weitere wichtige Aspekte werden von Williams und Anderson (2005, S. 14) adressiert. Erstens: Theater ist *transitorisch*. Die Darbietungen können zwar wiederholt werden, sind jedoch immer individuell einzigartig und nie identisch. Effekte der theatralischen POP-Inszenierung sind also nicht nur interpersonell unterschiedlich, sondern auch bei jedem neuen Kontakt anders. Zweitens: Theater gestaltet *Beziehungen*. Die Aufführung bildet eine Realität nach oder erweckt Fantasien zum Leben, um Einblicke in die Welt oder sich selbst zu ermöglichen. Dazu werden verbale wie nonverbale Elemente im komplexen Zusammenspiel eingesetzt. Beziehungsaufbau und -gestaltung rückt damit stärker in den Fokus der POP-Kommunikation.

Ausweitung

Die Theaterperspektive wird zunehmend auch im weiter gefassten Kontext der Stadtentwicklung aufgegriffen. Dabei werden für den urbanen Raum Fragen der Inszenierung von Handelsstätten mit multimodaler und interaktiver, physisch erlebbarer Qualität intensiv diskutiert („stangig the urban shopper", Chung-Klatte und Mirazon-Hahn 2014). Auch hier geht es um die großen Bilder, die eine gute Inszenierung zeichnet.

P. Mountford, CEO des niederländischen Wäsche- und Bademodenhändlers Hunkemöller: „Heute genügt es nicht, im Handel einfach nur Produkte zu präsentieren. Man muss Elemente liefern, die das Interesse schüren. Wir brauchen ein bisschen Theaterdonner am PoS" (zitiert nach Campillo-Lundbeck, 2017b, S. 17).

5.3.5   Real Life: Retail Design als Erfolgsfaktor

Von Tobias Hoser | Export Manager bei Wanzl Shop Solutions

Die Welt entwickelt sich immer stärker zu einer omnipräsenten Verkaufsfläche. Nie zuvor warben mehr Anbieter und Angebote um die Gunst des Konsumenten. Der Wettbewerb im Lebensmittelhandel vollzieht sich innerhalb des stationären Handels zwischen den klassischen Betriebsformen, wie Discount, Convenience- oder Flagship-Store.

Im Food-Bereich konkurriert der Handel immer stärker auch mit der (System-)Gastrono-mie. Etwa, wenn der Mitnahme-Kaffee schnell bei der Einkaufsstätte und nicht in einem Kaffeehaus eingenommen wird oder warme Mahlzeiten im Supermarkt um die Ecke anstatt in einem Fast-Food-Restaurant geholt werden. Durch Online-Shopping entsteht ein digitaler Dienst mit hohem Convenience-Faktor, der den Laden im Internet anklick-bar macht – jederzeit. Es mag die größte Herausforderung für den Handel sein, Lösun-gen zu entwickeln, wie Online und Offline in Zukunft miteinander funktioniert. Denn es bleibt anzunehmen, dass alles digital wird, was digitalisiert werden kann und Online-Shopping gehört nicht nur bei den „Digital Natives" zur Normalität. Retail Design wird zum entscheidenden Instrument der Markenbildung – authentisch, glaubhaft und sinn-lich erlebbar.

Konzeption eines Ladens
Ein neues Ladenkonzept entsteht über die DNA eines selbstständigen Einzelhändlers bzw. dem Handelsfilialisten als „Marke". Sie steuert den essenziellen und wesensprä-genden Leitgedanken für die Gestaltung des Verkaufsraums und Warenpräsentation. Am Ende eines Prozesses zur Ladengestaltung muss die Marke erlebbar sein, frei nach dem Motto: „What you see, is what you get". Denn der Laden-Kunde kauft später nicht nur das Produkt, sondern einen Glauben – der Lebensgefühl, Stil und Qualität vermittelt. Der Verkaufsraum bildet hier den Rahmen, um dies widerzuspiegeln.

Bevor der erste Strich gezeichnet ist, wird im Erstgespräch über das Einzugsgebiet, Standort und Zielgruppe, die lokale Wettbewerbssituation, Profilierungssortimente, Betriebstyp, Ladenlayout, Wegeführung, Regal- und Präsentationsmöbelanordnung, Licht, Instore Medien, Musik, Visual Merchandising gesprochen (Abb. 5.40). Die erste, grobe Anordnung des Verkaufsraums erfolgt oftmals noch vor Ort im Gespräch, wor-auf der Interior-Designer mit der Raumplanung und dem Designkonzept startet. Hin-ter einem Designkonzept steht die Umsetzung eines mit dem Kunden abgestimmten und final freigegebenen 2-D-Grundrisses in Darstellungen, welche die grundsätzliche Optik, Form, Farbe und Materialität des Verkaufsraumes aufzeigen. Die Darstellung kann in Form von Handskizzen, Illustrationen, 3-D-Renderings, Materialkollagen, Bild-beispielen, Virtual Reality und verbalen Erklärungen erfolgen. Mit der Ausarbeitung eines „Designprojektes" erhält der spätere Ladenbesitzer eine Vorstellung, wie das Design seines Ladengeschäftes wirkt, in welche Richtung Material, Form, Farbe und Grafiken gehen können. Der Prozess zwischen der Raumplanung bis zur Beauftragung (Realisierung und Werkplanung) ist begleitet durch einen intensiven Dialog zwischen Ladenbesitzer und Ladenbauer mit teils regelmäßigen, erwarteten und unerwarteten Pla-nungsschleifen und -stopps, bedingt durch Vergrößerung oder Verkleinerung der Waren-kategorien, Baufortschritt, Abklärung des Budgets, verschiedenartiger Ausrichtung der Markenkommunikation etc. Erst mit der Beauftragung ist dieser Prozess abgeschlossen und startet die zuvor beschriebene Leistungsumsetzung. Aus einem Raum entwickeln sich markenprägende Kontakte.

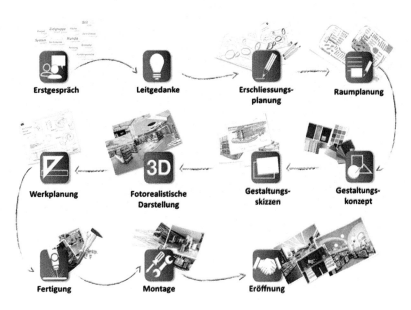

Abb. 5.40   Prozess der Ladenplanung bei Wanzl

Magisches Dreieck des Retail Designs

Die Entwicklung erfolgreicher Retail Design-Konzepte für die neue Welt des stationären und des Online-Einkaufs erfordert ein tiefes Verständnis von Lebensstilen und Lebenssituationen zwischen Arbeit und Freizeit. Konsumenten passen nicht mehr in die Zielgruppen-Schemata der bisherigen Marketing-Lehrbücher. Heute beobachten wir gleichzeitig Luxus- und Schnäppchenorientierung, mehr Mobilität, und Internationalität, gleichzeitig auch zunehmendes Regionalbewusstsein. Dem Trend zu mehr Gesundheits- und Ernährungsbewusstsein steht der Convenience-Trend gegenüber. Während es im Arbeitsalltag schnell und unkompliziert gehen muss, kann der Einkauf am Wochenende und in der Freizeit zum Vergnügen werden. Zukünftige Erfolgskonzepte ermöglichen beides – bis hin zum Verzehr im Shop, womit sich der Kreis zum (gastlichen) Ambiente wieder schließt. Die Anforderungen für ein Retail-Design sind ambivalent.

Für individuelle und authentische Retail Design-Konzepte braucht es in dieser vielschichtigen Welt mehr als nur Kreativität und Routine. Dabei gilt es, sich am „magischen Dreieck des Erfolgs" zu orientieren (Abb. 5.41). Diese zentralen Erfolgsfaktoren bilden die Grundlage für den wirtschaftlichen Erfolg eines stationären Handelsbetriebs:

1. *Das Ladenbild: Durch Attraktivität und Aufenthaltsqualität dem Laden eine unverwechselbare Identität verleihen.*

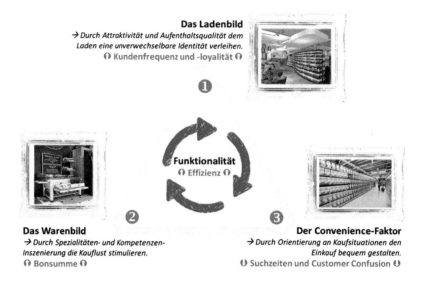

Abb. 5.41   Magisches Dreieck aus Sicht Wanzl

Man sagt: Über den Erfolg im stationären Handel stimmen die Konsumenten mit den Füßen ab. Mit zunehmender Zahl und Vielfalt von Alternativen stationär wie auch online, steigt die Anforderung an Erscheinungsbild und Ambiente – sprich: wie gerne man sich in dem Laden aufhält. Zu den Hygienefaktoren einer angenehmen Raumatmosphäre zählen die Sauberkeit des Verkaufsraums, die Luftqualität, der Geräuschpegel und die Temperatur. Was einem Verkaufsraum erst den unverwechselbaren Appeal verleiht, ist das Zusammenspiel aus Boden, Decke, Farbgestaltung, Materialwahl, Warenträger-Design und Ausleuchtung. Wie bei einem Orchester, bei dem ein Dirigent den Takt, den Einsatz und den musikalischen Verlauf vorgibt, entsteht auch im Ladenbild Attraktivität und Aufenthaltsqualität, wenn Layout- und Design-Elemente aufeinander abgestimmt sind. Sinnbildlich sind die Noten eines Orchesters die Kern-Markenelemente für das Retail-Design.

2. *Das Warenbild: Durch Spezialitäten- und Kompetenzen-Inszenierung die Kauflust stimulieren.*

Kunden wollen verführt werden. Es geht nicht mehr darum, hungrige Menschen satt zu machen, sondern satte Menschen hungrig, heißt die Maxime. Der reine Bedarf wird beim Kauf längst nicht nur gedeckt. Man möchte für sich selbst etwas „Gutes" tun – die Verführung funktioniert direkt am Point-of-Purchase, weil nicht das Produkt, sondern der Glaube in und an ein Produkt emotionale Aspekte in den Vordergrund stellt. Mehr

denn je hängt der Erfolg im stationären Geschäft davon ab, inwiefern der Handel seine
Funktion als inspirierendes „Schaufenster" erfüllt. Dies gilt auch für den schnellen Einkauf.
Es geht um den Brückenschlag vom rationalen „Ich brauche", zum emotionalen „Ich will".
Etwa, wenn man Anregungen für das Menü am Wochenende braucht und der Lebensmittelhändler wöchentlich ein neues Rezept in einer ansprechenden Präsentation mit allen
für das Gericht notwendigen Zutaten auftischt. Wir kaufen Produkte zu einem Anlass. Es
geht am Point-of-Purchase darum, Begehrlichkeiten zu wecken, sich zu profilieren und
Aufmerksamkeit zu generieren. Dazu müssen Warenbilder teils aus der Regalpräsentation
ausbrechen, Spannung aufbauen und mit verschiedenen Ladenbauelementen spielen. Wie
bei Solostücken in einem Orchester müssen manche Warenbilder aus der Massenpräsenta-
tion gehoben werden. Besondere Produkte und Sortimentskompetenzen sollen erkennbar
vor Augen geführt werden. Sie signalisieren die Profilierung, die Positionierung und die
Gründe, warum man sich für diesen und nicht einen anderen Laden entschieden hat.

3. *Der Convenience-Faktor: Durch Orientierung an Kaufsituationen den Einkauf*
   bequem gestalten.
   Der Convenience-Trend betrifft nicht nur Produktpräferenzen, sondern auch die Wahl
der Einkaufsstätte. Wo und wie man am liebsten einkauft oder konsumiert, hängt von der
Situation ab: Im Arbeitsalltag muss der Einkauf schnell, einfach und unkompliziert sein,
am Wochenende ist er eher Freizeitvergnügen und Inspiration. Erfolgreiche Konzepte
erleichtern den Einkaufsprozess des Kunden in seinen teils konträren Bedarfslagen. Der
Laden ist „convenient", wenn er die Suchzeiten verkürzt, die Customer Confusion vor
dem Regal verringert und genügend Informationen bereithält für die vor Ort durchgeführ-
ten Entscheidungen.

4. *Die Funktionalität: Durch Erkennen von effizienten Arbeitsabläufen ein Konzept*
   überlebensfähig machen.
   Design follows function. Die Ladeneinrichtung ist neben den architektonischen,
gestalterischen, kommunikativen und werblichen Elementen zugleich ein klassisches
Arbeitsmittel. Ein Geschäft darf nicht in Schönheit sterben. Durchdachte Arbeitsabläufe,
kurze Wege, einfache Warenbestückung sowie die Reinigung wirken auf den täglichen
Betrieb, die Mitarbeiter und deren Motivation – ein zunehmend wichtiger Aspekt im
Wettbewerb um die besten Mitarbeiter. Übertragen auf den Warenträger bedeutet das eine
intuitive Handhabung für das Personal, multifunktionale Applikationen zu jedem Anlass
und das zu gleichbleibenden (oder bestenfalls geringeren) Investitionssummen wie bisher. In einem Laden geht es um Flächeneffizienz und ein positives Betriebsergebnis.

Design, Sortiment, Service

Ein einzigartiges Retail Design bringt gegenüber anderen Anbietern einen Wettbewerbs-
vorsprung in der Gunst des Konsumenten. Trotz der hohen Bedeutung ist das Laden-
Design jedoch kein alleiniger Erfolgsgarant. Priorität 1 ist „die Sortimentsgestaltung",
die an Zielgruppe und Wettbewerbsverhältnisse angepasst sein muss. Priorität 2, „der

Kundenservice", ist ein anderer nicht zu unterschätzender Bestandteil für das Einkaufs-erlebnis und dann eben auch ein Teil der Markenvermittlung, -bildung und des Marke-nerlebnisses.

5.4   POP-Kommunikation II: Onlineshop und Mobile-Shop

5.4.1   Onlineshop als Erweiterung des klassischen Stores

Onlineshop und Mobile-Shop sind typische Exemplare des virtuellen Point-of-Purchase (vgl. Abschn. 5.1), bei dem das Internet bzw. die Mobilfunktechnologie genutzt werden, um mittels virtueller Realitäten verkaufsfähige Sortimente zu präsentieren und Transakti-onen abzuwickeln.

Der *Onlineshop* ist ein virtueller Verkaufsraum (Kollmann 2011, S. 207) von pro-fessionellen Anbietern für andere Unternehmen oder Endkunden (McGoldrick 2002, S. 587 f.). Die verkaufsrelevanten Abläufe zwischen Anbieter und Nachfrager werden bei ihm mithilfe von internetvernetzten Devices abgewickelt.

Wird der Onlineshop (an PC oder Tablet) über Webbrowser dargestellt, so spricht man vom „klassischen" Onlineshop. Daneben findet der Begriff *Mobile-Shop* Verwen-dung (z. B. Smyth et al. 2010; Beck und Rygl 2015). Teilweise wird damit zum Aus-druck gebracht, dass der Mobile-Shop eine Umsetzung als App zur Nutzung auf Mobile Devices (wie Smartphone oder Tablet) ist. Zum Teil ist damit aber auch lediglich die Nutzung des Onlineshops auf mobilen Endgeräten gemeint (z. B. Heinemann 2012, S. 3). Grundsätzlich wird deutlich, dass es sich beim Mobile-Shop eher um einen Spe-zialfall des Onlineshops handelt als um eine gesonderte Form. Onlineshops im weiten Sinne können sich also in durchaus verschiedenartigen Konstellationen aus Hardware- und Software-Lösungen ausdrücken (z. B. mittels Browsern auf PC, Notebook oder Tablet; mittels Apps auf Tablet oder Smartphone; mittels E-Marketplace-Lösungen auf Notebook usw.).

▶   Der Onlineshop ist ein virtueller Verkaufsraum. Der Mobile-Shop ist eine spezi-elle Form des Onlineshops.

Besonderheiten
Im Unterschied zum stationären Shop erfolgen Kontakte im Onlineshop als eine *Mensch-Maschine-Beziehung*. Kommunikation und Interaktion sind medial vermittelt und nutzen das Zusammenspiel einer Vielzahl von Medienformen (Bild, Ton, Text, Bewegtbild). Hinsichtlich der sinnesbezogenen Kommunikationsebenen müssen diese Medienformen (und damit auch der Onlineshop) Einschränkungen im Vergleich zum physischen Store hinnehmen. Es bestehen zudem Unterschiede bei Produktpräsentation und hinsichtlich der sozialen Interaktion (Falk et al. 2006, S. 3).

Nach Childers et al. (2002, S. 515 ff.) sind es insbesondere drei Aspekte, bei denen sich Onlineshops von stationären Stores unterscheiden:

- Anstatt einer Bewegung durch den Laden existiert eine Navigation über Menüs.
- Die persönliche Inspektion der Produkte kann online nicht erfolgen und muss insofern kompensiert werden.
- Der (potenzielle) Kunde muss sich nicht zum stationären Laden begeben, sondern der Onlineshop ist bei ihm.

Verglichen mit dem physischen Store weist der Onlineshop damit gewisse „Nachteile" auf. So ist eine Reduktion auf ausgewählte Sinne bzw. Vermittlungsmodalitäten (visuell, akustisch) gegeben, mit den entsprechenden Effekten auf Wahrnehmung (Farben können unterschiedlich dargestellt sein) und synästhetische Wirkungen. Alle Umgebungsreize sind auf den Bildschirm bzw. das Wiedergabemedium reduziert (Eroglu et al. 2003, S. 179.). Speziell fehlen Dimensionen wie Temperatur, Geruch, haptisch wahrnehmbare Oberflächen, aber auch Aspekte wie bspw. die wahrnehmbare Präsenz weiterer Kunden oder des Personals. Ein Onlineshop stellt damit ein „lean" Medium nach Walter (1992) dar. Das Produkt kann im Wesentlichen nur bildlich und sprachlich vermittelt existieren. Khakimdjanova und Park (2005, S. 308) stellen daher heraus, dass eine Befriedigung bzw. Kompensation konsumentenseitiger Bedürfnisse nach sensorischer Erfahrung und Information auch im Onlinekontext bedeutend ist. Weiter ist eine Beratung durch Verkaufspersonal im Onlineshop zunächst nicht gegeben, und Umfeldreize der Wahrnehmungssituation sind mitunter weniger vielfältig und weniger leicht steuerbar als in einem Laden. Beides ist hinsichtlich der Point-of-Purchase-Kommunikation zu bedenken und ggf. auszugleichen. Als Teil mehrerer Points-of-Purchase besteht für die Store Brand die Herausforderung, eine Fragmentierung der Markenwahrnehmung und des Kauferlebnisses zu verhindern.

Der Onlineshop bringt andererseits jedoch auch „neue" Qualitäten mit sich. Dazu zählt vorrangig die Unabhängigkeit von Raum und Zeit (Eroglu et al. 2003, S. 179). Außerdem können Text- wie Bildinformation (inkl. Bewegtbild) praktisch ohne Begrenzung bereitgestellt werden, womit sich durchaus zusätzliche Möglichkeiten ergeben. Dies kann obendrein auch individualisiert und situationsspezifisch erfolgen. Mittels User-Generated-Content sowie durch technische Lösungen für (POP- und anbieterübergreifende Vergleichsmöglichkeiten) entstehen Surrogate einer persönlichen Beratung.

Mobile-Shop
„Aufgrund der Verbreitung von Smartphones und des mobilen Internets haben zahlreiche Handelsunternehmen Shopping Apps implementiert." Untersuchungsbefunde zeigen, dass „Konsumenten Shopping Apps vor allem in Kaufphasen, die zeitlich nah beim eigentlichen Kaufereignis liegen, nutzen. Shopping Apps stiften vor allem einen utilitaristischen Nutzen und vereinfachen den Einkaufsprozess für Konsumenten" (Rudolph et al. 2015, S. 42).

Im Zuge der *Digitalisierung* erscheint der Onlineshop eine folgerichtige Weiterentwicklung des klassischen Stores, quasi eine alternative Form. Aus der Perspektive des Omnichanneling (zu den Formen Beck und Rygl 2015) – hingegen – wird der Onlineshop als Teil eines Systems miteinander verknüpfter Points-of-Purchase aufgefasst. Insofern erweitert er Wirkungsbereich und Möglichkeiten des traditionellen stationären Stores. Der Mobile-Shop als eine Sonderform des Onlineshops wiederum kann dann als eine nochmalige Weiterentwicklungsstufe interpretiert werden.[14]

Digitalisierung prägt
Veränderungen, die mit der Digitalisierung einhergehen, haben den Onlineshop als Ausprägung des virtuellen POP letztlich hervorgebracht. Auch für die Zukunft wird der Fortschritt der Digitalisierung in hohem Maße prägen, welche Möglichkeiten und Ausgestaltung gefunden werden, um die POP-Anforderungen möglichst gut zu erfüllen.

Strukturierend in diesem Kontext kann das Rahmenmodell von Kannan und Hongshuang (2017) fungieren, das ursprünglich für einen Umriss zum Digital Marketing vorgelegt wurde. Es arbeitet heraus, welche Bereiche sich durch digitale Technologien verändern und verdeutlicht zugleich Wechselwirkungen zwischen den Bereichen. Durch die Kondensationsleistung des Ansatzes wird der Blick strukturiert und geschärt. Die Darstellung in Abb. 5.42 zeigt die Übertragung dieser Gedanken auf Entwicklungen und Bedingungen des Onlinehandels. Hinsichtlich der Point-of-Purchase-Kommunikation im Onlineshop wird damit einerseits eine systematische Betrachtung durch Denkfelder vereinfacht, andererseits werden potenziell interessante Blickwinkel eröffnet und eine wichtige Fokussierung erreicht.

Einige der enthaltenen Gedanken sollen nachfolgend knapp dargestellt werden:[15]

- Digitale Technologien ändern die *Umwelt,* in der das Handelsunternehmen agiert. Dies hat Effekte auf Kunden, Wettbewerber und Lieferanten als wichtige Teile der Umwelt des Händlers. Insbesondere existieren Auswirkungen auf das Verhalten und die Interaktionen der Individuen. Zudem entstehen neue Plattformen, Online-Medien und Interaktionen über diese. Suchmaschinen werden neue Mittler. Der Onlineshop ist Teil dieser derartig veränderten Umwelt, zugleich aber auch Ausdruck des sich wandelnden Handelsunternehmens in der Digitalisierung.
- Innerhalb des Handelsunternehmens bewirken digitale Technologien Veränderungen beim Einsatz und der Art der *Marketinginstrumente.* Hinsichtlich der Onlineshops bspw. als neuer Vertriebskanal. Bisherige *Strategien* von Händlern werden modifiziert, neue entstehen, gewisse entfallen. Wichtige Grundlage sind Inputs aus

---

[14]Vgl. auch die Zusammenstellung der Besonderheiten von Online-Medien, insb. auch bei Nutzung mobiler Endgeräte, bei Redler (2014c).

[15]Vgl. dazu auch die Ausführungen bei Kannan und Hongshuang (2017) unter dem Blickwinkel einer Research Agenda.

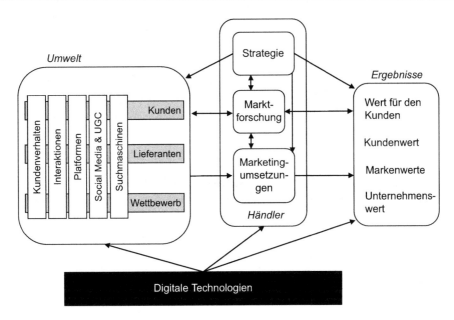

Abb. 5.42 Digitalisierung und Handelsunternehmen. (Quelle. Modifiziert nach Kannan und Hongshuang 2017, S. 24)

Marktforschungsaktivitäten im Hinblick auf Erfolgsfaktoren und Umwelt, wobei gleichzeitig die Art der Marktforschung, die Techniken und ihre Messinstrumente durch die Digitalisierung einem starken Wandel unterliegen.

- Hinsichtlich der Ergebnisse sind Effekte der Digitalisierung auf mehreren Ebenen zu beachten. Die Wertschaffung beim Kunden, der Kundenwert, die Werte der geschaffenen Marken sowie der Unternehmenswert sind diesbezüglich zu nennen.
- Handelsunternehmen können, dem Rahmenmodell folgend, die Effekte der Digitalisierung durch eigene Strategien und die eigenen operativen Marketingaktivitäten in *wertschaffende Effekte* verwandeln. Die zielorientierte Gestaltung des Onlineshops wäre ein Ausdruck eben dieses Aspekts.

▶   Onlineshops erweitern den klassischen Store. Sie können eigenständige Point-of-Purchase-Lösungen oder Teil einer Omnichannel-Lösung darstellen.

Anforderungen der POP-Kommunikation

Als Ausprägung eines virtuellen POP sollten bei der Realisation von Onlineshops die Anforderungen an die Point-of-Purchase-Kommunikation beachtet werden. Die Umsetzung der Sichtbarkeit von Markenelementen, die Schaffung guter Orientierung, die Gestaltung von atmosphärischen Wirkungen wie Erlebniseffekten und die Realisation von Interaktion muss allerdings spezifisch erfolgen und die besonderen Chancen des Kommunikations- und Vertriebskanals aufgreifen. Die Zielfelder der Point-of-Purchase-Kommunikation müssen letztlich spezifisch aus der Perspektive der Möglichkeiten von digitalen Medien umgesetzt werden.

Obgleich sich mit zunehmender Digitalisierung zahlreiche Besonderheiten herausbilden, ist es aus der Markenführungsperspektive fraglich, ob sich grundlegende Ziele und Gesten tatsächlich verändern.[16] Der Rahmen der Point-of-Purchase-Kommunikation – wie er hier vorgestellt ist – verdeutlicht, dass übergreifende Ausrichtungen und Ansatzpunkte weiterhin Beiträge leisten.

▶   Digitalisierung des Point-of-Purchase bedeutet nicht, Grundprinzipien des Store Brand Management und der POP-Kommunikation über Bord zu werfen. Vielmehr müssen die Prinzipien aus der Online-Logik interpretiert und umgesetzt werden. Die klare Ausrichtung an der Store Brand Positioning ist auch hier essenziell und eine Abstimmung mit den Umsetzungen an weiteren Points-of-Purchase ist geboten.

Amazon Fresh bietet Plattform für Shop-Präsentation von Herstellermarken
In Raum Berlin startete Amazon Fresh 2017 seinen Angriff auf den klassischen LEH bzw. zugehörige Lebensmittellieferdienste. Rewe als Platzhirsch der LEH-Lieferdienste bediente zu dem Zeitpunkt bereits zahleiche Städte Deutschlands. Mit rund 85.000 Produkten im Shop zeigte sich Amazon beim Start größenmäßig jedoch nicht nur der Lieferkonkurrenz, sondern auch vielen Vollsortimentern überlegen. Auch preislich scheint Amazon überwiegend die Nase vorn zu haben. Nach Berlin inkl. Potsdam soll München als nächste Region in Angriff genommen werden.

Eine Besonderheit sind die integrierten „Lieblingsläden". Mit diesem Programm bietet Amazon Fresh den liefernden Herstellern eine Plattform, mit der sie ihre eigene Produktinszenierung übernehmen können. Die Kommunikation im Shop – Markenelemente, Atmosphäre, Erlebnis und Interaktion – kann damit in hohem Maße von den markeninhabenden Herstellerunternehmen zum sonstigen eigenen Markenauftritt integriert umgesetzt und im Sinne der angestrebten Positionierung ausgesteuert werden. Letztlich entsteht ein attraktiver Zugang zu einem eigenen Onlinehandels-Kanal mit der Reichweite und Marktkraft des Pureplayers Amazon. (Campillo-Lundbeck 2017a, S. 15)

5.4.2   Umsetzung durch Online Visual Merchandising (OVM)

Point-of-Purchase-Kommunikation gestaltet die Transaktionsschnittstelle zwischen Handelsunternehmen und (potenziellem) Kunden. Wie ausgeführt, ist sie für Händler ein erheblicher Hebel, um die Store Brand zu prägen und dient insbesondere dazu, Kaufverhalten auszulösen und/oder zu unterstützen. Um dieses zu erreichen, ist sie wesentlich mit der Sortiments- und Kompetenzpräsentation befasst. Am virtuellen Point-of-Purchase wie dem Onlineshop sind entsprechend Wesensmerkmale einer Online-Umgebung zu beachten.

---

[16]Vgl. dazu auch den launigen Kommentar von Steel (2016) über die Konstanz grundlegender Ideen des marketingseitigen Umgangs mit Menschen.

Eben diese Aspekte einer förderlichen Inszenierung und Warenpräsentation im Online-Kontext werden unter dem Begriff *Online Visual Merchandising* (OVM) behandelt (z. B. Khakimdjanova und Park, 2005; Ha et al., 2007; Ha und Lennon, 2010). Begrifflich umfasst OVM die Ausrichtung der warenbezogenen und der warenumhüllenden Darstellung auf angestrebte kognitive wie emotionale Reaktionen des potenziellen Käufers, um eine Kaufentscheidung an medial vermittelten Anbieter-Rezipienten-Schnittstellen auszulösen oder zu unterstützen (Redler 2013, S. 810). Schon Lohse und Spiller (1998) unterstreichen, dass der Erfolg des Onlineshops wesentlich von dieser Schnittstelle und entsprechend von deren Ausgestaltung abhängt.

▶ OVM zielt darauf ab, Darstellungen im Onlineshop so zu wählen, dass bei (potenziellen) Kunden angestrebte kognitive wie emotionale Reaktionen ausgelöst werden, um die Kaufentscheidung an der medial vermittelten Anbieter-Rezipienten-Schnittstelle zu fördern und zu erleichtern.

Sofern Nutzer nicht über einen externen Link direkt auf eine Artikeldetailseite gelangen, prägen auch über die Produktpräsentation hinausgehende Kontakte zur Gesamtgestaltung von Seiten, zu Darstellungsformen oder sonstigem eingebundenen Content während des Aufenthalts im Onlineshop die Erfahrung mit dem virtuellen Point-of-Purchase. Entscheidend ist die Gesamtheit der Wahrnehmungen. Insofern ist zu betonen, dass Überlegungen zum OVM nicht nur für die Gestaltung von Artikeldetailseiten, sondern auch für die Gestaltung der Shopeinstieg- oder Artikelübersichtsseiten (sowie letztlich aller dem Shop zugehörigen Darstellungen) als relevant anzusehen sind.

▶ OVM ist mehr als Warenpräsentation im Onlineshop. Letztlich muss der Gesamtauftritt des Shops beachtet und hinsichtlich der POP-Anforderungen und der Store Brand-Ziele ausgerichtet werden.

Da das OVM als ein Teilbereich zu sehen ist, der sich mit der Point-of-Purchase-Kommunikation am virtuellen Point-of-Purchase befasst, sind die in Abschn. 5.2 formulierten Anforderungen einer POP-Kommunikation als Maßstab aufzunehmen. OVM sollte daher die Zielfelder

- Sichtbarmachung der Store Brand-Elemente,
- Erreichung guter Orientierungswirkungen,
- Auslösung förderlicher atmosphärischer Wirkungen,
- Vermittlung spezifischer (positionierungsrelevanter) Erlebniswirkungen und
- positionierungskonformen Ausgestaltung von Interaktionen und Beziehungen beachten.

Wirkungen
Wie das Rahmenmodell in Abb. 5.43 darlegt, erzeugen die als Teil des OVM gewählten Darstellungen im Onlineshop kognitive wie emotionale Effekte beim Nutzer.

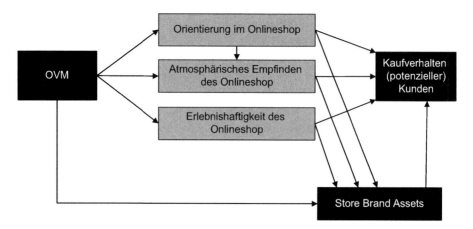

Abb. 5.43 Rahmenmodell zu Wirkungen von OVM

Auf kognitiver Ebene sind insb. Wirkungen hinsichtlich des Zurechtfindens und der Nutzbarkeit des Shops angesprochen. Diese haben direkte Auswirkungen auf das Kaufverhalten des Nutzers, andererseits gehen damit emotionale Reaktionen auf der Dimension angenehm – unangenehm einher (atmosphärischer Effekt). Insbesondere eine schlechte Usability von Onlineshops führt zu vorzeitigen Abbrüchen des Shopbesuchs (Verhaltensreaktion) und negativen Gefühlen (emotionale Reaktion).

OVM beeinflusst weiterhin direkt die emotionalen Reaktionen von Shopnutzern. Dies bezieht sich einerseits auf atmosphärische Aspekte wie auch auf Erlebniswirkungen. Die erzeugten emotionalen Reaktionen nehmen Einfluss auf das Kaufverhalten. Darüber hinaus prägen kognitive wie emotionale Eindrücke zum Onlineshop das Markenwissen. Store Brand Assets werden also beeinflusst. Wie die bekannten Wirkungszusammenhänge der Markenforschung herausstellen, beeinflussen auch Store Brand Assets das Kaufverhalten im Onlineshop. Aus OVM-Überlegungen heraus gewählte Darstellungen im Onlineshop besitzen daneben direkte Einflüsse auf die Store Brand Assets, bspw. durch wiederholte Kontakte zu bestimmten Aussagen oder Produkten, Farben oder Gefühlen, die dem Markennamen zugehörig gelernt werden.

Gestaltungsparameter

Essenzielle *Gestaltungsparameter* des OVM lassen sich anhand der Kriterien Produktkontext, Layout, Produktinszenierung, Preiskommunikation, Mehrwertkommunikation und Verbundpräsentation strukturieren. Zugehörige Entscheidungstatbestände sind in Abb. 5.44 zugeordnet. In allen Bereichen sind zudem individualisierte Umsetzungen gestaltbar.

Aspekte des *Layouts* legen vor allem benutzte Elemente, deren Anzahl sowie deren räumliche Beziehungen und zugehörige Größenverhältnisse fest. Hinsichtlich der *Produktinszenierung* besteht eine Fülle von Stellhebeln zur Verdeutlichung des einzelnen Produkts und seiner Eigenschaften sowie des Sortiments. Themenwelten oder Sortimentsverweise

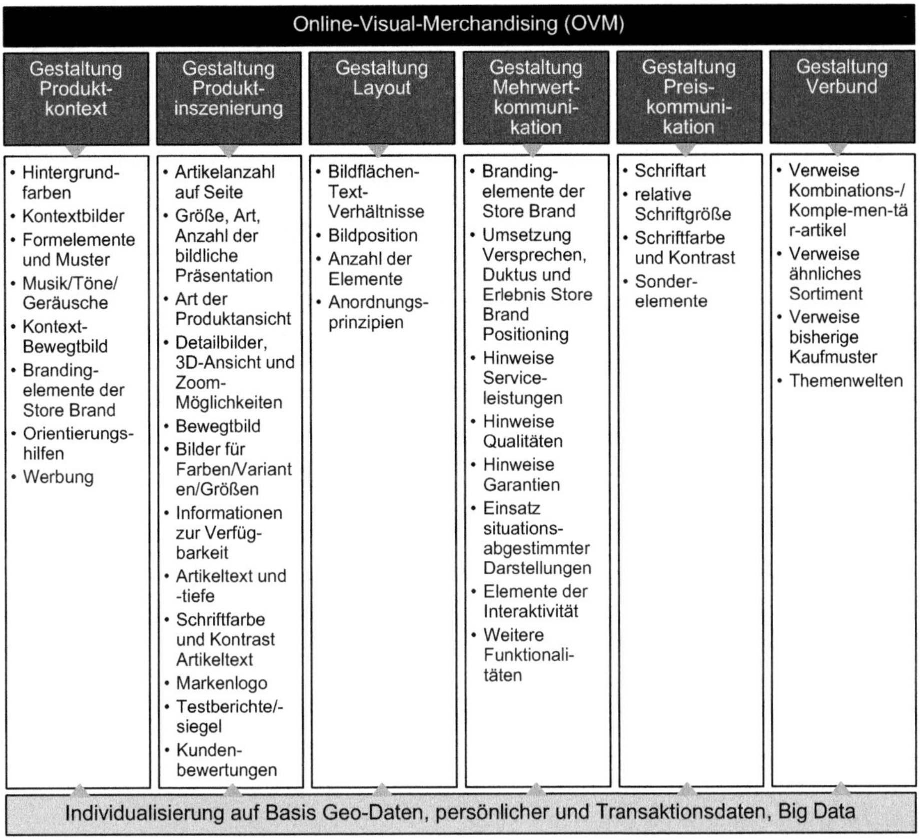

Online-Visual-Merchandising (OVM)					
Gestaltung Produkt-kontext	Gestaltung Produkt-inszenierung	Gestaltung Layout	Gestaltung Mehrwert-kommuni-kation	Gestaltung Preis-kommuni-kation	Gestaltung Verbund
• Hintergrund-farben • Kontextbilder • Formelemente und Muster • Musik/Töne/ Geräusche • Kontext-Bewegtbild • Branding-elemente der Store Brand • Orientierungs-hilfen • Werbung	• Artikelanzahl auf Seite • Größe, Art, Anzahl der bildliche Präsentation • Art der Produktansicht • Detailbilder, 3D-Ansicht und Zoom-Möglichkeiten • Bewegtbild • Bilder für Farben/Variant en/Größen • Informationen zur Verfüg-barkeit • Artikeltext und -tiefe • Schriftfarbe und Kontrast Artikeltext • Markenlogo • Testberichte/-siegel • Kunden-bewertungen	• Bildflächen-Text-Verhältnisse • Bildposition • Anzahl der Elemente • Anordnungs-prinzipien	• Branding-elemente der Store Brand • Umsetzung Versprechen, Duktus und Erlebnis Store Brand Positioning • Hinweise Service-leistungen • Hinweise Qualitäten • Hinweise Garantien • Einsatz situations-abgestimmter Darstellungen • Elemente der Interaktivität • Weitere Funktionali-täten	• Schriftart • relative Schriftgröße • Schriftfarbe und Kontrast • Sonder-elemente	• Verweise Kombinations-/ Komple-men-tä r-artikel • Verweise ähnliches Sortiment • Verweise bisherige Kaufmuster • Themenwelten
Individualisierung auf Basis Geo-Daten, persönlicher und Transaktionsdaten, Big Data					

Abb. 5.44 Gestaltungsbereiche und Ansatzpunkte beim OVM. (Quelle: Weiterentwickelt nach Redler 2013, S. 811)

sind typische Mittel aus dem Feld der *Verbundgestaltung.* Die Parameter des *Produktkontexts* beziehen sich auf produktumhüllende, das direkte Produktumfeld betreffende Darstellungsformen wie Hintergrundfarben oder den Einsatz von begleitendem Bewegtbild oder Musik. Auch hinsichtlich der *Preiskommunikation* bestehen Gestaltungsoptionen, bspw. in Bezug auf die Schriftfarbe. Darüber hinaus können Botschaften und Instrumente mit Bezug zum Anbieter oder der Store Brand eingesetzt werden *(Mehrwertkommunikation).* Wie bereits thematisiert, kann sich die Nutzung dieser Gestaltungsparameter je auf die Shopeinstiegseite, Artikelübersichtseiten oder Artikeldetailseiten beziehen.

Theoretischer Bezugsrahmen

Wie in Abschn. 5.3 vorgestellt, begründen sich theoretische Zugänge zum Thema VM wesentlich auf das umweltpsychologische *Mehrabian/Russell-Modell* (dazu z. B. Summer und Hebert 2001; Gulas und Bloch 1995; Bitner 1992; Donovan und Rossiter 1982; Tai und Fung 1997; Law et al. 2012). Wie erläutert, geht dieser S-O-R Ansatz davon aus, dass

Umweltreize bestimmte Veränderungen bei den inneren (hier speziell emotionalen) Zuständen des Konsumenten auslösen, die wiederum zu annäherndem oder vermeidendem Verhalten führen. Einflussreich ist dabei die spezifische Modellierung von Donovan und Rossiter (1982). In dieser wird davon ausgegangen, dass die In-Store-Reize vom Konsumenten auf psychologischer Ebene in den beiden emotionalen Zuständen „Erregung" und „Gefallen" erlebt werden. Diese beiden emotionalen Zustände fungieren als Mediatoren in der Wirkung der Reize auf Verhaltensreaktionen. Als Verhaltensreaktionen sind auch hier Annäherungs- oder Vermeidungskategorien angenommen. Der Modellrahmen gilt als validiert (McGoldrick 2002, S. 465; auch die Untersuchungen zu Teilbeziehungen von McGoldrick und Pieros 1998; Donovan et al. 1994; Babin und Darden 1996; van Kenhove und Desrumaux 1997).

Im Kontext OVM konzipieren Eroglu et al. (2003) im Rückgriff auf die „atmospherics"-Tradition eine Adaption des Mehrabian/Russell-Modells, um Konsumentenreaktionen auf Reizkonstellationen beim Onlineshopping zu erklären. Danach führen die durch die Onlineumwelt gestalteten Reize zu inneren Zuständen, wobei die Beziehung vom Involvement und von der Reagibilität der einzelnen Person moderiert wird. Die inneren Zustände prägen das Kaufverhalten, indem sie Tendenzen für ein Annäherungs- oder Meidungsverhalten steuern. Der Ansatz von Eroglu et al. (2003) berücksichtigt im Vergleich zum ursprünglichen umweltpsychologischen Grundmodell auch innere Reaktionen des Konsumenten, die kognitiver Natur sind. Zudem führen sie die zwei individualpsychologischen Größen „Involvement" und „Responsiveness" als Moderatorvariablen ein. Die Reizrate setzt sich in diesem Ansatz aus kaufbezogenen („high-task-relevant", z. B. Preis oder Artikelbeschreibung) und Umfeldreizen („low-task-relevant", z. B. Hintergrundfarben, Muster) zusammen.

▶   Reize, die vom Onlineshop ausgehen, führen zu Effekten in der Innenwelt von (potenziellen) Kunden und bestimmen deren Verhaltensreaktion mit. Die zielorientierte Gestaltung dieser Reize ist der Ansatzpunkt des OVM.

Sautter et al. (2004) erweitern diesen Ansatz bei ihren Untersuchungen zu „e-Tail Atmospherics" um drei Aspekte (Abb. 5.45): Zum einen integrieren sie die „Shopper Motivation" als moderierende Variable. Weiterhin berücksichtigen sie die Reize der physischen Umwelt der Nutzer des Onlineshops in ihrer konkreten Nutzungssituation bzw. eine den Shop umgebende virtuelle Rahmung („Operator Environment"). Außerdem nehmen sie das Konzept der „Telepresence"[17] als einen mediierenden inneren Zustand für die Beziehung zwischen Reiz und Wirkung auf. Auch hier wird vom Grundzusammenhang ausgegangen: Die (gestalteten) Reize der virtuellen Umwelt des Onlineshops führen zu inneren Reaktionen, die wiederum das Kaufverhalten beeinflussen. Unberücksichtigt bleiben jedoch sonstige Einflussfaktoren, die ebenso Einfluss auf das Annäherungs- oder

---

[17]Meint die Immersion in das Online-Medium.

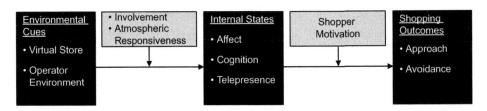

Abb. 5.45 Erweitertes Modell von Sautter et al. (2004) zur Wirkung von Online-Reizen. (Quelle: Sautter et al. 2004, S. 15)

Vermeidungsverhalten nehmen können (z. B. Markenwissen, Vorerfahrungen, Wissen um Alternativen, Störungen o. ä.).

▶   Auf der Basis umweltpsychologischen Betrachtungen sind Rahmenmodelle für Wirkungen im Onlinekontext entwickelt worden. Diese können als Erklärungshintergrund für das OVM fungieren.

Ausgewählte Erkenntnisse zu Wirkungszusammenhängen
Zwar zeigen Studienergebnisse zahlreich, dass die Onlinegestaltung – also die Reizausgestaltung im Onlineshop – das Kaufverhalten bzw. kaufverhaltensnahe Konstrukte beeinflusst (z. B. Eroglu et al. 2003; Menon und Kahn 2002; Szymanski und Hise 2000; Blanco et al. 2010; Price 2010), die konkrete Befundlage zu Wirkungen spezifischer Parameter des OVM ist jedoch vergleichsweise rar. Auf einige wichtige Erkenntnisse soll knapp eingegangen werden:

- Ha und Lennon (2010) belegen in ihrer Untersuchung den Einfluss von OVM-Instrumenten auf die Konstrukte Gefallen und Erregung der Nutzer, für welche wiederum ein positiver Zusammenhang zu Kundenzufriedenheit, Annäherungsverhalten und Kaufabsicht gefunden wurde. Die Autoren zeigen außerdem auf, dass die OVM-Hinweisreize unterschiedliche Effekte bei unterschiedlichen Involvementbedingungen der Shopnutzer haben.
- Die Untersuchung von Rice (1997) unterstreicht u. a. die Relevanz der Designqualität und der Emotion „Freude" (mit den Facetten: „Leichtigkeit des Findens", „Neuigkeitswirkungen" und „Unterhaltungswert") für den Wiederbesuch eines Onlineshops. Mit ähnlichen Parametern beschäftigen sich Im et al. (2010). Mit einer Studie belegen sie den Einfluss der Qualität der visuellen Information auf die ästhetische Bewertung und die Gefallenswirkung des Onlineshops. Sie finden zusätzlich, dass Gefallen einen stärkeren Einfluss auf die Verhaltensabsicht ausübt als die ästhetische Bewertung.
- Dass die Anzahl der Produkt- und Serviceinformationen negativ mit dem wahrgenommenen Risiko und positiv mit der Kaufabsicht korreliert, weisen Kim und Lennon (2000) nach.
- Die Überlegenheit von Bildmaterial gegenüber Textinformation im Onlineshop zeigen Chau und Tam (2000) auf.

- Kim und Lennon (2010) untersuchen anhand des Modemarkts experimentell die Wirkungen von Model-Darstellung, Farbwechsel- und Vergrößerungsmöglichkeiten auf Emotionen, wahrgenommene Information, wahrgenommenes Risiko und Kaufabsicht. In ihrer Studie ergeben sich u. a. folgende Zusammenhänge:
  - positive Wirkung von Vergrößerungsoptionen auf Gefallen,
  - positiver Zusammenhang zwischen Gefallen und Anzahl der wahrgenommenen Informationen,
  - negativer Zusammenhang zwischen Anzahl der wahrgenommenen Informationen und der Produktqualität sowie dem wahrgenommenen Risiko,
  - negativer Zusammenhang zwischen Erregung und Gefallen einerseits und wahrgenommenem Risiko andererseits,
  - positive Zusammenhänge zwischen Erregung und Gefallen einerseits und Kaufabsicht andererseits sowie zwischen der Anzahl wahrgenommener Informationen und Kaufabsicht.
- In einer Studie von Yoo und Kim (2014) werden die Wirkungen von Outfitpräsentationen (vs. Einzelproduktpräsentationen) und Darstellungen an Modellen mit Gesichtern (vs. Modellen ohne Gesichter) auf emotionale Parameter, die Anzahl der wahrgenommenen Informationen und die Kaufabsicht betrachtet. Dabei zeigt sich, dass eine Outfitpräsentation positiv wirkt. Zudem finden die Autoren, dass mehr Informationen wahrgenommen werden, wenn die Produktdarstellung anhand eines Models ohne Gesicht erfolgt.
- Informationsdichte und -wirkungen: Then und DeLong (1999) finden empirische Belege für folgende Zusammenhänge:
  - Umso mehr Information angeboten wird, umso höher ist die Kaufwahrscheinlichkeit für den Onlineshop.
  - Vergrößerungsmöglichkeiten, 3-D-Animationen und Outfitpräsentationen wirken positiv auf die wahrgenommene Information.
  - Die Verwendung von Bildern von Live-Models, eine hohe Bildanzahl und detaillierte Produktbeschreibungen werden positiv bewertet.
- Mit interaktiven Bildern – also der Möglichkeit, Bilder zu verändern oder zu kreieren, um Outfit zu zusammenzustellen – beschäftigt sich die Untersuchung von Fiore und Jin (2003). Im Ergebnis zeigt sich, dass von der Bereitstellung eines interaktiven Tools ein (geschlechtsspezifischer) Einfluss u. a. auf die Einstellung zum Shop, die Kaufabsicht, die Rückgabeabsicht und die Verweildauer ausgeht.

5.4.2.1 Ziel Sichtbarkeit der Markenelemente

Damit die durch die Gestaltung des Onlineshops hervorgerufenen mentalen Wirkungen dem Markennamen zugeordnet werden können, ist es erforderlich, Brandingelemente der Store Brand so in die Gestaltung des Onlineshops zu integrieren, dass diese von den Besuchern wahrgenommen werden können. Dies ist eine Grundanforderung für das markenbezogene Lernen, für den Aufbau und die Sicherung von Awareness und Image.

▶   Gerade weil sich Seiten von Onlineshops oft wie ein Ei dem anderen glei-
     chen, ist die Umsetzung wahrnehmbarer Markenelemente auf den Seiten des
     Onlineshops essenziell für eine Markenbildung.

Einige spezifische Aspekte scheinen die Umsetzbarkeit von Markenelementen in Onlineshops zu erschweren. Hier sind u. a. zu nennen:

- Layoutvorgaben des Shopsystems und oftmals geringe Freiheitsgrade der Seitenge-
  staltung,
- Branchen- und Trendstereotype in der Shopgestaltung,
- Überlegenheit der Farbe Weiß in Hintergründen,
- Notwendigkeit hoher Kontraste, insb. für die Artikeldarstellung,
- ähnliche Sortimente und ähnliche Sortimentsabbildungen bei den konkurrierenden
  Anbietern,
- Anforderung der Nutzbarkeit der Seitengestaltung auf den unterschiedlichen Ausga-
  bengeräten.

Trotz bestehender Restriktionen ist aus Sicht der Point-of-Purchase-Kommunikation
jedoch erforderlich, für gut wahrnehmbare Brandingelemente im Onlineshop zu sorgen.
Nur wenn dies erreicht wird, kann von einer Zuordnung der Seiten und der von ihnen
hervorgerufenen kognitiven wie emotionalen Wirkungen zum Markennamen ausgegangen werden. Wird eine solche Zuordnung allerdings nicht unterstützt, ist die Schaffung
und Stärkung der Store Brand erschwert. Voraussetzung ist ein aus der Store Brand Positioning entwickeltes eigenständiges Branding (vgl. Abschn. 2.1).

Seitentypen
Im Onlineshop sind hinsichtlich der Gestaltung der Sichtbarkeit von Markenelementen
die verschiedenen Seitentypen zu berücksichtigen. Neben den prominenten Start- und
Themeneinstiegseiten sind eben auch Artikelübersichts- und Artikeldetailseiten relevant:
Brandingelemente sollten durchgängig auf allen Seiten des Onlineshops die Zuordnung
erlauben! Dies gilt insbesondere, da viele Shopbesucher (bspw. über Suchmaschinen)
von einer externen Seite direkt auf eine Artikeldetailseite oder eine Übersichtsseite des
Onlineshops einsteigen. Eine Fokussierung auf Start- oder andere prominente Seiten
würde letztlich Chancen verschenken.

▶   Nicht nur die Startseite, sondern alle Seitentypen des Shops sollten über inte-
     grierte Brandingelemente die schnelle Zuordnung zum Markennamen sicher-
     stellen.

Beim Onlineshop von Douglas (Abb. 5.46) – als Beispiel – wird durchgängig mit einer
Hintergrundfarbe, die sich aus dem Farbcode des Branding ergibt, gearbeitet. Sie fungiert als formale Klammer, um die Zuordnung zum Markennamen zu ermöglichen.

Startseite

Übersichtsseite

Artikeldetailseite

Abb. 5.46 Auf verschiedenen Seitentypen durchgängig wahrnehmbare Brandingelemente Farbcode und Logo beim Onlineshop douglas.de

Ebenso wird durchgängig über Seitentypen das Logo gut sichtbar und kontrastreich integriert.

Genutzte Brandingelemente können allerdings nur dann eine Zuordnungswirkung entfalten, wenn sie in der Gesamtheit *stark und prominent* genug umgesetzt sind. Dies bedeutet: Sie müssen auch bei kurzer und flüchtiger Betrachtung einzelner Seiten wahrgenommen werden! Es stellt also keinen Fortschritt dar, wenn zwar ein Markenlogo auf jeder Seite vorkommt, dieses aufgrund der untergeordneten Darbietung jedoch nach kurzen Besuchen auf den Seiten nicht erinnert werden kann.

Zwei weitere Aspekte erscheinen für die Realisation wahrnehmbarer Markenelemente als Nebenbedingung beachtenswert: a) die effektiv sichtbaren Bereiche beim Scrollen auf den Seiten sowie b) die unterschiedlichen Ausgabeformen bei responsivem Design. Aus Sicht der Point-of-Purchase-Kommunikation ist zu fordern, dass auch unter diesen beiden Blickwinkeln eine über die Seiten durchgängige Wahrnehmbarkeit von Brandingelementen sichergestellt ist.

Mittel

Ein grundlegender Ansatz besteht im Aufgreifen starker formaler Brandingelemente wie *Name, Farbkonzepte* oder *Logo.* Hinsichtlich Namen und Logo sind Wahrnehmungsstereotype zu beachten. So wird der Markenname eines Onlineshops links oben erwartet. Der Name kann dennoch zusätzlich an anderen Stellen aufgenommen werden.

Farben oder Farbkonzepte[18] als Brandingbestandteile sind z. B. als Grundfarben oder als farbliche Elemente umsetzbar. So arbeitet bspw. der Onlineshop des Autoteilehändlers ATU (atu.de/shop; Abb. 5.47) dominant mit seinen Brandingfarben Rot, Weiß und Grau. Die Hintergründe sind überwiegend grau, rot wird im oberen Bereich vor allem als ein roter Balken und bei bestimmten Elementen wie dem „in den Warenkorb"-Button am Produkt eingesetzt. Durch diesen Farbeinsatz ist auch bei oberflächlicher Betrachtung eine schnelle Zuordnung möglich. Gleichzeitig wird das *Logo* links oben als konstanter Anker eingesetzt. Allerdings verschwindet dieses beim Scrollen auf der Seite. Der Shop des Technikhändlers conrad.de hingegen verhindert das Verschwinden des Logos, indem beim Scrollen am oberen Rand ein Kasten mit Logo und wichtigen Navigationselementen eingeblendet wird.

▶   Wichtig sind „kräftige" Elemente und deren leichte Wahrnehmbarkeit durchgängig auf allen Seiten!

Als weitere Mittel der Markenzordnung können typische *Sounds* und durchgängige *Bildstile* oder Layouts gesehen werden. Inhaltliche Botschaften wie *Markenclaims* können ebenso die Zuordnung fördern. *Schriftarten* können aufgrund der Browserdarstellung

---

[18]Farben eines Store-Branding sollten aus Markenführungssicht möglichst eigenständig zum Wettbewerb gewählt sein (vgl. Kap. 4).

Abb. 5.47 Einsatz von Brandingfarben im Onlineshop der A.T.U Auto-Teile-Unger GmbH & Co. KG

i. d. R. nur in Bildelementen umgesetzt werden. An prominenten Stellen kann das jedoch durchaus wirkungsvolle Beiträge leisten.

Auch Icons bzw. *bildliche Logoelemente* eigenen sich gut für Wiederholungen an diversen Stellen des Onlineshops, um eine Zuordnung zum Markennamen zu erreichen bzw. zu aktualisieren. Bspw. wird beim Mode- und Jagdanbieter frankonia.de ein hellgrüner Hirsch genutzt (Abb. 5.48), dessen Verwendung sich durch den Shop zieht. Die zahlreichen Wiederholungen unterstützen das markenbezogene Lernen, erleichtern die Zuordnung zum Markennamen und leisten zugleich Beiträge zu formalen Integration. Relevant ist eben auch eine *Wiederholung* von Elementen *innerhalb des Onlineshops* POP.

Sichtbarkeit und Eigenständigkeit

Die Schaffung *sichtbarer Markenelemente* im Shop ist die eine Sache. Die Schaffung *eigenständiger Elemente* die andere wichtige Anforderung, um eine sichere und schnelle Zuordnung des Onlineshops und dessen psychischer Bewertungen zum Markennamen zu erreichen. Zu beobachten ist – aus Markensicht: leider – die weitgehende Uniformierung von Umsetzungen bei Onlineshops.

Abb. 5.48 Bildliches Logoelement von Frankonia auf den Seiten des Onlineshops

▶   Nur das Logo auf die Seite zu bringen, reicht nicht!

Betrachtet man die aktuelle Realität im Onlinehandel, so fällt auf, wie wenig diese einfachen Grundregeln beachtet werden. Dadurch wird die Schaffung von Store Brand Assets
nicht unterstützt, häufig kommt es sogar zu Austauschbarkeit am Point-of-Purchase
(auch Abb. 5.49), insb. wenn Bildwelten, wie bspw. im Modebereich trend- und zielgrup-
penbedingt, ähnlich ausfallen.

Prototypisches vs. markentypisches Grunddesign von Onlineshops
Emrich und Verhoef (2015) unterscheiden zwei Arten grundlegender Gestaltungen bei Onlineshops:

- Ein *prototypisches Design* setzt auf kanaltypische Elemente und passt sich eher den üblichen Standards bei Onlineshops an. Der Shop weist für Websites gelernte Elemente in konventionellen Layouts an gewöhnlichen Platzierungen auf, um Erwartungen aufzugreifen und eine schnelle Orientierung zu erreichen.
- Ein *storetypisches ("homogenous") Design* betont markentypische, eigenständige Gestaltungselemente, die eine Selbstähnlichkeit zu Gestaltungen und Kampagnen in anderen Kanälen (insb. physischer Store) schaffen. Dadurch soll das Lernen von Markeninhalten bei Besuchern unterstützt und für den Händler eine bessere Kanalvernetzung erzielt werden.

Die Autoren untersuchen empirisch, welche Gestaltungsrichtung effektiver ist. Sie gehen dabei davon aus, dass der Zusammenhang zwischen den Gestaltungslinien und Verhaltensabsichten (Besuchsabsicht Onlineshop) von der "Shopping Orientation" (Ist ein Käufer eher stationär oder online orientiert und erfahren?) sowie der situativen Verarbeitungsintensität moderiert wird. Sie finden u. a., dass

- bei store-orientierten Personen, die in der Situation eine intensive Verarbeitung zeigen, die storetypische Gestaltungslinie förderlich ist,
- die prototypische Gestaltungslinie bei online-orientierten Käufern keine verbesserten Effekte erreicht,
- bei wenig intensiver Verarbeitung keine Unterschiede zwischen den Gestaltungslinien bestehen,
- bei storetypischen Gestaltungslinien die mentale Verarbeitung der Shopbesucher angeregt werden sollte (Aktivierung), damit sich Effekte entfalten.

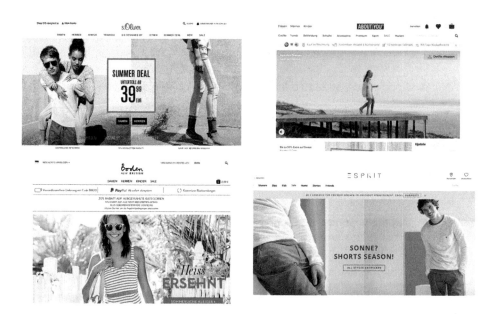

Abb. 5.49 Fehlende wahrnehmbare Brandingelemente führen zur Austauschbarkeit von Onlineshops

5.4.2.2 Ziel Orientierung

Die Gestaltung des Point-of-Purchase soll fördern, dass Kunden sich *möglichst einfach* zurechtfinden und gesuchte Artikel oder Leistungen *möglichst schnell* auffinden. Führen Suchprozesse nach Produkten oder Bereichen zum Misserfolg (weil sie schwer zu überblicken sind oder sich gezieltes Bewegen in ihnen schwerfällt), führt dies häufig zu negativen emotionalen Reaktionen beim Kunden, einer erhöhten Wahrscheinlichkeit des vorzeitigen Kaufabbruchs und langfristig zu einer Reduktion der Zufriedenheit mit der Store Brand (Titus und Everett 1996, S. 266).

Erkenntnissen von Childers et al. (2002) folgend, prägt die Einfachheit der Shopnavigation Einstellungen bei Shopbesuchern, insb. wenn es sich um kognitiv gesteuerte Käufe handelt. Lee et al. (2010) zeigen, dass sich emotionale Reaktionen bei der Benutzung (Freude, Ärger) direkt auf Nutzereinstellungen auswirken. Dies unterstreicht: Orientierung ist daher ein wichtiges Zielfeld im Onlineshop.

Orientierung und Online-Servicequalität

Zur Beschreibung der Servicequalität von Websites wurden von Zeithaml et al. (2000) elf Dimensionen beschrieben. Wolfinbarger und Gilly (2003) haben daraufhin eine reduzierte Skala erarbeitet, die vier Dimensionen umfasst. Eine dieser Dimensionen („Design") zeigt Bezüge zu den Aspekten des in diesem Abschnitt diskutierten Orientierungskriteriums der Point-of-Purchase-Kommunikation im Onlineshop. Unter anderem wird dabei beurteilt, inwieweit die Site eine gute Informationstiefe aufweist, die Zeit auf der Site als effizient genutzt empfunden wird, ob sich Transaktionen leicht durchführen lassen und ob ein guter Überblick über die Auswahl der Site entsteht.

Im Onlineshop äußert sich gute Orientierung einerseits durch das problemlose Zurechtfinden auf einzelnen Seiten wie auch im gesamten Shop. Andererseits ist auch das schnelle und einfache Auffinden von Produkten Ausdruck gelungener Orientierung. Zur Förderung solcher Online-Orientierungswirkungen, hat eine möglichst gute Umsetzung von *Usability,* insb. durch

- die *Navigationsgestaltung,*
- die Umsetzung von *Suchfunktion*en und -filterungen,
- *Metahilfen* sowie die
- *erwartungs- und intuitionskonforme* Gestaltung der Seite

hohe Bedeutung. Da online keine baulichen Elemente existieren, die die Orientierung des Kunden unterstützen können (z. B. Treppenbereiche), kommt der durchdachten Anwendung einer *Gestaltungslogik* sowie Icons und *Leitsystemen* signifikante Bedeutung zu (Falk et al. 2006, S. 5), um Orientierungsziele zu erfüllen. Weitere Potenziale bestehen im Übrigen auch durch die auf Bedürfnisse und Kundenerwartungen *individualisierte Darstellung,* indem im Onlineshop dynamische, auf das Nutzerprofil angepasste Produktzusteuerungen und -darbietungen (Falk et al. 2006, S. 3) umgesetzt werden. Abb. 5.50 fasst die Ansatzpunkte zusammen. Sie werden nachfolgend aufgegriffen.

Abb. 5.50 Online-Aspekte von Orientierung

Usability

Die Usability drückt aus, wie gut ein Nutzer des Onlineshops gegebene Funktionalitäten anwenden kann (Kollmann 2011, S. 210). Als Anforderung an eine hohe Usability gelten u. a. Fehlertoleranz, Lernförderlichkeit, Erwartungskonformität, Selbstbeschreibungsfähigkeit sowie Steuerbarkeit (Markotten und Kaiser 2000, S. 532). Obgleich Usability im Grunde ein über reine Orientierungswirkungen hinausgehendes Konstrukt darstellt, sind an den just erwähnten Anforderungen die engen Wechselwirkungen erkennbar. Usability betrifft dabei einerseits den Content, andererseits vor allem auch die Darstellung des Onlineshops an sich. Es geht um die Effizienz, mit der der Besucher den Shop (aus seiner Sicht) nutzen kann.

Hohe Usability ist nicht nur im Grundsatz notwendig, sondern auch deswegen, weil sie die nutzerseitige *Angenehmheit* des Shops beeinflusst (Falk et al. 2006, S. 8). Diesbezüglich gelten insbesondere die Seitenorganisation, Serverleistung, Suchoptionen und die Kaufabwicklung als wichtige Elemente. Eine gute Navigation als Teil der Usability führt zu hohen kognitiven Orientierungswirkungen – und ist ein Ansatz, um die Suchkosen der Nutzer zu senken (z. B. Elliott und Speck 2005).

Navigation

Im Onlineshop existieren mehrere wichtige Formen, eine Navigation auszudrücken. Eine *Primärnavigation* ist die erste Ebene. Sie zeigt Menüpunkte (meist Hauptkategorien des Sortiments) i. d. R. horizontal über dem Contentbereich an. Eine den Hauptpunkt auffächernde *Sekundärnavigation* läuft beim Klick auf einen entsprechenden Menüpunkt i. d. R. im linken Bereich der Seite vertikal nach unten (Abb. 5.51).

Grundsätzlich umsetzbar sind auch rein horizontal gelöste Kombinationen aus Primär- und Sekundärnavigation. Werden mehr als zwei Navigationsebenen nötig, so wird die Seite schnell unübersichtlich.

▶   Mehr als drei Navigationsebenen sollten vermieden werden.

Um Platz zu sparen, werden oft *Drop-Down-Menüs* oder *Layovers* verwendet. Sie erscheinen, wenn sich der Nutzer mit der Maus über einem Menüpunkt befindet oder auf

Abb. 5.51 Primär- und Sekundärnavigation am Beispiel lidl.de/de/onlineshop

den jeweiligen Menüpunkt klickt. Dadurch werden zugleich mehrere Navigationsebenen darstellbar. Dennoch ist auch hier zu beachten: Werden darin mehr als zwei Navigationsebenen verwendet, werden Drop-Down und Layover letztlich missbraucht. Sie verlieren ihre Vorteile, denn es entsteht ein Navigationslabyrinth, in dem sich Nutzer tendenziell schlechter zurechtfinden. Hinzu kommt der Effekt, dass Nutzer bei solchen Menüstrukturen oft mit der Maus in eine andere Zeile rutschen und sich dann schlagartig in einem komplett anderen Navigationsbaum befinden. Hinsichtlich der Ausgabe auf mobilen Endgeräten ist schließlich zu beachten, dass es dort keinen Mauszeiger gibt. Es müssen dann also responsiv zum Ausgabegerät andere Umsetzungen gefunden werden.

▶   Drop-Down-Menüs sind für mobile Webseiten nur bedingt geeignet.

Die zu Menüpunkten gezeigte Unternavigation kann nach dem Prinzip des *Drill-Downs* erfolgen. Dabei wird nach fixen Kriterien und einer hierarchischen Struktur ein Thema (bspw. eine Produktgruppe) weiter aufgefächert (bzw. hinsichtlich der Ergebnisse damit schrittweise eingeschränkt). Es ist ein fester Strukturbaum hinterlegt. Eine Alternative stellt die *Facettennavigation* dar, bei der die Auswahl nach verschiedenen Eigenschaften bzw. Merkmalen eingeschränkt werden kann. Es findet also kein „Langhangeln" entlang eines festen Baums statt, sondern es findet eine Einschränkung nach verschiedenen Attributen statt. Der Übergang zur Filtersuche (vgl. unten) scheint fließend (Abb. 5.52).

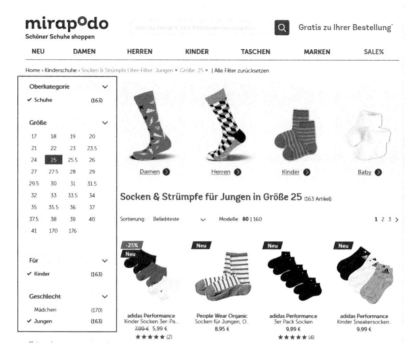

Abb. 5.52 Beispiel Facettennavigation (mirapodo.de)

Begriffe, Farbnavigation und Icons

Für ein schnelles Erfassen der Inhalte, sollten für die Menüpunkte (aus Sicht der Zielgruppe) klare, sprechende *Begrifflichkeiten* gewählt werden. Begriffe wie „Service" oder „Vorteile" sind i. d. R. zu schwammig. Gelegentlich besteht die Möglichkeit, Navigationsbegriffe mit einigen Worten zu beschreiben. Die Punkte sollten innerhalb der Navigation nach der Wichtigkeit aus Zielgruppensicht *geordnet* werden.

Für eine Unterstützung der Orientierungswirkungen können außerdem *farbliche Navigationshilfen und Icons* (kleine Symbolabbildungen) eingesetzt werden. Dies erleichtert die Trennung der Navigationselemente voneinander und lässt schneller darauf schließen, was sich hinter einem Menüpunkt verbirgt. Die Vielfalt sollte jedoch nicht übertrieben werden. Die Elemente dürfen auch nicht in Konkurrenz zu dominanten Brandingelementen treten, das Store Branding keinesfalls aushöhlen. Abb. 5.53 zeigt Beispiele für die farb- bzw. icongestütze Navigation.

▶ Die Navigationsarchitektur sollte gründlich durchdacht und aus Nutzersicht bewertet werden!

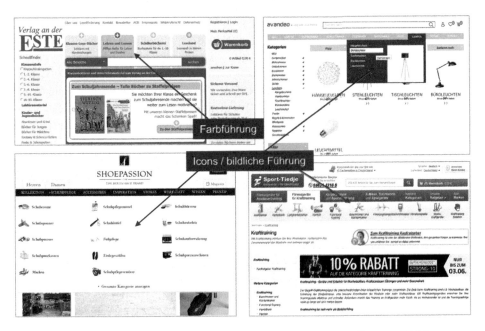

Abb. 5.53 Beispiele für die Unterstützung der Navigation durch Farben, Icons und Bilder

Filter

Filter, i. d. R. in der linken Spalte platziert, ermöglichen es dem Shopbesucher, Produkte zu finden, indem auf *mehr als ein Attribut gleichzeitig* zurückgegriffen wird. Beispielsweise kann bei der Filterung der Sortimentsauswahl eines Anbieters von Duschwannen nach Attributen wie Größe, Material, Farbe und Form gefiltert werden. Filter sind daher im Vergleich mit einem hierarchischen Zugang zur Auswahl über eine klassische Navigation flexibler. Bildlich gesprochen ermöglichen Filter durch Eingrenzungen mehrere Wege zu einem Ziel.

Aus Nutzersicht ist es förderlich, wenn sofort angezeigt wird, wie viele Produkte die Auswahl enthält, die er gerade gewählt hat. So kann er, wenn die Auswahl nach wie vor zu groß ist, gegebenenfalls sofort weiter filtern. Weiterhin sind die *Reaktionszeiten* des Systems im Auge zu behalten. Die Filterung sollte schnell Ergebnisse produzieren. Erstens, da Wartezeiten negative emotionale Reaktionen auslösen. Zweitens, da aus Kundensicht die Kausalität von Aktion und Reaktion erlebt werden muss. Ein Eindruck des Kontrollverlustes dient nicht einer guten Orientierungswirkung. Es ist bekannt, dass Reaktions- und Darstellungsgeschwindigkeit von Onlineshops maßgeblichen Einfluss auf das Gesamterleben des Shops besitzen.

Sortierfunktionen

Sortierfunktionen sind neben Facettennavigationen fester Bestandteil von Online-Shops. Es handelt sich um ein über einer Trefferliste angebrachtes Menü, das die Sortierung der Treffer nach bestimmten Kriterien zulässt (z. B. nach Preis aufsteigend). Beachtet werden sollte, dass aus Nutzersicht stets leicht zu verstehen ist, was Funktionen des Filterns und was Funktionen des Sortierens sind. Beide Bereiche sind daher deutlich abgegrenzt und unterschiedlich im Onlineshop umzusetzen. Beispiel karstadt.de: In diesem Onlineshop sind Filter in der linken Spalte platziert und als formatierte Liste realisiert. Die Sortierfunktion hingegen ist ein Drop-Down-Auswahlfeld und findet sich oberhalb der Artikelübersicht im Contentbereich. Sortierfunktionen leisten wichtige Beiträge für Orientierungswirkungen.

Suche

Die Suche ist ein Standardinstrument zur Verbesserung von Orientierung in Onlineshops. Damit sind Funktionen gemeint, die es Nutzern erlauben, alle Inhalte des Shops, insb. das gesamte Sortiment auf bestimmte Begriffe oder Eigenschaften zu prüfen und im Falle von Treffern nach einer definierten Logik auszugeben. Beispielsweise kann man mit der Suchfunktion von hutshopping.de über eine direkte Artikeleingabe (z. B. „Flaptcap"), Kategoriensuche (z. B. Stoffhüte), Stichwortsuche (z. B. „Gore-Tex") oder Funktionssuche (z. B. Sonnenschutz) zu Produktvorschlägen gelangen (Kollmann 2011, S. 213).

Onlineshops sollten dazu ein gut auffindbares *Suchfeld* anbieten, das mit ausreichend großer und gut lesbarer Schrift arbeitet (Abb. 5.54). Es sollte auf jeder Seite an der gleichen Stelle erscheinen. Erfahrungen zeigen, dass ein Suchfeld eine Länge von mindestens 27 Zeichen erfordert. Die Suche ist zudem fehlertolerant auszugestalten.

Abb. 5.54 Prominente Suche bei barnesandnoble.com

Positive Effekte hat es, bereits nach Eingabe der ersten Buchstaben im Suchfeld sinnvolle Produktvorschläge oder Kategorien als Empfehlung auszugeben. In einer Autocomplete-Funktion können Produktbilder und Preise mit eingebunden werden. Neben den Produktvorschlägen können dabei ebenso Suchvorschläge und Kategorien angezeigt werden. Beispiel conrad.de: Nach Eingabe „rob" führt der Kategorie-Vorschlag direkt auf die Subkategorie-Seite „Roboter-Bausatz" mit 24 Ergebnissen, während die Suche nach „Roboter Bausatz" zu 65 Produkten führt.

Im Hinblick auf Orientierungswirkungen sollte die *Gestaltung der Suchergebnisse* nicht vernachlässigt werden. Werden zwar relevante Produkte gefunden, ist die Darstellung der Treffer jedoch nicht übersichtlich, nicht schnell nachvollziehbar und nicht mit den wesentlichen Informationen ausgestattet, so führt dies zu schlechter Orientierung (Verwirrung) wie regelmäßig auch negativen Emotionen (Misstrauen, Ärger). Sofort ersichtlich sollten sein: Miniaturansicht, Preis, Kurzbeschreibung, Titel oder Größe.

Metahilfen

Metahilfen fassen Elemente zusammen, die auf einer grundlegenden Ebene das Zurechtfinden im Onlineshop unterstützen. Dazu gehört bspw. die Umsetzung mit einem *Responsive Design.* Darunter ist das flexible Prinzip zu verstehen, nach dem sich die Darstellung der Seiten an die technischen Bedingungen des jeweilig genutzten Ausgabengeräts (Bildschirmgröße und -format, Auflösung, Touchscreen) anpasst, sodass die Darstellung jeweils optimiert erfolgt (Mohorovičić 2013). Die erreichte Optimierung für die Ausgabe auf unterschiedlichen Endgeräten, insb. gängige Smartphones und Tablets, unterstützt ein schnelles und problemloses Zurechtfinden und Handling im Onlineshop. Gegenüber nicht optimierten Darstellungen zeigen sich dadurch auch höhere Responseraten.

Ein anderes grundlegendes Element kann in der Integration von Wegweiser-Pfad-Navigationen *(Breadcrumb-Navigation)* gesehen werden. Dies ist ein für den Besucher permanent sichtbarer Link-Pfad, der jederzeit erkennbar macht, in welchem Bereich des Onlineshops er sich befindet und über welche Ebenen er dorthin gelangt ist. Ebenso kann die Nutzung von *Sitemaps* als eine Metahilfe angesehen werden. Solche Sitemaps geben die Seitenstruktur als hierarchisch strukturierte Darstellung aller Seiten des Inlineshops wieder. Wird diese für Shopnutzer zur Verfügung gestellt, kann für manche Situationen eine höhere Transparenz hinsichtlich Struktur und Umfang des Onlineshops erreicht werden. Bei umfangreichen Shops muss man sich dabei jedoch i. d. R. auf eine abstrahierte Darstellung der hierarchischen Struktur beschränken. Die bedeutendste Metahilfe scheint eine aus Kundensicht *erkennbare und nachvollziehbare Strukturierung* von Shop und Sortiment zu sein.

Orientierung und e-Satisfaction

In den Untersuchungen von Szymanski und Hise (2000) zur Zufriedenheit mit Kauferfahrungen bei Online-Händlern gehen die Autoren davon aus, dass u. a. das Design und die Convenience des Onlineshops Einfluss auf die Zufriedenheit nehmen. Im Ergebnis zeigt sich, dass gerade diese beiden Faktoren im Zusammenhang mit der Zufriedenheit mit der Kauferfahrung stehen.

Interessant ist ein Blick auf den Messansatz: Der Faktor Design wurde über die Items „übersichtliche Seiten", „einfache Suchpfade" und „schnelle Ansichten", der Faktor „Convenience" über „Zeitbedarf", „Einfachheit des Browsens" und „Bequemlichkeit" operationalisiert. Die Facetten in der Operationalisierung sind in hohem Grad kompatibel mit den hier vorgestellten Überlegungen hinsichtlich der anzustrebenden Orientierungswirkung bei der Point-of-Purchase-Kommunikation.

Erwartungs- und intuitionskonforme Gestaltung der Seite
Wesentliche Beiträge für vorteilhafte Orientierungswirkungen gehen zudem von der Beachtung des Grundsatzes der *Erwartungskonformität* aus. Er fordert: Der Onlineshop soll sich dadurch intuitiv durchwandern und bedienen lassen, dass Darstellungsstruktur, Inhalte und Darstellungsarten den Erwartungen der Zielgruppe entsprechen. Dazu gehört auch, dass Inhalte und Elemente nach einheitlichen Prinzipien dargestellt werden, leicht erkenn- und auffassbar sind und Interaktion erlauben.[19]

▶   Nutzererwartungen hinsichtlich Bestandteilen, deren Platzierungen, Abläufen
       und Symboliken müssen untersucht und zu Stereotypen verdichtet werden.
       Dies dient als Grundlage, um den Onlineshop erwartungskonform zu gestalten.

Die Nutzererwartungen hängen u. a. von Kenntnissen und Erfahrungen sowie Standards und Konventionen ab. Letztlich kann dies durch Mental Maps in struktureller Hinsicht und durch erlernte Skripte (Verhaltensschemata) in prozessualer Hinsicht beschrieben werden. Diese bestimmen die Erwartungen an die Point-of-Purchase-Kommunikation im Onlineshop.

Beispiel
Für Händler ist es bei der Gestaltung ihrer Onlineshops bedeutsam, zentrale Objekte wie Warenkorb, Kontaktmöglichkeiten, Markennamen, Sortimentsnavigation oder Filter dort zu platzieren, wo die Mehrheit der Besucher diese erwartet. Ebenso müssen Abläufe wie der Checkoutprozess den Erwartungen entsprechen oder Kennzeichnungen wie die Sternchen an Feldern von Registrierungsformularen die Bedeutung besitzen, die allgemein erwartet wird.

Die Beachtung von Erwartungskonformität verbessert die Orientierung: Es wird eine kognitive Entlastung der Nutzer erreicht und negative Emotionen werden vermieden, weil die Effektivität und die Effizienz der Shopnutzung aus Kundensicht verbessert werden.

Orientierung und Erlebnis durch onlinespezifische Umsetzung von Beratung beim Händler Otto
Otto.de betreibt einen eigenen Ansatz, um digitale Kundenberatung zu realisieren. Umgesetzt wurde ein System, das einen Near-Field-Communication-Aufkleber am Produkt nutzt, um über

---

[19]Vgl. dazu auch DIN EN ISO 9241, Teil 110.

diesen Multimedia-Content abrufbar zu machen. Hinterlegt sind bspw. Erklärvideos, Berichte, Anleitungen oder Hintergrundinformationen, die auf das mobile Endgerät des Kunden übertragen werden können (o. V. 2017b, S. 6).

5.4.2.3 Ziel Atmosphäre

Wie in Abschn. 5.2 dargestellt, befasst sich das Zielfeld Atmosphäre der Point-of-Purchase-Kommunikation damit, positive Emotionen im Sinne von Gefallen zu erreichen.[20] Hinsichtlich des Onlineshops folgt daraus, Gestaltungsparameter so zu setzen, dass eben jene unspezifischen, positiven Gefühlsregungen ausgelöst werden. Da dieses emotionale Erleben des Point-of-Purchase durch den Kunden Einfluss auf Wiederkehr und Verweildauer ausübt und außerdem zugehörige innere Bewertungen mit der Store Brand verbunden werden, hat die erzielte Atmosphäre im Sinne Gefallen und positiver Stimulierung große Bedeutung.

Effekte

Die Wahrnehmung der Atmosphäre im Onlineshop hat Auswirkungen auf Emotionen und Verhalten (u. a. Wu et al. 2008; Lee und Rao 2010; Price 2010). Dies wird schon in der grundlegenden Studie von Eroglu et al. (2003) aufgezeigt: Die Reizgestaltung beim Onlineshop (atmospheric cues) beeinflusst die emotionalen Reaktionen von Onlinekäufern, was wiederum Verhaltensreaktionen beeinflusst. Menon und Kahn (2002) zeigen, dass sich Gefallenswirkungen von Onlineshops positiv auf das Annäherungsverhalten auswirken (z. B. längeres Browsen, mehr ungeplante Käufe). Befunde von Mummalaneni (2005) für den Modebereich verdeutlichen außerdem, wie sehr Design- und Ambientefaktoren des Onlineshops den Aktivierungsgrad von Besuchern und deren Wohlbefinden beeinflussen. Wie Park et al. (2005) herausarbeiten, beeinflusst die atmosphärische Gestaltung des Onlineshops Faktoren wie Zufriedenheit und Loyalität der Shopbesucher sowie auch die Anzahl der gekauften Teile (vgl. Park et al. 2005). In hohem Maße werden Kaufabsichten von der *ästhetischen Wahrnehmung* des Onlineshops beeinflusst, wobei Vertrauenswürdigkeit ein wichtiger Moderator ist (vgl. Harris und Goode 2010). Neben aus Zielgruppensicht ansprechenden Umsetzungen scheint auch die *Unterhaltsamkeit* ein relevanter Faktor für Onlineshops zu sein. Beide Aspekte führen zu Anregung und der Auslösung von Gefallenswirkungen, die sich auf die Besuchs- und Verbleibabsichten auswirken (vgl. Jeong et al. 2009).

Zu wichtigen Effekten atmosphärischer Gestaltung des Onlineshops zählen zudem eine verbesserte Besuchszeit auf der Seite (u. a. Lacher und Mizersky 1994), die Beeinflussung von Stimmungen (u. a. Swinyard 1993) sowie der Kaufabsichten (u. a. Babin und Attaway 2000).

---

[20]Kreutzer (2010, S. 1632) spricht interessanterweise davon, dass es eine grundlegende Aufgabe des (Online-)Marketing sei, bei Interessenten und Kunden „gute Gefühle" zu wecken.

Mittel zur Beeinflussung der Atmosphäre bei Onlineshops

Wie erläutert agieren Onlinehops mit einer technisch bedingten reduzierten Sinnesansprache. Im Wesentlichen sind visuelle und akustische Reize nutzbar (Sautter et al. 2004, S. 16; Falk et al. 2006, S. 5). *Farbwirkungen, Designsprache* sowie *bild- und toninduzierte* Stimmungen in ihrem Zusammenspiel stehen daher für die atmosphärische Gestaltung im Zentrum.

Für den Online-Kontext sind bei Falk et al. (2006) u. a. folgende Ansatzpunkte für die Gestaltung von Atmosphäre angesprochen:

- Essenziell ist vor allem die Art und Intensität der Sinnesansprache über *visuelle und akustische Reize.* Farben, Formen, Layout, Bild und Bewegtbild sind entscheidende Parameter mit Blick auf die emotionale Verarbeitung beim Nutzer. Auch die Nutzung dreidimensionaler Simulationen ist ein relevanter Ansatzpunkt.
- Aber auch eine ausgereifte *Navigation* hat atmosphärische Effekte (wie insgesamt die Usability). So kann sie negative emotionale Reaktionen verhindern, die entstehen, wenn das schnelle Auffinden gesuchter Inhalte bzw. das Zurechtfinden im Shop erschwert ist. Ein wichtiger Aspekt scheint dabei der stringente Einsatz zugehöriger *Zeichen- oder Symbolsysteme* zu sein, die fehlende bauliche bzw. physische Orientierungspunkte kompensieren müssen.
- Eine insgesamt hohe Usability beeinflusst die nutzerseitige Angenehmheit des Shopbesuchs (Falk et al. 2006, S. 8). Insbesondere Seitenorganisation, Serverleistung, Suchoptionen und die Kaufabwicklung sind hier wichtige Elemente. Sie führen zu emotionalen Reaktionen (ease of use) und entsprechenden mentalen Shopbewertungen. Ein Teilbereich davon sind *Reaktionszeiten* des Shops. Um negative emotionale Reaktionen zu vermeiden, sollten Wartezeiten von Nutzern (z. B. bei Laden von Content, beim Bezahlvorgang) möglichst gering sein.
- *Musik* kann die Vorteile einer Stimmungsbeeinflussung aufgreifen, wie diese im Bezug zum physischen Store diskutiert ist (vgl. Abschn. 5.3). Es bestehen Gründe, Musik im Online-Kontext besonders differenziert zu betrachten. Hintergrundmusik reduziert Bandbreite und verlangsamt die Seite. Musik exponiert den Nutzer zudem seiner Umgebung, da diese auch von anderen Personen wahrgenommen werden kann. Je nach Nutzungssituationen kann dies auch zu negativen emotionalen Reaktionen beim Nutzer führen, z. B. wenn dadurch der Besuch eines Onlineshop während eines Geschäftsmeeting auffällt. Zudem kann Musik weitere Anwesende stören. Weiterhin sind einige Parameter von Musik im Onlineshop gar nicht in der Kontrolle des Händlers – bspw. die Lautstärke oder die Wiedergabequalität aufgrund der technischen Ausstattung. Einige Studien (z. B. Abdinnour-Helm et al. 2005) deuten zudem darauf hin, dass Hintergrundmusik im Onlineshop als störend empfunden wird.

In Abb. 5.55 sind die wesentlichen Mittel zusammengestellt, über die die Atmosphäre von Onlineshops beeinflusst werden kann. Neben den Reizen des Onlineshops hinsichtlich der atmosphärischen Effekte sind allerdings auch die Reize jenes Umfelds, in dem die

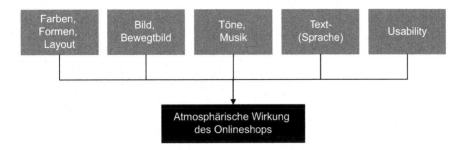

Abb. 5.55 Wichtige Mittel zur Beeinflussung der Atmosphäre im Onlineshop

Shopnutzung stattfindet (z. B. in der U-Bahn), als situative Variablen zu berücksichtigen. Es ist ein wichtiger Verdienst von Sautter et al. (2004), dies thematisiert zu haben. Daran anknüpfend kann man weiterhin annehmen, dass auch die persönliche „Vorstimmung" in Bezug auf die Entfaltung der atmosphärischen Effekte des Shops eine Rolle spielt.

Insgesamt ist zu betonen, dass die erzeugten atmosphärischen Wirkungen nicht im Widerspruch zur Store Brand Positioning stehen dürfen. Die Gesamt-Informationsrate der verwendeten Reize (Umfang, Intensität und Unterschiedlichkeit der eingesetzten Reize) sollte zudem im mittleren Bereich liegen (Sautter et al. 2004, S. 16).

Visuelle Reizgestaltung
Visuelle Elemente sind besonders prägend für die Gefallenswirkung. Gerade bildliche Reize werden ganzheitlich-analog und mit wenig gedanklicher Steuerung verarbeitet (Kroeber-Riel und Esch 2015, S. 238). Farben, Formen, Bilder, Schriften – sie steuern wesentlich, welche Atmosphäre der Onlineshop bei den Zielgruppen erzeugt. Solche Effekte von Farben und Abbildungen auf die emotionale Wahrnehmung von Besuchern werden u. a. in einer Studie von Koo und Ju (2010) erkennbar.

Farben
Farben sind ein Kern-Ansatzpunkt zur atmosphärischen Gestaltung des Onlineshops. Zu den Grundzusammenhängen sei zunächst auf die Betrachtungen in Abschn. 5.3.2 verwiesen. Beim Einsatz im Shop sind mit Blick auf die zu erzeugende Atmosphäre vor allem Grundfarbe/Farbtemperatur und Sättigung zu beachten. Neben der evaluativen Wirkung besitzen Farben auch einen aktivierenden Aspekt (Crowley 1993).

▶ Die dominante Farbwirkung des Onlineshops soll aus Zielgruppensicht eine angenehme Atmosphäre auslösen. Idealerweise unterstützen Aspekte der wahrnehmbaren Atmosphäre die Store Brand Positioning.

Im Onlineshop sind Farben vor allem bei Einsatz in *Hintergründen* relevant, weil diese durch ihren flächenmäßig hohen Anteil die Gesamtwahrnehmung beeinflussen bzw. kontextualisieren. Ein weiterer wichtiger Ansatzpunkt zur Steuerung über Farben sind *dominante Elemente* wie große Schriften, Buttons oder Icons.

Beispiel: Die Onlineshops imwalking.de und deichmann.com setzen je weiße Hintergründe ein. Überschriften sind bei imwalking.de in lila Balken umgesetzt und werden ergänzt durch ein dunkles grau des Balkens für die Primärnavigation. Bei deichmann.com sind Buttons und einige Navigationselemente in grün. Beide Shops erzeugen (zunächst aufgrund der Farbwirkung) eine eher neutrale, kühle, sachliche Atmosphäre. Bei www.wellness-schuh.com *prägt hellgrün die Farbwahrnehmung; es ist in dominanten Elemente verwendet: Farbbalken, Navigationsbuttons, Überschriften.*

Abb. 5.56 verdeutlicht, wie Hintergrundfarben das Wahrnehmungsklima beeinflussen. Beispielsweise entsteht eine neutral-kühle Wirkung bei der Umsetzung rechts oben (weißer Hintergrund), während die Umsetzung oben links durch den gelb-orangen Hintergrund eine wärmere und freundlichere Atmosphäre erzeugt.

Aus pragmatischen Gründen dominieren in vielen Shop eher neutrale Hintergründe in weiß oder grau. Aus Sicht der atmosphärischen Gestaltung verschenkt dies jedoch Beeinflussungspotenziale. Werden Hintergründe neutral gestaltet, erhalten Farbgebungen durch andere Elemente oder Bildwelten sowie der weitere Gestaltungsduktus prägende Bedeutung für die Gesamtinterpretation. Sie geben dann oft den Ausschlag, können darüber entscheiden, ob die Eindrücke eher einer kalten, sachlichen, spröden Atmosphäre

Abb. 5.56 Veränderung der Atmosphäre durch unterschiedliche Hintergrundfarben am Beispiel lesara.de

oder einer hochwertigen, zurückgenommenen, freundlichen entsprechen. Entsprechend wären dann diese zusätzlichen Farbelemente sorgsam zu durchdenken hinsichtlich a) der notwendigen Sichtbarkeit und b) der Farbgestaltung.

Wirkungen von Hintergrundfarben können grundsätzlich für Seiten-Gesamthintergründe wie auch für Hintergründe von Sortimentsdarstellungen diskutiert werden.

Formen und Layout

Neben Farben prägt auch die Formensprache Aspekte atmosphärischer Wahrnehmung im Onlineshop. Beispielhaft kann hier der Unterschied zwischen eher eckigen und eher runden Gestaltungsformen angesprochen werden. Aber auch Grundlayouts und die Art der Gestaltungselemente an sich sind relevant. Abb. 5.57, der bewusst die Farben entzogen wurden, verdeutlicht an zwei gegenübergestellten Beispielen, wie die atmosphärische Wirkung durch Formensprache und Layout beeinflusst wird.

Bild und Bewegtbild

Bilder sind besonders gut als Reizmaterial geeignet, wenn Emotionen evoziert werden sollen (Kroeber-Riel und Esch 2015, S. 240 f.). Bilder beeindrucken emotional und werden zudem vorrangig wahrgenommen. Entsprechend ist ihre Durchschlagskraft im Hinblick auf die Gestaltung der Atmosphäre in Onlineshops besonders hoch.

Für die Bildverwendung können zumindest zwei Aspekte unterschieden werden. Erster Gestaltungsaspekt: Die *Wahrnehmungsatmosphäre des Bildes* an sich. Sie wird insb. bestimmt durch den Bildinhalt und die Bildumsetzung. So erzeugen verzerrte Gesichter mit vielen dunklen Hintergründen (Inhalt), hohen Kontrasten und schlechter Ausleuchtung tendenziell eher eine negative Atmosphäre.

Zweiter Gestaltungsaspekt: Die *Bildanwendung* im Shop. Bilder können in Onlineshops als unterschiedliche Typen Einsatz finden (Abb. 5.58). Dadurch werden Wirkungen mitbestimmt, u. a. auch weil darüber Bildanteile festgelegt werden:

1. *Hintergrundbilder:* Diese Art bezieht sich auf große Bilder, von denen Bereiche links und rechts neben sowie unter den Hauptbereichen des Shops sichtbar sind. Zum Teil wird dabei mit Halbtransparenz gearbeitet.

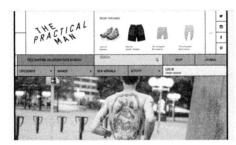

Abb. 5.57 Unterschiedliche atmosphärische Wirkung durch Formensprache (Farben bewusst entfernt)

Hintergrundbild

Dominantes Bild

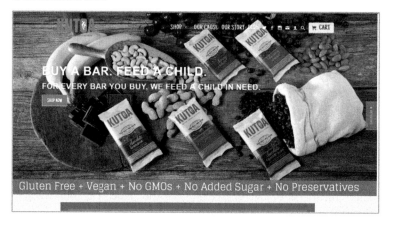

Produktbild (hier im Mileu)

Abb. 5.58 Wichtige Bildarten im Onlineshop hinsichtlich der Gestaltung der Atmosphäre

2. *Zentrale Bilder:* Hierbei handelt es sich um dominierende Bilder an prominenten Stellen, bspw. im Shopeinstieg.

3. *Produktbilder:* Sie beziehen sich auf die bildlichen Darstellungen von Artikeln bzw. Artikelübersichten. Auch die Bildart am Produkt beeinflusst emotionale Wirkungen. Beispielsweise verstärkt eine Produktpräsentation an einem virtuellen Modell die emotionalen Reaktionen der Shopbesucher (Kim et al. 2009). Neben Darstellungen am Modell sind freigestellte Abbildungen und Abbildungen mit Milieu (Artikel in einem Kontext gezeigt) gebräuchlich.

▶ Bildinhalte und Bildverwendung stellen wichtige Hebel für die Gestaltung der atmosphärischen Wirkung von Onlineshops dar.

Eher noch stärkere Wirkungen auf die Atmosphäre ist dem Einsatz von *Bewegtbild* zu unterstellen. Durch gesteigerte Aktivierungswirkungen, zeitdynamische Gestaltungsmöglichkeiten und die Kombination mit Musik können vergrößerte Effekte für emotionale Wirkungen reklamiert werden. Beispiel burberry.com: Der Onlineshop setzt im Shopeinstieg konsequent auf Bewegtbild und macht damit letztlich den Start des Shops zum Film. Durch die hochwertige, helle, von Cremefarben geprägte Inszenierung und die Bildregie wird eine elegante, anspruchsvolle, freundlich-einladende Atmosphäre erzeugt.

Bild-Text-Verhältnis

Auswirkungen auf das atmosphärische Empfinden hat weiterhin das Zusammenspiel von Bild- und sonstigen Anteilen an den Flächen der Seiten (Abb. 5.59). Da Bilder für die Emotionsvermittlung einen Vorteil gegenüber Texten besitzen, hat ein hoher Bildanteil Vorteile für die atmosphärische Gestaltung. Dabei ist jedoch noch nichts über die Atmosphäre an sich ausgesagt. Es bestehen lediglich bessere Potenziale. Anders formuliert: Ein Bild kann die atmosphärische Wirkung beeinflussen, jedoch hängt der Einfluss von dessen Dominanz auf der gestalteten Seite (und natürlich auch vom Bildinhalt) ab.

Schriftarten in Headlines

Darüber hinaus haben auch die verwendeten Schriften atmosphärische Effekte, denn der Schriftcharakter steht in Zusammenhang mit der Evozierung von Assoziationen und Gefühlen (Kastl und Child 1968). Diese Wirkung wird auch als Anmutung bezeichnet. So geht von der Schriftart Rockwell eher eine auffällige, drückend-starke, aber auch modern-solide Wirkung aus, während die Schriftart Chalet eher weiblich-modern, leicht und organisch-elegant wirkt.

Schriftarten sind also als Komponente der atmosphärischen Gestaltung nutzbar. Allerdings sind von Standards abweichende Schriften i. d. R. nur bei Sonderfeldern oder Bildflächen umsetzbar, denn bloßer Text unterliegt aufgrund der Browserdarstellung enormen Einschränkungen hinsichtlich der Darstellbarkeit.

Nüsse sind botanisch gesehen Früchte und gehören zum Schalenobst. Ihre Inhaltsstoffe unterscheiden sich jedoch enorm von denen anderer Obstfamilien. So enthalten Nüsse im Gegensatz zu den meisten Früchten nur sehr wenig Wasser, dafür aber reichlich Fett, Eiweiss, komplexe Kohlenhydrate und Ballaststoffe.

Nüsse sind insofern eine hochkonzentrierte Nahrung mit extrem hoher Nährstoffdichte. Man muss von Nüssen nicht sehr viel essen, um satt zu werden. Gleichzeitig tragen bereits kleine Nussmengen enorm zur Deckung des täglichen Nährstoff- und Vitalstoffbedarfs bei.

Nüsse sind botanisch gesehen Früchte und gehören zum Schalenobst. Ihre Inhaltsstoffe unterscheiden sich jedoch enorm von denen anderer Obstfamilien. So enthalten Nüsse im Gegensatz zu den meisten Früchten nur sehr wenig Wasser, dafür aber reichlich Fett, Eiweiss, komplexe Kohlenhydrate und Ballaststoffe.
Nüsse sind insofern eine hochkonzentrierte Nahrung mit extrem hoher Nährstoffdichte. Man muss von Nüssen nicht sehr viel essen, um satt zu werden. Gleichzeitig tragen bereits kleine Nussmengen enorm zur Deckung des täglichen Nährstoff- und Vitalstoffbedarfs bei.

Nüsse sind botanisch gesehen Früchte und gehören zum Schalenobst. Ihre Inhaltsstoffe unterscheiden sich jedoch enorm von denen anderer Obstfamilien. So enthalten Nüsse im Gegensatz zu den meisten Früchten nur sehr wenig Wasser, dafür aber reichlich Fett, Eiweiss, komplexe Kohlenhydrate und Ballaststoffe.
Nüsse sind insofern eine hochkonzentrierte Nahrung mit extrem hoher Nährstoffdichte. Man muss von Nüssen nicht sehr viel essen, um satt zu werden. Gleichzeitig tragen bereits kleine Nussmengen enorm zur Deckung des täglichen Nährstoff- und Vitalstoffbedarfs bei.

Abb. 5.59   Hoher Bildanteil und geringer Bildanteil auf der Startseite eines Onlineshops (fiktives Beispiel)

Abb. 5.60 holzfarm.de und kinderräume.de – verspielt-kindlichere vs. sachlich-erwachsenere Atmosphäre u. a. durch Schriftgestaltung (Farben bewusst entfernt)

Abb. 5.60 zeigt zwei Onlineshops, deren atmosphärische Wirkung u. a. auch durch die verwendeten Schriften gesteuert wird. Weitere Beispiele für den bewussten Einsatz von Typografie in diesem Kontext sind spielwaren-lanz.de oder mybabyloon.de.

Töne und Musik
Ähnlich wie im stationären Laden ist davon auszugehen (dazu auch die Ausführungen in Abschn. 5.3.2), dass Töne, Geräusche und Musik emotionale Eindrücke zum Onlineshop mitbestimmen.[21] Anzusprechen sind Aktivierungs- und Gefallenswirkungen mit Effekten

---

[21]Über Musik wird zu höheren Anteilen eine emotionale als eine kognitive Botschaft transportiert (Morris und Boone 1998).

u. a. für die weiteren Beurteilungen sowie die Verweildauer. Musik und akustische Reize sind speziell *als Teil der Gesamtwahrnehmung* im Zusammenspiel mit den anderen POP-Reizen zu sehen und bieten Chancen, die Atmosphäre (konsistent mit der Store Brand Positioning) zu prägen.

Experimentelle Befunde von Lorenzo-Romero et al. (2011) zeigen auf, dass der Einsatz von Musik in Onlineshops zu positiveren emotionalen Reaktionen und verbessertem Annäherungsverhalten (insb. zu längeren Verweildauern) bei Shopbesuchern führt. Kim und Lennon (2012) finden einen positiven Einfluss von Musik-Stimuli[22] auf die Gefallenswirkung von Onlineshops.

Das Zusammenspiel von Musik mit der Farbgestaltung bei Onlineshops wurde von Cheng et al. (2009) untersucht. Sie finden, dass sowohl Musik als auch Farbe signifikante Effekte auf die emotionalen Reaktionen von Shopbesuchern ausüben. Im speziellen zeigte sich, dass Shopbesucher unter der Versuchsbedingung „schnelle Musik mit warmen Farben" eine höhere Gefallenswirkung ausbilden als Shopbesucher unter der Versuchsbedingung „langsame Musik mit kühlen Farben". Außerdem kam es zu verstärkenden Wirkungen, wenn Musik und Farben als sich ergänzend wahrgenommen wurden. Jedoch ist darauf hinzuweisen, dass für derartige Zusammenhänge eine Reihe von Moderatorvariablen zu diskutieren sind. Erste diesbezügliche Ansätze zeigt die Studie von Ding und Lin (2012).

Insgesamt ist der Einfluss von Musik und Sounds auf Zielgrößen von Onlineshops empirisch noch nicht sonderlich gut untersucht, obgleich in diesen ein wichtiges Gestaltungsmittel zu sehen ist (so auch schon Fiore und Kelly 2007), das auch von einigen Händlern genutzt wird. Der breiten Anwendung scheint die Sorge im Wege zu stehen, dass Shopbesucher irritiert, blamiert oder genervt reagieren. Insofern ist zu empfehlen, deutlich erkennbar zu machen, wie die Musik auch ausgeschaltet werden kann. *Soundeffekte,* die passend zum Produkt bzw. Kontext verwendet werden, sind ein weiterer Ansatzpunkt zur Gestaltung atmosphärischer Effekte. Naturgeräusche, die einen Shop für Wanderartikel unterlegen, mögen ein Beispiel dafür sein.

Musik bei burberry.com
Eine interessante Verbindung zwischen atmosphärischer Gestaltung, Store Brand Positioning und Musik ist bei burberry.com erkennbar. Der Fashion-Händler nutzt die Musikwelt auch als Inhalt, indem er mit seiner Aktion „Burberry Acoustic" etablierten und aufstrebenden britischen Musikkünstlern eine Plattform im Kontext des Onlineshops einräumt (https://de.burberry.com/acoustic). Dort werden Videos inkl. Ton von Live-Auftritten und besonderen Kooperationsevents gezeigt.

Sprache
Hinzuweisen ist schließlich auch auf die Bedeutung des *Sprachduktus* für die atmosphärische Gestaltung in Onlineshops. Relevanz erhält dieser bei signifikanten Textanteilen

---

[22]In der Studie von Kim und Lennon (2012) wurde eine Hypothese über vertraute, zur Website passende und langsame Musik getestet.

und bezüglich prominent wahrnehmbarer Headlines. Der Sprachduktus bezieht sich auf Aspekte des Sprachstils an sich, insb. die Wortwahl und den Satzbau. Von ihm geht ein Eindruck aus, der die Atmosphäre des Onlineshops mitformt. So sind davon bspw. emotionale Bewertungen in den Kategorien Nähe-Distanz, Wärme-Kälte, Sanftheit-Aggressivität oder Abstraktion-Konkretheit betroffen.

Ganzheitlicher Effekt entscheidend
Die Erkenntnisse zur *Ganzheitlichkeit von Wahrnehmung* (u. a. Palmer 1990) verlangen es, an dieser Stelle nochmals zu betonen: Wichtig ist das effektive Zusammenwirken der einzelnen Gestaltungsmittel im Hinblick auf eine angestrebte Atmosphäre des Onlineshops. Diese Gesamtwirkung sollte insofern anhand der Zielgruppen überprüft werden. Erreicht werden soll eine positive Wahrnehmungsatmosphäre des Shops, die mit der Store Brand Positioning kompatibel ist.

▶   Entscheidend für die Beurteilung der atmosphärischen Effekte eines Onlineshops ist stets die resultierende „Gesamtgestalt", das Zusammenspiel der zu gestaltenden Mittel wie Bilder, Musik, Farben oder Formen.

Abb. 5.61 stellt zwei Onlineshops mit unterschiedlicher atmosphärischer Wirkung gegenüber. Der obere erzeugt im Gesamteffekt eher eine sachlich-kühle und sterile, aber auch leichte Wirkung. Dies geht u. a. auf den hohen Weißanteil zurück, der mit cyanfarbenen Elementen und klaren grauen Schriften kombiniert ist. Die Wirkung beeinflussen zudem der klar strukturierte Aufbau und die als monochrome Grafiken umgesetzten Kategoriebilder. Der untere Shop hingegen erzeugt eine wärmere, freundliche und durchaus feminine atmosphärische Wirkung, ohne verspielt zu wirken. Dabei scheinen vor allem die Farbwelt und das große Bildelement prägenden Einfluss zu haben.

Ansatzpunkte zur *Erfassung der atmosphärischen Wirkung* bei Kunden- bzw. Zielgruppen bestehen über entsprechende Overall-Skalen oder spezifisch ausgerichtete Formen des Semantischen Differenzials (in Abb. 5.61 rechts). Generell sollte vermieden werden, bei Overall-Bewertungen z. B. hinsichtlich der Angenehmheit, ein negatives Urteil auszulösen. Hingegen können die weiteren emotionalen Bewertungen, die im atmosphärischen Kontext erzeugt werden (z. B. „kühl", „weiblich"), nur hinsichtlich der gewählten Positionierung bewertet werden. Hier sollten keine Diskrepanzen auftreten. Dies bedeutet: Die atmosphärische Wirkung „modern" kann in Abhängigkeit von der Zielgruppe und der angestrebten Store Brand Positioning sowohl negativ, positiv oder irrelevant sein.

Hinzuweisen ist darauf, dass die Bildwahrnehmung natürlich auch von Faktoren wie dem konkreten Erfahrungshintergrund des Betrachters, dem Zeitgeist oder der Kultur abhängt.

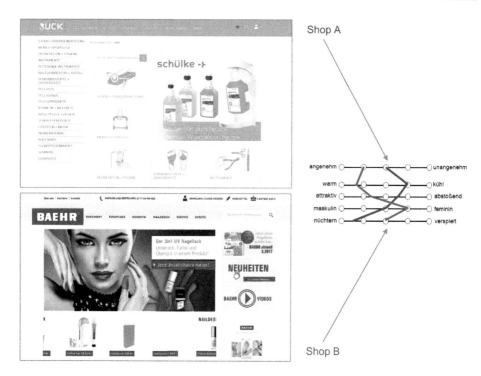

Abb. 5.61 Unterschiedliche atmosphärische Wirkungen von zwei Großhandel-Onlineshops mit ähnlichen Sortimenten im Vergleich, hier mit fiktiven Ergebnissen zur Erfassung der Atmosphäre

▶   Die atmosphärische Wirkung der Seiten des Onlineshops ist zu steuern. Dazu sind einerseits positionierungskonforme Zielrichtungen zu beachten. Andererseits ist eine systematische Erfassung notwendig.

Priorisierung

Besonders prominente Seiten wie die Startseite oder typische Einstiegsseiten sind im Hinblick auf die Prägung atmosphärischer Wirkungen natürlich besonders kritisch. Daher verdienen sie auch besondere Beachtung. Allerdings darf nicht der Fehler begangen werden, ausschließlich solche Seiten zu untersuchen und gestalterisch zu optimieren. Denn oft erfolgt der Einstieg in den Shop auch über Suchmaschinen mit Sprüngen direkt zu Artikelseiten oder speziellen Shopbereichen. Folglich ist die Gesamtwirkung aller Seiten, die Durchgängigkeit des atmosphärischen Ausdrucks über alle Seiten und die atmosphärische Wirksamkeit auch untergeordneter Seiten zu prüfen.

Hinsichtlich der Mittel zur atmosphärischen Gestaltung gehen von Bildern und Farbwelten die größten Effekte aus. Insofern besteht für sie eine Priorität – allerdings nicht ohne Berücksichtigung des Gesamteffekts aus allen Maßnahmen.

5.4.2.4 Ziel Erlebnis und Multisensualität

Erlebniswirkungen bedeuten die Ansprache von Emotionskonstellationen und verfügen über Nutzencharakter. Sie werden erreicht, wenn die bei der Gestaltung des Onlineshops verwendeten Reize über möglichst viele Sinnesebenen relevante *emotionale Schemata ansprechen*, sodass die damit verbundenen mentalen Inhalte und multimodalen Gedächtnisbilder aktiviert und gedanklich lebendig werden. Die Gestaltung des emotionalen Erlebens von Onlineauftritten gilt neben einer geeigneten Informationsdarbietung als essenziell (auch Falk et al. 2006, S. 408).

Ebenen

Im Hinblick auf eine *erlebnisorientierte Store Brand Positionierung* ist die Vermittlung von Erlebniswirkungen über den virtuellen Point-of-Purchase unabdingbar. Damit die im Markenkonzept definierten Erlebnisse dem Markennamen zugehörig gelernt werden können, müssen just diese beim Besuch des Onlineshops für den Besucher regelmäßig erlebt werden. Erlebnisse im Onlineshop sind also als Ausdruck der Positionierung zu steuern.

Daneben können Erlebnisse auch ein *Ziel per se* sein (vgl. Abschn. 5.2): Um das Involvement von Shopbesuchern zu heben, Faszination auszulösen, Abgrenzung zu erreichen, hedonistische Bedürfnisse anzusprechen oder Traffic zu generieren. In diesem Fall ist jedoch grundsätzlich zu prüfen, ob die Erlebnisausprägungen konform mit der Positionierungsidee sind oder nicht etwa im Widerspruch zur angestrebten Positionierung der Store Brand stehen.

▶   Erlebniswirkungen im Onlineshop erfordern intensive Reizkonstellationen, die bei Besuchern eine spezifische emotionale Reaktion auslösen. Im Fall einer erlebnisorientierten Positionierungsstrategie des Stores müssen die evozierten Erlebnisse die Store Brand Positioning stützen. Unabhängig von der gewählten Positionierung müssen Erlebniswirkungen in jedem Fall kompatibel zur Store Brand Positioning sein.

Ansatzpunkte

Einige wichtige Felder für eine Erlebnisschaffung im Onlineshop können herausgestellt werden (auch Abb. 5.62). Dazu zählen die Nutzung von erlebnisvermittelndem Bild- und Bewegtbildmaterial sowie akustischen Reizen, der Einsatz der Personalisierung, die Nutzung von Möglichkeiten der Virtual Reality sowie die Einbindung von Curated Shopping und Avataren. Aber auch die Integration von Markenerlebniswelten in Onlineshops und herausragend kreative oder ästhetisch-innovative Umsetzungen (Design) sind als Ansatzpunkte für die Erlebnisgenerierung zu sehen.

Grundsätzlich ist dabei zu beachten, dass Erlebnisse *aktivierungsstrake Reize* verlangen und am besten *multimodal*, also über mehrere Sinnesebenen, vermittelt werden (vgl. Abschn. 5.2).

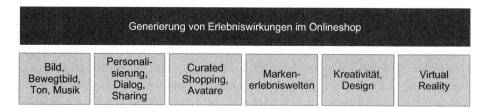

Abb. 5.62 Wichtige Ansatzpunkte für die Erlebnisgenerierung in Onlineshops

Bild, Bewegtbild, Ton, Musik
Hinsichtlich einer sinnlichen Ansprache zur Auslösung von Erlebniswirkungen stellen der Einsatz von Bild und Bewegtbild sowie Ton und Musik im Onlineshop die wichtigsten Bausteine dar.

Bildebene
Bilder sind vergleichsweise kontaktstark und prädestiniert, um emotionale Wirkungen zu erreichen. Sie werden weitgehend automatisch sowie gedanklich kaum kontrolliert verarbeitet und weisen eine größere Überzeugungswirkung als Sprache auf (Kroeber-Riel und Esch 2015, S. 238 f.). Nach Kroeber-Riel und Esch (2015, S. 240) bedingen sich Bildverarbeitung und emotionale Vorgänge. Da Bilder Reize der natürlichen Umwelt besser simulieren können als Sprache, ist ihre emotionale Wirkung überlegen. Der Erlebnisgehalt von Gefühlen ist andererseits von bildlichen Vorstellungen geprägt, die als innere Bilder in der Psyche von Menschen lebendig werden (Kroeber-Riel und Esch 2015, S. 240). Bildmotive können eben diese inneren Erlebnisbilder auslösen: Durch Bilder werden Erlebnisse evoziert.

Folglich ist vor allem die *Bildmotivik* so zu wählen, dass Erlebnisse als Bündel von Emotionen (Weinberg und Diehl 2005) evoziert werden. Die Bildmotive müssen also emotional wirksam sein. Emotional wirksame Bildreize entspringen drei Kategorien, die aus der Werbeforschung bekannt sind (Kroeber-Riel und Esch 2015, S. 371): Bildreize, die

- kulturübergreifende, biologisch programmierte Schemata (z. B. die Schöne, Kind),
- kulturspezifisch geprägte Schemata (z. B. Hochzeitsschema) oder
- zielgruppenspezifisch gelernte Schemata (z. B. Motorradschema)

ansprechen.

▶   Bilder sind ein wichtiges Instrument der Erlebnisvermittlung.

Zudem müssen die Bildreize *kraftvoll* sein und über gute *Kontaktwirkung* verfügen. Daher sollte beachtet werden, dass sie im Kontext auffallen (z. B. durch ihre Größe). In Abb. 5.63 ist die Startseite von usaprepgear.com zu sehen, einem Ausstatter für Outdoor- und Überlebensequipment. Dominant wird hier ein Bildelement eingesetzt, das ein Naturerlebnis

Abb. 5.63 Erlebnisansprache und Ausdruck der Store Brand Positioning durch Bilder bei usapreppergear.com

transportiert. Erkennbar ist auch, dass Fotografien anderen Bildarten aufgrund der Realitätsnähe überlegen scheinen.

Gesteigerte Kontakt- und Erlebnispotenziale sind mit dem *Bewegtbild* verbunden. Bewegtbild (Video, Clip) bedeutet letztlich eine Bildfolge, die in kurzen Zeitabständen angezeigt wird. Es resultiert eine Wahrnehmung von fließender Bewegung. Damit können kurze bis sehr lange Sequenzen von Ereignissen, Handlungen, Situationen etc. als ein Film dargeboten werden, der zudem mit Geräuschen, Tönen und Musik unterlegt werden kann. Zur Beschreibung bzw. Aussteuerung dieses Medientypus können u. a. die „Appearance" (Erscheinungsbild) und der „narrative Style" (Tonalität, Ausrichtung und Inhaltstyp) herangezogen werden (dazu Schögel und Farouq 2016).

Bewegtbild besitzt daher im Vergleich zum Bild verbesserte Möglichkeiten, um spezifische Emotionen anzusprechen und Erlebnisse zu vermitteln. Dies lässt sich gut am Beispiel von lacoste.de erkennen: Die Startseite des Onlineshops wird geprägt von einem (tonlosen) Video, das in dramatischen, actionreichen Szenen und mit aktivierungsstarken Aufnahmen von Gesichtern die „Timeless Elegance" der Store Brand adressiert.

Tonebene

Ein zusätzlicher Ansatzpunkt, um die Erlebnisvermittlung im Onlineshop zu fördern, besteht im Einsatz akustischer Reize. Insbesondere Geräusche, Töne und Musik sind diesbezüglich wichtige Formen. Als *Töne* werden hier Klangphänomene verstanden, denen eine mehr oder weniger exakte Tonhöhe zugeordnet werden kann, während *Geräusche* als aus verschiedenen, unregelmäßigen, einzelnen Klangphänomenen bestehend angesehen werden. *Musik* wiederum setzt sich aus einer organisierten Folge von

Klangphänomenen zusammen. Sie transportiert eher emotionale als kognitive Inhalte (Morris und Boone 1998). In den Untersuchungen von Kim et al. (2009) hatte Musik keinen unmittelbaren Effekt auf das Einkauferlebnis.

Beispiele: Zufällige, ungewöhnliche Töne oder Geräusche beim Anklicken von Bereichen im Onlineshop kann das Erkunden fördern und dieses mit Überraschungs- und Unterhaltungswert ausstatten. Damit wird zu einem Erlebnis beigetragen. Hintergrundmusik, andererseits, kann die Erlebniseffekte von Bildern verstärken. So ist vorstellbar, dass klassische Musik eine stilvolle, elitäre Erlebniswelt unterstreicht. Im Bereich der Geräusche können bspw. Hintergrundgeräusche des Waldes zu positionierungsrelevante Erlebniswirkungen bei einem Onlineshop für Wanderzubehör beitragen.

Mit Blick auf Erkenntnisse der multimodalen Reizverarbeitung ist davon auszugehen, dass die akustische Ebene besonders dann hohe Beiträge zum Zielfeld Erlebnis liefert, wenn sie in abgestimmter Kombination mit weiteren erlebnisbezogenen Reizen (z. B. Bildern, virtuellen Simulationen) eingesetzt wird. Zum Teil sind synästhetische Verstärkungen nutzbar.

Personalisierung, Dialog, Sharing
Auch mit der *Personalisierung* von Inhalten, Interaktionsarten und Dialogen (Coner 2003; Falk et al. 2006, S. 6) kann in Richtung von Erlebniseffekten gearbeitet werden. Über sie kann erreicht werden, dass sich Kunden „special" und individuell fühlen (Falk et al. 2006, S. 6). Personalisierung kann aufgefasst werden als die Gruppe jener interaktionsgestaltenden Aktivitäten, die darauf abzielen, das Ausleben eigener Identität (Individuation) beim Kunden zu fördern (Surprenant und Soloman 1987, S. 87). *Einfache Personalisierung wie auch die Nutzung von dynamischem Content* kann anhand der Auswertung einer Reihe von Kriterien erfolgen (King 2015, S. 84 f.):

- Nutzerverhalten sowie RFM[23]-Bewertungen,
- Gerät und Ausstattung,
- Orte bzw. Länder,
- Kontextinformation wie Referring Site der Suchmaschine,
- Tageszeitfenster,
- Sprache sowie
- externe Kriterien.

Ziel ist es, die Relevanz der Online-Inhalte und Darstellungen für den einzelnen Nutzer zu erhöhen, um ihn u. a. emotional zu stimulieren. Beispiel: Weiss man, dass ein Besucher des Onlineshops von Deutschland aus zugreift, dabei von einer bestimmten google-Suche kommt und ein Tablet nutzt, so kann eine auf die entsprechende Sprache, Bilddarstellung,

---

[23]Recency, Frequency, Monetary Value zum Scoring von Kundenbedeutung.

Formatierung und Artikelsortierung abgestimmte Darstellung des Onlineshops ausgespielt werden.

Geht man von der Prämisse aus, dass, um einen Erlebnisfaktor beizusteuern, die Gestaltung der Online-Umwelt *individuell* auf jeden Kunden und seine Bedürfnisse zugeschnitten sein soll, sind die fortgeschrittenen Möglichkeiten der Datenanalyse und die zugehörige Steuerung über Algorithmen interessant. *Predictive Analytics* und Customer Targeting leisten also Beiträge, indem Händler vorhandene Daten integriert mit externen Faktoren analysieren und daraus in Echtzeit Prognosen für kundenindividuelle Anforderungen und künftiges Verhalten ableiten (Riehemann 2016, S. 21). Behavioral Analytics als selbstlernende Form der Gruppe von Predictive-Anwendungen erlauben es, sowohl strukturierte wie unstrukturierte Daten zu nutzen. So können Kunden im „Moment of Interaction" abgestimmte Angebote oder Darstellungen angeboten werden.

Insgesamt scheint eine personalisierte Ansprache für den Erlebnisfaktor an Bedeutung zu gewinnen. Über sie wird bspw. bei thenorthface.de individuellere Beratung realisiert. Bei zalando.de existiert mit zalon by zalando die Möglichkeit, per simuliertem eigenen Stylisten die Beratung auf die eigene Stilwelt abzustimmen.

▶   Durch Realtime-Analytics und Marketing Automation ergeben sich Chancen, persönliche und situative Relevanz von Online-Darstellungen zu steigern, und darüber einen Erlebnisfaktor zu generieren.

In vielen Feldern bietet Personalisierung Erlebnispotenziale, die gleichzeitig mit Möglichkeiten für Interaktion und Interaktivität (vgl. unten) einhergehen. So bindet bspw. Amazon Shopping-TV inkl. einer Online-Mode-Sendung in seine Shop-Formate ein (Howe 2016). Das Programm, das prominente Moderatorinnen und Stars engagiert, läuft wochentags live auf www.amazon.com/stylecode. Gezeigte Looks werden unter dem Video-Fenster gelistet und können bestellt werden. Weiterer Content, live Chats, Verbindungen zu sozialen Medien und Auftritte von Musikstars erweitern den Erlebnisfaktor.

Werden persönliche Erlebnisse in einem Onlineshop mit anderen im Netz „teilbar", so erreichen diese eine zusätzliche Qualität; Erlebnisse von Einzelnen werden zu Erlebnissen von Vielen (Stein 2015). Insofern sind auch *Sharingmöglichkeiten* in Onlineshops Bausteine von Erlebniskonzepten. Als Nebeneffekt stellen sie die Verbindung zu anderen Kommunikationskanälen wie bspw. Social Media oder Apps her (Verlängerung).

Beispiel

Der holländische Wäsche- und Bademodenhändler Hunkemöller zeigt, wie Personalisierung übergreifend am virtuellen und am physischen Point-of-Purchase realisiert werden kann. Er nutzt neben einer App und seinem Social Media-Engagement eine digitale Kundenkarte, um mit damit generierten Daten ein gesteigertes Onlineerlebnis zu schaffen. Über die Kundenkarte können Kunden außerdem mittels in den Filialen installierten Beacons eine individualisierte Beratung beim Stationärkauf genießen (Campillo-Lundbeck 2017b, S. 17).

Virtual Reality

Technische Weiterentwicklungen erlauben heute außerdem die Realisierung komplexer virtueller Simulationen und medial vermittelte Personenkontakte, die die emotionale Ansprache über synästhetische Wirkungen hinaus steigern, eine Art Immersion erlauben oder quasi-realistische Kontakte darstellen: Autohändler bieten digitale Showrooms, Modehändler unterhalten virtuelle Ankleideräume, Banken bieten Videochats (Janke 2015).

▶   Virtual Reality bedeutet ein künstlich geschaffenes Umfeld im dreidimen-
       sionalen Raum, das sich ein Nutzer in 360-Grad ansehen, durch das er sich
       bewegen und mit dem er interagieren kann. Von Virtual Reality gehen große
       Potenziale zur Umsetzung von Erlebniswirkungen im Onlineshop aus.

Mit Virtual Reality-Anwendungen steht in Bezug auf Erlebniswirkungen ein besonders wirkungsstarkes Instrumentenfeld zur Verfügung. Bei *Virtual Reality* handelt es sich um ein komplett künstlich geschaffenes Umfeld im dreidimensionalen Raum, das sich ein Nutzer 360-Grad ansehen und durch den er sich bewegen kann. Interaktionen mit der geschaffenen künstlichen Umwelt sind üblich. Diese Art von *Immersion* bedeutet eine *erweiterte Sinnesansprache,* die traditionelle Beschränkungen des Onlineshops kompensieren kann, und birgt große Potenziale für die Erlebnisvermittlung. Für Virtual Reality-Anwendungen sind aktuell i. d. R. entweder VR-Brillen oder Cardboards notwendig. Möglich ist auch die Interaktion via Desktop, wobei das Resultat dann passiv wie ein Film erlebt wird.

Kaufda, ein Netzwerk, das das Durchblättern standortbezogen digitalisierter Einkaufsprospekte erlaubt, erweitert seine Funktionen in Richtung Virtual Reality durch einen Prototypen (http://www.kaufda.de/info/virtual-reality): Eine Virtual-Reality-Anwendung ermöglicht es dabei, Prospekte der Händler in der Nähe zu durchblättern, den Händler auf einer Karte virtuell zu lokalisieren und das Geschäft in einer authentischen 3-D-Umgebung zu erkunden.

Beratung: Curated Shopping und Avatare

Einen eher beratungsbezogenen Erlebnisansatz kennzeichnen Lösungen zum *Curated Shopping* im Modebereich. Auf vorliegender Datenbasis wird mithilfe von Algorithmen die Bewertungen von Experten („Kuratoren") simuliert, um aktiv Empfehlungen und Auswahlentscheidungen vorzulegen. Aus Kundensicht kann dies als Beitrag für Orientierung (Beratung) und Convenience angesehen oder eben mit einem Erlebniswert verbunden werden. Es ist letztlich ein Surrogat für modische Beratung und Inspiration. Unternehmen wie Outfittery.de haben sich just darüber etabliert. Große Modehändler wie Peek & Cloppenburg (mit Fashion ID) oder der Onlineshop Zalando setzen diese besondere Art des Beratungserlebnisses um (o. V. 2015d). Auch weil persönlicher und individueller Service damit angenähert wird, entsteht Emotion und Inspiration.

Curated Shopping ist quasi die evolutionäre Weiterentwicklung des Onlineshoppings. „Der Kunde möchte persönlichen und individuellen Service – Anonymität wie beim normalen Onlineshopping verschafft den Kunden kein inspirierendes Einkaufserlebnis" (Julia Bösch, Gründerin Outfittery, zitiert nach o. V. 2015c, S. 2).

Mit *Avataren* in Onlineshops wird versucht, das Einkaufserlebnis sozialer zu gestalten, um das Vertrauen zu erhöhen (Wang und Fodness 2010; McGoldrick et al. 2008). Avatare sind Bildschirmgestalten, interaktive virtuelle Assistenten, die stellvertretend für den Menschen stehen. Gestaltungstechnisch sind Umsetzungen als Comicfigur, als menschenähnliche Wesen oder fotorealistische Fantasiegestalten üblich. Durch die Simulation menschlicher Kommunikation können Erlebniskomponenten (bspw. als sehr persönliche Beratung, die audiovisuelle Darstellung von Sprache, Mimik und Gestik, durch die Konfiguration eines individuellen Gegenübers oder eines Platzhalters für den Kunden selbst oder auch durch die spezifische 3-D-Präsentation von Mode; Abb. 5.64) realisiert werden.

Füße-Avatar für den Einkauf von Schuhen

Der Schuhhändler humanic.net bietet einen Avatar-Service, um den Schuhkauf zu erleichtern. Auf Basis von 3-D-Fotoscans der eigenen Füße (die in ausgewählten stationären Läden des Anbieters gefertigt werden) wird ein Avatar der Füße konstruiert. Anhand des Avatars können dann die Schuhmodelle im Sortiment in Echtzeit verglichen werden, um Kunden sofort die richtige Größe zu empfehlen. Im Onlineshop werden so die online nicht unmittelbar möglichen Anprobiervorgänge (die dadurch entstehen, dass Schuhgrößen Hersteller zu Hersteller und von Schuhmodell zu Schuhmodell unterschiedlich ausfallen) simuliert. Für den Händler besteht die Möglichkeit, über

Abb. 5.64   Avatare im IMVU Virtual Shop (http://de.imvu.com/shop)

diese Funktionalität des Onlineshops Frust- und Enttäuschungsreaktionen zu reduzieren. Sollte dadurch jeder Schuh auf Anhieb passen, können sogar positive Emotionen ausgelöst und verankert werden.

Erlebnis durch Kreativität und Design

Zusätzliche Optionen für eine Erlebnisschaffung bei Nutzern von Onlineshops bietet die Neukombination von Inhalten, Abläufen, Darbietungen und Gestaltungselementen. Durch *kreative,* neuartige Umsetzungen können spezifische emotionale Reaktionen erfolgen, bspw. durch Faszination oder Überraschung. Ähnliches gilt für die Erfüllung *ästhetischer Kategorien.* Herauszustellen ist jedoch, dass Kreativität und Designleistungen im Dienste des Erlebnisses nicht von Positionierungsüberlegungen losgelöst werden dürfen. Das heißt: Kreativität kann einerseits als Ausdruck der Store Brand Positioning fungieren, wenn Kreativität als solche Positionierungsinhalt ist. Andererseits können kreative Umsetzungen Vehikel sein, um positionierungsrelevante Erlebnisse zu transportieren. Ein ungünstiger Fall wäre es hingegen, wenn sich kreative Umsetzungen inkongruent zur Store Brand Positioning erweisen und somit Store Brand Assets schwächen.

Beispiel Onlineshop von French Connection FCUK (nach Daul 2011, S. 173): Um eine Alleinstellung des Onlineshops zu erreichen und den Einkauf möglichst einfach wie auch sehr persönlich zu gestalten, entschloss sich FCUK 2010, den ersten YouTube Online-Shoppingkanal zu launchen (YouTique). Diese Verbindung von Bewegtbildpräsentation mit einer direkten Kaufmöglichkeit war bis dato ungekannt. Die gezeigten Produkte konnten per im Video gezeigten Link aus dem FCUK-Shop gekauft werden. Diese zum Zeitpunkt vergleichsweise neuartige Umsetzung schaffte einen Mehrwert für Kunden und generierte durch Kreativität ein besonderes Erlebnis im Rahmen der Point-of-Purchase-Kommunikation und für die Store Brand.

▶   Kreativität und Design können Erlebnisbeiträge für den Onlineshop leisten.

Einbindung von Markenerlebniswelten

Als eine Option für die Erlebnisorientierung in Onlineshops sind darüber hinaus Erkenntnisse zu sogenannten *virtuellen Markenerlebniswelten* zu beachten. Darunter wird ganz allgemein die erlebnisorientierte Inszenierung im Rahmen einer Website verstanden, die den Besucher der Site in eine durch Online-Kommunikation geschaffene Welt eintauchen und diese virtuell und multisensual erleben lässt (Zanger 2008, S. 78). Typische Merkmale sind (Bottler 2011, S. 239):

- narrative Rahmenhandlung: Die Welten sind in eine narrative Rahmenhandlung eingebettet, die oft mit der Werbung verbunden ist. Sie sollte zwingend mit der Markenpositionierung kompatibel sein.
- Zwei- oder dreidimensionale räumliche Inszenierung: In den meisten Fällen wird den Besuchern der Site ein räumliches Gefühl vermittelt. Der Bewegungsraum ist meist im Sinne der Markenpositionierung decodierbar (z. B. Karibik-Insel).

- Explorative Navigation: Die Nutzerführung ist zurückgenommen. Nutzer können die virtuelle Welt in einem interaktiven Prozess entdecken.
- Visualisierung: Inhalte und Verlinkungen werden visualisiert (z. B. durch Häuser, Gänge oder Figuren).
- Multimediale Inhalte: Damit die Inhalte der Erlebniswelt Gefühle evozieren, werden sie multimedial, reaktiv und unterhaltungsbezogen umgesetzt. Filme, Simulationen und interaktive Anwendungen sind quasi Pflichtbestandteil.

Da virtuelle Markenerlebniswelten deutlich entertainment- und erlebnisorientiert sind (Bottler 2011, S. 239), können sie als ein relevanter Baustein für Erlebnisbeiträge am virtuellen Point-of-Purchase angeführt werden.

POP-übergreifende Verbindungen
Bedeutende Beiträge zur Erlebnisschaffung beim Onlineshop gehen darüber hinaus von durchdachten *Vernetzungslogiken mit den anderen Points-of-Purchase* aus.[24] Wie werden Onlineshop, stationärer Laden, Verkauf und Printkommunikation zu einer durchgängigen Erlebniswelt gestaltet? Ebenso ist die in Abschn. 5.3 dargelegte *Theater-Metapher* in ihrer Konsequenz für die Erlebnisinszenierung beim Onlineshop interessant.

5.4.2.5 Ziel Interaktion und Beziehungsgestaltung
Das Zielfeld Interaktion stellt auf die Initiierung, Unterstützung und Aufrechterhaltung von Interaktionen am Point-of-Purchase ab (vgl. Abschn. 5.1 und 5.2). Unter Interaktion wird dabei der wechselseitige und aufeinander bezogene Austausch von Information wie auch das wechselseitige, aufeinander bezogene Handeln angesehen. In diesem Zielfeld wesentlich sind einerseits die *Interaktionen zwischen Kunde und Handelsunternehmen* sowie andererseits die *Interaktionen zwischen Kunden*.

Die besondere Bedeutung von Interaktion für die Gestaltung von Onlinekommunikation wird von den Betrachtungen von Chen und Yen (2004) unterstrichen. Diesen folgend bestimmen Aspekte der wechselseitigen Kommunikation (reciprocal communication), spielerische Aspekte (playfulness) und Aspekte der Verbundenheit (connectedness) als gestaltbare Dimensionen von Interaktivität über den empfundenen Wert von Onlineauftritten. Interaktivität entscheidet über Nutzenbewertung.

▶ Die Gestaltung der Point-of-Purchase-Kommunikation im Onlineshops soll Interaktionen zwischen Kunde und Anbieter sowie Interaktionen zwischen Kunden fördern.

---

[24]Beispielsweise befasste sich die Tagung „Digital Drama!?" des Rat für Formgebung im Herbst 2015 intensiv mit Beispielen einer Einbindung physischer Erlebnisse in das Einkaufserlebnis im digitalen Zeitalter.

Interaktivität

Bei Onlineshops wird Interaktion entscheidend durch die vorhandene *Interaktivität* des Mediums geprägt. Diese entspricht der Sensitivität und Reaktivität des Onlineshops auf Nutzerhandlungen (die unabhängig von vorgegebenen Mustern sind). Sie geht aus Nutzersicht mit Gefallen und Bequemlichkeit einher (Childers et al. 2001).

Interaktivität ist quasi kennzeichnend für diese virtuelle Form des Point-of-Purchase, sie drückt jenes „kooperative Agieren" aus, das digitalen Verkauf mittels Onlineshop charakterisiert (Kollmann 2011, S. 29). Die meisten Untersuchungen deuten darauf hin, dass höhere Interaktivitätsgrade mit positiven Effekten hinsichtlich affektiver, kognitiver und intentionaler Prozesse korrelieren (dazu Diehl et al. 2006, S. 269). Dabei scheint insb. die *Bidirektionalität* der Website-Kommunikation für den empfundenen (hedonistischen) Wert von Onlineshops von Bedeutung zu sein (Yoo et al. 2010).

Hohe Interaktionsgrade bedeuten weiterhin Anregung und Freude und sorgen für gesteigerte Kaufwahrscheinlichkeiten (Ballantine und Fortin 2009). Drüber hinaus deuten Befunde von Diehl et al. (2006) darauf hin, dass ein hoher Grad von Interaktivität auch die Immersion unterstützt und die Ausbildung von Flow-Zuständen fördert. *Flow* beschreibt einen Zustand, in dem sich eine Person extrem einer Sache zuwendet, darin aufgeht und sich kaum von dieser ablenken lässt; es handelt sich um ein Gefühl anstrengungslosen Handelns (Csikszentmihalyi 1997, S. 29). Jee und Lee (2002) finden zudem deutliche Zusammenhänge zwischen wahrgenommener Interaktivität einer Site und der Einstellung zu dieser.

Typische Mittel

Der Onlineshop ist an sich schon ein interaktives Medium. Interaktivität ist also definitorisch enthalten. Da Besucher nicht nur Information konsumieren, sondern selbst aktiv in das Geschehen eingreifen und auch Inhalte selbst erzeugen können, könnte man sagen: Das Onlinemedium beinhaltet, dass der Shop und der Nutzer gegenseitig aufeinander reagieren. Dies garantiert schon einen gewissen Grad an Interaktion.

Basale Ansatzpunkte zur weiteren Steigerung der Interaktionsqualität von Onlineshops sind bspw. der Ersatz von Artikeltext durch interaktive Infografiken, interaktive Artikelansichten, Ermöglichung von Produktbewertungen oder die Integration von spielerischen Elementen und Gewinnspielen. Auch das Angebot von mehreren Kontaktmöglichkeiten für Bestellung und Beratungshotline diesbezüglich hier zu nennen (Abb. 5.65).

Da derartige Lösungen jedoch meist dem Branchenstandard entsprechen, ist davon auszugehen, dass diese keine signifikanten Beiträge für eine verbesserte Interaktionsqualität[25] leisten. Größere Beiträge zur Förderung von Interaktion sind hingegen von der Nutzung von Avataren, Communities und Social-Media-Verbindungen, Simulationen,

---

[25]Die Interaktionsqualität ist ein Bewertungsmerkmal für Interaktion am Point-of-Purchase, das aus Kundensicht klassifiziert, wie gut oder schlecht die Interaktion funktioniert und durch welchen Stil sie charakterisiert ist (vgl. Abschn. 5.1 und 5.2).

Abb. 5.65 Verbindung mit Social Media-Kanälen bei otto.de: Förderung der Interaktion mit dem Shop und zwischen Kunden

Customization und Co-Creation sowie Gamification zu erwarten. Auf diese soll knapp eingegangen werden.

Social Media, virale Mechanismen und Communities. Social Media umfasst digitale Anwendungen, mittels derer Nutzer kommunikativ interagieren und medial Inhalte aktiv gestalten. Wird der Webshop mit sozialen Medien verbunden, bestehen Potenziale, die Interaktion in Richtung Händler als auch in Richtung anderer Kunden zu intensivieren.

Analog den Überlegungen von Godes et al. (2005) können Händler dabei verschiedene Positionen einnehmen:

- Händler als Teilnehmer bei Social Media-Interaktionen,
- Händler als Vermittler von Social Media-Interaktionen,
- Händler als Beobachter von Social Media-Interaktionen und
- Händler als Moderator von Social Media-Interaktionen.

Mit Blick auf den Onlineshop gehen entscheidende Impulse eher von der Teilnehmer- und der Vermittler-Rolle aus. So kann der Händler durch die Einbindung von Social-Media-Funktionalitäten in seinem Onlineshop zu einem direkten Dialogpartner für die Shopbesucher werden. Wie Esch (2015, S. 288 f.) betont, sollten Interaktionen über Social Media-Kanäle jedoch generell situativ und markenadäquat ausgestaltet und gesteuert werden.

In der Vermittler-Rolle kann der Händler durch Bezüge zu Social-Media-Plattformen in seinem Onlineshop anregen, dass Shopbesucher in diesen Plattformen untereinander (mit Bezug zur Store Brand) kommunizieren. Dazu ist die Einbindung von Share-Buttons (Social-Media-Buttons) auf der Startseite bzw. Produktseiten ein einfacher Schritt (auch Abb. 5.65). Erweiterungen stellen Sharing-Buttons im Bestellprozess, „teilbare" Wunschlisten oder ein Social-Login sowie die Anmeldung in Shop über Social-Media-Kanäle dar. Weiter geht eine Initiative im Onlineshop von Liebeskind. Dort können Besucher andere Personen zu einem Voting über Produkte einladen (Abb. 5.66). Es wird eine Umfrage produziert, die über soziale Medien an Freunde verschickt werden kann. Die Ergebnisse werden für den Kunden später dargestellt.

▶   Die Einbindung von Social Media-Plattformen kann die Kundeninteraktion verstärken.

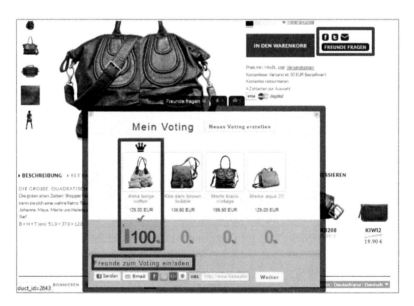

Abb. 5.66 Votingeinladungen bei liebeskind-berlin.com

Die vermittelnde Haltung im Umgang mit Social Media in Onlineshops fördert außerdem sogenannte *Communities*. Sie beleben in besonderem Maße die Interaktion zwischen Kunden, zahlen auf den Austausch und die Vernetzung zwischen Shopbesuchern ein. Communities sind zu sehen als geografisch ungebundene Personenmehrheiten, die durch bestimmte soziale Beziehungen miteinander verbunden sind. Im engen Sinne sind sie durch ein geteiltes Bewusstsein, gemeinsame Rituale und Verhaltensmuster sowie eine empfundene Verpflichtung der Mitglieder gegenüber den anderen Mitgliedern und der Community gekennzeichnet (dazu Muniz und O'Guinn 2001, S. 413). Communities bilden sich selbst heraus und definieren ihre Grenzen selbst. Zum Teil werden sie als „neue Segmente" aufgefasst, als Gegenkonzept zu über Segmentierungsanstrengungen definierte Segmente (Kotler et al. 2017, S. 47).

Neben der Förderung der Kommunikation in der Community kann der Händler auch in die teilnehmende Rolle wechseln und medial mit Communities kommunizieren. Dies wäre im Sinne des Zielfeldes Interaktion positiv anzusehen. Dabei ist jedoch mit Bedacht vorzugehen. Für die Kommunikation mit Communities benötigt das Unternehmen letztlich die Akzeptanz von Kunden, da die relevanten Personen selbst entscheiden, welche Inhalte sie aufgreifen möchten (Pull-Kommunikation, vgl. erste Kapitel des Buchs). Entsprechend sollte Haltung und Auftreten des Unternehmens in solchen Kommunikationsakten reflektiert erfolgen, um unerwünschte Konsequenzen zu vermeiden.

Avatare. Ein anderer Zugang der Interaktionsgestaltung mit Shopbesuchern stellt der Einsatz von Shopping-Agents (Avatare, vgl. oben) dar. Sie sollen i. d. R. Personenkontakt und die persönliche Kommunikation simulieren und so die dialogische Qualität der Shopnutzung steigern. Die virtuellen Figuren können Shopbesucher begleiten und mit ihnen „sprechen", sie freundlich-informativ beraten. Um die Interaktion des persönlichen Verkaufs zu simulieren, verhält sich der Avatar in einer sozialen Art und Weise, die an eine lebendige Person erinnert. Die Interaktion wird durch die „menschliche" Darstellung mittels Sprache, Gestik, Mimik vereinfacht bzw. gefördert. Regelmäßig sind auch weitere audiovisuelle Elemente eingebunden. Eine vereinfachte Form stellen Chatbots dar.

Simulationen. Auch *virtuelle Simulationen* von Bewegung in Räumen, reaktive Bildwelten oder Videochats gestalten die Interaktion im Onlineshop auf besondere Weise. Digital begehbare Showrooms, Produktkonfiguratoren oder virtuelle Ankleideräume sind dafür Beispiele. Sie sind hochgradig interaktiv und provozieren geradezu, dass sich Besucher von Onlineshops in stärkeren Interaktionen engagieren.

Customization und Co-Creation. Produktbezogen vermögen *Customization*-Lösungen auf Interaktionsgrade einzuzahlen. Ein Paradebeispiel dafür stellt Nike dar. Als Teil des Onlineshops existiert NIKEiD, in dem sich Besucher ihren Wunsch-Schuh selbst „designen" können (Abb. 5.67). Auf diese Weise werden Besucher als Interaktionspartner

Abb. 5.67 Der Kunde als sein eigener Designer bei NIKEiD

eingebunden. Im Gegensatz zum „unidirektionalen" Konsum von Produktlösungen ist der Kunde Teil eines „bidirektionalen" Informationsaustauschs, weil seine Rückmeldungen vom Shop nicht nur verarbeitet, sondern aktiv eingefordert werden.

Co-Creation (Co-Innovation) geht noch einen Schritt weiter. Es beschreibt den Ansatz, Kunden oder externe Gruppen systematisch in einen Kreativitäts- oder Innovationsprozess einzubinden (u. a. Sanders und Stappers 2008, S. 6; Bogers et al. 2010; Toffler 1980; Zwass 2010). Erhebliche Interaktionspotenziale sind möglich, wenn diese Prinzipien mit bestimmten Nutzergruppen von Onlineshops in Anwendung gebracht werden. Dabei sind je nach Ziel sowie Produkt- oder Serviceart unterschiedliche Integrationstiefen und -umfänge denkbar. Ansatzpunkte entlang der Value Chain bestehen bspw. bei Ideenfindung, Design, Test, Produktion, Sortimentsgestaltung oder Transport. Die Einbindung von Co-Creation-Konzepte im Onlineshop liefert somit Beiträge für die Interaktion zwischen Kunde und Händler aber auch für die Interaktion zwischen Kunden.

Gamification. Gamification umfasst die Nutzung von spielerischen Prinzipien in Nicht-Spiel-Kontexten (Kotler et al. 2017, S. 160). Gamification-Konzepte finden sich häufig in Verbindung mit Communities (vgl. oben). So werden bei TripAdvisor Belohnungspunkte (Badges) vergeben, um stetig neue Beiträge anzuregen. Diese Perspektive bietet auch für Onlineshops Ansatzpunkte, um die Interaktionsqualität zu beeinflussen.

Gamifikation-Konzepte verlangen drei wesentliche Schritte (Kotler et al. 2017, S. 162 ff.): Zunächst müssen jene Kundenhandlungen, die durch Gamification beeinflusst werden sollen, exakt bestimmt werden (Käufe, Informationspreisgabe, Bewertungen, Zahlungen – oder eben bestimmte Interaktionsaspekte). Daraufhin ist zu klären, zu welchen Bedingungen die initiale Einbindung der Teilnehmer (Besucher des Onlineshops) erfolgen soll (Ist jeder dabei oder ist eine Registrierung erforderlich?). Dabei sind ggf. auch relevante Klassen (tiers) zu bestimmen. So arbeitet bspw. Sephora (ein französischer Kosmetikhändler) bei seinem Belohnungssystem mit einem drei-Klassen-(Senioritäts-)System: Beauty-Insider, VIB (Very Important Beauty Insider), VIB Rouge.

Schlussendlich muss bestimmt werden, welche Teilnehmer zu welchen Klassen zählen sollen, welche Möglichkeiten für die Teilnehmer eröffnet werden sollen und welche Vorteile und Belohnungen je damit verbunden sind.

Beispiel hunkemoller.de (nach Campillo-Lundbeck 2017b, S. 17): Der holländische Wäsche- und Bademodenhändler Hunkemöller peilt eine Eins-zu-Eins-Verbindung an, bei dem man mit treuen Kundinnen einen besonders engen Kontakt hält, sie zu Reaktionen auffordert und diese auch verarbeitet. Als wichtige Hebel fungieren Social Media-Kanäle und Online-Markenbotschafterinnen. Instagram, Vloggerinnen, Modebloggerinnen, Snapchat, Facebook, Youtube sowie die eigene App sind essenzielle Bausteine, um Aktivierung zu erreichen und die Interaktionen zu gestalten. Hunkemöller fordert außerdem Nutzer seiner Kundenkarte durch monatliche Befragungen auf, Feedbacks zum individuellen Erleben durchlaufener Touchpoints zu geben.

hornbach.de: Virtuelle Entdeckungstouren und mobile Mini-Games

Das Zauberwort Gamification hat auch der DIY-Händler Hornbach für sich entdeckt. Er will potenziellen Kunden den Marktbesuch durch virtuelle Touren und verschiedene Mini-Games schmackhaft machen. Dazu wurde das Projekt „Auf Entdeckungstour bei Hornbach" entwickelt, bei dem auch 29 Kurz-Videos aus der TV-Werbung auftauchen, in denen zwei tollpatschige Protagonisten im Stile von Comedians durch die Regale mit Schleifzubehör, Dübeln und Schrauben steuern. Nutzer können sich virtuell durch die Regale lenken und sich einen Eindruck vom Sortiment verschaffen. Die eingebundenen Werbevideos zielen auf eine kanalübergreifende Verzahnung, indem Nutzer nicht nur die Möglichkeit erhalten, die Filme anzusehen, sondern sie gleichzeitig auf spielerische und explorative Art in die Welt von Hornbach eingebunden werden. Zu den virtuellen Entdeckungstouren passt, dass Hornbach in vielen Märkten kostenloses WLAN anbietet. Damit belasten die Kunden in den Filialen nicht ihr eigenes mobiles Datenvolumen – vor allem beim Abspielen der Videos und beim Zocken der Spiele (Bach 2015).

Grundbedingungen

Ganz offensichtlich sind für viele Interaktionskonzepte durchdachte *Vernetzungslogiken mit anderen Kommunikationskanälen* nicht wegzudenken. Insgesamt ist herauszustellen, dass eine profunde Interaktionsgestaltung eine wesentliche Dimension der Point-of-Purchase-Kommunikation des Onlineshops darstellt. Zu beachten ist natürlich, dass sich Interaktionsumsetzungen zielgruppen- und situationsgemäß darstellen müssen. Mit Blick auf Store Brand Assets ist daneben zu prüfen, ob sie tatsächlich positionierungsadäquat ausfallen.

▶   Interaktionsumsetzungen im Onlineshop sollten stets situationsgemäß und positionierungsadäquat ausfallen.

Beispiel

Aus der Praxis: Zwölf Probleme bei der Umsetzung von Onlineshops

Aus Praxissicht werden typische Fehler in Onlineshops beschrieben, die dazu führen, dass sich die Einkaufserfahrung von Kunden verschlechtert oder Kunden den Shop vorzeitig verlassen (o. V. 2017c, S. 8 ff.):

1. fehlende oder wenig detailliert Produktinformation
2. langer, unübersichtlicher Bestellprozess
3. mangelhafte Suchfunktion
4. schlechte Navigation
5. schlechter schriftlicher und/oder telefonsicher Kundenservice
6. Verpflichtung zur Kontoeröffnung
7. nur versteckt dargestellte Kontaktinformationen
8. kleine, wenig detailtreue Produktabbildungen
9. intransparente, unübersichtliche, unfunktionale Warenkörbe
10. zielgruppenferne Bezahlmöglichkeiten
11. fehlende Verbundpräsentation
12. fehlende Transparenz bei Versandkosten

5.5   POP-Kommunikation III: Persönlicher Verkauf

5.5.1   Persönlicher Verkauf und die Rolle des Mitarbeiters

Der persönliche Verkauf ist *Ausdruck des persönlichen Point-of-Purchase.* Verkauf wird allerdings unterschiedlich abgegrenzt. Hier wird einem *weiten Begriffsverständnis* gefolgt: Persönlicher Verkauf ist eine direkte Face-to-Face-Interaktion, die alle Mitarbeiter betrifft, welche in direktem Kundenkontakt stehen (Schuchert-Güler 2009, S. 12). Dies umfasst also auch reine Beratungs- und Servicekontakte. Engere Definitionen (z. B. Robinson und Stidsen 1967, S. 14) schränken auf jene unmittelbaren Kontakte ein, die auf den Abschluss eines Kaufvertrags abzielen. Zum Teil wird persönlicher Verkauf auch als Teil des Service im Handel dargestellt (z. B. McGoldrick 2002, S. 498 ff.).

▶ Persönlicher Verkauf umfasst Kontakte von Mitarbeitern mit direktem Kunden-kontakt zu (potenziellen) Kunden. Er ist eine Face-to-Face-Interaktion.

Typisch für den persönlichen Verkauf ist, dass a) die Parteien im unmittelbaren (Gesprächs-)kontakt anwesend sind und b) der Verkäufer sich bemüht, Einfluss auf das Verhalten des (potenziellen) Kunden zu nehmen (Jacoby und Craig 1984). Insofern kann er als soziale Interaktion analysiert werden, da sich mindestens zwei Akteure gegenseitig beeinflussen (dazu Bänsch 2013, S. 1). Aus der Auffassung folgt auch die hohe Adap-tivität der Interaktion (Spiro und Weitz 1990). Für erfolgreiche Kontakte ist außerdem das geschickte „Staging", die Beachtung und Gestaltung bestimmter Phasen zu beachten (Baron 2015, S. 14; Jobber und Lancaster 2006, S. 246 ff.; McGoldrick 2002, S. 504 ff.).

Sofern der persönliche Verkauf die primäre Schnittstelle zum Kunden ist, hat das *Verkaufspersonal* beträchtlichen Einfluss auf die Wahrnehmung des Anbieters und sei-ner Services durch den Kunden – mit entsprechenden Effekten auf die Motivation von Kunden, die Beziehung zum Anbieter fortzusetzen (Biong und Selnes 1997). Wenig verwunderlich ist es also, dass die Loyalität von Kunden gegenüber dem Verkäufer eine eigene, oft stärker ausgeprägte, Qualität darstellt als die Loyalität gegenüber dem Han-delsunternehmen, das den Verkäufer beschäftigt (u. a. Macintosh und Locksin 1997; Rudolph 2013, S. 96 ff.). Dem empirisch geprüften Kausalmodell von Reynolds und Beatty (1999) folgend, nimmt die Zufriedenheit mit dem Verkaufspersonal Einfluss auf die Zufriedenheit mit dem Geschäft, die Kundentreue und die Ausgaben des Kunden im Store. Überhaupt hat sich der persönliche Verkauf immer wieder als ein herausragen-der, erfolgskritischer Bereich herausgestellt (z. B. McGoldrick 2003, S. 503; Jobber und Lancaster 2006, S. 4 ff.). Nach Baker (1986, 1998) ist das Personal ein *besonders wichti-ger und zu gestaltender Teil* der Verkaufsumgebung.

▶ Die Wahrnehmung des persönlichen Verkaufs prägt das Store Brand Image.

Ein Grund für die herausragende Stellung ist darin zu sehen, dass im persönlichen Ver-kauf nicht nur auf sprachlicher, sondern auch auf *nonverbaler Ebene* interagiert wird. Daher kann „intensiver" und „eindeutiger" kommuniziert werden. Das kann an drei exemplarischen Besonderheiten weiter verdeutlicht werden:

- Beispielsweise können durch nonverbales Verhalten bessere Rückschlüsse auf Gefühlslagen, Einstellungen oder die Persönlichkeit des Interaktionspartners gezogen werden als durch rein sprachliche Aussagen (z. B. Argyle 2005; Mehrabian 2007).
- Das Blickverhalten steuert die Interaktion und die Interpretation über Glaubwürdig-keit und Vertraulichkeit. Über das Blickverhalten können also bei der persönlichen Verkaufskommunikation wertvolle diagnostische Informationen erlangt bzw. ausge-sendet werden.

- Außerdem bestehen bei persönlicher Kommunikation permanente Rückkoppelungen, die hohe Anpassungsgrade bei Inhalten wie auch bezüglich des Interaktionsverlaufs erlauben. Insofern können erwünschte Wirkungen (z. B. Überzeugungswirkung bzgl. eines Nutzens) im Vergleich zu medialer Kommunikation meist einfacher erreicht werden.

Erkenntnissen der Sozialpsychologie folgend hängt der Kommunikationserfolg überwiegend von der nonverbalen Kommunikation und weniger von den gesagten Inhalten ab (Mehrabian und Weiner 1967; Mehrabian und Ferris 1967; Birdwhistell 1970).

Kundenorientierter Verkauf

Zum Handeln im Verkauf existieren durchaus unterschiedliche Auffassungen, was sich nicht selten in der Distinktion von Marketing und Vertrieb auswirkt (dazu Redler 2015; S. 342 ff.). Der sogenannte „kundenorientierte Verkauf" (Saxe und Weitz 1982) zeichnet sich aus durch

a) Unterstützung des Kunden bei der Herausarbeitung seiner Bedürfnisse,
b) den Wunsch, den Kunden bei für ihn zufriedenstellenden Kaufentscheidungen zu unterstützen,
c) das Angebot von Lösungen, die Bedürfnisse des Kunden tatsächlich befriedigen können,
d) eine angemessene Erläuterung von Produkten und Lösungen,
e) einen Verzicht auf täuschende oder manipulative Taktiken sowie
f) eine Vermeidung von Druck aufbauenden Verkaufstechniken (Hard-Selling).

Das Konzept stellt somit nichts anderes dar als die Umsetzung des eigentlichen Marketing-Gedankens, sprich die Schaffung langfristiger Austauschbeziehungen, die den Beteiligten gegenseitigen Nutzen stiften. Ein Instrument, um das Ausmaß so verstandener Kundenorientiertheit beim Verkaufspersonal zu messen, ist die SOCO-Skala (Saxe und Weitz 1982).

Die Kommunikations-Gesamtwirkung beim jeweiligen Gegenüber hängt insgesamt auch davon ab, ob die Signale auf den verschiedenen Ebenen (z. B. Aussagen und Mimik) vom Empfänger widerspruchsfrei wahrgenommen werden. Persönliche Verkaufskontakte[26] sind letztlich Teil eines beim Kunden entstehenden Gesamtbilds. Maßgeblich ist, dass auch Verkaufs- und Serviceerfahrungen dazu beitragen, ein *einheitliches und konsistentes Bild* entstehen zu lassen, um das Store Image im Sinne der Positionierung zu formen bzw. zu festigen. Zu beachten ist weiterhin, dass die Kundenwahrnehmung des Personals auf der Fläche auch von der weiteren gestalteten Umwelt, also dem Instore-Design an sich, abhängt. Untersuchungen von Sharma und Stafford (2000) – bspw. – zeigen auf, dass die Ladenatmosphäre die kundenseitige Wahrnehmung von Verkaufsmitarbeitern lenkt und sich auch auf die Überzeugungswirkung der Verkaufsmitarbeiter auswirkt.

Beachtenswert ist überdies, dass das wahrgenommene Auftreten des Verkaufspersonals auch die Preisakzeptanz gegenüber den angebotenen Produkten beeinflusst (Grewal und Baker 1994).

---

[26]Kommunikationsparameter des persönlichen Verkaufs werden bei Pepels (2015) besprochen.

Die Rolle des Mitarbeiters

Nicht nur sind Mitarbeiterkontakte aufgrund der persönlichen Interaktion an sich beeinflussungsstark. Auch trägt jeder Mitarbeiterkontakt, ob aus Kundensicht positiv oder negativ, zur Imagebildung bei.

Mitarbeiterkontakte über den persönlichen Verkauf haben insgesamt eine besonders markenprägende Stellung. Sie prägen Kundenurteile zum Store und damit das Store Brand Image. Dabei intervenieren in besonderem Maße spontane affektive Urteile.

Diese Zusammenhänge können an Abb. 5.68 erläutert werden. Der Kontakt mit einem Store-Mitarbeiter löst spontane, gefühlsmäßige Eindrücke aus, die weiteren Bewertungen vorausgehen (Zajonc 1980). Die Eindrücke führen zu heuristischen Bewertungen (Schlüssen) im Sinn der Affekt-Heuristik (Slovic et al. 2002), insb. unter Bedingungen flüchtiger Informationsverarbeitung. Diese beziehen sich im hiesigen Fall vor allem auf den Mitarbeiter selbst, aber auch auf Beratung und Service sowie den Store. Auch das Verständnis von Informationen im Verkaufskontakt wird vom (affektiven) Eindruck des Mitarbeiterkontakts beeinflusst. Entstandene Urteile zum Mitarbeiter sowie zu Beratung und Service werden auf den Store generalisiert: Von einem Teil wird auf das Ganze geschlossen. Ebenso wird vom Urteil zu einem Mitarbeiter auf das weitere Personal geschlossen. Der Mechanismus zeigt, dass spontane Eindrücke aus Personalkontakten die Bewertung des Stores und damit das Store Brand Image beeinflussen.

Die Kontaktgestaltung über den Mitarbeiten am Point-of-Purchase muss daher sehr ernst genommen werden.

Esch et al. (2014) betonen den Aufbau von *Commitment* zur eigenen Marke bei Mitarbeitern durch Behavioral Branding als eine Grundaufgabe, damit Markenversprechen

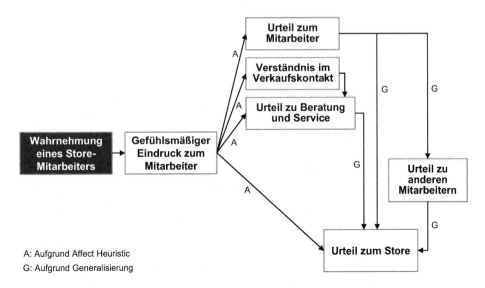

A: Aufgrund Affect Heuristic
G: Aufgrund Generalisierung

Abb. 5.68 Mitarbeitereindruck prägt Store-Eindruck

im täglichen Kundenkontakt gelebt werden. Dazu sei an der Motivation, am *Markenverständnis* und relevanten Verhaltensweisen von Mitarbeitern zu arbeiten und der organisatorische Rahmen zielführend auszugestalten.

▶ Jeder noch so kleine persönliche Kundenkontakt im Store muss sich an der angestrebten Store Brand Positioning messen lassen.

Um Store Brand Assets zu fördern bzw. zu festigen, ist der Verkauf im Sinne der POP-Kommunikation auszurichten. Die Orientierung an den POP-Zielfeldern Markenwahrnehmbarkeit, Orientierung, Atmosphäre, Erlebnis und Interaktion kann dafür wertvolle Beiträge leisten.

5.5.2 Interaktions- und Kommunikationsansätze als ergänzender theoretischer Zugang für den Verkauf

Neben den etablierten und in Abschn. 5.2 vorgestellten Ansätzen der Umweltpsychologie sind im Bereich Verkauf besonders *Interaktionstheorien* als theoretisches Fundament relevant. Grundlegende Beiträge dazu stammen von Malewski (1967), Homans (1972) oder Turner (1988). Interaktionstheoretische Konzeptionen, die die Komplexität aus interpersonaler, organisatorischer und situativer Dynamik aufgreifen, haben sich vor allem ab den 1980er Jahren herausgebildet (Reeves und Barksdale 1984, S. 7).

Schuckel-Modell
Einen angepassten Zugang bezüglich der Interaktion im Verkauf bietet das *Modell zur Bedieninteraktion von Schuckel* (1999). Es greift den persönlichen Verkauf als eine Interaktion von Verkäufer und Kunde auf und fokussiert aus einer Dienstleistungssicht die Urteilsbildung und Zufriedenheit des Kunden. Das Modell identifiziert Einflüsse auf die Interaktion und zerlegt sie in wichtige Schritte und Teilprozesse (vgl. Abb. 5.69). Darüber lassen sich zahlreiche Erfolgsfaktoren herausarbeiten, die Kundenzufriedenheit im Verkauf und letztlich den wirtschaftlichen Erfolg bestimmen.

Als große Bereiche stehen sich in der Modellierung zunächst Aspekte von Käufer und Verkäufer gegenüber. Ihre Verbindung entsteht durch die *Bedienqualität,* für die drei Komponenten differenziert werden:

- Die *Potenzialqualität* bezieht sich einerseits auf die Ausstattung in technischer wie räumlicher Hinsicht, andererseits auf Kenntnisse und Fähigkeiten auf Verkäufer- und Käuferseite.
- Die *Prozessqualität* befasst sich mit der eigentlichen Interaktion zwischen Käufer und Verkäufer. Es wird erfasst, in welcher Weise Wahrnehmung, Verarbeitung und Verhalten auf beiden Seiten aufeinander eingehen, um eine Leistung zu schaffen.

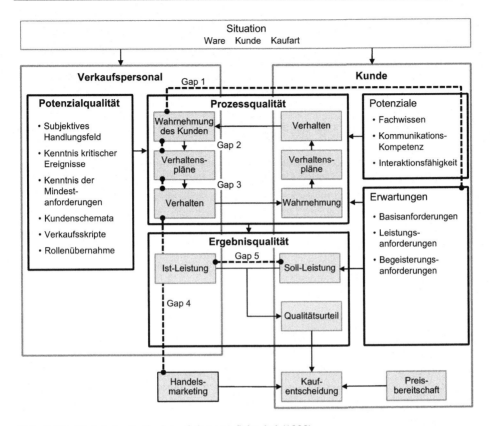

Abb. 5.69 Modell der Bedieninteraktion von Schuckel (1999)

- Die *Ergebnisqualität* ist das Resultat des Bedienprozesses, der Interaktion. Insbesondere wird ein Abgleich von Erwartungen und Wahrnehmungen berücksichtigt, der zu einem Urteil führt.

Die Komponenten sind miteinander vernetzt. Potenziale beeinflussen Prozesse und diese die Ergebnisse.

Die *Potenzialqualität* des Verkäufers ist von seiner Fach- und Sozialkompetenz abhängig. Auch der Kunde bringt Potenziale mit, bspw. seine eigene Interaktionskompetenz. Zudem verfügt er über Erwartungen, die auf die Interaktion einwirken, sowie eine bestimmte Preisbereitschaft. Kunde und Verkäufer reagieren auf die Verhaltensweisen des jeweilig anderen und beeinflussen darüber Verlauf und Resultat der Bedieninteraktion.

Weitere Einflüsse bestehen in situativen Variablen wie bspw. der Warenart oder dem Kundeninvolvement.

Prozesse: Die Ergebnisqualität resultiert aus dem Vergleich von Wahrnehmungen und Erwartungen. Sie mündet in einem Qualitätsurteil zur Bedienung, welches Prädiktor für das Kaufverhalten des Kunden ist. Die Ergebnisqualität resultiert aus der Prozessqualität.

Diese bestimmt sich aus der Wahrnehmung des Kunden durch den Verkäufer, seiner kognitiven Planung und dem konkret gezeigten Verhalten – in Interaktion mit dem Käufer.

Kritische Übergänge: Das Modell identifiziert kritische Übergänge, bei denen sogenannte *Gaps* auftreten können. Sie bieten wichtige Ansatzpunkte für Interventionen des Store Brand Management in Richtung einer erfolgreichen Interaktionsgestaltung.

- Gap 1 entsteht, wenn Erwartungen des Kunden nicht angemessen wahrgenommen werden.
- Gap 2 entsteht, wenn der Verkäufer auf Basis seiner Wahrnehmung nicht angemessene kognitive Planungen entwickelt.
- Gap 3 entsteht, wenn die entwickelten Verhaltensabsichten nicht richtig in Verhalten umgesetzt werden.
- Gap 4 entsteht, wenn das Verhalten des Verkäufers nicht im Einklang mit übrigen Marketingmaßnahmen des Händlers steht.
- Gap 5 entsteht, wenn die Istleistung des Verkäufers nicht das Leistungs-Soll des Kunden erfüllt.

Es ist unschwer ersichtlich, dass das Handelsmanagement an jedem Gap ansetzen kann, um Kundeninteraktion im Sinne der Store Brand erfolgreicher zu machen bzw. die Erreichung von POP-Zielen über den Verkauf zu verbessern. Beispielsweise kann zur Reduzierung von Problemen bei Gap 1 mit Trainings angesetzt werden, die die Auseinandersetzung mit und die Einschätzung von Kundenerwartungen üben. Desgleichen könnten Trainings bei Gap 3 erreichen, dass bestimmte Routinen aufgebaut werden. Bei Gap 4 könnte die Information und Schulung über aktuelle Marketingmaßnahmen und -ziele einen Ansatz liefern.

Auch an der Potenzialqualität kann angesetzt werden. Sie kann nicht nur durch Information und Training, sondern auch durch Personalauswahl beeinflusst werden. Aus Sicht des Store Brand Management stellen auch Faktoren wie das Wissen über Ziele, die Bedeutung der Store Brand, eine Verinnerlichung der Store Brand Positioning und das Verständnis des Beitrags des Verkaufs zur Store Brand wichtige Parameter dar. Sie sollten daher als der Potenzialqualität zugehörig aufgefasst werden.

▶   Der Ansatz von Schuckel (1999) ergänzt die emotional- und kognitivorientierten Modelle der Umweltpsychologie. Indem es den Verkauf als eine Interaktion modelliert, werden wichtige Ansatzpunkte für markenrelevante Interventionen im Verkauf identifiziert.

Eine stärkere Betonung der kommunikativen Interaktion im Verkauf findet sich bei Bänsch (2013). Er stellt die *Kommunikationsanalyse* in den Mittelpunkt, um Ansatzpunkte für die Gestaltung des Verkäuferverhaltens zu entwickeln.

Auch die körperliche Kommunikation und die Objektkommunikation als Teile der *nonverbalen Kommunikation* verdienen Beachtung bei der Analyse und Gestaltung der

Verkaufsinteraktion. Entsprechende Betrachtungen finden sich bei Weinberg (1986) und Klammer (1989). Auswirkungen nonverbaler körperlicher Kommunikation bei Verkäuferkontakten werden bei Puccinelli et al. (2010), Specht et al. (2007) oder Henning-Thurau et al. (2007) empirisch untersucht. Objektkommunikation wird u. a. in der Untersuchung von Bodur und Grohmann (2005) am Fall Geschenke und u. a. in der Untersuchung von Holman (1980) am Fall Kleidung aufgegriffen.

5.5.3   Umsetzung im persönlichen Verkauf

5.5.3.1 Ziel Sichtbarkeit der Markenelemente

Die Sichtbarmachung von Markenelementen im persönlichen Kundenkontakt kann vor allem über vier Ebenen realisiert werden:

- Ebene 1: Die Person selbst und körpernahe Objekte.
- Ebene 2: Das Verhalten der Person.
- Ebene 3: Die Aussagen der Person.
- Ebene 4: Die Objektsprache in der Interaktion.

Ebene 1: Die Person selbst und körpernahe Objekte

Auf dieser Ebene sind Faktoren wir Körperbau, Alter, Geschlecht, Typ, Persönlichkeit aber auch Kleidung, Styling und Outfit wichtig. Einige davon (z. B. Körperbau) sind durch Personalauswahl, andere durch Ausstattung, Feedbacks und Training beeinflussbar (z. B. Kleidung).

Das Gesamtbild der Person soll dabei kongruent zur Markenidee des Stores sein. Jeder Mitarbeiter im persönlichen Verkauf ist in diesem Sinne ein Repräsentant, der das Store Brand Image nicht schwächen darf, sondern idealerweise im Sinne der angestrebten Positioning verstärken soll. Beispiel Apple: In den Stores werden junge, locker agierende, versierte aber sozialkompetente Personen eingesetzt, die leger und schlicht gekleidet sind, aber über ihre Shirts einheitlich als Verkaufspersonal erkennbar sind.

Um konkrete Markenelemente wie Farben, Formen oder ein Logo an der Person sichtbar zu machen, bietet die Kleidung der Verkaufsmitarbeiter die wirkungsstärksten Ansatzpunkte. Umfassende Lösungen werden auch als *Corporate Fashion* bezeichnet. Die kommunikative Bedeutung des Auftretens und der Kleidung des Personals ist auf Praxisseite wahrgenommen, jedoch wird sie von der Marketing-Forschung kaum untersucht (Solomon 1998). Interessant sind die empirischen Befunde von Shao et al. (2004) im Servicesektor:

- Kunden beurteilen Personal nach seiner Kleidung.
- Kunden stützen ihre Qualitätsbewertung des Unternehmens auf die Kleidung der Kontaktmitarbeiter.

- Die Angemessenheit der Kleidung (Wahrnehmung im Vergleich zur Erwartung der Kunden) ist ein wichtiger Faktor: Als angemessen gekleidet wahrgenommene Mitarbeiter erreichen beim Kunden höhere Qualitätszuschreibungen zum Unternehmen und eine verbesserte Kaufabsicht im Vergleich zu Mitarbeitern, die unangemessen gekleidet wahrgenommenen werden.

Um Markenelemente auf Personenebene einzusetzen, bieten Kleidung und Outfit von Mitarbeitern abgestufte Möglichkeiten (Abb. 5.70). Sie bedeuten unterschiedliche Wirkungsstärken, denn ihre Wahrnehmbarkeit und auch ihre kommunikative Kraft sind nicht gleich. Beispielsweise haben zur individuellen Bekleidung zugefügte, gebrandete Namensschilder nur geringe Wirkungsstärke, weil sie im Gesamtbild aufgrund untergeordneter Größe wenig in Erscheinung treten. Sie werden überwiegend gar nicht wahrgenommen. Das POP-Ziel der Wahrnehmbarkeit der Markenelemente ist damit also schwer zu erreichen, obwohl am Namensschild sogar mehrere Brandingelemente integriert einsetzbar sind. Einen Gegenpol bilden komplette Store Brand-Outfits (Uniformen). Sie sind deutlich sichtbar und können vor allem formale Markenelemente gut transportieren. Mit ihnen sind wesentliche Brandingelemente aufeinander abgestimmt verwendbar. Zwischen den Extremen existieren Übergangsformen, z. B. der einheitliche Einsatz eines Bekleidungsoberteils, das Farbe und Logo des Store Branding umsetzt.

▶ Namensschilder, Accessoires wie Krawatten und Tücher bis hin zu kompletten Outfits können Brandingelemente der Store Brand am Mitarbeiter sichtbar machen.

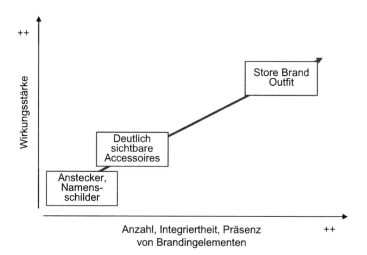

Abb. 5.70 Möglichkeiten und Effektstärke von Corporate Fashion

Corporate Fashion im Verkauf bei Galeria Kaufhof

Mitarbeiter von Galeria Kaufhof am Alexanderplatz hatten sich 1998 entschieden, testweise einheitliche Kleidung zu tragen. Unter Beteiligung der Mitarbeiter wurde ein Dresscode erarbeitet, der einheitlich anthrazitfarbene Anzüge und Kostüme vorsieht. Ziele waren die bessere Erkennbarkeit der Mitarbeiter und ihre Zuordnung zum Store sowie eine Förderung von Teamgeist und Identifikation. (Quelle: http://www.berliner-zeitung.de/16295638)

Einheitliche Bekleidungselemente dienen auch der besseren Erkennbarkeit des Personals am Point-of-Purchase (extern) und unterstützen das Empfinden von Zugehörigkeit bei Mitarbeitern (intern).

Ebene 2: Das Verhalten der Person

Auf der Verhaltensebene des Mitarbeiters im Verkauf können nonverbale Kommunikation und Umgangsformen der Markentonalität Ausdruck verschaffen. Der gesamte Kommunikationsstil des Verkaufsmitarbeiters steht letztlich für die Store Brand. Dabei sollten, wie Untersuchungen von Sparks et al. (1997) zeigen (neben den Inhalten der Kommunikation), beim Stil der Kommunikation die Erwartungen des Kunden aufgegriffen werden, um im persönlichen Verkauf erfolgreich zu sein. Aus Sicht des Store Brand Management ist allerdings darauf zu bestehen, dass der gewählte Kommunikationsstil zumindest zur Store Brand passt, ihn idealerweise repräsentiert. So gesehen ist eine Variabilität nur innerhalb einer Bandbreite tolerabel, damit a) das Verhalten auf die Store Band verweisen kann und b) in Sinne Integrierter Kommunikation Konstanz im Gesamtbild entsteht.

Inter alia ist auf der Verhaltensebene die *Einbindung von im Store vorhandenen Markenelementen* in die Verkaufssituation zu bedenken. Dies könnte bedeuten, dass der Verkaufsmitarbeiter während des Beratungsgesprächs gezielt an bestimmte Orte des Stores führt („Beratungsinseln"), an denen Brandingelemente vorhanden sind. In kleinerem Rahmen kann dies bedeuten, dass Gespräche gezielt vor eine Wand, Säule oder ein Regal gesteuert werden, damit Brandingelemente wie Farben oder das Logo in der konkreten Situation wahrnehmbar werden. Oder: Das Unterschreiben von Formularen erfolgt stets auf einer gebrandeten Unterlage. Auch beim Kassiervorgang sollten Brandingelemente ins Geschehen integriert werden. All dies soll das Ziel unterstützen, formale Hinweisreize zur Brand gemeinsam mit der Verkaufssituation zu verankern. Dies erfolgt besonders stark, wenn im Verlauf der Interaktion bewusst auf Brandingelemente (wie ein Logo) gezeigt wird (der Blick wird dorthin gelenkt, was die Chance zur Informationsaufnahme erhöht) oder Dinge mit Markenelementen in die Hand des Kunden gegeben werden (besonders hohe Kontaktwahrscheinlichkeit).

Eine kraftvolle Form auf der Verhaltensebene wäre weiterhin die Etablierung von *Ritualen*, die wie Markenelemente wirken. Damit sind regelmäßige, immer gleichbleibende Vorgehensweisen an bestimmten Stellen der Verkaufsinteraktion gemeint.

Beispielhaft kann man sich bestimmte nonverbale Begrüßungs-, Dankes- oder Verabschiedungsformeln, charakteristische Verhaltensweisen beim „Aufrufen" von Kunden oder spezielle Gestenelemente während der Interaktion vorstellen. Solche ritualisierten Elemente im Verhalten müssen jedoch in ihrer Art hinreichend auffällig sein und von allen Mitarbeitern stringent genutzt werden. Es besteht die Gefahr, dass der Einsatz künstlich wirkt.

▶   Die Art und Weise, wie sich ein Mitarbeiter dem Kunden gegenüber gibt und der Grad des umgesetzten Servicelevels verweisen auf die Store Brand.

Ebene 3: Die Aussagen der Person

Sehr gut kann der Markenname der Store Brand in die verbalen Aussagen des Verkaufspersonals integriert werden. Dazu sollte der Name im Kundengespräch oder bei Produktpräsentationen wiederholt genannt und/oder herausgestellt werden, möglichst in einem positiven Kontext. Überraschenderweise ist dieses Feld wenig erforscht.

Bei genauer Beobachtung der Realität in Stores ist festzustellen, dass in Verkaufsgesprächen häufig nur der Name von Produkten oder Produktherstellern genannt wird. Um auf die Store Brand zu verweisen und sie zu unterstützen, ist es aber erforderlich, dass der *Name der Store Brand immer wieder aktiv ausgesprochen und mit relevanten Aussagen verbunden* wird. Eine einfache und grundsätzlich umzusetzende Möglichkeit besteht in der Einbindung in verbindliche Begrüßungs- und Verabschiedungsformen.

Die Einbindung des Store Brand Namens in Verkaufsgesprächen sollte in Trainings gefestigt werden.

▶   Der Store Brand Name sollte in der verbalen Interaktion mit Kunden wiederholt genannt werden.

Ebene 4: Die Objektsprache in der Interaktion

Die Objektkommunikation ist Teil der nonverbalen Kommunikation. Bei diesen Formen der Kommunikation werden *materielle Gegenstände* genutzt, um Kommunikationsziele zu erreichen (z. B. Knapp et al. 2013, S. 11). Typische Mittel der Objektkommunikation sind Gebäude, Einrichtungsgegenstände, Statussymbole, Einladungen, Geschenke und Arbeitsinstrumente (z. B. Tablet). Wie kann man Markenelementen durch Objektsprache im persönlichen Verkauf Sichtbarkeit verschaffen?

Um ihre Sichtbarkeit im persönlichen Verkauf zu fördern, sollten die im Verkäuferkontext eingesetzten Objekte mit Markierungselementen ausgestattet werden. Dazu gehören z. B.:

- Dienstfahrzeuge,
- Give-Aways,
- Verkaufsunterlagen,
- Notebook und Smartphone,

- Behältnisse von gereichten Getränken,
- Eingesetzte Füllfederhalter und Schreibmappen,
- Notizbücher des Verkäufers etc.

An jedem Objekt ist also zu prüfen, ob und wie Farben und Logo wahrnehmbar gemacht werden können. Wird dies umgesetzt, können zusätzliche Aktualisierungen der Marke erreicht werden.

Der durch das Ausmaß umgesetzter Elemente resultierende Gesamteindruck darf allerdings der Store Brand Positioning nicht im Wege stehen. Ein plakatives, umfangreiches Herausstellen des Logos kann bspw. bei Prestige-Positionierungen kontraproduktiv sein.

Auch Mitarbeiterkleidung (s. oben) kann als Instrument der Objektkommunikation angesehen werden. Enge Bezüge bestehen außerdem zur Forschung bezüglich Symbolen in der Interaktion (dazu u. a. Schütz 1971, S. 331 ff.; zur Anwendung in der Markenführung u. a. Müller 2012).

5.5.3.2 Ziel Orientierung

Orientierung im persönlichen Verkauf kann auf zwei Ebenen verstanden werden. Auf der *Makroebene* bedeutet dieses Kriterium, Kunden räumlich zu orientieren, sie beim Finden angesteuerter Produkte auf der Fläche zu unterstützen und sie im Kaufprozess zu navigieren. Für eine solche Makroorientierung sind als Vorgehensweisen anzusehen:

1. Das aktive Ansprechen von Personen, um Hilfe anzubieten.
2. Das Bereitstehen von Personal als Ansprechpartner für Fragen (passive Maßnahme).
3. Die Steuerung der Aufenthaltsorte bzw. Arbeitspositionen von Mitarbeitern. Die Mitarbeiterorte fungieren wie visuelle Anker in der Mental Map und unterstützen damit die Orientierung.

Im Saturn-Store Ingolstadt wird der Verkauf (testweise) durch den Roboter „Paul" unterstützt. Ein fast mannshoher Maschinenmensch, der zusammen mit dem Fraunhofer Institut IPA entwickelt wurde, empfängt hereinkommende Kunden, hilft bei der Suche nach Artikeln und leitet zum Regal (Günther 2016). Er übernimmt Orientierungsfunktionen des Verkaufs.

Auf einer *Mikroebene* wird Orientierung gegeben, indem einerseits zentrale Problemstellungen identifiziert werden. Andererseits erfolgt Beratung am Sortiment; Kunden werden also über konkrete Lösungen informiert und somit auch auf dieser Ebene orientiert.

Dabei sind die typischen Phasen eines solchen Gesprächs zu beachten. Der Aufbau einer vertrauensvollen und persönlichen Grundatmosphäre ist eine wichtige Ausgangsbasis. In einer Phase der Bedarfsanalyse sind die eigentlichen Kundenbedürfnisse, emotionale oder sachliche Motive herauszuarbeiten, um schließlich passende Lösungen anzubieten. Dabei ist die *Fragetechnik* zur Führung der Kommunikation hochrelevant, ebenso aber auch das *aktive Zuhören* (Baron 2015). Offene Fragen (W-Fragen), Suggestivfragen, geschlossene Kontrollfragen sowie Alternativfragen zählen zu den wichtigsten Fragetechniken (Behle und Hofe 2014, S. 134 ff.).

Diller et al. (2005, S. 202 f.) differenzieren in:

- *Situationsfragen:* Sie vervollständigen und verifizieren die vorhandene Informationslage.
- *Problemfragen:* Sie zielen auf spezifische Schwierigkeiten und Unzufriedenheiten ab und dienen dazu, existente Problembereiche abzustecken. Sie unterstützen den Kunden beim Identifizieren seiner Bedürfnisse.
- *Implikationsfragen:* Sie arbeiten Konsequenzen der identifizierten Probleme heraus. Damit erlauben sie es, den subjektiv vorhandenen Problemdruck für bestimmte Probleme zu bestimmen und entsprechend zu priorisieren.
- *Problemlösungsfragen:* Sie lenken den Fokus des Kunden auf mögliche Problemlösungen und unterstützen die positive Hinwendung des Kunden zu vorgeschlagenen Lösungen.

Eine solche gedankliche Untergliederung kann hilfreich sein, um Fragen auf Ziele und Absichten in den Phasen des Verkaufsgesprächs abzustimmen und darüber entsprechend zu steuern. Problem- und Implikationsfragen scheinen besonders geeignet, um eine Orientierung hinsichtlich der Problemlage anzubieten, Problemlösungsfragen bereiten Orientierung durch eigene Lösungsvorschläge vor. Ebenso erweisen sich Techniken der Argumentation und der Einwandbehandlung als bedeutsam, um beim Kunden eine klare Orientierung entstehen zu lassen.

In welchem Ausmaß und in welcher Ausprägung solche Orientierungsmaßnahmen des persönlichen Verkaufs realisiert werden, ist durch Betriebstyp und Bediensystem (dazu Müller-Hagedorn und Natter 2011, S. 412 f.) beeinflusst.

5.5.3.3 Ziel Atmosphäre

Persönliche Kommunikation im Verkauf soll u. a. die kundenseitige Wahrnehmung gezielt beeinflussen (McFarland et al. 2006). Dabei kann neben kognitiven Wirkungen auch auf emotionale Wirkungen abgestellt werden. Sofern unspezifische Emotionen und Gefallenswirkungen betroffen sind, handelt es sich um die Steuerung atmosphärischer Effekte an diesem Point-of-Purchase.

Beachtung von Atmosphäre

Verkaufskommunikation wirkt emotional. Wie McElroy et al. (1990) herausarbeiten, bestehen klare Zusammenhänge zwischen dem Verhalten des Verkaufspersonals einerseits und den emotionalen Reaktionen bei den Kunden andererseits – also auch auf ausgelöste atmosphärische Wirkungen. Die Autoren verdeutlichen ihren Ansatz an den *nonverbalen* Kommunikationsaspekten Gesprächsabstand, physische Attraktivität inkl. Kleidung und Umgebungsgestaltung. Die Grundzusammenhänge des Ansatzes können wie folgt umrissen werden (Abb. 5.71):

Innerhalb der Rahmenbedingungen einer konkreten Verkaufssituation kann verbale und nonverbale Kommunikation im persönlichen Verkauf gestaltet werden. Zum Beispiel

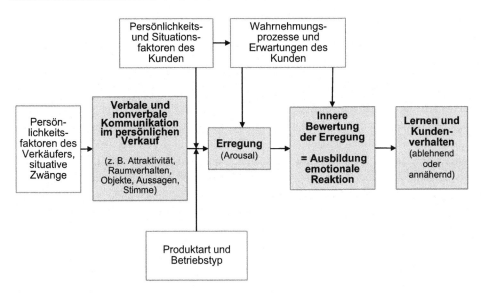

Abb. 5.71 Ausbildung atmosphärischer Wirkungen durch persönliche Verkaufskommunikation. (Quelle: Modifiziert in Anlehnung an McElroy et al. 1990, S. 38)

kann in der Kommunikation unterstützend Mimik eingesetzt werden, oder der Verkäufer kann sich seinem Gegenüber zuwenden. Diese „Reize" in der Kommunikation führen zu Erregungszuständen beim Kunden. Die Wirkung wird beeinflusst von Erwartungen, Persönlichkeit und konkreten Wahrnehmungsprozessen auf Kundenseite, aber auch von der Produktart und der Art des Händlers. Überschreitet die ausgelöste Erregung eine Mindestschwelle, kann es zu einer Ausbildung von Affekten kommen, indem die Erregung innerlich positiv oder negativ bewertet wird. Die Erregung wird bspw. als angenehm oder unangenehm empfunden. Dies entspricht einer emotionalen Reaktion, die ihrerseits ein Annäherungs- oder Vermeidungsverhalten des Kunden steuert. Diese empfundenen, eher unspezifischen, Emotionen werden – im Fall des persönlichen Verkaufs – der Store Brand zugehörig abgespeichert (Lernen).

Neben der nonverbalen ist selbstverständlich auch die *verbale* Ebene relevant. Was gesagt wird und wie es gesagt wird nimmt Einfluss auf Emotionen des Kommunikationspartners.

Atmosphäre als Information. Nach dem Mood-as-Information-Ansatz von Schwarz und Clore (1988) dienen empfundene Emotionen als Information für weitere Bewertungen (bspw. als Information bei der Bewertung von Produkten). In Verkaufssituationen dienen emotionale Reaktionen auf die Kommunikation mit dem Verkaufspersonal als Grundlage – Information – für Urteile bspw. zum Händler. Derartige Urteile (wie oft auch die emotionalen Empfindungen selbst) werden dem Markennamen zugehörig gelernt und prägen damit das Store Brand Image. Auch aus dieser Perspektive heraus bestehen also Argumente, die Atmosphäre im persönlichen Verkauf zielgerichtet zu gestalten.

▶   Persönlicher Verkauf wirkt auch „atmosphärisch".

Vertrauen als spezifische atmosphärische Qualität. Bei langfristigen Beziehungen zwischen Verkäufer und Kunden (wie sie im B2B-Bereich eine herausragende Rolle einnehmen) wird immer wieder die besondere Bedeutung von Vertrauen betont (u. a. Doney und Cannon 1997). Vertrauen bildet sich einerseits auf der Grundlage einer kognitiven Komponente, andererseits aber insbesondere auch über eine wichtige emotionale Komponente. Wie neuere Befunde zeigen, ist zur Vertrauensbildung das *gegenseitige „Mögen"* erforderlich (Nicholson et al. 2001). Dieses entspricht einer emotionalen Bewertung, die unspezifischer Natur ist und hier insofern durchaus als ein atmosphärischer Effekt eingeordnet werden kann. Interessanterweise dominieren die affektiven Bewertungen die rationalen Faktoren mit zunehmender Beziehungsdauer (Erevelles und Fukawa 2013, S. 10).

Es ergibt sich der Ansatz, die atmosphärischen Wirkungen am persönlichen Point-of-Sale so zu gestalten, dass Voraussetzungen eines „Mögens" geschaffen werden, um die Ausbildung von Vertrauen zu unterstützen.

Ansatzpunkte

Faktoren aus dem Schuckel-Modell. Aus dem Modell zur Bedieninteraktion von Schuckel (1999) ergeben sich mehrere grundlegende Handlungsfelder, die für die atmosphärische Gestaltung relevant sind.

• Zum einen der grundsätzliche Abgleich der Istleistung im Verkauf mit dem Soll. Die empfundene Qualität der Beratung führt zu bestimmten emotionalen Reaktionen.
• Zum anderen sind die Potenziale auf Verkäuferseite zu betrachten, bspw.
    – die Kenntnisse kritischer Ereignisse im Hinblick auf emotionale Reaktionen,
    – die Kenntnis von Mindestanforderungen bei Kunden, um Enttäuschungen und negative Emotionen zu vermeiden,
    – die Verfügbarkeit geeigneter Verkaufsskripte, die Aspekte der emotionalen Beeinflussung berücksichtigen.
• Mit Blick auf den Prozess u. a. die Ausbildung angemessener Verhaltenspläne und Verhaltensalternativen auf Verkäuferseite, um durch unangemessenes Verhalten negative Emotionen auf Kundenseite zu verhindern (s. auch unten).
• Die Beachtung der Vorstimmung aus Situation, Personenkonstellation und werblicher Kommunikation.

Die individuelle Verkaufskommunikation kann dies aufgreifen. Um dies abzusichern, sollten Trainings entsprechende Aspekte für die atmosphärische Beeinflussung im Verkaufsverlauf berücksichtigen.

Emotionale Signale. Im Sinne der Theorien der „emotionalen Ansteckung" (z. B. Neumann und Strack 2000) bekommen Verkaufspersonen in direktem Kundenkontakt eine besondere Rolle, denn die von ihnen gezeigten Emotionen können sich auf die Kunden „übertragen" (Luong 2005). *Positiver Emotionsausdruck als Instrument* des Verkaufs ist daher Thema von Untersuchungen (z. B. Pugh 2001).

Wang (2009) stellt dar, dass positive Emotionsvermittlung durch das Personal auf das Ausmaß positiver Affekte bei Kunden wirkt und insbesondere auch Kundenbindungseffekte hat. Dies ist kongruent mit Befunden von Tsai und Huang (2002). In weiteren Untersuchungen finden Wang et al. (2012) am Fall von Backwarengeschäften, dass gezeigte positive Emotionen der Mitarbeiter förderliche Effekte auf Kundenemotionen und Wiederkaufabsichten haben. Allerdings ist die Empfänglichkeit für derartige emotionale Signale auf Kundenseite nicht immer gegeben. Beispielsweise bei Gewohnheitskäufen mit geringem Involvement sinkt diese (Sutton und Rafaeli 1988).

Hinsichtlich der atmosphärischen Gestaltung am persönlichen Point-of-Purchase zeigt sich damit der Aspekt „Emotionsausdruck" als wichtiger Gestaltungsfaktor. Indem Verkäufer bestimmten positiven Emotionen Ausdruck verleihen, kann die Evozierung solcher Emotionen auch auf der Gegenseite erreicht werden. Es hilft, wenn Verkäufer ab und an lächeln! Einfluss genommen werden kann grundsätzlich durch Personalauswahl und spezifische Trainings.

▶   Der Ausdruck positiver Emotionen ist wichtig – insb. nonverbal.

Auf diese Weise die Atmosphäre am Point-of-Purchase zu gestalten, setzt jedoch Verkaufspersonal voraus, welches seine Emotionen auch (in der Darstellung) regulieren kann (Bickart und Schwarz 2001), was emotionale Arbeit bedeutet (Yagil et al. 2008; Morris und Feldman 1996).

Kontingenz. Menon und Dube (2000) finden, dass Verkäufer häufig nicht angemessen auf gezeigte Emotionen ihrer Kunden reagieren. Dadurch werden bei Kunden Erwartungen enttäuscht, was die emotionale Situation bei Kunden (weiter) verschlechtert und letztlich zu negativen Bewertungen der Store Brand führt. Die Autoren zeigen dies speziell für negative Emotionen auf, die von Kunden gezeigt werden – zum Beispiel Ärger oder Angst.

▶   Die Angemessenheit emotionaler Reaktionen auf Verkäuferseite ist kritisch für den atmosphärischen Effekt auf Kundenseite.

Gelingt es dem Verkäufer allerdings, Kundenemotionen zu erkennen und selbst eine *angemessene* emotionale Reaktion zu zeigen, so führt dies zu verbessertem Verkaufserfolg (Verbeke 1997). Die Abstimmung von Emotionen aus Verkäufer- und Kundenseite zeigt sich als ein relevanter Parameter mit Effekten auf die Bewertungen von Produkten und des Stores (Puccinelli 2006): Steht ein unglücklicher Kunde einem Verkäufer gegenüber, der Gefühlen des Glücks Ausdruck verleiht, führt dies dazu, dass sich der Kunde noch schlechter fühlt, was zu schlechteren Produkt- und Store-Bewertungen führt. Diese Aspekte verdeutlichen nochmals die Relevanz entsprechender Trainings für den persönlichen Verkauf, damit Kundeninteraktionen auch über die Steuerung der Atmosphäre zielführend gestaltet werden können.

▶ Emotionale Signale auf Verkäuferseite und die Angemessenheit der Kommunikationsgestaltung sind Faktoren mit starker Wirkung auf die Atmosphäre am persönlichen Point-of-Sale.

Kommunikationsstil. Nach Williams und Spiro (1985, S. 434) wird der Kommunikationsstil durch Botschaften, Vermittlungsart und Einhaltung von Kommunikationsnormen determiniert. Diese Aspekte des Stils beeinflussen die emotionalen Reaktionen des Kunden und sollten daher so ausgeprägt werden, dass keine negativen Emotionen, sondern positive atmosphärische Wirkungen entwickelt werden. Speziell hinsichtlich der Kommunikationsregeln, die definieren, auf welche Art und Weise was wie kommuniziert wird (Ivens und Leischnig 2016, S. 544), ist darauf zu achten, dass (auch kulturelle, zielgruppenspezifische) Erwartungen nicht enttäuscht werden.

Kontext. Interessant ist die Einsicht, dass das Ausmaß gezeigter positiver Emotionen bei Verkäufern scheinbar vor allem von der „Schlagzahl" auf der Fläche abhängt (Sutton und Rafaeli 1988): Bei „geschäftigen" Bedingungen werden eher neutrale Emotionen gezeigt, bei langsam getakteten eher positive. Sollen negative Emotionen auf der Verkäuferseite der Verkaufsinteraktion (und damit die Übertragung) vermieden werden, sind entsprechende Rahmenbedingungen zu fördern. Auch hier offenbart sich ein Hebel, atmosphärische Effekte (indirekt) zu gestalten. Grundsätzlich bestätigt sich in den Zusammenhängen die Bedeutung der situativen Faktoren, wie sie bereits im Schuckel-Modell konzipiert sind.

5.5.3.4 Ziel Erlebnis und Multisensualität

Erlebnisse als Bündel spezifischer Emotionen zu evozieren, ist ein wichtiges Zielfeld der POP-Kommunikation, das auch für den persönlichen Point-of-Purchase zu diskutieren ist. Dabei ist danach zu trennen, ob *Erlebniswirkungen per se* oder als Ausdruck einer *Erlebnispositionierung* angestrebt werden.

Beispiel Hollister: Der persönliche Verkauf erscheint als Ausdruck einer Erlebnispositionierung. Alter, Aussehen und Kleidung des Personals in den Hollister-Stores scheinen bewusst gesteuert. Ebenso sind das Auftreten der Mitarbeiter auf der Fläche sowie der abgrenzende Kundenumgang als Teil des Ansatzes zu verstehen.

Beispiel Frankonia: Im Bereich der Jagdausstattung setzt der Händler aktive Jäger im Verkauf ein. Dies wirkt auf die Authentizität im Auftreten und transportiert den richtigen „Spirit" zum Kunden. Eine Erlebniswirkung „unter Jägern" wird gefördert.

Generell sollte ein durch den persönlichen Verkauf bei Kunden aktualisiertes Erlebnis nicht im Widerspruch zur Store Brand Positioning stehen. Oft können Erlebnisansätze am persönlichen Point-of-Sale ihre Wirkungen nur als *Teil eines umfassenden Erlebniskonzepts,* das auch an anderen Points-of-Purchase und der sonstigen Handelskommunikation realisiert wird, entfalten. Dies hängt letztlich von der Bedeutung des persönlichen Point-of-Purchase ab. So sind die Effekte beim Einzelhändler real,-geringer einzuschätzen als bei Würth als B2B-Händler. Dennoch fungiert der Verkauf als ein Baustein, der zu Erlebniswirkungen beitragen kann.

Ansatzpunkte
Neben den inhaltlichen Aspekten bestehen mehrere Handlungsfelder, um Einfluss auf Erlebniswirkungen zu nehmen.

Die Person selbst. Der persönliche Verkauf kann über die Person an sich, die auf der Verkäuferseite zum Einsatz kommt, Einfluss auf Erlebniswirkungen nehmen. Es ist davon auszugehen, dass je nach *Art und Erscheinungsbild des Mitarbeiters* unterschiedliche gefühlsmäßige Eindrücke beim (potenziellen) Kunden erreicht werden[27].

Insofern sind spezifische Beiträge zu Erlebniswirkungen möglich. Wenn es z. B. um ein Erlebnis „Freiheit in der Natur" geht, macht es einen Unterschied, ob im persönlichen Verkauf eine Person vom Stereotypus „Bankangestellter" oder vom Typus „Bergführer" auftritt. Beim Erlebnis „Glück durch Handwerken" wären hingegen die Beiträge durch eine Person des Typus „Schreiner" oder „Mechaniker" erfolgversprechender als des Typus' „Stadtplaner".

Entscheidungen zur Person an sich bestimmen auch über die Art und Weise des Auftretens, des Ausdrucks und des Gestus' im Umgang mit den (potenziellen) Kunden. Auch dazu treten emotionale Eindrücke auf, was im Hinblick auf Erlebniswirkungen durchaus instrumentell gesehen werden kann.

Sprache. Ein im Kontext des persönlichen Point-of-Purchase offensichtlicher Faktor für die Evozierung spezifischer Emotionen ist die in der Verkaufskommunikation benutzte Sprache. Auch sie kann Gefühle transportieren. Dies kann besonders durch eine *lebendige, aktive, bildhafte Sprache* erreicht werden. In Trainings kann in diese Richtung gearbeitet werden. Zweckmäßig wäre es zudem, in Verkaufsgesprächen jene „Schlüsselvokabeln", die auch in der weiteren Kommunikation des Erlebniskonzepts benutzt werden, gut dosiert vorkommen zu lassen.

---

[27]Die emotionale Reaktion hängt natürlich auch von der Kundenseite und weiteren Faktoren ab.

Kommunikationsstil. Da auch der Kommunikationsstil emotionale Reaktionen des Kunden prägt, wäre auch dieser zur Gestaltung von Erlebniswirkungen zu beachten. Williams und Spiro (1985) unterscheiden drei typische Stile im Verkaufsgespräch:

- *Aufgabenorientiert:* Es besteht eine hohe Zielfokussierung. Verkäufer und Kunde sind bestrebt, Gespräche möglichst effizient zu gestalten und nur so viel Zeit und Kosten einzusetzen wie nötig, um zu Lösungen zu kommen.
- *Selbstorientiert:* Dabei ist der Verkäufer überwiegend auf die Inszenierung der eigenen Person fokussiert. Dem Kunden kommt wenig Aufmerksamkeit zu. Der Verkäufer dominiert und stellt seinen Status in den Vordergrund.
- *Interaktionsorientiert:* Bei diesem Typus stehen persönliche und soziale Aspekt im Zentrum. Es kann vorkommen, dass das eigentliche Verkaufsziel in den Hintergrund rückt.

Hinsichtlich der Stile wäre folglich zu prüfen, *welcher* von ihnen dem Grundsatz nach ein angestrebtes *Erlebniskonzept unterstützen* kann. So kann bei einer „Effizienzpositionierung" der aufgabenorientierte Stil die Kundenwahrnehmung in diese Richtung komplettieren. Bei einem angestrebten Erlebnis „Einkaufen wie noch nie – hier erleben Sie die Show Ihres Lebens!" mag der selbstorientierte Stil für bspw. einen comedien-haften „Auftritt" des Verkäufers passfähig sein. Andererseits bietet gerade der interaktionsorientiere Stil für viele Erlebniskonzepte entsprechende Freiräume, um in der Verkaufsinteraktion gemeinsam relevante Emotionen zu erzeugen. Bei ihm können kundenindividuell emotionale Wahrnehmungen herausgearbeitet werden, um somit auf Erlebniswirkungen für die Store Brand einzuzahlen.

Der Blick auf die Kommunikationsstile ist ein nützliches Denkraster. Der Rückgriff auf die Kommunikationsstile ist allerdings nicht unabhängig von der Personenkonstellation und der Phase der Geschäftsbeziehung (Miles et al. 1990). Wenn der Kommunikationsstil als ein Baustein zur Erlebnis-Evozierung fungieren soll, sollten Schulungen und Trainings entsprechend darauf hinarbeiten. Es setzt voraus, dass angestrebte Erlebnisziele auch für den Verkauf operationalisiert und Kommunikationsstile zugehörige Bandbreiten definiert wurden.

Emotionale Signale. Auch hinsichtlich einer Erlebnisauslösung können die Mechanismen der „emotionalen Ansteckung" (vgl. oben) aufgegriffen werden. Bei verschiedenen Erlebniskonzepten ist es möglich, dass vom Verkäufer gezeigte Emotionen auf die Kunden übertragen werden. Der gezielte „Emotionsausdruck" würde dann auf das angestrebte Erlebnis einzahlen, wenn eine entsprechende Evozierung auf der Gegenseite erreicht wurde. In der praktischen Umsetzung ist dies als ein Element eines umfassenden Maßnahmenkonzepts zu diskutieren. Grundbedingung ist dabei, dass die „übertragene" Emotion in der Weise spezifische Beiträge für ein Gesamtkonzept leistet, dass die Wirkungen des Gesamtkonzepts das Store Brand Image im Sinne des Positionierungskonzepts beeinflusst.

▶   Die Person selbst, ihre Sprache, ihre emotionalen Signale und der Kommunikationsstil sind wichtige Aspekte, um Erlebniswirkungen am persönlichen
Point-of-Purchase zu erreichen.

Kontexte der Interaktion. Das räumliche Umfeld, in dem die Verkaufsinteraktion stattfindet, sowie die Kleidung des Verkäufers sind weitere Aspekte, die für die Erlebniswirkung im persönlichen Verkauf Auswirkungen haben. Ihre Ausgestaltungen rahmen die
Wahrnehmung der Verkaufsinteraktion und sorgen darüber hinaus dafür, dass bestimmte
Aspekte des Verkaufs von Kundenseite auf eine bestimmte Art und Weise aufgefasst
werden. So macht es einen Unterschied, ob Produktangebote für Wanderer in einem
nüchternen Besprechungsraum oder einem multimodal alpin gestalteten Raum geführt
werden. Dies kann für die Erlebnisvermittlung im Verkauf herangezogen werden. Für die
konkreten Parameter der Raumgestaltung sei auf die Ausführungen in Abschn. 5.3 verwiesen. Bezüge sind zudem zur Objektkommunikation (vgl. oben) zu erkennen.

5.5.3.5   Ziel Interaktion und Beziehungsgestaltung

Der persönliche Verkauf wurde oben als eine persönliche, face-to-face stattfindende
Interaktion charakterisiert. Das bedeutet: Der persönliche Verkauf entspricht der Interaktion, die im Rahmen der POP-Kommunikation als ein Zielfeld hervorgehoben wird.
Er löst Interaktion aus, hält sie aufrecht, gestaltet sie, bestimmt über eine Beziehungs-
qualität. Dies kann auf *eine* Interaktionssequenz bezogen, aber auch über einen *Zeitraum
von mehreren Sequenzen* betrachtet werden. Moderne Auffassungen von erfolgreichem
Verkauf setzen bekanntlich auf andauernde Beziehung, statt auf nur eine Order (Baron
2015, S. 91), sodass der sequenzüberdauernden Interaktionsgestaltung hohe Bedeutung
zukommt. Auch Follow-up-Prozesse, ein Tracking des Fulfilment und weiterer Service
sind dabei relevant. Die sequenzüberdauernde Interaktionsgestaltung kann auch als
Beziehungsgestaltung angesehen werden, auf die der Verkauf großen Einfluss ausübt
(u. a. Baron 2015, S. 17). Es erscheint daher auch nicht verwunderlich, dass die Loyalität
von Kunden gegenüber dem Verkäufer eine eigene, oft stärker ausgeprägte Qualität darstellt als die Loyalität gegenüber dem Handelsunternehmen, das den Verkäufer beschäftigt (u. a. Macintosh und Locksin 1997).

▶   Der persönliche Verkauf IST die Interaktion.

Handlungsfelder
Instrumentell wie prozessual können im Endeffekt alle Aspekte wie sie im Rahmen der
„Verkaufsprozesse" oder des „Sales Management" bspw. bei Diller et al. (2005) oder
Bingham et al. (2005) vorkommen, herangezogen werden.

▶   Die Instrumente des persönlichen Verkaufs sind im Wesentlichen Instrumente
der Interaktionsgestaltung am persönlichen Point-of-Purchase.

Mit Blick auf den Interaktionserfolg sollen dennoch einige spezifische Aspekte ange-sprochen werden:

- Das „Staging" einer Interaktionssequenz im Verkauf sollte beachtet werden, wobei der Aufbau einer tatsächlichen Verbindung zum Kunden relevant erscheint (Baron 2015, S. 14 f.). Sie drückt sich u. a. aus in der gegenseitigen Verbindlichkeit der Beteiligten.
- Bedeutsam ist das Zeigen von echtem Interesse und ein empathisches Auftreten. Dem Kunden ist ausreichend Raum zum Reden und Fragen zu geben.
- Feedback für den Händler ist gerade im Verkauf essenziell und sollte im Gesprächs-verlauf aktiv eingeholt werden (Baron 2015, S. 64 f.). Das fördert Interaktion, macht zeitnahes und angemessenes Re-Agieren möglich und ist Voraussetzung für jegliche Form der Einwandbehandlung.
- Da Beeinflussungswirkungen des Verkaufspersonals von dessen Glaubwürdigkeit abhängen (u. a. Sharma 1990), ist die Glaubwürdigkeit auch für die Interaktionsge-staltung ein zu beachtender Parameter.

Darüber hinausgehend können weitere Aspekte für einen Interaktionserfolg aus der Potenzialqualität, den der Prozessqualität zugehörigen Faktoren sowie den situativen Faktoren des *Schuckel-Modells* (vgl. oben) extrahiert werden.

Neben der Interaktionsgestaltung auf der Ebene Verkäufer-Kunde können im persönli-chen Verkauf auch Momente zur Gestaltung der *Interaktion zwischen Kunden* aufgegrif-fen werden.

Integration von Social Media

Social Media bekommt für die Interaktionsgestaltung im Verkauf eine zunehmende Bedeutung. Da sich soziale Medien gerade durch die Einbindung von Kunden, gegen-seitiges Engagement, Reaktionsgeschwindigkeiten in quasi Echtzeit sowie letztlich eine Co-Creation of Value definieren, erscheinen diese als Instrument zur Gestaltung von Interaktionen und Beziehungen geradezu prädestiniert – so auch im Verkauf.

Allerdings stehen Handelsunternehmen vor der Herausforderung, für den Verkauf Personal zu rekrutieren, das soziale Medien in der Interaktion von der Haltung her als selbstverständlich integriert, bzw. das Personal im persönlichen Verkauf entsprechend zu entwickeln (Marshall et al. 2012).

Beiträge, die soziale Medien für die Verkaufsinteraktion leisten können, werden u. a. bei Agnihotri et al. (2012) untersucht. Dass sich die Verkaufsinteraktion durch Social Media verändert, zeigen Ergebnisse einer qualitativen Studie von Marshall et al. (2012): *Die Art der Interaktion und die Weise, mit der Beziehungen gepflegt werden, entwickeln sich neu.* In diesem Kontext wird sogar die These diskutiert, dass durch den enormen Wandel in der Kommunikationsform traditionelle Auffassungen von Customer-Relation-ship-Management (CRM) von so genannten „social CRM"-Paradigmen abgelöst werden (u. a. Rapp und Panagopoulos 2012, S. 301).

▶ Soziale Medien bieten große Potenziale für die Interaktionsgestaltung im persönlichen Verkauf. Sie sind als Baustein einzubeziehen.

5.5.4 Service und Beschwerdemanagement

Wie in den einleitenden Teilen dargelegt, zeichnen sich Betriebstypen im Handel durch die Kombination von Sortiments- und Dienstleistungen aus. Wesentliche Bereiche der mit dem Store verbundenen Marktleistungen sind *als Services also intangibel*. Solche Serviceleistungen sind ein für den Handel essenzielles Instrument, bei dem festzulegen ist, ob ihm eine ergänzende Rolle oder gar eine Kernfunktion für die Leistungs- und Profilierungspolitik zukommt (Müller-Hagedorn et al. 2012, S. 715). Im Gegensatz zu den tangiblen Leistungen eines Stores können Services nur in Gegenwart des Kunden, „mit dem Kunden" erbracht werden. Sie führen zu einer Veränderung des Kunden. So kann eine Produktberatung im Sinne einer Serviceleistung nicht ohne den Kunden erbracht werden. Nach der Beratung ist der Kunde hinsichtlich seines Wissens und seiner Erfahrungen „verändert".

Services bedeuten Service*interaktionen,* die episodische Erfahrungen formen. Aus der Innensicht des Stores sind sie daher ein wichtiger Bereich, um die Store Brand Positioning zu gestalten. Dies deckt sich mit den Überlegungen von Ahlert et al. (2000, S. 106 f.), die die Kompetenz einer Store Brand u. a. durch Beratungs- und Servicekompetenz geprägt sehen. *Wirkungsbezogen* ergeben sich durch diese Interaktionen Effekte auf rationale und emotionale Vorgänge beim Kunden, weshalb sie das Store Brand Image hochgradig beeinflussen (auch Terblanche 2009): Die Store Brand wird auch durch die Wahrnehmung von Services sowie Erfahrungen mit Services geprägt. Befunde von Thang und Tan (2003) stützen den Faktor „Service" als einen signifikanten Einflussfaktor auf die Präferenz von Einkaufsstätten.

Servicespektrum von Cigarworld.de

Cigarworld.de bietet neben den Kernleistungen als Händler zahlreiche weitere Services für seine Kunden an. So gibt es im Webshop unter der Rubrik „Zigarrenwissen" umfangreiche Informationen zu Zigarren und Tabak, Herstellung und Lagerung sowie Geschmack. Ein Blog und das Cigarworld TV bieten weitere. Ergänzende Sortimente wie der passende Brandy zur Zigarre sowie relevantes Rauchzubehör werden angeboten. Eine Suchfunktion, die Strukturierung nach Herstellungsländern und diverse Top-Listen unterstützen das Finden der passenden Zigarre. Alternativ kann sich der Kunde mittels „Zigarren-Assistent" zum geeigneten Produkt navigieren lassen. Zudem existiert eine kostenfreie Telefonhotline. Über die Kundenrezensionen kann anhand der von anderen Kunden erzeugten Profile der wahrgenommenen Aromen ein Eindruck zum Geschmack des Produkts erlangt werden. Das Angebot von Seminaren zählt ebenfalls zum Servicespektrum. Kunden agieren in ihren personalisierten Bereich, um unnötige Mehrfachangaben zu reduzieren und die Interaktion zu erleichtern. Jeder registrierte

Kunde kann sich weiterhin seinen persönlichen virtuellen Humidor anlegen und auch den anderer Kunden begutachten. Der Store bietet acht verschiedene Zahlarten zur Auswahl an und lässt den Kunden den Zustelldienstleister aus zwei Möglichkeiten selbst bestimmen. Für das regelmäßige Informations-Update wird ein Newsletter angeboten. Als Distanzhändler sind der Kauf auf Widerruf ebenso selbstverständlich wie ein problemloses Reklamations- und Retourenhandling inkl. Kontaktmöglichkeiten per Email oder Telefon.

Services von Stores haben summa summarum eine enorme Bandbreite, denn diese umfassen sehr basale Services wie kostenfreie Parkplätze, Toiletten oder Tragetaschen bis hin zu spezifischen Services wie das exklusive Einwickeln von Geschenken (McGoldrick 2002, S. 520). Vertritt man eine weite Auffassung, kann, abgesehen von der angebotenen Ware und deren Preis, im Grunde jede Leistung eines Händlers als Service aufgefasst werden (Müller-Hagedorn et al. 2012, S. 727).

▶   Services sind ein wichtiger Bereich, durch den sich der Store ausdrückt, um das Image zu gestalten und damit Präferenzen für den Store zu beeinflussen.

Dimensionen der Servicegestaltung
Hinsichtlich der Servicegestaltung ist zwischen dem Serviceangebot und der Servicedurchführung zu differenzieren (Abb. 5.72). Bei der *Servicedurchführung* bestehen Bereiche mit persönlicher und mit unpersönlicher Interaktion. Der persönliche Interaktionsbereich umfasst vor allem den persönlichen Verkauf (vgl. oben) und das Reklamations- und Beschwerdemanagement (vgl. unten). Eine Umsetzung durch unpersönliche Interaktion spricht Services an, die mittels Medien oder Technologien realisiert werden (vgl. Beispiel Cigarworld.de oben).

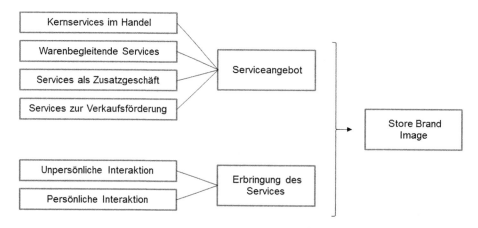

Abb. 5.72 Differenzierung von Servicegestaltung

Hinsichtlich des *Serviceangebots* existieren unterschiedliche Zielstellungen, sodass sich hier mehrere Felder unterscheiden lassen.

Services als Teil des Handelsgeschäfts: Dazu zählen im Wesentlichen jene Services, die eine Folge der Sortiments-, Verfügbarmachungs-, Beratungsfunktion und Kreditfunktion darstellen. So erstellt der Händler für den Kunden ein spezifisches Sortiment, macht ihm dieses verfügbar, berät ihn darüber und ermöglicht ihm, dass Warenübergang und Zahlung auseinanderfallen können.

Warenbegleitende Services: Dabei handelt es sich um mit den Sachgütern des Sortiments verbundene Dienstleistungen. Ein Beispiel sind vom Händler angebotene Wartungsverträge zu technischen Geräten, die verkauft werden.

Services als Zusatzgeschäft: Diese beziehen sich auf die Entwicklung und das Angebot von Services, die über die eigentliche Händlerkompetenz hinausgehen. Services werden also ein eigener Angebotsbereich von immateriellen Leistungen im Sinne des Leistungsprogramms des Händlers. Ein Beispiel ist die Sparte Reisen beim Discounter Lidl. Im B2B-Segment kann Bechtle als Beispiel dienen – der IT-Händler ist neben dem Handelsgeschäft wesentlich durch sein Angebot von u. a. Plattform- und Netzwerk-, Beratungs- und Schulungsservices gekennzeichnet. Die Store Brand wird dadurch geprägt.

Services zur Verkaufsförderung: Services können auch spezifisch etabliert werden, um Kaufentscheidungen zu erleichtern oder Risiken bei Kunden zu senken. So garantiert der Freizeitausstatter L. L. Bean seinen Kunden 100-prozentige Zufriedenheit ohne zeitliche Begrenzung. Zeigt sich ein Kunde bspw. nach drei Monaten Nutzung eines Produkts, z. B. einer wetterfesten Outdoorjacke, unzufrieden, nimmt der Händler nach eigener Darstellung das Produkt bei Kaufpreiserstattung oder Produkttausch zurück. Ein anderes Beispiel sind die zahlreichen Garantien, mit denen der Händler Globus arbeitet. Voraussetzung für diese Zielstellung von Services ist, dass man zunächst genau analysiert, welche Services bei welchen Sortimenten verkaufsfördernde Effekte auslösen können.

Services und Kaufphase

Services sind in allen Phasen des Kaufprozesses relevant und können somit für das Store Brand Management nicht nur in der direkten Kaufphase genutzt werden (Abb. 5.73).

So sind Beratungs- und Testservices i. d. R. schon vor dem Kauf ein wichtiger Bestandteil. Nach dem Kauf sind bspw. Informationsservices (z. B. zum Lieferstatus), die individuelle Vereinbarung von Lieferterminen, Umtausch- oder Schulungsdienstleistungen essenzielle Serviceelemente.

▶   Um Orientierung sicherzustellen, ist bei Services auf ihre Sichtbarmachung und eine strukturierte Darstellung zu achten.

Einflussfaktoren auf das Serviceangebot

Das Serviceangebot, seine Wahrnehmung und persönliche Serviceerfahrungen sind Faktoren, die das Store Brand Image der Adressaten beeinflussen. Aus Konzeptsicht kann

Abb. 5.73 Beispiele für Service und Kaufphase anhand eines Distanzhändlers. (Quelle: In Anlehnung an Specht und Fritz 2005, S. 122)

die Servicegestaltung also als ein zu definierender Teil der Store Brand Positioning gesehen werden. Dem folgend wären einzelne Serviceleistungen sowohl unter dem Gesichtspunkt „Points-of-Parity" (z. B. Angebot von kostenfreier Lieferung, weil dieses bei Hauptwettbewerbern auch realisiert ist) oder als „Points-of-Difference" (z. B. Angebot eines Curated Shopping-Services beim Bekleidungskauf) zu einem Service-Mix zu gestalten.

Die Einführung, Modifikation oder Eliminierung von Serviceleistungen müssen also hinsichtlich Geschäftsmodell, Strategie und insb. *hinsichtlich der Store Brand Positioning geprüft* werden. Zu beantworten ist dabei auch die Frage, inwieweit sich aus einem konkreten Service-Mix relative Wettbewerbsvorteile ergeben. Beachtet werden sollte, dass das Serviceangebot eng mit der Wahl der Betriebsform verknüpft ist (Müller-Hagedorn et al. 2012, S. 729).

▶   Das Serviceangebot sollte Ausdruck der Store Brand Positioning sein.

Insbesondere angesichts der Kosten muss nicht immer ein maximales Serviceangebot geschaffen werden (Müller-Hagedorn et al. 2012, S. 729). Wie das Rahmenmodell von Homburg et al. (2002) in Abb. 5.74 erkennen lässt, sind Faktoren der Umwelt, des Stores sowie der Store Brand Positioning und der Zielgruppe für strategische Entscheidungen zum Serviceangebot und dessen Auslobung relevant. Dort wird u. a. angenommen, dass die Bedeutung der Services umso höher ist, je

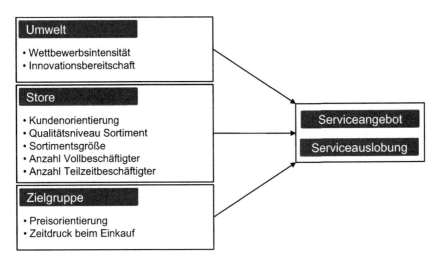

Abb. 5.74 Bestimmungsfaktoren für Entscheidungen über das Serviceangebot im Handel aus dem Rahmenmodell von Homburg et al. (2002)

- höher die Wettbewerbsintensität,
- kleiner das Sortiment,
- geringer die Preisorientierung der Kunden und
- je höher das Qualitätsniveau der Waren im Sortiment.

Kundenunzufriedenheit mit Services

Im weitesten Verständnis von Service geht es um das Schaffen von *Kundenzufriedenheit* (McGoldrick 2002, S. 523) mit dem Store. Dies zielt auf Kundenloyalität ab. Um Kundenloyalität zu erreichen, scheint jedoch allein die Zufriedenheit mit dem Einkauf nicht hinreichend zu sein. Vielmehr sind auch effektive Mechanismen zum Umgang mit Kundenttäuschungen hinsichtlich Produkten, Services oder Kontakten relevant – Mechanismen, die diese Probleme für Kunden überzeugend lösen.

Ob Kunden durch ein wahrgenommenes Problem verloren werden oder nicht, hängt in hohem Maße vom *Umgang mit der Beschwerde* ab (McGoldrick 2002, S. 524; Chenet und Johansen 1999). Dabei ist zu beachten, dass die meisten negativen Erfahrungen gar nicht zu einer Beschwerde führen, für den Händler also unsichtbar bleiben. Daher muss nicht nur regelmäßig die Zufriedenheit erfasst werden, sondern es muss bei Beschwerden auch proaktiv vorgegangen werden, und jede Beschwerde sollte dankbar angenommen werden. Durch sie entsteht die Chance zur Verbesserung und zum Erhalt von Goodwill. Ein problemlösender und freundlicher, die Wahrnehmungen des Kunden ernstnehmender Umgang mit Beschwerden ist eine Chance, beim Kunden im positiven Sinne bleibenden Eindruck zu hinterlassen.

▶   Neben dem Serviceangebot und der Serviceausführung ist auch der Umgang mit Kundenproblemen (Beschwerden) hochrelevant für die Eindrücke zum Store.

Rudolph et al. (2000) haben negative Erfahrungen von Käufern ausgewertet. Abb. 5.75 zeigt, dass nach Häufigkeit vor allem Produktreklamationen, Wartezeiten und Out-of-Stock-Situationen zu negativen Eindrücken führen. Nach subjektiv wahrgenommener Schwere des Problems sind vor allem unangemessenes Verhalten des Personals, schlechte Information und fehlende Aufmerksamkeit zu nennen.

Keiner überwacht die Kosten durch verlorene Kunden aufgrund von Fehlleistungen und Beschwerden. Die Kosten einer Service- oder Beschwerdeabteilung werden jedoch genauestens überwacht.

Unzufriedenheit mit Services bzw. dem Store hat aufgrund des meist *emotionalen Charakters* schwerwiegende Folgen für das Store Brand Image. Wie in Abb. 5.76 ersichtlich, kann der Händler jedoch nur dann Versuche unternehmen, Unzufriedenheit beim Kunden abzuschwächen oder in Zufriedenheit zu verwandeln, wenn Kunden ihre Unzufriedenheit ihnen gegenüber überhaupt äußern (und das ist nur bei einem Bruchteil der Fall). Kommt es also zu Beschwerden, besteht die einzigartige Möglichkeit, Imagebeschädigungen zu vermeiden bzw. in Imagestärkungen zu verwandeln – *Goodwill* zu sichern. Beschwerden dürfen demnach niemals als Belastung oder lästiges Übel gesehen werden.

▶   Beschwerden dürfen vom Händler niemals als eine Belastung aufgefasst werden.

Problemtyp	Häufigkeit des Problems (%)	Schwere des Problems*
• Langsames oder fehlendes Personal	15	6,9
• Falsche Preisauszeichnung	2	6,4
• Packungsfehler	5	5,3
• Fehlmengen	10	6,1
• Produktfehler	34	6,6
• Schlechte Information	2	7,1
• Unfähigkeit bei Spezialanfragen	2	5,9
• Falsche Rechnungstellung	4	6,6
• Unangemessenes Verhalten von Mitarbeitern	5	7,5
• Mangelnde Aufmerksamkeit	6	7,0
• Fehler von Kunden	8	6,3

*Bewertet auf einer Skala von 1 (geringe Bedeutung) bis 10 (sehr hohe Bedeutung).

Abb. 5.75 Bedeutung verschiedener Arten von negativen Erfahrungen beim Einkauf. (Quelle: Adaptiert von Rudolph et al. (2000))

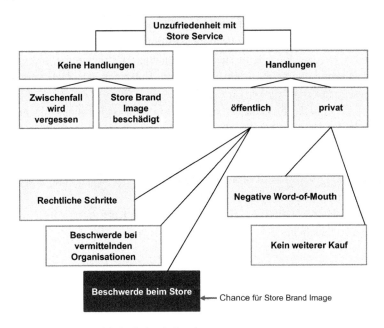

Abb. 5.76 Folgen von Unzufriedenheit mit Services

Beschwerdemanagement

Das *Beschwerdemanagement* ist ein Ansatz, den Goodwill von unzufriedenen Kunden zu sichern bzw. zurückzuerlangen (Kotler et al. 2007, S. 570). Kunden, deren Probleme nach Beschwerden zufriedenstellend gelöst wurden, sind dem Anbieter oftmals sogar in höherem Ausmaß treu als Kunden, die niemals Anlass zu einer Beschwerde hatten. Dies zeigt, welche Bedeutung dem Ansatz zukommt.

Werden Kunden im Enttäuschungsfalle zu einer Beschwerde ermuntert und ermöglicht es das Unternehmen, dass Mitarbeiter die Probleme auf der Stelle lösen können, führt dies für das Unternehmen letztlich zu höherem wirtschaftlichem Erfolg (Tax und Brown 1998). Es wird daher empfohlen (Tax und Brown 1998),

- das Verhalten bei der Beschwerdeannahme und der Beschwerdebeseitigung bei Mitarbeitern aktiv zu schulen, dies ggf. auch bei der Mitarbeiterauswahl zu berücksichtigen,
- in Richtlinien zur Beschwerdebehebung die Ziele und den fairen sowie angemessenen Umgang mit Beschwerdekunden herauszustellen,
- Hürden für Feedback und Beschwerden abzubauen und Reaktionsmöglichkeiten auf Beschwerden zu entwickeln,
- Datenbanken aufzubauen, um Beschwerdemuster zu analysieren.

Aus einem Verständnis von Beschwerden als Chancen (um enttäuschte Kunden umzu-
wandeln) folgt: An allen Hebeln des Beschwerdeumgangs und der Beschwerdebehebung
sollte gearbeitet werden. Es scheint auch zweckmäßig, Wahrnehmung und Qualität der
Beschwerdebehebung aus Kundensicht zu erfassen. Entsprechende Ziele sollten in Ziel-
und Anreizsystemen verankert werden.

Besonders die *höfliche Behandlung* von Beschwerden ist wirkungsvoll, um Service-
probleme zu heilen (Blodgett et al. 1997). Gerade angemessene emotionale Reaktionen
auf erkennbare Verärgerungen oder Sorgen von Kunden sind Menon und Dube (2000)
zufolge ein wichtiges Feld für Trainings beim relevanten Personal. Ebenso ist eine
schnelle Behandlung von Beschwerden essenziell, um die Abwanderung von Kunden zu
vermeiden (Swanson und Kelley 2001).

Chenet und Johansen (1999) empfehlen, bei der Handhabung von Beschwerden folgende Aspekte zu beachten:

- Die volle Verantwortung übernehmen.
- Für den Zwischenfall entschuldigen und dem Kunden für seine Beschwerde danken.
- Die Probleme des Kunden gründlich aufnehmen und verstehen.
- Eine Lösung anbieten.
- Schnell und schlüssig handeln.
- Die Erfahrung durch eine Überraschung oder eine ökonomische Kompensation posi-
  tiv verstärken.
- Versichern, dass das Unternehmen aus der Beschwerde lernt.

▶   Durch geeignetes Verhalten im Beschwerdefall kann das POP-Erlebnis für die
         Store Brand im positiven Sinne gestaltet werden.

Serviceerbringung und professionelles Beschwerdemanagement bedeuten Interaktionsgestaltung im Sinne der POP-Ziele. Sie prägen die Erlebnisqualität der Store Brand
wesentlich.

Servicequalität
Die Erbringung von Dienstleistungen unterliegt Schwankungen, da diese davon abhängen, wer sie wann, wo und an wem erbringt (Kotler et al. 2007, S. 553). Wie in Abb. 5.77
dargestellt, bestehen vor allem drei Ansatzfelder, um die Qualität der Dienstleistungs-
erbringung (also z. B. des Beschwerdeumgangs) zu beherrschen (Kotler et al. 2007,
S. 553 f.).

Zum einen ist die Gewinnung qualifizierter *Mitarbeiter* sowie die Mitarbeiter-
fortbildung ein wesentlicher Bereich. Daneben kann eine *Standardisierung* von Ser-
viceprozessen angesetzt werden. Außerdem stellt die Messung und Analyse der

Abb. 5.77 Ansätze zur Qualitätsbeherrschung bei Services

Kundenzufriedenheit mit Services ein essenzielles Feld für die Beherrschung von Qualitätsschwankungen dar.

Auf Servicequalität kommt es bei jedem Kontakt aufs Neue an. Jeder flüchtige Kontakt zwischen Verkaufspersonal und Kunde zählt im weiten Sinne dazu (vgl. dazu auch Abschn. 5.5.3). Ebenso müssen intensivere Verkaufs- oder Beratungskontakte für den Kunden mindestens zufriedenstellend ausfallen. In gleicher Weise gilt dies für die Erbringung von Händlerservices (z. B. die Auslieferung nach Hause) und für das Einkaufserlebnis im Ganzen. Die Zufriedenheit mit Serviceleistungen ist dabei dadurch bestimmt, inwieweit ein Kunde das erhält was er erwartet. Erwartungen und wahrgenommene Leistung sind die kritischen Hebel.

▶ Kenntnis der Kundenerwartung und Wege zur Erfüllung von Kundenerwartungen sind essenziell für den Händler.

Servicezufriedenheit
Dem Konzept von Parasuraman et al. (1985) folgend stehen sich Erwartungen des Kunden zur Serviceleistung und die Wahrnehmung der Serviceleistung durch den Kunden gegenüber (Abb. 5.78). An dieser Schnittstelle entscheidet sich, ob eine Leistung zu Befriedigung und zu Zufriedenheit führt oder eben nicht. Befriedigung stellt sich ein, wenn (in der subjektiven Wahrnehmung durch den Kunden) mindestens das eintritt, was erwartet wurde. Sowohl *Kundenerwartungen* als auch *Leistungserbringung* sind wiederum von vielen Faktoren bestimmt.

Zur Beeinflussung der Servicequalität sind demgemäß einerseits die wahrgenommene Serviceerbringung und andererseits die Erwartung an die Serviceerbringung die erheblichen Faktoren. Sie und ihre Determinanten sind zur Beeinflussung als Zielgröße aufzugreifen.

▶ Die Servicewahrnehmung durch den Kunden und die Kundenerwartung an den Service stellen die fokalen Ansatzpunkte zur Beeinflussung von Servicequalität dar.

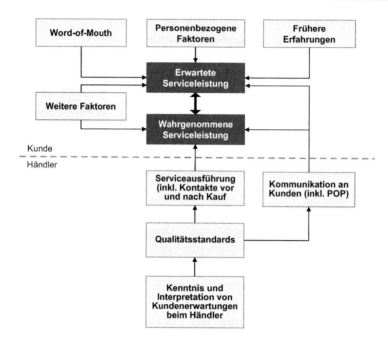

Abb. 5.78 Entstehung von Qualität und Zufriedenheit beim Service von Stores. (Quelle: Adaptiert nach Parasuraman et al. 1985, S. 44)

Empirisch zeigt sich, dass die Servicequalität von Einzelhändlern Einfluss auf die Vorteilhaftigkeitsbewertung durch Kunden, die generelle Kundenzufriedenheit sowie die Weiterempfehlung durch Kunden nimmt (Sivadas und Baker-Prewitt 2000).

Um die Servicequalität zu fördern, scheinen außerdem folgende Aspekte bedeutsam (Kotler et al. 2007, S. 566): Ein strategisches Konzept zum Service, eine Selbstverpflichtung der Leitung auf Qualität, ein hoher Leistungsstandard, die stetige Leistungsüberwachung, ein Beschwerdemanagement mit systematischer Leistungsnachbesserung und die Förderung von Mitarbeiterzufriedenheit.

Messung

Die Ausprägung der Servicequalität lässt sich anhand von Kriterien auf fünf Dimensionen beschreiben. Sie stellen den Rahmen für den SERVQUAL-Ansatz (Abb. 5.79) dar, der zur Erfassung von Servicequalität genutzt werden kann. Die Dimension *Zuverlässigkeit* beschreibt, inwieweit ein Service präzise und verlässlich aufgeführt wird. Die *Souveränität* drückt das Maß an Fachwissen und an zuvorkommendem sowie vertrauenerweckendem Verhalten der Mitarbeiter aus. Die Bereitschaft, dem Kunden schnell, angemessen und hilfreich zu bedienen, ist in der Dimension *Entgegenkommen* enthalten. *Empathie* umfasst die fürsorgliche Aufmerksamkeit, die jedem einzelnen Kunden

DIMENSION	Beispielhafte Eigenschaften
Zuverlässigkeit	• Durchführung wie versprochen • Verlässlichkeit bei Problembehebung • Termineinhaltung
Empathie	• Persönliche Aufmerksamkeit • Fürsorgliches Kümmern • Verständnis für Kundenprobleme
Entgegenkommen	• Gute Informationspolitik • Prompte Bedienung • Hilfsbereitschaft
Materielle Verkörperung	• Ansprechende Geschäftsräume • Professionelle Erscheinung der Mitarbeiter • Tadellose Kommunikationsmittel
Souveränität	• Vertrauenserweckendes Handeln • Vermittlung von Sicherheit • Gleichbleibende Höflichkeit

Abb. 5.79 Dimensionen des SERVQUAL-Ansatzes. (Quelle: In Anlehnung an Parasuraman et al. 1991)

geschenkt wird. In *materieller Verkörperung* drückt sich die Erscheinung von Personal, Medien und Facilities aus.[28]

Service-Dyade

Neuere Zugänge betonen die *dyadische Qualität* von Serviceinteraktionen (dazu auch Abschn. 5.5.3 für den Interaktionscharakter beim Verkauf). So fordern Ranjan et al. (2015) auch aufgrund empirischer Bestätigungen, den Fokus von einer ausschließlichen Betrachtung entweder des Serviceanbieters oder des Kunden abzuwenden und sich der dyadischen, interdependenten Beziehung zwischen diesen zu widmen. Service wird nicht vom Händler „gemacht" oder vom Kunden „konsumiert", sondern er ist etwas, was sich in der Qualität einer Händler-Kunden-Interaktion manifestiert. Diese Serviceinteraktion wird von Kunden und Storemitarbeiter in Episoden co-kreiert (Ranjan et al. 2015, S. 11), wobei jede Episode die weiteren beeinflusst.

▶   Service wird in der Interaktion zwischen Händler und Kunde episodisch co-kreiert.

---

[28]Eine Diskussion von SERVQUAL findet sich u. a. bei Buttle (1996). Naik und Srinivasan (2015) nutzen den Ansatz für eine Untersuchung von Servicequalität im Handel.

10 Ratschläge zur Verbesserung der Servicequalität (Berry et al. 2003)
1. *Zuhören,* um Kunden zu verstehen und um zu lernen.
2. *Zuverlässigkeit* als erste Priorität verstehen.
3. *Servicegrundelemente* um jeden Preis erfüllen.
4. Das *Service-Design* am Gesamtzweck ausrichten.
5. *Rückgewinnung* aktiv und als Chance nutzen.
6. Kunden positiv *überraschen.*
7. *Fairplay* sichern.
8. *Teamwork* nutzen, um Services mit Sorgfalt und Aufmerksamkeit zu erbringen.
9. *Interne Analysen* einsetzen, um Problemursachen zu erforschen und besser zu werden.
10. Kultur, Führung, Systeme und Informationstechnologien *an Dienstleistungszielen ausrichten.*

5.5.5   Real Life: Persönlicher Verkauf durch Außendienst bei BTI

Von Christina Endreß | BTI Befestigungstechnik GmbH & Co. KG

BTI Befestigungstechnik GmbH & Co. KG (BTI) wurde im Jahr 1972 von Albert Berner gegründet. Als Multi-Channel-Vertriebsunternehmen ist BTI der Spezialist mit Produkten und Systemlösungen für das Bauhandwerk; der Anbieter berät mit mehr als 100.000 Artikeln den Profi-Handwerker in den Bereichen Werkzeuge, Chemie, Befestigung, Sanitär/Heizung/Klima, Arbeitskleidung/Arbeitsschutz sowie Betriebsausstattung. Von den mehr als 800 Mitarbeitern stehen den Kunden deutschlandweit über 450 Fachberater persönlich vor Ort als Partner zur Seite. Dieser Direktvertrieb führt zu ca. 6000 Kundenkontakten täglich, wodurch inzwischen über 100.000 Kunden auf den Hohenloher Bauspezialisten vertrauen. Der Multi-Channel-Vertrieb wird komplettiert durch acht Handwerker-Center, ein Kunden-Service-Center sowie einen umfangreichen Online-Shop.

Aufgrund der beratungsintensiven Produkte und Systemlösungen des Unternehmens ist der persönliche Verkauf mittels Fachberater im Außendienst der wichtigste Vertriebskanal und der *wichtigste Point-of-Purchase* des Unternehmens. Die Fachberater bauen vor Ort die Beziehung zwischen dem Kunden und dem Unternehmen auf, indem sie täglich Handwerksbetriebe ihrer Region besuchen und ihnen sowohl die praktische Anwendung als auch die Besonderheiten der Produkte im direkten Gespräch demonstrieren. Aufgrund der meist handwerklichen Ausbildung der Fachberater kennen sie die täglichen Herausforderungen ihrer Kunden aus eigener Erfahrung und bringen umfassende Kenntnisse in den Beruf des „Verkäufers" mit ein. Um diese Kompetenz umfassend zu nutzen, betreut jeder Außendienstmitarbeiter gemäß seiner Fachausbildung als Spezialist nur Kunden aus seinem Gewerk. Auch der Slogan „Wir verstehen Ihr Handwerk" zielt darauf ab, dem Kunden als Fachmann und Partner beiseite zu stehen, dessen Bedürfnisse zu kennen und ihn in seiner täglichen Arbeit zu unterstützen.

Das Unternehmen gibt den BTI Fachberatern nur in geringem Maße *Regeln* bezüglich des Auftritts beim Kunden vor. Denn die Individualität jedes Kunden in Bezug auf Charakter, Sympathie und Organisation des Betriebs spielen in der Verkaufstaktik eine große Rolle. Die Herausforderung im Außendienst besteht darin, sich auf jeden Kunden

neu einzustellen und eine professionelle aber auch *persönliche Beziehung* mit ihm aufzubauen. So lässt sich eine erfolgreiche Verkaufsstrategie für jeden einzelnen Kunden entwickeln.

Mit dieser intensiven Kundenbeziehung werden die Mitarbeiter im Außendienst zum
Multiplikator und *Gesicht der Marke*. Ihr Auftreten bedingt zu großen Teilen die Entscheidung über den Kauf und die weitere Zusammenarbeit mit dem Unternehmen. Als
Markenrepräsentant bekommt der Fachberater eine *Ausstattung* zur Verfügung gestellt,
die ihn in seinem Berufsalltag noch weiter mit der Marke BTI verbindet. Hierzu gehört
neben einem mit BTI gelabelten Fahrzeug, einem orangefarbigen Smartphone und dem
dazugehörigen Notebook auch das unverwechselbare Erkennungszeichen des Unternehmens – die orangefarbige BTI Box (Abb. 5.80). Die Firmenfarbe Orange zieht sich durch
das Erscheinungsbild des Firmen-Repräsentanten, der mit einer orangefarbigen Krawatte
auftritt und neben einem Tablet auch Musterartikel, Verkaufsunterlagen, Flyer und Broschüren bei sich trägt. Der Fachberater muss sich zudem stets bewusst sein, dass er die
Marke BTI zu jederzeit durch sein Verhalten repräsentiert und damit eine hohe Verantwortung auch im Privatleben trägt.

Abb. 5.80 Erkennungszeichen von BTI im persönlichen Verkauf – die BTI-Box. (Bildrechte: BTI
Befestigungstechnik GmbH & Co. KG)

Neben der persönlichen Beratung bietet BTI seinen Kunden zunehmend eine elektronische Beratung in Form von Online-Konfiguratoren an, die in Montage- und Produktentscheidungen, unter Berücksichtigung aktueller Vorschriften, unterstützen. Diese Servicetools finden sich im BTI Online-Shop und erleichtern sowohl dem Kunden als auch dem Fachberater vor Ort die tägliche Arbeit. Ein beispielhaftes Tool ist der Dachmontage-Rechner, welcher einen einfachen und schnellen Dachaufbau nach Stand der aktuellsten Technik kalkuliert. Hierbei wird dem Kunden neben der genauen Berechnung, eine Einbausituation visualisiert und konkrete Mengenvorschläge an BTI Produkten ausgegeben. Eine weitere Maßnahme im Bereich des *Guided-Selling* sind Kundenschulungen durch ausgebildete Spezialisten im Handwerksbetrieb des Kunden. Hierdurch halten Kunden ihre Mitarbeiter auf dem neusten Stand der Technik und bilden sie in ausgewählten Themen wie bspw. Brandschutz weiter. Zudem organisiert BTI mehrmals jährlich sogenannte KVO (Kunde-vor-Ort)-Veranstaltungen und Kompetenztage, die deutschlandweit in ausgewählten Locations stattfinden. Neben der Vorstellung aktueller Neuheiten, referieren Spezialisten aus den unterschiedlichsten Bereichen in Theorie und Praxis über aktuelle Themen, Produkte und Neuerungen im Handwerk. Durch diese Maßnahmen setzt BTI den Slogan „Wir verstehen Ihr Handwerk" in die Tat um und zeigt, dass das Unternehmen seine Kunden im Arbeitsalltag in jeder Problemlösung als beratender Spezialist unterstützt.

5.6   POP-Kommunikation IV: Katalog und Mailing

5.6.1   Katalog und Mailing

Bei *Katalogen* handelt es sich um eine Übersicht über das Waren- und Dienstleistungsangebot eines Stores. Mittels Katalog werden Waren i. d. R. direkt bestellfähig angeboten, indem entsprechende Responsemöglichkeiten integriert sind. Neben Produktabbildungen und -beschreibungen sind zudem Preisangaben und Serviceinformationen enthalten. Wichtige Seitentypen des Katalogs sind der Titel (Vorderseite, die direkt sichtbar ist), der Rücktitel (Rückseite, die direkt sichtbar ist), Warenseiten (Seiten, die primär Artikel präsentieren), Stopperseiten (Seiten, die aus der Gestaltungslogik des anderen Seiten ausbrechen und dadurch besonderer Aufmerksamkeit auf sich ziehen), Navigationsseiten (Seiten, die die Struktur des Werbemittels erläutern), Serviceseiten (Seiten, auf denen die Serviceinformation zusammengestellt sind) und Einstiegsseiten für Strecken (Seiten, die einen thematischen Abschnitt eröffnen und auf diesen neugierig machen sollen).

Im Vergleich zu *Prospekten* grenzt sich ein Katalog durch die weitgehende Vollständigkeit der Angebotspalette ab (Holland 2009, S. 339). Man kann zwischen Universal- oder Spezialkatalogen, Impulskauf- oder Plankaufkatalogen, B2B- oder B2C-Katalogen, Haupt- oder Aktualisierungskatalogen sowie Print- oder Onlinekatalogen unterscheiden (Holland 2009, S. 342; Kirchner 2008, S. 187 f.). Kataloge werden i. d. R. auf dem

Postweg zugestellt. Meist sind sie adressiert oder Teil eines „Versandpackages", das neben Katalog noch personalisierte Begleitpapiere umfasst.

Mailings hingegen sind adressierte Werbesendungen für selektierte Zielgruppen, die den persönlichen Kontakt herstellen und i. d. R. einen attraktiven Angebotsausschnitt oder ein spezielles Angebot herausstellen (Abb. 5.81). Es wird auf eine *direkte Reaktionsauslösung* beim Empfänger abgestellt (Holland 2009, S. 319). In der klassischen Form besteht das Mailing aus den vier Komponenten Umschlag, Brief, Prospekt und Reaktionsmittel (Holland 2009, S. 31). Es existieren jedoch zahlreiche weitere Varianten, ein Mailing aufzubauen (bspw. als personalisierte Klappkarte mit nur einem Topangebot).

Katalog und Mailing sind wichtige *präferenzbildende Kontaktpunkte* für den Aufbau eines klaren Store Brand Images beim Kunden. Beiträge bestehen zudem zur Store Brand Awareness. Gleichzeitig nehmen sie aber auch eine kurzfristige, verkaufsbezogene Aufgabe wahr.

▶   Katalog und Mailing „verkaufen" nicht nur. Sie prägen auch die Markenwahrnehmung.

Hinsichtlich der Gestaltung sind strategische wie auch sozialtechnische Aspekte zu beachten (dazu Esch et al. 2010, S. 377 ff.), die in Abb. 5.82 zusammengefasst sind.

Abb. 5.81 Klassisches Mailing – hier von Fratelli Carli

Abb. 5.82 Anforderungen und Gestaltungsparameter für Katalog und Mailing

5.6.2 Umsetzung durch Printkommunikation

5.6.2.1 Printkommunikation und gedruckte Verkaufskommunikation

Printkommunikation bezieht sich auf die Konzeption und Gestaltung von Printmedien. Kernbereiche der Gestaltung sind insb. Aufbau, Technik, Layout, Schriften, Bild und Grafik sowie Text. Ein spezifisches Teilgebiet stellt die *gedruckte Verkaufskommunikation*[29] dar. Diese zielt darauf ab, einen Kaufimpuls bezüglich des angebotenen Artikels auszulösen und die zugehörige Transaktion zu unterstützen. Die mediale Umsetzung basiert auf Druckerzeugnissen, und charakteristisch ist es, dass Artikel bestellfähig angeboten und entsprechende Responsemöglichkeiten integriert werden. Die oben erläuterten Medien Katalog und Mailing sind typische Repräsentanten der gedruckten Verkaufskommunikation.

Beispiel: Waschbär, ein Händler für umweltgerechte Produkte, verwendet einen Katalog und zielgruppenspezifische Mailings in der Verkaufskommunikation. Für seine Kunden steht zudem ein gedrucktes Magazin zur Verfügung.

Gedruckte Verkaufskommunikation ist ein hochrelevanter Kontaktpunkt für den Händler und Ausdruck des Print-POP (vgl. Abschn. 5.2). Folglich sind bei ihrer Gestaltung die Anforderungen der POP-Kommunikation wie auch Zielstellungen des Store Brand Management zu beachten. Dies wird in den folgenden Abschnitten ausgeführt.

---

[29]Es bestehen Überscheidungen zum klassischen Direktmarketing.

5.6.2.2 Ziel Sichtbarkeit der Markenelemente

Natürlich benötigen Hinweisreize auf die Store Brand auch beim Kontaktpunkt Print entsprechende Wahrnehmungschancen, damit Katalog oder Mailing dem Markennamen zugeordnet werden. Nur dann kann es zur Aktualisierung des Markenwissens kommen, und nur dann können Lernwirkungen erfolgen oder verstärkt werden. Für die Printkommunikation bedeutet es, Brandingelemente der Store Brand in die Gestaltung des Printmediums wahrnehmbar zu integrieren. Wird die *Zuordnung zur Store Brand* durch einen nicht hinreichenden Einsatz von Brandingelementen erschwert, leistet das Medium keinen Beitrag zur Schaffung einer starken Store Brand. Die Sichtbarkeit von Markenelementen als ein Basisziel sollte *auch bei flüchtiger Betrachtung* der Medien gewährleistet sein.

Die gewünschten Effekte werden am ehesten erreicht, indem eher *starke Klammern* (vgl. vorangegangene Kapitel) genutzt werden. Dazu zählen deutliche Farbcodes, das Logo und andere prägnante Elemente, die als Brandingkomponenten fungieren. Schwächere Klammern wie die bloße Namensnennung oder Gestaltungs- oder Layoutelemente, die erst nach eingehender Inspektion als typisch für die Store Brand erkannt werden, sind lediglich als unterstützend zu sehen.

Beispiel

Der Jagdausrüster und Modehändler Frankonia setzt auf den Titelseiten von Katalogen neben dem Schriftlogo und einer konstanten Farbwelt stets prominent eine hellgrüne Hirsch-Grafik ein, um die schnelle Wiedererkennung zu sichern.

Wichtige Mittel

Essenziell ist insofern die einfach wahrnehmbare Umsetzung von *Markenname und Logo* an prominenten Stellen des Titels und Rücktitels, aber auch eingestreut auf den Warenseiten des Mediums. Ziel ist es, dass Adressaten über diese Mittel die Zuordnung zum Store selbst nach flüchtiger Betrachtung korrekt vornehmen. Dafür ist auch das Aufgreifen der *Farbcodes* der Store Brand ein wesentliches Mittel. Als formale Klammern führen sie zum Markennamen zurück. So sind Kataloge und Mailings von Sport Scheck bei Titel und Rücktitel stets mit einem hohen Anteil Orange gestaltet; meist kommen orangefarbene Balken oder Flächen zum Einsatz. Dies sichert eine verlässliche Zuordnung zum Store. Auf den Innenseiten der Sport Scheck-Medien werden Headlines in Orange gesetzt, kleinere orange Flächenelemente verwendet oder Leisten mit Orange und dem Store Brand Name an den unteren Seitenenden eingesetzt.

Auch *Typografie, Layout- oder grafische Elemente* können einen Beitrag leisten, sind jedoch eindeutig als schwächere Mittel anzusehen. Dazu zählt auch ein markentypischer *Bildstil*. Dieser wird beispielsweise vom Modehändler Madeleine bei seinen Katalogen konsequent als ergänzendes Mittel der Markenzuordnung eingesetzt. Durch die Art der Fotografie und der Kataloggestaltung hat der Store eine *visuelle Sprache* entwickelt, die die Zuordnung des Mediums zur Store Brand begünstigt. An dieser Stelle wird jedoch auch deutlich, dass die Wirkung einerseits vom Brandingelement an sich abhängt, andererseits aber auch durch seine Einzigartigkeit und Abgrenzung im Wettbewerbsumfeld determiniert wird.

Um die Wahrnehmung durch den Kunden dauerhaft zu unterstützen, empfiehlt es sich, die Elemente möglichst *wiederholt, ausreichend prominent* und *an Orientierungspunkten* zu platzieren.

Matrix Mittel x Bestandteile bei Print

Geht man davon aus, das a) insb. Farbe, Logo und prägnante Gestaltungselemente als essenzielle Hinweisreize für die Erkennbarkeit des Stores fungieren und b) diese bei wesentlichen Seitentypen von Katalog und Mailing umgesetzt werden sollten, so ergibt sich die Matrixdarstellung in Abb. 5.83, die die Optionen im Überblick aufzeigt. Sie kann als strukturgebender Rahmen wie auch als eine Art Checkliste für dieses Zielfeld dienen.

Am Beispiel von Katalogen der Store Brand Conrad (Abb. 5.84) ist gut erkennbar, wie insb. Logo und Farbcode als Brandingelemente einen dominanten Beitrag für die Zuordnung zum Store leisten. Auf dem Titel ist das Logo prominent herausgestellt. Auf dem Rücktitel ist es im unteren Bereich in Verbindung mit dem Link zum Onlineshop eingesetzt; und auf hervorgehobenen Doppelseiten ist es auf blauer Fläche umgesetzt. Sowohl auf Titel und Rücktitel als auch auf den Innenseiten ist der Farbcode aus dem typischen Blauton und Weiß präsent. Gestaltungselemente wie die schraffierten Balken oder die gelben Buttons in charakteristischer Form fungieren unterstützend. Die Printkommunikation schafft es, die Markenelemente sichtbar zu machen, um damit die für eine Stärkung und Festigung der Store Brand notwendigen Effekte zu fördern.

	Titel	Rücktitel	Kern-Innenseiten	Begleitmaterial (z. B. Anschreiben, Kuvert, …)
Farbcode				
Logo				
Prägnante Gestaltungs-elemente				

Abb. 5.83 Optionen zur Sicherung der Zuordnung des Stores bei Katalog und Mailing

Abb. 5.84 Klare Zuordnung des POP zum Markennamen durch Brandingelemente bei Conrad. (Bildrechte: Conrad)

Zur Überprüfung, wie gut Markenelemente in der Printkommunikation wahrnehmbar sind und welchen Beitrag diese für eine korrekte Zuordnung leisten, sind einfache Wahrnehmungs- sowie Zuordnungs*tests* mit anonymisierten Medien und bei Zeitbeschränkung aufschlussreich.

▶ Starke Brandingelemente wie Farbcodes und das Logo sind in Katalog und Mailing wahrnehmbar einzusetzen. Auch bei flüchtiger Wahrnehmung sollte darüber die Zuordnung zum Store gesichert sein.

5.6.2.3 Ziel Orientierung

Für die Kontaktwirkung und -dauer ist die subjektiv als positiv wahrgenommene Orientierung am Print-POP wichtig. Ebenso ist diese unverzichtbar, um ein schnelles Erkennen oder Auffinden von Artikeln und relevanten Informationen beim Betrachter zu erreichen. Beides beeinflusst die Gesamtbewertung mit diesem Kontaktpunkt und letztlich dem Store.

Die Umsetzung von Orientierung bei Printmedien wie Katalog oder Mailing steht vor allem mit drei Aspekten in Zusammenhang (Abb. 5.85): Orientierung über das Thema, die Orientierung im Katalog und die Orientierung auf der Doppelseite.

Orientierung über das Thema

Hierfür ist die Titelseite das wesentliche Element. Diese soll erreichen, dass ein Verständnis des Inhalts des Werbemittels erfolgt, indem Erwartungen gelenkt werden. Dazu müssen durch Headlines und insb. Bilder geeignete Schemata angesprochen werden. Der Inhalt des Werbemittels bezieht sich auf die im Webemittel angebotenen Sortimente wie auch auf eine thematische Eingrenzung.

Beispiel: Der Sonderkatalog für Wintersport eines Sportartikelanbieters muss mit dem Titel erreichen, dass vom Adressaten bei flüchtiger Betrachtung verstanden werden kann, dass im Werbemittel ein Ausschnitt des Sortiments für Wintersportaktivitäten angeboten wird. Ein Katalog eines Campingausrüsters muss mit dem Titel primär darüber orientieren, dass es um Campingsortimente geht. Ein Händler für Blüh- und Nutzpflanzen, der per Katalog jahreszeitlich angepasste Pflanzensortimente anbietet, muss an diesem Print-Pop deutlich machen, dass er im Werbemittel eben diese Waren und Dienste anbietet.

Diese Forderungen mögen banal klingen. Realisiert werden sie dennoch nicht immer. Weiterhin zu beachten ist die Vermeidung von Austauschbarkeit zu anderen Stores und Katalogen bei (insb. bildlichen) der Titelgestaltung. Damit ist das Spannungsfeld zwischen Orientierungsanforderungen einerseits und Anforderungen an die Eigenständigkeit der Gestaltung andererseits angesprochen.

Orientierung im Katalog

Um die Orientierung und Navigation innerhalb des Werbemittels zu erreichen, sollte beachtet werden, a) die Struktur und wesentlichen Inhaltsbereiche des Katalogs transparent zu machen sowie b) das Auffinden von Sortimenten und Artikeln zu erleichtern. Zu den wichtigsten Mitteln, die diese Ziele fördern, zählen:

- Nutzung von Verzeichnissen und Übersichten wie Kapitelübersichten, Inhaltsverzeichnissen, Stichwortverzeichnissen.

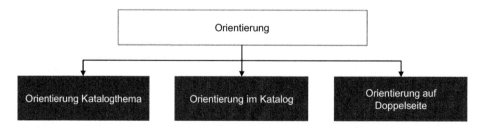

Abb. 5.85 Aspekte der Orientierung in Fall Katalog

- Strukturierung des Sortiments in Bereiche, die als thematische Strecken dargeboten werden. Diese können durch Trenn- oder Einführungsseiten (insb. bei großen Katalogumfängen) noch stärker voneinander *abgegrenzt* werden.
- Einsatz von Leitsystemen mit Icons und Farbcodes.
- Einbau von „Stoppelementen", die wichtige Abschnitte trennen. Hier sind sowohl gestalterisch (z. B. andersartig gestaltet, plakative Seiten) oder technische Lösungen (z. B. andere Materialien, Formate oder Grammaturen bei Seiten) möglich.
- Herausstellung von grundsätzlich notwendigen Basisinformationen (Hotline, Domain) an prominenten Stellen oder wichtigen Hilfen, um diese jederzeit und einfach auffindbar zu machen. Bei umfangreichen Katalogen bietet sich Kenntlichmachung von Informations-, Waren- und Serviceteilen an, um ein schnelles Zurechtfinden zu fördern.

Orientierung auf der Doppelseite
Wichtige Ansatzpunkte für eine gute Orientierung auf den Doppelseiten des Werbemittels sind die Reduzierung von Komplexität, die klare gestalterische Schwerpunktsetzung sowie die Gestaltung der Blickführung.

Komplexität kann als Ausmaß der Vielfalt bei einem Reizmuster verstanden werden (Berlyne 1974, S. 61), welches bei der Wahrnehmung verarbeitet werden muss. Sie wird im Wesentlichen von der Anzahl unterschiedlicher Elemente sowie ihrer Unähnlichkeit determiniert. Bezüglich der Werbemittelseite bedeutet dies, dass nicht zu viele differierende Elemente eingesetzt werden sollten, weil sonst der Komplexitätsgrad einer schnellen und einfachen Orientierung auf der Seite entgegensteht. Werden z. B. zu viele Artikelbilder in sehr unterschiedlicher Darbietung präsentiert und diese noch mit vielen verschiedenartig umgesetzten Headlines und weiteren Grafikelementen kombiniert, sinkt die Orientierungsfähigkeit. Der Blick findet keine Führung, wodurch der Betrachterkontakt wie auch die Gefallenswirkung leiden.

Um die Komplexität so zu reduzieren, dass eine gute Orientierungswirkung möglich ist, empfiehlt es sich folglich, die Anzahl der verschiedenartigen Elemente kritisch zu prüfen. Sie sollte nur so hoch wie notwendig sein. Auch kann die Gruppierung von Elemente helfen, da gruppierte Elemente dann als eine Einheit wahrgenommen werden. Ebenso hilft ein eingängiger, leicht erfassbarer und einheitlich genutzter Seitenaufbau (Muster), die Orientierung zu verbessern. Eine Bedeutung kommt auch der Art von Hintergründen (innerhalb von Bildern wie auch der gesamten Seite) und den generellen Kontrasten zu. Bemühungen um eine geringe Komplexität stehen oft in Konflikt mit anderen Zielen wie der Gestaltung einer Dramaturgie oder der Aktivierung und durch Überraschung (vgl. dazu unten).

Eine *gestalterische Schwerpunktsetzung* auf der Doppelseite erleichtert die Orientierung, weil diese den Blick steuert. Damit gemeint ist die Schaffung eines grafischen Schwerpunkts auf der Doppelseite, sodass eine Art Hierarchie der Bedeutung von erkennbaren Bereichen der Seite entsteht. Häufig wird dies erreicht, indem Artikelabbildungen (Fotografien) nicht einheitlich gleich groß eingesetzt werden, sondern eine Abbildung prominent und groß herausgestellt wird, während andere eine untergeordnete Rolle zugeordnet bekommen (Hero-Technik). Dies steuert den Blick zunächst auf den prominenten Bereich, der dann als Orientierungsanker für die gesamte Doppelseite fungiert.

In ähnlicher Weise kann die gezielte *Beeinflussung der Blickführung* durch aktivierende Elemente auf der Seite dazu führen, dass sich der Betrachter besser orientieren kann. Dies können bspw. intensiv-farblich hinterlegte Flächenelemente oder auffällige grafische Elemente sein. Wesentlich wirken hier auch Fotografien.

Eine andere Technik besteht darin, streckenweise eine klare *Rasterung* der Seite vorzunehmen und eine hohe Artikeldichte mittels gleich großer Darstellungen zu präsentieren. Dadurch wirkt die Seite an sich ruhig und der Betrachter kann die Struktur als Orientierungshilfe nehmen. Essenziell ist hier allerdings, dass über die Rasterstruktur auch tatsächlich eine erkennbare Orientierung geschaffen wird. Orientierungswirksam sind außerdem über die Seiten konstant und an identischer Stelle eingesetzte, klar wahrnehmbare grafische Elemente (z. B. farbige Textboxen). Auch sie können als Anker für die Orientierung auf der Doppelseite fungieren.

In der Binnenstruktur zwischen Abbildungen, Legenden und zugehörigen Bezeichnungen, Artikeltexten, Headlines und Preisdarstellungen ist hinsichtlich einer guten Orientierung zu fordern, dass klare Zuordnungen bestehen. Dies betrifft insbesondere die Abstände zwischen Elementen. Das *Nähe-Prinzip* entscheidet darüber, was bei der visuellen Wahrnehmung als eine Einheit verarbeitet bzw. als zusammengehörig wird. So sollten bspw. Legenden und Bezeichnungen so am Bild angeordnet sein, dass die schnelle Zuordnung funktioniert. Preisdarstellungen am Artikel sind so zu platzieren, dass Preis und Bild als Einheit wahrnehmbar sind, ebenso spezifische Hinweistexte oder Headlines. Eine gute Orientierung verlangt hier also entsprechende räumliche Nähe auf der Seite. Müssen Zuordnungen oder Zusammenhänge von bspw. Bild und Preis „geschlussfolgert" werden, spricht dies für eine wenig gute Realisation der Orientierung. Vielmehr sollten solche Verbindungen spontan und ohne umfangreiche kognitive Verarbeitung erkennbar sein.

5.6.2.4 Ziel Atmosphäre

Katalog und Mailing als Verkaufsumgebung eines Artikels wirken ebenso auf *emotionale Reaktionen* beim (potenziellen) Kunden wie ein gestalteter Ladenraum. Es werden Gefühlsregungen provoziert, die Absichten und Verhalten steuern. Laut einer Untersuchung von Petersen et al. (1989) wird die erlebte Atmosphäre beim Einkauf über Printmaterialien, insb. Kataloge, sogar als ein Vorteil gegenüber dem Kauf im physischen Store genannt.

Mittels der atmosphärischen Gestaltung bei Katalog und Mailing sollen am Print-POP unspezifische, positive Gefühle angesprochen und Gefallen ausgelöst werden. So können Veränderungen bei inneren Bewertungen erfolgen, die (bei mentaler Zuordnung zum Store Brand Name) *Einfluss auf das Store Brand Image* haben. Zudem wird die Produktwahrnehmung verändert und die Nutzungsdauer des Mediums tendenziell erhöht (dazu Abschn. 5.2).

▶ Die Gestaltung der atmosphärischen Wirkung in Katalog und Mailing verändert die Aufnahme und Verarbeitung der Botschaften und Produktinformationen. Außerdem werden Verweildauer und Annäherung positiv beeinflusst. Die wahrgenommene Atmosphäre überträgt sich auf die Einstellung zum Store.

Atmosphäre am Print-POP

Die Gestaltung von atmosphärischen Wirkungen erfolgt durch die Ansprache unspezifischer, positiver Emotionen. Hinsichtlich des Katalogs sind vor allem *drei Ebenen* zu differenzieren, auf denen agiert wird und die in ihren Effekten in Wechselbeziehung stehen (Abb. 5.86).

Zunächst existiert eine atmosphärische Wirkung, die von der Gestaltung des *Titels und Rücktitels* sowie von Katalogbegleitpapieren (Kuvert, Brief, Aufleger) ausgeht. Da diese den ersten Kontakt zum Adressaten darstellen, prägt die hier ausgelöste Atmosphäre die weitere Wahrnehmung sowie die Erwartungen. Es kommt einer atmosphärischen Hinstimmung gleich.

Daneben bestehen atmosphärische Wirkungen, die von gestalteten *Doppelseiten* ausgehen. Wird dabei erreicht, dass eine Gefallenswirkung (sensory and cognitive pleasure) ausgelöst wird, ergeben sich positive Effekte auf Einstellung und Kaufbereitschaft (Fiore 2002). Überdies sind auch atmosphärische Wirkungen zu beachten, die durch die einzelne *Artikeldarstellung* erzeugt werden. Beispielsweise erzeugt eine freigestellte Produktabbildung eines Gartengeräts auf weißem Grund eine nüchternere Atmosphäre als eine Produktabbildung im Milieu (Abbildung in einem natürlichen Umfeld), die das Gartengerät am Wegesrand neben leuchtend blühenden Blumen zeigt. Entsprechend bei Kleidung: Gelegte Ware als Fotografie unterscheidet sich in ihren atmosphärischen Effekten von einer Fotografie, bei der ein Model die Kleidung trägt.

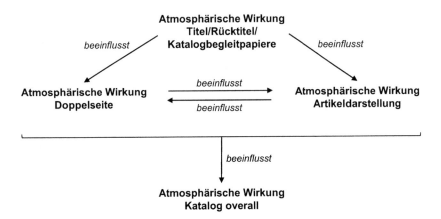

Abb. 5.86 Betrachtungsebenen und Interdependenzen von atmosphärischer Gestaltung beim Katalog

Wirkungen, die von der Gestaltung der Doppelseite ausgehen und jene, die durch die Artikelpräsentation entstehen, interagieren. Wenn alle Artikel sehr nüchtern und klar dargestellt werden, wird sich für die Doppelseite tendenziell ebenfalls eine so gelagerte Wirkung einstellen. Aus den Komponenten ergibt sich demnach eine Overall-Wirkung für den Katalog hinsichtlich der Atmosphäre. Jede Komponente ist also auch mit Blick auf den Overall-Effekt zu gestalten.

▶   Entscheidend ist die atmosphärische Gesamtwirkung des Mediums der gedruckten Verkaufskommunikation.

Zentrale Instrumente
Mittel zur Beeinflussung der Atmosphäre am Print-POP sind insb. in den verwendeten *Bildern, Grafiken und Farben* zu sehen. Auch *Material* und *Haptik, Schriften* und *Sprachduktus* spielen eine Rolle, ebenso die Art der *Ware* und die *Dramaturgie* des Werbemittels. Dies sind die atmosphärischen Reize, die zielbezogen zu gestalten sind (Abb. 5.87).

Verschiedentlich wird auch mit olfaktorischen Reizen gearbeitet. Die Erfahrungen in der Praxis mit Düften sind jedoch uneinheitlich, insb. auf das Kriterium Atmosphäre. Von theoretischer Seite sind atmosphärische Auswirkungen durch Düfte in Verkaufsmaterialien wenig untersucht. Kinzinger et al. (2014) haben sich mit der Wahrnehmung von bedufteten Werbeinseraten in Katalogen befasst. Mittels einer experimentellen Untersuchung finden sie heraus, dass beduftete Kataloge an sich nicht positiver eingeschätzt werden. Deutliche Effekte ergaben sich jedoch hinsichtlich der Kontaktwirkung der bedufteten Seiten.

Um es nochmals zu betonen: Die atmosphärischen Effekte am Print-POP sind stets als *Gesamtwirkung* zu bewerten. Dabei ist die *Wirkung aus Zielgruppensicht* der entscheidende Maßstab. Eine erzeugte Atmosphäre sollte zudem mit der gewählten Store Brand Positioning verträglich sein. Idealerweise entspricht sie einer formulierten Markentonalität.

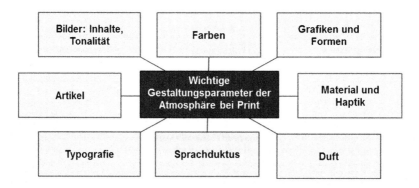

Abb. 5.87 Wichtige Gestaltungselemente zur Prägung der Atmosphäre bei Print

▶ Die ausgelöste Atmosphäre am Print-POP muss positiv sein. In ihrer Qualität darf sie der Store Brand Positioning nicht entgegenstehen.

Das Beispiel in Abb. 5.88 zeigt, wie die dominante bildliche Gestaltung, die in diesem Fall eine Farbstimmung einschließt, die Atmosphäre der Seite prägt: Durch überwiegend graue Farbtöne und den naturalistischen Schieferhintergrund, auf dem das Messer gezeigt wird, entsteht ein eher rustikales, naturbezogenes, frisches und vergleichsweise kühles atmosphärisches Klima. Die Atmosphäre ist dennoch nicht negativ.

Bei der rechten Beispielseite in Abb. 5.89 wird die Ware hingegen auf weißem Grund gezeigt, emotionale Umfeldreize fehlen, Weiß dominiert. Die Atmosphäre der Seite ist

Abb. 5.88 Einsatz von Umweltreizen zur atmosphärischen Gestaltung bei Katalogseiten. (Quelle: Esch et al. 2010, S. 398)

Abb. 5.89 Beispiele für unterschiedliche Atmosphäre durch Ware mit oder ohne Milieu sowie Preisauslobungen. (Quelle: Esch et al. 2010)

insgesamt sehr nüchtern und reduziert, fast steril. Die Seite links daneben nutzt Fotografie am Model und im Milieu zur Darstellung der Ware, verwendet blaue Balken und auffällige Preisdarstellungen in Gelb/Rot. Welche Atmosphäre wird hier durch die Menschen und Umfeldreize erzeugt?

Atmosphäre und Produkturteil
Eine positive Wahrnehmungsatmosphäre bei Produktdarstellungen kann die Vermittlung der Botschaften und insb. auch die Produktbeurteilung förderlich beeinflussen. Dies ist bei Katalogen in hohem Maße relevant. Besonders zur Beeinflussung von wenig involvierten Konsumenten ist bei Katalogen und Mailings die Vermittlung angenehmer Emotionen ein wirksamer Ansatz. Dies ist darin begründet, dass die Kaufentscheidung bei gering involvierten Personen häufig keiner tiefer gehenden rationale Produktbeurteilung folgt (Kroeber-Riel und Esch 2015, S. 356 ff.). Produkte werden dann eher gefühlsmäßig und aufgrund von Nebensächlichkeiten beurteilt und sollten deshalb verstärkt mit emotionalen Umfeldreizen präsentiert werden. Eine primär emotionale Beeinflussung kann z. B. durch Einbindung des Produkts in eine emotionale Abbildung, die den Lebensstil des Nutzers reflektiert, erreicht werden (Esch et al. 2010).

5.6.2.5 Ziel Erlebnis und Multisensualität
Erlebnisse wurden in den bisherigen Ausführungen als ein Bündel von beim Kunden ausgelösten Emotionen mit eigener Qualitätsdimension aufgefasst. Sie können beim Menschen besonders gut durch multimodale Reizkonstellationen ausgelöst werden.

Mittel

Bei gedruckter Verkaufskommunikation ist die Wahrnehmung regelmäßig auf den visuellen und den haptischen Kanal reduziert. Die *Haptik* wird vor allem durch das technische Konzept des Werbemittels, sein Material, die Drucktechnik und die Materialveredelung bestimmt. Über die *visuelle Modalität* werden Bilder und Texte transportiert. Seltener spielen Akustik und Olfaktorik eine Rolle (z. B. bei der Integration von Musiksequenzen, die beim Aufklappen starten oder der Verwendung von Duftfarben für bestimmte Seiten.

Leitinstrument mit Blick auf das Zielfeld Erlebnis ist bei der Printkommunikation vor allem das *Bild*. Dies ist leicht nachvollziehbar: Bilder, insbesondere Fotografien, können besonders gut innere bildliche Vorstellungen ansprechen und bestimmte Gefühle beim Menschen evozieren (Kroeber-Riel und Esch 2015, S. 3240 f.). Bilder sind zudem kontaktstark, werden weitgehend automatisch sowie gedanklich kaum kontrolliert verarbeitet und weisen eine größere Überzeugungswirkung als Sprache auf (vgl. Kroeber-Riel und Esch 2015, S. 238 f.). Nach Kroeber-Riel und Esch (2015, S. 240) bedingen sich Bildverarbeitung und emotionale Vorgänge. Die Erlebniswirkungen werden dabei

- vom Bildinhalt und
- von der Bildumsetzung

bestimmt.

Bildinhalt. Auf der inhaltlichen Ebene sind Bilder dann für Erlebniswirkungen förderlich, wenn sie entsprechende emotionale Schemata ansprechen, sodass die damit verbundenen mentalen Inhalte und *Gedächtnisbilder aktiviert* und idealerweise gedanklich durchlebt werden. Bekannt ist, dass Gedächtnisbilder als mentale Repräsentationen quasi-sensorische Informationen enthalten und eine wichtige Rolle als Erlebnissurrogate einnehmen (Redler et al. 2017). Pearson et al. (2015, S. 590) sprechen davon, dass mittels innerer Bilder eine ursprüngliche Wahrnehmung nochmals erlebt wird.

▶   Im Werbemittel mittels Bilder aktualisierte Gedächtnisbilder der Betrachter können quasi-sensorische Effekte haben.

Die Inhalte des Bildes sind insofern präzise auf die gewünschten Gedächtnisbilder, die beim Betrachter aktiviert werden sollen (z. B. das Erlebnis, bewundert zu werden, oder das Erlebnis einer harten, einsamen Winterwelt), abzustimmen. Entsprechende Tests helfen bei der Bewertung und Motiventwicklung.

Drei, aus der Werbeforschung bekannte Kategorien emotional wirksamer Bildreize (Kroeber-Riel und Esch 2015, S. 371) können als Fundament für die *Motivik* dienen: Bilder, die

- kulturübergreifende, biologisch programmierte Schemata (z. B. Weiser, Kind),
- kulturspezifisch geprägte Schemata (z. B. Alpenschema) oder
- zielgruppenspezifisch gelernte Schemata (z. B. Fußballschema)

ansprechen.

Bildumsetzung. Um Emotionen auszulösen, sollten Bilder *groß und auffällig* im Kontext umgesetzt werden. Eine klare *Leitmotivik* über die dominanten Bilder ist empfehlenswert, damit es nicht zu Verwässerungen oder einer Kannibalisierung in der Wahrnehmung kommt. Lebendige Bilder sind statischen überlegen, und die Komplexität der jeweiligen Bilder sollte nicht zu hoch ausfallen. Insgesamt ist es zwingend, dass der emotionale *Bildreiz stark* ausfällt (Kroeber-Riel und Esch 2015, S. 369).

▶   Zur Vermittlung von Erlebniswirkungen müssen Bilder der Printkommunikation aktivierungsstark sein und spezifische Emotionen ansprechen.

Hinsichtlich der Erlebnisgestaltung über Bilder kann weiter danach differenziert werden, inwieweit diese bei

- Bildern ohne Produktpräsentation und bei
- Bildern der Produktpräsentation

realisiert wird. Erfolgt bspw. die Produktdarstellung über Fotografien des Artikels im Milieu, so kann eine Verbindung zur sonstig im Werbemittel vermittelten Erlebniswelt erfolgen.

Interessante Befunde legt Fiore (2002) vor: Zum einen unterstreichen ihre Ergebnisse nochmals, dass das mit Erlebniswirkungen verbundene empfundene Vergnügen Einfluss nimmt auf das Annäherungsverhalten (vgl. Abschn. 5.2.2) von Kunden. Zum anderen weisen sie darauf hin, dass die *Produktpräsentation in Print* eine *Immersion* und eine Projektion zulassen sollte. Die betrifft vor allem die bildliche Umsetzung. In der Studie war es ein signifikant förderlicher Aspekt, wenn die dargestellte bildliche Situation ermöglichte, dass Betrachter sich gedanklich selbst in der Situation erleben konnten.

▶   Durch Printkommunikation vermittelte Erlebnisse können Vergnügen auslösen und den kurz- wie langfristigen Kundenkontakt fördern.

Sekundäre Instrumente

Neben Bildern haben weitere Instrumente *als Unterstützung* für die Erlebniswirkung eine Bedeutung. So können von der in der *Headline* genutzten Sprache durchaus emotionale Impulse ausgehen. Entscheidend ist die genaue Beachtung spezifischer Bedeutungen prominent herausgestellter Worte. Aktive, lebendige Worte und bestimmte Schlüsselbegriffe können erreichen, dass Gedächtnisbilder aktiviert werden, die die angestrebten Erlebniswirkungen verstärken. Entsprechend können auch im Werbemittel integrierte längere *Texte* (z. B. Erlebnisberichte, vgl. Beispiel Jack Wolfskin unten) über ihren Inhalt und eine klare, bildhafte, emotionale Sprache bestimmte Erlebniseindrücke fördern. Dies gilt auch für den *Artikeltext.* Zum Beispiel setzt der Händler Manufactum bei seinen Produktbeschreibungen i. d. R. sehr anschauliche, story-hafte, mit emotionalen Facetten versehene Artikeltexte ein.

Nicht üblich aber technisch möglich ist die punktuelle Integration von Bewegtbild und *Ton* in die gedruckte Verkaufskommunikation. Beispielsweise können Mailings realisiert werden, die beim Aufklappen Bewegtbild zeigen oder die auf Bewegungen mit Tönen reagieren. Auch diese Instrumente können auf eine Erlebniswirkung einzahlen.

Hinzuweisen ist zudem auf das technische Konzept inkl. Finishing. Das technische Konzept beschreibt im Wesentlichen die Vorgaben hinsichtlich Material, Format, Gewicht, Druckverfahren, Stanzung und Falzung während sich das Finishing auf eine zusätzliche Oberflächenverarbeitung des Druckerzeugnisses bezieht.

Material, Druckverfahren und Finishing nehmen dabei starken Einfluss auf die *Haptik* des Erzeugnisses. Entsprechend können haptische Komponenten für ein zu vermittelndes Erlebnis genutzt werden. Das technische Konzept bestimmt auch darüber, inwiefern bspw. der Empfänger eines Mailings aktiv mit dem Erzeugnis umgehen kann bzw. muss (z. B. durch Aufreißen, Mehrfachausklappen, Rubbeln, Puzzleaufgaben). Technisch können zudem *Düfte* im Druckverfahren berücksichtigt werden, um den olfaktorischen Kanal zu gestalten.

Beispiel

Der Kosmetikanbieter Yves Rocher setzt in seinen Printmailings häufig Elemente zum Zusammensetzen, zusätzlichem Auspacken oder Freirubbeln ein.

Letztlich ist die *Dramaturgie* eines Werbemittels eine weitere Komponente, die für Beiträge zu Erlebniswirkungen der Printkommunikation zu beachten ist.

Erlebnisgesamteffekt

Die eingesetzten Instrumente einer erlebnisorientierten POP-Kommunikation im Printbereich sind dergestalt zu verzahnen,

1. dass sie sich in der Ansprache spezifischer emotionaler Gedächtnisbilder gegenseitig unterstützen, wobei dabei den Bildern die führende Funktion zukommt, und
2. sie in ihrer Gesamtwirkung bei den Zielgruppen tatsächlich das angestrebte Erlebnis aktualisieren.

▶ Erlebniswirkungen in gedruckter Verkaufskommunikation sind Ergebnis des Zusammenspiels mehrerer Gestaltungsparameter. Idealerweise wird dabei auf mehr als einer Sinnesebene gearbeitet.

Abb. 5.90 Printkatalog und Store von Jack Wolfskin. (Quelle: Esch et al. 2010, S. 386)

Eine Verbindung der Gestaltung am Print-POP mit einem alle Points-of-Purchase übergreifenden Erlebniskonzept steigert die Wirkungskraft und kann modalitätsspezifische Nachteile der Printkommunikation kompensieren.

Erlebnisumsetzung auch im Katalog[30]

Jack Wolfskin hat eine klare Positionierung im Bereich der Outdoor-Equipment mit den Positionierungskriterien Naturbezug, Abenteuer, Technik und funktionales Design. Natürlichkeit und Abenteuer, entsprechend dem Leitspruch Jack Wolfskin „Draußen zu Hause", werden daher im Laden vermittelt. Im *Printkatalog* stellen beeindruckende Landschaftsaufnahmen (Abb. 5.90) und Expeditionsberichte einen direkten Bezug zur Funktionalität des Equipments her. Auf der Website wird neben Outdoor-Tipps das Projekt Rebound vorgestellt, das soziale Belange unterentwickelter Regionen thematisiert.

Ebenen

Analog den anderen Points-of-Purchase, kann die Ansprache von Erlebnissen auch in der gedruckten Verkaufskommunikation zwei Stoßrichtungen haben. Als Erlebnisgestaltung *per se* (vgl. dazu Abschn. 5.2) kann sie bspw. Beiträge liefern, um über die Mailinggestaltung ein Hedonismusmotiv von Zielgruppen aufzugreifen oder bestimmte Bereiche eines Katalogs für die Dramaturgie zu betonen. Im Rahmen einer *Erlebnispositionierung* der Store Brand ist die Ansprache von Erlebnissen ein Imperativ. Hier ist streng zu prüfen, inwieweit bei den Zielgruppen evozierte Erlebniswirkungen tatsächlich der Positionierungsidee entsprechen.

---

[30]Beispiel entnommen aus Esch et al. (2010).

▶   Bei einer Erlebnispositionierung muss das mit der Printkommunikation angesprochene Erlebnis die Store Brand Positioning ausdrücken!

5.6.2.6 Ziel Interaktion und Beziehungsgestaltung

Das Zielfeld Interaktion fordert, am Print-POP einen wechselseitigen, aufeinander bezogenen Austausch von Botschaften zu ermöglichen. Für den Adressaten sind daher Möglichkeiten zu eröffnen, auf den Katalog oder das Mailing möglichst einfach und direkt
reagieren zu können. So soll vor allem ein wechselseitig bezogenes Handeln zwischen
Händler und (potenziellem) Kunden möglich werden, um markenförderliche Lerneffekte
zu erreichen. Die Interaktion erfolgt medial vermittelt.

Mit der gedruckten Verkaufskommunikation liegen im Grunde zwei Bereiche vor,
innerhalb derer diesbezüglich agiert werden kann:

- die Kontaktinformationen sowie
- der Bereich der Responsemaßnahmen.

Kontaktinformationen

Die Kontaktinformationen sind ein essenzieller Bestandteil gedruckter Verkaufskommunikation. Sie gehen über eine Absenderangabe hinaus und sind die Basis, auf der Adressaten der Werbemittel Kontakte zum Händler herstellen können: Um Fragen zu klären,
Feedbacks zu geben und Bestellungen aufgeben. Daher sollten Postadresse, Telefonnum-
mer, Website-Domain, Email-Adresse und Kanäle der Social Media gut wahrnehmbar
und sofort auffindbar dargestellt werden. Sie sind notwendiges Mittel zum Zweck, der
erste Baustein. Die eigentliche Interaktion wird dann über andere Formen (Telefonat,
Email) fortgeführt.

Förderlich sind entsprechend appellativ gestaltete Textbotschaften[31] und eine wahrnehmbare Nutzenargumentation, um die entsprechende Motivation auszulösen. Aus der
Sicht der Adressaten sollten Hürden möglichst gering ausfallen. Idealerweise ergeben
sich Anreize zur Kontaktaufnahme schon aus der Produkt- und Händlerpräsentation.
Feedbackaufrufe und Hinweise auf Votings können deutlich unterstützen.

Responsemaßnahmen

Reaktionsmittel wie Antwortkarte, Weblink, Rückantworthülle (Holland 2009, S. 396)
sind ein traditioneller Baustein, um eine Interaktion zwischen (potenziellem) Kunden und
Händler am Print-POP möglichst einfach zu ermöglichen. Dabei ist die *Reaktion* in einem
weiten Sinne als jegliche Form der Rückmeldung des Empfängers zu verstehen, die für
den Händler erfahrbar wird. Dazu zählen u. a. die Bestellung, die Beratungsanfrage, eine
Beschwerde oder die Bitte um Streichung aus dem Adresspool. Die Reaktion ist zudem

---

[31]Zum Teil können Inspirationen aus der sogenannten Dialogmethode entnommen werden (dazu
Holland 2009, S. 383 ff.).

nicht auf eine Reaktion via der mitgelieferten physischen Reaktionsmittel begrenzt, kann also auch bspw. über einen facebook-Kanal erfolgen. Relevant ist, dass die Interaktion durch die Printkommunikation ausgelöst wurde.

Als *Verstärker* für die Initiierung einer Reaktion kommt u. a. folgenden Instrumenten eine Bedeutung zu:

- das Erlassen von Porto für das Einsenden von Bestellkarten oder -umschlägen,
- Targeting und Personalisierung des Werbemittels,
- das möglichst personalisierte Produktangebot,
- das passgenaue Timing des Zustelltages,
- der Einsatz von Gewinnspielen und Wettbewerben,
- Zeit- und Mengenbegrenzungen bei prominenten Artikeln und
- die Auslobung von Neukundengeschenken und/oder Zugaben bei Bestellungen innerhalb einer Frist.

Die von der Printkommunikation initiierte Interaktion sollte von anderen Interaktionsebenen aufgegriffen und somit einen *Teil umfassender Interaktionskonzepte* darstellen. Entsprechend sind Anreize für die weitere Aufrechterhaltung der Interaktion zu durchdenken.

▶   Printkommunikation kann Interaktionen in erster Linie auslösen. Eine Verbindung mit dem stationären Kanal und der Onlinekommunikation ist zweckmäßig.

Interaktion zwischen Kunden

Auch können am Print-POP, ähnlich dem Onlineshop (vgl. Abschn. 5.4), Initiativen hinsichtlich der *Interaktion zwischen Kunden* unternommen werden. In einer solchen Vermittler-Rolle kann der Händler bspw. durch eingedruckte Bezüge zu Social-Media-Plattformen anregen, dass sich die Adressaten via diesen Plattformen untereinander (mit Bezug zur Store Brand, zu Produkten, zu Erfahrungen) austauschen. Eine andere Option wäre bspw. das Anreizen von Online-Produktbewertungen in der Printkommunikation. Hinsichtlich des physischen Point-of-Purchase sind bspw. Verweise auf in den Läden stattfindende Events oder Spezialschulungen möglich. Sie sind (via Printkommunikation verbreitete) Katalysatoren, um die persönliche Interaktion zwischen Kunden, anzuregen. Auch hier zeigt sich: Interaktionsansätze der Printkommunikation werden wirkungsstark, wenn diese auf andere Ebenen verlängert werden. Allerdings besteht dabei stets ein Medienbruch.

Die Interaktion von *Adressaten mit Elementen der Printkommunikation* (z. B. das Lösen eines Rätsels) hingegen, wäre eher der Erlebniswirkung zugehörig (vgl. oben) aufzufassen. Ist damit allerdings die Einsendung einer Lösung an den Händler verbunden, besteht wiederum Nähe zum Interaktionsansatz oben.

Betrachtet man Mailing und Katalog als Medien des Dialogmarketing (dazu Redler 2014a), ergibt sich Interaktion gar als ein definitorischer Bestandteil, denn das Dialogmarketing-Konzept zielt darauf ab, mit diesen Medien bei den Adressaten eine direkte Response auszulösen, um einen längerfristigen Dialog, eine Beziehung mit den Zielpersonen zu erreichen. Allerdings äußert sich der „Dialog" hier im traditionellen Sinne in dem Muster Printangebot-Bestellung-Printangebot-Bestellung usw.

5.7 Werbliche Kommunikation und Gestaltung der öffentlichen Beziehungen

Neben der Point-of-Purchase-Kommunikation sind vor allem die Massenkommunikation ein weiterer wichtiger, weil reichweitenstarker Baustein für das Ausdruckssystem des Stores, und ebenso Public Relations, mittels derer kommunikative Prozesse in relevanten Öffentlichkeiten initiiert und mitgestaltet werden. Beide Aktionsfelder dürfen für die Entwicklung und Pflege starker Store Brands nicht außer Acht gelassen werden.

5.7.1 Werbung

Werbung bezieht sich auf die beabsichtigte, zwangfreie Beeinflussung von Einstellungen und Verhaltensweisen durch den Einsatz von Werbemitteln in bezahlten Massenmedien (z. B. Schweiger und Schrattenecker 2017, S. 6 ff.; Bruhn 2010, S. 373; Siegert und Brecheis 2010, S. 28; Redler 2012, S. 144)[32]. Werbung verbreitet Botschaften dabei „als eine Art kommunikativer Monolith" (Siegert und Brecheis 2010, S. 197). Sie agiert freistehend ohne ein Text-/Bild-Umfeld und ohne redaktionelle Einbettung.

▶ Advertising is meant to encourage (potential) customers to ‚turn towards' a brand (Percy und Rosenbaum-Elliott 2012, S. 4).

Esch (2014, S. 193 ff.) geht davon aus, dass Werbung das *schnellste und kostengünstig wirksamste Mittel* ist, um Brand Awareness aufzubauen und Imageassoziationen zu vermitteln. Dies wird auch schon von Rossiter und Percy (1999, S. 495 f.) betont: Für den Aufbau und die Stärkung von Marken ist Werbung ein besonders geeignetes Mittel – es liegen hohe Reichweiten vor, und der Einfluss auf die Brand Awareness ist eher hoch (Rossiter und Percy 1999, S. 496; Esch 2014, S. 194). Hinsichtlich der Imagewirkung erreicht Werbung (gerade bei wenig involvierten Zielgruppen außerhalb von Entscheidungssituationen), dass Eindrücke wenig hinterfragt übernommen werden und dadurch Einstellungen prägen. Massenkommunikation ist also ein adäquates Mittel, um die für

---

[32]Vgl. auch die Synopse wichtige Definitionsbestandteile bei Siegert und Brecheis (2010, S. 23 ff.).

die Store Brand-Prägung notwendigen Lerneffekte zu erreichen. Werbung prägt über die vermittelten Eindrücke zudem Erwartungen, die die weitere Wahrnehmung und Infoverarbeitung lenken (bspw. am Point-of-Purchase).

Aktuelle Untersuchungen von Fischer et al. (2017) belegen, dass die Höhe der für Werbung eingesetzten Mittel positiv auf den Markenwert wirkt. In diesem Sinne *lohnt sich* Werbung im Hinblick auf eine starke Marke.

▶   Massenmediale Werbung dient vor allem der Schaffung und Aufrechter-
       haltung der Store Brand Awareness. Aber auch für die Vermittlung der Store
       Brand Positioning fernab des POP ist sie für die Profilierung des Images
       bedeutsam.

Werbung als Massenkommunikation ist hinsichtlich Imageeffekten eine wirkungsvolle Kommunikation, da sie a) gut kontrollierbar ist und b) nur über sie eine hinreichende Kontaktmenge generiert wird (Rossiter und Percy 1999, S. 503). Die Überschneidungsreichweiten von Maßnahmen der Nicht-Massenkommunikation sind mengenmäßig i. d. R zu gering, um Brands zu erschaffen. Diese Maßnahmen, speziell aus dem below-the-line-Bereich, sind insofern eher mit einer ergänzenden Funktion auszustatten (Esch 2014, S. 204).

▶   Massenkommunikation erreicht eine „Vorprägung" (Esch 2014, S. 198) von
       Zielgruppen.

Um die erwünschten Lerneffekte abzusichern, ist eine *Mindestfrequenz der Werbeexposition* relevant. Die Zahl der Kontakte, der eine durchschnittliche Zielperson in einer Periode ausgesetzt ist (OTS), ist also eine wichtige Aussteuerungsgröße für die Werbung. Um die Reichweite mit zu berücksichtigen, kann auch der *Werbedruck* als GRP (gross rating points; entspricht Reichweite x Frequenz) herangezogen werden (Redler 2014c, S. 399).

Klassik und Online

Klassische Werbung umfasst analog vermittelte, als Werbung erkennbare, auf Massenkommunikation abstellende Aktivitäten der Kommunikationspolitik (Redler 2012, S. 143). Dazu zählen bspw. Kampagnen mit Beilagen, Anzeigen oder TV-Spots.

Hohe Bedeutung hat die *Online-Werbung,* die letztlich fast immer Bestandteil eines Mediamixes von Werbung ist. Es existiert heute ein etablierter Online-Werbemarkt (Kramer 2008, S. 195). Bei der Online-Werbung kann zwischen einer response-orientierten Ausrichtung an einem Ende eines Spektrums und der markenorientierten Ausrichtung am anderen Ende differenziert werden (Kramer 2008, S. 195). Als besondere Stärken von Online-Medien in der Werbung können die spezifischere Ansprache von Zielgruppen (inkl. Targeting), die hohe Kontaktqualität mit besseren Möglichkeiten zur Interaktion, die Aussteuerung exakter Kontaktdosen für Zielgruppen sowie der Zugang zu jüngeren, konsumorientierten, gut gebildeten und besser verdienenden Personen (die überproportional im Netz surfen, für TV aber immer schwerer erreichbar werden) gesehen werden. Mittels Predictive Analytics sind vergleichsweise präzise Einblicke in das wahrscheinliche künftige Kaufverhalten möglich (Riehemann 2016, S. 22). Insbesondere erlauben sie, das Targeting weiter zu verbessern. Dadurch wird es möglich, Beeinflussungsstrategie, werbliche Botschaften, Zeitpunkte und Situationen (individuell) so auszusteuern, dass die Wahrscheinlichkeit der Wahrnehmung und Verarbeitung werblicher Reize bei der Zielperson steigt.

TV als Leitmedium der Werbung ist daher von der Kombination Online und TV abgelöst.

Es ist zudem davon auszugehen, dass das, was als Targeted Advertising im Online-Umfeld (mit Content-, semantischem, behavioral Targeting; Retargeting) begonnen hat, auf weitere Werbemaßnahmen ausgedehnt wird, da sich das Medien- und Technikumfeld entsprechend entwickelt. Dabei spielen Mobile Devices eine große Rolle.

Da sich die Komplexität des Werbemanagement durch steigende Wahlmöglichkeiten bei Kommunikationskanälen und ihren Ausgestaltungen drastisch erhöht hat, wird der zielgerichtete und aufeinander abgestimmte Einsatz von werblichen Instrumenten für Schaffung und Pflege von Awareness und Image umso bedeutsamer (Esch 2014, S. 206). Abb. 5.91 verdeutlicht typische Werbeformate, die in der Massenkommunikation des Handels eingesetzt werden.

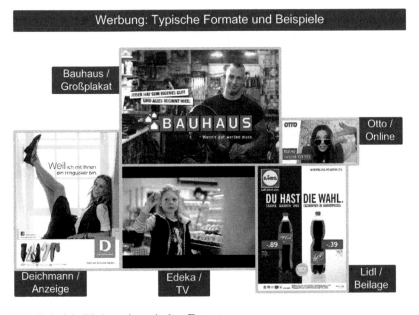

Abb. 5.91 Beispiele Werbung in typischen Formaten

„Brand communication boils down to two fundamentals. One is content – what the brand commu-
nicates. The second is contact – how the communication connects to its intended audience. Media
planning is the art and science of making that connection. Making that connection is crucial to the
success of the brand" (Kelley et al. 2015, S. 1).

Suchmaschinen

Die Einbindung von Suchmaschinen in die Werbeplanung ist essenziell – von Suchmaschinen wird auch als *eine der wichtigsten Werbeformen* gesprochen (Meyer 2011,
S. 463). Das Schalten von Textanzeigen im direkten Kontext von organischen Sucher-
gebnissen (SEA) ist ein Mittel zur Reichweitensteigerung und besitzt für die Markenbildung Bedeutung. Daneben wird über SEO versucht, Inhalte, Aufbau, Quellcode und
Verlinkung von Websites so zu optimieren, dass diese in den organischen Suchergebnis-
sen möglichst weit oben angezeigt wird. Die bei Meyer (2011) berichteten Studienergebnisse zeigen, dass sich Adwords-Kontakte auf die Bekanntheit auswirken: SEA hat
darüber Wirkung auf die Markenstärke. Zudem legen die Befunde nahe, dass vorrangig
Adwords oberhalb der Suchergebnisse betrachtet werden, während ein seitlich platzierter
Anzeigenteil erst bei längerer Betrachtung Blickkontakt erhalten. Für die untersuchten
Marken zeigte sich weiterhin, dass Effekte auf Markenbekanntheit und Kaufbereitschaft
dann besonders ausgeprägt sind, wenn ein Zusammenspiel von SEA und TV-Werbung
umgesetzt wurde.

Werbung und Point of Purchase-Kommunikation: Arbeitsteilung und gegenseitige Verstärkung

Der Werbung kommt hohe Bedeutung zu, um Zielgruppen außerhalb des Point of
Purchase, also in der Vor- und Nachkaufphase zu erreichen. Es kann gewissermaßen
eine „Arbeitsteilung" angenommen werden. Während in der Kaufphase die Point-of-
Purchase-Kommunikation eine herausragende Rolle einnimmt, hat Werbung insb. in der
Vor- und Nachkaufphase signifikante Einflussmöglichkeiten (Abb. 5.92). Zu beachten
sind die unterschiedlichen Involvementsituationen. Während bei der Point-of-Purchase-
Kommunikation das Involvement der Kunden phasenweise auch höher ausfallen kann,
ist bei werblicher Kommunikation (insb. in der Vorkaufphase) davon auszugehen, dass
das Involvement (insb. situativ bedingt) gering ist (Esch 2014, S. 195).

▶   Werbung sollte auf geringes Involvement der Adressaten ausgerichtet wer-
      den.

In der *Vorkaufphase* liefert werbliche Kommunikation wichtige Beiträge zur Schaffung
von Store Brand Awareness bzw. zur Aufrechterhaltung von Awareness in den Zielgruppen durch eine Aktualisierung von Markennamen und -wissen. Damit wird die Voraussetzung geschaffen, dass die Store Brand in das Evoked Set der Zielpersonen gelangt,
um bei einer Einkaufsstättenwahl berücksichtigt zu werden. Andererseits ist Werbung
in der Vorkaufphase relevant, um durch Lernmechanismen (dazu Esch 2011) ein Store

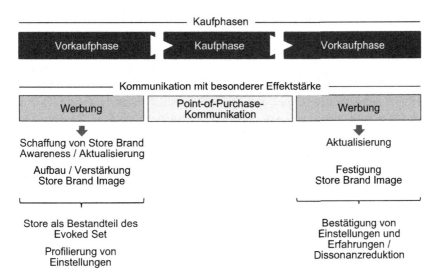

Abb. 5.92 Hohe Bedeutung der Werbung für Store Brand Assets in der Vor- und Nachkaufphase

Brand Image zu schaffen bzw. zu festigen. Dem Store als zugehörig erlernte Assoziationen und auf dieser Grundlage entstandenen Einstellungen nehmen dann Einfluss auf die Wahlentscheidung zur Einkaufsstätte. Zu beachten ist, dass bereits der häufige Kontakt mit dem Markennamen und/oder anderen Brandingelementen des Stores zu einer positiveren Beurteilung des Stores führt (Mere exposure-Effekt; Zajonc 1968).

Diese Aspekte lassen – abermals – die Bedeutung der Werbung für Store Brand Assets und für eine entsprechende Vorprägung der Zielgruppen in der Vorkaufphase erkennen. Werbung prägt damit auch Erwartungen, welche zunächst die weitere Wahrnehmung und Informationsverarbeitung von Store-bezogenen Reizen im Vorkaufkontext lenken.

In der *Kaufphase* besitzt die Point-of Purchase-Kommunikation einen hohen Wirkungsgrad (vgl. vorangegangene Kapitel). Gleichzeitig wird aber ein bestehendes Store Brand Image, werden durch die Werbung gelernte Einstellungen und Assoziationen wirksam. Sie lenken damit die Informationsaufnahme und -verarbeitung am Point-of Purchase. Dies gelingt umso besser, je stärker Reize der Werbung auch an den Point-of-Purchase übertragen werden.

▶ Das durch die Werbung geschaffene Store Brand Image und abgeleitete Einstellungen wirken wie ein Filter für Wahrnehmung und Erleben der Point-of Purchase-Kommunikation.

In der *Nachkaufphase* ist Werbung dafür geeignet, das Markenwissen und am Point-of-Purchase gemachte Erfahrungen zu aktualisieren und letztlich auch zur Festigung von Imageassoziationen beizutragen. Sie dient damit einerseits besonders der Bestätigung von frischen Erfahrungen und Einstellungen sowie andererseits der Reduktion von kognitiven wie emotionalen Dissonanzen.

Um die Kundenbeziehung entsprechend zu pflegen, sollte bei werblichen Aktivitäten der Nachkaufphase eine möglichst passgenaue Ansprache angestrebt werden. Dialoge, Follow-up-Angebote, Service beispielsweise, müssen vorausgegangene Transaktionen beachten und auf diesen aufsetzen. Themen und Botschaften der Nachkaufphase sollten außerdem hinreichend relevant sein, damit es überhaupt zu weiteren Kontakten kommt und diese nutzbar werden. *Behavioral Analytics,* ein Ansatz, mit dem strukturierte wie auch unstrukturierte Daten möglichst in Echtzeit ausgewertet werden, um bspw. optimale weitere Angebote für einen bestimmten Kunden zu identifizieren (Riehemann 2016, S. 21), eröffnet entsprechende Perspektiven. Seine Nutzung kann unterstützen, auch hinsichtlich werblicher, bestätigender Botschaften möglichst „optimale" Aussteuerungen vorzunehmen.

> ▶ Werbung ist wichtig für den Aufbau und die Stärkung von Store Brand Assets. Ihr kommt hohe Bedeutung zu, um Zielgruppen außerhalb des Point-of-Purchase, also in der Vor- und Nachkaufphase zu erreichen. Über sie kann Store Brand Awareness geschaffen und das Image profiliert werden.

Planungsaspekte der Werbung

Bei der Planung der werblichen Kommunikation für den Store sind diverse Rahmenbedingungen zu berücksichtigen (Esch und Hartmann 2008, S. 57):

- Die *kommunikativen Auftritte der Wettbewerber,* da eine kommunikativ eigenständige Umsetzung der Werbung erfolgskritisch ist.
- Das *kommunikative Grundrauschen,* da vor dem Hintergrund ständig steigenden Kommunikationsdrucks und zunehmender Kommunikationsimpulse in Richtung der Zielkunden eine hohe Durchschlagskraft der Werbung erforderlich ist.
- Die *Informationsüberlastung,* die dazu führt, dass nur schnell und simpel vermittelte Botschaften die Empfänger auch erreichen können.
- Das (i. d. R. sehr geringe) grundsätzliche *Interesse der Zielgruppe* für den Store und seine Werbung, da dieses über Aufnahme, Verarbeitung und Speicherung der Werbereize entscheidet, und Werbeaktivitäten entsprechend darauf abgestimmt werden müssen.
- Das *Involvement in der Kontaktsituation* (z. B. beim Überblättern einer Zeitschriftenanzeige), da situative Bedingungen oft dazu führen, dass eine Beschäftigung mit den Botschaften ausbleibt und schon ein flüchtiger Kontakt als ein Erfolg angesehen werden muss.

Zudem vollziehen sich signifikante Umwälzungen hinsichtlich der Medienarten, der Mediennutzung, der Effektivität und Effizienz von Medien und der Medienbranche (Kelley et al. 2015, S. 4 ff.; auch Redler 2014b):

- *Medienarten:* Neue Medien, vor allem digital und internetbasiert, sind entstanden (Suchmaschinenmarketing, In-Game-Advertising) bzw. entwickeln sich. Bestehende wachsen in ihren Möglichkeiten (z. B. interaktive Out-of-Home-Leinwände), andere büßen Bedeutung ein (Zeitschriftenwerbung). Die Optionen werden insgesamt differenzierter.
- *Mediennutzung:* Adressaten sind mitunter sehr passiv, kontrollieren andererseits ihre Mediennutzung und sind „always on".
- *Media Effectiveness:* Neben die traditionellen Bewertungskriterien wie Reichweite, Frequenz und Effizienz treten Aspekte der Relevanz, der Empfänglichkeit von Rezipienten in Medien und Situationen. Es besteht die Tendenz, in einem (finanziellen) Kommunikations-ROI zu denken.
- *Medienbranche:* Zu beobachten sind Konzentrationstendenzen mit entsprechender Neustrukturierung von Machtverteilungen. Zudem findet im Medien- und Agenturbereich eine vertikale Integration bei gleichzeitiger Ausdifferenzierung von Disziplinen statt. Diskutiert werden neue, angemessene Bezahlmodelle für Agenturpartner. Für große Auftraggeber ist das hauseigene Agenturmodell keine Seltenheit mehr.

Zur Werbung, ihrer strategischen und operativen Durchführung an sich liegen umfängliche Betrachtungen vor, auf die hier verwiesen sei:

- Die *Werbeplanung* an sich ist grundlegend bei Schweiger und Schrattenecker (2017) erläutert. Prozess- sowie Planungs- und Steuerungsaspekte werden auch bei Kelley et al. (2015) umfänglich ausgeführt.
- Zu den *strategischen Aspekten* der werblichen Gestaltung sei auf die ausführlichen Überlegungen bei Esch (2014) verwiesen. Dort werden außerdem die relevanten *Sozialtechniken* behandelt, um die werblichen Ziele zu erreichen. Sozialtechnik meint die Anwendung sozialwissenschaftlicher Erkenntnisse zur Beeinflussung von Menschen (Kroeber-Riel und Esch 2014, S. 207).
- Die Auswahl und Gewichtung der Werbeinstrumente sowie die zeitliche Koordination des Einsatzes ist Aufgabe der *Mediaplanung.* Vorgehen, Kriterien und Inhalte der Mediaplanung werden umfänglich bei Redler (2014c) sowie Percy und Rosenbaum-Elliott (2012) dargelegt.

Kelley et al. (2015, S. 2) betonen, dass sich die Rolle der Mediaplanung von einer bloßen Werbeplanung zu einer Markenkommunikationsplanung entwickeln müsse: Es ginge eben auch wesentlich um eine ganzheitliche Markenperspektive. Diese Einordnung unterstreicht auf markante Weise die Bezüge zwischen Werbung und der Store Brand.

▶   Werbung für Store Brands ist in vernetzten Kampagnen umzusetzen, die auf zu definierende Werbeziele auszurichten sind. Zu diesen zählen die Aktualisierung des Markennamens und die emotionale und/oder sachliche Einstellungsbildung im Sinne der Store Brand Positioning.

Besonderheiten von Store-Werbung

Obgleich Strategien und Techniken der Store-Werbung wesentlich auf die umfänglichen Erkenntnisse der Werbeforschung und -praxis zurückgreifen können, seien dennoch zwei Besonderheiten betont:

1. Handelswerbung ist regelmäßig auch *lokal* angelegt, da die Einzugsgebiete der Stores zu beachten sind. Dies macht die Kommunikationsaufgabe komplex, denn regionale und lokale Medien müssen bei nationalen oder globalen Kampagnen einbezogen werden.
2. Bei der werblichen Kommunikation im Handel spielen neben der Bekanntheit und dem Store Image oft auch die Vermittlung von Sortimenten oder Artikelbotschaften eine Rolle (Percy und Rosenbaum-Eliott 2012, S. 208). Dies erhöht die Komplexität der Kommunikationsaufgabe abermals, weil Konflikte auftreten (vgl. Abb. 5.93): Werbung mit ihren markenprägenden Effekten trifft dabei auf Anforderungen einer kurzfristigen „verkäuferischen" Leistung von Werbemitteln wie bspw. Prospekten oder Beilagen. Zuweilen kommt es dazu, dass die kurzfristorientierte „verkäuferische" Leistungsbewertung von Kommunikationsmaßnahmen die Bewertung der

eher Store-Brand-
orientiert

eher sortiments- und
aktionsorientiert

Abb. 5.93   Zielkonflikte bei der Ausrichtung von Handelswerbung

strategischen, markenbezogenen Beiträge überlagert. Daher scheint die Abstimmung sortiments- und aktionsbezogener Maßnahmen der Werbung mit übergreifenden Store Brand-Kampagnen eine dauerhafte Herausforderung zu sein. Zudem bedeutet die Herausstellung letztlich vergleichbarer Artikel oder Sortimente als zentrale Kommunikationsbotschaft zumeist eine Reduktion auf den Preisvergleich und erschwert zudem die Profilierung des Stores im Sinne des Store Brand Management, dessen eine Kernaufgabe ja die abgrenzende Positionierung ist.

Zalando pflegt die Store Brand mittels Werbung
Nach längerer Werbeabstinenz startete der Modehändler Zalando im Herbst 2016 mit zwei großen Kampagnen. Ausschließlich online und auf Plakaten wird einerseits eine neue Limited Edition mit dem Top-Model Gigi Hadid lanciert. Medienübergreifend agiert wird hingegen mit einer Kampagne für die neue Herbst-Winter-Kollektion. Der Kern dieser sind Modetipps von Mode-Promis wie Joséphine de La Baume. Eingesetzt werden TV, Out-of-Home, redaktioneller Content für Zalando-Plattformen und Printanzeigen (Quelle: o. V. 2016, S. 8).

Umsetzungsbezogene Grundanforderungen
An werbliche Aktivitäten für die Store Brand sind als wesentliche Anforderungen zu stellen (Esch 2014, S. 212 ff):

- *Wahrnehmbarkeit:* Die positionierungsrelevanten Botschaften müssen von den Zielgruppen im Sinne der Zielgruppe wahrgenommen werden (können).
- *Eigenständigkeit:* Die werbliche Realisation muss die Abgrenzung von Wettbewerbswerbung unterstützen.
- *Integration:* Die werblichen Maßnahmen müssen untereinander und im Hinblick auf andere Aktivitäten abgestimmt umgesetzt werden. Je geringer das Involvement der Adressaten ist, desto wichtiger wird die Beachtung dieser Anforderung (Esch und Hartmann 2008, S. 57). Auf diese Aspekte wird auch in Kap. 7 eingegangen.

Zudem müssen Konzeption, Gestaltung und Auslieferung von Werbung unter aktuellen Bedingungen nicht nur den spezifischen Adressaten Genüge tun, sondern auch den Rezeptionsqualitäten im Kommunikationskontext und den möglichen Darstellungsformen Rechnung tragen (Siegert und Brecheis 2010, S. 197).

Da Werbung, ihrer Natur gemäß, ohne Einbettung konzipiert wird, muss sie außerdem alleine aus sich heraus wirken. Dies bedeutet, dass Bild, Text, Stil, Layout etc. allgemein verständlich zu halten sind (Siegert und Brecheis 2010, S. 198). Unter dem aktuell hohen Wettbewerb um die Aufmerksamkeit von Rezipienten und der hohen Botschaftskonkurrenz verschärft sich zugleich der Druck für Werbung, Botschaften schnell erfassbar zu machen, auch bei flüchtiger Rezeption noch wirkungsvoll zu sein. Dies erfordert eine immer stärkere Konzentration auf das Wesentliche. Solange es nicht zu inhaltlichen Verzerrungen, Fehlern oder Unverständnis kommt, ist die immer stärkere Verdichtung von Text und Bild ein adäquater Weg, um diese werbliche Zielerreichung zu stützen (dazu im Kontext Anzeigen: Schierl 2001, S 287 f.).

„Eine Anzeige ist dann gut, wenn man nichts mehr weglassen kann. Ein TV-Spot genauso. Ein Plakat sowieso" (Aebi 2003, S. 142).

5.7.2 Public Relations

Public Relations (PR) fasst jene Aktivitäten zusammen, die bei Gruppen der Öffentlichkeit Vertrauen und Verständnis für das Unternehmen und seine Aktivitäten aufbauen sollen (Redler 2012, S. 145). Sie leistet Beiträge, um die Store Brand in den verschiedenen Öffentlichkeiten durchzusetzen und zu sichern. Bei der Auseinandersetzung mit PR sind zunächst zwei Aspekte auffällig:

- PR wird oftmals auf einen Teilbereich der Kommunikationspolitik des Marketing reduziert (z. B. Pepels 2012, S. 820 ff. oder Bruhn 2014, S. 676 f.[33]). Dies führt zu unglücklichen Verkürzungen, weil vorrangig instrumentelle Belange betrachtet werden (Zerfaß 2010, S. 47).
- Untersuchungen von und Ableitungen zur PR basieren oft auf einer lückenhaften theoretischen Fundierung. Erkennbar ist jedoch eine Entwicklung zur verbesserten theoretischen Durchdringung (Zerfaß 2010, S. 46).[34]

Dem Gegenstand angemessen, sollten bei der Behandlung von Fragen der PR (auch) die Perspektiven und Erkenntnisse der *Kommunikationswissenschaften* herangezogen werden. Ein dadurch weiter gefasstes Verständnis von PR stellt auf die kommunikativen Beziehungen im gesellschaftspolitischen Umfeld ab. PR dient dazu, prinzipielle Handlungsspielräume für das Unternehmen zu sichern und konkrete Strategien zu legitimieren (Zerfaß 2010, S. 298, 317).[35]

▶   PR sollte nicht auf Kommunikationspolitik reduziert und schon gar nicht als „Unternehmenswerbung" verstanden werden. PR ist Teil der externen Unternehmenskommunikation und widmet sich den kommunikativen Beziehungen im gesellschaftspolitischen Umfeld. Kommunikationswissenschaftliche Zugänge sind erforderlich.

---

[33]Bruhn (2914) weist allerdings darauf hin, dass neben einer solchen marketingorientierten auch andere PR-Perspektiven existieren.

[34]Zerfaß (2010, S. 46 ff.) differenziert in der Theoriebildung zu PR vier wesentliche Konzepte: PR als öffentliches Kommunikationssystem, PR als verständigungsorientierte Öffentlichkeitsarbeit, PR als Kommunikationsmanagement und PR als gesellschaftsorientierte Unternehmenskommunikation.

[35]Zerfaß (2010) konzipiert PR als Teil der externen Unternehmenskommunikation.

Öffentlichkeiten

PR agiert im Kontext einer Vielzahl von Öffentlichkeiten. Diese sind gesellschaftliche Sphären des kommunikativen Handelns, die für Sinnbezüge und Verstehenshandlungen sorgen: *Kommunikationsarenen* (Zerfaß 2010, S. 195 ff.). Jede der Arenen hat spezifische beteilige Akteure und weist ihre spezifische Kommunikation auf. Zudem sind die Möglichkeiten für zulässige Themen sehr unterschiedlich. Andererseits sind die Öffentlichkeiten typischerweise eng miteinander gekoppelt. In den Öffentlichkeiten enthaltene Kommunikatoren können ein Problem als Thema (neu) aufgreifen und bewerten.

▶ PR arbeitet mit einer Vielzahl von Öffentlichkeiten, die über die enthaltenen Akteure und ihre kommunikativen Beziehungen miteinander vermascht sind.

PR agiert damit in einem mehrdimensionalen Raum, der ein Beziehungsgeflecht der zahlreichen Akteure aufweist (Zerfaß 2010, S. 354). Insofern ist zu beachten, dass einzelne Akteure nicht nur mit dem Unternehmen, sondern auch untereinander kommunizieren und interagieren (Abb. 5.94).

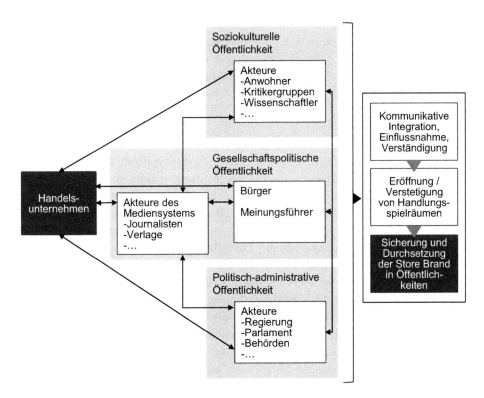

Abb. 5.94 Kommunikationswissenschaftlicher Bezugsrahmen zur Wirkung von PR hinsichtlich der Store Brand

Herbst (2008, S. 302) stellt heraus, dass neben den externen Öffentlichkeiten wie Gesellschaft, Medien, Kommunen, Staat etc. auch die Gruppe der *Mitarbeiter* als wichtige interne Öffentlichkeit zu beachten sei, um PR erfolgreich zu betreiben. In die gleiche Kerbe schlägt Zerfaß (2010, S. 297), wenn er für eine Vernetzung der PR mit der Organisationskommunikation plädiert. Organisationskommunikation wird dabei als die Gesamtheit der Prozesse einer kommunikativen Integration zwischen Organisationsmitgliedern begriffen (Zerfaß 2010, S. 316).

▶ PR muss mit der internen Unternehmenskommunikation, die kommunikative Prozesse der internen Organisationsöffentlichkeiten fokussiert, verzahnt sein.

Wie in Abb. 5.94 erkennbar, kommt den *Akteuren des Mediensystems* als Teil der gesellschaftspolitischen Öffentlichkeit eine bedeutende Rolle zu, weil sie alle anderen Akteure beeinflussen, also eine wichtige Multiplikator- und Filterrolle einnehmen. Sie stellen demgemäß für die PR eine wichtige Zielgruppe dar. Speziell die Arbeit mit Journalisten, Reportern, Online-Redakteuren (Media Relations) etc. zeigt sich somit als ein wichtiger Schlüssel zur Gestaltungen der Kommunikation bezüglich der weiteren öffentlichen Anspruchsgruppen, wie auch in Richtung (potenzieller) Kunden. Gleichzeitig lässt sich anhand des Bezugsrahmens in Abb. 5.94 erkennen, dass sich darin nur einer von mehreren Ansätzen spiegelt, der mit weiteren Stoßrichtungen kombiniert wird.

▶ PR hat einen weiteren Fokus als Marketingkommunikation. Sie betreibt Beziehungs- und Verständnismanagement zwischen Organisation und ihren Öffentlichkeiten.

Instrumente
Die für PR relevanten Instrumente sind zahlreich. Zu den typischen Aktivitäten zählen: Verbreitung von Pressemeldungen an relevante Medien, Vermittlung von Zwiegesprächen für Journalisten, Koordination von Expertenrunden unter Einbezug von Meinungsbildnern, Organisation von Hintergrundgesprächen (insb. für Medien), Durchführung von Besichtigungen oder Tage der offenen Tür, Ausrichtung von Kongressen, Lobbyismus, Herausgabe eines Kundenmagazins, Durchführung von Studien und Streuung der Befunde, Schaltung von Imageanzeigen, YouTube-Clips, Bereitstellung von Unterrichtsmaterialien. Aber auch das Setzen von Themen im öffentlichen Diskurs (Agenda Setting/ Issues Management) sowie die kontinuierliche Analyse des gesellschaftlichen Umfelds und des Meinungsklimas sind wichtige übergeordnete Tätigkeiten. Jodeleit (2010, S. 33) betont vor allem die Chancen von PR-Aktivitäten, die Social Media integrieren.

Auch die bezogenen *Inhalte* sind sehr breit gefächert: die Leistungen der Produkte, die Markenidee und -überzeugung, Themen aus dem Unternehmen sowie gesellschaftliche Anliegen (Herbst 2008, S. 304). In weiten Bereichen erfolgt ein Instrumenteneinsatz verzahnt mit anderen Zielstellungen oder Aufgabenfeldern des Händlers.

Abb. 5.95 Stoßrichtungen der PR

▷   PR „tickt" grundsätzlich anders als werbliche Kommunikation. Sie bietet
    anders gelagerte Potenziale für Store Brand Assets.

Stoßrichtungen von PR-Programmen
Strategische PR-Programme gliedern sich Zerfaß (2010, S. 355) zufolge in drei Stoßrichtungen (Abb. 5.95). Die *Anspruchsgruppenkommunikation* arbeitet *unmittelbar* mit
ihren Zielgruppen. Bei ihr werden die Akteure in ihren Rollen (z. B. als Verbraucher,
als Wissenschaftler, als Tester) angesprochen. *Mittelbar* hingegen wirken *Public Affairs*
und gesellschaftspolitische PR-Programme. Public-Affairs-Programme wenden sich an
Akteure des politischen Entscheidungssystems. Diese wiederum prägen direkt und indirekt andere Anspruchsgruppen. Bei gesellschaftspolitischen *PR-Programmen* kommen
direkte und indirekte Effekte auf Anspruchsgruppen zustande, indem durch das Unternehmen die Kommunikation zu beeinflussenden Akteuren innerhalb bestimmter Stake-
holdergruppen gestaltet wird. Typsicherweise kommt dabei Medienkommunikatoren wie
Journalisten, Medienentscheidern oder Multiplikatoren in bestimmten Teilöffentlichkeiten des Internet eine hohe Bedeutung zu.

Essenzielle Beeinflussungsansätze
Die PR-Forschung unterscheidet Ansätze zur Beeinflussung auf den Ebenen a) des Wissens, b) der Einstellungen sowie c) von Handlungsweisen von Akteuren (z. B. Grunig
und Hunt 1984). Hinsichtlich der Vorgehensweisen der Einflussnahme sind drei typische
Stile herauszuschälen (Zerfaß 2010, S. 350 f.):

• Beim *argumentativen Stil* werden die Beteiligten in die Lage versetzt, Wahrheit
  und Berechtigung vorgebrachter Behauptungen selbst zu überprüfen. Damit sollen gemeinsame Problemlöseprozesse ausgelöst werden, in deren Verlauf auf eine
  begründete Einsicht abgezielt wird. Beispiel: Round-Table-Gespräche.

- Beim *persuasiven Stil* sollen vorgefertigte Problemlösungen durchgesetzt werden. Dies erfolgt über ein Ausnutzen bestehender emotionaler Bindungen und existierender Einstellungen der Adressaten. Beispiel: Gezielte Ansprache von Unterstützern für ein bestimmtes Vorhaben bei der Gestaltung von Diskursen; Lobbyismus.
- Der *informative Stil* richtet sich an verschiedene Adressaten, bei denen unterschiedliche Arten der Einflussnahme wirken, weil je die Kontextbedingungen und die Interessenslagen divergieren. Beispiel: CSR-Report des Unternehmens, der für mehrere Gruppen herausgegeben wird und zu unterschiedlichen Reaktionen führen kann.

Konzeptuelle Ansätze zur Gestaltung kommunikativer Beziehungen

- *Massenmediale Konzepte* (z. B. Anzeigen) setzen auf disperses Publikum, nutzen meist informative oder persuasive Methoden. Ihr Hauptanteil aus PR-Perspektive liegt vor allem im Einfluss auf die Realitätskonstruktion (Situationsdeutung) der Zielgruppen (Zerfaß 2010, S. 360), bei der auch das Agenda-Setting eine Rolle spielt. Zugänge bestehen 1) über den Kauf von Wahrnehmungsplätzen (z. B. Sendezeiten), 2) Medienarbeit, also der Arbeit mit und für Journalisten und Redaktionen sowie 3) der Inszenierung von Medienereignissen. Bei 2 und 3 greifen die Selektionskriterien der Mediensysteme. Daher ist ein darauf abgestimmtes Handeln extrem erfolgsrelevant. Bei 1 gilt dies zwar nicht, dafür ist hier aber eine geringere Glaubwürdigkeit gegeben. Bei 1 existieren auch Überschneidungen zur Werbung (vgl. oben).
- Durch *mediale Konzepte* kann mit einem räumlich und/oder zeitlich getrennten Kreis von Adressaten kommuniziert werden. Dies kann über die Nutzung etablierter Kanäle erfolgen (z. B. E-Mail, Mailings an Anwohner) oder es werden eigene Plattformen erschaffen (z. B. Broschüren, Magazine, Internetseiten). Da die Kommunikation zunächst einseitig ausgerichtet ist, sind Dialoge zunächst nicht gegeben. Dennoch können Dialogprozesse initiiert werden. Die Reichweiten sind relativ groß, gleichzeitig liegen jedoch gegenüber traditionellen Massenmedien umrissene Teilnehmerzahlen vor.
- *Präsenzveranstaltungen:* Eine klare räumliche, zeitliche und thematische Fixierung der Vorgehensweise ist bei der Gestaltung von veranstalteten Präsenzöffentlichkeiten gegeben (Zerfaß 2010, S. 356). Eigene Veranstaltungen können ausgerichtet werden (z. B. Tag der offenen Tür, Podiumsdiskussionen). Oder es können Veranstaltungen anderer Anbieter für die eigene PR instrumentalisiert werden (z. B. Bürgerfest, Messen). Zwar ist die Reichweite der Maßnahmen gering, jedoch kann die kommunikative Interaktion in gemeinsame Handlungszusammenhänge eingebettet werden (Zerfaß 2010, S. 356).
- *Episodische Begegnungen* sind eine weitere wichtige Ebene, um PR zu gestalten. Hierbei treffen Organisationsmitglieder und Vertreter der Öffentlichkeiten direkt aufeinander (z. B. Kamingespräche mit Journalisten, Konsultationen mit Anwohnern, Lobbyistentreffen). Relevant sind Handlungskontexte mit Chancen für einen echten und persönlichen Gedankenaustausch (Zerfaß 2010, S. 373). Es wird also versucht,

aktiv mit Akteuren der Öffentlichkeiten ins Gespräch zu kommen. Dies kann bspw. ein Hauptgrund sein, warum ein Kongress besucht wird: um informelle Diskussionen mit anderen Teilnehmern aufzunehmen. Auch der Aufbau von Beziehungsnetzwerken spielt dabei eine wichtige Rolle (Zerfaß 2010, S. 374), um jederzeit mit relevanten Ansprechpartnern in Austausch treten zu können. Dies wiederum scheint Einfluss auf die „Situationsdeutungen und Handlungspläne" (Zerfaß 2010, S. 374) zu haben.

- Bei solchen episodischen Teilöffentlichkeiten ist die Akteurzahl beschränkt und der Organisationsgrad gering, sodass die Kommunikation flexibel und dicht gestaltet werden kann. Herausforderungen sind einerseits die Initiierung der persönlichen Treffen, andererseits die Themenstrukturierung im Verlauf.

▶ Aufbau und Nutzung von Netzwerken sind ein wesentlicher Erfolgsfaktor für die PR.

Effekte für die Store Brand
Wie im Rahmenmodell in Abb. 5.94 verdeutlicht, kann die initiierte und mitgetragene Kommunikation in den verschiedenen Öffentlichkeiten dazu führen, dass sich Handlungsspielräume für das Handelsunternehmen eröffnen, erweitern oder verstetigen. Diese sind die Basis, um die angestrebte Store Brand auf breiter öffentlicher Basis durchzusetzen. Markenbezogene Handlungen des Stores werden akzeptiert, der Händler kann „verstanden" und anerkannt werden. Bestenfalls werden die Brandingelemente mit Vertrauen und Reputation assoziiert.

Die Wirkung von PR beruht im Wesentlichen auf drei wichtige *Mechanismen.* 1) Das Themenmanagement beeinflusst, was in den Kommunikationsarenen zum Inhalt wird. 2) Der Store kommt in die öffentliche Wahrnehmung. 3) Die Wahrnehmung und Kontextualisierung des Stores in den Kommunikationsarenen wird beeinflusst. Insgesamt können darüber Einstellungen und Haltungen zum Store geprägt werden – Store Brand Assets sind tangiert. Percy und Rosenbaum-Elliott (2012, S. 339) betonen den dafür notwendigen *Bezug zu Markenführungszielen:* Auch wenn einige PR-Aktivitäten aus dem normalen Einflussbereich der Marketingplanung herausfallen, müssen diese Aktivitäten dennoch die Marke reflektieren.

Eine Nutzung von PR für die Marke wird oftmals auch als Marken-PR bezeichnet. Dies drückt ein instrumentelles Verständnis von PR aus (Herbst 2008, S. 300). Nach Kotler und Bliemel (1992, S. 829) zielt man dabei auf Bekanntheits-, Profilierungs- und Akzeptanzeffekte am Markt, indem Bekanntheitsgrade, Produktwissen, Images und Einstellungen beeinflusst werden. Deutlich ist hier die Unterordnung unter die Kommunikationspolitik zu erkennen (vgl. oben).[36] PR ist dem folgend eine strategische Kommunikationsfunktion im Dienste der Marke. PR wird zudem manchmal als „die bessere

---

[36]Harris (1993) führte in ähnlichem Kontext den Begriff der „Marketing Public Relations" ein. PR dient hier Marketingzielen.

Werbung" aufgefasst. Dies ist umstritten, unterstreicht jedoch, dass auch von PR und Media Relations Effekte auf die Store Brand ausgehen.

Die Bedeutung von PR für die Markenführung wird von Ries und Ries (2002, S. 101 f.) plakativ aufgezeigt, indem sie den Markenaufbau von Starbucks oder Red Bull als Ergebnis erfolgreicher PR darstellen.[37]

Digitalisierung und PR

Für die PR-Arbeit und ihre Strategien sollten die Veränderungen im PR-System, seinem Umfeld und den zugehörigen Arbeitsweisen beachtet werden, die sich durch die digitale Transformation ergeben. Speziell ergeben sich Chancen durch neue Medien und das Internet (Zerfaß 2010, S. 424). Zum einen bieten neu entstandene und entstehende Medien neue Plattformen für die Umsetzung von PR-Maßnahmen, mit Effekten für Effektivität und Effizienz. Zudem wird eine automatisierte Beobachtung von Diskussionen in Newsgroups möglich. Dienstleister bieten dafür ein kontinuierliches Monitoring des Internets nach Stichworten an, wodurch sich die Datenbasis für die Wirkungskontrolle verbessert. Weiterhin führen neue „Meinungsmacher" und „Kommunikationsmittler" zur Auflösung tradierter Muster von Journalisten als Gatekeeper und der Trennung von Nachricht, Meinung, Beratung, Vermarktung. Letztlich entstehen neue Muster der Berichterstattung und im Grunde einer Trennung zwischen Wichtigem und Unwichtigem. Dies hat Auswirkungen, aus denen sich auch Chancen für den Store geben, wenn neue Bezugsgruppen und Meinungsmacher im Netz frühzeitig identifiziert und regelmäßig analysiert werden. Insgesamt steigert die Digitalisierung der PR-Wertschöpfungskette die Effizienz des gesamten Kommunikationsmanagements.

5.8   Sortiment, Preisstrategie und Promotions

5.8.1   Leistungsprogramm, Betriebstyp und Store Brand Image

Als Bestandteil des steuerbaren, wahrnehmbaren Ausdruckssystems des Stores ist das Sortiment *nicht* zu vergessen. Schließlich bedeutet das Sortiment einen Profilierungsbereich im Sinne Rudolphs (2013), wird an ihm das händlerische Leistungsversprechen für den Kunden ganz konkret erfahrbar (u. a. Jary et al. 1999, S. 129). Dadurch wirkt sich die Sortimentsgestaltung auf die Wahrnehmung des Händlers bzw. der Einkaufsstätte durch den (Ziel-)Kunden aus: durch die Sortimentswahrnehmung in der Vorkauf-, Kauf- als auch Nachkaufphase. Insgesamt kommt es zu *imageprägenden Effekten für die Store Brand.*

Den Einfluss des Sortiments auf das Store Brand Image kann man durch drei Teileffekte analysieren:

---

[37]Siehe dazu die kritische Einordnung von Schweiger und Dabic (2008, S. 182).

- Einfluss von Breite und Tiefe des Sortiments,
- Einfluss des Sortiments an sich,
- Einfluss von Markenprodukten im Sortiment.

Einfluss von Breite und Tiefe des Sortiments

Unter der *Sortimentsbreite* versteht man die Anzahl der unterschiedlichen Arten von Produkten. Oft spricht man hier auch von der Anzahl der Produktlinien oder Categories, also Gruppen von verbundenen Produkten, die sich ähnlich sind (Beispiel: Eine Drogerie führt u. a. die Categories Waschmittel, Haushaltsreiniger, Zahnpflegeprodukte, Deodorants etc.). Die *Sortimentstiefe* gibt an, wie viele konkrete Produkte oder Produktvarianten in einer Category vorhanden sind (Beispiel: Eine Drogerie bietet innerhalb der Category Deodorants 24 Produkte an). Die Sortimentstiefe drückt als aus, welche Auswahlmöglichkeit ein Kunde innerhalb einer Produktlinie hat.

Die generelle Breite und Tiefe des Sortiments beeinflussen Urteile zur Kompetenz des Anbieters für bestimmte Themen und prägen zugleich die Wahrnehmung auf der *Dimension Spezialist – Generalist* (Abb. 5.96). Bei der Erfahrung eines breiten, aber flachen Sortiments wird tendenziell auf eine Generalistenrolle des Händlers geschlossen. Dies impliziert, dass die Kompetenzzuschreibung für spezifische Aspekte einzelner Category eher zurückhaltend ausfallen wird. Entsprechend werden Erwartungen geprägt. Im Gegenszenario, einem schmalen aber tiefen Sortiment des Händlers, wird dieser eher als Spezialist kategorisiert. Die Kompetenzzuschreibung für die angebotenen Warengruppen fällt entsprechend höher aus, Kompetenzerwartungen sind hoch. Diese auf Basis von Sortimentswahrnehmungen entstehenden Kategorisierungen und zugehörige Urteile bei (Ziel-)Kunden werden Teil des Store Brand Images.

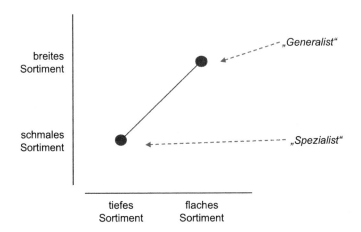

Abb. 5.96 Potenzielle Kategorisierung der Sortimentswahrnehmung bei unterschiedlichen Konstellationen

▶ Die wahrgenommene Sortimentsstruktur wirkt sich auf das Store Brand Image aus.

Einfluss des Sortiments an sich

Ein Einfluss der Sortimentspolitik auf die Wahrnehmung von Einkaufsstätten ist wiederholt durch Studien belegt worden (Überblick dazu in Mulhern 1997). Neben der generellen Sortimentsstruktur spielen diesbezüglich v. a. die Schwerpunkte und Sortimentsausschnitte eine relevante Rolle. Bestehen Sortimentsschwerpunkte bei bestimmten Themen? Daneben sind die Art der Artikel hinsichtlich Qualitätswahrnehmung (u. a. Grewal et al. 1998; auch Morschett 2002) und Preis-Leistungs-Relation relevant. Aus welchen konkreten Artikeln ist ein Detailsortiment zusammengesetzt? Sortimentswahrnehmungen auf diesen Betrachtungsebenen nehmen Einfluss auf Einkaufserfahrungen und damit auf das Store Brand Image.

Einfluss der Markenartikel im Sortiment

Effekte auf das Store Brand Image gehen zudem von den *Markenimages der Produkte im Sortiment* aus. So finden Jacoby und Mazursky (1984) in explorativen Untersuchungen starke Hinweise darauf, dass es zu Wechselwirkungen zwischen den Images von Produktmarken im Sortiment und dem Store Brand Image kommt. Sie konzipieren es als einen Durchschnittsbildungseffekt auf der Basis kongruenztheoretischer Überlegungen. Die Richtung und Effektstärke dieses Image-Anpassungsprozesses scheint von den relativen Markenstärken abzuhängen. Dies ist kongruent zu Anchoring-Befunden von Redler (2003).

Handelsmarken

Hinsichtlich der Sortimentspolitik ist es zudem eine grundsätzliche Entscheidung, in welchem Ausmaß eine Store Brand über das Angebot von Handelsmarken im Sortiment profiliert werden soll (zu Handelsmarken vgl. den nachfolgenden Abschnitt). Im konzeptionellen Rahmen von Ailawadi und Keller (2004) wird bspw. explizit angenommen, dass sich das Store Brand Image u. a. aus der Wahrnehmung des Sortiments ergibt. Dabei haben Hersteller- wie Handelsmarken als Teil des Sortiments eine Bedeutung. Entsprechend ist der Anteil von Handelsmarken-Artikeln am Sortiment aus Sicht der Store Brand zu betrachten. Beispielsweise kann eine Profilierung vorwiegend über Produkte unter Herstellermarken erfolgen, wie dies bei Douglas oder Media Markt der Fall ist. Lidl und Galeria Kaufhof, andererseits, zeichnen sich durch eine Mischung von Produkten unter Hersteller- und Handelsmarken aus. Hingegen sind Händler wie H&M und Ikea als Vertikale durch die klare Ausrichtung auf Handelsmarkenprodukte profiliert.

Analog Herstellermarken kommt es bei Sortimentsteilen, die unter Handelsmarken angeboten werden, zu Image-Wechselwirkungen zwischen dem Image der Handelsmarke und dem Image der Store Brand. Das Resultat kann ein (aus Sicht der Store Brand) positiver wie auch ein negativer *Imagetransfer* von der Handelsmarke auf die Store Brand sein.[38]

---

[38]Dabei hängt die Zielwirkung je von den Positionierungen ab.

Beachtet werden sollte dabei das Zusammenwirkung von Handels- und Hersteller-marken. Zum einen, da auch zwischen den Images der jeweiligen Handelsmarke und den Herstellermarken des Sortiments gewisse Transfereffekte stattfinden. Interessanterweise zeigt sich, dass in bestimmten Situationen auch Herstellermarken einen Nutzen aus der Existenz von Handelsmarken im Sortiment eines Händlers ziehen (Sobermann und Par-ker 2006; Wu und Wang 2005). Zum anderen scheint die Rolle von Handelsmarken und Herstellermarken insofern komplementär zu sein, als eine Handelsmarkenpolitik mit eher hochwertigen Produkten für Händler nur dann profitabel ist, wenn ein beträchtlicher Anteil der Kunden weiterhin auch Herstellermarken kauft (Müller-Hagedorn et al. 2012, S. 602). Den Befunden von Ailawadi und Harlam (2004) zufolge ist die Wohlproportio-niertheit von Handels- und Herstellermarken insgesamt vorteilhaft.

▶   Die im Sortiment angebotenen Produkte prägen das Store Brand Image in
    hohem Maße.

Bezüge zur Positionierung und zum Betriebstyp
Die Sortimentsgestaltung und davon ausgehende Imagewirkungen stehen weiterhin in Wechselwirkung mit der angestrebten Store Brand Positioning einerseits und dem Betriebstyp andererseits.

Sortiment und Betriebstyp
Man könnte sagen, Breite und Tiefe des Sortiments werden durch die Wahl eines Betriebstyps vordeterminiert (dazu auch Abschn. 2.1). So weisen Discounter typischer-weise schmale und flache Sortimente auf, SB-Warenhäuser haben eher breite und tiefe Sortimente und Fachgeschäfte sind durch schmale aber tiefe Sortimente charakterisiert. Somit hat der Betriebstyp indirekten Einfluss auf die Imageeffekte solcher Sortiments-merkmale. In Bandbreiten kann dennoch eine für die Store Brand typische Ausprägung gestaltet werden. Zum Teil werden auch bewusst derartige Erwartungen an Sortimente durchbrochen, um die Store Brand zu profilieren. Jedoch ist über den Betriebstyp eine Vorstrukturierung gegeben, die eben auch bestimmt, was hinsichtlich des Store Brand Images erreichbar scheint, weil vom Betriebstyp an sich schon Kompetenzzuschreibun-gen ausgehen.

Sortiment und Store Brand Positioning
Eine Vorstrukturierung der Sortimentsgestaltung ist außerdem durch die angestrebte Store Brand Positioning gegeben. Wie in Abschn. 2.7 umrissen, stellt diese den Aus-gangspunkt für alle Entscheidungen des Ausdruckssystems des Händlers dar. Insofern müssen sich Sortimentsmerkmale aus der Positionierung ableiten – das Sortiment ist Ausdruck der angestrebten Profilierung und des Leistungsversprechens. Anders ausge-drückt: Wenn das Sortiment prägende Wirkung für das Store Brand Image besitzt, und das Store Brand Image im Sinne der Positionierung geformt werden soll, muss man sich auch bei der Sortimentsgestaltung an der Store Brand Positioning ausrichten.

Vor dem Hintergrund der markenprägenden Effekte der Sortimentsgestaltung empfehlen Jary et al. (1999, S. 131), Zeit in detaillierte, praktische Sortimentsprüfungen auf Produkt- und Warengruppenebene zu investieren.

5.8.2 Handelsmarken

Als Handelsmarken (Private Label Brands) werden Marken angesehen, die sich rechtlich im Eigentum eines Handelsunternehmens befinden und mit denen Leistungen des Händlers markiert werden (Ahlert et al. 2000, S. 28).[39]

Traditionell wurden Handelsmarken als Gegenpol zur Herstellermarke charakterisiert und über Kriterien wie Qualitätslevel, Intensität der Bewerbung oder Preisniveau abgegrenzt. Eine solche Kontrastierung erscheint heute obsolet. Sowohl das Prinzip als auch die Mechanismen der Markenbildung sind bei Hersteller- wie Handelsmarken identisch.

▶   Handelsmarken sind Marken wie andere Marken auch. Es sind mentale Inhalte
     bei Zielgruppen. Das Besondere ist, dass es bei Handelsmarken Handelsunternehmen sind, die die Rechte an relevanten Namen und Markenelementen verfügen.

Eine Besonderheit von Handelsmarken ist dennoch, dass die Herstellung der zugehörigen Produkte i. d. R. durch industrielle Produzenten und nicht durch die Händler selbst erfolgt (Baumgarth 2014, S. 478).

Abb. 5.97 zeigt Beispiele für Handelsmarken von B2B- und B2C-Handelsunternehmen.

Die Etablierung von Handelsmarken wird insb. durch machttheoretische, wettbewerbstheoretische, konjunkturbezogen sowie transaktionskostenorientierte Erörterungen untersucht (dazu Bruhn 2001, S. 18 ff.; Müller-Hagedorn et al. 2012, S. 586 ff.). Müller-Hagedorn et al. (2012, S. 590) führen zudem einen effizienztheoretischen Blickwinkel ein, der sich auf die Arbeitsteilung zwischen Industrie und Handel stützt und komparative Kosten betrachtet.

---

[39]Hier treten, wie in weiten Teilen der Literatur zu Handelsmarken, Inkonsistenzen der Begriffsverwendung zutage. Handelsmarken sind eine Untergruppe zum Begriff Marken. Marken werden nach modernem Verständnis jedoch nicht als Produkte, sondern als mentale Konstrukte aufgefasst. Der Begriff Handelsmarke wird hingegen überwiegend so eingesetzt, dass die Produktebene angesprochen ist, also meist mit den Namen eines Handelsmarkenkonzepts gekennzeichnete Produkte gemeint sind. Dies wird in Aussagen wie „die Produktion von Handelsmarken" deutlich, womit streng genommen gemeint ist „die Produktion von Produkten, die mit einem Markennamen gekennzeichnet werden, an dem der Händler das Eigentum hat." Somit passt die Begriffsverwendung im Kontext Handelsmarken nicht zu der sonst üblichen. Gründe mögen in der nicht vollzogenen Loslösung von der Definition „Markenartikel" liegen, zu der der Handelsmarkenbegriff nunmehr nach wie vor als Gegenstück vorliegt.

Abb. 5.97   Beispiele für B2B- und B2C-Handelsmarken

Etabliert

Handelsmarken sind ein weltweites Phänomen, allerdings bestehen regionale Differenzen (Cuneo et al. 2015). Bspw. liegt der Mengenanteil von Handelsmarken in UK bei 45 %, in der Schweiz bei 54 %, in Spanien bei 44 %. Geringer ist er in Ländern wie Griechenland (24 %), Dänemark oder Ungarn (je 31 %) (Nielsen 2013). Unterschiede ergeben sich auch nach der Produktkategorie. Während der Handelsmarkenanteil bei den Kategorien Papierhygiene (70,1 %) oder Wurstwaren SB (58,4 %) sehr hoch ist, fällt dieser bei Haarpflege (9,0 %) oder Bier (12,8 %) gering aus (Nielsen, zitiert nach o. V. 2016c, S. 60).

Im deutschen Einzelhandel lag der Anteil des Umsatzes mit Handelsmarken-Produkten 2014 bei über 41 % (Abb. 5.98). Die Umsätze mit Handelsmarkenprodukten im Lebensmittel- und Drogeriemarkt sind 2014 mit +2,3 % zudem stärker gewachsen als die mit A-Marken von Herstellern, die nur ca. 1 % zunahmen.

Der Online-Händler Ocado.com steigerte seine Umsätze 2014 insgesamt um 15 %. Die Erlöse aus Handelsmarkenprodukten wuchsen um 40 % an. (o. V. 2015c, S. 72)

Nach Betriebsformen betrachtet, dominieren Discounter den Markt mit Handelsmarken. Ihr Anteil am Wertumsatz betrug 2014 fast 74,9 %, während LEH-Vollsortimenter bei 12,2 %, Drogeriemärkte bei 5,9 % und SB-Warenhäuser bei 5,5 % lagen. Abgeschlagen ist der Fachhandel mit nur 1,5 % (FMCG ohne Frische, 284 Warengruppen; GfK, zitiert nach o. V. 2015b, S. 64).

Auch im *B2B-Markt* gewinnen Handelsmarken stetig an Bedeutung (Simon Kucher und Partners 2010).

Beispiel

Die E/D/E (Einkaufsgenossenossenschaft des Eisenwarenhandels) führt die Handelsmarken forum, Format, fortis und format professional quality.

Ergebnissen des Handelsmarkenmonitors zufolge (zitiert nach o. V. 2016, S. 57) werden Handelsmarkenprodukte von Verbrauchern in qualitativer Hinsicht nah an denen

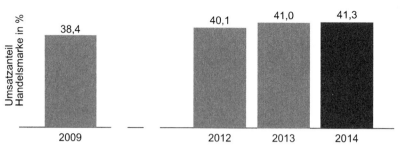

Abb. 5.98 Anteil von Handelsmarken am Gesamtumsatz des deutschen Einzelhandels. (Quelle: Nielsen, zitiert nach o. V. 2016c, S. 60)

vergleichbarer Herstellermarken gesehen. 85 % der Befragten sehen Handelsmarkenprodukte auf dem gleichen Niveau, lediglich 8 % stufen diese als weniger hochwertig ein. Die Studie zeigt zudem auf, dass das Qualitätsurteil stark davon beeinflusst wird, welcher Händler sie anbietet. Die Store Brand strahlt demnach auch auf die Wahrnehmung der Handelsmarkenprodukte aus.

▶   Das Qualitätsurteil zu Handelsmarkenprodukten wird auch vom Store Brand
      Image geprägt.

Motive

Handelsmarken werden klassisch als Mittel für einen *Spannenpush* verstanden (u. a. Ailawadi und Harlam 2004; Jary et al. 1999, S. 152; Zellekens und Horbert 1996, S. 38), wenngleich dieses Ziel nicht selten verfehlt wird. Ein wichtiger Grund liegt darin, dass gerade bei renditeschwachen Händlern die Mittel für die Entwicklung starker Marken fehlen, weshalb dann eine reine Preisprofilierung gewählt wird, die wiederum der Rendite abträglich sein kann (Ahlert et al. 2000, S. 43).

Ein anderes wesentliches Ziel der Handelsmarkenpolitik besteht in Beiträgen zur *Profilierung* der Store Brand, insb. auch, da durch Handelsmarkensortimente die Austauschbarkeit von Handelssortimenten verringert werden (u. a. Ahlert et al. 2000, S. 43 ff.). Weitere Ziele sind die *Sortimentsoptimierung,* die *Kundenbindung,* eine teilweise *Entkoppelung vom Preiskampf* und die *Reduktion der Zahl von Lieferanten* (Ahlert et al. 2000, S. 45). Auch die Steigerung der Kundenzufriedenheit, eine Verbesserung der Verhandlungsposition gegenüber Lieferanten sowie die Reduktion von Qualitätsrisiken (Müller-Hagedorn et al. 2012, S. 586 ff.) werden diskutiert.

Als der Parfümeriefilialist Douglas seine erste eigene Kosmetiklinie („Beautify You") launchte, umspante das zugehörige Sortiment mit rund 300 Produkten alle Make-Up-Kategorien. Die Marke wurde im Einstiegs- bis mittleren Preissegment angesiedelt (o. V. 2015a, S. 57).

Unterschiede nach Produktkategorie

Die Akzeptanz von Handelsmarkenprodukten hängt u. a. von der Kategorie ab, was sich auch an differierenden Umsatzanteilen zeigt (u. a. Kornobis 1997). Speziell Low-Involvement-Kategorien scheinen vorteilhaft (Esch 2014, S. 596). Dies hängt damit zusammen, dass die Qualitätswahrnehmung einer Handelsmarke und ihre Kaufwahrscheinlichkeit durch Konsumenten[40] von *wahrgenommenen Risiken* (Semeijn et al. 2004) beeinflusst werden:

- Je größer das wahrgenommene *funktionelle Risiko* mit dem Handelsmarkenprodukt (weil es für den Händler aus Kundensicht eine Herausforderung darstellt, das Produkt herzustellen), desto geringer sind Qualitätswahrnehmung und Kaufwahrscheinlichkeit. Trauen Kunden dem Händler die Herstellung eines Produktes nicht zu, reagieren sie zurückhaltend.
- Je größer das wahrgenommene psychosoziale Risiko (*symbolische Bedeutung* bspw. durch die öffentliche Nutzung des Produktes), desto geringer sind Qualitätswahrnehmung und Kaufwahrscheinlichkeit. Produktkategorien, die öffentlich sichtbar werden, bergen hier höhere Risiken und performen daher hinsichtlich Handelsmarken schlechter. Das Store Image hat dabei moderierende Effekte: Ein positives Store Image kann den Zusammenhang abschwächen.
- Je größer das wahrgenommene finanzielle Risiko und die *wahrgenommenen Qualitätsunterschiede innerhalb einer Kategorie,* desto geringer fallen Qualitätswahrnehmung und Kaufwahrscheinlichkeit eines Handelsmarkenprodukts aus. Bei großen Qualitätsdifferenzen zwischen Produkten der Kategorie wählen Kunden eher das Produkt der Herstellermarke, um finanzielle Risiken zu reduzieren.

Auch die Auswertungen von Paneldaten (GfK Panel Services 2010) deuten auf einen Zusammenhang zwischen der subjektiv wahrgenommenen *Bedeutung einer Fehlkaufvermeidung* einerseits sowie dem Handelsmarkenanteil andererseits hin. Kategorien, in denen die Wichtigkeit einer Fehlkaufvermeidung besonders hoch ist (z. B. Zahnpasta, Gesichtscreme), weisen einen geringeren Handelsmarkenanteil auf als Produktkategorien, bei denen die Wichtigkeit einer Fehlkaufvermeidung eher gering ist (z. B. Alufolie, Gemüsekonserven).

Nach Befunden von Zielke und Dobbelstein (2007) üben soziale Risiken den höchsten Einfluss auf die Kaufbereitschaft von Handelsmarkenprodukten aus. Am zweitstärksten ist der Einfluss des funktionalen Risikos, gefolgt vom finanziellen Risiko. Besonders bei Produkten, die Gästen angeboten werden und somit in hohem Maße eine symbolische Wirkung entfalten, weisen die geringsten Kaufbereitschaften auf. Müller-Hagedorn et al. (2012, S. 608) folgern daraus, dass Handelsmarkenstrategien warengruppenspezifisch zu entwickeln seien. Bei geringen Risiken würden sich Handelsmarken

---

[40]In der Untersuchung zu einer Variable „Evaluation" zusammengefasst.

im Preiseinstieg eignen, während bei hohen sozialen Risiken möglicherweise Premium-Handelsmarken einen geeigneten Ansatz böten. Auf die Vorgehensweise bei der Entwicklung von Handelsmarken[41] gehen Hurth und Sievers (2016) ein.

Starke Store Brands können gerade bei empfundenen Risiken des Handelsmarkenkaufs als *Vertrauensanker* und *bestätigendes Momentum* fungieren. Die Kompetenz der Store Brand und ihre Anerkennung sollten also stützen! Anhand der Untersuchungen von Semeijn et al. (2004) ist erkennbar, dass Faktoren des Store Brand Images die Bewertung von Handelsmarkenprodukten lenken.

▶   Handelsmarken sind ein attraktives Instrument, um Kunden zu binden und die Store Brand zu profilieren. Ebenso kann eine starke Store Brand Beiträge zur Akzeptanz von Handelsmarken liefern.

Totalmodell von Lauer

Für den Lebensmittelmarkt wurde von Lauer (2001) ein Modell vorgelegt, das diverse Determinanten für den Erfolg von Handelsmarken zusammenstellt und gruppiert (Abb. 5.99).

Wettbewerbsseitig werden u. a. Lieferantenanzahl, das Niveau der Kommunikationsausgaben und die Innovationshäufigkeit des Marktes betrachtet. Produktbezogene Determinanten des Modells sind u. a. die Kaufhäufigkeit und die Beschreibung des Produktes anhand der Dimensionen des Informationsökonomischen Dreiecks. Hinsichtlich des Konsumenten werden soziodemografische Aspekte und u. a. Preis-, Prestige- oder Convenience-Orientierung sowie die Kaufhäufigkeit einbezogen. Zudem werden explizit vom Brand Management kontrollierbare Determinanten modelliert:

• Anzahl der unter der Handelsmarke angebotenen Produkte (Breite),
• wahrgenommene Qualität,
• Bekanntheitsgrad der Handelsmarke,
• Preispositionierung,
• Alter der Marke,
• Flächenbedeutung in den Läden,
• Anbindungsgrad an die Store Brand und
• Anmutungsqualität der Verpackung als bedeutendstes Kommunikationsmittel

Die Befunde aus den zugehörigen empirischen Prüfungen von Lauer (2001) zeigen u. a., dass gerade von den Brand Management-bezogenen Determinanten große Effekte auf den Handelsmarkenerfolg ausgehen, während branchenstrukturelle und verbraucherbezogene Größen eher geringen Einfluss zeigen. Hinsichtlich der produktbezogenen Determinanten scheinen die bereits angesprochenen wahrgenommen Risiken eine besondere Bedeutung zu haben.

---

[41]Im Lebensmitteleinzelhandel.

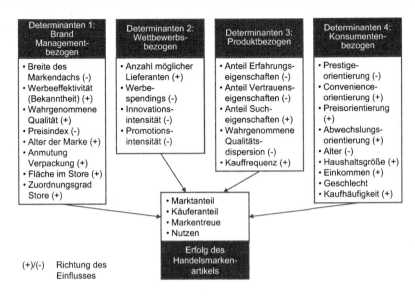

Abb. 5.99 Determinanten für den Handelsmarkenerfolg. (Nach Lauer (2001))

Handelsmarke beim Onlinestore About You
Der zur Otto group gehörige, noch recht neue Onlinehändler About You hat erst kürzlich unter dem Namen Anna & Ella seine erste Handelsmarke lanciert. Sie umfasst zum Start ca. 130 Artikel aus dem Basic-Sortiment. Mit anna-und-ella.com besitzt sie auch einen eigenen Online-Auftritt. Erst beim Bestellvorgang wird der Kunde auf den Store About You weitergeleitet (o. V. 2017a, S. 25).

Handelsmarken und Store Brand
Wie an den bisherigen Ausführungen ersichtlich, bestehen zwischen Handelsmarken und Store Brands wechselseitige Wirkungen hinsichtlich der Aspekte Bekanntheit und Image. Starke Handelsmarken unterstützen die Sichtbarkeit der Store Brand und haben Ausstrahlungseffekte auf das Store Brand Image. Andererseits begünstigt eine starke Store Brand Kontakte zu Handelsmarken, fördert deren Akzeptanz und lenkt die Wahrnehmung und Beurteilung von Handelsmarkenprodukten (Abb. 5.100).

Die Stärke dieser Effekte hängt jedoch von Grad der wahrgenommenen Verbindung zwischen den Marken ab (vgl. unten). Je klarer die Handelsmarken dem Store zugeordnet werden (z. B. durch die Nutzung gleicher Markennamen wie bei Rewe (Store Brand Name) und Rewe Beste Wahl (Handelsmarken-Name)), desto eher sind diese Effekte zu unterstellen. Bei schwachen oder fehlenden Verbindungen sind solche Wirkungen fraglich.

Allerdings liegen zu diesen Zusammenhängen nur vereinzelte Erkenntnisse vor.

Fundiert scheint, dass von Handelsmarken Beiträge zur Profilierung des Händlers ausgehen (Sudhir und Talukdar 2004). Empirisch zeigt sich zudem, dass Handelsunternehmen,

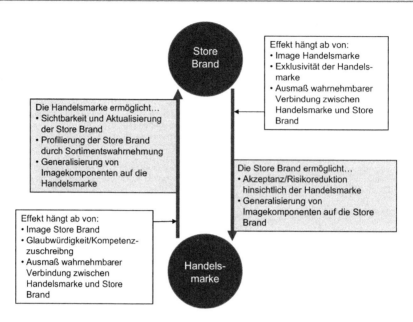

Abb. 5.100 Wechselwirkungen zwischen Handelsmarken und Store Brands

bei denen die Zielsetzung der Differenzierung stärker ausgeprägt ist, auch der Anteil von Handelsmarken höher ausfällt (Morschett 2012, S. 63 f.).

Der Zusammenhang zwischen Handelsmarken und einer Profilierung der Store Brand wird von Lauer (2001) genauer untersucht (vgl. auch sein Modell oben). Er betrachtet dabei einerseits die Kaufprädisposition bei Handelsmarkenartikeln, andererseits den Grad der Einkaufsstättenprofiliertheit. Die Kaufprädisposition ist dabei als ein Überbegriff zu Image und wahrgenommenem Nutzen, Treue und Kaufhäufigkeit bezüglich der Handelsmarkenartikel zu sehen. Der Grad der Einkaufsstättenprofiliertheit drückt das Ausmaß von Präferenzen für eine Store Brand sowie die Treue zur Store Brand aus. Die Befunde weisen nach, dass die Einkaufsstättenprofiliertheit auch von der Prädisposition zum Handelsmarkenkauf determiniert wird.

Empirische Befunde von Nies (2009, 2011) belegen überdies, dass insb. die Wahrnehmung der Qualität von Handelsmarken einen Effekt auf die Einkaufsstättenwahl wie auch auf das Store Image ausübt (Abb. 5.101).[42] Die Qualitätswahrnehmung der Handelsmarken zeigte sich in 60 % der untersuchten Kategorien direkt mit der kategoriespezifischen

---

[42]Zudem existieren auch direkte Effekte von Handelsmarkenimage/-wahrnehmung auf die Einkaufsstättenwahl.

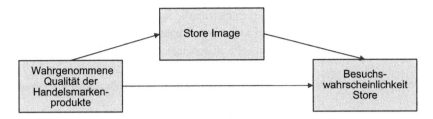

Abb. 5.101   Das Rahmenmodell von Nies (2009)

Wahl des Stores verbunden. Selbst in den Kategorien, in denen sich kein signifikant direkter Effekt zeigte, existierte dennoch ein indirekter Einfluss über das Store Image (Nies 2009).

Die Wahrnehmung von Handelsmarken – andererseits – ist beeinflusst vom Unternehmensimage (Martenson 2007). Rückwirkungen auf die Bewertungen zur Store Brand zeigen sich in den Untersuchungen von Delgado-Ballester et al. (2012). Nach ihren Befunden wird das empfundene (funktionale, finanzielle, soziale) Risiko eines Kaufs von Handelsmarkenprodukten erheblich vom Image der zugehörigen Store Brand beeinflusst. Der Effekt wird moderiert vom Qualitätsbewusstsein (value consciousness) als Personeneigenschaft des Käufers.

▶   Nur starke Handelsmarken leisten Beiträge zur Profilierung der Store Brand. Beiträge sind auch nur dann zu erwarten, wenn eine wahrnehmbare Verbindung besteht.

Neben der wahrnehmbaren Verbindung zwischen Handelsmarke und Store Brand (die für entsprechende Kategorisierung von Reizen sorgt) ist auch der Faktor *Markenstärke* eine zu beachtende Variable für den Erfolg gegenseitiger Stützungseffekte: Damit die angesprochenen positiven ausstrahlenden Markeneffekte auftreten können, ist eine hinreichende Markenstärke erforderlich. Dies bedeutet, dass bei Zielpersonen hinreichende Bekanntheit und ein entsprechendes Markenschema vorliegen müssen (Dies ist die Grundlage, dass überhaupt eine Kategorisierung und Generalisierung stattfinden kann.). Ist ein Markenname kaum bekannt oder wird mit ihm nicht Spezifisches verbunden, kann auch kein Vertrauenstransfer oder eine Lenkung von Wahrnehmungen stattfinden. Folglich sind die Vorzeichen für positive Beiträge von Handelsmarken auf die Store Brand und umgekehrt besonders gut, a) wenn starke Marken vorliegen, die b) wahrnehmbare Verbindungen zur Store Brand aufweisen:

- Starke Marken: Bei einer starken Handelsmarke besteht ein spezifisches Image mit möglichst emotionalen, bildlichen und eigenständigen Inhalten, die das Store Brand Image stützen bzw. dieses profilieren können.

- Wahrnehmbare Verbindungen: Die Handelsmarke muss von Personen so kategorisiert werden, dass sie der Store Brand zugehörig erkannt wird. Daher sind verbindende Elemente relevant, wie bspw. identische Brandingelemente.

Insofern ergibt sich die Matrix in Abb. 5.102, die beide Betrachtungsebenen zusammenführt.

Die Profilierungseffekte können in zwei Mechanismen differenziert werden. Einerseits Imagetransfereffekte von der Handelsmarke und zugehörigen Produkten auf die Store Brand. Dies sind *direkte Effekte*. Daneben bestehen andererseits *indirekte Effekte*. Sie umfassen v. a. Sortimentseffekte über Ergänzungen oder Abrundungen: Über die Sortimentsveränderung, die aus der Einführung von Produkten unter Handelsmarken resultiert, ergibt sich eine weitere Auswirkung auf das Store Brand Image.

Handelsmarken bei Carrefour: Big Business mit klaren Preislinien
Der französische Handelsriese ist erfahren mit dem Management von Handelsmarken. Die internationale Handelsmarkenzentrale beschäftigt 70 Produktmanager. Das Portfolio von ca. 13.000 Artikeln bedeutet die Koordination mit rund 1200 Lieferanten. Die Markenaufstellung ist eher klassisch und folgt klaren Regeln bei der Preispositionierung. Mit der Kernmarke Carrefour, die rund 5700 Artikel umfasst, wird eine Preispositionierung verfolgt, die ca. 30 % Abschlag gegenüber der je führenden Herstellermarke vorsieht. Die Preiseinstiegsmarke Produits Blancs wird den Angeboten von Discountern entgegengesetzt. Im wachsenden Premium-Bereich agiert die Marke Carrefour Seléction. Deren Produkte unterbieten Spitzenmarken der Kategorie preislich um rund 20 %. Daneben existieren zahlreiche Sonder-Linien wie Carrefour Baby, Bon App, Carrefour Bio oder Carrefour Kids. (o. V. 2015c, S. 72)

Kernfragen aus Sicht des Store Brand Management
Aus Sicht des Store Brand Management sind neben der betriebswirtschaftlichen Planung und Kontrolle und der Sicherung von Beschaffung bzw. Produktion inkl.

Abb. 5.102 Markenstärke-Markenverbindungs-Matrix

Abb. 5.103 Kernfragen für das Management von Handelsmarken aus Sicht des Store Brand Management

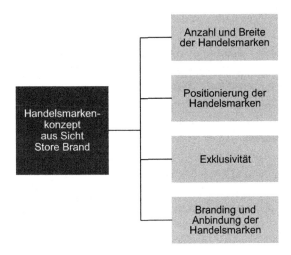

Qualitätskontrolle vor allem folgende Gesichtspunkte konzeptionell zu klären und umzusetzen:[43]

- Anzahl der zu führenden Handelsmarken und damit die Breite der Marke(n),
- Positionierung der Handelsmarken, damit verbunden ihre Preispositionierung,
- Exklusivität der Handelsmarke(n) für die Store Brand,
- Branding der Handelsmarke(n), und damit den wahrnehmbaren Anbindungsgrad an die Store Brand.

Auf diese wird nachfolgend eingegangen (Abb. 5.103).

Anzahl und Breite der Marken

Ahlert et al. (2000, S. 51 f.) wie auch Müller-Hagedorn et al. (2012, S. 584) differenzieren nach der unter dem Markennamen angebotenen Sortimentsbreite zwischen Artikelmarken bzw. *Individualmarken* (Angebot von nur einem Artikel), *Warengruppenmarken* (Abdeckung einer Warengruppe) und *Sortimentsmarken* (Abdeckung eines gesamten Sortimentsbereichs, also mehreren Warengruppen). Dem sind *Totalmarken* hinzuzufügen, wie sie insb. bei Vertikalen anzutreffen sind. Bei Totalmarken wird im Grunde das gesamte Sortiment des Stores unter einem Handelsmarkennamen gefasst. Dies ist z. B. bei H&M oder Bo-Frost der Fall.[44]

---

[43]Grundsatzfragen, die bei der Einführung von Neuprodukten aus Markensicht bedacht werden sollten, sind bei Redler (2017) behandelt. Die dort vorgestellten Entscheidungsstufen können auf die Einführung von Handelsmarken übertragen werden.

[44]Ahlert et al (2000, S. 51 f.) betrachten den Fall, der hier als Totalmarke herausgestellt wird, als einen Extremfall der Sortimentsmarke.

Abhängig von der Breite ergeben sich unterschiedliche Implikationen auf *Positionie-rungsmöglichkeiten* der Handelsmarke und Kosten bzw. Synergien der Markenführung (u. a. Ahlert et al. 2000, S. 31 f.; Berekoven 1995, S. 135): Individualmarken können sehr spitz profiliert werden, sind jedoch kostenintensiv und bieten wenige Synergien. Das zugehörige Produkt muss den gesamten Markenführungsaufwand alleine tragen. Segmentmarken können Synergien bei Kommunikationswirkungen nutzen und sind vergleichsweise spitz positionierbar. Sortimentsmarken benötigen eine breitere Positi-onierung, um der Warengruppenspanne gerecht zu werden. Zu beobachten ist, dass es, scheinbar aufgrund der notwendigen Breite, bei diesen oft zu einer bloßen Preisprofi-lierung kommt. Sortimentsmarken bieten, ebenso wie Totalmarken sehr hohe Synergie-potenziale. Damit wird der Markenführungsaufwand von vielen Produkten getragen. Totalmarken müssen ihre Positionierung aus der Store Brand Positioning übernehmen.

Die *Beiträge der Handelsmarke zur Store Brand* sind demnach von der Breite der Handelsmarken beeinflusst. Inwieweit diese mehr oder weniger förderlich ist, muss letzt-lich differenziert beurteilt werden. Breite Handelsmarken können bspw. nur wenig kon-krete Profilierungseffekte für das Store Brand Image anbieten. Äußert sich eine solche breite Positionierung in der Botschaft „sehr preiswert" und sieht die Store Brand Positi-oning eine Positionierung als preisgünstiger Anbieter vor, so kann dies dennoch vorteil-haft sein. Bei einer spitzen Positionierung der Handelsmarke wiederum sind spezifische Beiträge zum Store Brand Image möglich, jedoch wäre kritisch zu prüfen, a) inwieweit eben diese aus Sicht der angestrebten Store Brand Positioning tatsächlich wertvoll sind und b) ob die Wirkungskraft auf das Store Brand Image ausreichend ist.

Positionierung und Preispositionierung der Handelsmarke
Es deutet sich damit schon an, dass auch die Konstellation von Positionierung der Han-delsmarke und Positionierung der Store Brand eine relevante Variable ist.

Grundsätzlich kann die Handelsmarken-*Positionierung unabhängig* von der Store Brand vorgenommen werden. Damit werden spitze Profilierungen der Handelsmarken besonders gut möglich, da Restriktionen aus der Store Brand Positioning eben nicht bestehen. Allerdings sind auftretende Imagewechselwirkungen kritisch zu beobachten. Diese hängen vor allem von Anbindungsgrad der Handelsmarke an die Store Brand ab (vgl. unten). Im anderen Extrem kann eine nahezu *identische Positionierungsidee* ver-folgt werden. Man stellt dann beim Store Image und dem Image der Handelsmarke auf sehr ähnliche Facetten ab. In dem Fall würde es für eine starke Anbindung der Handels-marke an die Store Brand sprechen. Daneben ist weiterhin als „Mittelposition" eine *nahe Positionierung* möglich, bei einer eher allgemeineren Positionierungsausrichtung und einer mittelstarken Anbindung an die Store Brand.

▶ Werden wahrnehmbare Verbindungen zwischen Handelsmarke und Store Brand (über das Branding) umgesetzt, müssen Positionierungsziele und Kom-patibilität im Blick behalten werden.

Oftmals wird die Positionierung von Handelsmarken aus Sicht der *Preispositionierung* behandelt. Wurden Handelsmarken bei ihrem Aufkommen zunächst als Marken für Preiseinstiegsprodukte umgesetzt, zeigen sie sich heute auf mehreren Positionierungslevels. Bormann und Hurth (2014, S. 366) unterscheiden nach der Preispositionierung von Handelsmarken drei Typen (auch Bruhn 2001, S. 14):

* *Discountmarke:* Preis sehr niedrig bei geringerer Qualität als bei der vergleichbaren Herstellermarke. Verwendung als Preiseinstieg. Beispiel: Tip.
* *Klassische Handelsmarke:* Etwas günstiger als Herstellermarke, Qualität und Aufmachung orientiert sich an relevanter Herstellermarke. Beispiel: Balea.
* *Premiummarke:* Hohe Qualität bei gleichem bis höherem Preis im Vergleich zur A-Herstellermarke. Beispiel: Globus Gold.

Sollen Handelsmarken im Sinne des Store Brand Management strategisch genutzt werden, ist daher auch in dieser Hinsicht zu durchdenken, wie die Preispositionierung von Handelsmarken die Store Brand Assets unterstützt.

Oft werden die o. g. Typen von Handelsmarken auch als Generationen verstanden (dazu bspw. Burt 2000, S. 876 ff.), die sich nach Produkteigenschaften, Herstellung, Marktbedeutung und Kaufgründen unterscheiden. Demnach existieren (nicht unbedingt überlappungsfreie) Entwicklungsphasen eines Handelsmarken-Marktes von einer einfachen Generika- und Kostenstrategie bis hin zur Herausbildung einer Führungsrolle (u. a. Wileman und Jary 1997; Laaksonen und Reynolds 1994). So unterteilten Laaksonen und Reynolds (1994) in vier Generationen: 1) Generika, 2) Quasi-Marken mit einer Billigpreispolitik, 3) Eigenmarken mit einer me-too-Politik sowie 4) Gereifte Handelsmarke(n) mit einer Value-Added-Politik.

▶ Handelsmarken haben sich von der reinen Preis- und me-too-Ausrichtung emanzipiert.

Premiumhandelsmarken sind Gegenstand eigener Forschung (dazu Roschk et al. 2015), die sich fast ausschließlich mit dem Lebensmitteleinzelhandel befasst. Definiert als am oberen Ende eines Qualitätsspektrums angesiedelte Marken, die einen außergewöhnlichen Produktnutzen bieten und mit Herstellermarken der höchsten Qualitätsstufe in Konkurrenz stehen (Geyskens et al. 2010), werden sie zunehmend als eigenständiger Handelsmarkentypus angesehen, der spezifischen (und im Vergleich zu Standardhandelsmarken unterschiedlichen) Gesetzmäßigkeiten folgt (Roschk et al. 2015, S. 175). Zahlreiche Lebensmittelhändler haben in der jüngeren Vergangenheit ihr Handelsmarkenspektrum in Richtung von Premiummarken erweitert (ter Braak et al. 2014). Auch Marktzahlen spiegeln die Tendenz zu Premium-Handelsmarken (Nielsen, zitiert nach o. V. 2016c, S. 60).

Wie Corstjens und Lal (2000) belegen, sind gerade qualitativ gute bis hochwertig angesiedelte Handelsmarken dazu geeignet, die *Einkaufsstättentreue* zu unterstützen.

Discoutmarken hingegen regen den *Preiswettbewerb* zwischen Händlern an, ohne Einkaufsstättentreue zu fördern.

In Deutschland allerdings haben es Premiumhandelsmarken nach wie vor schwer, denn die Zahlungsbereitschaft für Handelsmarken ist signifikant gering (Nies 2011 zitiert nach Nies 2012, S. 9). Kunden fordern einen erlernten Preisvorteil ein und wechseln schnell wieder zu einem Produkt der Herstellermarke. Wenn ein Artikel der Herstellermarke durch Preispromotions günstiger ist, schwenken sogar handelsmarkenaffine Käufer häufig auf die Herstellermarke um (Nies 2011 zitiert nach Nies 2012, S. 10). Dies zeigt: Handelsmarken sind akzeptiert und genießen Vertrauen. Jedoch werden diese Produkte (in Deutschland) vorwiegend dann gekauft, wenn sie im Preis attraktiv wahrgenommen werden (Nies 2012, S. 10).

Preis-Leistungs-Relation
Ein wichtiger Hebel ist daher die zielführende Gestaltung des wahrgenommenen Verhältnisses von Preis zu Leistung. Im Vergleich zum vergleichbaren Herstellermarkenprodukt muss das Handelsmarkenprodukt den Erkenntnissen Nies (2012) zufolge entweder *günstiger* gestaltet sein oder im Mehrwert überlegen sein. Um den direkten Preisvergleich zu begrenzen, können *exklusive Mehrwerte* (bspw. einer besonders praktischen Verpackung, die sonst nicht angeboten wird) geeignet sein. Neben einer überlegenen Qualität können Mehrwerte auch durch emotionale, funktionale, gestalterische oder symbolische Nutzen generiert werden. Entscheidend sind dabei die Wahrnehmbarkeit und Relevanz der Mehrwerte für die Zielgruppe(n).[45]

Um Handelsmarken preislich gegenüber Herstellermarken zu positionieren, werden entsprechend unterschiedliche Optionen diskutiert. Das Grundprinzip wird darin gesehen, mit der Handelsmarke ein attraktiveres Preis-Mehrwert-Verhältnis anzubieten als es die vergleichbare Herstellermarke leistet (Klein-Bölting et al. 2012, S. 20). Systematisch kann dies anhand des Preis-Mehrwert-Diagramms verdeutlicht werden, auf der exemplarisch drei Grundoptionen zu erkennen sind (Abb. 5.104). In dieser entspricht die Winkelhalbierende den Preis-Mehrwert-Konstellationen von Herstellermarken. Der rote Punkt X repräsentiert jene Herstellermarke, zu denen die Handelsmarke in Konkurrenz treten soll. Klein-Bölting et al. (2012, S. 20) zufolge, liegt nun eine Möglichkeit liegt darin, den gleichen Wert zu einem niedrigeren Preis anzubieten (A). Eine andere Vorgehensweise umfasst mehr Wert für einen niedrigeren Preis (B). Schließlich besteht die Option, mehr Wert zu einem vergleichbaren Preis anzubieten (C). Je höher die Position auf der Kurve, desto größer ist die Herausforderung an eine Mehrwertschaffung durch die Handelsmarkenführung.

---

[45]Hinzuweisen ist auf die Tatsache, dass Brands Mehrwerte durch symbolischen Nutzen bieten (können).

Abb. 5.104 Optionen der
Preispositionierung von
Handelsmarken im Preis-
Mehrwert-Diagramm

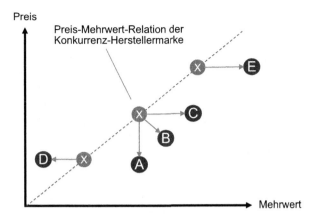

Auch die oben aufgeführten, klassischen Preispositionierungsebenen sind im Dia-
gramm zu verorten: Punkt D kennzeichnet die Discountmarke, die Punkte C und E sind
Ausdruck des Premiumhandelsmarkenkonzepts.

Die Ausgestaltung der Handelsmarken-Positionierung bestimmt damit wesentlich
über ihre Potenziale für das Store Brand Management.

Anbindung der Handelsmarke an die Store Brand
Schon oben wurde mehrfach die besondere Bedeutung der wahrnehmbaren Verbindung
zwischen Store Brand und Handelsmarke thematisiert. Sie ist der entscheidende Hebel,
um psychologische Wechselwirkungen zwischen Store Brand und Handelsmarke zu
steuern. Die Beiträge von Handelsmarken für die Store Brand hängen demnach auch von
der *Ausgestaltung der Anbindung* der Handelsmarke an die Store Brand ab.

Mit der Anbindung ist das Ausmaß gemeint, mit dem die Produkte der Handelsmarke
in der Wahrnehmung der Zielgruppe(n) auch *der Store Brand zugeordnet* werden. Solche
Effekte hängen maßgeblich davon ab, ob und in welchem Umfang *Brandingelemente* der
Store Brand auch für Leistungen der Handelsmarke verwendet werden.

Eine hohe Anbindung liegt bei Globus (Handelsmarke) an die Store Brand Globus vor, denn der Name und die Farb- wie Gestaltungscodes werden nahezu identisch
benutzt. Dadurch werden Imagetransfereffekte wahrscheinlich. Hinzu kommt eine hohe
Aktualisierungswirkung für die Store Brand. Eine schwächere, aber wahrnehmbare Verbindung besteht bei der Handelsmarke Balea und der Store Brand DM, da am Logo der
Handelsmarke das Logo von DM hinzugefügt ist (Abb. 5.105). Das Brandingelement
der Store Brand ist jedoch deutlich dem der Handelsmarke untergeordnet. DM fungiert
lediglich als Endorser (vgl. Abschn. 1.3).

Jeweils keine Verbindungen bestehen zwischen der Handelsmarke Pottkieker und der
Store Brand Aldi oder der Handelsmarke P2 cosmetics und der Store Brand DM. Entsprechend können auch keine direkten Imagetransfereffekte wirksam werden.

Abb. 5.105 Logo der
Handelsmarke Balea:
Verbindung zur Store Brand
DM wird geschaffen

Wichtig: Nicht das Soll, sondern die Umsetzung von Brandingelementen am Handels-marken-Produkt, auf der Verpackung und in der sonstigen Kommunikation entscheidet darüber, inwieweit durch die Zielgruppe(n) eine Zuordnung zur Store Brand erfolgen kann.

▶   Über die wahrgenommene Anbindung der Handelsmarke an die Store Brand entscheidet vor allem das Branding.

Wie dargestellt, sind die Beiträge zur Profilierung der Store Brand durch Handelsmar-ken dann stärker, wenn durch das Branding der Handelsmarke die Beziehung zur Store Brand verdeutlicht wird (auch Morschett 2012, S. 37). Allerdings erhöht sich für die Store Brand ebenso das Risiko, weil auch die Möglichkeiten eines negativen Imagetrans-fers (z. B. von einem Produktskandal auf die Store Brand) steigen.

Aus der Positionierungsperspektive der Store Brand kann man als Daumenregel Fol-gendes festhalten. Handelsmarken, die die Store Brand Positioning fördern, profilieren oder festigen, sollten durch ein entsprechendes Branding eher stärker an die Store Brand angebunden werden. Gehen von Handelsmarken eher kontraproduktive Beiträge für die Store Brand Positioning aus, sollte eine Anbindung vermieden werden.

Exklusivität der Handelsmarke bei der Store Brand
Letztlich ist ein weiterer Aspekt zu sehen: Produkte unter dem Handelsmarkennamen eines Händlers können prinzipiell unterschiedlich stark auf den Einsatz bei einem einzel-nen Store bzw. einer Vertriebsline beschränkt sein:

- Die Produkte sind *ausschließlich* bei einem Store bzw. einer Vertriebsline eingesetzt (St. Michael bei Marks & Spencer).
- Die Produkte sind *bei mehreren Stores bzw. Vertriebslinen* eines Handelskonzerns ein-gesetzt (ja! bei Rewe und Penny Markt der Rewe Group).
- Produkte der Handelsmarke werden *auch an andere Händler* verkauft, sodass die Handelsmarke auch dort im Einsatz ist.

Auch die Umsetzung dieser Optionen hat, ähnlich den bereits diskutierten Aspekten, Auswirkungen auf das Ausmaß möglicher Profilierung einer Store Brand über die Han-delsmarke. Daher sollte auch über diesen Blickwinkel nachgedacht werden.

Nach der Auffassung von Meyer (2000, S. 22) sind professionell geführte Handelsmar-ken nur dann in der Lage, die Store Brand stärken, wenn die Handelsmarken-Produkte ausschließlich bei einem Händler (im Grunde unter einer Store Brand) genutzt werden.

Fungieren Handelsmarken wie die Handelsmarke ja! (die nicht nur bei Rewe, sondern auch bei Penny Markt eingesetzt ist) im Sortiment mehrerer Vertriebslinien, so ist die Profilierung einer Store Brand über eben diese, wenig exklusiven, Handelsmarken geringer. Ihre Effekte nähern sich den Effekten anderer Markenartikel im Sortiment an bzw. werden auf die Preisdimension komprimiert.

5.8.3 Preispolitik und Promotions

Wichtige Wechselwirkungen zwischen Store Brand und einerseits Preispolitik sowie der Promotionspolitik andererseits sind *nicht* zu vernachlässigen. Wie auch bei anderen Kontakten mit dem Store ergeben sich hier zahlreiche markenprägende Effekte (Abb. 5.106).

Preispolitik
Die mittel- bis langfristige Preispolitik hat Effekte für die Store Brand, sodass diese Interaktionen zu beachten sind. Die *Preispolitik* befasst sich mit der zielgerichteten Gestaltung des vom Kunden wahrgenommen Verhältnisses von Preis und Nutzenstiftung (Redler 2012, S. 149). Es geht im Wesentlichen um die Festsetzung der Verkaufspreise für Artikel und Warengruppen im Rahmen einer Preisstrategie. Der Preis drückt in Geldeinheiten aus, was ein Kunde für die erhaltene Leistung entrichten muss (Simon und Fassnacht 2009, S. 6). Dabei sind alle vertraglichen Vereinbarungen inkl. Rabatten, Zahlungsbedingungen, Kreditgewährung etc. zu berücksichtigen. Preisfestlegungen werden schon innerhalb der Preispolitik von unterschiedlichen Perspektiven aus bewertet: Bei der Einlistung von Artikeln geht es insb. um die Festlegung des Einzelpreises. Strukturell sind aber auch Preislinien und Preislagenstrukturen, differenzierte Preise und Preise von Eckartikeln zu betrachten. eitraumbezogen sind Sonderangebote, Preispositionierung und Preislagenverschiebungen relevant.

Preisstrategien sind als „Leitplanken" für die Bestimmung der tatsächlichen Preishöhe zu verstehen (Pfäffli et al. 2015, S. 174). Die Elemente der Preisstrategie fungieren

Abb. 5.106 Preisentscheide und Store Brand: Psychologische Wirkmechanismen

als strategischen Vorgaben für die Preisfestlegungen. Solche Element sind u. a. das Framing von Preisen, temporäre Tiefpreisstrategien oder die generelle Preispositionierung (Pfäffli et al. 2015, S. 174).

Die *Preispositionierung* drückt die geplante kundenseitige Preiswahrnehmung in Abhängigkeit vom Angebot und den Wettbewerbspreisen aus. Unterschieden wird üblicherweise zwischen einer Niedrig-, Mittel- und Premiumpreisposition (Simon und Fassnacht 2009, S. 30). Innerhalb dieser grundsätzlichen Preiswürdigkeitsniveaus (Preislagen aus interner Sicht) können zudem preisliche Feinpositionierungen gegen spezifische Konkurrenten definiert werden (Pfäffli et al. 2015, S. 178).

Die Aufnahme und Verarbeitung von Preisinformationen, die resultierende Eindrucks- und Urteilsbildung sowie die Steuerung von Kaufverhalten sind Gegenstand der verhaltenswissenschaftlichen Preisforschung (Behavioral Pricing). Neben der Wahrnehmung der Preise als Stimuli und generellen Prädispositionen von Kunden werden dabei insb. die Konstrukte Preiskenntnis, Preisgünstigkeitsurteil und Preiswürdigkeitsurteil untersucht (Diller 2008). Die *Preiskenntnis* spielt als Vergleichsbasis (interne Referenzpreise) eine wichtige Rolle. Sie entspricht dem erworbenen Wissen der Kunden über die von Händlern für Artikel geforderten Preise. Nach Person, Situation, Kaufentscheidungsart und Produktkategorie kann sie stark schwanken. Generell scheint das explizite Preiswissen von Kunden gering zu sein (z. B. Ahlert et al. 2005), und Preiserinnerungsfehler treten regelmäßig auf (Estelami und Lehmann 2001).

Den Erwerb von Preiswissen bezeichnet man nach Diller (2008, S. 133) als Preislernen. Hinsichtlich diesem sind in „mere exposure" (periphäre Wahrnehmungen durch bloße Kontakte), Konditionierung (Lernen durch tatsächliche Preiserlebnisse), Habitualisierung (Beibehaltung einer Wahl ohne erneute Preisprüfung) sowie Diskriminierung (Trennung zwischen normalen und besonderen Preisen) und Generalisierung (Übertragung von Preiserfahrungen auf andere Produkte) zentrale Mechanismen zu sehen. Als ein Ausdruck von Preiswissen können *Preiserwartungen* (Rudolph und Kleinschrodt 2007, S. 41) aufgefasst werden.

Beim *Preisgünstigkeitsurteil* bewertet eine Person ausschließlich eine Preisangabe, ohne Bezüge zum Gegenwert herzustellen. Maßstab ist der interne Referenzpreis. Beim Urteil über die *Preiswürdigkeit* hingegen werden auch qualitative Gesichtspunkte miteinbezogen, insb. in Bezug auf die erhaltene Leistung im weiten Sinne. Das Urteil zur Preisgünstigkeit wird insofern adjustiert. Im Rahmen von Generalisierungsprozessen werden gebildete Preisurteile zu einem Produkt auch auf andere Produkte oder Sortimente übertragen.

▶   Da die preislichen Festlegungen Ausdrucksformen des Stores sind, bestehen
     Wirkungen auf die Store Brand.

Effekte für die Store Brand
Ganz basal kann davon ausgegangen werden, dass Preisaktivitäten wie andere Ausdrucksformen des Stores auch, als prägende Reize bei der Formierung des Markenimages fungieren: Wahrnehmungen zu Preisen werden der Store Brand zugehörig *gelernt*

(Simon und Janssen 2005). Ein Markenname wird folglich mit einem spezifischen Preisniveau oder spezifischen Preismaßnahmen assoziiert, ebenso wie mit bestimmten Leistungsversprechen. Daraus ergeben sich also *imagerelevante Effekte*.

Wie schon Ailawadi und Keller (2004, S. 333 f.) betonen, wird speziell das Preisimage des Stores wesentlich von den verwendeten Preisstrategien, Preisänderungen im Zeitablauf, Art und Häufigkeit von Sonderangeboten sowie dem Preismanagement auf Sortimentsebene geprägt.

Zudem werden Preisurteile zu Artikeln nicht nur regelmäßig zu Urteilen für ein Sortiment insgesamt generalisiert, sondern oft auch für den gesamten Store (Müller-Hagedorn und Natter 2002, S. 337). *Das Store Brand Image wird also von Preisurteilen tangiert, insb. dann, wenn geringe Preiskenntnis vorhanden ist.* Scheinbar treten Generalisierungseffekte auf den Store nicht bei allen Produkten gleich auf: Wie Ailawadi und Keller (2004, S. 334) herausstellen, sind Preiswahrnehmungen zu Produkten, die einen hohen Stückpreis haben und häufig gekauft werden, besonders prägend für das Preisimage des Stores. Preisentscheidungen haben also auch über den Effekt der Preisurteilsgeneralisierung Auswirkungen auf das Brand Image.

Auch ein anderes Phänomen deutet auf Auswirkungen von Preisentscheidungen auf das Store Image hin: Im Rahmen von kognitiven Vereinfachungsstrategien bei Kunden ist es wahrscheinlich, dass vom Preis auf Qualitätsdimensionen des Stores geschlossen wird[46]. Der Preis kann in diesem Sinne als Schlüsselinformation fungieren (Kroeber-Riel und Gröppel-Klein 2013, S. 400 f.) und somit das Gesamturteil zum Store beeinflussen. Allerdings moderiert das Konstrukt „need for closure" den Einfluss. Need for Closure entspricht dem Wunsch, Entscheidungs- oder Urteilsprozesse möglichst schnell zu beenden (Kroeber-Riel und Gröppel-Klein 2013, S. 401). Ist dieses Merkmal ausgeprägt, so wird der Preis häufiger als Schlüsselinformation herangezogen (Kardes et al. 2004).[47] Der Preis fungiert zudem v. a. dann als Qualitätssignal, wenn die Einschätzung von Qualitäten auf der Basis von anderen, objektiv greifbarer Leistungsmerkmale schwierig, aufwendig oder unmöglich ist (Simon und Janssen 2005).

▶ Preissetzungen formen die durchschnittlich wahrgenommene Preislinie. Diese
   beeinflusst das Store Brand Image. Die Konsequenzen von preispolitischen
   Maßnahmen auf die Store Brand sollten daher bedacht werden. Zudem muss
   die Preisstrategie mit der Store Brand Positioning kompatibel sein.

Als indirekte Effekte auf das Store Image sollten a) Wirkungen der Preiskommunikation und b) Kundenbindung durch Preismaßahmen beachtet werden.

---

[46]Allerdings können auch andere Indikatoren wie die Ladengestaltung oder der Markenname als Faktoren die Rolle des Preises ersetzen oder dessen Einfluss verändern.

[47]Zu weiteren Moderatoren auf den Preiseinfluss auf Qualitätsurteile vgl. Diller (2008, S. 151) sowie die Zusammenfassung bei Simon und Fassnacht (2009, S. 172 ff.).

Zu a): Preispolitische Entscheidungen bestimmen, wie schwierig oder leicht benö-
tigte Preisinformationen erlangt werden können. Gerade bei einer Fülle von angebotenen
Leistungen bzw. Produkten sollte eine „Tariftransparenz" bestehen. Wird dies missachtet,
kann es zur Verärgerung führen, also zu Abwanderungen und negativer Word-of-Mouth.
Dies wirkt negativ auf das Store Brand Image (Simon und Janssen 2005). Zudem sind
bestimmte Preisinszenierungen mit bestimmten Preiserwartungen verbunden (z. B. wecken
„Rotstiftpreise" die Erwartung, dass es sich um besonders niedrige Preise handelt).

Zu b): Preispolitik im Rahmen von Kundenbindungsmaßnahmen nimmt Einfluss auf
die Treue und die Verbundenheit mit dem Store – mit Effekten für den gesamten Store
Brand Value.

Weiterhin findet sich das Phänomen, dass Kunden zwar in absoluten Maßstäben keine
korrekten Preiseinschätzungen von Artikeln eines Stores vornehmen können[48] (Brown
1969; Dickson und Sawyer 1990), aber in relativen Maßstäben dennoch eine gute Einschätzung der Preistendenz zu Artikeln abgeben können. Dies wird dadurch erklärt, dass
Kunden sich auf andere Hinweisreize wie Serviceangebot oder Ladengestaltung stützen,
um zu Preiseinschätzungen zu kommen (Ailawadi und Keller 2004, S. 334). Auch hier
bestehen also interessante Interaktionen.

Alba et al. (1994) untersuchen *Veränderungen von Preiswahrnehmungen*. Die
Befunde deuten darauf hin, dass ein neu gebildeter Preiseindruck von dem bisherigen
Preisimage, der Häufigkeit von Preisvorteilsaktionen bei Produkten sowie der Höhe des
dabei eingeräumten Preisvorteiles abhängt.

Preisorientiertes Markenverständnis
Kurzfristiges Denken, hoher Konkurrenzdruck, Schwierigkeiten der Differenzierung. Diese
Faktoren tragen dazu bei, dass Unternehmen oft ausschließlich auf die Preiskarte setzen, um
Marktanteile abzusichern. Es hat jedoch oft erhebliche negative Effekte auf Gewinne. Oft wird
„Preisdumping" sogar zur Markenbotschaft. Nach Simon und Janssen (2005) ist ein solches „prei-
sorientierte Markenverständnis" regelmäßig schädlich für den Markenwert. Sie plädieren daher für
ein „markenorientiertes Preisverständnis".

Es zeigt sich: Insgesamt bestehen zwischen Preis und Store Brand Assets sehr wichtige
Wechselwirkungen. Im Rückgriff auf Ausführungen von Simon und Janssen (2005) können die Interaktionen zusammengefasst werden (Abb. 5.107): Vorhandene Store Brand
Assets lösen eine höhere Preisbereitschaft aus und haben zudem positive Effekte auf die
Absatzmengen. Der Preis, andererseits, hat eine Funktion als Qualitätsindikator, weshalb
positive Effekte auf die Store Brand Assets bestehen. Ein zu niedriger Preis wirkt negativ auf das wahrgenommene Qualitätsniveau, sodass die Store Brand Assets leiden. Dies
gilt entsprechend für das realisierbare Preis- und Mengenpremium. Bei gering ausgeprägten Store Brand Assets wirken sehr hohe Preise als unglaubwürdig. Damit wird die

---

[48]Aussagen für den B2C-Markt.

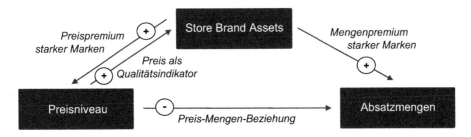

Abb. 5.107 Beziehung zwischen Store Brand Assets, Preisniveau und Absatzmengen. (Quelle: In Anlehnung an Simon und Janssen 2005, S. 1384)

die mengenmäßige Marktpenetration aufgrund der negativen Preis-Mengen-Beziehung schwierig. Preisentscheidungen sind immer auch Markenentscheidungen.

Allerdings müssen diese Überlegungen auch mit der angestrebten Store Brand Positioning abgeglichen werden. Nicht immer sind ausgeprägte Store Brand Assets automatisch mit einer Hochpreis- oder Qualitätsführer-Ausrichtung verbunden: Obwohl bei einer Discountpositionierung niedrigere Kampfpreise quasi Teil des Konzeptes darstellen, kann eine starke Store Brand vorliegen!

▶ Wie soll es sein: „brand follows prices" oder „prices follow brand idea"?
   Effekte von Preisentscheidungen sollten nicht nur auf Absatzzahlen und Umsatz und Gewinn geprüft werden. Regelmäßig ist auch ihre Wirkung auf das Store Brand Image zu bestimmen. Preis- und Markencontrolling müssen hier zusammengeführt werden.

Promotions
Promotions (Verkaufsförderung) sind zeitlich befristete Maßnahmen, meist als Teil einer Kampagne, die andere Marketingmaßnahmen unterstützen und direkt auf eine Absatzerhöhung abzielen (Gedenk 2002, S. 11). Da sie i. d. R. Elemente von Kommunikations-, Preis-, Produkt- und Distributionspolitik aufweisen, sollten sie als *Querschnittsmaßnahmen* angesehen werden (Gedenk 2002, S. 12).

Im Handelsmanagement unterscheidet man Promotionsaktivitäten, die sich an den Endverbraucher richten (Kundenpromotions bei B2C-Händlern) und jene, die sich an andere Händler (Handelspromotions bei B2B-Händlern) richten. Wichtige Maßnahmen bei Handelspromotions (also für B2B-Händler) sind Rabatte und Rückvergütungen, die Einräumung von Sonderkonditionen, die Bereitstellung von POP-Materialien, gesamten Kampagnen oder Anreizen für die Mitarbeiter (Gedenk 2002, S. 16). Bei Kundenpromotions kann man, Gedenk (2002, S. 19) folgend, trennen zwischen:

1. Preispromotions wie Sonderangebote, Coupons, Treuerabatte, Sonderpackungen etc.
2. Nicht-Preis-Promotions mit den Spielarten

- echte Nicht-Preis-Promotions wie Zugaben, Events, Proben, Gewinnspiele etc., die von einer zeitweisen Preissenkung absehen, sowie
- unechte Nicht-Preis-Promotions wie Displays[49], Zweitplatzierungen, Aktionsverpackungen etc., die an sich nicht-preisbezogene Elemente einer Aktion nutzen, typischerweise aber zur Unterstützung von Preispromotions eingesetzt werden.

Für den Händler stellen sich Wirkungen von Promotions auf aggregierter Ebene als Absatzmengen- und Profitabilitätswirkungen dar. Diese sind das Ergebnis diverser Teileffekte, bspw. von Substitutions- und Verbundeffekten, Neukunden- oder Konsumeffekten. Zudem sind kurzfristige und langfristige Effekte zu differenzieren (Gedenk 2002, S. 90 ff.). Es existieren also Effekte, die über den eigentlichen Aktionszeitraum hinausgehen.

Rabattjagd 4.0
„Die rasanten technischen Entwicklungen eröffnen Industrie und Handel ganz neue Wege der Kommunikation, des Dialogs mit ihren Kunden. Vom Mobile Advertising bis zum Mobile Payment – wohlüberlegte Konzepte sind gefragt…" „Anstatt Coupons etwa aus der Zeitschrift auszuschneiden, wird es künftig ganz normal sein, digitale Coupons mobil im Handy mit sich zu führen. Denn die Zukunft gehört der kompletten Integration des Bonusprogramms in die mobile Anwendung. Hier erhält der Verbraucher den Coupon via E-Mail oder SMS, oder lädt ihn gleich im Internet herunter, um ihn direkt digital am POS einzulösen. Darüber hinaus hält Mobile Couponing auch in Form sogenannter 'Location Based Services' Einzug, mit denen der User via Smartphone Angebote zu aktuellen Rabattaktionen rund um seinen momentanen Standort erhält" (Kilic 2011, S. 64).

Aus Praktikersicht (o. V. 2011, S. 45) steht bei Promotions die Initiierung einer Erstverwendung im Fokus. Es dominieren kurzfristige Absatzziele. Am (aus Managersicht) wirkungsvollsten scheinen Coupons, die mit dem Kassenzettel überreicht werden, Anzeigen- und Packungs-Coupons sowie Online-Coupons (o. V. 2011, S. 45). Für Händler sind zudem kurzfristige Absatzwirkungen auf das Restsortiment relevant (Gedenk 2002, S. 103), auch der Produkt- oder Geschäftswechsel sind von Bedeutung (Blattberg und Neslin 1990, S. 112 ff.). Diskutiert wird zudem die Neukundengewinnung durch Promotions, insb. durch Warenproben oder Preisaktionen zur Risikoreduktion (Akaah und Korgaonkar 1988), ebenso wie der Mehrkonsum und die Verschiebung (insb. Vorverlegung) von Kaufzeitpunkten bei Kunden (Gedenk 2002, S. 106 f.).

Promotions haben jedoch auch *langfristige Auswirkungen*. Diese sind hinsichtlich der Store Brand von großer Bedeutung (vgl. Abb. 5.108).

---

[49]Zu Bedeutung und Gestaltungsmöglichkeiten von Displays vgl. Horstmann und Lingenfelder (2016). Eine Skala zur Erfassung von Kundenhaltungen zu Displays wurde von Horstmann (2017) vorgelegt.

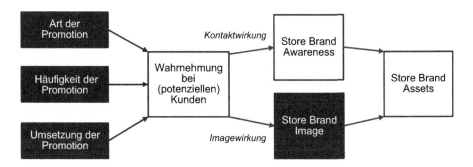

Abb. 5.108 Promotions und Store Brand Assets

Wichtige Effekte existieren auf die *Referenzpreise,* wie zahlreiche Untersuchungen nahelegen (dazu z. B. die Übersicht bei Gedenk 2002, S. 249). Demnach führen häufige Preissenkungen im Rahmen von Promotions dazu, dass mentale Referenzpreise tendenziell sinken; zudem provozieren sie eine verringerte Kaufwahrscheinlichkeit für das Aktionsprodukt nach der Promotion (Gedenk 2002, S. 293). Bei Promotions ohne Preissenkungen scheint dieser Effekt nicht einzutreten (Gedenk und Neslin 2000). Andererseits kann der Einsatz von Promotions das *Store Brand Image verbessern* (Gedenk 2002, S. 90). Speziell Preispromotions verschlechtern die Geschäftstreue (Gedenk 2002, S. 260).

Einzelne Preisurteile können auf Urteile über die Preisgünstigkeit und Preiswürdigkeit von Sortimenten und ganzen Stores abfärben (*Generalisierung* von Preisurteilen, dazu Müller-Hagedorn und Natter 2011, S. 335 ff. sowie oben). Auch darüber ergeben sich Auswirkungen auf die Wahrnehmung und das Store Brand Image. Die Preiswürdigkeit, verstanden als eine Dimension des Store Brand Images, wiederum scheint die Einkaufsstättenwahl zu beeinflussen (Lenzen 1984). Weiterhin ist davon auszugehen, dass durch Promotions geprägte Preisurteile Ausstrahlungswirkungen auf Qualitätsurteile zum Store haben. Das Schließen vom Preis auf die Qualität ist ein weithin belegtes Phänomen. In vielen Situationen stellt der Preis nicht nur eine Kosteninformation für den Kunden dar, sondern fungiert als Qualitätsindikator: Es kommt zu Irradiationseffekten bei der Beurteilung des Stores. Werden diese Urteile dem Markennamen zugehörig gelernt, wird das Store Brand Image beeinflusst.

▶ Art, Häufigkeit und Umsetzung von Promotions beeinflussen das Store Brand Image. Ob das die Store Brand stärkt oder schwächt, hängt u. a. von der gewählten Store Brand Positioning ab.

Es hängt letztlich von der gewählten Positionierung ab, inwieweit die Effekte von Promotions auf das Image als negativ oder förderlich zu werten sind: Wenn eine Positionierung verfolgt wird, die günstige Preise als einen Baustein vorsieht, kann die Beeinflussung des Referenzpreises nach unten durch aggressive Preispromotions förderlich sein. Verfolgt man hingeben bspw. eine Qualitäts- oder Erlebnispositionierung, so können regelmäßige Preispromotions kontraproduktiv für die Bildung des angestrebten Store Brand Images sein. Andererseits können Produktzugaben als Ausdruck einer besonderen Interaktion mit Kunden und vor dem Hintergrund einer spezifischen Positionierung durchaus positive Effekte für das Store Brand Image mit sich bringen. Wichtig erscheint im Grundsatz, dass die durch Promotions erzeugten Eindrücke einerseits kongruent zu den sonstig erzeugten Eindrücken des Stores und andererseits der beabsichtigten Store Brand Positionierung sind.

Ergeben sich aus Kundensicht dissonante Wahrnehmungen aus der Wahrnehmung von Preisen und Aktionen und den weiteren Ausdrucksformen des Händlers (z. B. der Point-of-Purchase-Kommunikation oder der Werbung), ist dies der Formierung eines klaren Store Brand Images nicht zuträglich.

▶   Wahrnehmungen zu Preisen und Promotions sowie die daraus resultierende
     Preisurteile müssen konsonant mit den sonstigen Wahrnehmungen zum Store
     sein, um ein klares Image zu schaffen.

Abb. 5.108 fasst die Überlegungen zusammen: Durch Promotions, charakterisiert nach Art, Häufigkeit und Implementierungsweise, werden Wahrnehmungen bei (potenziellen) Kunden möglich. Erfolgt die Wahrnehmung, hat die Promotion-Maßnahme zunächst eine Kontaktwirkung, die die Awareness fördern kann, wenn es zu einer Aktualisierung des Markennamens im Gedächtnis des Kunden kommt. Zudem kann es eintreten, dass die Wahrnehmungen dem Store zugehörig gelernt werden, was das Store Brand Image beeinflusst oder verstärkt (Imagewirkung). Beide Effekte beeinflussen die Store Brand Assets.

▶   Preismaßnahmen sind verführerisch, weil sie schnell und stark wirken. Preis-
     aktivitäten dürfen Markenführungsbestrebungen nicht zunichtemachen! Mar-
     kenführung ist auch Preisführung!

▶   Promotions am Point-of-Sale haben für die Praxis enorme Bedeutung –
     Zuständigkeiten Budgets und Einbindung in Konzepte sind jedoch oft im
     Vagen (Brechtl 2009). Promotions wirken am besten als Teil einer crossmedi-
     alen Strategie, die Zielpersonen auf unterschiedlichen Kommunikationsebe-
     nen erreichen. Das Denken in Einzelaktionen führt zur Verzettelung und lässt
     Effekte verpuffen.

Literatur

Aaker, D. A., & Joachimsthaler, E. (2000). *Brand leadership: The next level of the brand revolution*. New York: Prentice Hall.
Aaker, D., Stahl, F., & Stöckle, F. (2015). *Marken erfolgreich gestalten*. Wiesbaden: Springer Fachmedien.

Abdinnour-Helm, S. F., Chaparro, B. S., & Farmer, S. M. (2005). Using the end-user computing satisfaction (EUCS) instrument to measure satisfaction with a web site. *Decision Sciences, 36*(2), 341–364.

Abratt, R., & Goodey, S. D. (1990). Unplanned buying and in-store stimuli in supermarkets. *Managerial and Decision Economics, 11*(2), 111–121.

Aebi, J. E. (2003). *Einfall oder Abfall – Was Werbung erfolgreicher macht.* Mainz: Schmidt.

Agnihotri, R., Kothandaraman, P., Kashyap, R., & Singh, R. (2012). Bringing "social" into sales: The impact of salespeople's social media use on service behaviors and value creation. *Journal of Personal Selling & Sales Management, 32*(3), 333–348.

Ahlert, D., Kenning, P., & Schneider, D. (2000). *Markenmanagement im Handel.* Wiesbaden: Gabler.

Ahlert, D., Kenning, P., Evanschinsky, H., & Vogel, V. (2005). Das Preiswissen deutscher Kunden: Eine international vergleichende Status Quo-Analyse. In V. Trommsdorff (Hrsg.), *Handelsforschung 2005* (S. 259–277). Stuttgart: Kohlhammer.

Ailawadi, K. L., & Harlam, B. (2004). An empirical analysis of the determinants of retail margins: the role of store-brand share. *Journal of Marketing, 68*(1), 147–165.

Ailawadi, K. L., & Keller, K. L. (2004). Understanding retail branding: Conceptual insights and research priorities. *Journal of Retailing, 80*(4), 331–342.

Akaah, I. P., & Korgaonkar, P. K. (1988). A conjoint investigation of the relative importance of risk relievers in direct marketing. *Journal of Advertising Research, 28*(4), 38–44.

Alba, J., Broniarczyk, S., Shimp, T., & Urbany, J. (1994). The influence of prior beliefs, frequency cues, and magnitude cues on consumers' perceptions of comparative price data. *Journal of Consumer Research, 21*(2), 219–235.

Allstädt, G. (2016). Der Gegenentwurf zum Internet. *Textilwirtschaft, 2016*(39), 32–33.

Anderson, J. R. (2009). *Cognitive psychology and its implications.* New York: Worth Publishers.

Anderson, J. R. (2013). *Kognitive Psychologie.* Wiesbaden: Gabler.

Andersson, P. K., Kristensson, P., Wästlund, E., & Gustafsson, A. (2012). Let the music play or not: The influence of background music on consumer behavior. *Journal of retailing and consumer services, 19*(6), 553–560.

Andreu, L., Bigné, E., Chumpitaz, R., & Swaen, V. (2006). How does the perceived retail environment influence consumers' emotional experience? Evidence from two retail settings. *International Review of Retail, Distribution and Consumer Research, 16*(5), 559–578.

Areni, C. S., & Kim, D. (1994). The influence of in-store lighting on consumers' examination of merchandise in a wine store. *International Journal of Research in Marketing, 11*(2), 117–125.

Argyle, M. (2005). *Körpersprache und Kommunikation.* Paderborn: Junfermann.

Aubert-Gamet, V., & Cova, B. (1999). Servicescapes: From modern non-places to postmodern common places. *Journal of Business Research, 44*, 37–45.

Babin, B. J., & Attaway, J. S. (2000). Atmospheric affect as a tool for creating value and gaining share of customer. *Journal of Business research, 49*(2), 91–99.

Bach, C. (2015). Hornbach lockt mit virtuellen Entdeckungstouren und mobilen Mini-Games. http://locationinsider.de/hornbach-lockt-mit-virtuellen-entdeckungstouren-und-mobilen-mini-games. Zugegriffen: 10. Febr. 2017.

Bäckström, K., & Johansson, U. (2006). Creating and consuming experiences in retail store environments: Comparing retailer and consumer perspectives. *Journal of Retailing and Consumer Services, 13*(6), 417–430.

Bagdare, S., & Jain, R. (2013). Measuring retail customer experience. *International Journal of Retail & Distribution Management, 41*(10), 790–804.

Bak, P. M. (2014). *Werbe- und Konsumentenpsychologie.* Stuttgart: Schäffer-Poeschel.

Baker, J. (1986). The role of environment in marketing services: The consumer perspective. In J. A. Czepiel, C. A. Congram, & J. Shanahan (Hrsg.), *The service challenge* (S. 79–84). Chicago: American Marketing Association.

Baker, J. (1998). Examining the informational value of store environment. In J. F. Sherry (Hrsg.), *ServiceScapes: The concept of place in contemporary markets* (S. 55–79). Chicago: American Marketing Association.

Baker, J., Grewal, D., & Parasuraman, A. (1994). The influence of store environment on quality inferences and store image. *Journal of the Academy of Marketing Science, 22*(4), 328–339.

Baker, J., Pasuraman, A., Grewal, D., & Voss, G. B. (2002). The influence of multiple store environment cues on perceived merchandise value and patronage intentions. *Journal of Marketing, 66*(2), 120–141.

Ballantine, P. W., & Fortin, D. R. (2009). The effects of interactivity and product information on consumers' emotional responses to an online retail setting. *International Journal of Internet Marketing and Advertising, 5*(4), 260–271.

Ballantyne, D., & Varey, R. J. (2006). Creating value-in-use through marketing interaction: The exchange logic of relating, communicating and knowing. *Marketing Theory, 6*(3), 335–348.

Bänsch, A. (2013). *Verkaufspsychologie und Verkaufstechnik*. München: Oldenbourg.

Baron, E. (2015). *Selling*. London: Dorling Kindersley.

Baron, S., Harris, K., & Harris, R. (2001). Retail theater: The "Intended Effect" of the performance. *Journal of Service Research, 4*(2), 102–117.

Bateson, J. E. (1985). Perceived control and the service encounter. In J. Czepeil, M. Solomon, & C. Surprenant (Hrsg.), *The service encounter* (S. 67–82). Lexington: Lexington.

Baumgarth, C. (2014). *Markenpolitik*. Wiesbaden: Springer Gabler.

Baun, D. (2013). *Impulsives Kaufverhalten am Point of Sale*. Wiesbaden: Springer.

Beck, N., & Rygl, D. (2015). Categorization of multiple channel retailing in multi-, cross-, and omni-channel retailing for retailers and retailing. *Journal of Retailing and Consumer Services, 27*, 170–178.

Behle, C., & vom Hofe, R. (2014). *Handbuch Außendienst*. München: Vahlen.

Bell, P. A., Fischer, J. D., & Loomis, R. J. (1978). *Environmental psychology*. London: Saunders.

Bellizzi, J. A., Crowley, A. E., & Hasty, R. W. (1983). The effects of color in store design. *Journal of Retailing, 59*(1), 21–45.

Bellizzi, J. A., & Hite, R. E. (1992). Environmental color, consumer feelings, and purchase likelihood. *Psychology & Marketing, 9*(5), 347–363.

Berekoven, L. (1995). *Erfolgreiches Einzelhandelsmarketing*. München: Beck.

Berlyne, D. E. (1974). *Konflikt, Erregung, Neugier*. Stuttgart: Klett.

Berman, B., & Evans, J. R. (1995). *Retail management: A strategic approach*. Englewood Cliffs: Prentice Hall.

Berry, L. L., Parasuraman, A., & Zeithaml, V. A. (2003). *Ten lessons for improving service quality*. MSI Reports Working Paper Series (Nr. 03–011). Cambridge: Marketing Science Institute.

Bettencourt, L. A. (1997). Customer voluntary performance –Customers as partners in service delivery. *Journal of Retailing, 73*(1), 383–406.

Bettencourt, L. A., & Brown, S. W. (1997). Contact employees: Relationship among workplace fairness, job satisfaction and prosocial behaviors. *Journal of Retailing, 73*(1), 39–61.

Bhalla, S., & Anuraag, S. (2010). *Visual merchandising*. New Delhi: Tata McGraw Hill.

Bhatti, K. L., & Latif, S. (2014). The impact of visual merchandising on consumer impulse buying behavior. *Eurasian Journal of Business and Management, 2*(1), 24–35.

Bickart, B., & Schwarz, N. (2001). Service experiences and satisfaction judgments: The use of affect and beliefs in judgment formation. *Journal of Consumer Psychology, 11*(1), 29–41.

Bingham, F. G., Gomes, R., & Knowles, P. A. (2005). *Business marketing*. Boston: McGrawHill.

Biong, H., & Selnes, F. (1997). The strategic role of the salesperson in established buyer-seller relationships. *Journal of Business-to-Business Marketing, 3*(3), 39–78.

Birdwhistell, R. L. (1970). *Kinesics and context: Essays on body motion communication*. Philadelphia: University of Pennsylvania.

Bitner, M. J. (1992). Servicescapes: The impact of physical surroundings on customers and employees. *Journal of Marketing, 56*(2), 57–71.

Blanco, C. F., Sarasa, R. G., & Sanclemente, C. O. (2010). Effects of visual and textual information in online product presentations: Looking for the best combination in website design. *European Journal of Information Systems, 19*, 668–686.

Blattberg, R. C., & Neslin, S. A. (1990). *Sales promotion: Concepts, methods, and strategies*. Eaglewood Cliffs: Prentice Hall.

Bloch, P. H., & Richins, M. L. (1983). A theoretical model for the study of product importance perceptions. *The Journal of Marketing*, 69–81.

Blodget, J. G., Hill, D. J., & Tax, S. S. (1997). The effects of distributive, procedural, and internaXtional justice on postcomplaint behaviour. *Journal of Retailing, 73*(2), 185–210.

Bodur, H. O., & Grohmann, B. (2005). Consumer responses to gift receipt in business-to-consumer contexts. *Psychology & Marketing, 22*(5), 441–456.

Bogers, M., Afuah, A., & Bastian, B. (2010). Users as innovators: A review, critique, and future research directions. *Journal of Management, 36*(4), 857–875.

Bohm, D. (1996). *On dialogue*. London: Routledge.

Borges, A. (2003, November). Toward a new supermarket layout: From industrial categories to one stop shopping organization through a data mining approach. In Babin, B. J. & Chebat, J.-C. (Hrsg.), *Symposium on retail patronage and strategy* (S. 28), Montreal November 4–5.

Borges, S. (2013). *Designing Desire – Rebranding the Commercial Landscape*. Berlin: gestalten.

Bormann, I., & Hurth, J. (2014). *Hersteller- und Handelsmarketing*. Herne: NWB.

Bosmans, A. (2006). Scents and sensibility: When do (in)congruent ambient scents influence product evaluations? *Journal of Marketing, 70*, 32–43.

Bost, E. (1987). *Ladenatmosphäre und Konsumentenverhalten*. Heidelberg: Physica.

Bottler, D. (2011). Virtuelle Erlebniskommunikation als Instrument der Markenkommunikation. In E. Theobald & P. T. Haisch (Hrsg.), *Brand Evolution* (S. 235–250). Wiesbaden: Gabler.

Brakus, J. J., Schmitt, B. H., & Zhang, S. (2008). Experiential attributes and consumer judgments. In D. H. Schmitt & D. L. Roger (Hrsg.), *Handbook on Brand and Experience Management* (S. 174–187). Northhampton: Elgar.

ter Braak, A., Geyskens, I., & Dekimpe, M. G. (2014). Taking private labels upmarket: Empirical generalizations on category drivers of premium private label introductions. *Journal of Retailing, 90*(2), 125–140.

Brakus, J. J., Schmitt, B. H., & Zarantonello, L. (2009). Brand experience: What is it? How is it measured? Does it affect loyalty? *Journal of Marketing, 73*(3), 52–68.

Brechtl, D. (2009). Showdown vor dem Supermarkt-Regal. *Media Spectrum, 1*(2009), 39–41.

Broderick, A. J. (1998). Role theory, role management, and service performance. *Journal of Service Marketing, 12*(5), 348–361.

Brown, F. E. (1969). Price image versus price reality. *Journal of Marketing Research, 6*(2), 185–191.

Bruhn, M. (2001). Bedeutung der Handelsmarke im Markenwettbewerb – eine Einführung. In M. Bruhn (Hrsg.), *Handelsmarken* (S. 3–48). Stuttgart: Schäfer-Poeschel.

Bruhn, M. (2010). *Kommunikationspolitik*. Stuttgart: Vahlen.

Bruhn, M. (2014). *Unternehmens- und Marketingkommunikation: Handbuch für ein integriertes Kommunikationsmanagement*. Stuttgart: Vahlen.

Bullough, J. D. (2005). Research matters: What's cooler than cool? Warm! *Lighting Design and Application, 35*(2), 12–14.

Burt, S. (2000). The strategic role of retail brands in British grocery retailing. *European Journal of Marketing, 34*(8), 875–890.

Buttle, F. (1984). Merchandising. *European Journal of Marketing, 18*(6/7), 104–123.

Buttle, F. (1996). SERVQUAL: Review, critique, research agenda. *European Journal of Marketing, 30*(1), 8–32.

Büttner, O. B. (2009). *Kognitive Prozesse am Point of Sale.* Wiesbaden: Gabler Edition Wissenschaft.

Campillo-Lundbeck, S. (2017a). Frische Challenge. *Horizont, 2017*(19), 15.

Campillo-Lundbeck, S. (2017b). Hero gesucht. *Horizont, 107*(20), 17.

Cant, M. C., & Hefer, Y. (2012). Visual merchandise displays: Wasted effort or strategic move? The dilemma faced by apparel retail stores. *The Journal of Applied Business Research, 28*(6), 1489–1496.

Carbone, L. P. (1998). Total customer experience drives value. *Management Review, 87*(7), 62–63.

Carpenter, J. M., & Moore, M. (2006). Consumer demographics, store attributes, and retail format choice in the US grocery market. *International Journal of Retail & Distribution Management, 34*(6), 434–452.

Carù, A., & Cova, B. (2003). Revisiting consumption experience a more humble but complete view of the concept. *Marketing Theory, 3*(2), 267–286.

Chartrand, T. L., & Bargh, J. A. (1999). The chameleon effect: The perception-behavior link and social interaction. *Journal of Personality and Social Psychology, 76,* 893–910.

Chau, P. Y. K., & Tam, G. A. K. Y. (2000). Impact of information presentation on online shopping: An empirical evaluation of a broadband interactive shopping service. *Journal of Organizational Computing and Electronic Commerce, 10*(1), 1–22.

Chen, K., & Yen, D. C. (2004). Improving the quality of online presence through interactivity. *Information and Management, 42*(1), 217–226.

Chenet, P., & Johansen, J. J. (1999). *Beyond loyalty: The next generation of strategic customer relationship management.* Dublin: Oak Tree Press.

Cheng, F. F., Wu, C. S., & Yen, D. C. (2009). The effect of online store atmosphere on consumer's emotional responses–An experimental study of music and colour. *Behaviour & Information Technology, 28*(4), 323–334.

Childers, T. L., & Jass, J. (2002). All dressed up with something to say: Effects of typeface semantic associations on brand perceptions and consumer memory. *Journal of Consumer Psychology, 12*(2), 93–106.

Chung-Klatte, S., & Mirazon-Hahn, G. (2014). Staging the urban shopper. In J. Ringel, T. Korzer, & B. Niemann (Hrsg.), *Innenstadthandeln* (S. 103–119). Detmold: Rohn.

Cohen, J. B., & Basu, K. (1987). Alternative models of categorization: Toward a contingent processing framework. *Journal of Consumer Research, 13*(4), 455–472.

Coner, A. (2003). Personalization and customization in financial portals. *Journal of American Academy of Business, 2*(2), 498–504.

Corstjens, M., & Lal, R. (2000). Building store loyalty through store brands. *Journal of Marketing Research, 37*(3), 281–291.

Crisinel, A.-S., Jacquier, C., Deroy, O., & Spence, C. (2013). Composing with cross-modal correspondences: Music and smells in concert. *Chemosensory Perception, 6,* 45–52.

Crowley, A. E. (1993). The two-dimensional impact of color on shopping. *Marketing Letters, 4*(1), 59–69.

Csikszentmihalyi, M. (1997). *Finding flow: The psychology of engagement with everyday life.* New York: HarperCollins.

Cuneo, A., Milberg, S. J., Benavente, J. M., & Palacios-Fenech, J. (2015). The growth of private label brands: A worldwide phenomenon? *Journal of International Marketing, 23*(1), 72–90.

Das, G., & Hagtvedt, H. (2016). Consumer responses to combined arousal-inducing stimuli. *International Journal of Research in Marketing, 33,* 213–215.

Daul, C. (2011). Die Rolle der Kreativität in der digitalen Markenführung. In E. Theobald & P. T. Haisch (Hrsg.), *Brand evolution* (S. 165–177). Wiesbaden: Gabler.

Davies, G., & Brooks, J. (1989). *Positioning strategy in retailing.* London: Chapman.

Davies, J., & Tilley, N. (2004). Interior design: Using the management services approach in retail premises. *Managing Services, 48*(7), 10–13.

Delgado-Ballester, E., Hernandez-Espallardo, M., & Rodriguez-Orejuela, A. (2012). Store images influences in consumers' perceptions of store brands: The moderating role of value consciousness. *European Journal of Marketing, 48*(9/10), 1850–1869.

Demoulin, N. T. (2011). Music congruency in a service setting: The mediating role of emotional and cognitive responses. *Journal of Retailing and Consumer Services, 18*(1), 10–18.

Deng, L., Chen, L., & Rea, M. S. (2005). An evaluation of the Hunt94 color appearance model under different light sources at low photopic to low mesopic light levels. *Color Research Applied, 30,* 107–117.

Diamond, J., & Diamond, E. (2003). *Contemporary visual merchandising and environmental design.* Upper Saddle River: Prentice Hall.

Dickson, P. R., & Sawyer, A. G. (1986). *Point-of-purchase behavior and price perceptions of supermarket shoppers.* Working paper 86–102. Marketing Science Institute.

Dickson, P. R., & Sawyer, A. G. (1990). The price knowledge and search of supermarket shoppers. *Journal of Marketing, 54*(3), 42–53.

Diehl, S., Terlutter, R., & Weinberg, P. (2006). A comparison of four online shops with different degrees of interactivity and consequences for affective, cognitive and intentional customer reaktions. *European Advances in Consumer Research, 7,* 268–275.

Diller, H. (2008). *Preispolitik.* Stuttgart: Kohlhammer.

Diller, H., & Kusterer, M. (1986). Erlebnisbetonte Ladengestaltung im Einzelhandel. In V. Trommsdorff (Hrsg.), *Handelsforschung 1986* (S. 105–125). Heidelberg: Physica.

Diller, H., Haas, A., & Ivens, B. (2005). *Verkauf und Kundenmanagement.* Stuttgart: Kohlhammer.

Ding, C. G., & Lin, C.-H. (2012). How does background music tempo work for online shopping? *Electronic Commerce Research and Applications, 11*(3), 299–307.

Doney, P. M., & Cannon, J. P. (1997). An Explanation of the nature of trust in buyer-seller relationships. *Journal of Marketing, 61*(4), 35–51.

Donovan, R., & Rossiter, J. (1982). Store atmosphere: An environmental psychology approach. *Journal of Retailing, 58,* 34–57.

Donovan, R., Rossiter, J., Marcoolyn, G., & Nesdale, A. (1994). Store atmosphere and purchasing behavior. *Journal of Retailing, 70*(3), 283–294.

Downing, F. (1992). Image banks – Dialogues between the past and the future. *Environment and Behaviour, 24*(4), 441–470.

Downs, R. M., & Stea, D. (1973). Theory. In R. M. Downs & D. Stea (Hrsg.), *Image and environment* (S. 1–7). Chicago: Aldine.

Dürrenmatt, F. (1951). Etwas über die Kunst, Theaterstücke zu schreiben. In F. Dürrenmatt (Hrsg.), *Theater* (S. 11–15). Zürich: Diogenes. (Abdruck).

Dürrenmatt, F. (1954). Theaterprobleme. In F. Dürrenmatt (Hrsg.), *Theater* (S. 31–72). Zürich: Diogenes.

Dürrenmatt, F. (1964). Aspekte des dramaturgischen Denkens. In F. Dürrenmatt (Hrsg.), *Theater* (S. 104–120). Zürich: Diogenes. (Abdruck).

Dürrenmatt, F. (1970). Dramaturgie des Publikums. In F. Dürrenmatt (Hrsg.), *Theater* (S. 164–175). Zürich: Diogenes. (Abdruck).

Dyer, L. W. (1980). In-store Research at Publix'. *Progessive Grocer, 59*(12), 98–106.

Eco, U. (1991). *Semiotik: Entwurf einer Theorie der Zeichen*. München: Fink.

Edward, M., & Sahadev, S. (2012). Modeling the consequences of customer confusion in a service marketing context: An empirical study. *Journal of Services Research, 12*(2), 127.

Elliott, M. T., & Speck, P. S. (2005). Factors that affect attitude toward a retail web site. *Journal of Marketing Theory and Practice, 13*(1), 40–51.

Emrich, O., & Verhoef, P. C. (2015). The impact of a homogenous versus a prototypical Web design on online retail patronage for multichannel providers. *International Journal of Research in Marketing, 32*(4), 363–374.

Eroglu, S., & Harrell, G. D. (1986). Retail crowding: Theoretical and strategic implications. *Journal of Retailing, 62*(4), 346–363.

Eroglu, S. A., Machleit, K. A., & Davies, L. M. (2003). Empirical testing of a model of online store atmospherics and shopper responses. *Psychology & Marketing, 20*(2), 139–150.

Ersek, B., Weisenbach-Keller, E., & Mullins, J. (2016). Die Regelbrecher. *Harvard Business Manager, 2016*(4), 18–27.

Erwin, C. W., Lerner, M., Wilson, N. J., & Wilson, W. P. (1961). Some further observations on the photically elicited arousal response. *Electroencephalography and Clinical Neurophysiology, 13*, 391–394.

Esch, F.-R. (2011). *Wirkung integrierter Kommunikation*. Wiesbaden: Deutscher Universitäts-Verlag.

Esch, F.-R. (2014). *Strategie und Technik der Markenführung*. München: Vahlen.

Esch, F. R., & Billen, P. (1996). Förderung der Mental Convenience beim Einkauf durch Cognitive Maps und kundenorientierte Produktgruppierungen. In V. Trommsdorff (Hrsg.), *Handelsforschung 1996/97* (S. 317–337). Wiesbaden: Gabler.

Esch, F.-R., & Hartmann, K. (2008). Aufgaben und Bedeutung der Markenkommunikation im Rahmen der identitätsorientierten Markenführung. In A. Hermanns, T. Ringle, & P. van Overloop (Hrsg.), *Handbuch Markenkommunikation* (S. 53–69). München: Vahlen.

Esch, F.-R., & Redler, J. (2004). Durchsetzung einer integrierten Markenkommunikation. In M. Bruhn (Hrsg.), *Handbuch Markenführung* (S. 1467–1490). Wiesbaden: Gabler.

Esch, F. R., & Thelen, E. (1997). Zum Suchverhalten von Kunden in Läden – theoretische Grundlagen und empirische Ergebnisse. *Der Markt, 36*(3–4), 112–125.

Esch, F.-R., Redler, J., Neudecker, N., & Langner, T. (2010). Strategie und Techniken zur wirksamen Gestaltung von Print- und Online-Katalogen im Versandhandel. In M. Mattmüller (Hrsg.), *Handbuch Versandhandelsmarketing* (S. 373–407). Frankfurt: Deutscher Fachverlag.

Esch, F.-R., Knörle, C., & Strödter, K. (2014). *Internal Branding: Wie Sie mit Mitarbeitern die Marke stark machen*. München: Vahlen.

Estelami, H., & Lehmann, D. R. (2001). The impact of research design on cumsumer price recall accuracy: An integrative review. *Journal of the Academy of Marketing Science, 29*(1), 36–49.

Evans, D. (2002). *Emotion: The science of sentiment*. Oxford: Oxford University Press.

Falk, L. K., Warren, H., & Chen, K. (2006). *Atmospherics in the cyber World*. Proceedings of the 2006 Association for Business Communication Annual Convention. https://pdfs.semanticscholar.org/c296/64755788f43b446dd8574bd9251cdb54766a.pdf. Zugegriffen: 10. Okt. 16.

de Farias, S. A., Aguiar, E. C., & Melo, F. V. S. (2014). Store atmospherics and experiential marketing: A conceptual framework and research propositions for an extraordinary customer experience. *International Business Research, 7*(2), 87.

Felser, G. (2007). *Werbe- und Konsumentenpsychologie*. Berlin: Spektrum.

Fielding, D. (2016). Non-verbal communication: The biggest brand-building asset in modern marketing. *Journal of Brand Strategy, 4*(4), 232–321.

Fiore, A. M. (2002). Effects of experiential pleasure from a catalogue environment on approach responses toward fashion apparel. *Journal of Fashion Marketing and Management, 6*(2), 122–133.

Fiore, A. M., & Jin, H.-J. (2003). Influence of image interactivity on approach responses towards an online retailer. *Internet Research, 13*(1), 38–48.

Fiore, S. G., & Kelly, S. (2007). Surveying the use of sound in online stores. *International Journal of Retail and Distribution Management, 35*(7), 600–611.

Fiore, A. M., & Kim, J. (2007). An integrative framework capturing experiential and utilitarian shopping experience. *International Journal of Retail & Distribution Management, 35*(6), 421–442.

Fiore, A. M., Yah, X., & Yoh, E. (2000). Effects of a product display and environmental fragrancing on approach responses and pleasurable experiences. *Psychology & Marketing, 17,* 27–54.

Fischer, M., & Himme, A. (2017). The financial brand value chain: How brand investments contribute to the financial health of firms. *International Journal of Research in Marketing, 34*(1), 137–153.

Fitzek, H. (2013). *Gestaltpsychologie kompakt: Grundlinien einer Psychologie für die Praxis.* Springer.

Flicker, M. H., & Speer, W. C. (1990). Emotional responses to store layout and design: An experimental approach. In P. Parasuraman (Hrsg.), *AMA educators' proceedings: Enhancing knowledge development in marketing* (S. 1–5). Chicago: American Marketing Association.

Foxall, G. R., & Hackett, P. M. (1992). Consumers' perceptions of micro-retail location: Wayfinding and cognitive mapping in planned and organic shopping environments. *International Review of Retail, Distribution and Consumer Research, 2*(3), 309–327.

Frow, P., & Payne, A. (2007). Towards the 'perfect' customer experience. *Journal of Brand Management, 15*(2), 89–101.

Frow, P., McColl-Kennedy, J. R., Hilton, T., Davidson, A., Payne, A., & Brozovic, D. (2014). Value propositions: A service ecosystems perspective. *Marketing Theory, 14*(3), 327–351.

Gagnon, J. P., & Osterhaus, J. T. (1985). Effectiveness of floor displays on the sales of retail products. *Journal of Retailing, 61*(1), 104–116.

Garaus, M., & Wagner, U. (2016). Retail shopper confusion: Conceptualization, scale development, and consequences. *Journal of Business Research, 69*(9), 3459–3467.

Garlin, F. V., & Owen, K. (2006). Setting the tone with the tune: A meta-analytic review of the effects of background music in retail settings. *Journal of Business Research, 59,* 755–764.

Gedenk, K. (2002). *Verkaufsförderung.* München: Vahlen.

Gedenk, K., & Neslin, S. A. (2000). The role of retail promotion in determining future brand loyalty: Its effect on purchase event feedback. *Journal of Retailing, 75*(4), 433–459.

Gentile, C., Spiller, N., & Noci, G. (2007). How to sustain the customer experience: an overview of experience components that co-create value with the customer. *European Management Journal, 25*(5), 395–410.

Gerard, R. M. (1957). *Differential effects of colored lights on psychophysical functions.* Dissertation, University of California, Los Angeles.

Geyskens, I., Gielen, K., & Gijsbrechts, E. (2010). Proliferating private-label portfolios: How introducing economy and premium private labels influences brand choice. *Journal of Marketing Research, 47*(5), 791–807.

GfK Panel Services. (2010). *Consumer scan 2010.* www.gfk-compact.com.

Ginsberg, J., & Morris, K. (1999). Xtreme retailing – Stores fight the online onslaught. *BusinessWeek, 1999*(20), 120–128.

Godes, D., Mayzlin, D., Chen, Y., Das, S., Dellarocas, C., Pfeiffer, B., Libai, B.; Sen, S., Shi, M., & Verlegh, P. (2005). The firm's management of social interactions. *Marketing Letters, 16*(3), 415–428.

Golledge, R. G. (1999). Human wayfinding and cognitive maps. In R. G. Golledge (Hrsg.), *Wayfinding behavior: Cognitive mapping and other spatial processes* (S. 5–45). Baltimore: John Hopkins University Press.

Goodwin, C. (1996). Moving the drama into the factory: The contribution of metaphors to service research. *European Journal of Marketing, 30*(9), 13–36.

Greenland, S. J., & McGoldrick, P. J. (1994). Atmospherics, attitudes and behaviour: Modelling the impact of designed space. *International Review of Retail, Distribution and Consumer Research, 4*(1), 1–16.

Greeno, J. G. (1998). The situativity of knowing, learning, and research. *American Psychologist, 53*(1), 5–26.

Grewal, D., & Baker, J. (1994). Do retail store environmental factors affect consumers' price acceptability? An empirical examination. *International Journal of Research in Marketing, 11*(2), 107–115.

Grewal, D., Krishnan, R., Baker, J., & Borin, N. (1998). The effect of store name, brand name and price discounts on consumers' evaluations and purchase intentions. *Journal of Retailing, 74*(3), 331–352.

Grohmann, B., Spangenberg, E., & Sprott, D. (2007). The influence of tactile input on the evaluation of retail product offerings. *Journal of Retailing, 70,* 283–294.

Grönroos, C. (2004). The relationship marketing process: Communication, interaction, dialogue, value. *Journal of Business & Industrial Marketing, 19*(2), 99–113.

Gröppel, A. (1991). *Erlebnisstrategien im Einzelhandel.* Heidelberg: Physica.

Gröppel-Klein, A. (2006). Point-of-sale-marketing. In J. Zentes (Hrsg.), *Handbuch Handel* (S. 671–692). Wiesbaden: Gabler.

Gröppel-Klein, A. (2012). 30 Jahre „Erlebnismarketing" und „Erlebnisgesellschaft" – Die Entwicklung des Phänomens „Erlebnisorientierung" und Sate-of-the Art der Forschung. In M. Bruhn & K. Hadwich (Hrsg.), *Customer experience* (S. 37–60). Wiesbaden: Gabler.

Gröppel-Klein, A., & Germelmann, C. C. (2003). Minding the mall: Do we remember what we see? In P. A. Keller & D. W. Rook (Hrsg.), *Advances in consumer research* (Bd. 30, S. 56–67). Valdosta: ACR.

Grunig, J. E., & Hunt, T. (1984). *Managing public relations.* New York: Holt, Rinehart & Winston.

Gulas, C. S., & Bloch, P. H. (1995). Right under our noses: Ambient scent and consumer responses. *Journal of Business and Psychology, 10,* 87–98.

Günther, V. (2016). Digital ganz real. *Das Magazin zur DMEXCO, 2016,* 60–63.

Gutierrez, B. P. (2004). Determinants of planned and impulse buying: The case of the Philippines. *Asia Pacific Management Review, 9*(6), 1061–1078.

Ha, Y., & Lennon, S. (2010). Online visual merchandising (VMD) cues and consumer pleasure and arousal: Purchasing versus browsing situation. *Psychology & Marketing, 27*(2), 141–165.

Ha, Y., Kwon, W.-S., & Lennon, S. J. (2007). Online visual merchandising (VMD) of apparel web sites. *Journal of Fashion Marketing and Management, 11*(4), 477–493.

Habraken, N. J. (1998). *The structure of the ordinary – Form and control in the built environment.* Cambridge: MIT Press.

Harris, T. (1993). *The marketers guide to PR: How today's companies are using the new public relations to gain a competitive edge.* New York: Wiley.

Harris, L. C., & Goode, M. M. (2010). Online servicescapes, trust, and purchase intentions. *Journal of Services Marketing, 24*(3), 230–243.

Harris, K., Harrus, R., & Baron, S. (2001). Customer participation in retail service – Lessons from Brecht. *International Journal of Retail and Distribution Management, 29*(8), 359–369.

Hayne, C. (1981). Light and colour. *Occupational Health, 33*(4), 198–205.

Hefer, Y., & Cant, M. C. (2013). Visual merchandising Displays' effect on consumers – A valuable asset or an unnessesary burden for apparel retailers. *International Business & Economics Research Journal, 12*(19), 1217–1223.

Hegenauer, M. (2011). In Berlin steht Deutschlands "modernstes Reisebüro". Die Welt. http://www.welt.de/reise/article12626844/In-Berlin-steht-Deutschlands-modernstes-Reisebuero.html. Zugegriffen: 16. Apr. 2015.

Heinemann, G. (2012). *No-Line-Handel*. Wiesbaden: GablerSpringer.

Hellmann, K.-U. (2009). "Retail Theater" – Zur Inszenierung des Shoppings. In H. Willems (Hrsg.), *Theatralisierung der Gesellschaft* (Bd. 1, S. 583–594)., Soziologische Theorie und Zeitdiagnose Wiesbaden: VS.

Hennig-Thurau, T., Gwinner, K. P., & Gremler, D. D. (2002). Understanding relationship marketing outcomes. *Journal of Service Research, 4*(3), 230–247.

Herbst, D. (2008). Public Relations für die Marke. In A. Hermanns, T. Ringle, & P. van Overloop (Hrsg.), *Handbuch Markenkommunikation* (S. 298–312). München: Vahlen.

Hirtle, S. C., & Jonides, J. (1985). Evidence of hierarchies in cognitive maps. *Memory & Cognition, 13*(3), 208–217.

Hogg, J. (1969). A principal components analysis of semantic differential judgments of single colors and color pairs. *Journal of General Psychology, 80,* 129–140.

Holbrook, M. B. (2006). The consumption experience – Something new, something old, something borrowed, something sold: Part 1. *Journal of Macromarketing, 26*(2), 259–266.

Holland, H. (2009). *Direktmarketing*. München: Vahlen.

Holman, R. (1980). Clothing as communication: An empirical investigation. In J. C. Olson (Hrsg.), *NA-Advances in Consumer Research* (Bd. 7, S. 372–377). Ann Abor: Association for Consumer Research.

Homans, G. C. (1972). *Elementarfaktoren sozialen Verhaltens*. Köln: Westdeutscher Verlag.

Homburg, C., Hoyer, W. D. & Fassnacht, M. (2002). Service orientation of a retailer's business strategy: Dimensions, antecedents, and performance outcomes. *Journal of Marketing, 66*(4), 86–101.

Homburg, C., Imschloß, M., & Kühnl, C. (2012). Of dollars and senses–Does multisensory marketing pay off? *IMU Research Insights, 9.* http://imu2.bwl.uni-mannheim.de/fileadmin/files/imu/files/ap/ri/RI009.pdf. Zugegriffen: 5. Aug. 2016.

Horstmann, F. (2017). Measuring the shopper's attitude toward the point of sale display: Scale development and validation. *Journal of Retailing and Consumer Services, 36,* 112–123.

Horstmann, F., & Lingenfelder, M. (2016). Displays – am Point of Sale nicht wegzudenken, sonst kaum beachtet. *Transfer – Werbeforschung und Praxis, 62*(4), 52–60.

Howe, U. (2016). Fashion show by Amazon. *Textilwirtschaft, 2016*(11), 26–27.

Hu, H., & Jasper, C. R. (2006). Social cues in the store environment and their impact on store image. *International Journal of Retail & Distribution Management, 34*(1), 25–48.

Hultén, B. (2012). Sensory cues and shoppers' touching behaviour: The case of IKEA. *International Journal of Retail & Distribution Management, 40,* 273–289.

Hultén, B., Broweus, N., & van Dijk, M. (2009). *Sensory marketing*. Basingstoke: Palgrave Macmillan.

Hurth, J., & Sievers, H. (2016). *Marketing für Handelsmarken: Leitfaden für erfolgreiche Handelsmarkenentwicklung im Lebensmitteleinzelhandel*. Frankfurt: Internationaler Verlag der Wissenschaften.

Hurvich, L. M. (1981). *Color vision*. Sunderland: Sinauer.

Iglesias, O., Singh, J. J., & Batista-Foguet, J. (2011). The role of brand experience and affective commitment in determining brand loyalty. *Journal of Brand Management, 18*(8), 570–582.

Im, H., Lennon, S. J., & Stoel, L. (2010). The perceptual fluency effect on pleasurable online shopping experience. *Journal of Research in Interactive Marketing, 4*(4), 280–295.

Ishida, C., & Taylor, S. A. (2012). Retailer brand experience, brand experience congruence, and customer satisfaction. *Journal of Consumer Satisfaction, Dissatisfaction and Complaining Behavior, 25,* 63–79.

Ivens, B., & Leischnig, A. (2016). Verkaufscontrolling: Analyse der Wirkungen der persönlichen Kommunikation. In F.-R. Esch, T. Langner, & M. Bruhn (Hrsg.), *Handbuch Controlling der Kommunikation* (S. 539–553). Wiesbaden: GablerSpringer.

Jaakkola, E., Helkkula, A., & Aarikka-Stenroos, L. (2015). Service experience co-creation: Conceptualization, implications, and future research directions. *Journal of Service Management, 26*(2), 182–205.

Jacobs, K. W., & Hustmyer, F. E. (1974). Effects of four psychological primary colors on GSR, heart rate and respiration rate. *Perceptual and Motor Skills, 38*(3), 763–766.

Jacoby, J., & Craig, C. S. (1984). *Personal selling: Theory, research, and practice*. Lexington: Lexington.

Jacoby, J., & Mazursky, D. (1984). Linking brand and retailer images – Do the potential risks outweigh the potentials benefits? *Journal of Retailing, 60*(2), 105–122.

Janke, K. (2015). Mobile Markeninszenierung. *Absatzwirtschaft, 2015*, 76–81. (Sonderausgabe dmexco).

Jary, M., Schneider, D., & Wileman, A. (1999). *Marken-Power – Warum Aldi, Ikea, H&M und Co. so erfolgreich sind*. Wiesbaden: Gabler.

Jee, J., & Lee, W. N. (2002). Antecedents and consequences of perceived interactivity: An exploratory study. *Journal of interactive advertising, 3*(1), 34–45.

Jeong, S. W., Fiore, A. M., Niehm, L. S., & Lorenz, F. O. (2009). The role of experiential value in online shopping: The impacts of product presentation on consumer responses towards an apparel web site. *Internet Research, 19*(1), 105–124.

Jobber, D., & Lancaster, G. (2006). *Selling and sales management*. Harlow: Person.

Jodeleit, B. (2010). *Social media relations*. Heidelberg: dpunkt.verlag.

John, R., Cheney, M. K., & Azad, M. R. (2009). Point -of-sale marketing of tobacco products: Taking advantage of the socially disadvantaged? *Journal of Health Care for the Poor and Underserved, 20*, 489–506.

JosDeVries. (2005). *The store manual*. Maarsen: JosDeVries.

Kaiser, A. (2008). Kommunikationsfähigkeit der Markenarchitektur. In N. O. Herbrand (Hrsg.), *Schauplätze dreidimensionaler Markeninszenierung* (S. 193–209). Stuttgart: Edition Neues Fachwissen.

Kaltcheva, V. D., & Weitz, B. A. (2006). When should a retailer create an exciting store environment? *Journal of Marketing, 70*(1), 107–118.

Kannan, P. K., & Hongshuang, A. L. (2017). Digital marketing: A framework, review and research agenda. *International Journal of Research in Marketing, 34*(1), 22–45.

Kardes, F. R., Cromley, M. L., Kellaris, J. J., & Posavac, S. S. (2004). The role of selective information processing in price-quality inference. *Journal of Consumer Research, 31*(2), 368–374.

Kastl, A. J., & Child, J. L. (1968). Emotional meaning of four typographical variables. *Journal of Applied Psychology, 52*, 440–446.

Keim, G. (1999). *Magic Moments. Ethnographische Gänge in die Warenwelt*. Frankfurt: Campus.

Kelley, L. D., Jugenheimer, D. W., & Sheehan, K. B. (2015). *Advertising media planning – A brand management approach*. New York: Routledge.

Kellogg, D. L., Youngdahl, W. E., & Bowen, D. E. (1997). On the relationship between customer participation and satisfaction: Two frameworks. *International Journal of Service Industry Management, 8*(3), 206–219.

Kent, T. (2003). 2D23D: Management and design perspectives on retail branding. *International Journal of Retail & Distribution Management, 31*(3), 131–142.

Kent, T. (2009). Concepts of flagships. In T. Kent & R. Brown (Hrsg.), *Flagship marketing* (S. 8–19). Oxon: Routledge.

Kerfoot, S., Davies, B., & Ward, P. (2003). Visual merchandising and the creation of discernible retail brands. *International Journal of Retail and Distribution Management, 31*(3), 143–152.

Khakimdjanova, L., & Park, J. (2005). Online visual merchandising practise of apparel e-merchants. *Journal of Retailing and Consumer Services, 12*, 307–318.

Khan, I., & Rahman, Z. (2015). Brand experience anatomy in retailing: An interpretive structural modeling approach. *Journal of Retailing and Consumer Services, 24,* 60–69.

Kilian, K. (2016). Multisensualität in der Marketingkommunikation wirkungsvoll gestalten. In T. Langner, F.-R. Esch, & M. Bruhn (Hrsg.), *Handbuch Sozialtechniken der Kommunikation (o. S.).* Wiesbaden: Springer Gabler.

Kilic, E. (2011). Rabattjagd 2.0. *ProkomREPORT, 2011*(5), 64.

Kim, M., & Lennon, S. J. (2000). Television shopping for apparel in the United States: Effects of perceived amount of information on perceived risks and purchase intention. *Family and Consumer Sciences Research Journal, 28*(3), 301–330.

Kim, H., & Lennon, S. J. (2010). E-atmosphere, emotional, cognitive, and behavioral responses. *Journal of Fashion Marketing and Management, 14*(3), 412–428.

Kim, H., & Lennon, S. J. (2012). Music and amount of information: Do they matter in an online apparel setting? *International Review of Retail, Distribution and Consumer Research, 22*(1), 55–82.

Kim, J. H., Kim, M., & Lennon, S. J. (2009). Effects of web site atmospherics on consumer responses: Music and product presentation. *Direct Marketing: An International Journal, 3*(1), 4–19.

King, K. A. (2015). *The complete guide to B2B marketing.* Upper Saddle River: Pearson.

Kinzinger, A., Stumpf, M., & Stiller, B. (2014). Duftmarketing: Wirkung von bedufteter Printwerbung. Die Beduftung von Katalogen sorgt für eine erhöhte Wahrnehmung. *Transfer – Werbeforschung & Praxis, 60*(4), 27–32.

Kirchner, G. (2008). B2C-Kataloge Texten und gestalten. In T. Schwarz (Hrsg.), *Leitfaden Dialogmarketing* (S. 187–199). Waghäusel: Marketing Boerse.

Kitchin, R. M. (1994). Cognitive maps: What are they and why study them? *Journal of Environmental Psychology, 14,*1–19.

Klammer, M. (1989). *Nonverbale Kommunikation beim Verkauf.* Heidelberg: Physica.

Klein-Bölting, U., Hauser, C., & Holzberg, M. (2012). Profilierung durch Eigenmarken – Wachstumspotenziale für den Handel. In Batten & Company (Hrsg.), *Insights 15* (S. 16–23). Düsseldorf: Batten & Company. http://batten.takomat-agentur.de/uploads/media/120504_INSIGHTS_15.pdf. Zugegriffen: 20. Jan. 17.

Knapp, M. L., Hall, J. A., & Horgan, T. G. (2013). *Nonverbal communication in human interaction.* Wedsworth: Cengage Learning.

Knasko, S. C. (1989). Ambient odor and shopping behavior. *Chemical Senses, 14,* 718.

Koo, D., & Ju, S. (2010). The interactional effects of atmospherics and perceptual curiosity on emotions and online shopping intention. *Computers in Human Behavior, 26*(3), 377–388.

Kollmann, T. (2011). *E-Business.* Wiesbaden: Springer Gabler.

Kornobis, K.-J. (1997). Die Entwicklung von Handelsmarken. In M. Bruhn (Hrsg.), *Handelsmarken* (S. 237–264). Stuttgart: Schäffer-Poeschel.

Kotler, P. (1973). Atmospherics as a marketing tool. *Journal of Retailing, 49*(4), 48–64.

Kotler, P., & Bliemel, F. (1992). *Marketing management.* Stuttgart: Schäffer-Poeschel.

Kotler, P., Keller, K. L., & Bliemel, F. (2007). *Marketing-management.* München: Pearson.

Kotler, P., Kartaya, H., & Setiawan, I. (2017). *Marketing 4.0: Moving from traditional to digital.* New Jersey: Wiley.

Kozniets, R. V., Sherry, J. F., DeBerry-Spence, B., Duhachek, A., Nuttavuthisit, K., & Storm, D. (2002). Themed flagship brand stores in the new millennium – Theory, practise, prospects. *Journal of Retailing, 78,* 17–29.

Kramer, U. (2008). Marke und Internet-Werbung. In A. Hermanns, T. Ringle, & P. van Overloop (Hrsg.), *Handbuch Markenkommunikation* (S. 191–203). München: Vahlen.

Kreutzer, R. T. (2010). Dialog-Marketing im Internet. *WISU, 2010*(12), 1631–1636.

Krishna, A. (2012). An integrative review of sensory marketing: Engaging the senses to affect perception, judgment and behavior. *Journal of Consumer Psychology, 22*(3), 332–351.

Kroeber-Riel, W. (1993). *Bildkommunikation*. München: Vahlen.

Kroeber-Riel, W., & Esch, F.-R. (2014). *Strategie und Technik der Werbung*. Stuttgart: Kohlhammer.

Kroeber-Riel, W., & Esch, F.-R. (2015). *Strategie und Technik der Werbung*. Stuttgart: Kohlhammer.

Kroeber-Riel, W., & Gröppel-Klein, A. (2013). *Konsumentenverhalten*. München: Stuttgart.

Laaksonen, H., & Reynolds, J. (1994). Own brands in food retailing across Europe. *Journal of Brand Management, 2*(1), 37–46.

Lacher, K. T., & Mizerski, R. (1994). An exploratory study of the responses and relationships involved in the evaluation of, and in the intention to purchase new rock music. *Journal of Consumer Research, 21*(2), 366–380.

Lauer, A. (2001). *Vertriebsschienenprofilierung durch Handelsmarken: theoretische Analyse und empirische Bestandsaufnahme im deutschen Lebensmitteleinzelhandel*. Wiesbaden: Deutscher Universitäts-Verlag.

Law, D., Wong, C., & Yip, J. (2012). How does visual merchandising affect consumer affective response? *European Journal of Marketing, 46*(1/2), 112–133.

Lea-Greenwood, G. (1998). Visual merchandising: A neglected area in UK fashion marketing? *International Journal of Retail & Distribution Management, 26*(8), 324–329.

Lee, J. H., & Kim, J. H. (2015). Study on the development of tools for measurement of consumers' brand experience inside and outside a fashion brand store at a large shopping center. *Fashion & Textile Research Journal, 17*(4), 574–587.

Lee, S., & Rao, V. S. C. (2010). Color and store choice in electronic commerce: The explanatory role of trust. *Journal of Electronic Commerce Research, 11*(2), 110–126.

Lehrl, S., Gerstmeyer, K., Jacob, J. H., Frieling, H., Henkel, A. W., & Meyrer, R. (2007). Blue light improves cognitive performance. *Journal of Neural Transmission, 114*, 1435–1463.

Leitl, A. (2011). Visual Merchandising – Die hohe Kunst der Warenpräsentation. In Umdash Shop Academy (Hrsg.), *Lexikon Ladenbau Ladenmarketing*. München: Callwey.

Lengnick-Hall, C. A., Claycomb, V., & Inks, L. W. (2000). From recipient to contributor – examining customer roles and experienced outcomes. *European Journal of Marketing, 43*(3/4), 359–383.

Lenzen, W. (1984). *Die Beurteilung von Preisen durch Konsumenten*. Frankfurt a. M.: Thun.

Lewin, K. (1946). Behavior and development as a function of the total situation. In L. Carmichael (Hrsg.), *Manual of child psychology* (S. 791–844). Hoboken: Wiley.

Liljander, V., & Strandvik, T. (1997). Emotions in service satisfaction. *International Journal of Service Industry Management, 8*(2), 148–169.

Linsen, M. A. (1975). Like our music today, Ms. Shopper? *Progressive Grocer, 1975*(10), 156.

Litman, J. A. (2005). Curiosity and the pleasures of learning: Wanting and liking new information. *Cognition and Emotion, 19*(6), 793.

Löffler, D. (2015). Brand Lands – Markenerlebniswelten als Instrument dauerhafter Markenbeziehungen. In N. Drees (Hrsg.), Heft 43 *Markenmanagement, Erfurter Hefte zum angewandten Marketing*, Erfurt: Erfurt University.

Lohse, L. G., & Spiller, P. (1998). Electronic shopping. *Communications of the ACM, 41*(7), 81–87.

Lorenzo-Romero, C., Gómez-Borja, M. Á., & Mollá-Descals, A. (2011). Effects of utilitarian and hedonic atmospheric dimensions on consumer responses in an online shopping environment. *African Journal of Business Management, 5*(21), 8649–8667.

Ludwig, V. U., & Simner, J. (2013). What colour does that feel? Tactile-visual mapping and the development of cross-modality. *Cortex, 49*, 1089–1099.

Luong, A. (2005). Affective service display and customer mood. *Journal of Service Research, 8*(2), 117–130.

Lwin, M. O., Morrin, M., & Krishna, A. (2010). Exploring the superadditive effects of scent and pictures on verbal recall: An extension of dual coding theory. *Journal of Consumer Psychology, 20*(3), 317–326.

Lynch, K. (1960). *The image of the city*. Cambridge: MIT Press.

Lywood, J., Stone, M., & Ekinci, Y. (2009). Customer experience and profitability: An application of the empathy rating index (ERIC) in UK call centres. *Journal of Database Marketing & Customer Strategy Management, 16*(3), 207–214.

Machleit, K. A., & Eroglu, S. A. (2000). Describing and measuring emotional response to shopping experience. *Journal of Business Research, 49*(2), 101–111.

Macintosh, G., & Lockshin, L. S. (1997). Retail relationships and store loyalty: A multi-level perspective. *International Journal of Research in Marketing, 14*(5), 487–497.

Malewski, A. (1967). *Verhalten und Interaktion*. Tübingen: JCB Mohr.

Mandler, G. (1982). The structure of value: Accounting for taste. In M. S. Clark & S. T. Fiske (Hrsg.), *Affect and cognition: The Seventeenth annual Carnegie symposium on cognition* (S. 3–36). Hillsdale: Erlbaum.

Markin, R. J., Lillis, C. M., & Narayana, C. L. (1976). Social-psychological significance of store space. *Journal of Retailing, 52*(1), 43–55.

Markotten, G. T., & Kaiser, J. (2000). Usable security – Challenges and model for e-commerce systems. *Wirtschaftsinformatik, 6*, 531–538.

Marshall, G. W., Moncrief, W. C., Rudd, J. M., & Lee, N. (2012). Revolution in sales: The impact of social media and related technology on the selling environment. *Journal of Personal Selling & Sales Management, 32*(3), 349–363.

Martenson, R. (2007). Corporate brand image, satisfaction and store loyalty: A study of the store as a brand, store brands and manufacturer brands. *International Journal of Retail & Distribution Management, 35*(7), 544–555.

Mascarenhas, O. A., Kesavan, R., & Bernacchi, M. (2006). Lasting customer loyalty: A total customer experience approach. *Journal of Consumer Marketing, 23*(7), 397–405.

Mattila, A. S., & Wirtz, J. (2001). Congruency of scent and music as driver of in-store evaluations and behavior. *Journal of Retailing, 77*(2), 273–289.

McElroy, J. C., Morrow, P. C., & Eroglu, S. (1990). The atmospherics of personal selling. *Journal of Personal Selling & Sales Management, 10*(4), 31–41.

McFarland, R. G., Challagalla, G. N., & Shervani, T. A. (2006). Influence tactics for effective adaptive selling. *Journal of Marketing, 70*(4), 103–117.

McGoldrick, P. (2002). *Retail marketing*. London: McGrawHill.

McGoldrick, P. (2003). *Retail Marketing*. New York: McGraw-Hill.

McGoldrick, P., & Pieros, C. P. (1998). Atmospherics, pleasure and arousal: The influence of response moderators. *Journal of Marketing Management, 14*, 173–197.

McGoldrick, P. J., Keeling, K. A., & Beatty, S. F. (2008). A typology of roles for avatars in online retailing. *Journal of Marketing Management, 24*(3–4), 433–461.

Mehrabian, A. (1976). *Public places and private spaces. The psychology of work, play and living environment*. New York: Basic Books.

Mehrabian, A. (2007). *Nonverbal communication*. New Brunswick: Aldine Transaction.

Mehrabian, A., & Ferris, S. R. (1967). Inference of attitudes from nonverbal communication in two channels. *Journal of Consulting Psychology, 31*(3), 248–252.

Mehrabian, A., & Russell, J. A. (1974). *An approach to environmental psychology*. Cambridge: MIT Press.

Mehrabian, A., & Weiner, M. (1967). Decoding of inconsistent communications. *Journal of Personality and Social Psychology, 6*(1), 109–114.

Mehta, N., & Chugan, P. K. (2013). The impact of visual merchandising on impulse buying behavior of consumer: A case from Central Mall of Ahmedabad India. *Universal Journal of Management, 1*(2), 76–78.

Melià-Seguí, J., Pous, R., Carreras, A., Morenza-Cinos, M., Parada, R., Liaghat, Z., Porrata-Doria, R. (2013). *Enhancing the shopping experience through RFID in an actual retail store*. Proceedings of the 2013 ACM conference on Pervasive and ubiquitous computing adjunct publication, 1029–1036.

Menon, K., & Dube, L. (2000). Ensuring greater satisfaction by engineering salesperson response to customer emotions. *Journal of Retailing, 76*(3), 285–307.

Menon, S., & Kahn, B. (2002). Cross-category effects of induced arousal and pleasure on the internet shopping experience. *Journal of Retailing, 78*(1), 31–40.

Messedat, J. (2005). *Corporate Architecture: Entwicklung, Konzepte, Strategien.* Ludwigsburg: Avedition.

Meyer, A. (2000). Der Handel als Marke – Ein Spaziergang durch die Welt der Branded Retailer. In T. Tomczak (Hrsg.), *Store Branding – Der Handel als Marke? Ergebnisse 10. Bestfoods TrendForum* (S. 13–38). Wiesbaden: TrendForum.

Meyer, D. (2011). Markeneffekte von Suchmaschinenmarketing. In E. Theobald & P. T. Haisch (Hrsg.), *Brand evolution* (S. 461–475). Wiesbaden: Gabler.

Miles, M. P., Arnold, D. R., & Nash, H. W. (1990). Adaptive communication: The adaptation of the seller's interpersonal style to the stage of the dyad's relationship and the buyer's communication style. *Journal of Personal Selling and Sales Management, 10*(1), 21–27.

Milliman, R. E. (1982). Using background music to affect the behavior of supermarket shoppers. *Journal of Marketing, 46*(3), 86–91.

Mills, P. K., & Moberg, D. J. (1982). Perspectives on the technology of service operations. *Academy of Management Review, 7*(3), 467–478.

Mintel. (2000). *Service review.* London: Mintel.

Mitchell, D. J., Kahn, B. E., & Knasko, S. C. (1995). There's something in the air: Effects of congruent or incongruent ambient odor on consumer decision making. *Journal of Consumer Research, 22,* 229–238.

Mohorovičić, S. (2013). *Implementing responsive web design for enhanced web presence.* 36th International Convention on Information & Communication Technology Electronics & Microelectronics (MIPRO), IEEE, 1206–1210.

Möller, J., & Herm, S. (2013). Shaping retail brand personality perceptions by bodily experiences. *Journal of Retailing, 89*(4), 438–446.

Morgan, T. (2012). *Visual merchandising – Window and in-store display for retail.* London: Laurence King.

Morrin, M., & Chebat, J. C. (2005). Person-place congruency: The interactive effects of shopper style and atmospherics on consumer expenditures. *Journal of Service Research, 8,* 181–191.

Morris, J. D., & Boone, M. A. (1998). The effects of music on emotional response, brand attitude, and purchase intent in an emotional advertising condition. *Advances in Consumer Research, 25,* 518–526.

Morris, J. A., & Feldman, D. C. (1996). The dimensions, antecedents, and consequences of emotional labor. *Academy of Management Review, 21*(4), 986–1010.

Morrison, M., & Beverland, M. (2003). In search of the right in-store music. *Business Horizons, 46,* 77–82.

Morschett, D. (2002). *Retail Branding und integriertes Handelsmarketing: Eine verhaltenswissenschaftliche und wettbewerbsstrategische Analyse.* Wiesbaden: DUV.

Morschett, D. (2012). Retail Branding–Strategischer Rahmen für das Handelsmarketing. In Zentes, J. Swoboda, J. Morschett, D. & Schramm-Klein. H. (Hrsg.), *Handbuch Handel* (S. 441–461). Wiesbaden: Springer Fachmedien.

Mulhern, F. (1997). Retail marketing – From distribution to integration. *International Journal of Research in Marketing, 14*(2), 103–124.

Müller, A. (2012). *Symbole als Instrumente der Markenführung: Eine kommunikations-und wirtschaftswissenschaftliche Analyse unter besonderer Berücksichtigung von Stadtmarken.* Wiesbaden: Springer Gabler.

Müller-Hagedorn, L., & Natter, M. (2002). *Handelsmarketing.* Stuttgart: Kohlhammer.

Müller-Hagedorn, L., & Natter, M. (2011). *Handelsmarketing*. Stuttgart: Kohlhammer.

Müller-Hagedorn, L., Toporowski, W., & Zielke, S. (2012). *Der Handel*. Stuttgart: Kohlhammer.

Mummalaneni, V. (2005). An empirical investigation of web site characteristics, consumer emotional states and on-line shopping behaviors. *Journal of Business Research, 58*(4), 526–532.

Muniz, A. M., & O'Guinn, T. C. (2001). Brand community. *Journal of Consumer Research, 27*(4), 412–432.

Naik, K., & Srinivasan, S. R. (2015). An assessment of departmental store service effectiveness using a modified SERVQUAL approach. *Journal of Business and Retail Management Research, 9*(2), 27–43.

Nakamoto, K. (1987). Alternatives to information processing in consumer research: New perspectives on old controversies. *International Journal of Research in Marketing, 4*(1), 11–27.

Neumann, R., & Strack, F. (2000). Mood contagion: The automatic transfer of mood between persons. *Journal of Personality and Social Psychology, 79*(2), 211–233.

Nicholson, C. Y., Compeau, L. D., & Sethi, R. (2001). The role of interpersonal liking in building trust in long-term channel rlationships. *Journal of the Academy of Marketing Science, 29*(19), 3–15.

Nies, S. (2009). *Private label management*. Dissertation Universität Frankfurt.

Nies, S. (2012). Eigenmarken für das Image. *Harvard Business Manager, 2012*(4), 8–11.

North, A. C., & Hargreaves, D. J. (1995). Subjective complexity, familiarity, and liking for popular music. *Psychomusicology, 14,* 77–93.

Noseworthy, T. J., Di Muro, F., & Murray, K. B. (2014). The role of arousal in congruity-based product evaluation. *Journal of Consumer Research, 41*(4), 1108–1126.

Oberfeld, D., Hecht, H., Allendorf, U., & Wickelmaier, F. (2009). Ambient lighting modifies the flavor of wine. *Journal of Sensory Studies, 24,* 797–832.

Olins, W. (1989). *Corporate identity: Making business strategy visible through design*. London: Thames & Hudson.

o. V. (6. Mai 2011). Mehr Couponaktionen im Handel. *Lebensmittelzeitung, 45.*

o. V. (19. Mai 2015a). Douglas launcht neue Make-up-Linie. *Lebensmittelzeitung, 19/2015,* 57.

o. V. (19. Mai 2015b). Premium-Angebote spülen Geld in die Kasse. *Lebensmittelzeitung, 19/2015,* 62–64.

o. V. (19. Mai 2015c). Der lange Marsch europäischer Eigenmarken. *Lebensmittelzeitung, 19/2015,* 72.

o. V. (2015d). Curated Shopping: Anziehende Einkaufskonzepte. *Versandhausberater, 2015*(32), 2.

o. V. (26. August 2016). Zalando lässt zum Herbst den Werbemotor an. *Horizont, 34,* 8.

o. V. (2017a). About You startet Eigenmarke. *Textilwirtschaft, 12/2017,* 25.

o. V. (21. September 2017b). Otto entwickelt eigenen Produkt-Assistenten. *Horizont, 19/2017,* 6.

o. V. (2017c). Die 12 häufigsten Fehler im Onlineshop. *Versandhausberater, 2017*(23), 8–11.

Weinberg, P., & Diehl, S. (2005). Erlebniswelten für Marken. In F.-R. Esch (Hrsg.), *Moderne Markenführung* (S. 263–286). Wiesbaden: Gabler.

Päffli, P., Breckhoff, J.-O., & Michel, S. (2015). *Price excellence*. Zürich: Versus.

Palmer, S. E. (1990). Modern theories of Gestalt perception. *Mind & Language, 5*(4), 289–323.

Parasuraman, A., Zeithaml, V., & Berry, L. L. (1985). A conceptual model of service quality and its implications for future research. *Journal of Marketing, 49,* 41–50.

Parasuraman, A., Berry, L. L., & Zeithaml, V. (1991). Refinement and reassessment of the SERVQUAL scale. *Journal of Retailing, 67*(4), 420–450.

Park, J., Lennon, S. J., & Stoel, L. (2005). Online product presentation: effects on mood, perceived risk, and purchase intention, *Psychology and Marketing, 22*(9), 695–719.

Park, C. W., Jaworski, B. J., & MacInnis, D. J. (1986). Strategic brand concept-image management. *Journal of Marketing, 50,* 135–145.

Park, H. H., Jeon, J. O., & Sullivan, P. (2015). How does visual merchandising in fashion retail stores affect consumers' brand attitude and purchase intention? *International Review of Retail, Distribution and Consumer Research, 25*(1), 87–104.

Parker, C., & Harris, K. (1999). *Investigating the antecedents of customer-to-customer interaction*. American Marketing Association Winter Educator´s Conference Proceedings, 10, 248–249.

Pavis, P. (1993). *Languages of the stage: Essays in the semiology of the theatre*. New York: Performing Arts Journal Publications.

Pearson, J., Naselaris, T., Holmes, E. A., & Kosslyn, S. M. (2015). Mental imagery – Functional mechanisms and clinical applications. *Trends in Cognitive Science, 19*(10), 590–602.

Pegler, M. (2001). *Visual merchandising and display*. New York: Fairchild.

Pegler, M. (2012). *Visual merchandising and display*. New York: Fairchild.

Pepels, W. (2012). *Handbuch des Marketing*. München: Oldenbourg.

Pepels, W. (2015). Grundlagen des Vertriebs. In W. Pepels (Hrsg.), *Vertriebs-Power – Erfolgswissen für Distribution und Verkauf* (S. 1–65). Berlin: Berliner Wissenschafts-Verlag.

Percy, L., & Rosenbaum-Elliott, R. (2012). *Strategic advertising management*. Oxford: Oxford University Press.

Persaud, A., & Azhar, I. (2012). Innovative mobile marketing via smartphones. *Marketing Intelligence & Planning, 30*(4), 418–443.

Peterson, R. A., Albaum, G., & Ridgway, N. M. (1989). Consumers who buy from direct sales companies. *Journal of Retailing, 65*(2), 273–286.

Phillips, H., & Cox, J. (1998). Point of purchase marketing. *Journal of Brand Management, 5,* 186–193.

Pine, J. B., & Gilmore, J. H. (1998). Welcome to the experience economy. *Harvard Business Review, 76,* 97–105.

Pine, J. B., & Gilmore, J. H. (1999). *The experience economy*. Boston: Harvard Business School Press.

Pine, J. B., & Gilmore, J. H. (2011). *The experience economy*. Boston: Harvard Business School Press.

Posselt, T., & Gensler, S. (2000). Ein transaktionskostenorientierter Ansatz zur Erklärung von Handelsbetriebstypen: Das Beispiel der Convenience Shops. *Die Betriebswirtschaft, 60*(2), 182–198.

Price, K. (2010). Online atmospherics: The impact of colour and music on purchase intention. *International Journal of Electronic Marketing and Retailing, 3*(2), 97–113.

Puccinelli, N. M. (2006). Putting your best face forward: The impact of customer mood on salesperson evaluation. *Journal of Consumer Psychology, 16*(2), 156–162.

Puccinelli, N. M., Motyka, S., & Grewal, D. (2010). Can you trust a customer's expression? Insights into nonverbal communication in the retail context. *Psychology & Marketing, 27*(10), 964–988.

Puccinelli, N. M., Andrzejewski, S. A., Markos, E., Noga, T., & Motyka, S. (2013). The value of knowing what customers really want: The impact of salesperson ability to read non-verbal cues of affect on service quality. *Journal of Marketing Management, 29*(3–4), 356–373.

Pugh, S. D. (2001). Service with a smile: Emotional contagion in the service encounter. *Academy of Management Journal, 44*(5), 1018–1027.

Raffelt, U., Littich, M., & Meyer, A. (2011). Architectural branding as brand communication – Does it contribute to employees' brand commitment? *Marketing ZFP, 33*(3), 247–256.

Ranjan, K. R., Sugathan, P. & Rossmann, A. (2015). A narrative review and meta-analysis of service interaction quality: new research directions and implications. *Journal of Services Marketing, 29*(1), 3–14.

Rapoport, A. (1977). *Human aspects of urban form*. Oxford: Pergamon.

Rapoport, A. (1994). Spatial organization and the built environment. In T. Ingold (Hrsg.), *Companion encyclopedia of anthropology: Humanity, culture and social life* (S. 460–502). London: Routledge.

Rapp, A., & Panagopoulos, G. (2012). Perspectives on personal selling and social media: Introduction to the special issue. *Journal of Personal Selling & Sales Management, 32*(3), 301–304.

Rea, M. S. (1993). *The illumination engineering society lighting handbook*. New York: llumination Engineering Society.

Redler, J. (2003). *Management von Markenallianzen*. Berlin: Logos.

Redler, J. (2012). *Grundzüge des Marketings*. Berlin: BWV.

Redler, J. (2013). Online Visual Merchandising – Begriff, Gestaltungsparameter und empirische Realität am Beispiel Textilhandel. In G. Hofbauer, A. Pattloch, & M. Stumpf (Hrsg.), *Marketing in Forschung und Praxis* (S. 807–827). Berlin: Uni-Edition.

Redler, J. (2014a). Markenführung und Dialogmarketing. In H. Holland (Hrsg.), *Digitales Dialogmarketing* (S. 153–172). Wiesbaden: Springer Gabler.

Redler, J. (2014b). Herausforderungen und Chancen neuer Kommunikationsinstrumente für die Corporate Brand erkennen. In F.-R. Esch, T. Tomczak, J. Kernstock, T. Langner, & J. Redler (Hrsg.), *Corporate brand management* (S. 449–480). Wiesbaden: Springer Gabler.

Redler, J. (2014c). Mediaplanung im Dialogmarketing. In H. Holland (Hrsg.), *Digitales Dialogmarketing* (S. 379–409). Wiesbaden: Springer Gabler.

Redler, J. (2015). Potenzialfaktor Marke. In W. Pepels (Hrsg.), *Vertriebs-Power – Erfolgswissen für Distribution und Verkauf* (S. 331–373). Berlin: Berliner Wissenschafts-Verlag.

Redler, J. (2017). Kernfragen der Markenführung bei Neuprodukten. In W. Pepels (Hrsg.), *Der Launch – Die Produkteinführung* (S. 267–288). Berlin: Berliner Wissenschafts-Verlag.

Reeves, R. A., & Barksdale, H. C. (1984). A framework for classifying concepts of and research on the personal selling process. *Journal of Personal Selling & Sales Management, 4*(2), 7–16.

Reith, C. (2007). *Convenience im Handel*. Frankfurt a. M.: Lang.

Reynolds, K. E., & Beatty, S. E. (1999). Customer benefits and company consequences of customer-salesperson relationships in retailing. *Journal of Retailing, 75*(1), 11–32.

Rice, M. (1997). What makes users revisit a Web site? *Marketing News, 31*(6), 12.

Ridmi, G., Sashini, G., & Hakns, S. (2011). *The impact of selected visual merchandising techniques on patronage intentions in supermarkets (Study Based on Colombo District)*. 2nd International Conference on Business and Economic Research (2nd ICBER 2011). 1130–1154.

Riehemann, D. (2016). Algorithmen revolutionieren das Marketing – Wie der Handel mit modernster Technologie in die digitale Zukunft steuert. *Marketing Review St. Gallen, 2016*(2), 18–23.

Ries, A., & Ries, L. (2002). *The fall of advertising & the rise of PR*. New York: Harper Business.

Riewoldt, G. (2000). *Retail design*. New York: te Neues.

Riewoldt, O. (2002). Brandscaping – Staging brand experiences through architecture and interior design. In O. Riewoldt (Hrsg.), *Brandscaping: Worlds of experience in retail design* (S. 7–11). Basel: Birkhäuser.

Robinson, J. (1998). *The manipulators: A conspiracy to make us buy*. London: Simon & Schuster.

Robinson, P. J., & Stidsen, B. (1967). *Personal selling in a modern perspective*. Boston: Allyn & Bacon.

Roggeveen, A. L., Goodstein, R. C., & Grewal, D. (2014). Improving the effect of guarantees: The role of a retailer's reputation. *Journal of Retailing, 90*(1), 27–39.

Rohm, A. J., Gao, T. T., Sultan, F., & Pagani, M. (2012). Brand in the hand: A cross-market investigation of consumer acceptance of mobile marketing. *Business Horizons, 55*(5), 485–493.

Rook, D. W. (1987). The buying impulse. *Journal of Consumer Research, 14*(2), 189–199.

Rösch, B. (2016). Mehr WLAN wagen. *Textilwirtschaft, 2016*(31), 32.

Roschk, H., Kobler, K., & Hagel, J. (2015). Premiumhandelsmarken – Erkenntnisstand aus zehn Jahren Forschung im Lebensmitteleinzelhandel. *Marketing ZFP, 37*(4), 173–187.

Rossiter, J. R., & Percy, L. (1999). Aufbau und Pflege von Marken durch klassische Kommunikation. In F.-R. Esch (Hrsg.), *Moderne Markenführung* (S. 493–508). Wiesbaden: Gabler.

Rossotti, H. (1983). *Colour*. Princeton: Princeton University Press.

Rudolph, T. (2013). *Modernes Handelsmanagement*. Stuttgart: Schäffer-Poeschel.

Rudolph, T., & Kleinschrodt, A. (2007). Preisfainess im Handel: Ein konzeptioneller Überblick. *Thexis, 2007*(4), 40–44.

Rudolph, T., Busch, A., & Busch, S. (2000). Retail food failures and recovering strategies in Switzerland. *Journal of Marketing Channels, 7*(3), 69–91.

Rudolph, T., Nagengast, L., Bassett, M., & Boutellier, D. (2015). Die Nutzung mobiler Shopping Apps im Kaufprozess. *Marketing Review St. Gallen, 2015*(3), 42–49.

Russo, J. E., & Leclerc, F. (1994). An eye-fixation analysis of choice processes for consumer non-durables. *Journal of Consumer Research, 21*(2), 274–290.

Sanders, E. B.-N., & Stappers, P. J. (2008). Co-creation and the new landscapes of design. *CoDesign, 4*(1), 5–18.

Sautter, P., Hyman, M. R., & Lukosius, V. (2004). E-Tail atmospherics: A critique of the literature and model extension. *Journal of Electronic Commerce Research, 5*(1), 14–24.

Saxe, R., & Weitz, B. A. (1982). The SOCO scale: A measure of the customer orientation of salespeople. *Journal of Marketing Research, 19*, 343–351.

Scheuch, M. (2001). *Verkaufsraumgestaltung und Ladenatmosphäre im Handel*. Wien: Facultas.

Schierl, T. (2001). *Bild und Text in der Werbung: Bedingungen, Wirkungen und Anwendungen bei Anzeigen und Plakaten*. Köln: von Halem.

Schmitt, B. H. (1999). *Experiential marketing – How to get customers to sense, feel, think, act, and relate to your company and brands*. New York: Free Press.

Schögel, M., Herhausen, D., & Aregger, M. (2010). Konsumentenverwirrtheit in Mehrkanalsystemen: Identifikation von Ursachen, Konsequenzen und Reduktionsstrategien für Handelsunternehmen. In P. Kenning, R. Olbrich, H. Schröder, & D. Ahlert (Hrsg.), *Multichannel-management* (S. 39–54). Frankfurt: Deutscher Fachverlag.

Schögel, M., & Farouq, J. (2016). Ein Video sagt mehr als Tausend Bilder. *Marke 41,* (3), 16.

Schröder, H. (2012). *Handelsmarketing*. Wiesbaden: Gabler.

Schuchert-Güler, P. (2009). *Aufgaben und Anforderungen im persönlichen Verkauf: Ergebnisse einer Stellenanzeigenanalyse*. Working Paper No. 47. Section Business & Management, IMB, Hochschule für Wirtschaft und Recht Berlin.

Schuckel, M. (1999). *Bedienungsqualität im Einzelhandel*. Stuttgart: Kohlhammer.

Schulze, G. (1999). *Kulissen des Glücks – Streifzüge durch die Eventkultur*. Frankfurt a. M.: Campus.

Schütz, A. (1971). *Gesammelte Aufsätze*. Dordrecht: Springer.

Schwanzer, B. (1984). *Die Bedeutung der Architektur für die CI eines Unternehmens*. Wien: WU Wien.

Schwarz, N. (2006). Feelings, fit, and funny effects: A situated cognition perspective. *Journal of Marketing Research, 43*(1), 20–23.

Schwarz, N., & Clore, G. L. (1988). How do i feel about it? The informative function of affective states. In K. Fieder & J. Forgas (Hrsg.), *Affect cognition and social behaviour* (S. 44–62). Toronto: Hogrefe.

Schweiger, G., & Dabic, M. (2008). Marke und klassische Werbung. In A. Hermanns, T. Ringle, & P. van Overloop (Hrsg.), *Handbuch Markenkommunikation* (S. 175–189). München: Vahlen.

Schweiger, G., & Schrattenecker, G. (2017). *Werbung*. UVK (UTB): Konstanz.

Semeijn, J., van Riel, A. C. R., & Ambrosini, A. B. (2004). Consumer evaluations of store brands: Effects of store brand image and product attributes. *Journal of Retailing and Consumer Services, 11*, 247–258.

Senge, P. M. (1990). *The fifth discipline*. New York: Doubleday.

Shamim, A., & Butt, M. M. (2013). A critical model of brand experience consequences. *Asia Pacific Journal of Marketing and Logistics, 25*(1), 102–117.

Shao, C. Y., Baker, J. A., & Wagner, J. (2004). The effects of appropriateness of service contact personnel dress on customer expectations of service quality and purchase intention: The moderating influences of involvement and gender. *Journal of Business Research, 57*(10), 1164–1176.

Sharma, A. (1990). The persuasive effect of salesperson credibility: Conceptual and empirical examination. *Journal of Personal Selling & Sales Management, 10*(4), 71–80.

Sharma, A., & Stafford, T. F. (2000). The effect of retail atmospherics on customers' perceptions of salespeople and customer persuasion: An empirical investigation. *Journal of Business Research, 49*(2), 183–191.

Sherman, E., Mathur, A., & Smith, R. B. (1997). Store environment and consumer purchase behavior: Mediating role of consumer emotions. *Psychology and Marketing, 14*(4), 361–378.

Siegert, G., & Brecheis, D. (2010). *Werbung in der Medien- und Informationsgesellschaft: Eine kommunikationswissenschaftliche Einführung.* Wiesbaden: VS Fachmedien.

Simon, H., & Fassnacht, M. (2009). *Preismanagement.* Wiesbaden: Gabler.

Simon, H., & Janssen, V. (2005). Preis als multifunktionales Instrument der Markenführung. In F.-R. Esch (Hrsg.), *Moderne Markenführung* (S. 1382–1395). Wiesbaden: Gabler.

Simon Kucher & Partners. (2010). Zitiert nach Markt und Mittelstand. http://www.marktundmittelstand.de/zukunftsmaerkte/studie-handelsmarken-auch-in-b2b-branchen-etabliert-1057652. Zugegriffen: 23. Nov. 2015.

Singh, S. (2006). Impact of color on marketing. *Management decision, 44*(6), 783–789.

Sirgy, M. J., Grewal, D., & Mangleburg, T. (2000). Retail environment, self-congruity, and retail patronage: An integrative model and a research agenda. *Journal of Business Research, 49*(2), 127–138.

Sivadas, E., & Baker-Prewitt, J. L. (2000). An examination of the relationship between service quality, customer satisfaction, and store loyalty. *International Journal of Retail & Distribution Management, 28*(2), 73–82.

Slovic, P., Finucane, M., Peters, E., & MacGregor, D. G. (2002). The affect heuristic. In T. Gilovich, D. Griffin, & D. Kahneman (Hrsg.), *Heuristics and biases: The psychology of intuitive judgment* (S. 397–420). Cambridge: Cambridge University Press.

Smith, E. R., & Semin, G. R. (2004). Socially situated cognition: Cognition in its social context. *Advances in Experimental Social Psychology, 36,*53–117.

Smyth, T. N., Kumar, S., Medhi, I., & Toyama, K. (2010). *Where there's a will there's a way: Mobile media sharing in urban india.* Proceedings of the SIGCHI conference on Human Factors in Computing Systems, ACM, 753–762.

Soars, B. (2009). Driving sales through shoppers' sense of sound, sight, smell and touch. *International Journal of Retail & Distribution Management, 37,* 286–298.

Soberman, D. A., & Parker, P. M. (2006). The economics of quality-equivalent store brands. *International Journal of Research in Marketing, 23*(2), 125–139.

Solomon, M. R. (1998). Dressing for the part: The role of costume in the staging of the serviceScape. In J. F. Sherry (Hrsg.), *ServiceScapes: The concept of place in contemporary markets* (S. 81–107). Chicago: American Marketing Association.

Sparks, B. A., Bradley, G. L., & Callan, V. J. (1997). The impact of staff empowerment and communication style on customer evaluations: The special case of service failure. *Psychology & Marketing, 14*(5), 475–493.

Specht, G., & Fritz, W. (2005). *Distributionsmanagement.* Stuttgart: Kohlhammer.

Specht, N., Fichtel, S., & Meyer, A. (2007). Perception and attribution of employees' effort and abilities: The impact on customer encounter satisfaction. *International Journal of Service Industry Management, 18*(5), 534–554.

Spence, C., Richards, L., Kjellin, E., Huhnt, A.-M., Daskal, V., & Scheybeler, A. (2013). Looking for crossmodal correspondences between classical music & fine wine. *Flavour, 2,* 29.

Spence, C., Puccinelli, N. M., Grewal, D., & Roggeveen, A. L. (2014). Store atmospherics: A multisensory perspective. *Psychology & Marketing, 31*(7), 472–488.

Spencer, C., Blades, M., & Morsley, K. (1989). *The child in the physical environment.* Chichester: Wiley.

Spiro, R. L., & Weitz, B. A. (1990). Adaptive selling: Conceptualization, measurement, and nomological validity. *Journal of Marketing Research, 26,* 61–69.

Spreer, P., Kallweit, K., & Gutknecht, K. (2012). *Improving the in-store customer information process using mobile augmented reality.* In S. Rosengren & M. Dahlén (Hrsg.), Proceedings of the 11th International Conference on Research in Advertising (ICORIA), 1–11.

Steel, J. (2016). Old rules for a brave new world. *Journal of Brand Strategy, 5*(3), 334–340.

Stein, A. (2015). Mit Emotionen Markenerlebnisse schaffen – Erfolgreiche Kommunikation in der Erlebnis-Ökonomie. In GfK Verein. (Hrsg.), *Zwischen sozialen Netzwerken, Blogs und Shitstorms – Wie wird Kommunikation heute erfolgreich? Bericht der GfK-Tagung vom 3. Juli 2015* (S. 25–41). Nürnberg: GfK Verein.

Sudhir, K., & Talukdar, D. (2004). Does store brand patronage improve store patronage? *Review of Industrial Organization, 24,* 143–160.

Summers, T. A., & Hebert, P. R. (2001). Shedding some light on store atmospherics: Influence of illumination on consumer behavior. *Journal of business research, 54*(2), 145–150.

Sundstrom, E., Bell, P. A., Busby, P. L., & Asmus, C. (1996). Environmental psychology 1989–1994. *Annual Review of Psychology, 47*(1), 485–512.

Surprenant, C. F., & Solomon, M. R. (1987). Predictability and personalization in the service encounter. *Journal of Marketing, 5*(2), 86–96.

Sutton, R. J., & Rafaeli, A. (1988). Untangling the relationships between displayed emotions and organizational sales: The case of convenience stores. *Academy of Management Journal, 31*(3), 461–487.

Swanson, S. R., & Kelley, S. W. (2001). Service recovery attributions and word-of-mouth intentions. *European Journal of Marketing, 35*(1/2), 194–211.

Swinyard, W. R. (1993). The effects of mood, involvement, and quality of store experience on shopping intentions. *Journal of consumer research, 20*(2), 271–280.

Swoboda, B., Morschett, D., & Forscht, T. (2004). Retail branding. In D.-M. Boltz & W. Leven (Hrsg.), *Effizienz in der Markenführung*. Hamburg: Gruner + Jahr.

Szymanski, D. M., & Hise, R. T. (2000). e-Satisfaction: An initial Examination. *Journal of Retailing, 73*(3), 309–322.

Tai, S., & Fung, A. (1997). Application of an environmental psychology model to in-store buying behaviour. *International Review of Retail, Distribution & Consumer Research, 7*(4), 311–337.

Tang, C. S., Bell, D. R., & Ho, T. H. (2001). Store choice and shopping behavior: How price format works. *California Management Review, 43*(2), 56–74.

Tax, S. T., & Brown, S. W. (1998). Recovering and learning from service failure. *Sloan Management Review, 40*(1), 75–88.

Terblanche, N. S. (2009). Customer experiences, interactions, relationships and corporate reputation: A conceptual approach. *Journal of General Management, 35*(1), 5–17.

Thang, D. C. L., & Tan, B. L. B. (2003). Linking consumer perception to preference of retail stores: An empirical assessment of the multi-atttributes of store image. *Journal of Retailing and Consumer Services, 10,* 193–200.

Then, N. K., & DeLong, M. R. (1999). Apparel shopping on the web. *Journal of Family and Customer Sciences, 91*(3), 65–68.

Thompson, E., & Kolsky, E. (2004). How to approach customer experience management. *Research Note,* Gartner Inc.

Titus, P. A., & Everett, P. B. (1995). The consumer retail search process: A conceptual model and research agenda. *Journal of the Academy of Marketing Science, 23*(2), 106–119.

Titus, P. A., & Everett, P. B. (1996). Consumer wayfinding tasks, strategies, and errors: An exploratory field study. *Psychology & Marketing, 13*(3), 265–290.

Toffler, A. (1980). *The third wave*. New York: Morrow.

Tolman, E. C. (1948). Cognitive maps in rats and men. *Psychological Review, 55,* 189–208.

Trivedi, B. (2006). Recruiting smell for the hard sell. *New Scientist, 2582,* 36–39.

Tsai, W. C., & Huang, Y. M. (2002). Mechanisms linking employee affective delivery and customer behavioral intentions. *Journal of Applied Psychology, 87*(5), 1001–1008.

Tuominen, P. (2007). Emerging metaphors in brand management: Towards a relational approach. *Journal of Communication Management, 11*(2), 182–191.

Turley, L. W., & Milliman, R. E. (2000). Atmospheric effects on shopping behavior: A review of the experimental evidence. *Journal of Business Research, 49*(2), 193–211.

Turner, J. H. (1988). *A theory of social interaction*. Stanford: Stanford University Press.

Underhill, P. (1999). *Why we buy: The science of shopping*. New York: Simon & Schuster.

Valdez, P., & Mehrabian, A. (1994). Effects of color on emotions. *Journal of Experimental Psychology: General, 123*(4), 394–409.

Van Kenhove, P., & Desrumaux, P. (1997). The relationship between emotional states and approach and avoidance responses in a retail environment. *International Journal of Retail, Distribution and Consumer Research, 7*(4), 351–368.

Verbeke, W. (1997). Individual differences in emotional contagion on salespersons: Its effect on performance and burnout. *Psychology & Marketing, 14*(6), 617–636.

Verhoef, P. C., Lemon, K. N., Parasuraman, A., Roggeveen, A., Tsiros, M., & Schlesinger, L. A. (2009). Customer experience creation: Determinants, dynamics and management strategies. *Journal of Retailing, 85*(1), 31–41.

Vida, I., Obadia, C., & Kunz, M. (2007). The effects of background music on consumer responses in a high-end supermarket. *International Review of Retail, Distribution and Consumer Research, 17*(5), 469–482.

Vogel, S. (2016). Stop advertising, start entertaining. In Ogilvy & Mather Germany (Hrsg.), *How to No. 4* (S. 9–12). Frankfurt: Ogilvy & Mather Germany.

Wahl, K. (2014a). *Gebrauchsanweisung Visual Merchandising: Bd. 1. Schaufenster.* Frankfurt: Deutscher Fachverlag.

Wahl, K. (2014b). *Gebrauchsanweisung Visual Merchandising: Bd. 2. Verkaufsfläche.* Frankfurt: Deutscher Fachverlag.

Walls, A. R., Okumus, F., Wang, Y. R., & Kwun, D. J. W. (2011). An epistemological view of consumer experiences. *International Journal of Hospitality Management, 30*(1), 10–21.

Walsh, G. (2004). Ansätze zur Messung von Konsumentenverwirrtheit: Ein Überblick. *Thexis, 21*(4), 5–10.

Walsh, G., & Hennig-Thurau, T. (2002). Wenn Konsumenten verwirrt sind – Empirische Analyse der Wirkungen eines vernachlässigten Konstruktes. *Marketing ZFP, 24*(2), 95–109.

Walters, D., & White, D. (1987). *Retail marketing management*. Basinstoke: MacMillan.

Wang, E. S. T. (2009). Displayed emotions to patronage intention: Consumer response to contact personnel performance. *The Service Industries Journal, 29*(3), 317–329.

Wang, L. C., & Fodness, D. (2010). Can avatars enhance consumer trust and emotion in online retail sales? *International Journal of Electronic Marketing and Retailing, 3*(4), 341–362.

Wang, E. S. T., Tsai, B. K., Chen, T. L., & Chang, S. C. (2012). The influence of emotions displayed and personal selling on customer behaviour intention. *The Service Industries Journal, 32*(3), 353–366.

Weinberg, P. (1986). *Nonverbale Marktkommunikation*. Heidelberg: Physica.

Weinberg, P. (1992). *Erlebnismarketing*. München: Vahlen.

Whelan, S., & Wohlfeil, M. (2006). Communicating brands through engagement with 'lived' experiences. *Journal of Brand Management, 13*(4/5), 313–329.

Wileman, A., & Jary, M. (1997). *Retail power plays: From trading to brand leadership*. Basinstoke: MacMillan.

Williams, J. A., & Anderson, H. H. (2005). Engaging customers in service creation: A theatre perspective. *Journal of Service Marketing, 19*(1), 13–23.

Williams, K. C., & Spiro, R. L. (1985). Communication style in the salesperson-customer dyad. *Journal of Marketing Research, 2*(4), 434–442.

Wilson, G. D. (1966). Arousal properties of red versus green. *Perceptual and Motor Skills, 23*, 947–949.

Wöhler, K. (2008). Erlebnisgesellschaft – Wertewandel, Konsumentenverhalten und -kultur. In N. O. Herbrand (Hrsg.), *Schauplätze dreidimensionaler Markeninszenierung* (S. 3–12). Stuttgart: Edition Neues Fachwissen.

Wolf, M. J. (1999). *The entertainment economy*. New York: Random House.

Wolfinbarger, M., & Gilly, M. C. (2003). eTailQ: Dimensionalizing, measuring and predicting etail quality. *Journal of Retailing, 79*(3), 183–198.

Wu, C. C., & Wang, C. J. (2005). A positive theory of private label: A strategic role of private label in a duopoly national-brand market. *Marketing Letters, 16*(2), 143–161.

Wu, C. S., Cheng, F. F., & Yen, D. C. (2008). The atmospheric factors of online storefront environment design: An empirical experiment in Taiwan. *Information & Management, 45*(7), 493–498.

Yagil, D., Luria, G., & Gal, I. (2008). Stressors and resources in customer service roles: Exploring the relationship between core self-evaluations and burnout. *International Journal of Service Industry Management, 19*(5), 575–595.

Yalch, R. F., & Spangenberg, E. R. (2000). The effects of music in a retail setting on real and perceived shopping times. *Journal of Business Research, 49*(2), 139–147.

Yeshurun, Y., & Sobel, N. (2010). An odor is not worth a thousand words: From multidimensional odors to unidimensional odor objects. *Annual Review of Psychology, 61,* 219–241.

Yoo, J., & Kim, M. (2014). The effects of online product presentation on consumer responses: A mental imagery perspective. *Journal of Business Research, 67*(11), 2464–2472.

Yoo, C., Park, J., & MacInnis, D. J. (1998). Effects of store characteristics and in-store emotional experiences on store attitude. *Journal of Business Research, 42,* 253–263.

Yoo, W. S., Lee, Y., & Park, J. (2010). The role of interactivity in e-tailing: Creating value and increasing satisfaction. *Journal of Retailing and Consumer Services, 17*(2), 89–96.

Zajonc, R. B. (1968). Attitudinal effects of mere exposure. *Journal of Personality and Social Psychology, 9*(2), 1–27.

Zajonc, R. B. (1980). Feeling and thinking: Preferences need no inferences. *American Psychologist, 35*(2), 151–175.

Zanger, C. (2008). Entstehung und Systematisierung von erlebnisorientierten Markenplattformen. In N. Herbrand (Hrsg.), *Schauplätze dreidimensionaler Markeninszenierung* (S. 70–84). Stuttgart: Edition Neue Fachwissen.

Zeithaml, V. A., & Bitner, M. J. (1996). *Services marketing*. New York: McGraw-Hill.

Zeithaml, V. A., Parasuraman, A. P., & Malhotra, A. (2000). *A conceptual framework for understanding e-service quality: Implications for future research and managerial practice*. Marketing Science Institute Working Paper, No. 00–115. Cambridge: MSI.

Zellekens, J., & Horbert, C. (1996). *Eigenmarken im Lebensmitteleinzelhandel*. Köln: DHI.

Zentes, J., Swoboda, B., & Foscht, T. (2012). *Handelsmanagement*. München: Vahlen.

Zerfaß, A. (2010). *Unternehmensführung und Öffentlichkeitsarbeit: Grundlegung einer Theorie der Unternehmenskommunikation und Public Relations*. Wiesbaden: VS Verlag.

Zielke, S., & Dobbelstein, T. (2007). Customers' willingness to purchase new store brands. *Journal of Product & Brand Management, 16*(2), 112–121.

Zielke, S., & Schielke, T. (2016). Affects of illumination on store perception and shopping intention: Shedding light on conflicting theories. *Marketing ZFP, 38*(3), 163–176.

Zimmermann, R. (2015). Der Handel schaut zu stark aufs Internet. *Textilwirtschaft, 50,* 26–27.

Zomerdijk, L. G., & Voss, C. A. (2010). Service design for experience-centric services. *Journal of Service Research, 13*(1), 67–82.

Zwass, V. (2010). Co-creation: Toward a taxonomy and an integrated research perspective. *International Journal of Electronic Commerce, 15*(1), 11–48.

Store Brand Management: Brand Citizenship

6

6.1 Internes Marketing und Internal Branding

Ein wichtiges Element für effektives Marketing und Brand Management ist ein klares und verankertes Verständnis ihres Sinns (Lynch 1994, S. 530 f. sowie Redler und Kesselring 2012). Hier bestehen einerseits Bezüge zu Konzepten der normativen Führung, andererseits aber insb. auch zum Ansatz des *Internal Marketing*. Dieses thematisiert die Rolle der Mitarbeiter. Ausgangspunkt ist die Erkenntnis, dass diese über das effektive Handeln des Unternehmens bestimmen (u. a. auch Lynch 1994) und folglich in der Kette von Wirkungszusammenhängen einen großen Stellenwert haben.

Genauer bestimmt werden kann der Ansatz des *Internal Marketing* als die Gesamtheit der Aktivitäten, die die internen Kommunikationsbeziehungen zwischen Mitarbeitern und das Kunden- und Markenbewusstsein von Mitarbeitern verbessern, um die Marktperformance des Unternehmens zu sichern (Hogg et al. 1998; Berry 1981; Gronroos 1981; Rafiq und Ahmed 1995)[1]. Die Wirksamkeit des Ansatzes wurde empirisch belegt. So finden beispielsweise Tansuhai et al. (1987) wie auch Richardson und Robinson (1986) einen starken Zusammenhang zwischen der Umsetzung von Prinzipien des Internal Marketing und Kundenzufriedenheit.

▶ Internal Marketing identifiziert die Mitarbeiter als Relais für die Wirksamkeit von Marketingbestrebungen des Unternehmens. Der Ansatz plädiert daher dafür, die Mitarbeiter als wichtige Marketingzielgruppe zu begreifen. Er fokussiert auf Maßnahmen in Richtung Mitarbeiter, um darüber deren Wirksamkeit für die Erreichung von Marketingzielen zu verbessern.

---

[1]Begriffsfassungen und Richtungen des Internal Marketing werden bei Foreman und Money (1995) zusammengestellt.

© Springer Fachmedien Wiesbaden GmbH 2018
J. Redler, *Die Store Brand,*
https://doi.org/10.1007/978-3-658-09709-7_6

In Kap. 5 wurde ausführlich auf die besondere Rolle des Verhaltens von Mitarbeitern im persönlichen Verkauf eingegangen. Deutlich wurde der Verkauf als ein zentraler, marken-prägender Kontaktpunkt für den Store. Doch nicht nur im Verkauf sind Mitarbeiter wich-tige Repräsentanten der Marke (zu Mitarbeitern als „Customer Touchpoint" Esch et al. 2014, S. 7 ff.). Auch in vielen anderen Kontexten sind Mitarbeiter Kontaktpunkte mit der Store Brand und fungieren als Meinungsmacher. Ob in persönlichen Gespräch über die Arbeit, das den Eindruck von Dritten zur Store Brand als Arbeitgeber prägt, oder bei Äußerungen in Social Media, bei denen positive wie negative Aussagen mit enormen Reichweiten verbreitet werden können – klar ist, dass auch damit das Image der Store Brand beeinflusst wird. Insofern müssen Mitarbeiter als Beeinflusser des Store Brand Images angesehen werden.

In besonderem Fokus der Öffentlichkeit stehen seit jeher die *Führungskräfte*. Das richtige oder falsche Auftreten des höheren Management kann massiven Einfluss auf das Image haben (Schüller 2015, S. 27 f.). Gerade sie sollten daher integer im Interesse der Store Brand agieren.

Durch die Möglichkeiten digitaler Kommunikationsmittel und die damit verbundene zunehmende Vernetzung der Welt erhalten jedoch nicht nur Top-Manager oder Verkaufs-mitarbeiter, sondern auch *alle anderen Mitarbeiter* des Händlers ihre Plattformen. Was sie über ihren Arbeitsgeber denken und meinen, kann problemlos mit vielen anderen „geteilt" werden, wobei diese Äußerungen zudem noch im Netz gespeichert sind. Es wird relevanter denn je, wie Mitarbeiter als Repräsentanten der Store Brand mit Externen interagieren (Schmidt 2015, S. 71). Negative Erlebnisse von Kunden tragen heute stärker als je zuvor dazu bei, die Markenwahrnehmung negativ zu prägen. Störungen zwischen Anspruchsgruppen und der Brand sind heute zudem keine Privatsache mehr, sondern werden der Öffentlichkeit schnell und problemlos zugänglich. Positive Erfahrungen hin-gegen können das Markenimage nachhaltig stärken.

Daher ergibt sich aus Sicht des Store Brand Management ein berechtigtes Interesse, dass sich Mitarbeiter gerade im Netz angemessen und idealerweise unterstützend für die Marke verhalten. Es setzt voraus, dass die Idee und die Grundhaltung der Brand verstanden wurde und eine emotionale Verpflichtung existiert. Ein Beitrag dazu sind auch *Social-Media-Guidelines*. Nach Schüller (2015) sollten diese gemeinsam mit den Mitarbeitern entwickelt werden, aus Wesentliche reduziert und Marken-individuell sein. Sie sollten zudem auch nicht nur aus Verboten und angedrohten Sanktionen beste-hen, sondern eher das Vertrauen auf den Menschen und seine positive Botschafterrolle herausstellen.

Schüller (2015) zu Regelungen für das Verhalten im Social-Web
Es ist unmöglich, jede Eventualität zu regeln. Besser ist eine Konzentration auf weniges Wichti-ges in positiver und vertrauensvoller Tonalität. Ein simple General-Regel wäre „Don´t be stupid!". Empfehlenswert sind auch Leitsätze wie „Interne Kritik ist erlaubt, bleibt aber intern!", „Geheim-nisse bleiben geheim!", „Private Meinungen bleiben privat." oder „Konflikte werden nicht im Netz gelöst!" An Geheimhaltung kann durch eine Regel wie „Über alles, was wir extern veröffentlicht haben, kann auch in den sozialen Medien gesprochen werden." appelliert werden.

Wie in Abb. 6.1 dargestellt, prägen in der Öffentlichkeit stehende Führungskräfte und Mitarbeiter mit Kundenkontakt kognitive und emotionale Wahrnehmungen, die dem Store Brand Namen zugeordnet werden. Damit haben sie *direkte* Effekte auf die Store Brand, weil die Brand aktualisiert und über Lernwirkungen ihr Image beeinflusst wird. Mitarbeiter ohne Kundenkontakt prägen die Store Brand über einen *indirekten* Effekt. Aus ihren tagtäglichen Entscheidungen in ihren Aufgabenfeldern ergeben sich Konsequenzen, die kurz- oder langfristig ebenfalls Auswirkungen auf die Store Brand haben. Folgerichtig ist jede dieser drei Gruppen eine relevante Zielgruppe für Initiativen des Internal Marketing.

▶   Verhaltensweisen von Mitarbeitern haben direkte und indirekte Effekte auf Eindrücke zur Store Brand.

Da der persönliche Verkauf und die Servicekomponente bei Handelskonzepten (dazu auch Kap. 5) eine herausragende Bedeutung besitzen, sind die Prinzipien des internen Marketing für Store Brand Manager von besonders großer Bedeutung.

Internal Branding
Regelungen wie die o. g. Social Media Guidelines bieten sicherlich Ansatzpunkte und einen Orientierungsrahmen für ein markenorientiertes Verhalten von Mitarbeitern. Sie sind jedoch von außen kommende Kräfte, die auf den Mitarbeiter einzuwirken versuchen, damit diese ihr Verhalten anpassen. Einen weitaus größeren Wirkmoment besitzen jedoch Antriebskräfte, die vom Mitarbeiter selbst ausgehen. Diese werden durch Kenntnisse und Überzeugungen des Mitarbeiters geprägt. Die Gestaltung von Kenntnissen und Überzeugen (im weitesten Sinne) steht daher im Zentrum von Überlegungen zu einer internen Verankerung der Store Brand. Verkürzt ausgedrückt soll darüber einerseits entscheidendes Wissen zur Store Brand aufgebaut und gefestigt werden, andererseits sollen Haltungen und eine emotionale Identifikation mit der Store Brand gefördert werden.

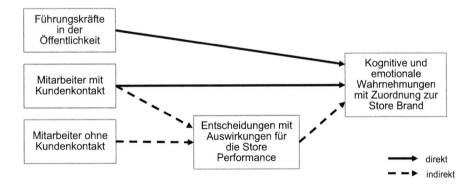

Abb. 6.1 Direkte und indirekte Effekte von Mitarbeitern auf die Store Brand

Dies bedeutet, die eigenen Mitarbeiter als zentrale Zielgruppe für das Store Brand Management zu begreifen. Der Themenkomplex wird vom sogenannten *Internal Branding* aufgegriffen. Es zielt darauf ab, Mitarbeiter in den Prozess des Brand Management einzubeziehen, sie über die Brand zu informieren, sie für sie zu begeistern und ihr Verhalten im Sinne der Marke zu beeinflussen (Schmidt 2007). Wie Punjaisri und Wilson (2007, S. 60) herausstellen, soll erreicht werden, dass Mitarbeiter dafür sorgen, dass Markenversprechen für Zielgruppen und andere Stakeholder in die Realität übertragen werden. Über geeignete Maßnahmen soll ein intellektuelles und emotionales „staff buy-in" erfolgen (Thomson et al. 1999).

Mehrfach wurde aufgezeigt, dass Aktivitäten des Internal Branding zu Commitment und Identifikation mit der Brand führen und Loyalität zur Marke und ihrer Organisation erzeugen (Meyer et al. 2002; Papasolomou und Vrontis 2006). Der Markenerfolg wird also beeinflusst.

▶   Auch die eigenen Mitarbeiter sind eine wichtige Zielgruppe für das Store
       Brand Management. Markenführung nach innen ist mindestens ebenso wich-
       tig wie die Umsetzung nach außen.

Die Verankerung der Store Brand nach innen ist ein kontinuierliches Unterfangen, das Qualitäten eines *Change*-Prozesses[2] aufweist. Angestrebt wird ein Verständnis der zentralen Idee der Store Brand, ihres Kerns, sowie der Aufbau einer emotionalen Verpflichtung gegenüber der Brand, weil davon ausgegangen wird, dass davon handlungsleitende Impulse hinsichtlich des Verhaltens und der täglichen Entscheidungen ausgehen. Im Idealfall bedeutet dies, dass Mitarbeiter *extern* zu förderlichen Botschaftern (s. oben) werden und sie sich zudem *intern* bei ihrer täglichen Arbeit für positionierungskonforme und markenstärkende Entscheidungen engagieren.

Um Internal Branding erfolgreich als einen Change-Management-Prozess zu bestreiten, sind verschiedene Teilaufgaben zu erledigen (Keller und Price 2011):

* *Aspire:* Was wird in Bezug zur Brand angestrebt?
  Markenidee und -erlebnis müssen dazu vorliegen und vermittelbar sein. Zudem müssen Grund, Zielbild und Zeithorizont für den internen Verankerungsprozess definiert werden.
* *Assess:* Wie ist die Situation der Organisation hinsichtlich der Veränderung?
  Problemfelder und Stärken der aktuellen internen Markenführungssituation sind zu ermitteln. Ebenso sollen Barrieren eines Wandels identifiziert werden.

---

[2]Zum Change-Management vgl. das Herausgeberwerk von Krüger (2009). Zur Übertragung auf die Markenführung vgl. Ideen bei Esch (2014. S. 170 ff.) oder Baumgarth (2014, S. 171 ff.).

- *Architect:* Welche Initiativen sind für welche Veränderungen zu ergreifen?
  Es sind Aktivitäten mit Blick auf die Motivation und Beteiligung der Mitarbeiter zu planen. Ebenso müssen die zielförderlichen Veränderungsinterventionen zu einem stimmigen Programm integriert werden. Auch das Projektmanagement ist zu klären.
- *Act:* Wie erfolgt die kontinuierliche Umsetzung der Initiativen, um neue Routinen, veränderte Haltungen und modifiziertes Wissen zu festigen?
  Die geplanten Initiativen müssen erprobt, angepasst und unternehmensweit umgesetzt werden. Fortschritte müssen als Erfolge sichtbar gemacht werden. Change-Agenten sind für den Change-Prozess förderlich.
- *Advance:* Wie kann die Markenverankerung fortgeführt und dauerhaft gesichert werden?
  Angestoßene Veränderungen auf der Wissens-, Werte-, Einstellungs- und Verhaltensebene sollen durch fortführende Prozesse nachhaltig gesichert werden. Der Wandel findet im Grunde kein Ende, sondern erfordert ein wiederkehrendes „Auffrischen", ggf. mit modifizierten Inhalten bzgl. des Brand-Konzepts.

▶ Eine wichtige Aufgabe ist die Verankerung der Store Brand nach innen. Sie ist wie ein langfristiger Change-Prozess aufzufassen und zielt auf die Veränderung von Verständnis, Haltungen und affektiver Verbindung zur Store Brand ab. Dadurch soll die Ausbildung von markenförderlichem Verhalten unterstützt werden.

6.2   Brand Citizenship Behavior als Ziel

Markenstützendes Verhaltens ist seit langem als bedeutender Faktor für den Markenerfolg diskutiert (z. B. Punjaisri und Wilson 2007; Punjaisri et al. 2008; Esch 2012, S. 125; Burmann und Zeplin 2005), insb. bei servicebetonten Organisationen (dazu Samli und Fröhlich 1992). Wie Vallaster (2009) herausstellt, werden darüber Markenassoziationen externer Anspruchsgruppen zur Marke beeinflusst. Somit wird das Store Brand Image über diesen Mechanismus geprägt.

Da Mitarbeiter regelmäßig die *Schnittstelle* zwischen einer organisationalen Innenwelt der Brand und ihrer Außenwelt darstellen (Balmer und Wilkinson 1991), sich in vielen Fällen die Store Brand durch den Kundenkontakt von Mitarbeitern „ausdrückt" und zum Leben erweckt wird, sind es gerade die Mitarbeiter, die Wahrnehmungen der Anspruchsgruppen prägen (auch Abb. 6.1) und über den Positionierungserfolg entscheiden (Samli und Fröhlich 1992; Forster et al. 2012). Dies scheint zudem nicht, wie oft argumentiert, nur für Mitarbeiter mit Kundenkontakt zu gelten (Punjaisri und Wilson 2007; vgl. auch oben). Auch das Backoffice hat Gewicht (Foster et al. 2010, S. 402). Effektive Ansätze des Internal Branding sind folglich relevant, a) damit die Markenpositionierung konsistent durch Mitarbeiterhandeln wahrnehmbar wird bzw. b) sich Entscheidungen der Mitarbeiter an der Markenpositionierung ausrichten.

Erfahrungen der Praxis zeigen allerdings, dass Potenziale innen gerichteter Markenführung nicht ausgeschöpft werden, weil auf Externe gerichtete Instrumente bei der Markenführung Vorrang bekommen (Schmidt 2015, S. 72).

Verhalten von Mitarbeitern in Fokus

Internal Branding zielt also in gewisser Weise darauf ab, tatsächliches Mitarbeiterverhalten zu beeinflussen. Hinsichtlich des tatsächlichen Mitarbeiterverhaltens bezüglich der Brand (Markenverhalten) kann zwischen dem *Intra-Rollen-Verhalten* und dem *Extra-Rollen-Verhalten* unterschieden werden (Schmidt 2009, S. 74; Morhart et al. 2009). Während das Intra-Rollen-Verhalten z. B. die Erfüllung der impliziten und expliziten Vorgaben des Arbeitgebers umfasst, bezieht sich das Extra-Rollen-Verhalten bspw. auf freiwillige Verhaltensweisen zur Markenförderung, die über normale Rollenerwartungen hinausgehen. Eine typische Extra-Rollen-Verhaltensweise ist das aktive und freiwillige Eintreten von Mitarbeitern für die Brand in der persönlichen Kommunikation nach außen und/oder innen. Eine weitere wäre die aktive Unterstützung der Weiterentwicklung der Brand bspw. durch das aktive Einbringen von Initiativen zur Stärkung der Marke in die Organisation. Auch die Weitergabe von markenrelevanten Informationen im Unternehmen zählt dazu (Baumgarth 2014, S. 168).

Das Extra-Rollen-Verhalten wird explizit vom Konzept des *Brand Citizenship Behavior* aufgegriffen.[3] Zeplin (2006) stellt dieses Merkmal als das Besondere der Konzepts heraus, wobei eine Trennung zwischen Extra- und In-Role-Behavior immer wieder kritisch gesehen wurde (dazu bspw. van Dyne et al. 1994 oder Graham 1991).

Brand Citizenship Behavior

Das Brand Citizenship Behavior wird nach aktuellem Diskussionsstand als ein Konstrukt aufgefasst, dass die Gesamtheit, aller markenrelevanten Verhaltensweisen von Mitarbeitern aufgefasst, die dazu führen, die Markenstärke zu erhalten und zu erhöhen (nach Piehler 2011, S. 303; auch Ravens 2014).[4] Es scheint ein Mediator zwischen Maßnahmen des Internal Branding und den Markeneffekten zu sein und drückt letztlich aus, wie und in welchem Maße Mitarbeiter die Brand „leben" (Burmann und Zeplin 2005).

Nach Piehler (2011) und Maloney (2008) besitzt das Konstrukt drei Dimensionen:

1. *Brand acceptance.* Akzeptanz und Einvernehmen mit den Prinzipien und Vorgaben des Unternehmens, insb. hinsichtlich des Markenkonzepts.
2. *Brand advancement.* (Interne) Verhaltensweisen, die die Marke und die Markenführung intern stärken und andere Mitarbeiter anregen, Fertigkeiten und Wissen zur Marke proaktiv im Sinne der Brand zu verbessern.
3. *Brand missionary.* Ernsthafte Loyalität zur Brand hinsichtlich aller Verhaltensweisen, die den Händler gegenüber Dritten repräsentieren.

---

[3]Das Konzept ist vom Organisational Citizenship Behavior inspiriert.

[4]Vgl. Ravens (2014) für eine Diskussion verschiedener Entwicklungsstände einer Definition von Brand Citizenship Behavior.

Abb. 6.2 Brand Citizenship als Ziel des Store Brand Management

Es wird deutlich, dass in dieser Fassung nicht nur eigentliche Verhaltensweisen, sondern auch andere psychologische Komponenten Bedeutung besitzen.

Durch Maßnahmen des Internal Branding (zur internen Verankerung der Brand) kann es bei den Mitarbeitern zur Ausbildung von Brand Citizenship Behavior kommen. Das damit umfasste Syndrom von Verhaltensweisen wiederum führt dazu, dass die Store Brand gestärkt wird (Abb. 6.2).

▶   Brand Citizenship Behavior ist ein Konzept, dass markenrelevante und mar-
         kenfördernde Verhaltensweisen von Mitarbeitern nach außen wie innen
         umfasst. Die Ausbildung und Stärkung von Brand Citizenship Behavior ist ein
         essenzielles Ziel des internen Store Brand Management.

Während das Konstrukt Brand Citizenship Behavior in o. a. Konzeption auch Aspekte beinhaltet, die über reine Verhaltensweisen hinausgehen, wird Brand Citizenship Behavior zum Teil auch mit einem klaren Schwerpunkt auf die Verhaltensebene verstanden. Bei einer derartigen Konzeption werden dann jene Komponenten, die nicht rein verhaltensbezogen zu sehen sind, als zusätzliche, dem Brand Citizenship Behavior vorgelagerte Konstrukte betrachtet. Sie sind dann quasi psychologische Momente, die das Brand Citizenship Behavior triggern bzw. bedingen. Hier soll knapp auf a) das relevante Wissen zur Marke, b) das Konstrukt Brand Commitment und c) das Konstrukt Psychological Brand Ownership hingewiesen werden.

Zu a) Von Esch et al. (2006) wird das *markenbezogene Wissen* thematisiert. Dieses sei Voraussetzung dafür, dass Mitarbeiter Maßnahmen markenkonform gestalten können, und drücke das notwendige Markenverständnis aus.

Zu b) Das *Brand Commitment* wird von Burmann und Zeplin (2005) sowie Burmann et al. (2009) herausgestellt. Es wird definiert als das Ausmaß der Verbundenheit der Mitarbeiter mit der Brand, welches deren Bereitschaft, sich über ein gewöhnliches Maß für die Erreichung der Markenziele einzusetzen, prägt (Burmann et al. 2009, S. 266). Empirisch zeigt es sich als eindimensionales Konstrukt, das Facetten von Identifikation und Verinnerlichung der Brand vereint (Burmann et al. 2009) und kausal auf Brand Citizenship Behavior[5] wirkt.

---

[5]Es wird mit einer spezifischen Konzeption, Dimensionalität und einem entsprechendem Messmodell hinsichtlich des Konstrukts gearbeitet. Im empirisch validierten Modell zeigte sich Brand Citizenship Behavior als aus den Faktoren Hilfsbereitschaft, Markenenthusiasmus und Weiterentwicklungsbereitschaft bestehend.

Zu c) Aufbauend auf dem allgemeinen Ansatz der Psychological Ownership wurde u. a. von Chang et al. (2012) das Konzept *Brand Psychological Ownership* in die Diskussion eingebracht. Brand Psychological Ownership wird abgegrenzt als einer jener inneren Zustände bei Mitarbeitern, die positive Kognitionen, Haltungen und Gefühle zur Brand auslösen und zu einem Syndrom aus einer altruistische Grundstimmung, hoher markenbezogener Identifikation, der Bereitschaft, die Marke zu verteidigen, sowie einer hohen Selbstwirksamkeitserwartung hinsichtlich Markenaktivitäten führt (Chang et al. 2012, S. 630). Der Mitarbeiter empfindet die Brand als einen Teil seines Selbstkonzepts, und neigt dazu, Verantwortung für sie zu übernehmen. Die durchgeführte empirische Analyse unterstützt, dass das Konstrukt Brand Psychological Ownership das Brand Citizenship Behavior beeinflusst (Abb. 6.3). Zugleich wird hier auch der Einfluss des Personalmanagement deutlich.

▶   Die Messung von Brand Psychological Ownership, relevantem Markenwissen, Brand Commitment und von Brand Citizenship Behavior sind Ansatzpunkte für eine Zustandsdiagnose und die Erfolgsmessung von Initiativen des Internal Brandings.

Instrumente
Henkel et al. (2007) weisen darauf hin, dass sowohl *formale* (z. B. niedergeschriebene Regeln) wie auch *informale* (z. B. Diskussionen zwischen Mitarbeitern und Führungskraft) Mechanismen relevant sind, um markenstützende Verhaltensweisen zu initiieren. Ebenso scheint das „*Empowerment*" von Mitarbeitern wichtig (Henkel et al. 2007) – was eine Vertrauenskultur, die Bereitschaft zur Delegation und Verantwortungsübertragung impliziert und Mitarbeitern verhaltensbezogene Freiheitsgrade einräumt. In diese Kerbe schlagen auch de Chernatony und Cottam (2006), wenn sie nahelegen, dass Mitarbeiter einen hinreichenden Freiraum benötigen, sollen sie in verschiedenen Situationen der Brand angemessen handeln. *Internal Branding berührt folglich mehr als das Markenmanagement.* Es tangiert ebenso Fragen des Personalmanagement von der Mitarbeiterselektion bis zum Anreiz- und Entlohnungssystem (Aurand et al. 2005; Henkel et al. 2007). Folglich sollten Marketing, Personal und Service hier zusammenarbeiten (de Chernatony und Cottam 2009).

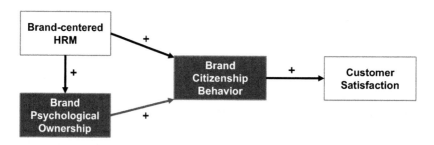

Abb. 6.3 Vereinfachte Wiedergabe des von Chang et al. (2012) untersuchten Hypothesensystems

▶ Regeln, Empowerment und intensive Kommunikation sind wichtige Beeinflussungsfelder im Rahmen des Internal Branding.

Schmidt (2007) betont vier Bereiche, an denen für die Entwicklung von markenförderlichem Verhalten der Mitarbeiter anzusetzen sei (auch Abb. 6.4):

- *Interne Kommunikation*. Beispielmaßnahmen: markenbegeisternde Events, Markenhandbücher, Beiträge zur Aktualisierung in Corporate Medien, Mitarbeitermailings, Workshops.
- *Personalmanagement*. Beispielmaßnahmen: Einführungen für neue Mitarbeiter auch zur Store Brand, markenbezogene Trainings, Integration markenbezogener Kriterien in Beurteilungs- oder Einstellungsverfahren.
- *Führung*. Beispielmaßnahmen: Aktives Vorleben von Markenorientierung und Betonung der Store Brand Ziele, aktive Information und Diskussion über das Konzept der Store Brand, Einsatz markenbezogener Symbole im Führungsalltag.
- *Struktureller Rahmen*. Beispielmaßnahmen: Integration der Markenperspektive in Anreiz- und Entlohnungssysteme, Schaffung markenfördernder Organisationsstrukturen und Prozesse.

Integriert handeln

Machtiger (2004) warnt davor, sich bei der Markenführung nach innen weitgehend auf die interne Kommunikation zu verlassen. Vielmehr sei ein integrativer Rahmen notwendig, der neben dem Marketingmanagement auch die Unternehmensspitze und das Personalmanagement berücksichtige. Offenkundig bedarf es einer Zusammenarbeit zwischen Unternehmensbereichen, die einerseits durch das Top-Management getrieben werden muss, für die andererseits der Store Brand Manager intern werben muss.

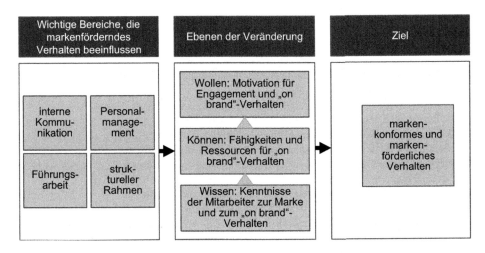

Abb. 6.4 Bereiche und Ebenen der internen Markenverankerung

Hinsichtlich der *Ebenen,* auf denen mittels Internal Branding Veränderungen im Sinne der Store Brand erreicht werden sollen, sind Kenntnisse, Fähigkeiten und Motivation der Mitarbeiter von hoher Relevanz (Abb. 6.4).

Aus einer pragmatisch-instrumentellen Perspektive empfiehlt Kilian (2011), fünf Ansatzpunkte für die Verankerung der Brand nach innen zu nutzen: 1) „Aktivisten" sollten als Multiplikatoren für die Bedeutung der Brand und für förderndes Verhalten fungieren. Dies können bspw. Top-Manager oder in Gremien verankerte Markenadvokaten sein. 2) Über „Aktivitäten" wie Workshops sollte die Auseinandersetzung mit den Markenprinzipien angeregt und verstetigt werden. 3) Mittels „Medien" wird die Bedeutung und die Positionierung der Brand illustriert. Ebenso können förderliche Verhaltensweisen und Initiativen herausgestellt werden. 4) Analog bieten „Umfelder", z. B. Markenmuseen oder Markenausstellungen Möglichkeiten zur Aktualisierung und Veranschaulichung. 5) „Regelungen" und Normen helfen, für die Brand gewünschtes Verhalten zu institutionalisieren.

▶   Markenförderliches Verhalten muss nachhaltig und auf mehreren Ebenen animiert werden. Trainings, gestaltete interne Kommunikation und das aktive Vorleben von Markenprinzipien sind essenzielle Ansatzpunkte.

Den Untersuchungen Punjaisri und Wilson (2007) zufolge stellen *Trainings und interne Kommunikationsmaßnahmen* die wesentlichen Instrumente für das Internal Branding dar. Die Konstrukte Markenidentifikation, Markencommitment und Markenloyalität fungieren in ihrer Untersuchung als Mediatoren der Beziehung zur Brand Performance.

Ein umfassendes Stufenmodell zur *Vorgehensweise beim Internal Branding* („Consolidated Internal Branding Framework") wird von Mahnert und Torres (2007, S. 58) vorgeschlagen. Abb. 6.5 visualisiert die Prinzipien. Dabei wird deutlich, wie sehr Themenfelder des strategischen Store Brand Management, der internen Kommunikation, des Change Management und der Personalführung ineinander greifen müssen.

Empfehlungen für erfolgreiches Internal Branding
(Mahnert und Torres 2007, S. 60)

1. Schaffe eine flache Organisation mit hohem Ausmaß an Interaktionen.
2. Stelle sicher, dass die Kultur die Markenwerte reflektiert.
3. Nimm regelmäßig 360-Grad-Untersuchungen der inneren und äußeren Umwelt vor.
4. Stelle geeignete und erreichbare Ziele für jede Maßnahme sicher.
5. Stelle geeignete und klare Messmöglichkeiten für Ziele sicher.
6. Übersetze die Markenpositionierung in ein Mantra für jeden Mitarbeiter.
7. Baue ein abteilungsübergreifendes, heterogenes Internal-Brand-Team auf.
8. Ermutige Führungskräfte, die Brand zu unterstützen und intern durchzusetzen.
9. Kommuniziere konstant, konsistent und ökonomisch in alle Richtungen.
10. Passe die Kommunikation der jeweiligen internen Zielgruppe an.
11. Überprüfe, ob Budget und Timing realistisch sind und den Markenanspruch reflektieren.
12. Involviere Mitarbeiter in Planung und Umsetzung der Brand.
13. Rekrutiere, trainiere und belohne auch mit Blick auf die Markenpositionierung.
14. Biete laufend Marken-Trainings und -Schulungen für Führungskräfte und Mitarbeiter an.

Phase	Themen	Wichtige Aspekte
Planung	Vorbereitung	• Timing planen • Quantifizierbare Ziele setzen • Bewusstsein schüren, Unterstützung sichern • Hinreichendes Budget absichern
	Analyse	• Bestandsaufnahmen • Interne Marktforschung • Kultur-Fit-Analyse
	Strukturierung	• Business-Ziele und Markenkern aufeinander abstimmen • Interne und externe Botschaften aufeinander abstimmen • Zielgruppen, Häufigkeit, Sprache und Design für interne Botschaften planen
Umsetzung	Bahnung	• Ausmaß Empowerment festlegen • Mitarbeiterinvolvement steigern und hoch halten
	Interne Kommunikation	• Über mehrere Kanäle und in alle Richtungen kommunizieren • Kommunikationshierarchien und -ungleichgewichte reduzieren; organisationale Durchlässigkeit sichern
	Gegenleistungen	• Faires Bonussystem etablieren • Markenbezogene Schulungen anbieten • Messbares Brand Commitment mit Anreizsystem verknüpfen
Evaluation	Messung	• Balanced Scorecard-System aufbauen • Regelmäßig Brand Commitment und Brand Citizenship Behavior erfassen • Externe Markenwirkungen messen
	Reaktionen	• Kontinuierliches, mehrdirektionales Feedback ermöglichen
	Weiterentwicklungen	• Regelmäßige Überprüfungen der Internal Branding-Initiativen vornehmen und Maßnahmen ggf. anpassen.

Abb. 6.5 Management des Internal Branding. (Quelle: In Anlehnung an Torres und Mahnert 2007)

Literatur

Ahmed, P. K., & Rafiq, M. (1995). The role of internal marketing in the implementation of marketing strategies. *Journal of Marketing Practice: Applied Marketing Science, 1*(4), 32–51.

Aurand, T. W., Gorchels, L., & Bishop, T. R. (2005). Human resource management's role in internal branding: An opportunity for cross-functional brand message synergy. *Journal of Product & Brand Management, 14*(3), 163–169.

Balmer, J., & Wilkinson, A. (1991). Building societies: Change, strategy and corporate identitiy. *Journal of General Management, 17*(2), 20–33.

Baumgarth, C. (2014). *Markenpolitik*. Wiesbaden: Springer Gabler.

Berry, L. L. (1981). The employee as customer. *Journal of retail banking, 3*(1), 33–40.

Burmann, C., & Zeplin, S. (2005). Building brand commitment: A behavioural approach to internal brand management. *Journal of Brand Management, 12*(4), 279–300.

Burmann, C., Zeplin, S., & Riley, N. (2009). Key determinants of internal brand management success: An exploratory empirical analysis. *Journal of Brand Management, 16*(4), 264–284.

Chang, A., Chiang, H.-H., & Han, T.-S. (2012). A multilevel investigation of relationships among brand-centered HRM, brand psychological ownership, brand citizenship behaviors, and customer satisfaction. *European Journal of Marketing, 46*(5), 626–662.

Chernatony, L. de, & Cottam, S. (2006). Internal brand factors driving successful financial services brands. *European Journal of Marketing, 40*(5/6), 611–633.

Chernatony, L. de, & Cottam, S. (2009). Interacting contributions of different departments to brand success. *Journal of Business Research, 62*(3), 297–304.

Dyne, L. van, Graham, J. W., & Dienesch, R. M. (1994). Organizational citizenship behavior: Construct redefinition, measurement, and validation. *Academy of Management Journal, 37*(4), 765–802.

Esch, F.-R. (2012). *Strategie und Technik der Markenführung.* München: Vahlen.

Esch, F.-R. (2014). *Strategie und Technik der Markenführung.* München: Vahlen.

Esch, F.-R., Strödter, K., & Fischer, A. (2006). Behavioral Branding – Wege der Marke zu Managern und Mitarbeitern. In A. Strebinger, W. Mayerhofer, & H. Kurz (Hrsg.), *Werbe- und Markenforschung: Meilensteine – State of the Art – Perspektiven* (S. 403–433). Wiesbaden: Gabler.

Foreman, S. K., & Money, A. H. (1995). Internal marketing: Concepts, measurement and application. *Journal of Marketing Management, 11,* 755–768.

Forster, A., Erz, A., & Jenewein, W. (2012). Employer Branding. In T. Tomczak, F.-R. Esch, J. Kernstock & A. Herrmann, *Behavioral Branding* (S. 277–294). Wiesbaden: Gabler.

Graham, J. W. (1991). An essay on organizational citizenship behavior. *Employee Responsibilities and Rights Journal, 4*(4), 249–270.

Gronroos, C. (1981). Internal marketing – an integral part of marketing theory. *Marketing of services, 236,* 238.

Henkel, S., Tomczak, T., Heitmann, M., & Herrmann, A. (2007). Managing brand consistent employee behaviour: Relevance and managerial control of behavioural branding. *Journal of Product & Brand Management, 16*(5), 310–320.

Hogg, G., Carter, S., & Dunne, A. (1998). Investing in people: Internal marketing and corporate culture. *Journal of Marketing Management, 14,* 879–895.

Keller, K. L., & Price, C. (2011). *Beyond performance – How great organizations build ultimate competitive advantage.* Chichester: Wiley.

Kilian, K. (2011). *Mitarbeiter als Markenbotschafter.* Vortrag Kölner Marketingtag, 19. Mai 2011.

Krüger, W. (2009). *Excellence in Change – Wege zur strategischen Erneuerung.* Wiesbaden: Gabler.

Lynch, J. E. (1994). Only connect: The role of marketing and strategic management in the modern organization. *Journal of Marketing, 10,* 527–542.

Machtiger, B. (2004). Beware pitfalls that kill branding efforts. *Marketing News, 38*(4), 21.

Mahnert, K. F., & Torres, A. M. (2007). The brand inside: The factors of failure and success in internal branding. *Irish Marketing Review, 19*(1/2), 54–63.

Maloney, P. B. (2008). *Absatzmittlergerichtetes, identitätsbasiertes Markenmanagement.* Wiesbaden: DUV.

Meyer, J. P., Stanley, D. J., Herscovitch, L., & Topolnytsky, L. (2002). Affective, continuance, and normative commitment to the organization: A meta-analysis of antecedents, correlates, and consequences. *Journal of Vocational Behavior, 61*(1), 20–52.

Morhart, F., Herzog, W., & Tomczak, T. (2009). Brand-Specific Leadership. *Journal of Marketing, 73*(5), 122–142.

Papasolomou, I., & Vrontis, D. (2006). Building corporate branding through internal marketing: The case of the UK retail bank industry. *Journal of Product & Brand Management, 15*(1), 37–47.

Piehler, R. (2011). *Interne Markenführung: Theoretisches Konzept und fallstudienbasierte Evidenz.* Berlin: Springer.

Punjaisri, K., & Wilson, A. (2007). The role of internal branding in the delivery of employee brand promise. *Journal of Brand Management, 15*(1), 57–70.

Punjaisri, K., Wilson, A., & Evanschitzky, H. (2008). Exploring the influences of internal branding on employees' brand promise delivery: Implications for strengthening customer-brand relationships. *Journal of Relationship Marketing, 7*(4), 407–424.

Ravens, C. (2014). *Brand citizenship behavior*. Wiesbaden: Springer Gabler.

Redler, J., & Kesselring, B. (2012). Unternehmensleitbilder in B2B-Unternehmen – Überlegungen zu Bedeutung, Anforderungen und nachhaltiger Verankerung in Abhängigkeit von Größe und organisationalem Scope (G-S-TYP). In S.-S. Kim & J. Redler (Hrsg.), *Schriftenreihe Angewandtes B2B-Marketing* (Nr. 1). Mosbach: Duale Hochschule Baden Württemberg Mosbach.

Richardson, B. A., & Robinson, C. G. (1986). The impact of internal marketing on customer service in a retail bank. *International Journal of Bank Marketing, 4*(5), 3–30.

Samli, A., & Fröhlich, C. (1992). Service: The competitive edge in banking. *Journal of Services Marketing, 6*(1), 15–22.

Schmidt, H. J. (2007). Grundlagen der innengerichteten Markenführung. In H. J. Schmidt (Hrsg.), *Internal Branding: Wie Sie Ihre Mitarbeiter zu Markenbotschaftern machen* (S. 13–110). Wiesbaden: Gabler.

Schmidt, H. J. (2015). *Markenführung*. Wiesbaden: Springer Gabler.

Schmidt, M. (2009). *Interne Markenstärke von B-to-B-Unternehmen*. Frankfurt: Lang.

Schüller, A. M. (2015). Die Mitarbeiter als Markenbotschafter. *marke41, 2015*(5), 26–29.

Tansuhaj, P., Wong, J., & McCollough, J. (1987). Internal and external marketing: Effects on customer satisfaction in banks in Thailand. *International Journal of Bank Marketing, 5*(3), 73–83.

Thomson, K., Chernatony, L. de, Arganbright, L., & Khan, S. (1999). The buy-in benchmark: How staff understanding and commitment impact brand and business performance. *Journal of Marketing Management, 15*(8), 819–835.

Vallaster, C. (2009). *Aligning organizations along the corporate brand values in an intercultural context*. epubli: Berlin.

Zeplin, S. (2006). *Innengerichtetes identitätsbasiertes Markenmanagement*. Wiesbaden: DUV.

Store Brand Management: Konsistenz

7.1 Konsistenz und ihre Sphären

Markenbildung und -pflege sind das Ergebnis eines Lernprozesses bei den Personen der Zielgruppe (vgl. Abschn. 1.2). Ein Store Brand Image entsteht demnach dadurch, dass Gedächtnisstrukturen aufgebaut werden. Dies wiederum erfolgt über die Wahrnehmung und Interpretation von Reizen, Erfahrungen oder Eindrücken im Kontext des Stores. Im positiven Fall werden solche bewussten oder unbewussten Erfahrungen und Eindrücke dem Markennamen zugehörig gelernt. Um diesen Lernprozess aus Sicht des Brand Management inhaltlich zielführend zu steuern, findet eine Ausrichtung an einer definierten Store Brand Positioning statt.

Der Aufbau des beabsichtigten Store Brand Images setzt voraus, dass bei den Kontakten von Personen der Zielgruppe mit dem Store die definierten Positionierungsinhalte transportiert werden. Er gelingt zudem dann besonders gut, wenn die Vermittlung wiederholt und bei *allen* Kontakten und im Zeitverlauf möglichst *einheitlich* erfolgt. Dies bedeutet: Das Store Brand Management sollte *Konsistenz* im Ausdruckssystem beachten!

Konsistenz meint in diesem Zusammenhang, alle Ausdrucksmittel des Stores als kohärentes Gesamtsystem zu gestalten, sodass bei der Zielgruppe immer gleiche Wahrnehmungen und immer gleiche kognitive wie emotionale Eindrücke entstehen. Durch die Beachtung von Konsistenz verbessert sich die Wahrscheinlichkeit, dass Zielkunden die erforderlichen Inhalte überhaupt wahrnehmen und bestimmte Empfindungen erleben. Andererseits ermöglicht es notwendige Wiederholungseffekte und erforderliche Reizkonstanz.

© Springer Fachmedien Wiesbaden GmbH 2018
J. Redler, *Die Store Brand,*
https://doi.org/10.1007/978-3-658-09709-7_7

▶ Konsistenz: Alle Ausdrucksmittel des Unternehmens, die sich auf den Store beziehen, sollen ein kohärentes Gesamtsystem darstellen. Dadurch wird die Schaffung starker Store Brands gefördert und die Effizienz eingesetzter Mittel erhöht.

Aus Sicht des Store Brand Management kann Konsistenz in mehreren Sphären betrachtet und geprüft werden (Abb. 7.1):

- *Konsistenz an einem Point-of-Purchase:* Bezogen auf den einzelnen Point-of-Purchase sollte eine einheitliche Verwendung der formalen Markensignale sowie der positionierungsrelevanten inhaltlichen Mittel erfolgen. Zudem sollten alle Maßnahmen so zusammenwirken, dass ein schlüssiger, vor allem widerspruchsfreier Gesamteindruck am Point-of-Purchase entsteht. Beispielsweise dürfen Preismaßnahmen nicht im Widerspruch zu bildlichen Aussagen stehen. Alle inhaltlichen Ausdrucksformen müssen die definierte Positionierung transportieren und konsistent die gewünschte Atmosphäre und angestrebte Erlebnissen oder Interaktionsqualitäten vermitteln.
- *Konsistenz über alle Points-of-Purchase:* Zusätzlich zur Sicherstellung der Widerspruchsfreiheit und Kohärenz bei der Gestaltung eines einzelnen Point-of-Purchase ist es weiterhin erforderlich, die Gesamtwirkung mehrerer Points-of-Purchase zu betrachten. Wenn ein Händler bspw. mit einem Onlineshop und mit Mailings und Läden arbeitet, ist die Konsistenz zwischen Onlineshop, Geschäft und Prospekt zu fordern, damit das Lernen der Store Brand Positioning möglichst gut erfolgen kann. Insellösungen aus Point-of-Purchase-Umsetzungen, die jede für sich gelungen sind, aber im Zusammenspiel nicht konsistent wirken, sind nicht zielförderlich. Atmosphärische Wirkungen, Interaktionsqualität und ggf. Erlebniswirkungen müssen auch über die verschiedenen Points-of-Purchase einheitlich ausfallen.

Abb. 7.1 Sphären der Konsistenz-Sicherung beim Store Brand Management

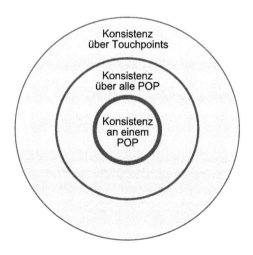

- *Konsistenz über Touchpoints:* Eine globalere Sphäre betrifft die Absicherung von Konsistenz über alle Touchpoints mit dem Store. Touchpoints des Stores gehen über die gestalteten Points-of-Purchase hinaus. Zu ihnen zählen alle möglichen Situationen oder Erlebnisse, in denen Menschen mit dem Store im weiten Sinne in Berührung kommen. Da eine Store Brand Ergebnis *aller* Eindrücke ist, die bei Adressaten im Zusammenhang mit dem Markennamen bei unterschiedlichen Situationen entstehen, müssen eben auch Berührungspunkte außerhalb der Points-of-Purchase (z. B. Werbebanner, Blogs, Zeitungsbeilagen) für die Konsistenzbetrachtung herangezogen werden. Brandingelemente, inhaltliche Aussagen mittels Text und Bild, evozierte Atmosphäre und Erlebnisse sollen über alle Touchpoints möglichst einheitlich ausfallen.

Die *zeitliche Konsistenz* stellt darauf ab, vermittelte Eindrücke im Zeitverlauf konstant zu halten. Auch sie ist als eine wichtige Anforderung anzusehen.

7.2 Sicherung der Konsistenz

Zur Sicherung der Konsistenz in den Ausdrucksformen sind Überlegungen pro Sphäre hilfreich.

Konsistenz an einem Point-of-Purchase

Damit das Lernen des angestrebten Store Brand Images effektiv und effizient funktionieren kann, ist zunächst die Konsistenz der Aktivitäten *innerhalb* eines Point-of-Purchase z. B. einem Onlineshop, zu fordern. Dies wird erreicht, indem alle Umsetzungsparameter und der Instrumenteneinsatz an diesem Point-of-Purchase auf das gleiche Ziel ausgerichtet werden. Dies erfordert:

- Stimmigkeit aller Implementierungen hinsichtlich der Realisierung der POP-Ziele: Umsetzungen der POP-Ziele sollen also derart vorgenommen werden, dass sie keine Widersprüche erzeugen, das Branding vermitteln und der Store Brand Positioning entsprechen.
- Stimmigkeit hinsichtlich der Sinnesebenen: Eingesetzte Reize der verschiedenen Sinnesebenen wie visuelle, akustische oder haptische Reize sollen aufeinander abgestimmt sein, um Gedächtniswirkungen zu verbessern. Forschungsergebnisse belegen, dass solche multisensualen Wiederholungen vorteilhaft sind (dazu Salzmann 2007).
- Stimmigkeit hinsichtlich des Instrumenteneinsatzes: Weiterhin sind die am Point-of-Purchase in Erscheinung tretenden Marketinginstrumente auf ihre Konsistenz zu prüfen. Preis-, Kommunikations- und Sortimentsmaßnahmen – als Beispiel – sollen ineinander greifen.

Beispiel: Im COS Onlineshop (cosstores.com) werden Bewegtbild, Produktfotografie, Farbenwelten und Formen konsistent benutzt. Auf der Startseite wird zum Bewegtbild klare, elektronische Musik mit distanziertem, ruhigem Duktus eingesetzt. Das Farbspektrum ist insgesamt reduziert und von den Nichtfarben Weiß, Grau, Schwarz dominiert. Die Gesamtgestaltung wie auch der erweiterte Content ist von ästhetischen Prinzipien geleitet, die die Store Brand Positioning transportieren: Mode mit modernem, funktionellem und durchdachtem Design, im Rückgriff auf Klassiker, um saisonunabhängig und zeitlos zu sein – eine Prise Understatement und Kunstanspruch inbegriffen. Atmosphärische Wirkungen und Interaktionsqualität sind bei guter Orientierungswirkung aufeinander abgestimmt. Preislagen, Produkte, Services und Kommunikation erzeugen einen kohärenten Gesamteindruck.

Zusammenfassend: Am einzelnen Point-of-Purchase muss bei der Realisation der POP-Ziele ein widerspruchsfreies Gesamtbild entstehen, das dem Branding und der Positionierung entspricht.

Konsistenz über verschiedene Points-of-Purchase
Nicht nur an einem Point-of-Purchase, auch über die verschiedenen Points-of-Purchase ist Konsistenz erforderlich, um Wahrnehmungen zu vereinheitlichen. Dies bedeutet einerseits: Die Zielfelder der Point-of-Purchase-Kommunikation müssen über die Gesamtheit der relevanten Arten des Point-of-Purchase integriert behandelt werden. Denn mit Blick auf die Lerneffekte der Zielkunden wirken sämtliche Kontakte und Erfahrungen von allen erlebten Points-of-Purchase zusammen. Dies wird in der POP-Matrix verdeutlicht (Abb. 7.2), die das Zusammenspiel von Arten des Point-of-Purchase und den Zielfeldern herausstellt. Ihr Blickwinkel unterstützt, dass ein stimmiges Gesamtkonzept erarbeitet und entsprechend umgesetzt wird. So sollen bspw. atmosphärische Wirkungen bei unterschiedlichen Points of Purchase identisch ausfallen. Wird eine kühl-distanzierte Atmosphäre angestrebt, so sollte diese sowohl im physischen Store, im Onlineshop und im Katalog auf einheitliche Weise erlebbar sein. Werden von einem B2B-Händler ein bestimmtes Erlebnis und eine bestimmte Interaktionsqualität angestrebt, sollten diese im persönlichen Verkauf des Außendienstes, im Verkauf in Niederlassungen wie auch im

POP-Art / Zielfeld	Stationärer POP	Personen- bezogener POP	Virtueller POP	Print-POP
Sichtbarkeit Brandelemente				
Orientierung				
Atmosphäre				
Erlebnis				
Interaktion				

Abb. 7.2 POP-Matrix

Onlineshop Ausdruck finden. POP-Ziele sind je so umzusetzen, dass die pro Point-of-Purchase erzielten Wirkungen kongruent sind.

Andererseits sind die Erkenntnisse der Integrierten Kommunikation aufzugreifen, um eine effektive und effiziente Erfüllung der Kommunikationsaufgaben zu erreichen. Integrierte Kommunikation ist ein Ansatz der Kommunikationsabstimmung. Nach Kroeber-Riel (1993) geht es dabei um eine formale und inhaltliche Koordination von Kommunikationsaktivitäten, um erzeugte Eindrücke zu verstärken. Mittel bestehen im Einsatz von formalen und inhaltlichen Klammern (Kroeber-Riel und Esch 2015, S. 159). Zu den formalen Klammern zählen vor allem klassische Corporate Design-Elemente, insb. Farben, aber auch visuelle Hinweisreize auf den Markennamen (Präsenzsignale). Ihre Wahrnehmbarkeit ist auch bei flüchtiger Betrachtung unter geringem Involvement abzusichern (Kroeber-Riel und Esch 2015, S. 162), da sie sonst nutzlos sind. Als inhalt-liche Klammern können sprachliche oder bildliche Inhalte genutzt werden. Inhaltliche Integration stellt sicher, dass die Store Brand Positioning konsistent über die Points-of-Purchase transportiert wird. Selbstverständlich sollte auch Konsistenz hinsichtlich der Preis-, Service- und Sortimentspolitik erfüllt werden (dazu Redler und Esch 2010).

Beispiel Würth: An allen Points-of-Purchase setzt der B2B-Händler sein Logo sowie die Farbe Rot als formale Integrationsklammer ein. Beispiel Schneider: Bei diesem B2B-Anbieter von Werbeartikeln und Dekorationsbedarf wird der Slogan „Ihr Spezialist für Werbeartikel und Dekoration" auf dem Katalogtitel, bei Angebotsmailings wie auch im Onlineshop am Logo ausgelobt.

▶ Umso geringer das Involvement der Zielgruppe in den Kontaktsituationen, umso wichtiger sind starke Integrationsklammern und zahlreiche Wiederho-lungen von Botschaften für das Lernen (Kroeber-Riel und Esch 2015, S. 157).

Zusammenfassend Auch im Zusammenspiel der verschiedenen Points-of-Purchase müs-sen einheitliche und positionierungskonforme Eindrücke sichergestellt werden. Daher sind atmosphärische Wirkungen, Erlebnisse, Interaktionscharakteristika in der Wirkung zu vereinheitlichen und formale und inhaltliche Integrationsklammern einzusetzen.

Konsistenz über Touchpoints

Lerneffekte, aus denen die Store Brand resultiert, resultieren allerdings nicht aus-schließlich aus Kontakten am Point-of-Purchase. Auch zahlreiche andere Kontakte mit dem Markennamen sind dafür relevant. Brands als Lernphänomen sind eben Folge der Gesamtheit von Eindrücken, die bei Adressaten im Zusammenhang mit dem Markenna-men bei unterschiedlichen Situationen entstehen (Abb. 5.2 in Kap. 5). Die Vielfalt von Berührungsmomenten wird als *Touchpoints* bezeichnet.

▶ Kontaktpunkte, die das Store Brand Image prägen, sind vielseitig und gehen über den Point-of-Purchase hinaus.

Touchpoints[1] des Stores sind alle möglichen Situationen oder Erlebnisse, in denen Menschen mit dem Store im weiten Sinne in Kontakt kommen. Sie können sehr vielfältig und zahlreich sein. Im subjektiven Erleben rufen alle diese Kontakte bestimmte Wirkungen hervor und prägen in ihrer Totalität das Store Brand Image, die Einstellung zur Marke und oft das Verhalten.

Touchpoints

Websites, Blogs, Pressemeldungen, FAQs, Geschäftsberichte, Broschüren, Fassaden, Callcenter, Vertriebsmitarbeiter, Emails, Präsentationen, Werbeanzeigen, Youtube Videos, Postwurfsendungen, Facebook-Profile, Verpackungen, Preisschilder, Apps, Bedienungsanleitungen, Out-of-Home-Walls, Kasse, ….

Da jeder einzelne Kontakt einen psychischen Effekt hat, ist jeder einzelne für die Lernerfahrung wichtig. Dabei ist es unerheblich, ob er gesteuert oder zufällig zustande kam und ob er unbewusst oder bewusst verarbeitet wurde. Besondere Herausforderungen für das Management von Konsistenz ergeben sich dadurch, dass sich nicht alle Touchpoints in der tatsächlichen Kontrolle des Händlers befinden[2].

Touchpoint Consistency stellt auf die Sicherstellung gleichartiger Wahrnehmungen an den verschiedenen Touchpoints ab: Ein widerspruchsfreies Ausdruck-System für die Brand. Dies zu erreichen, setzt die sorgsame Identifikation aller Kontaktpunkte für die Zielgruppen voraus (dazu u. a. Baxendale et al. 2015). Erst dann kann eine Priorisierung erfolgen, in dem Sinne dass jene Touchpoints hervorgehoben werden, die die Markenwahrnehmung besonders prägen (Primary Touchpoints). Die Bedeutung eines Touchpoints kann u. a. deshalb hoch sein, weil es über ihn zu vielen Wiederholungen kommt, der Touchpoint besonders herausragt und damit reichweitenstark ist oder weil an ihm Erlebnisse entstehen, die besonders nachhaltig in der Psyche der Zielgruppe verankert werden. Insbesondere für sogenannte *Primary Touchpoints* ist zu fordern, dass sich aus ihrem Zusammenspiel ein konsistenter Gesamteindruck bei der Zielgruppe einstellen kann, der Ausdruck der Store Brand Positioning ist.

Brand Coherence

Wheeler (2013, S. 36) spricht von Coherence: „Whether a customer is using a product, talking to a service representative or making a purchase in his iPhone, the brand should feel familiar and the experience should have the desired effect. Coherence is the quality that ensures that all the pieces

---

[1]Vgl. auch die interessanten Ausführungen zu Touchpoints und dem Customer Path bei Kotler et al. (2017, S. 145 ff.) sowie die Darstellung als „Touchpoint Snapshot" (Kotler et al. 2017, S. 148).

[2]Dies wird u. a. dargestellt bei Baxendale et al. (2015), die Brand Owner Touchpoints, Retail Touchpoints und Third Party Touchpoints unterscheiden. Die Autoren befassen sich auch mit der Ermittlung der relativen Bedeutung von Touchpoints für Brands.

hold together in a way that feels seamless to the customer." Coherence verlangt nach Wheeler u. a.:

- eine klar definierte Markenpositionierung,
- eine Verpflichtung auf Prinzipien von Einfachheit und Klarheit sowie
- die Beachtung der Erlebnisse und Wahrnehmungen an *allen* Touchpoints.

Das Prinzip der Touchpoint Consistency geht über die primär instrumentenbezogene Perspektive der Integrierten Kommunikation (die vorrangig auf einen effizienteren Einsatz von Kommunikationsinstrumenten abstellt) hinaus, weil es ein tieferes Verständnis der Botschaften und die Verbindung mit der Markenpositionierung und -strategie erfordert. So gesehen ist es eher als eine Ausprägung einer *unternehmensbezogenen Variante* der Integrierten Kommunikation anzusehen. Bei dieser Form Integrierter Kommunikation erfolgt die Integration der Marketingkommunikation in ein übergeordnetes Konzept (Kiendl und Ringle 2008, S. 116 f.), bspw. das Markenkonzept. Dieses soll langfristig die Kontinuität, Glaubwürdigkeit und Kompatibilität der Aktivitäten sicherstellen.

▶ Touchpoint Consistency zielt darauf ab, über möglichst alle Touchpoints ein widerspruchsfreies Ausdruckssystem für den Store zu finden, damit in der Erfahrungswelt der Zielgruppe das Zielimage der Store Brand einheitlich und möglichst leicht aufgebaut werden kann.

Nicht nur die eigentliche Kaufphase am Point-of-Purchase ist für die Bekanntheits- und Imageeffekte zur Store Brand relevant. Ebenso wirken die Wahrnehmungen aus der Vorkauf- und der Nachkaufphase prägend. Dies machen diverse Untersuchungen deutlich. Exemplarisch sei auf die Studien von Bell et al. (2011) verwiesen. Ihre Ergebnisse zeigen, dass Out-of-Store-Maßnahmen, die vor dem Kauf ihre Wirkung entfalten, ungeplante Käufe im Laden mitbeeinflussen.

Aus diesem Grund sollte die Anforderung der Konsistenz auch auf die *Kaufphase*n bezogen werden[3], wobei die verschiedenen Touchpoints in diesen Phasen eine unterschiedlich starke Bedeutung einnehmen können (auch Abb. 5.2 in Kap. 5). Konsistente Wahrnehmungen über die Phasen stärken Store Brand Assets.

Touchpoints können demnach in drei Klassen geteilt werden.

- Vorkaufphasen-Touchpoints: Alle Berührungspunkte mit dem Store, die die Bekanntheit und Haltung zum Store beeinflussen. Darüber wird auch die Consideration geprägt. Typischerweise zählen dazu Werbung, Word-of-Mouth, Online-Foren, Medienberichte etc.
- Kaufphasen-Touchpoints: Die Wahrnehmungen und Erfahrungen am Point-of-Purchase, wie sie in den bisherigen Ausführungen im Fokus standen, beispielsweise in einem Laden.
- Nachkaufphasen-Touchpoints: Jene Eindrücke, die an den diversen Stationen nach dem eigentlichen Kauf entstehen, z. B. durch die Produktnutzung, die Serviceerfahrungen, erhaltene Coupons, Rechnungen, Zufriedenheitsumfragen, Mailings, Garantieangebote etc.

---

[3]Esch und Redler (2004) hatten eine solche Überlegung bereits im Zusammenhang mit der Integrierten Kommunikation eingeführt.

Beispiel

Jemand wird über TV-Werbung, Berichte von Freunden und Großplakate in der Innenstadt auf den Anbieter IKEA aufmerksam. Durch wiederholte Kontakte wird Awareness geschaffen und der Anbieter IKEA gelangt in das Consideration-Set dieser Person. Dies wird in Situationen, in denen diese Person sich mit der Anschaffung von Einrichtungsgegenständen befasst, relevant. Gegebenenfalls wird sie sich nun anhand der IKEA-Website und des Katalogs über Sortiment, Services und Preise informieren und sich zu Trends und Designs inspirieren lassen (alles Vorkaufphase). Möglicherweise besucht die Person dann ein IKEA-Geschäft in seiner Nähe. Dort erlebt sie den Verkaufsraum, die anderen Ladenbesucher, nutzt die Beratung, inspiziert Produkte und durchlebt den spezifischen Prozess des Findens der gewünschten Ware, den Bezahlvorgang sowie die gastronomischen Angebote (Kaufphase). Nach dem Verlassen des Geschäfts macht der Kunde Erfahrungen mit dem Transport, der Rechnung und den Anleitungen sowie dem Aufbau der Möbel. Unter Umständen benötigt er später Ersatzteile oder wendet sich mit Reklamationen an den Service. Er erlebt das Garantiehandling (Nachkaufphase).

Vorkaufphasen-, Kaufphasen- und Nachkaufphasen-Touchpoints müssen widerspruchsfrei zueinander sein. Um dies zu erreichen, ist die genaue Kenntnis der Touchpoints und ihrer typischen Abfolgen obligat (Touchpoint-Chain, Abb. 7.3). Hogan et al. (2005)

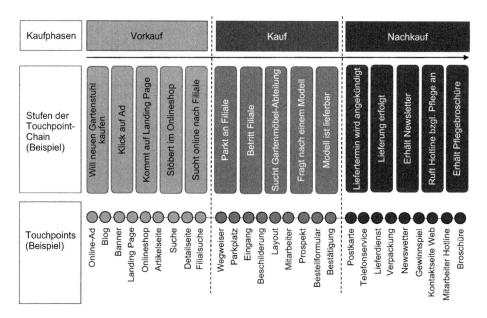

Abb. 7.3 Ermittlung von Touchpoints nach Kaufphasen für konsistente Umsetzungen

schlagen für eine effektive Markenführung vor, zielgruppenspezifische Touchpoint-Chains zu erarbeiten und die ermittelten Touchpoints und Stufen nach Einflussgrad und Wirkungsrichtung (Impact) zu bewerten.

Zusammenfassend: Store Brands werden auch außerhalb des Point-of-Purchase geprägt. Eine konsistente Gesamtwahrnehmung über alle Touchpoints unterstützt Aufbau und Stärkung kraftvoller Store Brands.

▶ Die beste Sicherung der Konsistenz stellt die konsequente Orientierung an der Brand Positioning dar.

Konsistenz über Zeit

Das Prinzip der Konsistenz über die Zeit greift die zeitliche Integration nach Esch (1992) auf. Gemeint ist dabei also die Kontinuität von formalen und inhaltlichen Botschaften der Markenkommunikation als eine wichtige Bedingung zum Aufbau klarer Markenvorstellungen (Kroeber-Riel und Esch 2015, S. 156 ff.). Insbesondere bei geringem Involvement sind viele Wiederholungen der gleichen Reize und Botschaften erforderlich, um Lernwirkungen zu erreichen (Kroeber-Riel und Esch 2015, S. 162). Dazu dient Kontinuität.

Bezogen auf die Store Brand und vor dem Hintergrund einer sie prägenden Point-of-Purchase-Kommunikation ist besonders auf die *Kontinuität in puncto Point-of-Purchase-Wirkungen* zu achten. Innerhalb der Zielfelder der Point-of-Purchase-Kommunikation sollen die erreichbaren Effekte durch kontinuierliche Wirkungen im Zeitablauf ermöglicht bzw. verstärkt werden. Orientierungswirkungen, erzeugte Atmosphäre, Erlebniswirkungen und Interaktionsqualitäten sollen über die Zeit ein konsistentes Bild ergeben können. Schon allein aus diesem Grund erscheint eine *strategische Herangehensweise* an die Point-of-Purchase-Kommunikation geboten, die entsprechende Ziele explizit formuliert.

Die Store Brand als Spielball von Touchpoints?

Beim Store Brand Management gilt es, sich immer wieder zu verdeutlichen, dass jeder Kontakt, den ein Kunde mit dem Store erlebt (sei es mit Werbung, mit der Hotline im Servicecenter, eine Erwähnung in einem Blog oder mit der Verpackung eines Handelsmarken-Produkts) Eindrücke hinterlässt, die dieser in seiner Innenwelt abspeichert. Folglich sollten sich verantwortliche Manager immer wieder die Frage stellen: Wollen wir als Organisation (1) die Store Brand fördern, indem wir alle Touchpoints gewissenhaft im Sinne der Store Brand Positioning gestalten – oder (2) erlauben wir, dass wir von den Touchpoints gesteuert werden, mit der Gefahr, dass die Brand in Misskredit gerät? Unternehmen, die ihre Brands als Werte ernst nehmen, werden sich sicher für Option (1) entscheiden.

7.3   Real Life: Konsistenz über unterschiedliche Points-of-Purchase und spezifische Erlebnisse bei kiezkaufhaus.de

Von Nanna Beyer und Patrycja Kaczmarek | kiezkaufhaus.de.

Das Kiezkaufhaus-Konzept

Von Büchern über Delikatessen bis hin zu Kosmetik – auch wenn es in Großstädten wie Wiesbaden alles vor der Haustür gibt, ist das Einkaufen per Mausklick komfortabler und spart Zeit. Moderne Bequemlichkeit, die bislang auf Kosten inhabergeführter Geschäfte ging. Die Folge: Immer mehr kleine Läden müssen schließen, die Innenstädte verwaisen und die Vielfalt des Angebots geht aufgrund des langsam aussterbenden Fachhandels verloren. Mit dem Kiezkaufhaus gewinnen unabhängige Einzelhändler aus Wiesbaden die Online-Shopper nun für sich.

Das *Kiezkaufhaus* ist ein hyperlokaler Webshop, in dem unabhängige regionale Händler ihre Produkte anbieten. Die Betreiber der Plattform kümmern sich dabei um die Pflege des Shops, das Marketing, die Auslieferung der Waren und um die Abrechnungen – sodass sich die Händler und Hersteller ganz auf ihre eigentliche Tätigkeit konzentrieren, gleichzeitig aber auch ihren Kundenstamm erweitern und zusätzliche Einnahmen generieren können.

Bei Bestellungen bis 14.00 Uhr werden die Waren – verpackungsfrei in Pfandtaschen – noch am selben Tag ausgeliefert. Das macht das Kiezkaufhaus schneller als herkömmliche Onlineshops. Zudem entlastet die Lieferung per Cargo-Bike den innerstädtischen Verkehr und schont durch die Einsparung unnötiger CO_2-Emissionen zusätzlich die Umwelt. Doch nicht nur Händler und Kunden profitieren von der Plattform: Vor dem Hintergrund, dass der Stadt Wiesbaden jährlich rund 500.000 EUR Steuereinnahmen durch Einkäufe beim Distanzhandel verloren gehen, sorgt das Kiezkaufhaus außerdem für Steuereinnahmen in der Region.

Die Points-of-Purchase des Kiezkaufhaus

Der *Onlineshop* stellt für das Kiezkaufhaus den *primären Point-of-Purchase* dar. Hier können Kunden bequem durch das Angebot der einzelnen Händler stöbern und ihre Bestellung tätigen. Dabei werden ihnen nicht die üblichen Onlineshop-Kacheln mit jeweils einem Produktbild angezeigt, sondern individuell gestaltete Regal-Fenster, welche das Sortiment der Händler jeweils als Ganzes abbilden. Auch besondere Bestellwünsche und nicht abgebildete Waren können über ein separates Eingabefeld – den Produktwunsch – an die Händler kommuniziert und bestellt werden, wodurch der Einkauf im Kiezkaufhaus zu einem individuellen Shopping-Erlebnis wird.

Mit der Eröffnung eines *Pop-up-Stores* hat das Kiezkaufhaus den Online-POP offline erweitert. Ähnlich einem Showroom werden ausgewählte Produkte, die von kleinen Manufakturen oder Familienbetrieben im Umkreis von 50 km hergestellt werden, ausgestellt und können somit direkt vermarktet werden. Dabei dient der Pop-up-Store nicht nur dem Verkauf der Produkte, sondern auch der Vermittlung des Kiezkaufhaus-Konzepts, der

Store Brand Positioning. Potenzielle Neukunden werden durch den Laden auf das Kiezkaufhaus aufmerksam und können das Konzept offline *erleben* – eine begehbare Anzeige, wenn man so will. Schließlich dient der Store auch als Büro und Umpackstation, wodurch das Kiezkaufhaus zu einer „gläsernen Manufaktur" wird – alle Prozesse im Kiezkaufhaus werden auf diese Weise offengelegt. Eine Transparenz, die Kunden schätzen.

Neben dem Onlineshop und dem Store nutzt das Kiezkaufhaus auch die *Läden der Händler als Point-of-Purchase*. Denn dort können Kunden ihre Einkäufe stehen und sich nach Hause liefern lassen. Vor Ort wird in Brand Awareness und Store Brand Image investiert, indem das Kiezkaufhaus mit Postern, Flyern und Taschen wirbt. Die lokalen Händler sind zudem Botschafter der Store Brand.

Auch der *persönliche Point-of-Purchase* ist mitgedacht: Die Auslieferung der Waren stellt einen recht kleinen, aber extrem relevanten Point-of-Purchase dar. Ein festes Auslieferungs-Team, regelmäßige Schulungen sowie Feedbacktelefonate garantieren ein positives Kauf-Erlebnis für die Kiezkaufhaus-Kunden an diesem Point-of-Purchase.

Lokale Verortung und Vernetzung trotz Online-Business

Die Unabhängigkeit von einer physischen Location mag auf den ersten Blick einer der größten Vorteile von Online-Shops sein. Etwa, weil eine große Stückzahl an Waren in riesigen Lagerhallen fernab der Innenstädte und teuren Mieten gelagert und so Kosten gesenkt werden können. Im Kiezkaufhaus ist jedoch das Gegenteil der Fall: Trotz Online-Business ist die lokale Verortung für das Konzept essenziell und insbesondere in puncto Authentizität und Vertrauen der Kunden von großem Vorteil. So sind die lokalen Händler vielen Kunden bereits bekannt, was sich auf die Glaubwürdigkeit der Store Brand Kiezkaufhaus positiv auswirkt. Und jeden der Händler verbindet eine Geschichte mit der Stadt, die sich gut weitererzählen lässt. Zudem kann die persönliche Beratung aufgrund der lokalen Verortung garantiert werden und auch die Kompetenzen und Qualitätsversprechen der Händler sind für Kunden leichter überprüfbar. Für die Markenbildung und -stärkung ist die Auswahl der Händler deshalb von großer Bedeutung.

Fortentwicklung

„Das Kiezkaufhaus ist unsere Investition in eine zukunftsfähige Gesellschaft. Es erspart der Umwelt unnötige CO_2-Emissionen durch Transporte, entlastet den Verkehr in Innenstädten, unterstützt lokale und unabhängige Händler und sorgt für korrekte Steuereinnahmen in der Region. Ein Konzept, von dem viele Städte profitieren können." Das sagt Michael Volkmer, Inhaber vom Kiezkaufhaus. Die Store Brand Kiezkaufhaus in andere Städte zu bringen, ist deshalb ein langfristiges Ziel – und zwar als Social Franchise, das die Techniken des kommerziellen Franchising nutzt, aber angepasst an die Erreichung von Gemeinwohlzwecken. Der Weg scheint richtig: Das Kiezkaufhaus wurde bereits mit zahlreichen Awards ausgezeichnet, u. a. ADC, BOB, DDC, deutscher digital award, Green Product Award, Greentec Award, Annual Multimedia Award und Fast Company Innovation by Design.

Literatur

Baxendale, S., Macdonald, E. K., & Wilson, H. N. (2015). The impact of different touchpoints on brand consideration. *Journal of Retailing, 91*(2), 235–253.

Bell, D., Corsten, D., & Knox, G. (2011). From point of purchase to path to purchase: How preshopping factors drive unplanned buying. *Journal of Marketing, 75*(1), 31–45.

Esch, F.-R. (1992). Integrierte Kommunikation – ein verhaltenswissenschaftlicher Ansatz. *Thexis, 9*(4), 9–15.

Esch, F.-R., & Redler, J. (2004). Durchsetzung einer integrierten Markenkommunikation. In M. Bruhn (Hrsg.), *Handbuch Markenführung* (S. 1467–1490). Wiesbaden: Gabler.

Hogan, S., Almquist, E., & Glynn, S. E. (2005). Brand building: Finding the touchpoints that count. *Journal of Business Strategy, 26*(2), 11–18.

Kiendl, S. C., & Ringle, T. (2008). Integrierte Kommunikation im Kontext von Corporate und Brand Identity. In A. Hermanns, T. Ringle, & P. C. van Overloop (Hrsg.), *Handbuch Markenkommunikation* (S. 111–127). Stuttgart: Vahlen.

Kotler, P., Kartaya, H., & Setiawan, I. (2017). *Marketing 4.0: Moving from traditional to digital.* New Jersey: Wiley.

Kroeber-Riel, W. (1993). *Bildkommunikation.* München: Vahlen.

Kroeber-Riel, W., & Esch, F.-R. (2015). *Strategie und Technik der Werbung.* Stuttgart: Kohlhammer.

Redler, J., & Esch, F.-R. (2010). Cross-Channel-Advertising (CCA). In D. Ahlert, P. Kenning, R. Olbricht, & H. Schröder (Hrsg.), *Multichannel-Management: Jahrbuch Vertriebs- und Handelsmanagement 2010/2011* (S. 175–201). Frankfurt: Deutscher Fachverlag.

Salzmann, R. (2007). *Multimodale Erlebnisvermittlung am Point of Sale.* Wiesbaden: DUV.

Wheeler, A. (2013). *Designing Brand Identity: An Essential Guide for the Whole Branding Team.* New Jersey: John Whiley.

Websites

http://www.grueneerde.com (2016); http://www.grueneerde.com/de/philosophie/werte/werte.html?2; Zugegriffen: 9. Aug. 2016.

http://www.tui-berlin.de/unser-reisebuero/; Zugegriffen: 2. Aug. 2016.

https://www.globetrotter.de/filialen/koeln/filiale-koeln/; Zugegriffen: 5. Aug. 2016.

https://www.viscomblog.de/schokolade-interaktiv/; Zugegriffen: 14. Aug. 2016.

https://www.viscomblog.de/mit-fuessen-getreten/; Zugegriffen: 14. Aug. 2016.

https://www.viscomblog.de/augmented-einkaufswagen/, Zugegriffen: 14. Aug. 2016.

http://www.berliner-zeitung.de/16295638, Zugegriffen: 28. Aug. 2016.

© Springer Fachmedien Wiesbaden GmbH 2018
J. Redler, *Die Store Brand,*
https://doi.org/10.1007/978-3-658-09709-7

Stichwortverzeichnis

A

Akteure des Mediensystems, 398
Aktion, 266
Ambiente, 241
Änderung des Markennamens, 169
Animation, 183
Ansprache, multimodale, 250
Architektur, 255, 267
Arena-Prinzip, 238
Artikeldetailseite, 293
Arzt-Patient-Modell, 47
Assoziation, 23, 54, 143
Assoziationsstrukturanalyse, 59
Assoziogramm, 23
Atmosphäre, 208, 214, 215, 240, 307, 346,
    376, 379
  als Information, 347
  im Onlineshop, 307
Atmospherics, 290
Aufbauorganisation, 135
Augmented Reality, 238
Ausdruckssystem, 195, 222
Austauschbarkeit, 123
Auswertung
  qualitative, 59
  quantitative, 60
Avatar, 331
Awareness, 50, 52, 81, 140, 163

B

B2B, 30, 406, 425, 469
  Brands, 125
B2C, 406

Beeinflussungswirkung starker Brands, 27
BEEP-Kriterium, 34
Bekanntheit, 24
Beleuchtung, 228
Beschwerde, 359
Beschwerdemanagement, 355, 361
Betriebstyp, 37, 71, 405
Betriebstypendynamik, 72
Bewegtbild, 311, 321
Bewegtbildmaterial, 319
Beziehung, 60
Bezugsstärke der Namen, 165
Bild, 311, 320, 381
  inneres, 239, 246
Bildlogo, 170
Bildmarke, 170
Bild-Text-Verhältnis, 313
Blickführung, 376
Branchenklischees, 123
Brand, 23
  Asset, 27, 73, 140
  Centrality, 43
  Citizenship, 451
  Citizenship Behavior, 456
  Coherence, 470
  Design, 178
  Gestaltung, 185
  Image, 23, 81, 160
    Beschreibung, 57
  Lands, 272
  Love, 60
  Management, 28, 132, 133
    Ebenen, 29
  Mantra, 127

© Springer Fachmedien Wiesbaden GmbH 2018
J. Redler, *Die Store Brand,*
https://doi.org/10.1007/978-3-658-09709-7

Messung, 81
Name Grid, 165
Proposition, 127, 128
Recall, 52
Recognition, 52
Review-Treffen, 147
Status-Paper, 147
Team, 136
Tracking, 146
Value, 27
Verankerung nach innen, 460
Branding, 155
  Gestaltung, 189
  Markenverbindungen, 188
Brandingelement, 159, 295
Breitbandmarken-Ansatz, 111

C
Change, 454
Change-Management-Prozess, 454
Co-Creation, 44, 266, 329, 331, 354
Cognitive Map, 201
Commitment, 454, 457
Community, 331
  Paradigm, 44
Corporate Brand, 29, 114
  Status, 80
Corporate Fashion, 342
Curated Shopping, 319, 324
Customer
  Centrality, 43
  Confusion, 8, 239
  Path, 470
Customer-Relationship-Management
  (CRM), 354
Customization, 329, 331

D
Dehnung, 69
Delphi-Studie, 91
Design, 241, 319, 326
Differenzierung, 8, 32
Digitalisierung, 10, 284, 402
Display, 230, 238
Doppelseite, 378
Dramaturgie, 258, 378

E
Eigenmarke, 37
Einbindung, vertikale, 118
Eingang, 231
Einkaufsstättenwahl, 31
Einstellung, 54
Einzelhandel, 38
Element
  akustisches, 243
  taktiles, 244
  visuelles, 243, 309
Emotion, 60, 204, 216, 307, 380
Ergebnisqualität, 339
Erinnerung, 56
Erleben, emotionales, 240
Erlebnis, 7, 208, 216, 248, 350, 380
  Scope, 253
Erlebniseigenschaft, Messung, 253
Erlebnispositionierung, 124, 217, 350, 385
Erlebnispotenzial, 260
Erlebnisqualität, 362
Erlebnisschaffung im Onlineshop, 319
Erlebniswirkung, 208, 319, 350
Erscheinungsbild des Mitarbeiters, 351
Erwartung, 54
Erwartungskonformität, 306
Experteninterview, 49
Extra-Rollen-Verhalten, 456

F
Fallstudie, 46
Farbcode, 179, 190, 371
Farbe, 228, 309
Farbkonzept, 235, 295
Farbstimmung, 379
Farbwirkung, 228, 308
Fassade, 231
Filter, 303
Flagship-Store, 270
Flow, 328
Formalisierung, 138
Formen, 180, 311
Formensprache, 190
Forschungstradition, 44
Fragetechnik, 345
Frühdiagnose, 143
Führungskräfte, 452

G

Gamification, 329, 333
Ganzheitlichkeit von Wahrnehmung, 317
Gebäudearchitektur, 270
Gedächtnisinhalt, 26
Gedächtnisstruktur, 56
Gefallenswirkung, 215, 377
Gerüche, 244
Gespräch, 257
Gestaltpsychologie, 64
Gestaltung
    atmosphärische, 214
    bildliche, 379
    kommunikativer Beziehungen, 400
Gestaltungsparameter für ein Store Brand
        Logo, 174
Globalisierung, 4
Großhandel, 38

H

Handel, 35, 36
Handelsmarke, 29, 36, 404, 406
    Anbindung an die Store Brand, 419
    Exklusivität bei der Store Brand, 420
    Qualitätswahrnehmung, 412
    und Store Brands, 411
Handelsmarkenpolitik, 408
Handelsmarketing, 35
Handelsspanne, 33
Händler-Kunden-Interaktion, 221
Handlungskompetenz, 134
Handlungstheorie, 204
Haptik, 378
Hausfarben, 179

I

Icon, 302
Image, 24, 50
Imagekomponente, 64
Imageprofil, 59
Imagetransfer, 404
Immersion, 324, 382
Indikator, 145
Individualmarke, 415
Informationsverarbeitung, 201
Integration, 473

Interaktion, 208, 263, 327, 353, 385
    zwischen Kunde und
        Handelsunternehmen, 327
    zwischen Kunden, 327, 354, 386
Interaktionsgestaltung, 219
    Bereiche, 264
Interaktionsmöglichkeit, 259, 263
Interaktionsqualität, 220
Interaktionssequenz, 353
Interaktionstheorie, 338
Interaktivität, 328
Internal Branding, 270, 451, 454, 457, 460
Internal Marketing, 451
Intra-Rollen-Verhalten, 456

K

Katalog, 368
    atmosphärische Gestaltung, 376
Kaufphase, 197, 357, 471
Kommunikation, nonverbale, 336, 340
Kommunikationsanalyse, 340
Kommunikationsarena, 397
Kommunikationsstil, 350, 352
    des Verkaufsmitarbeiters, 343
Kompetenz, 132
Konsistenz, 465, 469
    im Ausdruckssystem, 465
    Sphären, 466
Kontakt, 53
Kontaktinformationen, 385
Kontaktpunkt, 469
Kontinuität, 473
Kultur, 41
Kundenanalyse, 87
Kundenerlebnis, 249
Kundenhandling, 258
Kundenintegration, 221
Kundenlauf, 243
Kundenunzufriedenheit, 359
K-V-A-Rahmenmodell, 64, 196

L

Laden, stationärer, 223
Langfristwirkung, 73
Layout, 288, 311
Lernprozess, 56

Lernvorgang, 53
Licht, 228
Logo, 170, 177, 190, 295, 371
Logogestaltung, 172
Lovemarks-Konzept, 60

M
Mailing, 368
    atmosphärische Gestaltung, 376
Marke, 23
Markenarchitektur, 111
Markenassoziation, 455
Markenbekanntheit, 25, 80
Markenbewertung, 139
Markeneinstellung, 80, 140
Markenelement
    formales, 210
    Sichtbarkeit, 235, 292, 341, 371
Markenerfolg, 141
Markenerlebnis, 250
Markenerlebniswelt, 272, 319, 326
Markenimage, 51, 80
Markenindikator, 145
Markenkonfiguration, 109, 112, 127
Markenkontroll-Cockpit, 139
Markenloyalität, 80, 140
Markenmolekül, 99, 155
Markenname, 162, 164, 190, 371
    Änderung, 169
    Typen, 165
Markenorientierung, 132
Markenschema, 60
Markensteuerrad, 126
Markenstrategie, 187
Markensystem, 111
Markenverbundenheit, 80, 140
Markenvertrauen, 80, 140
Markenwert, 141
Markenwertmessung, 145
Markenzufriedenheit, 140
Marketing
    internes, 451
    multisensuales, 245
Marketingcontrolling, 144
Markierung, 155
Marktanalyse, 79
Marktarena, 83
Marktdynamik, 85
Marktforschung, 123

Massenkommunikation, 388
Medien, 255, 265
Mehrabian/Russell-Modell, 289
Mehrmarken-Ansatz, 110
Mehrwertkommunikation, 289
Menschen im Store, 241
Mental Map, 201, 212, 237
Messung
    der Erlebniseigenschaft, 253
    einer Marke, 82
Metahilfe, 299, 305
Mitarbeiter, 398, 452
Mitarbeiterkontakt, 337
Mitarbeiterverhalten, 456
Mitmachelement, 266
Mobile-Shop, 282
Monitoring, 142
Monomarken-Ansatz, 110
Multichannel, 5
Musik, 308, 315

N
Nachhaltigkeit, 6
Name, 295
Namensentwicklung, 166
Namenwahl, 167
Navigation, 300, 308
Navigationsgestaltung, 299
Navigationshelfer, 239
Navigationshilfe, farbliche, 302
Netzwerkdarstellung, 23
Neupositionierung, 68

O
Objektsprache, 344
Online Visual Merchandising
    (OVM), 287
    Gestaltungsparameter, 288
Onlineshop, 282
    Erlebnisschaffung, 319
    Grunddesign, 297
Online-Werbung, 388
Organisation, 132, 133, 138
Orientierung, 202, 207, 236, 237, 299, 373
    am Point-of-Sale, 211
    im persönlichen Verkauf, 345
Orientierungswirkung, 240
Overall-Einstellung, 58

P

Paradigma, 42
Personalisierung, 322
Personen, 245, 257
Point-of-Purchase (POP), 197, 240
  als Theater, 273
  Arten, 199, 222
  austauschbarer, 211
  Logos, 235
  personenbezogener, 199
  physischer, 199, 223
  POP-Gestaltung, 197
  POP-Interaktion, 263
  POP-Kommunikation, 197, 207, 264
    Ziele, 208
  POP-Matrix, 468
  POP-Ziele, 467
  Print-POP, 376, 385
  virtueller, 199, 282
Point-of-Sale (POS), 197
  Orientierung, 211
  POS-Marketing, 199
POP s. Point-of-Purchase
POS s. Point-of-Sale
Positionierung, 58, 65, 120, 128, 130,
    161, 188, 196
  funktionale, 124
  symbolische, 124
Positionierungsdreieck, 123
Positionierungsinhalt, 121, 124
Positivismus, 42
Potenzialqualität, 338
Präferenzbildung, 31
Predictive Analytics, 95, 323
Preis- und Mengenvorteil, 33
Preiskommunikation, 289
Preis-Leistungs-Relation, 418
Preispolitik, 421
Preispositionierung, 415, 422
Preisstrategie, 421
Preiswahrnehmung, 424
Preiswettbewerb, 4
Primärnavigation, 300
Printkommunikation, 370, 384
Print-Point-of-Purchase, 200
Private Label Brand, 29, 37, 114, 406
Produktinszenierung, 256, 288
Produktkontext, 289
Produktpräsentation, 382

Profilierung, 32
Prognose, 89, 143
Prognosetechnik, 90
Promotions, 425, 427
Promotionspolitik, 421
Prozessqualität, 338
Public Relations (PR), 396
  Programme, 399
  Wirkung, 397

Q

Qualitätswahrnehmung der Handelsmarke, 412
Querschnitt, 80
Querschnittmessung, 80

R

Raumdesign, 255
Reaktionsmittel, 385
Referenzpreis, 427
Reiz
  akustischer, 321
  formaler, 235
Repräsentation, bildliche, 202
Responsemaßnahme, 385
Ressourcen, 79, 139
Retail, 30
  Theater, 276
Rücktitel, 377

S

Sauberkeit, 227
Schaufenster, 232
Schema, 55
Schematheorie, 56, 57
Schriftlogo, 170
Schuckel-Modell, 338, 348
Segment-Attraktivität, 108
Segmentierung, 99
Segmentwahl, 106
Sekundärnavigation, 300
Sensory Marketing, 245
Sequenze, 353
Service, 355
Serviceangebot, 357
Service-Dyade, 365
Servicegestaltung, 356

Serviceinteraktion, 264, 355
Servicekontakt, 334
Servicequalität, 362
SERVQUAL-Ansatz, 364
Shopfront, 231
Shopnavigation, 299
Signal, emotionales, 349, 352
Simulation, 328, 331
Sinnesebenen des Menschen, 218, 249
Situated Cognition, 201, 203
Situationsanalyse, 79
Smart Shopping, 5
Social Media, 328, 330, 354
Social-Media-Guideline, 452
Social-Web, 452
Solo Store Brand, 116
Sortierfunktion, 304
Sortiment, 402
Sortimentsmarke, 415
Sound, 183, 256, 316
Sprachduktus, 316, 378
Sprache, 351
Staging, 354
Steuergröße, 139, 140
Store Architecture, 267
Store atmospherics, 206
Store Brand, 29, 155, 156, 188
    Asset, 288, 427
    Corporate congruent-Typ, 115
    Corporate dominant-Typ, 115
    Corporate endorsed-Typ, 115
    Elemente, 207, 209, 211
    Entwicklungsphasen, 66
    Image, 51, 54, 140
        Positionierung, 58
    Integrationsgrade, 115
    Logo, 174
        Gestaltungsparameter, 174
    Management, 40
    Monitoring, 138
    Positioning, 120, 126, 161, 242, 309, 405
    Räume, 269
    Reporting, 147
    Steuergrößen, 138
Store Layout, 226
Store-Design, 182
Store-Werbung, 394
Struktur, 135

Suche, 304
Suchfunktion, 299
Suchmaschine, 390
System-Dynamics-Methode, 98
Szenarien, 96
Szenarioanalyse, 97

T
Targeting, 99, 103
    Strategien, 103, 104, 112
Theater-Perspektive, 273
Titel, 377
Töne, 315
Totalmarke, 415
Touchpoint, 195, 469, 472
    Management, 264
Tracking, 144
Trackingstudie, 146
Tradition
    identitätsorientierte, 45
    ökonomische, 45
    strategieorientierte, 45
    verhaltenswissenschaftliche, 46
Trendforschung, 93
Typografie, 181

U
Umweltpsychologie, 200, 205
Uptrading, 69
Usability, 214, 299, 300

V
Verbindung zwischen Handelsmarke und Store
    Brand, 413
Verbundgestaltung, 289
Verhalten im Social-Web, 452
Verkauf, persönlicher, 334
Verkaufsförderung, 357, 425
Verkaufskommunikation, gedruckte, 370
Verkaufspersonal, 245, 264
Verkaufsraum, 255
    virtueller, 282
Vertikalisierung, 5
Vertrauen, 348
Virtual Reality, 324

Visual Merchandising, 182, 224
   Konzepte, 233
   Maßnahmen, 225
   Umsetzungen, 225
   Ziele, 225
VM s. Visual Merchandising
Vorurteils-Effekt, 26

W
Wahrnehmung, 201
Warendruck, 230
Warenträger, 230, 256
Warenzeichen, 25
Weak Signal, 92
Werbedruck, 388
Werbemanagement, 389
Werbung, 387
Wettbewerb, 3
Wheel of Retailing, 72

Wholesale, 30
Wirkung
   atmosphärische, 243, 377
   emotionale, 346
Wissen, 56
Wort-Bild-Marke, 170
Wortmarke, 170

Z
Ziele
   ökonomische, 141
   verhaltenswissenschaftliche, 141
Zielgruppe, 99
Zielgruppenanalyse, 87
Zielgruppenbeschreibung, 109
Zielgruppenreaktion, 65
Zielsystem, 140
Zukunftsbilder, 89
Zukunftsszenario, 89

Printed by Printforce, the Netherlands